中國社會科學院經濟研究所 編
封越健 主編
徐衛國 王大任 樊果 參編

中國社會科學院經濟研究所藏徽州文書類編·散件文書

（二）

社會科學文獻出版社
SOCIAL SCIENCES ACADEMIC PRESS (CHINA)

國家清史編纂委員會·文獻叢刊

本册目録

五、明萬曆至民國年間租田地山場屋基契約 〇〇一
（一）明萬曆年間（祁門縣）十一都朱氏出租土地契約 〇〇三
明萬曆十四年三月（祁門縣）汪奉孫立租地約 〇〇三
明萬曆廿一年四月（祁門縣）朱四十立租田約 〇〇四
明萬曆四十三年一月（祁門縣）胡重興社立送社租約
附胡應互立取回前租本社管業批 〇〇五
（二）清康熙年間某某縣汪氏出租田地批 〇〇六
清康熙十四年十一月某某縣許積德立租田批 〇〇六
清康熙十六年十月某某縣許德初立租田批 〇〇七
清康熙十七年八月某某縣許景美立租田批 〇〇八
清康熙十九年五月某某縣徐如山立租田批 〇〇九
（三）清光緒年間（祁門縣）歷溪塢王氏帖八公祀出租山場契約 〇一〇
清光緒十九年十一月（祁門縣）王永錟立承租山場約 〇一〇
清光緒二十年四月（祁門縣）王喜江立承租山場約 〇一一
（四）明萬曆至民國年間其他租佃田地山場屋基契約 〇一二
明萬曆二十五年八月（祁門縣）徐應祥等立租住基約 〇一二

二

本册目録

明萬曆二十六年五月某某縣汪遲付等立租住基約 ○一三
明萬曆三十二年十一月某某縣徐銀盛立租田約 ○一四
明天啓四年正月（祁門縣）方裕成等立租山約 ○一五
明崇禎三年正月某某縣孫近源立租屋並空地批 ○一六
清順治八年九月某某縣張三德立租田批 ○一七
清康熙廿九年八月某某縣程德彰立租田批 ○一八
清康熙三十五年三月某某縣洪有儒等立租厝基約 ○一九
清康熙四十四年正月某某縣汪子常立租房批 ○二○
清康熙四十七年六月某某縣某姓七保立租山批 ○二一
清康熙六十一年六月某某縣余于盛等立租屋批 ○二二
清雍正元年九月某某縣汪正其立租屋厝基約 ○二三
清雍正五年十一月某某縣方鳴岐立租田批 ○二四
清乾隆十六年三月某某縣某姓雲端立租地批 ○二五
清乾隆二十年四月某某縣章禄立租地批 ○二六
清乾隆二十八年六月某某縣方汝謙立租涵壇養魚約 ○二七
清乾隆卅八年正月某某縣張廷進立租山批 ○二八
清乾隆四十五年九月某某縣鄭茂盛立租田批 ○二九

本册目録

清乾隆五十五年正月某某縣周云有等立租水碓並竹園約 〇三〇
清乾隆五十七年十二月某某縣黄阿程等立田租批 〇三一
清嘉慶三年正月某某縣王順義立出租地約 〇三二
清嘉慶十三年十一月某某縣江廷獻立租糞缸地約 〇三三
清道光三年四月某某縣葉宜廷立租地字 〇三四
清道光七年四月某某縣汪换孫立出租地約 〇三五
清道光十四年九月某某縣吴中海立租田批 〇三六
清道光二十六年正月某某縣金永茂立租屋約 〇三七
清道光三十年六月〔黟縣〕吴灶喜立租披屋約 〇三八
清咸豐元年十月某某縣李壽棠立租大買基地批 〇三九
清咸豐四月〔年〕十一月〔祁門縣〕饒汝亭等立出召租山約 〇四〇
清咸豐九年九月某某縣吴仁和立租店屋約 〇四一
清同治二年十一月某某縣程熙何立租園地批 〇四二
清同治三年二月某某縣李洪氏立租田批 〇四三
清同治六年十月某某縣張永龍立召租荒地荒塘荒山約 〇四四
清同治七年十二月某某縣張福林立租園地批 〇四五
清同治十年二月某某縣鄭兆寶立承攬耕種租園地批 〇四六

二 本冊目録

清光緒四年正月某某縣許元壽立租園地字 ○四七
清光緒四年正月某某縣許元壽立租園地字（背） ○四八
清光緒八年三月（休寧縣）吴玉堂立租地批 ○四九
清光緒九年正月某某縣錢兆福立租地批附出租四十餘年至今並不失管批 ○五○
清光緒十年三月（祁門縣）黄可榜等立召種茶萪税地約 ○五一
清光緒十一年十二月某某縣余观同立租房批 ○五二
清光緒十三年七月某某縣撒長坤等立租屋批 ○五三
清光緒十四年三月某某縣黄興義立租厝基地批 ○五四
清光緒十六年十一月某某縣某姓廷蘭族叔祖母立租房約 ○五五
清光緒十七年五月某某縣倪阿汪氏等立承租住基屋並菜園地約 ○五六
清宣統二年十月某某縣王銀生立租山約 ○五七
清宣統三年正月（休寧縣）胡壽隆立租樓屋批 ○五八
民國二年五月某某縣李吉開立租田批 ○五九
民國七年三月（休寧縣）胡繼善堂秩下两大房人等立出召田約 ○六○
民國十四年七月某某縣金廣玉立承攬租大小買田批 ○六一
民國十五年十一月某某縣李正東立租房字 ○六二
民國十六年八月（歙縣）范觀清立租大小買田批 ○六三

二

本册目録

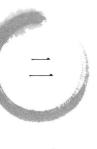

六、明萬曆至民國年間租佃田皮園地契約 〇六五
（一）清嘉慶年間某某縣僧朗如承佃田佃批 〇六七
清嘉慶十六年八月某某縣姚興法立出佃田佃批 〇六七
清嘉慶二十年六月某某縣汪阿姚等立出佃田佃批 〇六八
（二）清道光年間某某縣程東保出佃田批 〇六九
清道光十五年五月某某縣程東保立出佃田批 〇六九
附道光二十三年十一月程東保立繳付當價取回批 〇六九
清道光二十二年八月某某縣程東保等立出佃田批 〇七〇
（三）明萬曆至民國年間其他出佃田皮園地契約 〇七一
明萬曆六年十一月（祁門縣）康懰等立出佃空山約 〇七一
明萬曆九年二月（祁門縣）胡白立出佃佃田約 〇七二
明萬曆廿三年三月（祁門縣）李時春立出佃田約 〇七三
明萬曆四十年正月某某縣胡應護立出佃園地約 〇七四
明萬曆四十四年十一月某某縣吴應祖立出佃佃作田約 〇七五
明崇禎二年三月某某縣吴寄孫立出佃田約 〇七六
明崇禎六年十一月某某縣李應麒等立出佃佃作田約 〇七七
明崇禎十一年八月某某縣方佛生立出佃佃作田約 〇七八

二　本册目録

明崇禎十三年正月某某縣李尚彬立出佃佃作田約　○七九
附崇禎十五年十一月孫珂立轉佃批
明崇禎十四年十月某某縣李奇富立出佃佃作田約　○八○
明崇禎十五年十月某某縣江應橕立出佃佃作田約　○八一
明崇禎十六年十二月某某縣吴云龍立出佃佃作田約　○八二
明崇禎十七年九月某某縣江廷和立出佃佃作田約　○八三
明弘光元年四月某某縣吴應時立出佃佃作田約　○八四
清順治四年五月祁門縣吴阿黄等立出佃租田約　○八五
清順治七年十二月某某縣程應魁立出佃佃作田約　○八六
清康熙五年四月某某縣鄭士武立出佃佃頭田約　○八七
清康熙十五年四月某某縣程二生立出佃佃作田約　○八八
清康熙三十六年十一月〔祁門縣〕〔方〕景昴等立出佃佃作田約　○八九
清康熙四十九年正月某某縣許周泰立出佃佃頭田約　○九○
清雍正元年四月某某縣程漢章立出佃佃頭田約　○九一
清雍正九年五月某某縣潘德滋立出佃佃頭田約　○九二
清乾隆元年三月某某縣葉廷彩立出佃田皮約　○九三
清乾隆八年四月某某縣吴阿汪立出佃佃頭田約　○九四
清乾隆九年十月某某縣宋柒壽立出佃田皮約　○九五

二

本册目録

清乾隆十一年四月某某縣邱元泰立出佃田租約　〇九六
清乾隆十二年十二月某某縣芮阿宋立出佃田皮約　〇九七
清乾隆十四年正月某某縣胡氏等立出佃田皮約　〇九八
清乾隆十七年十二月某某縣徐永榮立出佃田約　〇九九
清乾隆十八年二月某某縣吴阿梁立出佃田皮約　一〇〇
清乾隆二十九年六月某某縣陳風泰立出佃田皮約　一〇一
清乾隆三十二年八月某某縣朱芳臣立出佃竹園約　一〇二
清乾隆三十六年十二月某某縣吴誠美立出佃佃頭田約　一〇三
清乾隆四十一年十二月某某縣程友華立出佃茶園約　一〇四
清乾隆四十三年十二月某某縣陳惟成立出佃田皮約附加價批　一〇五
清乾隆四十四年十二月某某縣劉榮酉等立出佃田皮約　一〇六
清乾隆四十五年六月某某縣陳阿周立出佃田皮約　一〇七
清乾隆四十六年六月某某縣吴昆悦立出佃田佃批　一〇八
清乾隆五十一年十月某某縣朱門汪氏立出佃田皮契　一〇九
清嘉慶十年七月某某縣吕程氏立出佃佃皮約　一一〇
清道光四年十二月某某縣汪幅立出佃田皮約附道光廿七年十二月取贖訖批　一一一
清道光十七年十月某某縣胡灶立出佃田批　一一二

清道光廿三年八月某某縣陳阿金等立出佃田批 一一三
清道光二十八年六月某某縣劉松壽立出佃田批 一一四
清道光三十年九月某某縣張立山等立出佃佃皮約 一一五
清咸豐七年十月某某縣林開立出佃佃皮田字 一一六
清咸豐八年十二月某某縣張朝剛立出佃佃來田批 一一七
清同治元年五月（休寧縣）林賴渣立出佃佃田批 一一八
清光緒七年十月某某縣曹德隆立出佃田批 一一九
清光緒二十七年十二月某某縣俞老和立出佃佃皮田約 一二〇
清光緒三十二年八月（休寧縣）姜應乾立出佃佃田批 一二一
清光緒三十三年九月（休寧縣）吴玉進立出佃田批 一二二
民國三年二月某某縣吴昆陶立出佃田字 一二三

七、明萬曆至清順治年間租樓屋田地契約

明萬曆三十三年六月某某縣洪允衡立租樓房批 一二五
明萬曆四十七年正月某某縣李如博立租樓屋批 一二七
明萬曆四十七年正月某某縣程勝立租樓屋批 一二八
明萬曆四十七年正月某某縣華明一立租樓屋批 一二九

本册目録

明崇禎四年九月某某縣程繼老立租田批　一三一
清順治四年四月某某縣洪惟貞立租田批　一三二
清順治七年三月某某縣胡道章立租田批　一三三
清順治十三年正月某某縣姚德甫立租樓屋批　一三四

八、明萬曆至清光緒年間買賣租佃田地田皮加價契約　一三五

（一）明萬曆至清乾隆年間（歙縣）吴氏租佃契約　一三七

明萬曆四十年十月（歙縣）汪天進立佃到田及豆園批　一三七
清康熙三十五年八月（歙縣）吴去瑕立出佃田約　一三八
清康熙四十八年十月（歙縣）周公彩立出佃田約　一三九
清康熙五十三年三月（歙縣）吴文元立出佃田及廁所約　一四〇
清雍正八年七月（歙縣）汪藴文立出佃佃頭田約　一四一
清乾隆四年十二月（歙縣）徐文英立出佃園地約　一四二
清乾隆四十六年十月（歙縣）吴子耀立出佃田皮約　一四三
清乾隆四十七年八月（歙縣）吴文彩立杜絶出佃佃頭田契　一四四
清乾隆四十八年十二月（歙縣）吴旺德等立加佃山業及佃皮田等價銀契　一四五

二　本册目録

〔二〕清康熙年間某某縣鄧氏承租佃脚田契約　一四六
清康熙五十年八月某某縣胡佛奇立出佃佃脚田約　一四六
清康熙五十五年九月某某縣鄧東輝立出佃佃脚約　一四七
〔三〕清乾隆至道光年間某某縣黄氏買賣租佃契約　一四八
清乾隆四十五年十月某某縣黄立天等立出佃佃皮田約　一四八
清道光八年十二月某某縣曹以順立替賣佃皮約　一四九
清道光三十年二月某某縣黄金和立承佃田約　一五〇
〔四〕清嘉慶至光緒年間某某縣胡氏租佃關係文書　一五一
清嘉慶四年九月某某縣陳汪氏等立出佃田皮約附道光元年三月馮氏加價批　一五一
清嘉慶七年十月某某縣胡春嫂立出佃田皮約附嘉慶廿二年十二月胡氏好風立加價批　一五二
清道光十四年十二月某某縣倪吉慶嫂立出佃田皮約　一五三
清道光十六年六月某某縣胡汪氏等立斷出佃房約　一五四
清道光廿三年九月某某縣汪茂先立出佃田皮約　一五五
清道光三十年十二月某某縣張娥立出杜佃田皮約　一五六
清咸豐四年十二月某某縣方秋意立出佃田皮約　一五七
清咸豐七年三月某某縣張娥立出佃田皮約　一五八
清同治元年三月某某縣陳社發立出佃田皮約　一五九

清同治元年十二月某某縣倪進福嫂立出佃田皮約　一六〇
清同治十二年十二月某某縣胡天喜立出佃田皮契　一六一
清同治十三年十一月某某縣胡壽個等立出佃田皮約　一六二
清光緒十二年正月某某縣陳有立出佃田皮契　一六三
（五）清同治至光緒年間（休寧縣）高梘吴氏斷買佃租契約　一六四
清同治十一年十二月（休寧縣）余尚齡立杜斷佃租約　一六四
清光緒元年六月（休寧縣）程光善立杜斷佃租約　一六五
清光緒三十三年三月（休寧縣）程葉氏等立杜斷賣佃皮田約　一六六
（六）清順治至光緒年間其他租佃契約　一六七
清順治八年二月某某縣林聖元等立承佃水田及山合同文書　一六七
清順治十一年四月某某縣洪應春等立承佃山約　一六八
清雍正五年四月某某縣胡文立出佃佃脚田約　一六九
清乾隆二十二年十二月某某縣汪廷盛立佃旱田約　一七〇
清乾隆三十年五月某某縣吴召周立承佃旱田契　一七一
清乾隆三十三年四月某某縣吴廷美立出佃佃頭田約　一七二
清乾隆五十五年九月某某縣姚李氏立出佃佃皮田約
附乾隆五十七年十一月姚祥貴加佃價批　一七三
清嘉慶七年八月某某縣程旭光立出佃田約　一七四

一 本册目録

清嘉慶廿年四月（歙縣）汪進茂立承佃山脚地坦約　一七五
附嘉慶廿一年三月王聖藩立議收租管業字
清道光六年十二月某某縣胡來順立出佃田皮約　一七六
清道光二十二年五月某某縣朱麒麟立出佃田皮約　一七七
清道光廿三年十月某某縣吴程氏立杜出佃佃田皮約　一七八
清道光廿七年十月某某縣朱廷樑立出佃田皮約　一七九
清道光三十年九月某某縣汪吴氏立杜佃田皮字　一八〇
清咸豐二年七月某某縣畢華斌立出佃田皮約　一八一
清咸豐三年九月某某縣汪順祖立賣佃脚約　一八二
清咸豐三年十一月某某縣周永廣嫂立承佃豆坦菜園荒地字　一八三
清咸豐五年十一月某某縣吴開泰立杜賣田皮約　一八四
清咸豐八年三月某某縣程得壽立出佃佃皮田約　一八五
清同治元年十二月某某縣胡旭明立出佃田皮約　一八六
清光緒三年五月某某縣陳王氏等立出當佃皮契　一八七
清光緒廿五年十二月某某縣張天喜立出佃佃皮田約　一八八
附光緒廿七年二月張順發立加斷骨價銀批

本册目録

九、明崇禎至清光緒年間承佃田皮山場契約　一八九
（一）清道光至同治年間（黟縣）西遞胡氏出租田地山場契約　一九一
清道光二十三年（黟縣）王德勝立承田字　一九一
清道光二十六年六月（黟縣）陳樹托等立承到坦業山場字　一九二
清同治三年十二月（黟縣）王建五立承田字　一九三
（二）清道光至光緒年間（祁門縣）桃源陳氏出租山地契約　一九四
清道光廿八年四月某某縣李國佑立承茶科並坦約　一九四
清光緒三十年五月某某縣汪天水立承租荒山字　一九五
（三）清咸豐至同治年間（祁門縣）環砂程氏出租田地契約　一九六
清咸豐八年二月（祁門縣）汪有慶立承佃地約　一九六
清同治四年三月（祁門縣）汪興寧立承佃地約　一九七
（四）清光緒年間（祁門縣）歷溪塢王氏帖八公祀出租山場契約　一九八
清光緒十九年十一月（祁門縣）王接盛立承租山場約　一九八
清光緒二十年四月（祁門縣）王宗焙立承佃山場約　一九九
（五）明崇禎至清光緒年間其他租佃田皮山場契約　二〇〇
明崇禎十一年八月某某縣方再元立承到佃作田約　二〇〇
明崇禎十三年正月某某縣李尚彬立承到佃作田約　二〇一

二　本册目録

明崇禎十五年十一月某某縣江廷永立承田約　二〇二
明崇禎十七年二月某某縣方時元立承佃園約　二〇三
明弘光元年四月某某縣吴應時立承到佃作田約　二〇四
清康熙四十二年五月某某縣方存輝立還佃租約　二〇五
清乾隆十四年十二月某某縣曹海立攬到田佃租批　二〇六
清乾隆廿三年四月某某縣查虎立領承種佃皮約　二〇七
清乾隆五十年七月某某縣孫佛右立租種園地批　二〇八
清嘉慶七年七月某某縣方以和立承佃民水田約　二〇九
清嘉慶十年三月某某縣胡光鳳立承佃田皮約　二一〇
清嘉慶十二年二月某某縣余殿南立承佃荒田約　二一一
清嘉慶十九年三月某某縣邱賢臣立承田約　二一二
清嘉慶二十五年九月某某縣洪貞泰立承田約　二一三
清道光四年八月（祁門縣）胡良盛立承佃田約　二一四
清道光十年十月某某縣汪輝堂立承田約　二一五
清道光十二年閏九月某某縣朱福孫立承到糞草田皮約　二一六
清道光十五年十月某某縣周聖有立承田約　二一七
清道光廿七年七月某某縣某姓國嘉等立召租山約　二一八

本册目録

清咸豐元年十二月某某縣汪財子立承租田約 二一九
清咸豐二年六年某某縣吴灶有立承田字 二二〇
清咸豐四年三月某某縣朱振發立白手代耕大小買民田字 二二一
清咸豐十年二月某某縣李大風立承田約 二二二
清同治元年十一月某某縣胡祥嫂立攬種田批 二二三
清同治五年十二月某某縣余義發立承佃田約 二二四
清同治十年十二月某某縣程吉慶立承種田約 二二五
清光緒五年三月某某縣方起發立承田字 二二六
清光緒十一年八月某某縣汪炳南立承茶萪山字 二二七
清光緒十八年九月（祁門縣）方春泰等立承佃民水田約 二二八
清光緒三十三年十二月（祁門縣）許玉春嫂立承種田字 二二九
十、清康熙至民國年間租田地山場房屋等契約 二三一
（一）清嘉慶三年湖口縣張文廣承租土地山場契約 二三三
清嘉慶三年二月某某縣汪有公户立出租坦地山場約 二三三
清嘉慶三年三月某某縣汪祖法户等立出租地坦約 二三四
清嘉慶三年十一月某某縣汪永吉立出租土地約 二三五

二　本冊目録

〔二〕清光緒十九年〔祁門縣〕歷溪塢王氏帖八公祀出租山場契約 二三六

清光緒十九年十一月〔祁門縣〕王聖鑑立承租山場約 二三六

清光緒十九年十一月〔祁門縣〕王光祥立承租山場約 二三七

清光緒十九年十一月〔祁門縣〕王道前立承租山場約 二三八

清光緒十九年十一月〔祁門縣〕王天來立承租山場約 二三九

清光緒十九年十一月〔祁門縣〕王天友立承租山場約 二四〇

清光緒十九年十一月〔祁門縣〕王秉彝立承租山場約 二四一

清光緒十九年十一月〔祁門縣〕王唐風立承租山場約 二四二

清光緒十九年十一月〔祁門縣〕王褚社立承租山場約 二四三

清光緒十九年十一月〔祁門縣〕王喜鳳立承租山場約 二四四

清光緒十九年十一月〔祁門縣〕王金祖立承租山場約 二四五

清光緒十九年十一月〔祁門縣〕王安樂立承租山場約 二四六

清光緒十九年十一月〔祁門縣〕王佛珠立承租山場約 二四七

清光緒十九年十一月〔祁門縣〕王聖維立承租山場約 二四八

清光緒十九年十一月〔祁門縣〕王森得立承租山場約 二四九

清光緒十九年十一月〔祁門縣〕王聖泉立承租山場約 二五〇

清光緒十九年十一月〔祁門縣〕王阿汪氏立承租山場約 二五一

清光緒十九年十一月（祁門縣）王修捷立承租山場約　二五二
清光緒十九年十一月（祁門縣）王金禄立承租山場約　二五三
清光緒十九年十一月（祁門縣）王際松立承租山場約　二五四
清光緒十九年十一月（祁門縣）王道昇立承租山場約　二五五
清光緒十九年十一月（祁門縣）王佑林立承租山場約　二五六
清光緒十九年十一月（祁門縣）王際鑫立承租山場約　二五七
清光緒十九年十一月（祁門縣）王瑞風立承租山場約　二五八
（三）清宣統至民國年間某某縣吴敬誠堂出租園地田地契約　二五九
清宣統三年二月某某縣姚可進立租園地批　二五九
清宣統三年三月某某縣汪大元立租田批　二六〇
清宣統三年十月某某縣孫本文立租田批　二六一
民國元年三月某某縣劉招財立租田批　二六二
民國元年三月某某縣孫錠子嫂立租田批　二六三
民國五年十一月某某縣朱子香立租茶園批　二六四
（四）民國年間（歙縣）芳村謝氏出租田地山場茶柯樓屋等契約　二六五
民國十九年農曆八月（歙縣）吕富榮立租大小買田及魚塘批　二六五
民國十九年十二月（歙縣）洪長生立租大小買田並屋基批　二六六

二　本册目録

民國二十年農曆十二月（歙縣）劉步其立租茶柯竹園批　二六七
民國二十四年九月（歙縣）汪銀成立租山場批附民國廿八年四月騰批　二六八
民國二十六年二月（歙縣）金成財立租樓屋及屋基菜園山場茶柯等批　二六九
民國廿八年二月（歙縣）羅養基立租山場批　二七〇
民國三十三年元月（歙縣）操月恒立租地造窯批　二七一
民國三十三年三月（歙縣）洪丸喜立租茶柯及荒山批　二七二
民國三十三年三月（歙縣）程玉來立租樓屋批　二七三
民國三十三年三月（歙縣）劉花狗立租屋基地菜園茶柯批　二七四
民國三十三年三月（歙縣）謝灶萬立租地基批　二七五
民國三十四年元月（歙縣）鄭景賢等立租山場批　二七六

（五）民國年間（歙縣）黄氏出租大小買田契約　二七七

民國十九年農曆十一月（歙縣）朱樹土立租大小買田批
附民國廿年二月退回田壹畝壹分添租貳畝批　二七七
民國二十年八月（歙縣）劉彩德立租大小買田批　二七九
民國二十年八月（歙縣）張義源立承攬租大小田及大小買田批　二八一
民國二十年夏曆八月（歙縣）張六慶立租大小買田批
附瓦塞塘下竹林下大小買田系湖北人富明種批　二八二

〔六〕民國二十年〔歙縣〕范觀青租大小買田契約 二八三
民國廿年八月〔歙縣〕范觀青立租大小買田批 二八三
民國二十年八月〔歙縣〕范觀青立租大小買田批 二八四
民國廿年八月〔歙縣〕范觀青立租大小買田批 二八五
附田單及某年陰曆八月吴國珍立請日順經理交算租穀條 二八五
〔七〕民國年間某某縣余天川會出租店屋契約 二八六
民國三十一年二月某某縣陳新舟立租店屋約 二八六
民國三十一年廢曆二月某某縣江伯明等立租店屋約 二八七
民國三十二年四月某某縣徐静波立租店屋約 二八八
民國三十二年古曆四月某某縣劉見文立租店屋約 二八九
民國三十二年農曆四月某某縣吴澤霖立租店屋約 二九〇
〔八〕清康熙至民國年間其他租佃田地山場園地屋基等契約 二九一
清康熙十七年九月某某縣許鄰臣立租田批 二九一
清康熙十九年十一月某某縣許積德立租田批 二九二
清康熙三十一年十二月某某縣余魯公立租店屋約 二九三
清康熙四十四年正月某某縣汪子成立租房批 二九四
清康熙四十四年四月某某縣鮑六有等立攬約租墳山批 二九五
清雍正元年三月某某縣黄振凡等立租厝基批約 二九六

二　本册目録

清乾隆四年十一月某某縣項元孫立租約　二九七
清乾隆三十年十二月某某縣陳德源立租廚屋約　二九八
清乾隆三十七年二月（青陽縣）曹永年立租店屋批　二九九
清乾隆四十五年二月（祁門縣）謝名廷等立出租山場約　三〇〇
清乾隆五十七年十一月某某縣王時遠等立出租水田約　三〇一
清乾隆五十九年正月某某縣倪敬存立租田契　三〇二
清嘉慶三年七月某某縣胡發興立承租地約　三〇三
清道光十年八月某某縣周观慶立租大買並小頂地批　三〇四
清道光十四年二月某某縣張德遂立租屋批　三〇五
清道光二十年三月某某縣汪道三等立出租地約　三〇六
清道光廿三年正月某某縣潘徐氏立租磨坊加租約　三〇七
清咸豐元年四月某某縣倪人松立出租田地約附某年倪人松立收租金約　三〇八
清咸豐二年九月（休寧縣）巴天壽立租地約　三〇九
清咸豐六年三月（祁門縣）饒允執等立召山約附『鳴官押退盜租約』批　三一〇
清咸豐九年八月某某縣黄新全等立租小買光板田批　三一一
清同治三年九月某某縣盧秀中立租正廳約　三一二
清同治七年十月某某縣王來海立租房約　三一三

二 本冊目録

清同治十年四月某某縣孫天順立租祖墳餘地批 三一四
清同治十三年八月某某縣程錫章立出召田批 三一五
清光緒四年七月某某縣詹士林立租屋約 三一六
清光緒八年八月（休寧縣）胡繼善堂秩下兩大房人等立召租田約 三一七
清光緒十一年十二月某某縣何近仁立賣田坦回租厝柩字 三一八
清光緒十三年二月某某縣倪煥中立租地批 三一九
清光緒二十四年二月某某縣湯云保等立投租屋宇約 三二〇
清宣統二年十一月（祁門縣）王松發立承租山並加租金約 三二一
辛亥年（清宣統三年）九月某某縣鄧桂生立租住屋批 三二二
民國二年農曆十二月某某縣江程氏立租田地批 三二三
民國三年十月某某縣蕭富貴立出靠租田字 三二四
民國七年七月某某縣胡春蕃立租店屋批 三二五
民國十三年二月某某縣時林山立租屋批 三二六
民國十八年農曆十一月某某縣劉長富等重立承租領種山批 三二七
民國二十一年十一月某某縣余阿拜等立承租山批 三二八
民國二十五年十二月某某縣裴輔雲立租田批 三二九

二 本册目録

民國三十五年十月某某縣汪增啓立租賃住屋並菜園字 三三〇
丙戌（戌？）年十二月某某縣吴惟一立租地批 三三一

十一、清嘉慶至民國年間租田地房屋等契約 三三三
清嘉慶十七年八月某某縣汪象成立租巷地安放糞缸約 三三五
清道光二年五月某某縣某姓鈷垣等立租地批 三三六
清咸豐六年二月（祁門縣）饒麗生等立召租田山約 三三七
清同治十二年三月某某縣金玉堂立租地約 三三八
民國六年閏二月某某縣吴義和立租樓屋菜地廁所字 三三九

卷五 明景泰至民國年間佔用對换基地及合造房屋合同 三四一

（一）清同治至光緒年間某某縣江洪喜佔用地基議字 三四三
清同治十一年八月某某縣江洪喜等立豎造舊宅地基後進及墻脚罰錢議字 三四三
清光緒十七年八月某某縣江洪貴等立舊宅基地前進豎造餘房議字 三四四

二 本册目録

〔二〕明景泰至民國年間對換基地及合造房屋合同 三四五
明景泰七年十月〔休寧縣〕汪希華等立換屋貼銀合同 三四五
明萬曆三十八年正月〔休寧縣〕程鑾等立出貼地合同 三四六
明萬曆四十一年七月某某縣潘應祐等四家立均造店房鬮分基地合同 三四七
明天啓三年二月〔休寧縣〕吴一漳等立劃分祖遺樓房基地合同 三四八
明崇禎六年九月某某縣詹新九等立議園地照舊管業中間隔牆均造合同 三五〇
明崇禎九年三月某某縣程國本等立合造莊屋合同文約 三五一
明崇禎十五年七月某某縣倪榮祖等立換地合同 三五二
清康熙十八年十一月某某縣盧文麒等立修造毗鄰屋牆互允寄靠並貼銀合同 三五三
清康熙廿年三月某某縣汪仁則等立議共業西牆照分修理各納税糧合同 三五四
清康熙二十五年正月〔祁門縣〕凌應元立出售房屋並安排後事議約 三五五
清康熙廿八年四月某某縣韓如北等立婉勸李如川借湊牆頭永成和好議墨 三五六
清康熙三十二年正月某某縣黄大富等立議同心造屋約 三五七
清康熙四十三年二月某某縣佘世樹等立議換地合同 三五八
清康熙六十年八月某某縣李端本等爲程氏兄弟議定房屋取贖期限合同 三五九
清乾隆二年七月某某縣吴聖平等立借牆接高合墨 三六一
清乾隆廿四年九月〔休寧縣〕吴康衢等爲造屋理論立出銀息端合同議墨 三六二

二 本冊目録

清乾隆卅一年三月某某縣汪荆樂等立對擬地基合同 三六三
清乾隆三十一年八月某某縣許大生號等
爲汪恒豐紙行倒壞立出售住屋清償貨價並轉贈房屋批字 三六四
清乾隆三十二年四月某某縣程賓虞等兩家立議造屋訂界合同 三六五
清乾隆四十五年九月（休寧縣）汪崐源等立賣樓屋並分派價銀合議墨 三六六
清乾隆五十六年十二月某某縣章士岩等立劃清壁牆墳地議據 三六八
清道光二年正月休寧縣吴時等立租地基修造店鋪合墨 三七〇
清道光九年十一月某某縣某姓六喜等立共用屋墻聽憑加墻找脊合同 三七二
清光緒十二年十二月某某縣胡永善等立言定居所地基管業歸屬合墨 三七三
清光緒廿三年十月某某縣劉旺元等立造屋放寬水渠合同 三七四
民國十二年春浣月某某縣某姓厚德等立分析房屋並廊地合約字 三七五
某某朝某年十月張仝業爲分派租錢致吴宅業主 三七六

卷六　借貸文書

卷六　借貸文書　三七七

一、明萬曆至清光緒年間借貸銀錢借田地等契約　三七七

（一）明崇禎年間某某縣李君美出借銀約　三七九

明崇禎十一年五月某某縣徐應亙等立當佃作田借紋銀約　三七九

明崇禎十一年五月某某縣徐應亙等立當佃作田借紋銀約（背）　三八〇

明崇禎十五年十一月某某縣李叢馨立借銀約　三八一

（二）清光緒年間某某縣方濟源出借光洋字　三八二

清光緒十一年十二月某某縣汪縉紳立借光洋字　三八二

清光緒十九年二月某某縣謝喜安等立借光洋字　三八三

（三）清光緒年間祁門縣方德明出借洋字　三八四

清光緒二十年七月歙縣朱金達等立借英洋字　三八四

清光緒二十一年十二月某某縣汪守中立借光洋字　三八五

（四）明萬曆至清光緒年間其他借約　三八六

明萬曆卅二年正月某某縣張全德立借銀約　三八六

清康熙廿四年三月某某縣程孔昜立當店屋約　三八七

清康熙二十七年六月某某縣胡發貴立借紋銀約　三八八

二　本冊目録

清雍正二年九月某某縣黃添魁立借地造牆約　三八九
清乾隆元年三月某某縣葉廷彩立借種田皮約　三九〇
清乾隆十八年十一月某某縣某姓崧望立借銀字　三九一
清乾隆十九年八月某某縣黃茂林等立借地建廟約　三九二
清乾隆二十一年十二月某某縣某姓社九立押屋約借銀約　三九三
清乾隆廿三年十二月某某縣丁天元等立借紋銀約　三九四
清乾隆二十八年六月某某縣余茂春立押茶柯約借銀約　三九五
清乾隆三十二年十一月某某縣王金太立所欠樹價銀本年十二月内准期交兑約　三九六
清乾隆卅九年三月某某縣馮友光立出佃田皮借銀約　三九七
清乾隆四十五年十一月某某縣某姓聲遠立借銀字　三九八
清嘉慶十五年十月某某縣童天爵等立借穀約
附嘉慶十六年十二月約内穀一併付訖批　三九九
清嘉慶廿一年九月某某縣胡九立借早穀苞蘆約　四〇〇
清嘉慶廿五年十一月某某縣汪列五立借田字　四〇一
清道光元年八月（歙縣）程可燦立押頂頭小買退批借銀票　四〇二
清道光四年十二月某某縣王本富立借大錢約　四〇三
清道光五年十二月某某縣黃阿李氏立借錢字　四〇四
清道光六年□月某某縣儲榮美立借錢約附本年並九年六次收錢批　四〇五

二

本册目録

清道光九年十二月某某縣程江氏等立押山契借錢字 四〇六
清道光十一年十二月某某縣汪世懷立押坦約借大錢字 四〇七
清道光十六年十二月某某縣劉景青立借錢約 四〇八
清道光二十五年十月某某縣胡志堂等立押茶園田契簽税票借洋錢字 四〇九
清道光廿六年三月某某縣胡仕春立押園田借大錢票 四一〇
清道光二十九年十月某某縣程觀禄立押地借典錢約 四一一
清道光卅年四月某某縣汪裕成立借大錢票 四一二
清道光三十年五月某某縣湯喜立借田佃字 四一三
清咸豐元年二月某某縣吴興來立借大錢票 四一四
清咸豐四年二月某某縣黄定元立靠房借製錢約 四一五
清咸豐六年五月某某縣程振芳立借足錢字 四一六
清咸豐七年四月某某縣張胡氏立絶當房屋借銀永不再加借約批據 四一七
清同治元年六月某某縣汪進旺立借大典錢字約 四一八
清同治三年九月某某縣查凌氏立押學田借大錢字 四一九
清同治七年二月某某縣聞天喜立借田字 四二〇
清同治八年十二月某某縣程兆立借穀票 四二一
清同治十三年五月某某縣程德昌立借紋銀字 四二二

清光緒四年六月某某縣方慎德堂立借磚牆字　四二三
清光緒八年十二月某某縣汪甚安立押小買田借大錢字
附民國二年九月汪富仍取回原當田批　四二四
清光緒十四年十二月某某縣梁金受立押佃田借光洋字　四二五
清光緒十七年十一月某某縣胡仁富立押佃批借英洋票　四二六
清光緒二十六年三月某某縣某姓左泉立押房屋借英洋字
附光緒三十四年十月立加典價批　四二七
清光緒二十九年九月某某縣程永貴立押佃進田借英洋字　四二八
清光緒三十年十二月某某縣汪全福立借英洋字　四二九

二、明崇禎至清宣統年間借貸契約　四三一

明崇禎十五年三月某某縣周春興立借紋銀約　四三三
清順治十三年六月某某縣程兆九立借銀票　四三四
清康熙廿九年十月某某縣胡成立借紋銀約　四三五
清康熙卅六年七月某某縣汪細連立當牛借銀約　四三六
清雍正五年十二月某某縣程玉擎立抵契據借紋銀約　四三七
清乾隆二年十月某某縣胡玉友立抵田皮借銀約　四三八
清乾隆二十八年十二月某某縣程秋壽立借紋銀約　四三九

二 本册目録

清乾隆五十八年十一月某某縣孫貫川立借銀券 四四〇
清嘉慶十八年九月某某縣吴八金立借錢票 四四一
清嘉慶二十三年十一月某某縣吴余氏立押赤契借銀錢字 四四二
清嘉慶二十五年四月某某縣程明兆立借錢票 四四三
清道光五年九月某某縣程壽等立抵山合同等借錢票 四四四
清道光十年十二月某某縣程宗玉立借銀字 四四五
清道光二十年九月某某縣程鳴和立借本洋字約 四四六
清道光廿九年十二月某某縣陳崑瑞立借銀洋約
附咸豐十一年八月立收洋錢批 四四七
清咸豐三年八月某某縣胡灶定立押會書借穀票 四四八
清咸豐四年十二月某某縣鮑次瑩立借洋錢券 四四九
清咸豐九年十月某某縣章康玉立押屋契借大錢字 四五〇
清咸豐十年閏三月某某縣汪舜廷立押小板箱等借大錢字 四五一
清同治元年十二月某某縣汪培功立押佃借穀票 四五二
清同治四年十二月某某縣胡高壽立押竹園地契税票借大錢約 四五三
清同治六年十月某某縣余省三立押田地當契借大錢字 四五四
清同治十二年十二月某某縣胡萬松立借洋押茶園約
附光緒十年十二月立找價洋約 四五五

清光緒六年十二月某某縣吴順茂立借光洋字　四五六
清光緒十三年九月某某縣胡門陳氏等立借英洋字　四五七
清光緒二十二年十二月某某縣張福酉立抵山借穀票　四五八
清光緒二十五年十月某某縣丁長財立押水牝牛借英洋字　四五九
清光緒三十一年二月某某縣某姓學登等立質菜園地借錢字　四六〇
清宣統二年十一月某某縣吴灶九立押佃皮來脚紙借英洋字　四六一
清宣統二年十二月某某縣鄧進久立借英洋字　四六二
三、清乾隆至民國年間抵押契約　四六三
清乾隆卅八年十二月（祁門縣）朱寵孫立抵田地山場屋宇勼書契
附乾隆四十三年四月收石坑佃價批　四六五
清嘉慶十四年三月某某縣某姓于堂立轉抵六合縣田園莊房等産業契　四六六
清道光十三年十二月某某縣某姓日高等立抵押後園伙房將租抵息以作祖店公本墨據　四六八
清同治元年三月（休寧縣）汪吴氏等立出押田契據　四六九
清光緒二十五年十二月某某縣汪佛鑑等立杜斷押田坦契　四七〇
辛亥年（清宣統三年）九月（休寧縣）鄧桂生立出質房屋據字　四七一
民國五年農曆十二月某某縣胡湧祥立押屋基青田契字　四七二
民國廿三年二月某某縣陳留進立抵押石山字　四七三

卷七　商業文書　四七五

一、明嘉靖至清光緒年間商業經營文書　四七五

（一）清康熙年間某某縣汪氏經營分析店業合同　四七七

清康熙四十一年十二月某某縣汪琅友等
立祖遺於潛印渚埠汪茂源老店交與（汪）芝山管理合議　四七七

清康熙四十九年正月某某縣（汪）家琳等立清理於潛印渚店業議墨　四七九

清康熙五十七年九月某某縣朱庭有等勸諭內侄汪琅友等
於潛印埠店業仗義幫貼認領本銀合同議墨　四八一

清康熙五十八年正月某某縣汪家琳等
立分析於潛印渚埠店業並常山鹽倉及其他各業議墨合同　四八三

（二）清乾隆至嘉慶年間（休寧縣）（胡氏）屯溪萬和館店業經營轉讓合同　四八四

清乾隆四十一年正月（休寧縣）（胡）君明等
立盤算萬和館店業銀本屋業基地并開張議據
附乾隆四十七年三月將議據內（胡）璧本利付訖批　四八四

清嘉慶二十一年三月（休寧縣）（胡）允執等立轉讓萬和館店業合議據　四八六

（三）清光緒元年某某縣潘芥舟等經營暨結清店業合同　四八八

清光緒元年正月某某縣潘芥舟等立結算（天門縣）
皂市同興雜貨店賬目重立股份合同附合同作廢
暨光緒八年二月立分派清結賬目清單批　四八八

二　本册目録

清光緒元年正月某某縣潘芥舟等立合股開立〔天門縣〕皂市義泰豐雜貨店合同字　四八九
附合同作廢暨光緒八年二月另立分派清結賬目清單批　四九〇

〔四〕清光緒年間某某縣程氏合股經營窯場養魚合同

清光緒八年八月某某縣程秉灝等立集股開設窯場合議　四九〇
清光緒八年九月某某縣程光有等立集股開設窯場議據　四九二
清光緒十二年十二月某某縣程汪安等立集股合造水碓合議　四九三
清光緒二十二年十月某某縣程元炳等立合股水塘輪流養魚合同議據　四九四

〔五〕明嘉靖至清光緒年間其他商業經營合同

明嘉靖四十四年四月某某縣謝大經等立各出本銀合賃橋店生理合同　四九六
明隆慶元年八月〔祁門縣〕程鉡等立合夥買木前往瓜洲發賣合同文書　四九六
明崇禎三年十月某某縣詹正吾等立合股經營廣信府石塘地方
做紙舊業議約附十六年十七年帳目算明批　四九七
明崇禎十四年四月某某縣張尚湧等立合股造作磨屋招租議墨　四九八
附許龍等立包租承管磨屋契抄白　五〇〇
清康熙十年三月某某縣吳之鼎等立議合夥到如皋縣蔣家莊開車買豆打油生意合同　五〇〇
清康熙十二年十月某某縣汪祥甫等立合股買山倩匠鑿打灰石合同　五〇二
清乾隆二年八月某某縣汪允安等立合本在重慶四牌坊開立聚川酒坊合同　五〇三
附乾隆三年正月每人加本銀批　五〇四
清乾隆三年正月某某縣程奂若等立合本共開饒州程鼎新布店合同　五〇四
附乾隆二十九年某姓廷傳等立拨銀批　五〇六

二 本册目録

清乾隆三十一年四月某某縣劉美中立出頂雜貨憲帖約 五〇七
清乾隆三十七年三月某某縣吴天衢等立合股開創吴城戴振興典合同典墨 五〇八
附乾隆五十八年十二月三姓公商收歇批
清乾隆五十六年正月某某縣某姓公瑞等立合夥頂開公瑞本村所開之店合同文約 五一〇
清道光元年五月某某縣李仁光等立合夥店業照年輪開合議墨 五一二
附道光六年七月立店業仍聽仁記承辦批明合同
清道光六年七月通沙張芝山鎮徐億興號等立收辦銷售尺布費用算賬合同議據 五一四
清道光三十年八月某某縣金雲嶂等立合股承租石宕灰窯合同 五一七
清咸豐十一年七月〔歙縣〕汪星如等立合夥經營槐塘仁壽堂藥鋪合同 五一九
清光緒十五年正月某某縣潘濟生等立合股接替休寧坤利店合議墨 五二〇
清光緒三十二年十二月某某縣余義興會衆等立出洋興復水碓合議 五二二

二、明萬曆至崇禎年間合股經營清算合同 五二五

明萬曆二十四年十一月某某縣鄭禮春等立買賣穀行股份合股經營文約 五二七
明天啓六年正月某某縣程國俊立算明先父所存資本領取營運生息議約合同 五二八
明天啓六年八月某某縣李君美等立合夥經營雜貨生理合同 五二九
明崇禎四年十二月某某縣許可敦等立同心出資做造水碓合同 五三〇
明崇禎九年八月某某縣謝正理等立各出本銀按股均開乂店合文 五三二

五、明萬曆至民國年間租田地山場屋基契約

〔一〕明萬曆年間〔祁門縣〕十一都朱氏出租土地契約

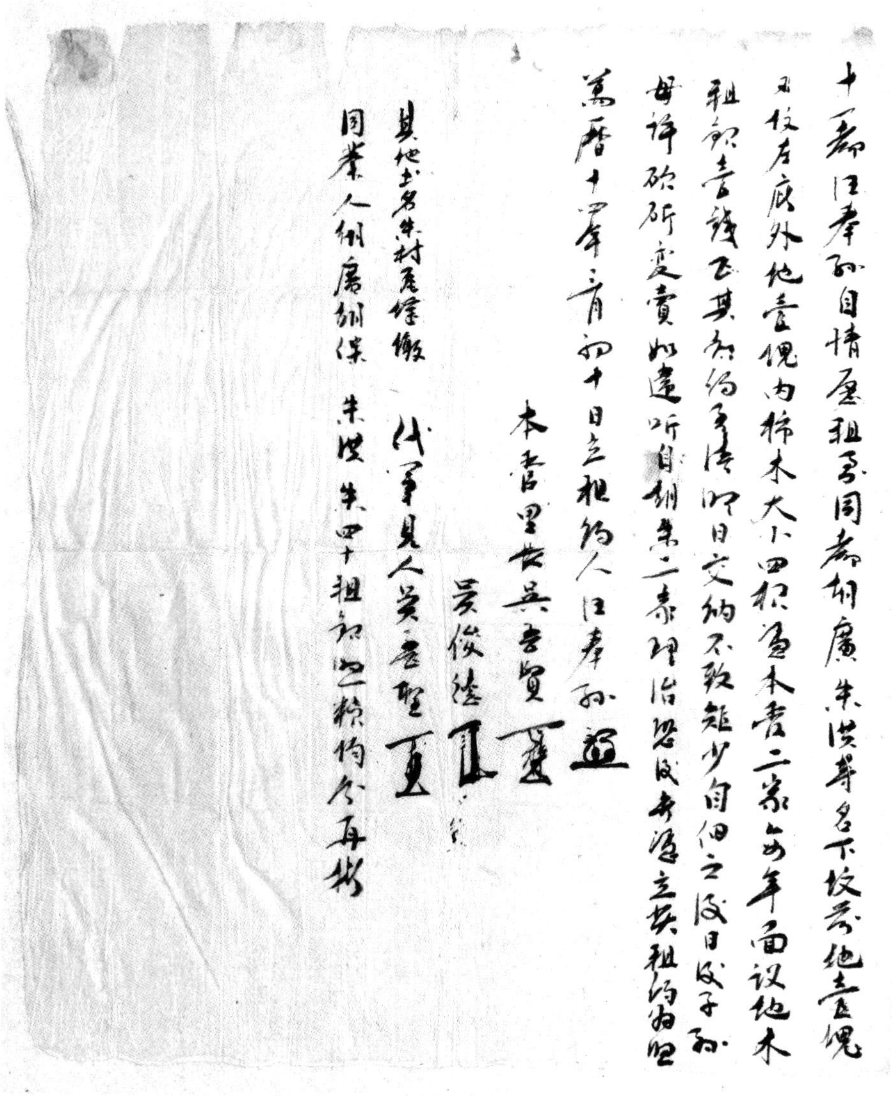
十一都汪奉孫自情愿租到同都胡廣、朱洪壽名下坟旁地壹塊
土名坟左底外地壹塊，内棉木大小四根，為本青二家[illegible]每年面议地木
租銀壹錢正，其銀[illegible]清明日交納不致短少，自租之后日後子孫
毋許砍斫変賣，如違，听自胡朱二家理治，恐後無憑，立契租約為照。
萬曆十四年三月初十日立租約人汪奉孫（押）
本書里長吳吾賢（押）
吳俊德（押）
代筆見人吳吾聖（押）
其地土名朱村尾塢[illegible]
同業人胡房胡保 朱[illegible] 朱四十 租銀[illegible]賴[illegible]再批

二

明萬曆廿一年四月〔祁門縣〕朱四十立租田約

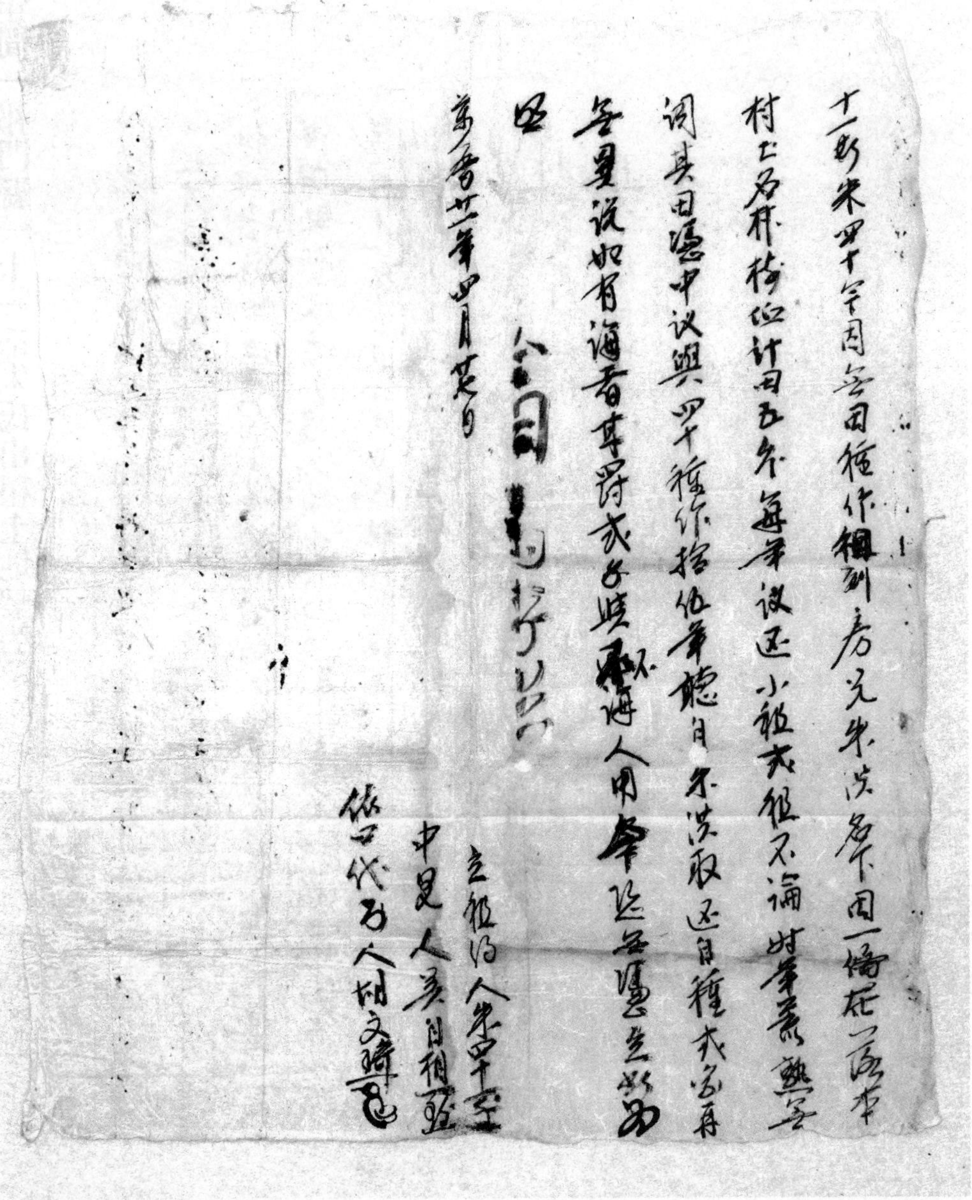
十一都朱四十今因無田種作，租到房兄朱洪名下田一備，坐落本
村土名井塢坵，計田五斗，每年議還小租大租不論好年荒熟，無
詞。其田憑中議與四十種作，描佃年聽自朱洪取還自種，本身再
無異說。如有悔者，甘罰弍錢與不悔人用。今恐無憑，立此為
照。
今日[illegible]
萬曆廿一年四月[illegible]日
立租約人朱四十（押）
中見人黃日相（押）
依口代書人胡文琦（押）

二 明萬曆四十三年一月（祁門縣）胡重興社立送社租約附胡應互立取回前租本社管業批

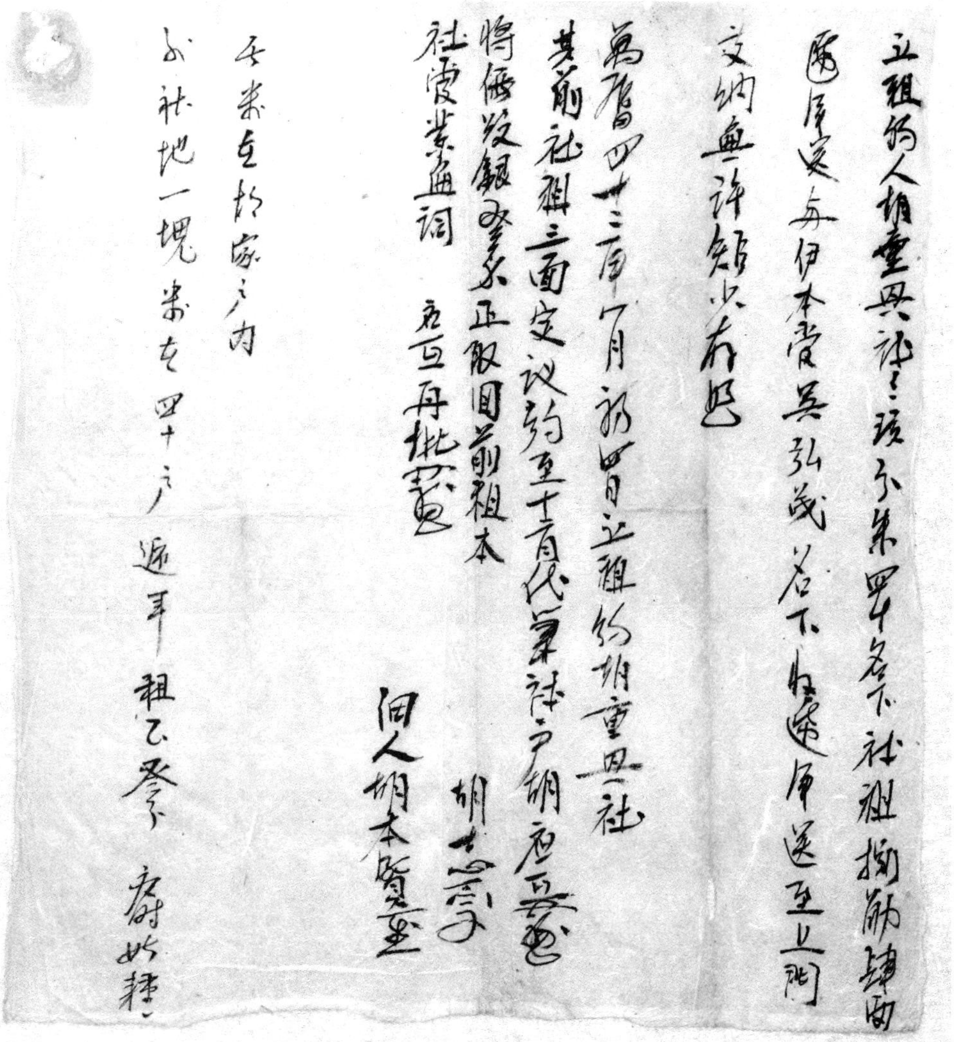
立租約人胡重興社[illegible]名下社租[illegible]
[illegible]與伊本堂[illegible]弘茂名下[illegible]年送至上門
交納無許短少存照
萬曆四十三年一月初四日立租約胡重興社
其前社租三面言定[illegible]胡應互[illegible]
將原[illegible]銀[illegible]取回前租本
社管業無詞　應互再批
胡士[illegible]
中人胡本賢

〔二〕清康熙年間某某縣汪氏出租田地批

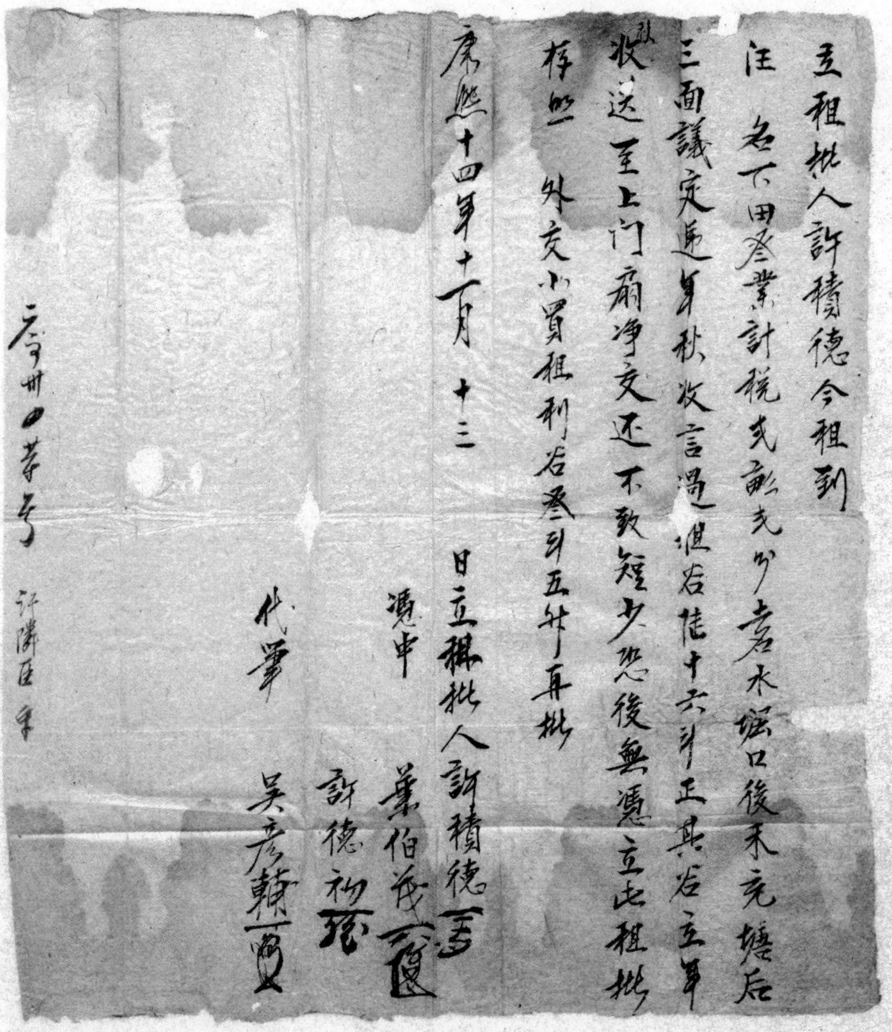
立租批人許積德今租到
汪　名下田叁業計税弍畝弍分土名水碓口後禾充塘后
三面議定遞年秋收言過租谷陆十六斗正其谷立年
收送至上门扇淨交还不致短少恐後無憑立此租批
存照　外交小買租利谷叁斗五升再批
康熙十四年十一月　十三　日立租批人許積德（押）
憑中　葉伯茂（押）
許德初（押）
代筆　吴彦輔（押）
許隣臣　字

二

清康熙十六年十月某某縣許德初立租田批

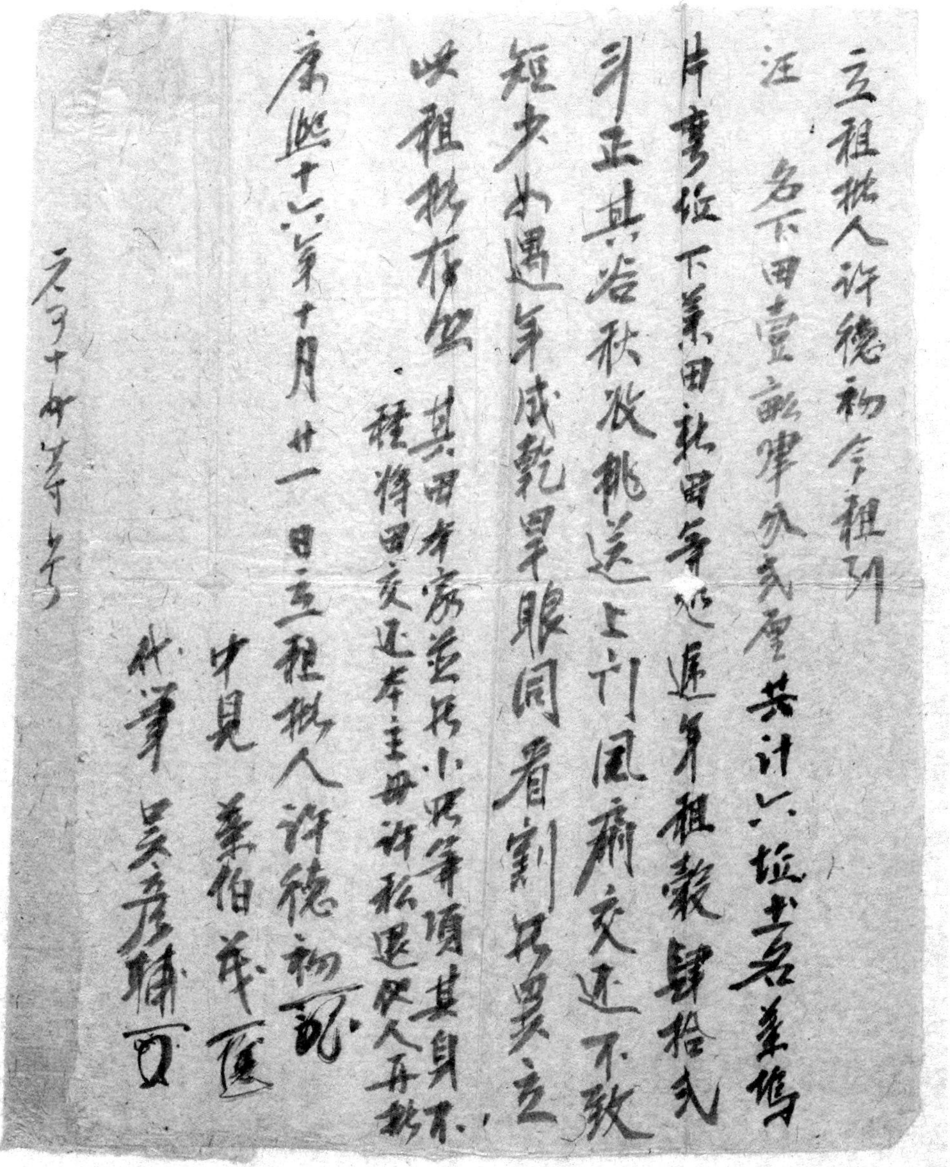
立租批人許德初，今租到
汪　名下田壹畝肆分貳厘，共計六坵，土名葉塢
片塘坵、下葉田、秋田等坵，遞年租穀肆拾貳
斗正，其谷秋收挑送上門，風扇交還，不致
短少。如遇年成乾旱，眼同看割，不異。立
此租批存照。其田本家並不小買等項，其身不
種，將田交還本主，毋許私退與人再種。
康熙十六年十月廿一日立租批人許德初（押）
中見　葉伯華（押）
代筆　吳彥明（押）

二

清康熙十七年八月某某縣許景美立租田批

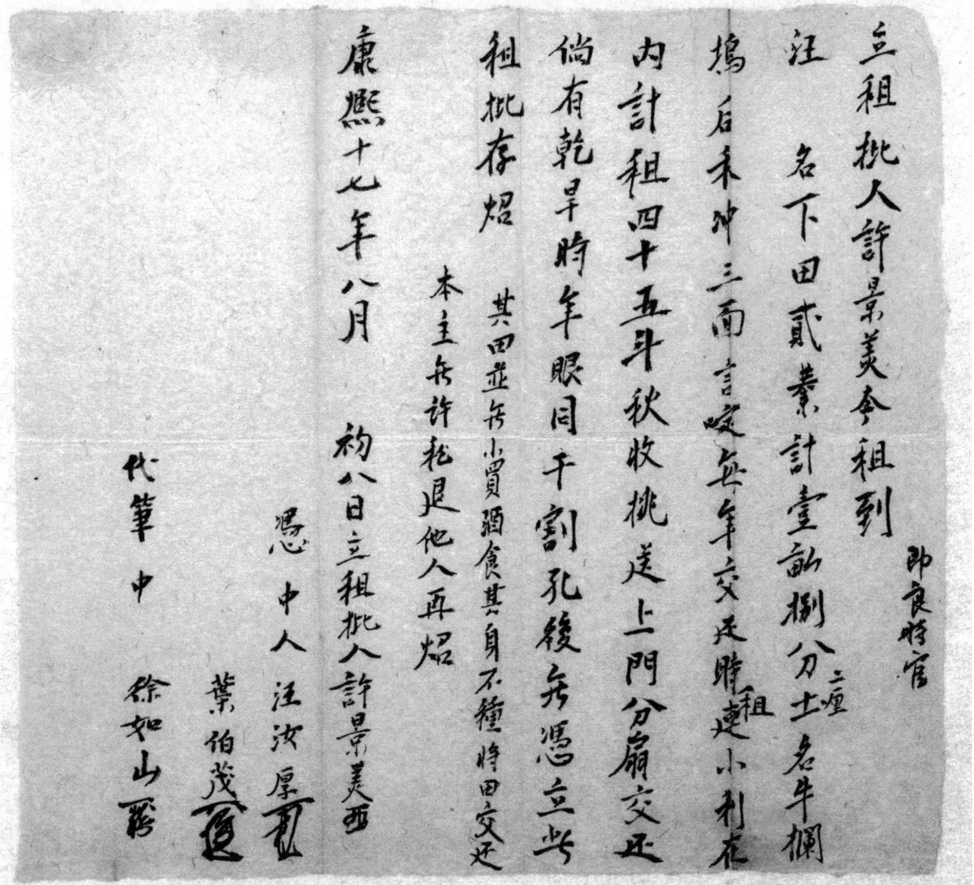
立租批人許景美今租到
郎良將官
汪　名下田貳業計壹畝捌分二坵土名牛欄
塢石禾沖三面言定每年交还時租遞小利在
內計租四十五斗秋收挑送上門分扇交还
倘有乾旱時年眼同干劉孔綬無憑立此
租批存炤
其田並無小買酒食其自不種將田交还
本主無許私退他人再炤
康熙十七年八月　初八日立租批人許景美押
憑中人　汪汝厚押
葉伯茂押
代筆中　徐如山押

二

清康熙十九年五月某某縣徐如山立租田批

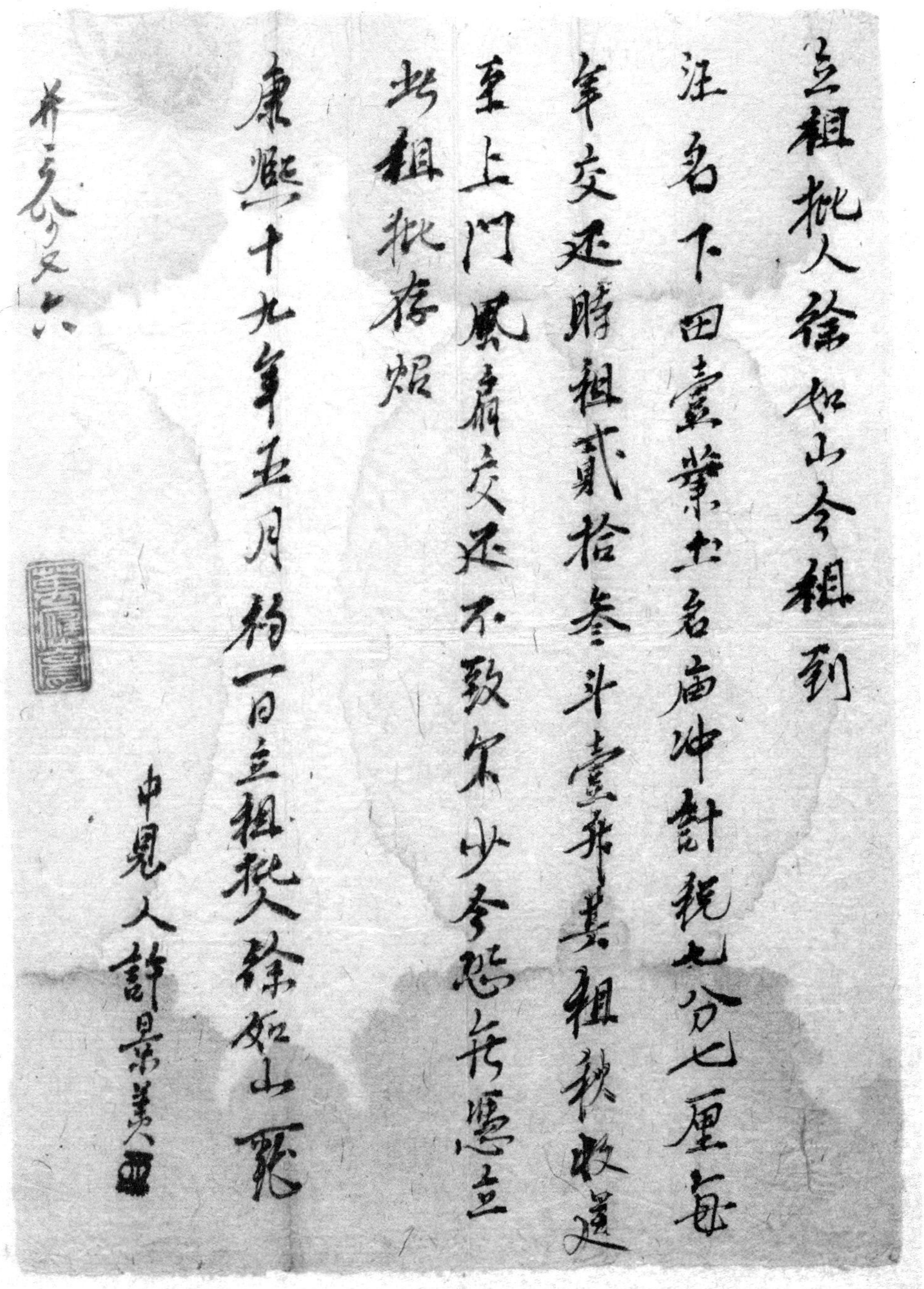

立租批人徐如山今租到
汪名下田壹業土名廟冲計稅七分七厘每
年交还時租貳拾叁斗壹升其租秋收送
至上門風扇交还不致欠少今恐無憑立
此租批存照
康熙十九年五月 日立租批人徐如山（押）
中見人許景萬（押）

并三分八分又六

二

（三）清光緒年間（祁門縣）歷溪塢王氏帖八公祀出租山場契約

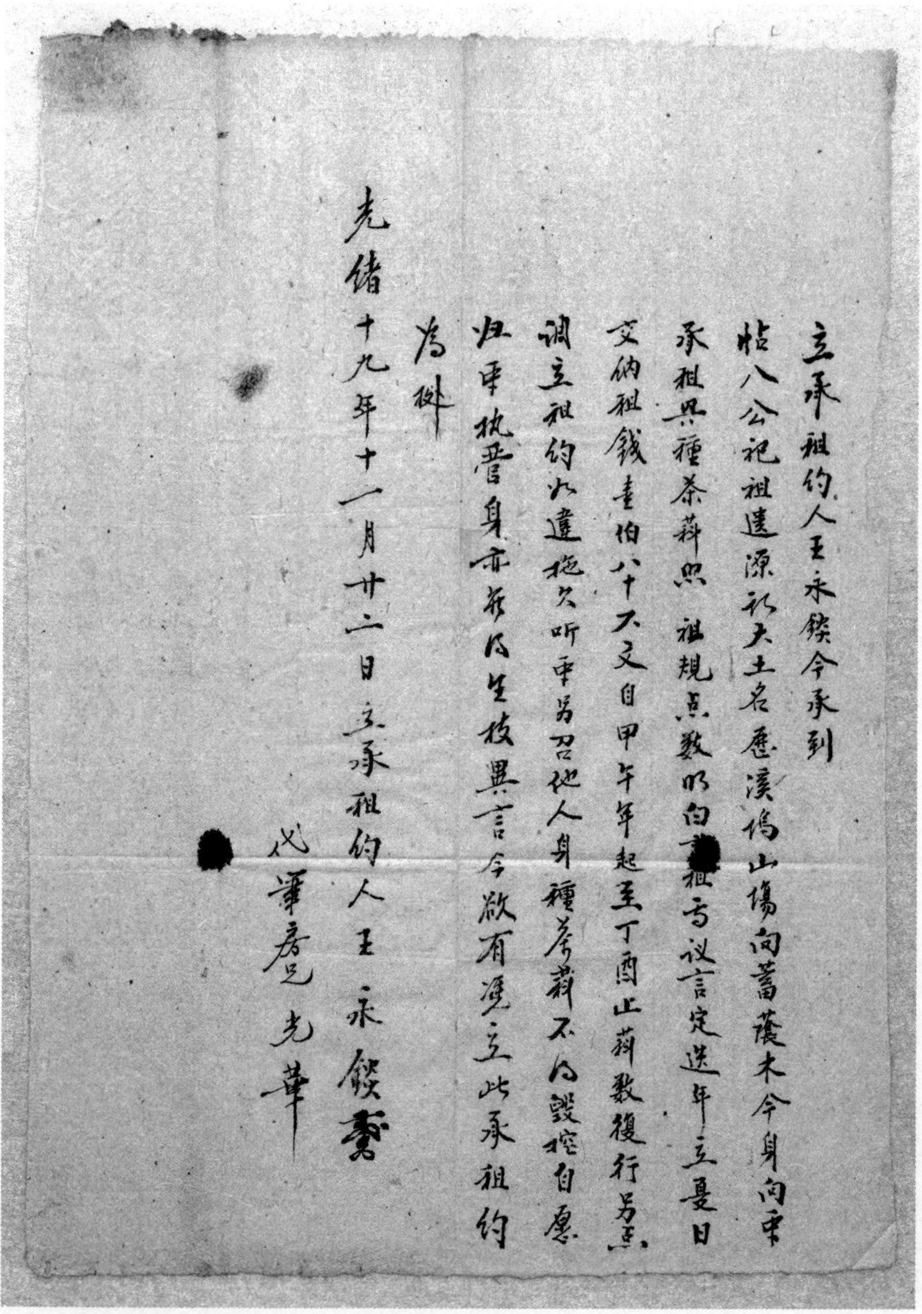

立承租約人王永錟今承到
帖八公祀祖遺源祁大土名歷溪塢山場向蓄養木今身向眾
承租興種茶萪照祖規點數明白□祖方議言定逐年立夏日
交納租錢壹伯八十不文自甲午年起至丁酉止萪數復行另點
調立租約如違拖欠听眾另召他人身種茶萪不得毀挖自愿
歸眾執管身亦無得生枝異言今欲有憑立此承租約
為據
光緒十九年十一月廿二日立承租約人王永錟（押）
代筆房兄光華

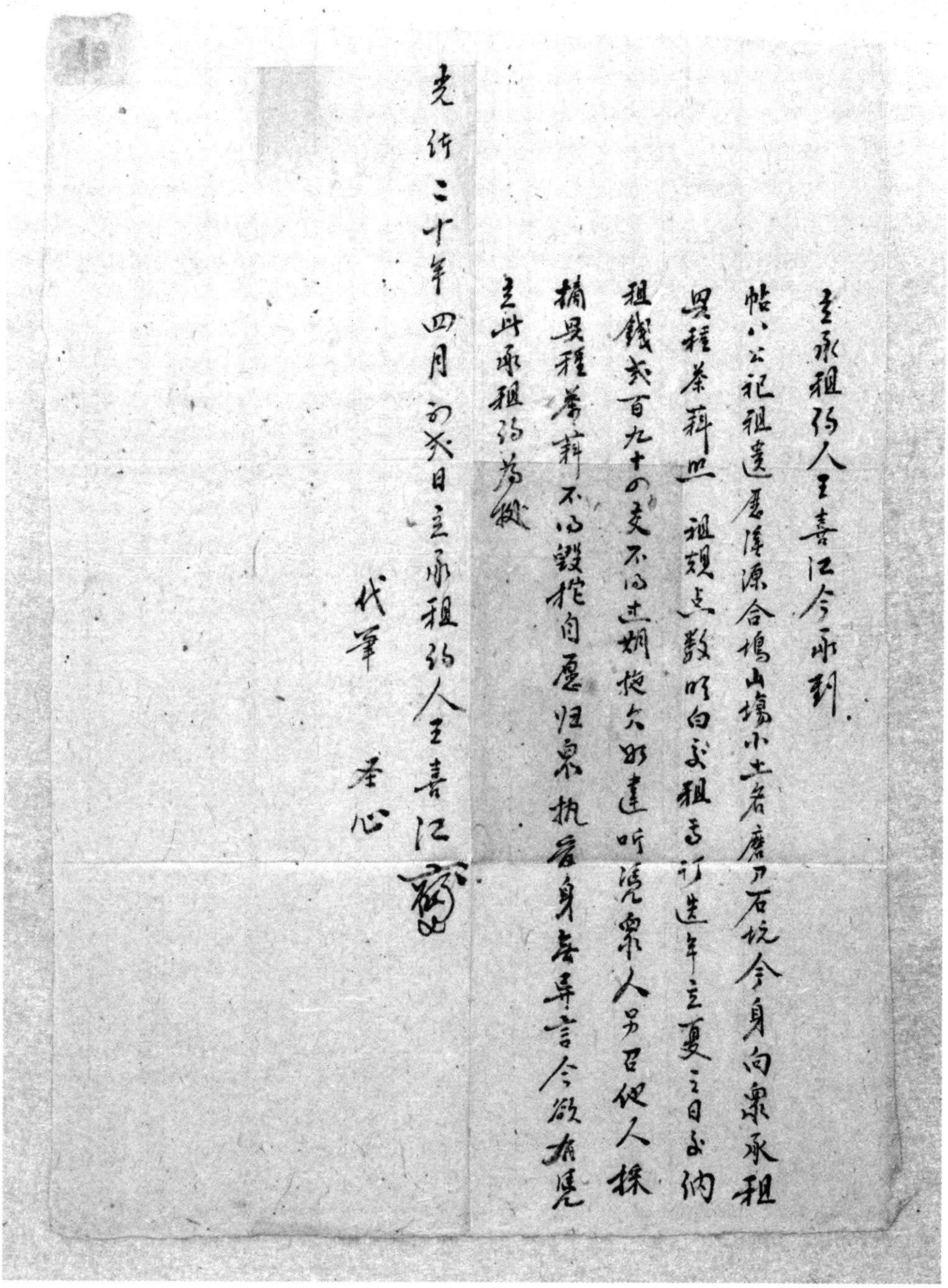

立承租約人王喜江，今承到
帖八公祀祖遺屋降源合塢山場，小土名磨刀石坑，今身向衆承租
興種茶萪业，租規立數明白，其租言訂遂年立夏之日交納
租錢式百九十〇文，不得拖欠，如違，聽憑衆人另召他人採
摘興種茶萪，不得毀挖，自應歸衆執管，身無異言。今欲有憑，
立此承租約爲據。

光緒二十年四月初六日立承租約人王喜江（押）

代筆 丕心

清光緒二十年四月（祁門縣）王喜江立承租山場約

二

〔四〕明萬曆至民國年間其他租佃田地山場屋基契約

明萬曆二十五年八月〔祁門縣〕徐應祥等立租住基約

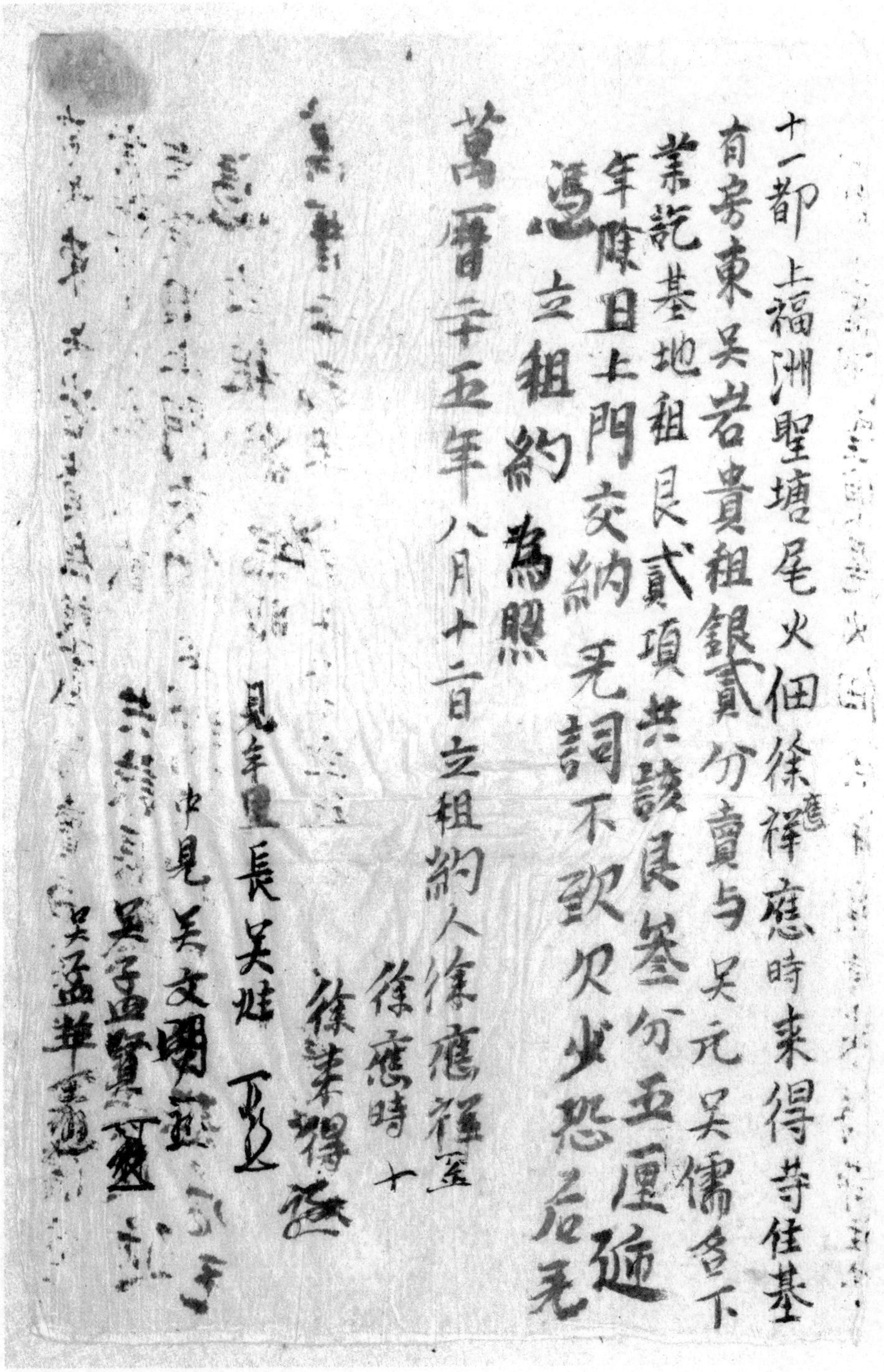
十一都上福洲聖塘尾火佃徐應祥應時来得等住基
有房東吴岩貴租銀貳分賣与吴元吴儒名下
業託基地租艮貳項共該艮叁分五厘逓
年限日上門交納无詞不致欠少恐后无
憑立租約為照
萬曆廿五年八月十二日立租約人徐應祥（押）
徐應時 十
徐来得（押）
見年里長吴娃（押）
中見吴文明（押）
吴子益（押）
吴孟華（押）

二

明萬曆二十六年五月某某縣汪遲付等立租住基約

立租約人汪遲付、汪思隱、思明、思福、思枝等住基硬
租銀貳錢，每年新正月初二日上門交納，不至過
期。所有房東喜慶等事，聽憑房東叫喚服役，先
河聽後無違。立此租為照。
倘房東緊急住來，備火把互送無詞。
萬曆二十六年五月十五日立租約人 汪遲付（押）
思明（押）
思隱（押）
思枝（押）
思福（押）
交納租艮之日，議定年餽酒叁分為率，生
豕壹斤，酒乙分。

二

明萬曆三十二年十一月某某縣徐銀盛立租田約

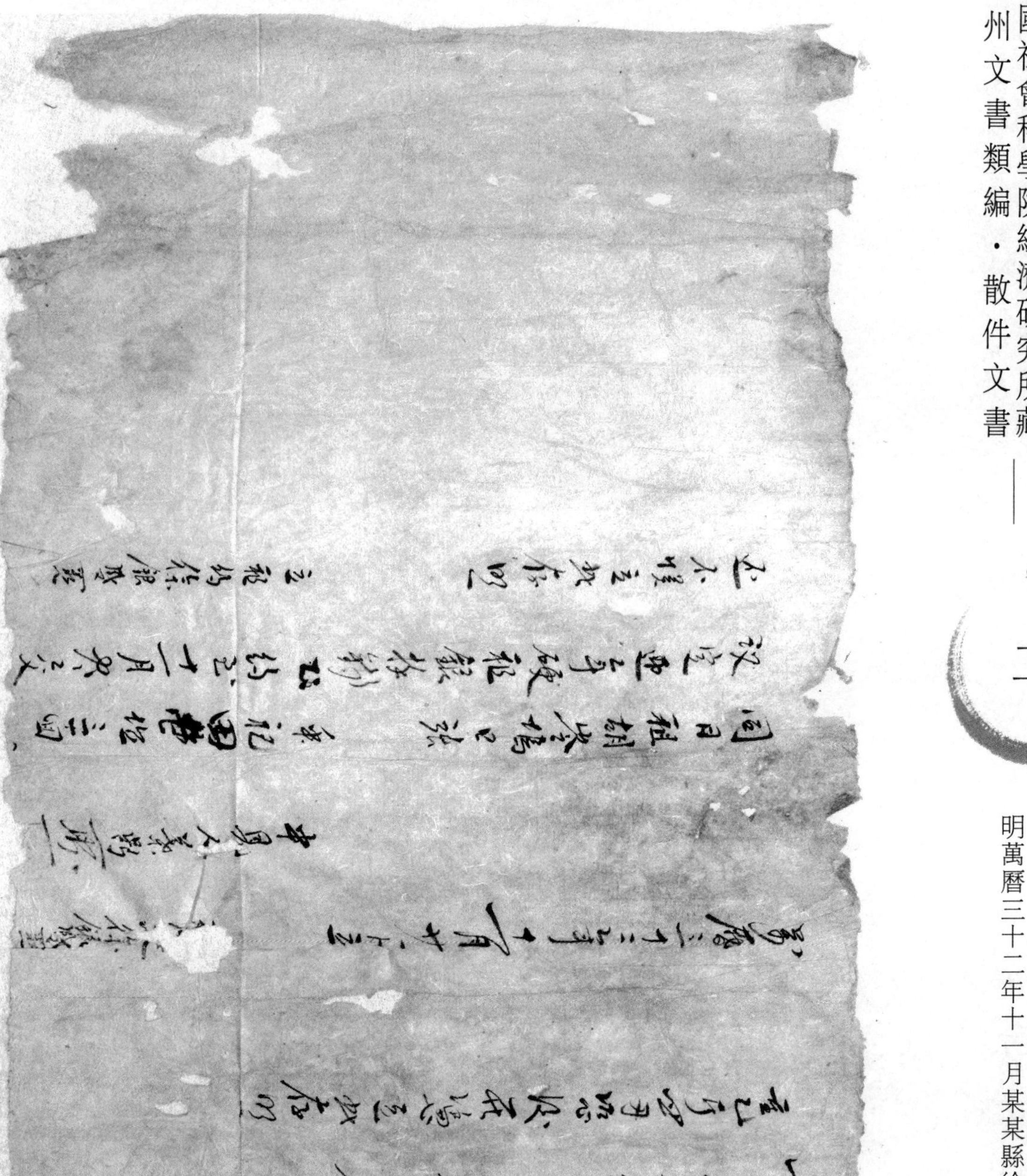

二

明天啓四年正月（祁門縣）方裕成等立租山約

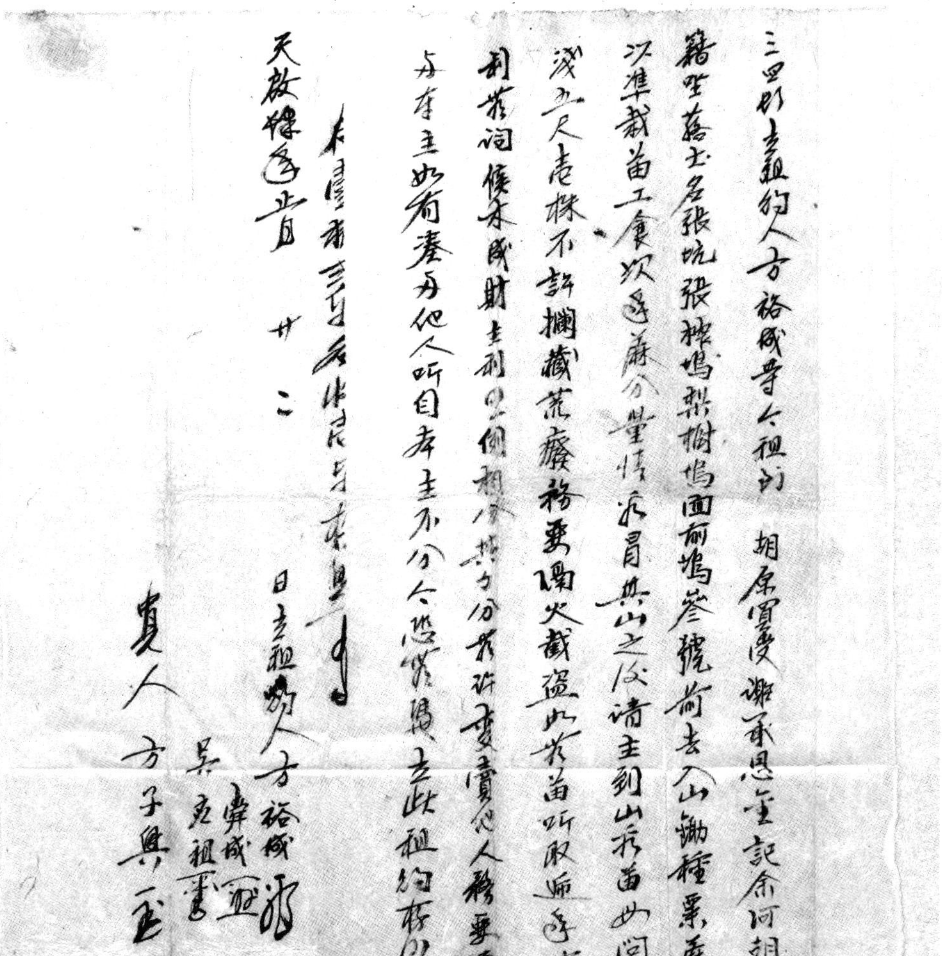

三四都立租約人方裕成等，今租到　胡原買受謝承恩全記余何胡分
籍坐落土名張坑張梓塢梨樹塢面前塢苓塘前去入山鋤種粟麻
以准栽苗工食，次年麻分量情，承買其山之後，請主到山看苗，如間平
淺五尺壹株，不許攔藏荒廢，務要謹火截盜，如苗所取，遞年看花
利，前詞條木成財，主利四股，佃利相分，其力分，不許變賣他人，務要盡
與本主，如有盜賣他人，所自本主不分，今恐無憑，立此租約存照。
本日本山眾立木界處東其山
天啟肆年正月　廿二　日立租約人方裕成（押）
舜成（押）
吳定祖（押）
中見人　方子興（押）

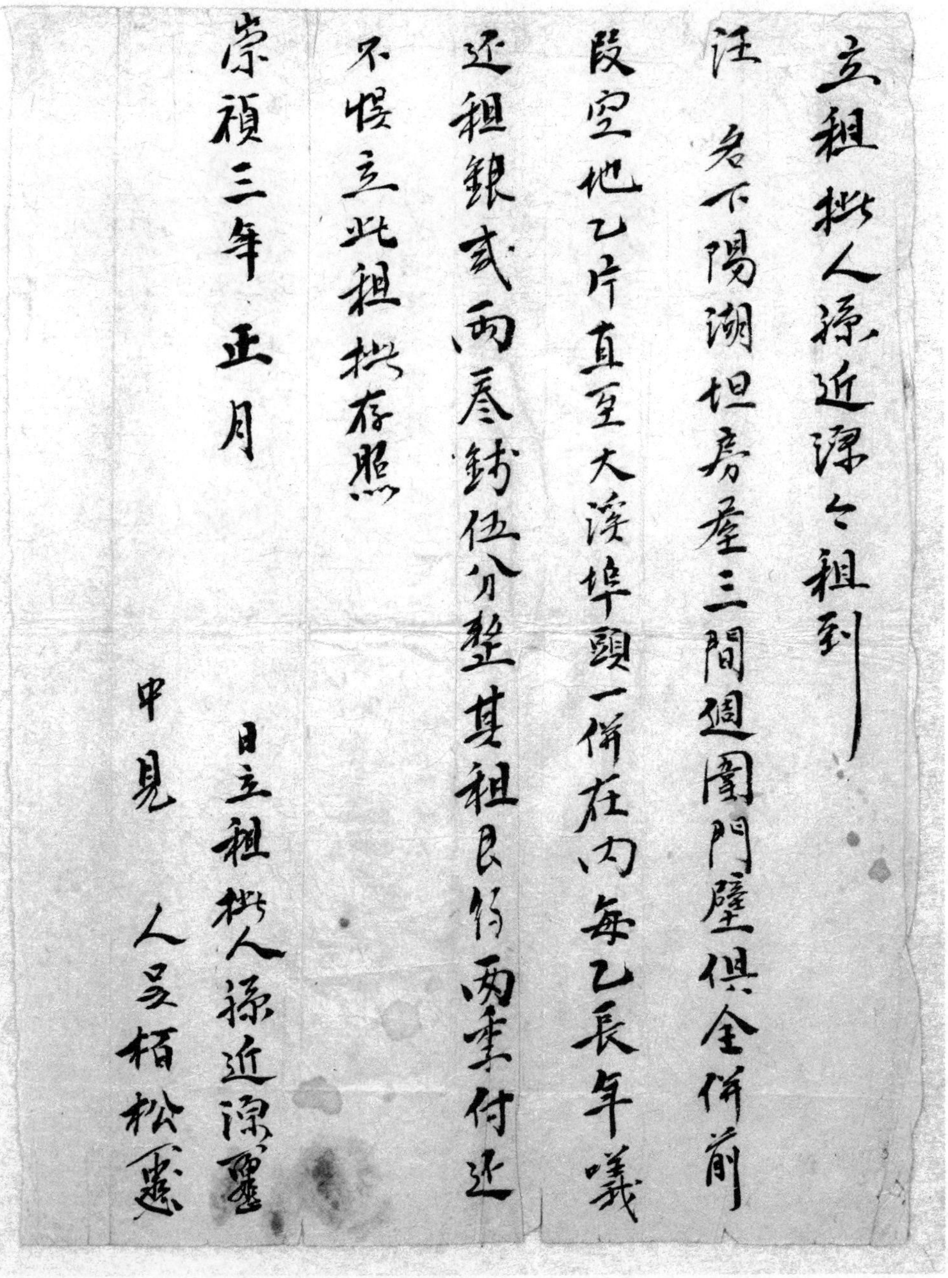
立租批人孫近源今租到
汪　名下陽湖坦房屋三間週圍門壁俱全併前
段空地乙片直至大溪埠頭一併在內每乙長年議
还租銀貳兩叁錢伍分整其租艮約兩季付还
不悮立此租批存照
崇禎三年　正月　　日立租批人孫近源（押）
中見　人吴栢松（押）

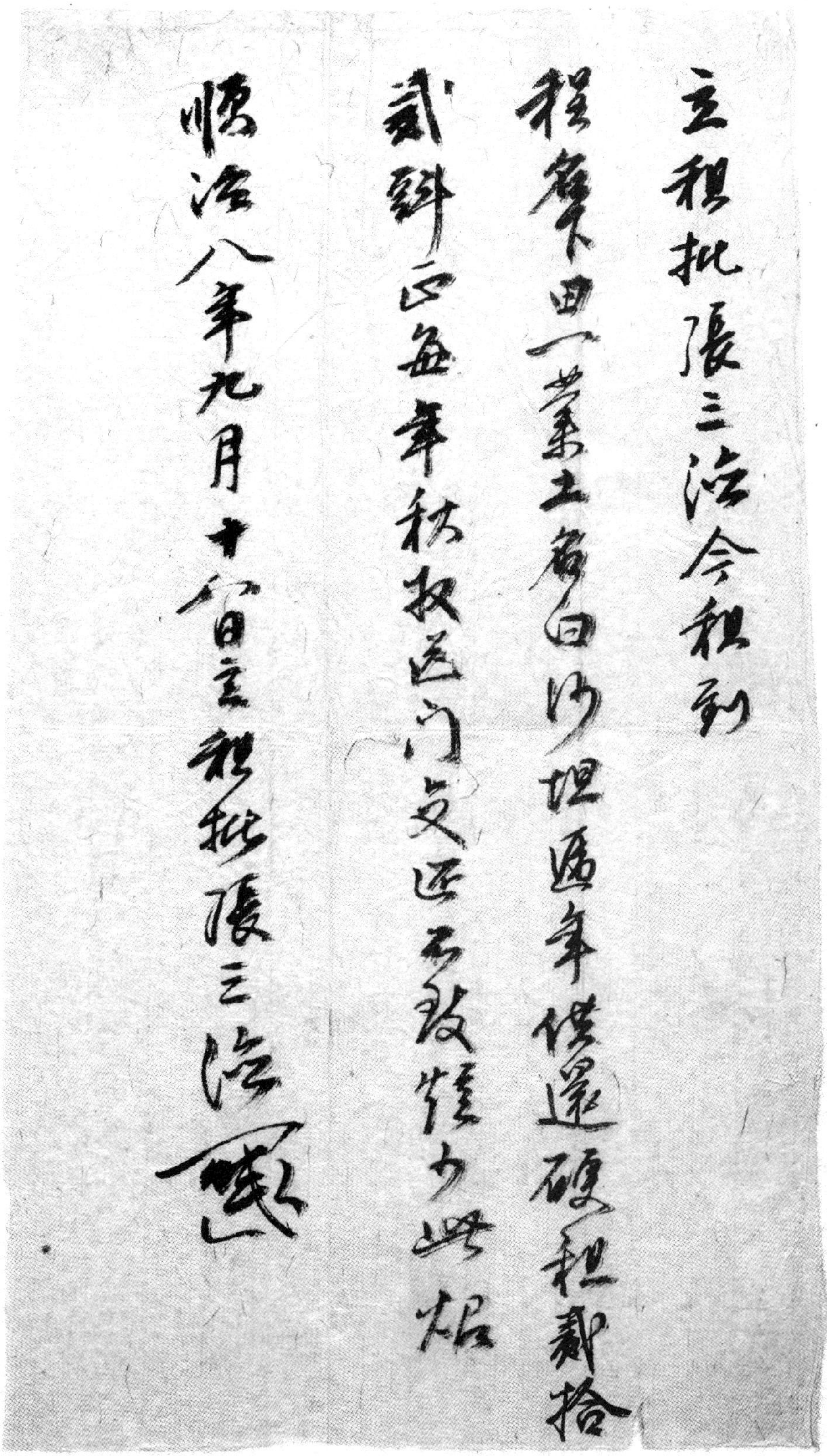
立租批張三治今租到
程舉下田一業土名白沙垻遞年借還硬租貳拾
貳斛正每年秋收送門交還不致短少此炤
順治八年九月十八日立租批張三治（押）

清順治八年九月某某縣張三德立租田批

二

清康熙廿九年八月某某縣程德彰立租田批

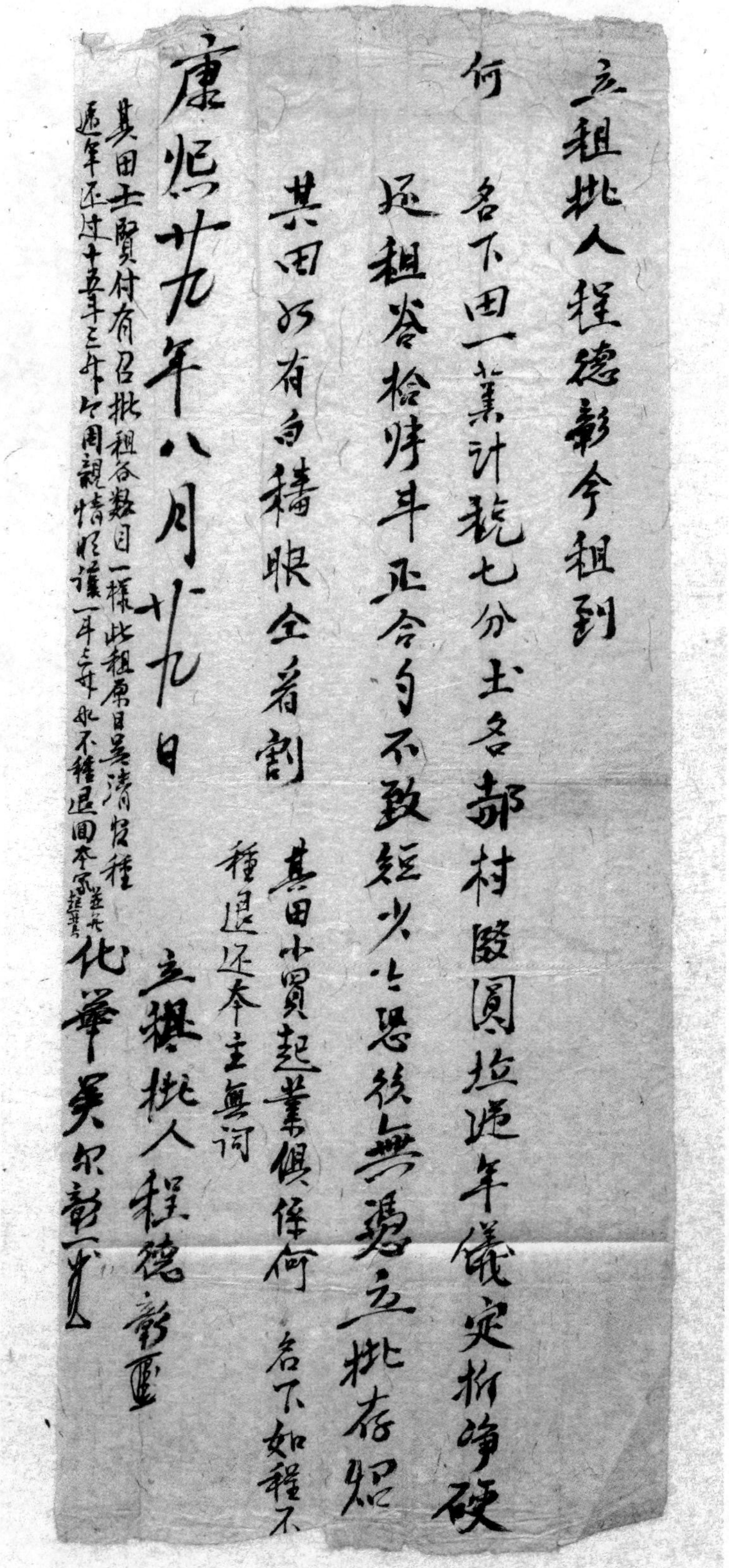
立租批人程德彰今租到
何　名下田一業，計稅七分，土名郜村塅圓坵，递年儀定硬
交租谷拾肆斗正，合自不致短少。恐後無憑，立批存照。
其田如有自耕，眼仝看割。
其田小買起業俱係何　名下，如程不
種，退還本主無詞。
康熙廿九年八月廿九日　立租批人程德彰（押）
其田土買付有召批租谷數目一樣，此租原日是清貴種，
递年還過十五斗三升，今因親情，經議一斗三升，如不種退回本家。
化華吳尔彰（押）

二

清康熙三十五年三月某某縣洪有儒等立租厝基約

立租約人洪有儒兄弟今租到黃　名下厝基叁間，三面憑中言
定遞年清明日交厝租銀弍分半，不致短少。其厝基倘業主
要用，即行扛移，不得借端推捱。今恐無憑，立此租約存照。
外余前屋厝基壹所，遞年汪秀代交銀伍分（押）
康熙三十五年三月初三日立租約人洪有儒兄弟（押）
中見厝根翔（押）　汪思能（押）
汪懷遠（押）　汪秀五（押）
汪于有（押）　約汪士講（押）
冊書汪聖瑞（押）　春吳立先（押）
汪惟平（押）

租批

立租批人汪子常今央中租到
郡名下坐落本村上園伍間樓屋內西首上下
房肆間一應裝修門窗戶扇照壁俱全三面言
定遞年交納九五色銀叁兩弍錢整其銀按季
交足不得短少如本家要屋即便搬移無得異
說恐後無憑立此存照
當付租銀叁錢
康熙四十四年正月　日立租批人汪子常（押）
央中潘廷右（押）
郡周章

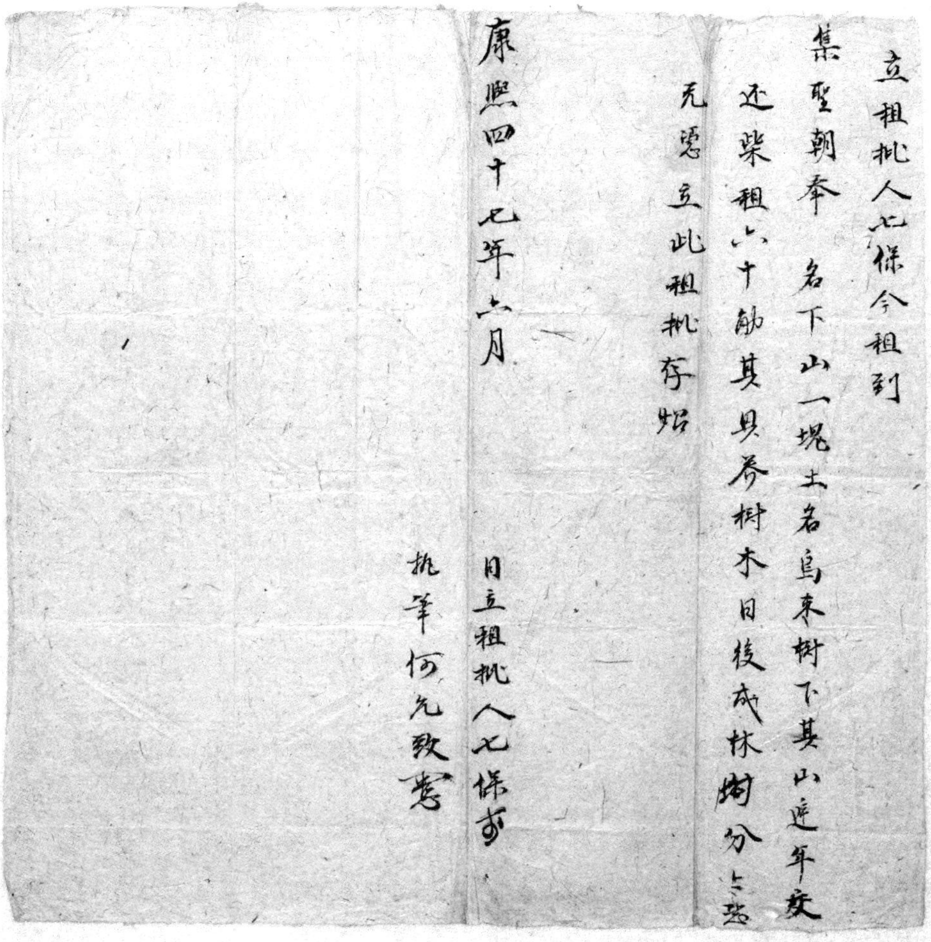
立租批人七保今租到
集聖朝奉　名下山一塊土名烏東樹下其山近年交
还柴租六十觔其具養樹木日後成林樹分上照
無憑立此租批存照
康熙四十七年六月　日立租批人七保（押）
執筆何允致（押）

清康熙四十七年六月某某縣某姓七保立租山批

二

清康熙六十一年六月某某縣余于盛等立租屋批

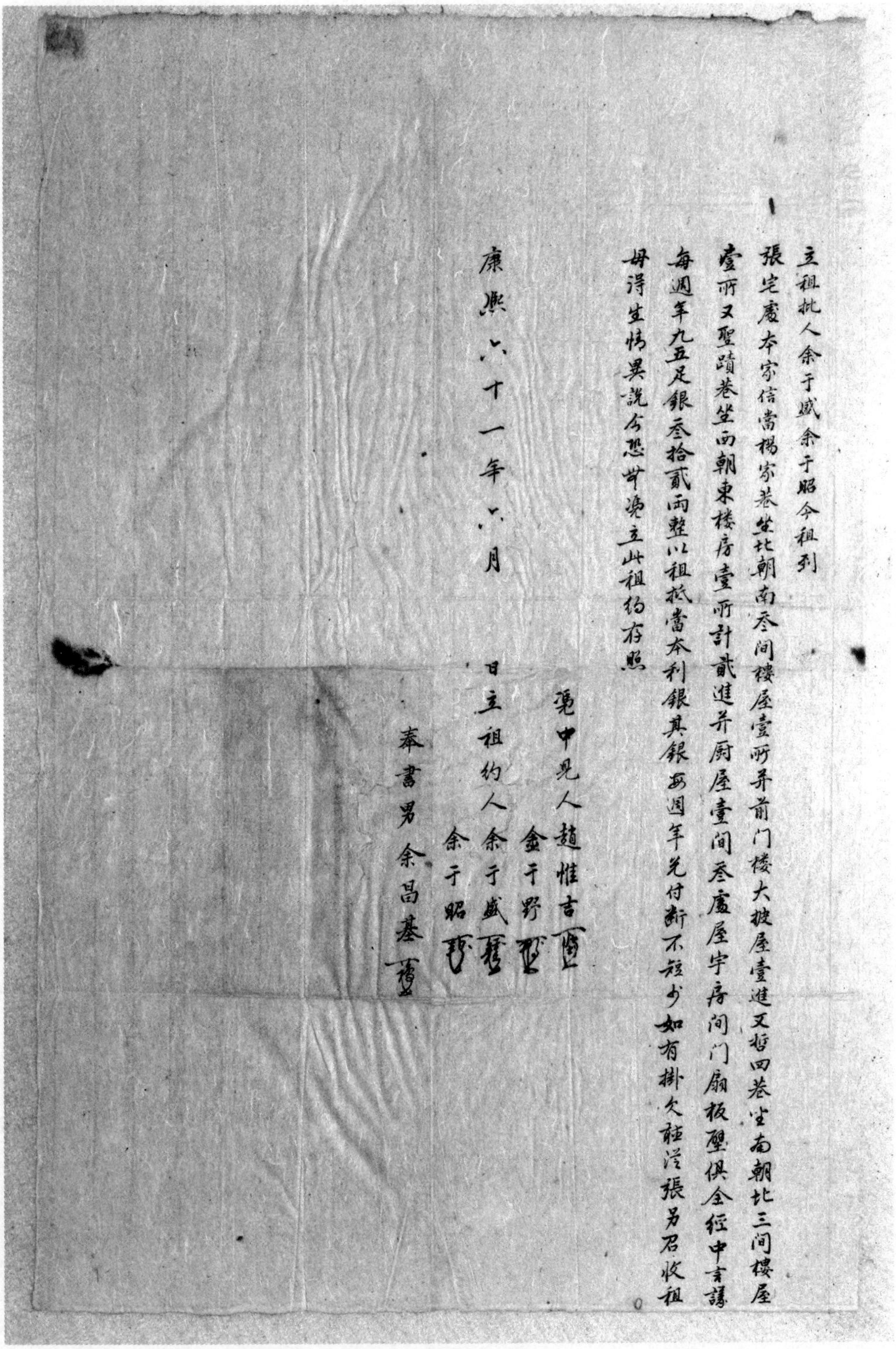
立租批人余于盛余于昭今租到
張宅處本家信當楊家巷坐北朝南叁间樓屋壹所并前门楼大披屋壹進又指四巷坐南朝北三间樓屋
壹所又聖蹟巷坐西朝東樓房壹所計貳進并厨屋壹间叁處屋宇房间门扇板壁俱全经中言議
每週年九五足銀叁拾貳兩整以租抵當本利銀其銀每週年先付断不短少如有掛欠聽從張另召收租
毋得生情異説今恐無憑立此租約存照

康熙六十一年六月　　日立租約人余于盛（押）
余于昭（押）
憑中見人趙惟吉（押）
金于野（押）
奉書男余昌基（押）

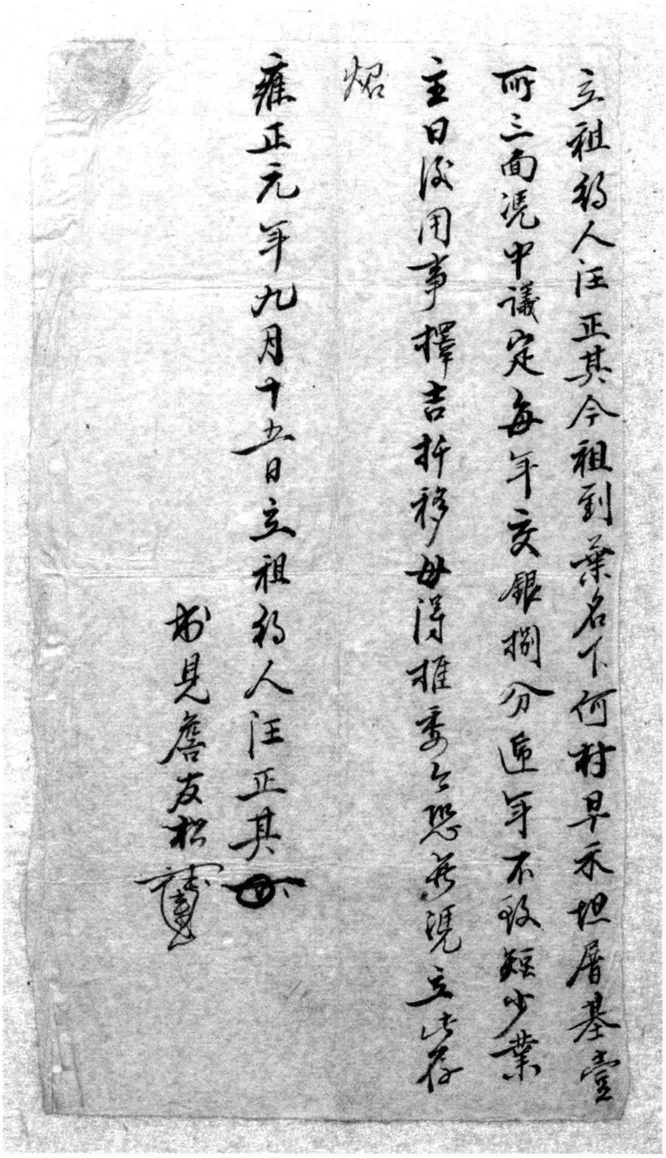
立祖約人汪正其今祖到葉名下何村早禾坦厝基壹
所三面憑中議定每年交銀捌分遞年不致短少葉
主日后用事擇吉拆移毋得推委之恐無憑立此存
照
雍正元年九月十五日立祖約人汪正其（押）
中見詹友松（押）

清雍正元年九月某某縣汪正其立祖屋厝基約

清雍正五年十一月某某縣方鳴岐立租田批

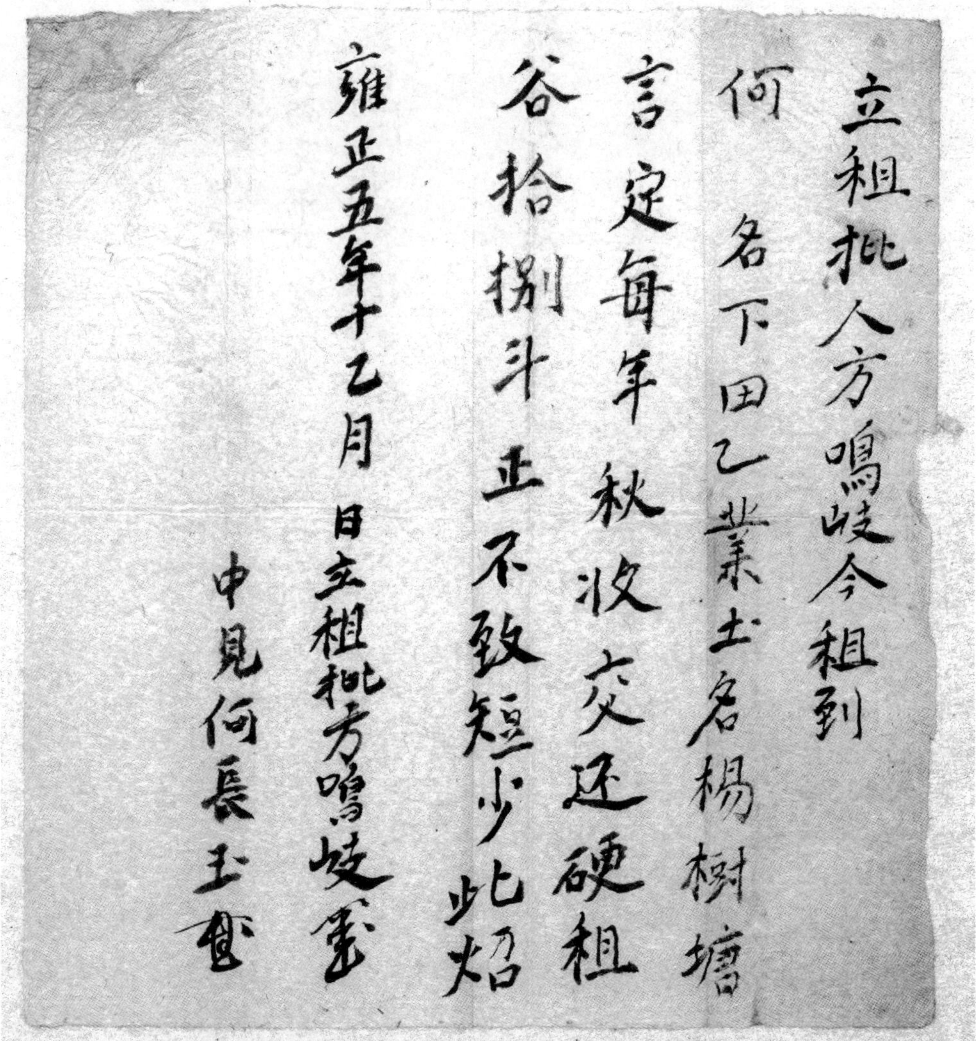

立租批人方鳴岐今租到
何　名下田乙業土名楊樹壋
言定每年秋收交还硬租
谷拾捌斗正不致短少此炤
雍正五年十乙月　日立租批方鳴岐（押）
中見何長玉（押）

二

清乾隆十六年三月某某縣某姓雲端立租地批

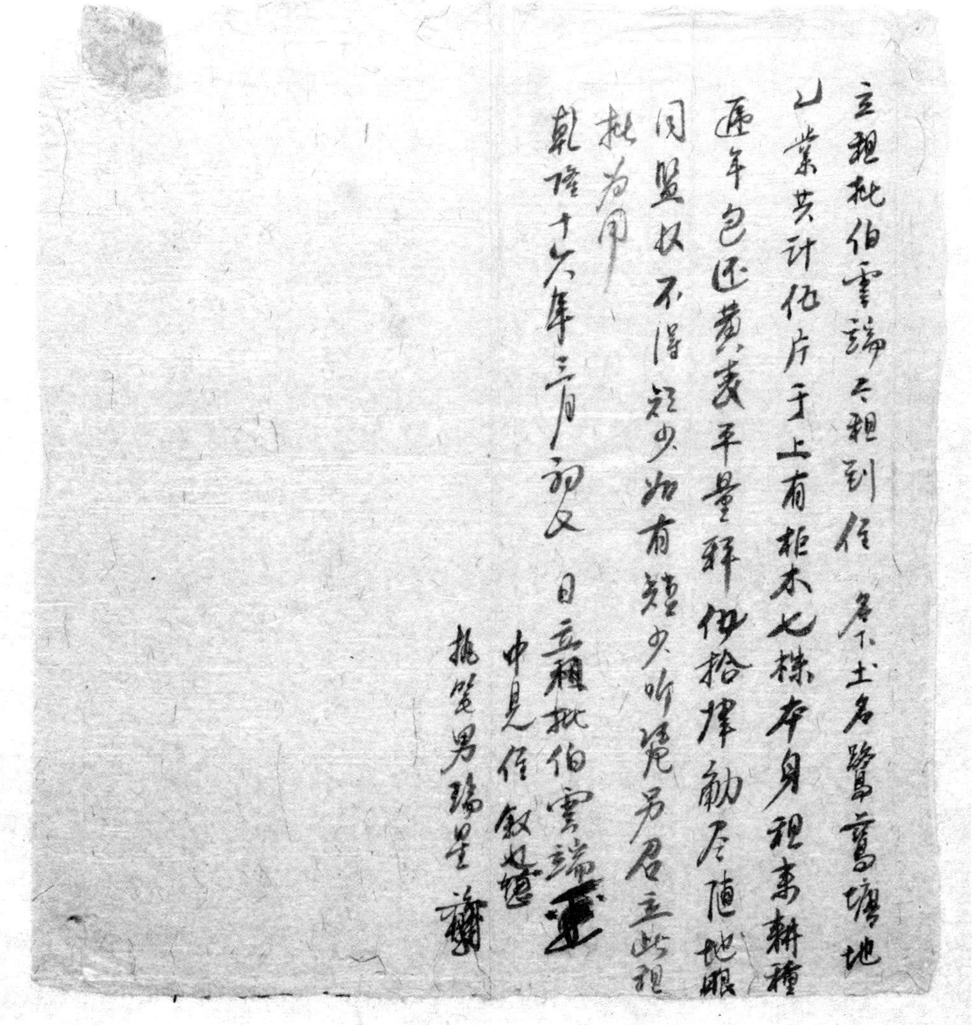
立租批伯雲端今租到侄 名下土名鷺鸞塘地
山業共計伍片，于上有杉木七株，本身租来耕種，
逐年包还黄麦平量秤伍拾肆觔，不值地眼
同豎收，不得短少，如有短少，听凭另召。立此租
批為用。
乾隆十六年三月初五日立租批伯雲端（押）
中見侄 叙文（押）
代筆男 瑞星（押）

二

清乾隆二十年四月某某縣章禄立租地批

立租批人章禄今租到同名 下土名鷺鷥塢口
地一業，地內現養柜子樹六株，本身租來耕種，面
議遞年包还硬麄麦四卯斗秤子十二斤，依時交
还，只不短少。如有短少，听同另召，今恐無凴，立
此租批存照。

乾隆二十年四月初四日

立租批人章禄（押）
中見人胡仲玉（押）
同 子臣鰲（押）
代筆同善先（押）

二

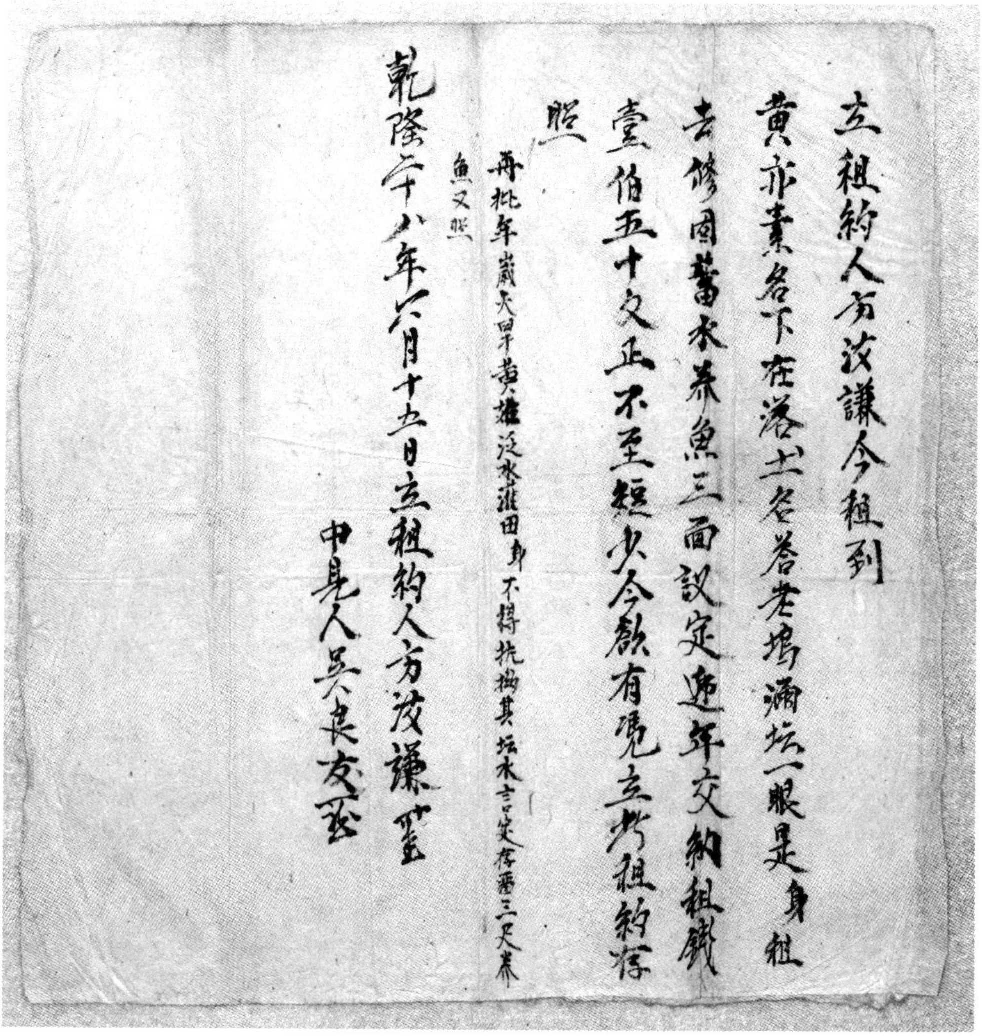

立租約人方汝謙今租到
黄亦素名下在落土名荅老塘涵坛一眼是身租
去修囬蓄水养魚三面議定逐年交納租錢
壹伯五十文正不至短少今欲有憑立此租約存
照
再批年歲天旱黄邊放水灌田身不得抗拗其坛水言定存蓄三尺為
魚又照
乾隆二十八年六月十五日立租約人方汝謙（押）
中見人吳良友（押）

清乾隆二十八年六月某某縣方汝謙立租涵壇養魚約

二

清乾隆卅八年正月某某縣張廷進立租山批

立租批人張廷進今租到汪張中等名下荒山乙業，土名雞頸
尖外塢陽培，上至降，下至坑里，至擔樣尖心直下，外至牛角尖
心直下，四至明白。今身租去開挖熟地作種玉禾，併養桼柯雜木。頂
項當面言定每乙長年交還熟豆租伍升正，其租出山之日送至
上门，不得欠少。如有欠少，听憑本家另召他人，不得阻执。
其租荒年不得欠少，熟年不得加增。其租不欠，听憑租人永遠
作種。恐口無憑，立此租批為用。
再批其租三年交足無異。
乾隆卅八年正月　日立租批人張廷進（押）
依書人張日輝（押）

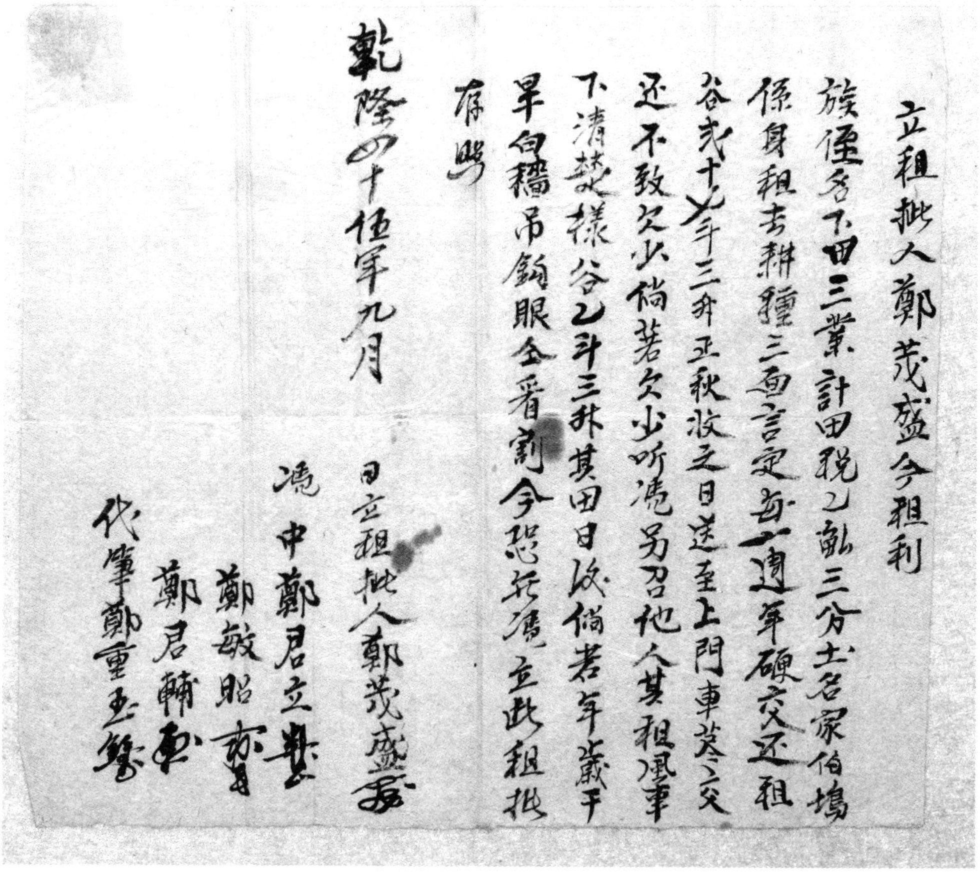
立租批人鄭茂盛今租到
族侄名下田三業，計田稅乙畝三分，土名冢伯塢，
係身租去耕種，三面言定每年硬交還租
谷弍十七斗三升正，秋收之日送至上門車荟交
还，不致欠少，倘若欠少，听凭另召他人，其租風車
下清楚，樣谷乙斗三升，其田日後倘若年歲干
旱白穡，吊鋪眼全看割。今恐無憑，立此租批
存照。
乾隆四十伍年九月　日立租批人鄭茂盛（押）
凭中　鄭君立（押）
鄭敏昭（押）
鄭君輸（押）
代筆　鄭重玉（押）

清乾隆四十五年九月某某縣鄭茂盛立租田批

二

清乾隆五十五年正月某某縣周云有等立租水碓並竹園約

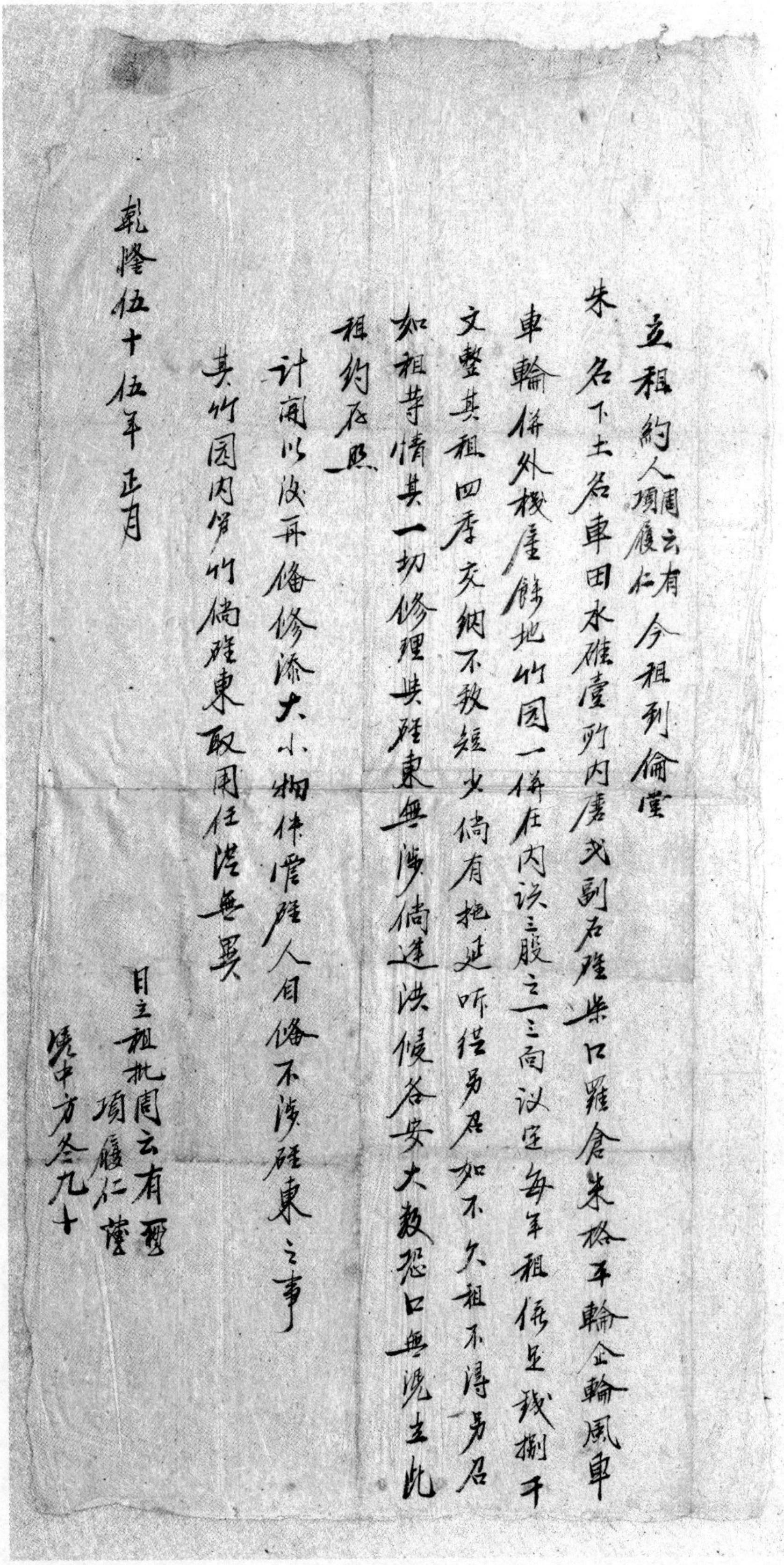
立租約人周云有 項履仁今租到倫堂
朱 名下土名車田水碓壹所内磨弍副石碓柴口羅倉朱格平輪企輪風車
車輪係外棧屋餘地竹園一併在内該三股之一三面议定每年租係足钱捌千
文整其租四季交納不致短少倘有拖延听從另召如不欠租不得另召
如租等情其一切修理與碓東無涉倘遇洪侯各安大數恐口無憑立此
租約存照
計開以後再備修添大小物件俱碓人自備不涉碓東之事
其竹園内另竹倘碓東取用任從無異
乾隆伍十伍年正月 日立租批周云有（押）
項履仁（押）
憑中方冬九（押）

立租批人黃阿程仝男黃覌宝今租到
汪
名下資字命字弍號計田壹畝七分四厘六毫叁系土名沇坑源
言定每一週年硬交白谷叁拾叁斗叁升其谷秋收之日挑
送上门車扇不得欠少如有欠少憑中家起業耕種無
得異說恐口無憑立此租批存照

再批原項徐姓小買錢弍千伍百文其田日後不得私頂他人如有欠少听憑汪姓起業作租無得異說又照

乾隆五十七年十弍月　日立租批人黃阿程（押）
仝男黃覌宝（押）
憑中黃日優（押）
代筆徐鳳侶（押）

清乾隆五十七年十二月某某縣黃阿程等立田租批

二

清嘉慶三年正月某某縣王順義立出租地約

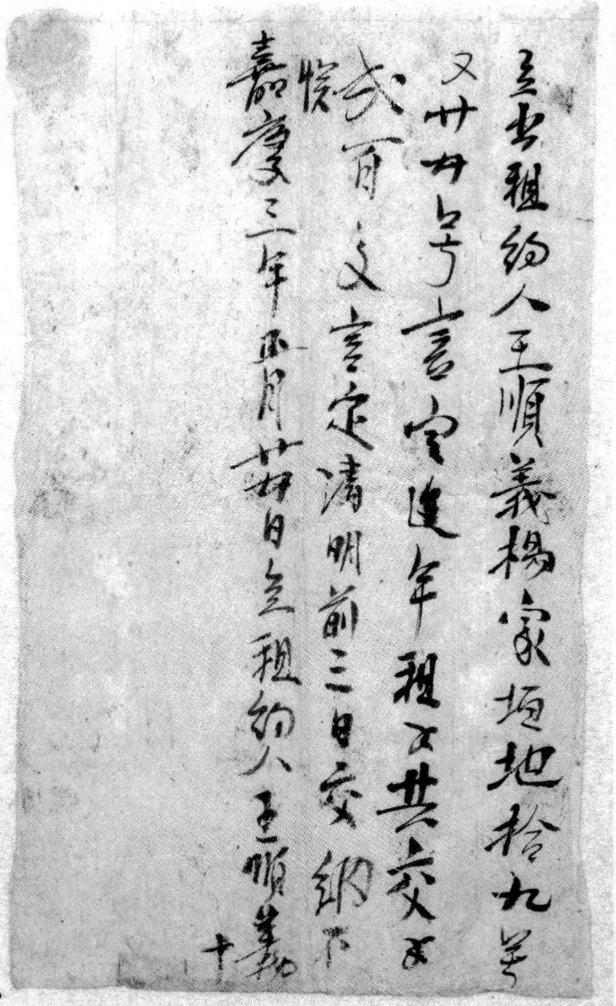

立出租約人王順義楊家塢地拾九号
又廿四号言定逐年租文共交文
弍百文言定清明前三日交納不
悞
嘉慶三年正月廿捌日立租約人王順義　十

清嘉慶十三年十一月某某縣江廷獻立租糞缸地約

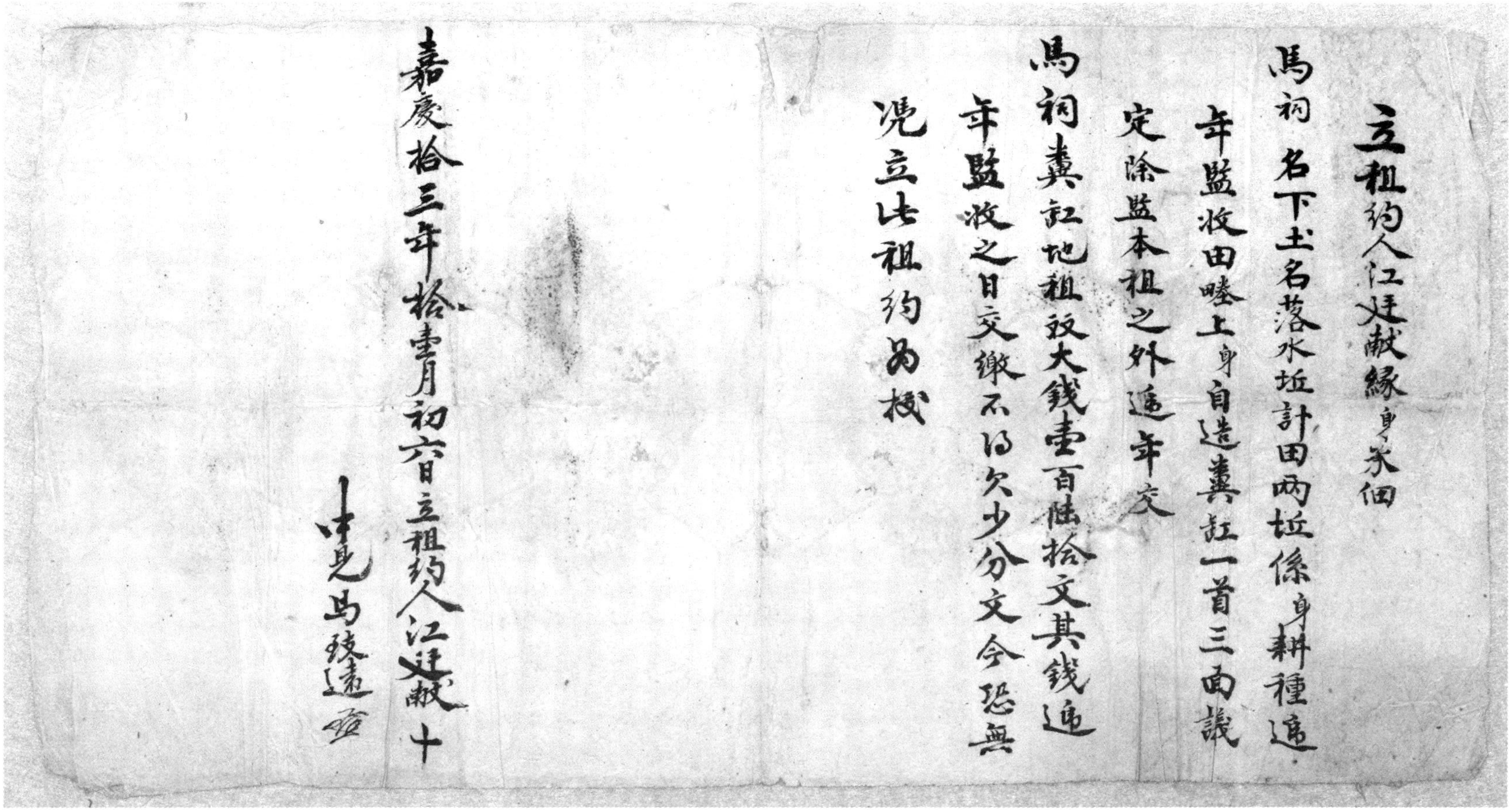
立租約人江廷獻緣身承佃
馬祠名下土名落水坵計田兩坵係身耕種遞
年監收田塍上身自造糞缸一首三面議
定除監本租之外遞年交
馬祠糞缸地租[illegible]大錢壹百陸拾文其錢遞
年監收之日交繳不得欠少分文今恐無
憑立此租約為據
嘉慶拾三年拾壹月初六日立租約人江廷獻 十
中見馬發遠 押

清道光三年四月某某縣葉宜廷立租地字

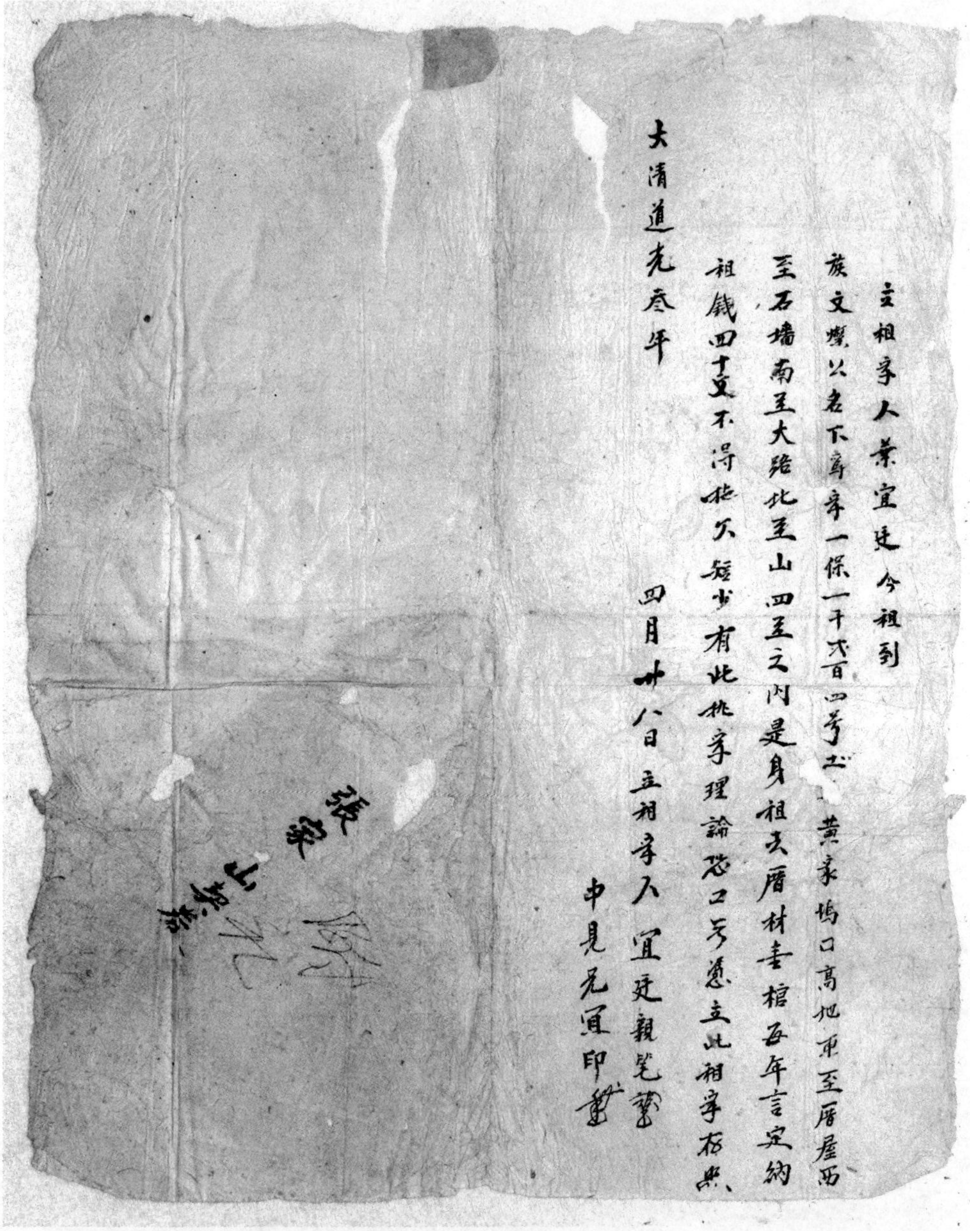

立租字人葉宜廷今租到
族文燦公名下寄字一保一千弍百四号土名黄家塢口高地東至厝屋西
至石墻南至大路北至山四至之内是身租去厝材壹棺每年言定納
租錢四十文不得拖欠短少有此批字理論恐口無憑立此租字存照
大清道光叁年　四月廿八日立租字人宜廷親筆（押）
中見兄冝印（押）

張家山契據

二

清道光七年四月某某縣汪換孫立出租地約

立出租地人復初户秩下経手汪換孫今有月字四保上村园廿六号七十二步廿七号七步二分
廿八号五步共三号卅分四步乙併出租与張長福名下前去搭造鋤種丹養茶顆
三面議家租米遞年谷雨日送至上門其米乙百六十八文不得短少個數今欲
有凭立此出租地存照
道光七年四月廿七日立出租地経手汪換孫（押）

清道光十四年九月某某縣吴中海立租田批

立租批人吴中海今承種到
葉宅名下民田弍坵，坐落土名木碓坵，
計租十二砠，議定不拘年歲豐歉，每
年秋收交下砠乾谷徽平十六两秤貳
百拾伍觔整，決不拖欠短少。恐口無
憑，立此租批存照。
道光十四年九月　日立租批人吴中海（押）
憑中　程臨萬（押）

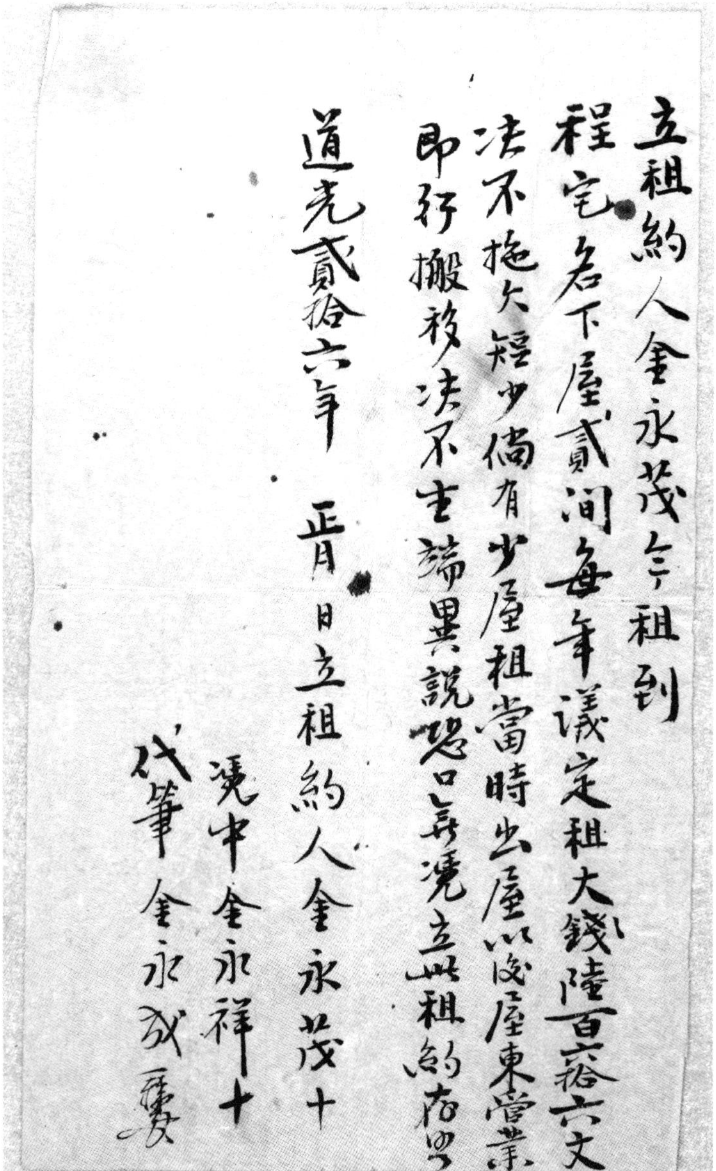
立租約人金永茂今租到
程宅名下屋貳間每年議定租大錢陸百六拾六文
決不拖欠短少倘有少屋租當時出屋以後屋東管業
即行搬移決不生端異說恐口無憑立此租約存照
道光貳拾六年正月 日立租約人金永茂十
憑中金永祥十
代筆金永成（押）

清道光二十六年正月某某縣金永茂立租屋約

二

清道光三十年六月〔黟縣〕吴灶喜立租披屋約

立祖約人吴灶喜今托中租到
房東胡承德堂名下坐落土名蘇榨垃菜園
内披屋三間門壁俱全三面議定逓年硬
交大典錢肆仟文其錢按四季送交毋得
短少拖延如有本東要用即行搬移不得
藉端踞業恐口無凴立此租約存據

再批當付押租約錢弍百文此錢退屋之日繳回

道光三十年六月　日立租約人吴灶喜十

中見人王翠玉十

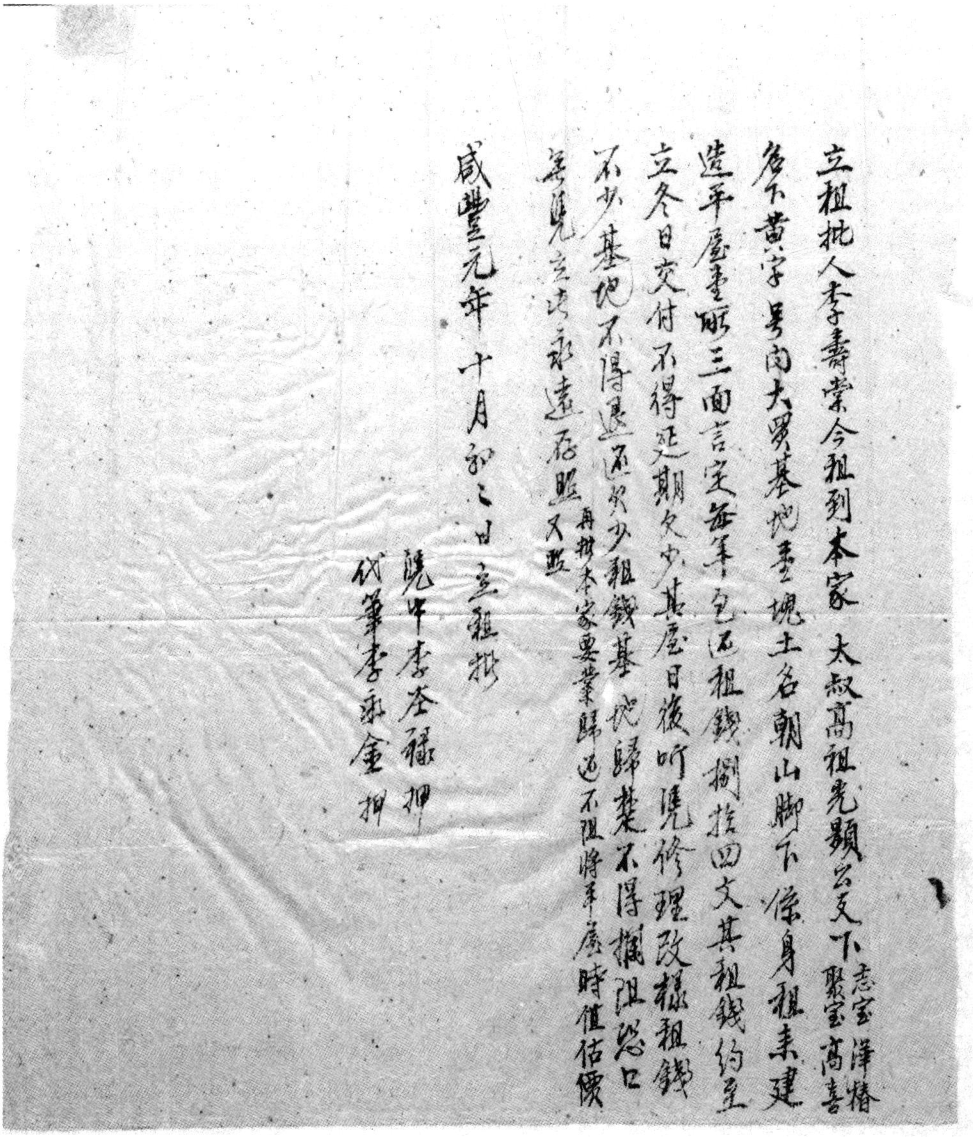

立租批人李壽棠今租到本家　太叔高祖光顯公支下志宝 洋椿 聚宝 高喜
名下黄字　号内大買基地壹塊土名朝山脚下係身租來建
造平屋壹所三面言定每年包認租錢捌拾四文其租錢约至
立冬日交付不得延期欠少其屋日後聽憑修理改樣租錢
不拘基地不得退還欠少租錢基地歸業不得攔阻恐口
無憑立此永遠存照又照　再批本家要業歸造不阻將平屋時值估價

咸豐元年　十月初二日立租批
憑中李奎禄押
代筆李承金押

清咸豐元年十月某某縣李壽棠立租大買基地批

二

清咸豐四月〔年〕十一月〔祁門縣〕饒汝亭等立出召租山約

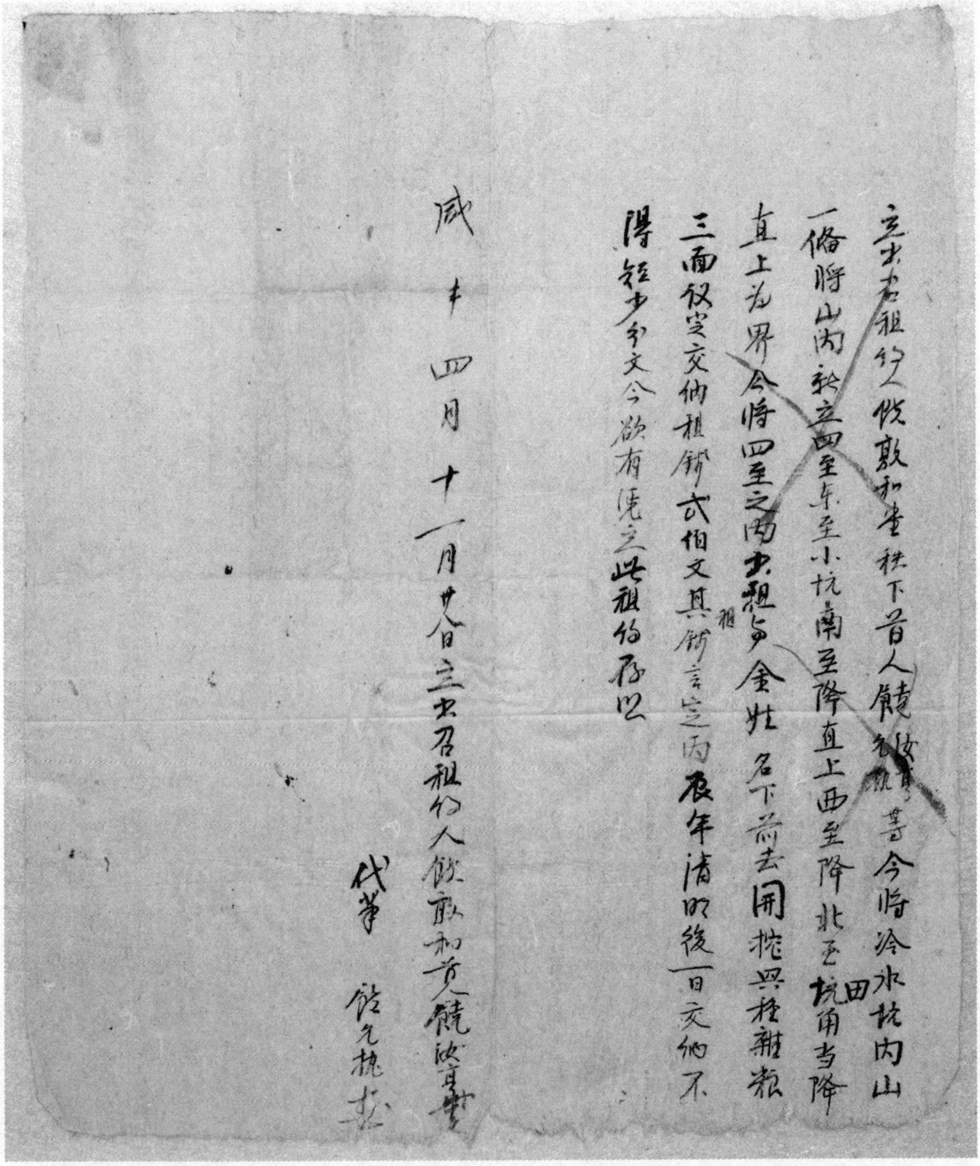

立出召租約人饒敢和堂秩下首人饒汝亭、允桃等，今將冷水坑内山
一備將山内新立四至，東至小坑，南至降直上，西至降，北至田坑角直降
直上為界。今將四至之内出租与金姓名下前去開挖興種雜粮，
三面議定交納租錢弍伯文，其錢言定丙辰年清明後一日交納，不
得短少分文。今欲有憑，立此租約存照。

咸丰四月十一月廿八日立出召租約人饒敢和堂秩下人饒汝亭

代筆 饒允桃 押

清咸豐九年九月某某縣吴仁和立租店屋約

立租店屋約人吴仁和今租到
業輝翔兄名下三間言定將軍磅下
店屋一透西边樓下一半堂前正用租去
技藝住歇三間言定每月租錢壹伯文正
陸續支付每月照交不得短少如違聽憑店
屋身無異言恐口無憑立此租約存照

咸豐九年九月拾八日　立租店屋約人吴仁和（押）

中見人　汪百壽（十）

親筆

二

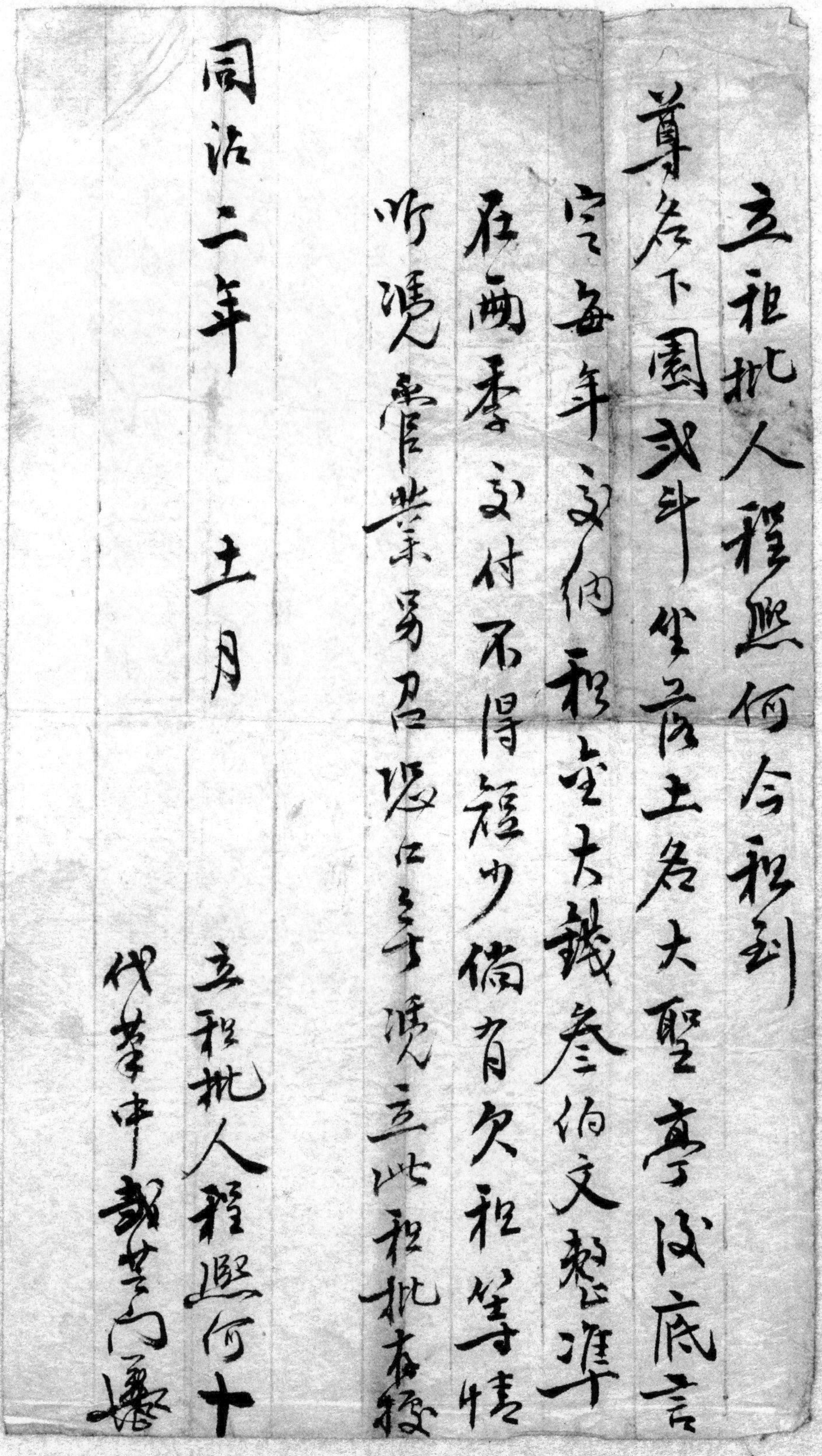

立租批人程熙何今租到
尊名下園弍斗坐落土名大聖亭段底言
定每年交佃租足大錢叁佰文整準
在兩季交付不得短少倘有欠租等情
听憑東業另召恐口無憑立此租批存據

同治二年十一月　立租批人程熙何（十）
代筆中戴世□

清同治二年十一月某某縣程熙何立租園地批

二

清同治三年二月某某縣李洪氏立租田批

立租批人李洪氏今租到九甲新屋裡田一業計田
税八分土名殘水干兵亂佃荒二面言明每年送还生谷八斗
又田一業計田税三分土名新亭边即南塘下每年送还生谷
五斗送至上门風扇不得短少倘有短少听凭退租耕
種另租他人无得異言此係兩愿恐口无凭立此
租批存照

同治三年二月　日　立租批人李洪氏　十
中見李連福　十
代筆李爾昌

二

立召祖約人何壽其兄名下
張永龍先生今將承祖扦業坐落一都土名程村坦塔
烏苦珠樹下荒地戈坎荒塘一广併荒山壹號仝汪
姓毗連是身一併出祖与何壽其兄名下听憑前
入地做蓬居住興種茶科襍粮憑中三面言定
逐年秋收之日硬交祖錢典平四佰文正送至上门不
得短少如有拖欠此情听憑另召日後身亦不得另
召加祖倘有來歷不明及家外人等生端異說是
身一併承當不涉承祖人之事恐口無憑立此召祖約
永遠為據

親筆

清同治六年十月某某縣張永龍立召租荒地荒塘荒山約

二

清同治七年十二月某某縣張福林立租園地批

立租批人張福林今租到
戴名下園壹塊坐落土名湖川水堨五錩西対面大聖西直下計
租八斗憑中承攬耕種言定每季交納硬租大錢八百
文兩季交付不得短少今欲有憑立此租批存照

同治七年十二月　日立租批人張福林　十
憑中戴滄泉　押

二

清同治十年二月某某縣鄭兆寶立承攬耕種租園地批

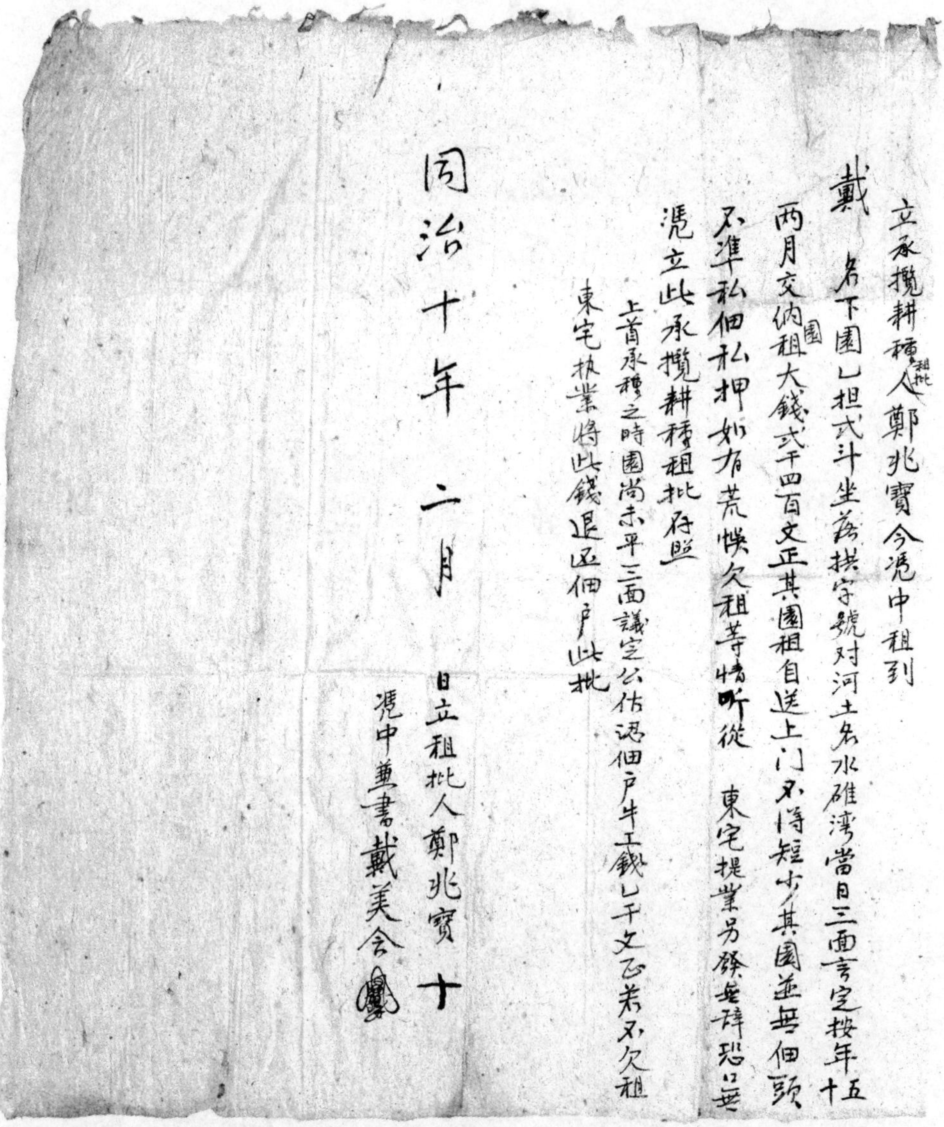

立承攬耕種租批人鄭兆寶今凴中租到
戴　名下園乚担弍斗坐落拱字號对河土名水碓湾當日三面言定按年十五
兩月交納園租大錢弍千四百文正其園租自送上门不得短少其園並無佃頭
不準私佃私押如有荒燕欠租等情听從　東宅提業另發無辞恐口無
凴立此承攬耕種租批存照
上首承種之時園尚未平三面議定公估認佃户牛工錢乚千文正若不欠租
東宅执業將此錢退还佃户此批
同治十年二月　日立租批人鄭兆寶　十
凴中兼書戴美合（押）

二

清光緒四年正月某某縣許元壽立租園地字

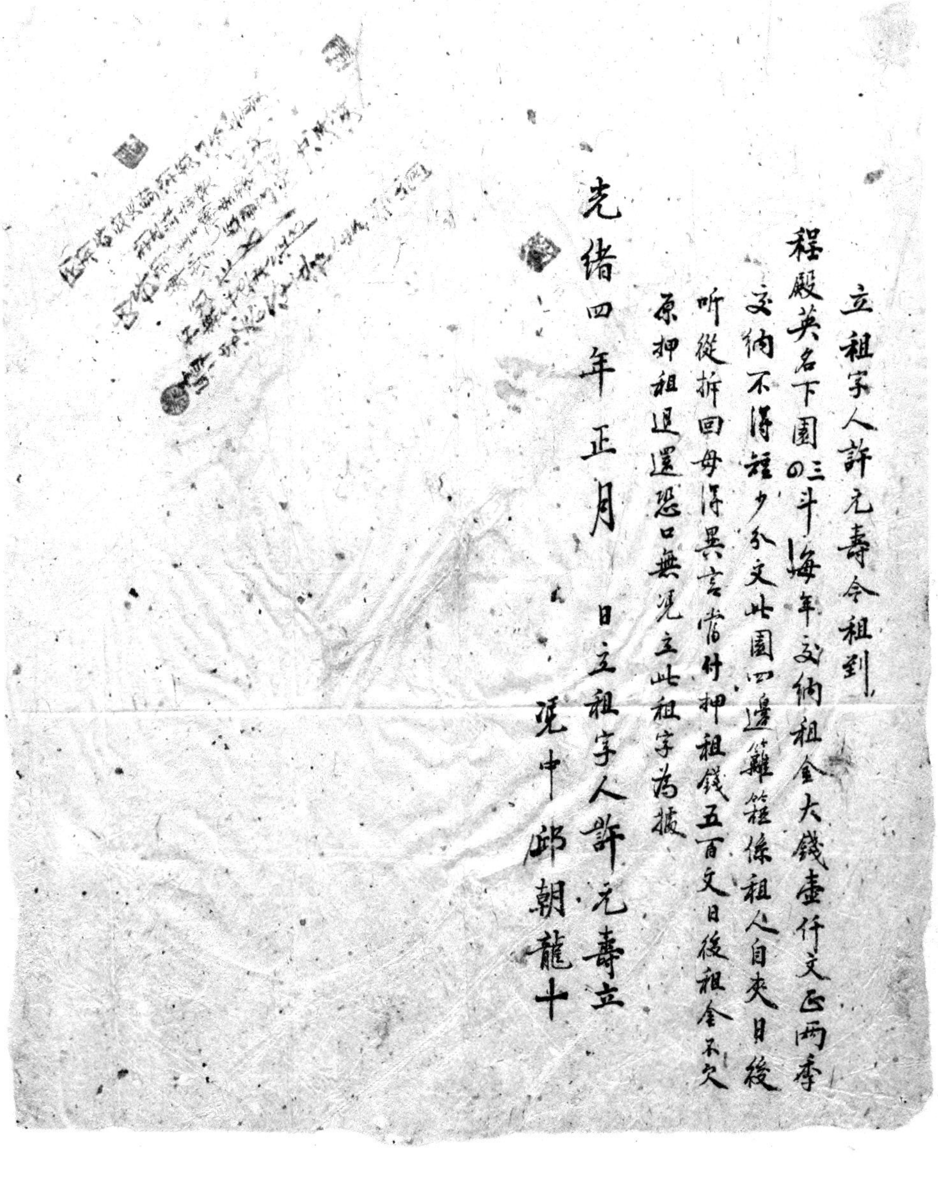
立租字人許元壽今租到
程殿英名下園〇三斗每年交納租金大錢壹仟文正兩季
交納不得短少分文此園四邊籬笆係租人自夾日後
听從拆回毋得異言當付押租錢五百文日後租金不欠
原押租退還恐口無憑立此租字為據
光緒四年正月　日立租字人許元壽立
憑中邵朝龍十

二

清光緒四年正月某某縣許元壽立租園地字（背）

二一

清光緒八年三月〔休寧縣〕吴玉堂立租地批

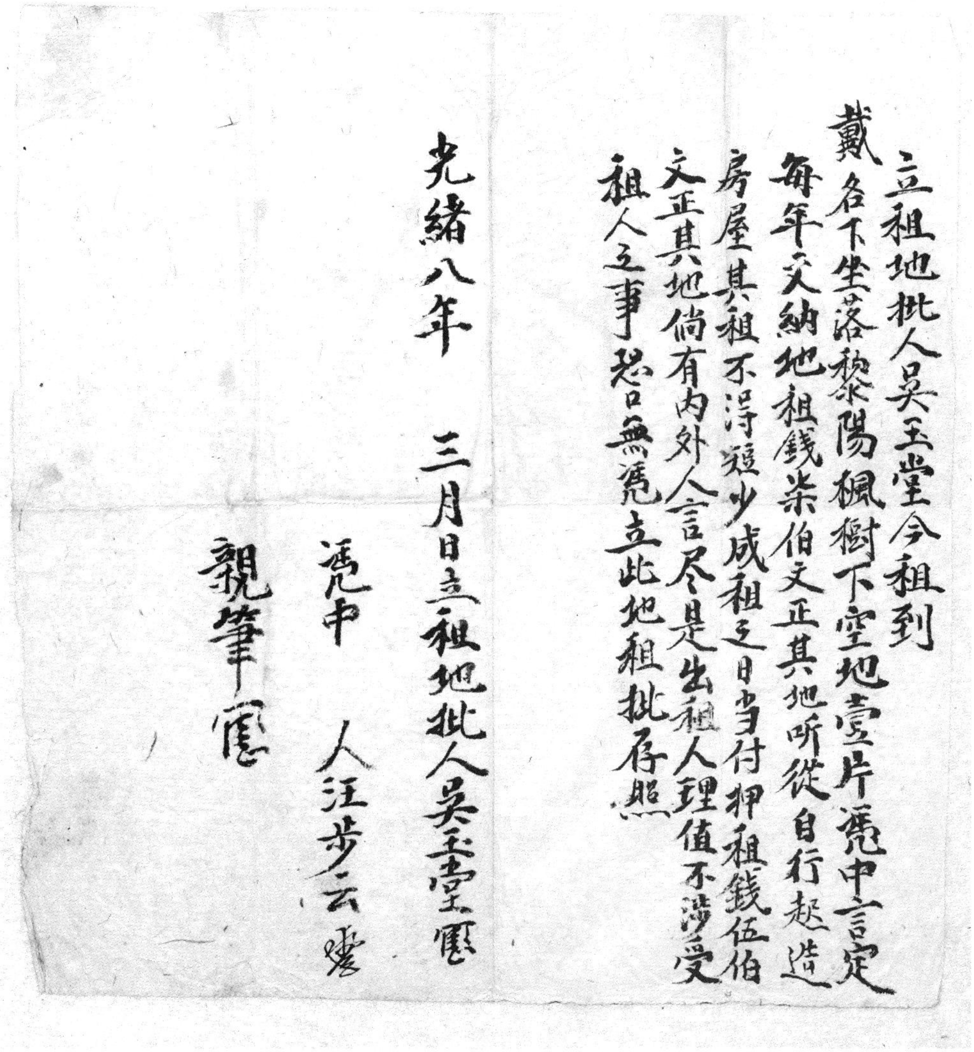
立租地批人吴玉堂今租到
戴名下坐落黎陽楓樹下空地壹片憑中言定
每年交納地租錢柒伯文正其地听從自行起造
房屋其租不得短少成租之日當付押租錢伍伯
文正其地倘有内外人言尽是出租人理值不涉受
租人之事恐口無憑立此地租批存照
光緒八年 三月日立租地批人吴玉堂(押)
憑中 人汪步云(押)
親筆(押)

二一

清光緒九年正月某某縣錢兆福立租地批附出租四十餘年至今並不失管批

立租批人錢兆福今挽中租到
戴餘德堂名下餘地壹塊坐落土名楓樹
底計地四步濶六步長憑中三面言
定每年租金大錢壹仟四百文正再
批當付押租錢弍百文恐口無憑立
此租批存照

光緒九年正月　日立租批人錢兆福押
見中人姚春元押
代筆人錢瑞斌押

此基地出租四拾餘
年至今並不失管

二

清光緒十年三月（祁門縣）黃可榜等立召種茶葪稅地約

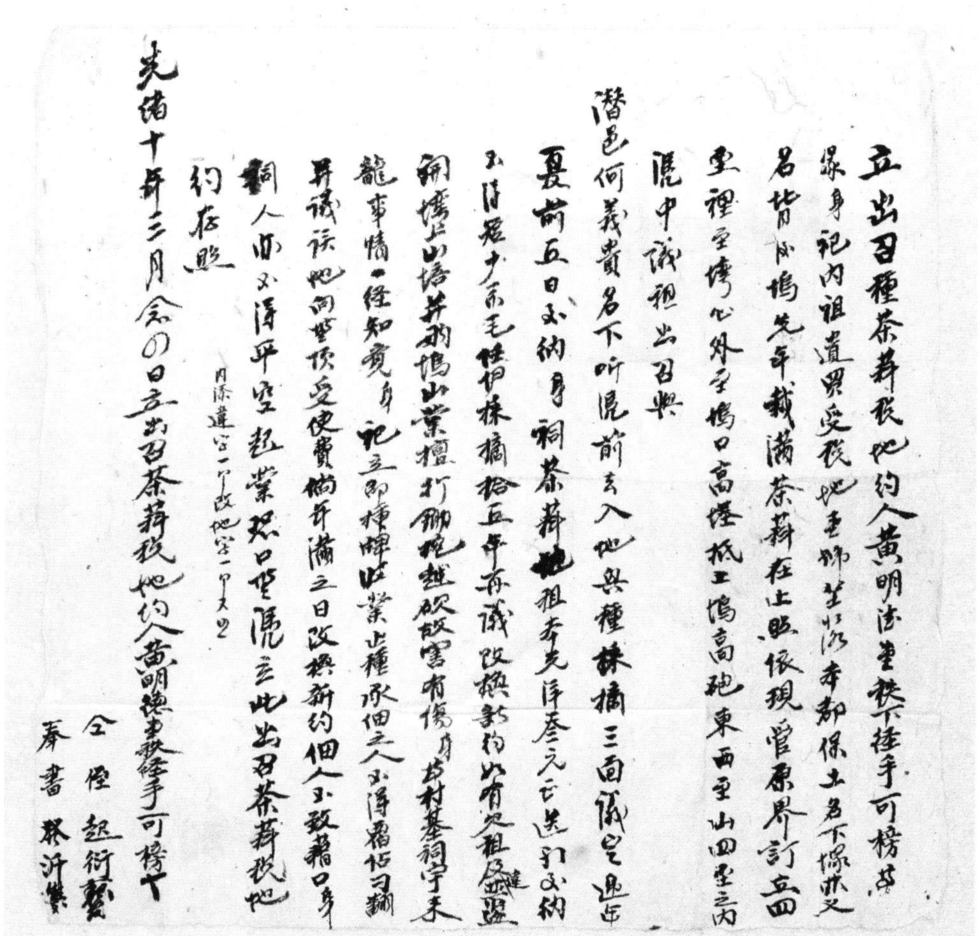
立出召種茶葪稅地約人黃明德、東秩下經手可榜等，
緣身祀內祖遺買受稅地壹號，坐落十四都保土名下塝坎叉
名背後塢，先年栽滿茶葪在上，照依現管原界訂立四
至，裡至塝心，外至塢口，高塍抵上塢，高地東西至山田，四至之內
憑中議租，出召與
潛邑何義貴名下，聽憑前去入地興種採摘，三面議定遞年
夏前五日交納身祠茶葪租：本洋叁元正，送到交納，
不得短少分毛。任伊採摘拾五年，再議改換新約。以有先祖及達塋
祠堂上山培并所塢山業，擅打鋤挖越砍，致害有傷，身祠村基祠宇來
龍，事情一經知覺，身祀立即禀懇業止種，承佃之人不得霸佔刁難。
并議該地向業坟受使費，俟年滿之日改換新約，佃人不致霸口，身
祠人亦不得平空起業。恐口無憑，立此出召茶葪稅地
約存照。
內添違字一個，改地字一個。又照
光緒十年三月念四日立出召茶葪稅地約人黃明德、東秩下經手可榜（押）
全侄 起衍（押）
奉書 蔡汗（押）

二

清光緒十一年十二月某某縣余观同立租房批

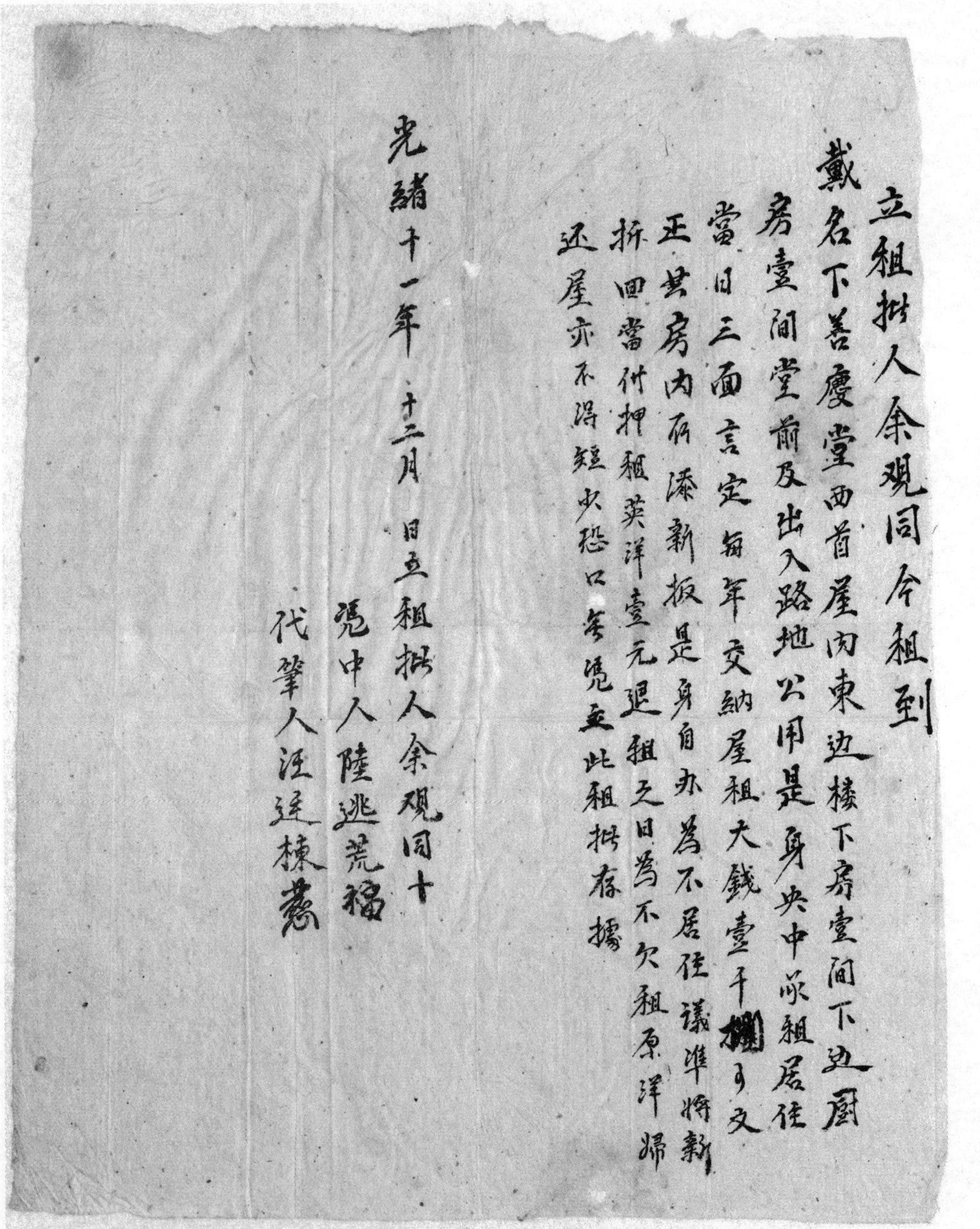

立租批人余观同今租到
戴名下善慶堂西首屋内東边楼下房壹間下边廚
房壹間堂前及出入路地公用是身央中承租居住
當日三面言定每年交納屋租大錢壹千捌[illegible]文
正其房内所添新板是身自办為不居住議準將新
拆回當付押租英洋壹元退租之日為不欠租原洋歸
还屋亦不得短少恐口無憑立此租批存據

光緒十一年十二月　日立租批人余观同十
凭中人陸逃荒福
代筆人汪廷棟押

清光緒十三年七月某某縣撒長坤等立租屋批

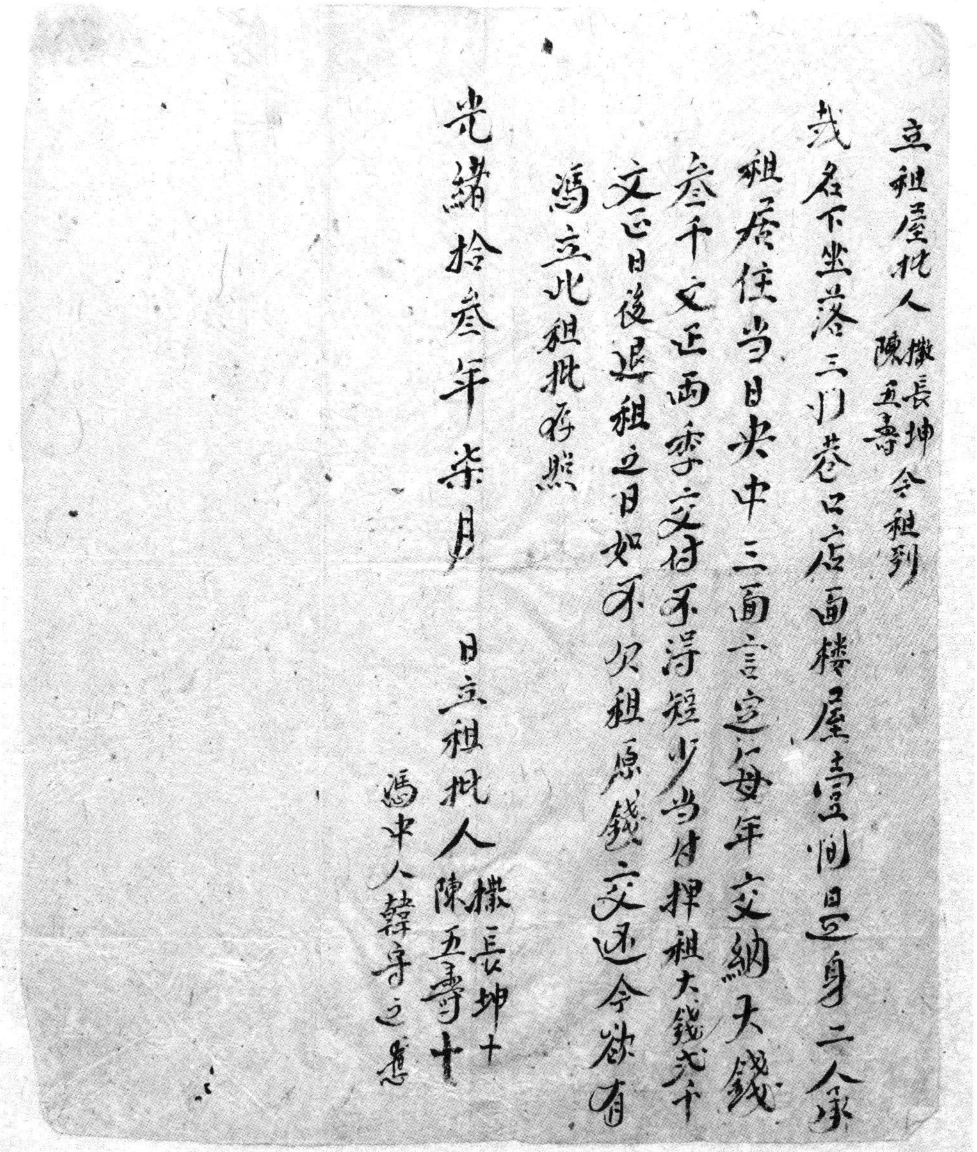

立租屋批人撒長坤、陳五壽，今租到
戕名下坐落三门巷口店面樓屋壹間，自身二人承
租居住，当日央中三面言定，每年交納大錢
叁千文正，兩季交付，不得短少，当付押租大錢弍千
文正，日後退租之日，如不欠租，原錢交还。今欲有
憑，立此租批存照。

光緒拾叁年柒月　日立租批人　撒長坤十
陳五壽十
憑中人　韓守之悳

一

清光緒十四年三月某某縣黃興義立租厝基地批

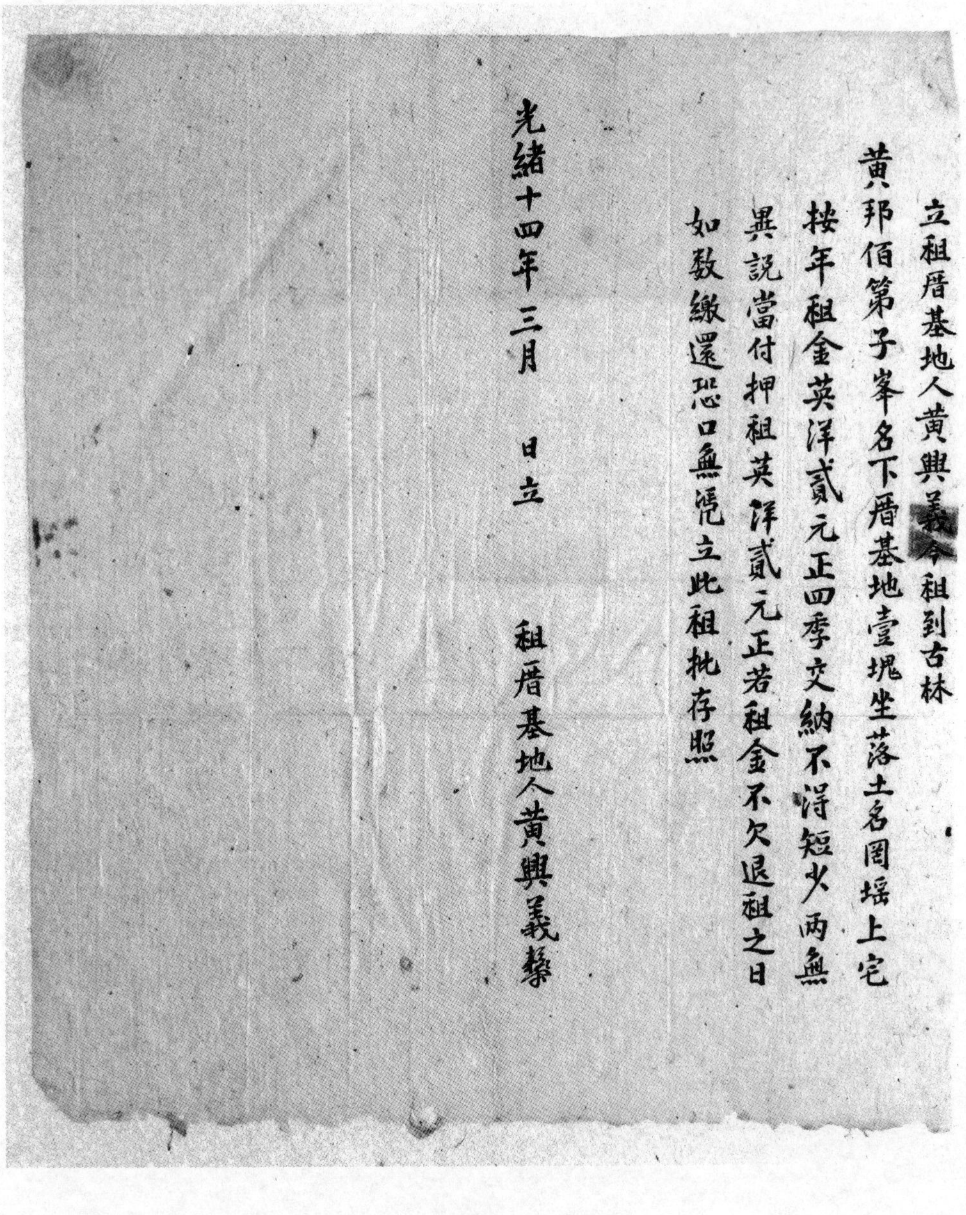

立租厝基地人黃興義今租到古林
黃邦佰第子峯名下厝基地壹塊坐落土名圖塆上宅
接年租金英洋貳元正四季交納不得短少兩無
異說當付押租英洋貳元正若租金不欠退租之日
如數繳還恐口無憑立此租批存照
光緒十四年三月　日立　租厝基地人黃興義

二

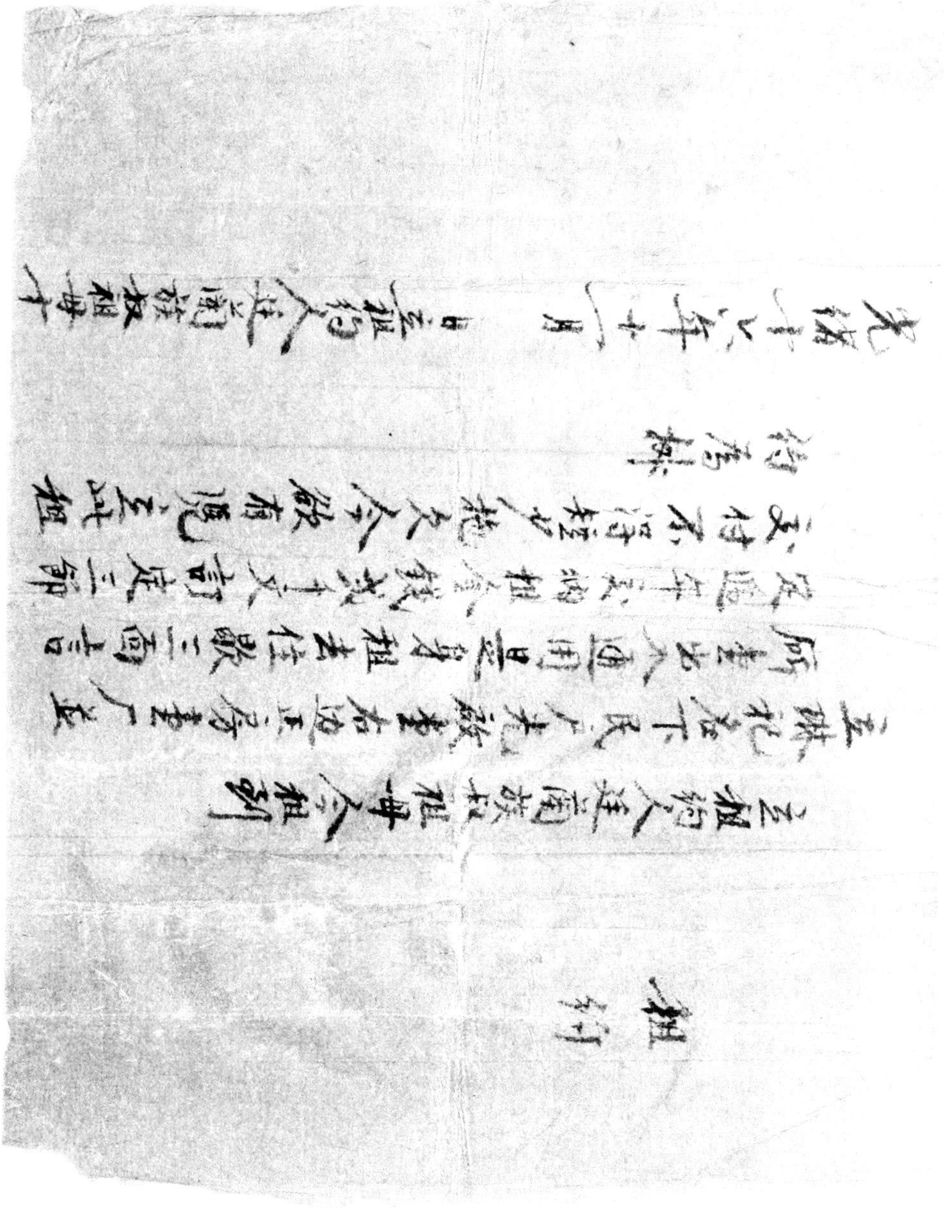

租約

立租約人廷蘭族叔祖母今租到
立琳祀名下民户光啟堂右邊正房壹厂並
所堂出入通用，是身租去住歇，三面言
定逐年交納租金錢弍千文，訂定三節
交付，不得短少拖欠。今欲有憑，立此租
約為據。

光緒十六年十一月　日立租約人廷蘭族叔祖母十

清光緒十六年十一月某某縣某姓廷蘭族叔祖母立租房約

清光緒十七年五月某某縣倪阿汪氏等立承租住基屋並菜園地約

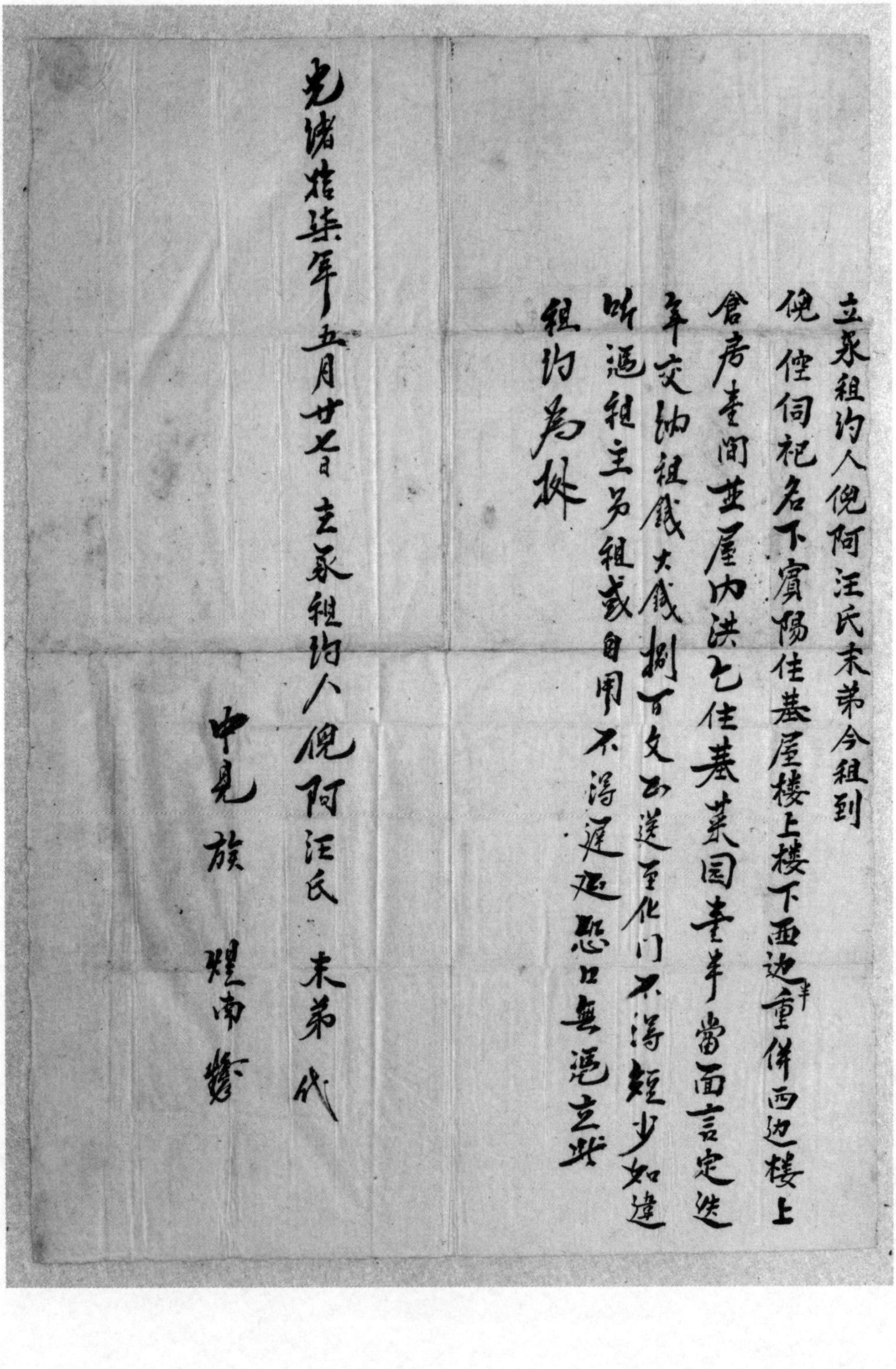

立承租約人倪阿汪氏末弟今租到
倪住伺祀名下賓陽住基屋樓上樓下西边半重併西边樓上
倉房壹間並屋内洪乞住基菜园壹半當面言定迭
年交納租錢大錢捌百文正送至伦门不得短少如違
听憑租主另租或自用不得遲延惡口無憑立此
租約為據

光緒拾柒年五月廿日　立承租約人倪阿汪氏　末弟　代

中見　族　煋南　[illegible]

清宣統二年十月某某縣王銀生立租山約

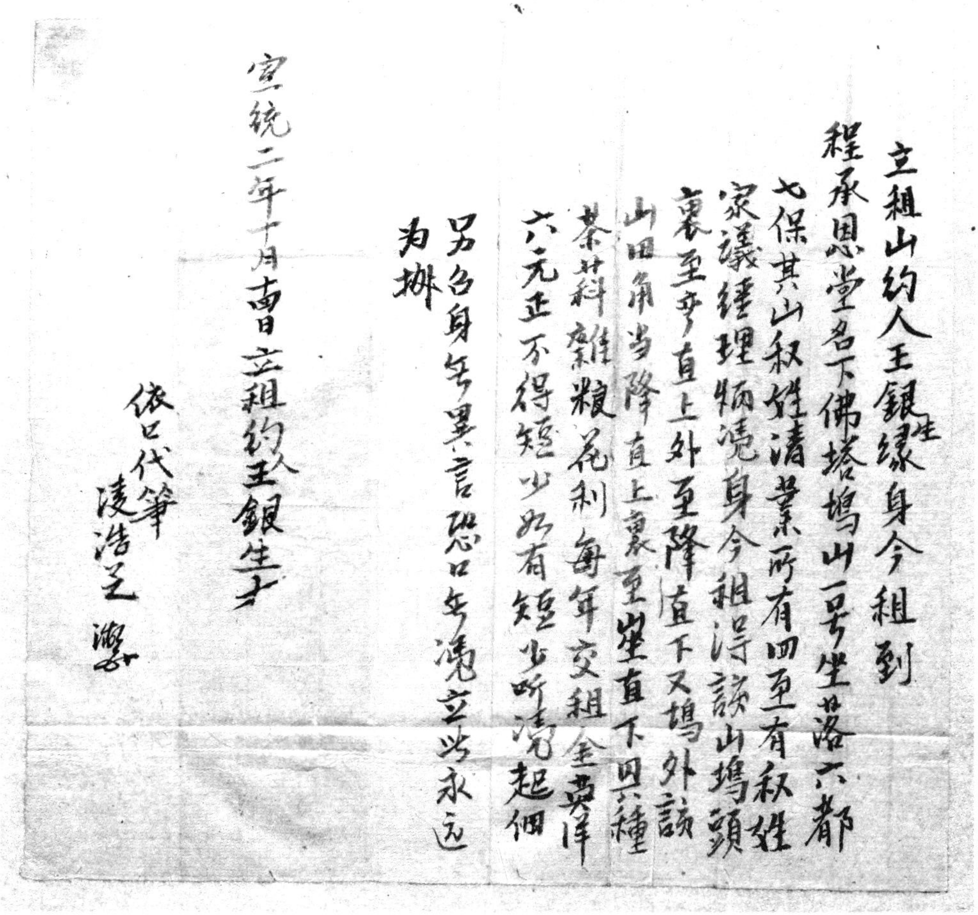

立租山约人王銀生缘身今租到
程承恩堂名下佛塔塢山一号坐落六都
七保其山叙姓清業所有四至有叙姓
家議經理憑身今租得該山塢頭
裏至弯直上外至降直下又塢外該
山田角当降直上裏至坐直下興種
茶萪雜粮花利每年交租金英洋
六元正不得短少如有短少听凭起佃
另召身無異言恐口無憑立此永遠
为据

宣統二年十月　日立租约人王銀生（押）
依口代筆　淩浩芝（押）

立租批人胡壽隆今租到
宗思誠堂名下坐落隆阜仁厚里登科第坐
西朝東樓屋壹所壹前兩進樓下房叁眼樓
上房兩眼廚房柴房壹披後首竹園壹所
計長壹丈叁尺闊壹丈懸并園墻空地菜園
一概在內四圍墻垣俱全三面言定今承租
此屋三股之一每年交納租金英洋叁元
屋宇如有修理必須眼同屋東估修修理
費約在三元之內即在本年租金內扣除如有
大修必須告知屋東由屋東自行修理
租金分作兩季交完不得拖欠短少倘本
東要屋預先關會自行搬移無得異說
今欲有憑立此租批存　據
當付押租錢貳百文退租之日原錢付還
又園內水菓樹木屋宅言定不在租內不得損
傷砍伐再屋宅承租此屋言明隨日居住
租金隨日計算聽憑隨時搬移亦無異言　又
批

宣統三年正月　　日立租批人胡壽隆（押）
　　　　　　　　　憑中人戴秋園（押）

二

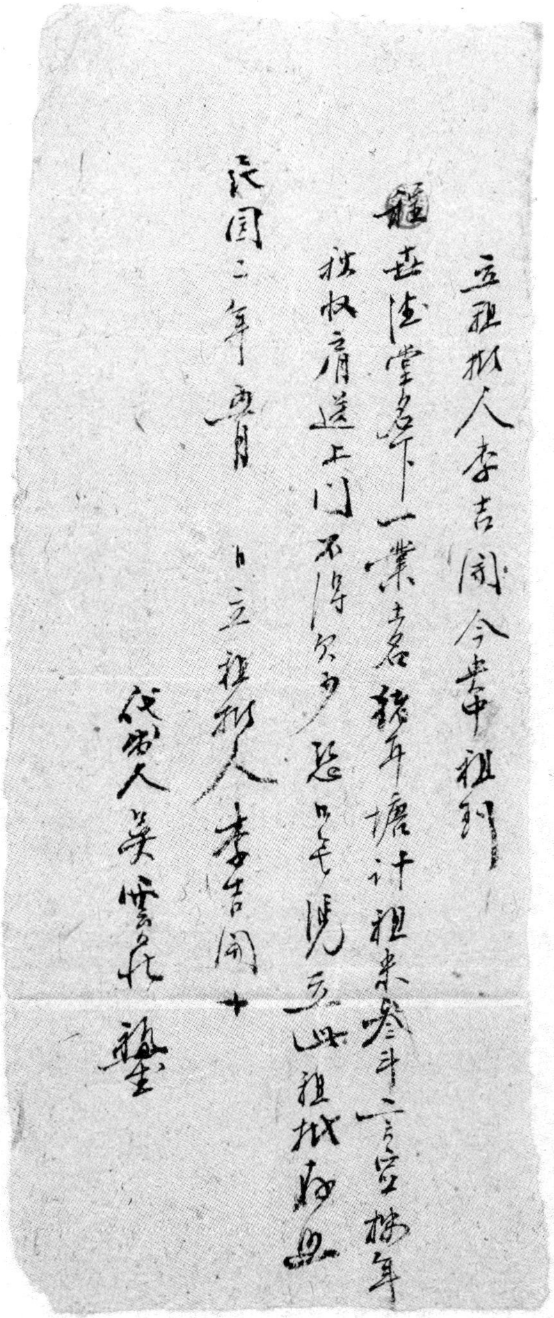

立租批人李吉開，今承中租到
葉茂堂名下一業，土名錢午塘，計租米叁斗一六，定挨年
秋收肩送上門，不得欠少，恐口無憑，立此租批存照。
民國二年五月　日立租批人李吉開　十
代筆人葉雲花

民國二年五月某某縣李吉開立租田批

二

民國七年三月〔休寧縣〕胡繼善堂秩下两大房人等立出召田約

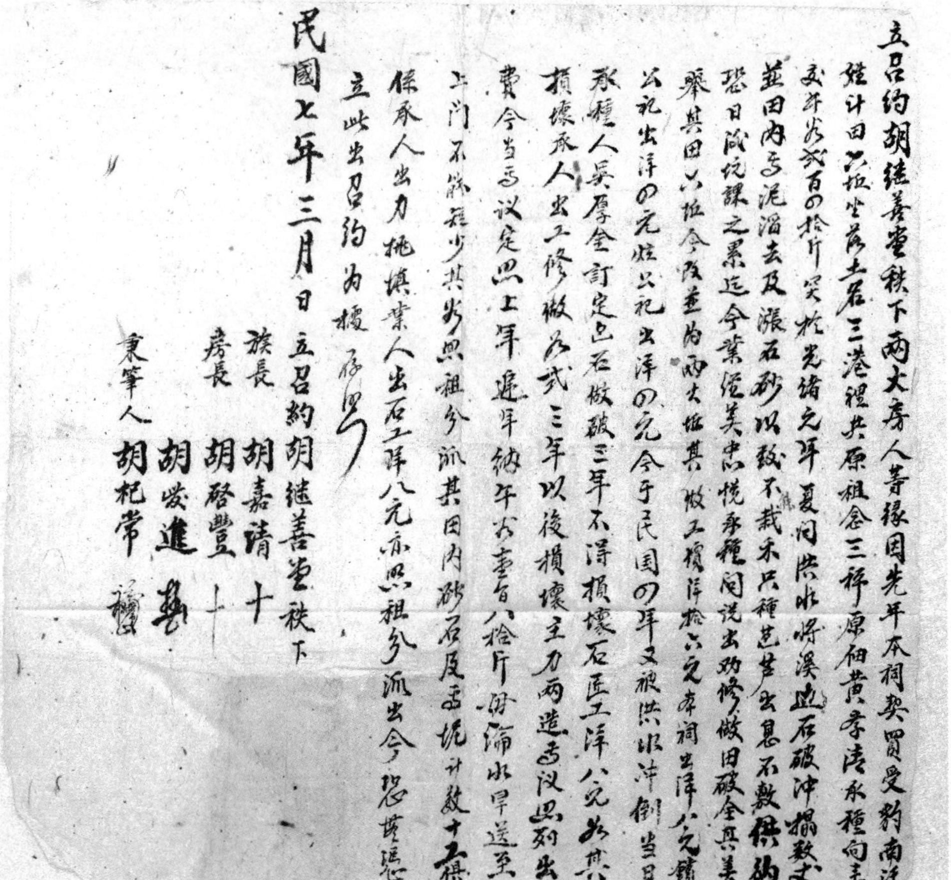

立召约胡継善堂秩下两大房人等缘因先年本祠契買受豹南汪
姓計田六坵坐落土名三港裡共原租念三秤原佃黄孝清承種向來
交納租谷貳百四拾斤。突於光緒元年夏間洪水將溪邊石破冲塌數丈，
並田内多泥溜去及漲石砂，以致不栽禾，只種芭芦，出息不敷供納。
恐日後拖課之累，迄今葉從美出攬承種，間説出劝修做田，破全其美，
舉其田六坵今改並為两大坵，其做工費洋拾六元，本祠出洋八元，續
公祀出洋四元，姓公祀出洋四元。今于民国四年又被洪水冲倒，當日
承種人吴厚全訂定包石做破三年不得損壞，石匠工洋八元，如其
損壞，承人出工修做。及貳三年以後損壞，主力两造面议，照對出
費。今當面議定照上年遞年納年谷壹百八拾斤，毋論水旱，送至
上門，不能短少。其□照祖分派。其田内砂石及面坵計數十余棵，
保承人出力挑填。業人出石工洋八元，亦照祖分派出。今恐無憑，
立此出召约為據。存照。

民國七年三月　日　立召約胡継善堂秩下

族長　胡嘉清　十

房長　胡啓豐　十

胡發進　押

秉筆人　胡杞常　押

立承攬租批人金廣玉今托中向
黃春蔚名下大小買田弍畝柒分五厘土名葛蒲塘尾又大小買田伍分土名仝又大小買田弍
畝叁分土名周家塢口又大小買田壹畝陸分土名仝坪上又大小買田壹畝四分土名仝坪
上又大小買田玖分土名仝又大小買田陸分土名仝又大小買田弍坵計稅弍畝土名仝外塘
塓下又大小買田拾壹坵計稅陸畝陸分土名周家塢荷花塘以上之田係托中租來蘇
身耕種三面議定以熟送荒計實硬租乾谷壹佰弍拾斗正秋收之日送至上門當面
過肩租斗過數不得欠少如有欠少升合不清憑中追租起業另租他人此係自愿
不得異言恐口無憑立此租批存照

再批本田開割即行交納租谷不得延遲批又照

再批倘有天旱特請業主協同中人到田公品再割又照

民國拾四年柒月　日

立租批人金廣玉（押）

憑中証人王必奎婦（押）

方冬發（押）

代筆人汪蔚萱（押）

民國十四年七月某某縣金廣玉立承攬租大小買田批

二

民國十五年十一月某某縣李正東立租房字

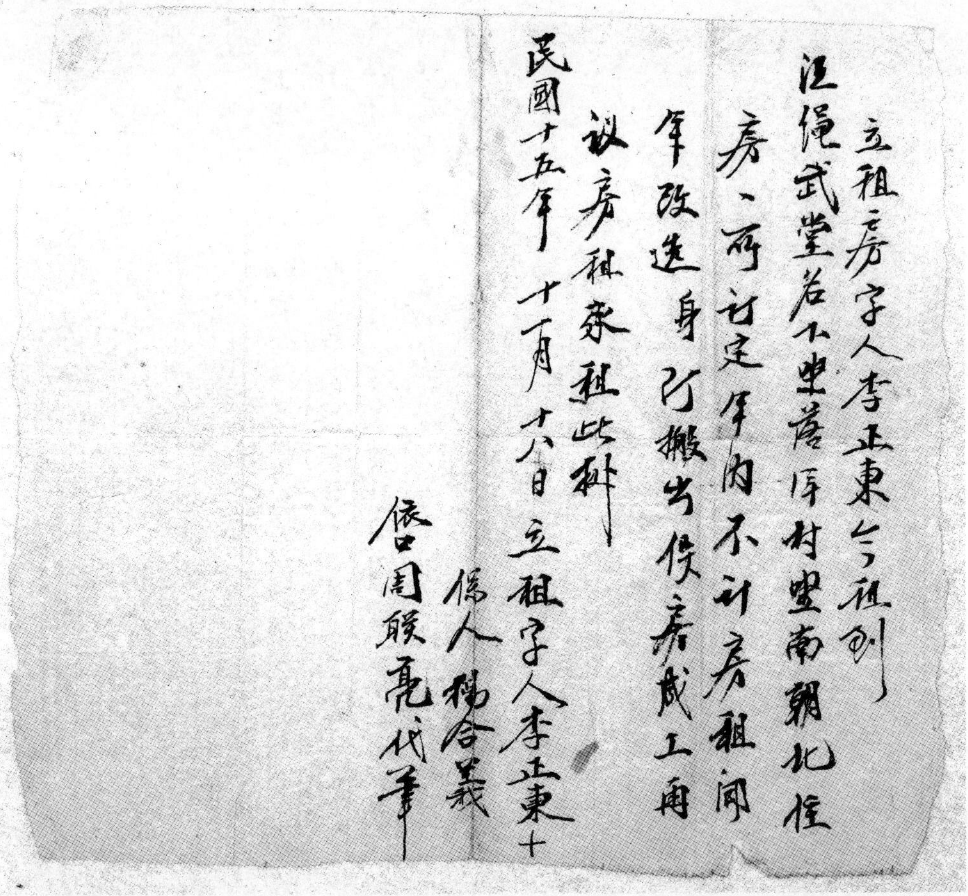

立租房字人李正東今租到
汪繩武堂名下坐落厍村豐南朝北住
房一所，訂定年內不計房租，開
年改造身即搬出，俟房成工再
議房租，承租此批
民國十五年 十一月 十八日 立租字人李正東十
保人 楊合義
依口 周眼亮代筆

二

民國十六年八月（歙縣）范觀清立租大小買田批

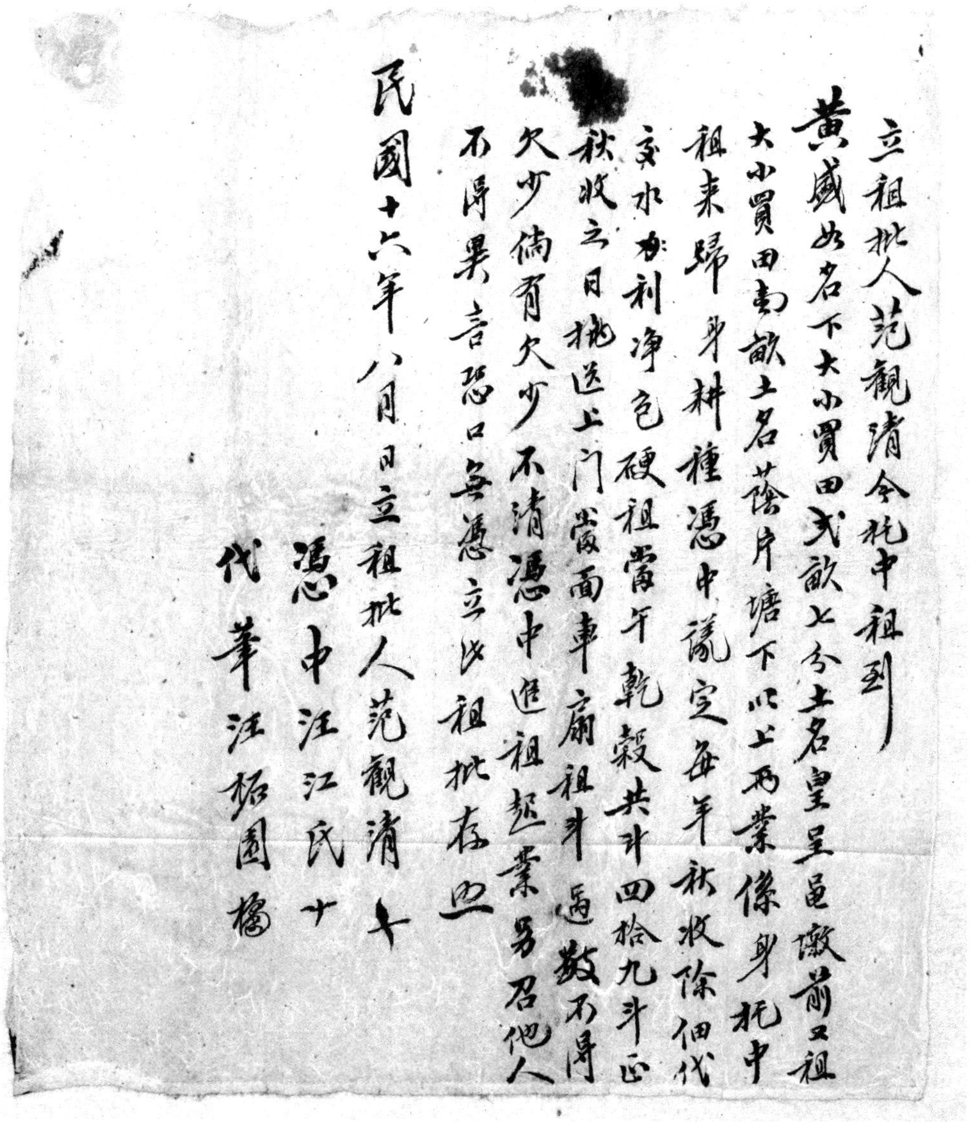
立租批人范觀清今托中租到
黄盛如名下大小買田弍畝七分土名皇呈邑墩前又租
大小買田壹畝土名蔭片塘下以上兩業係身托中
租来歸身耕種憑中議定每年秋收除佃代
交水扴利净色硬租當年乾穀共計四拾九斗正
秋收之日挑送上门當面車扇租斗過數不得
欠少倘有欠少不清憑中追租起業另召他人
不得異言恐口無憑立此租批存照
民國十六年八月　日立租批人范觀清十
憑中汪江氏十
代筆汪栢園櫓

六、明萬曆至民國年間租佃田皮園地契約

〔一一〕清嘉慶年間某某縣僧朗如承佃田佃批

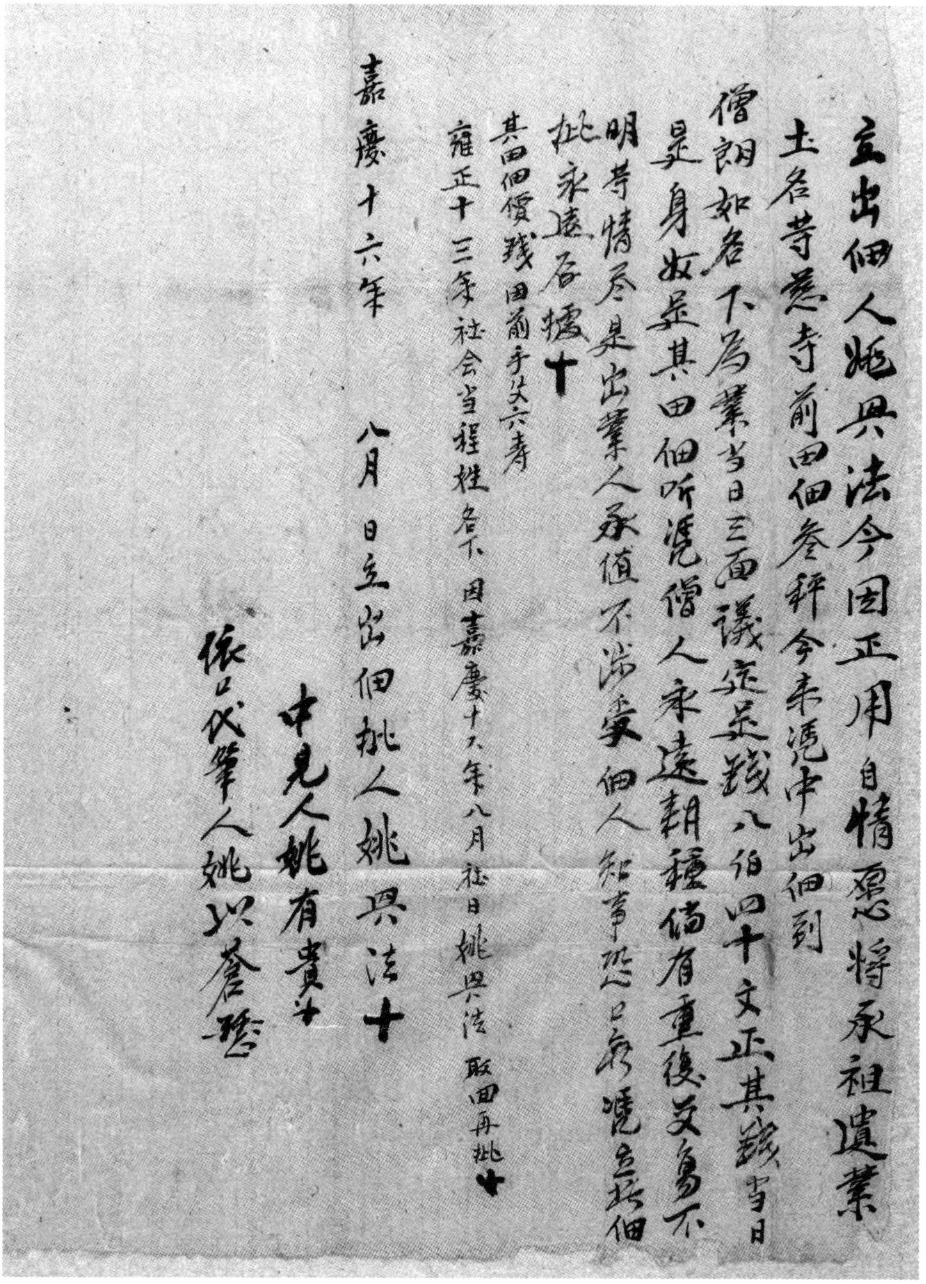

立出佃人姚興法今因正用自情愿將承祖遺業
土名寺慈寺前田佃叁秤今來憑中出佃到
僧朗如名下為業當日三面議定足錢八伯四十文正其錢當日
是身收足其田佃听憑僧人永遠耕種倘有重復交易不
明等情尽是出業人承值不涉受佃人之事恐口無憑立此佃
批永遠存據 十
其田佃價錢田萠手父六壽
雍正十三年社会当程姓名下 因嘉慶十六年八月社日姚興法 取田再批 十
嘉慶十六年 八月 日立出佃批人姚興法 十
中見人姚有貴
依口代筆人姚以蒼

清嘉慶十六年八月某某縣姚興法立出佃田佃批

二

清嘉慶二十年六月某某縣汪阿姚等立出佃田佃批

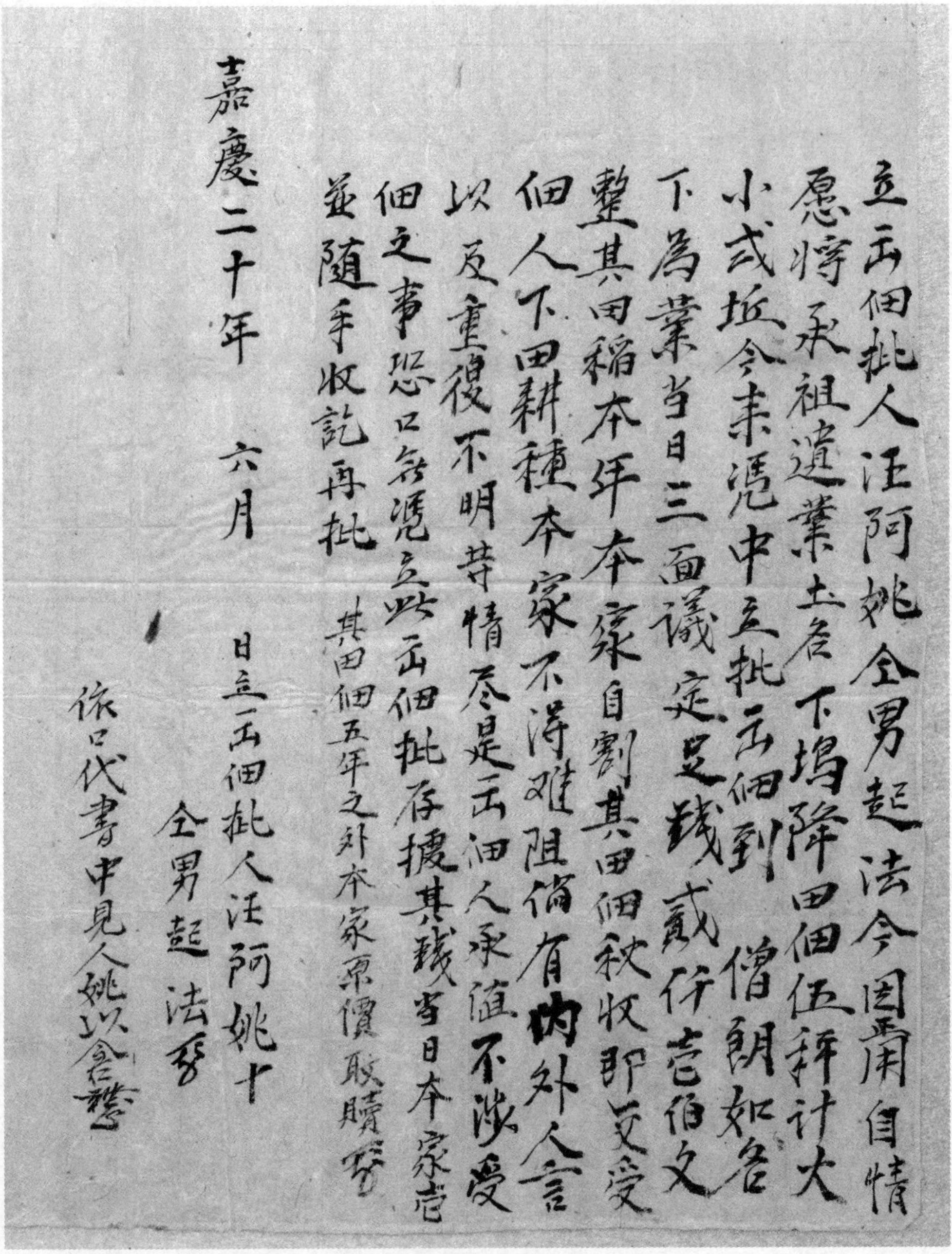
立出佃批人汪阿姚仝男起法今因用度自情
愿將承祖遺業土名下塢降田佃伍秤计大
小弍坵今来憑中立批出佃到僧朗如名
下為業当日三面議定足錢貳仟壹佰文
整其田稻本年本家自割其田佃秋收即交受
佃人下田耕種本家不得難阻倘有內外人言
以及重復不明等情尽是出佃人承值不涉受
佃之事恐口無憑立此出佃批存據其錢当日本家壹
並隨手收訖再批　其田佃五年之外本家原價取贖照

嘉慶二十年　六月　日立出佃批人汪阿姚十
仝男起法押
依口代書中見人姚以含押

二

〔二〕清道光年間某某縣程東保出佃田批

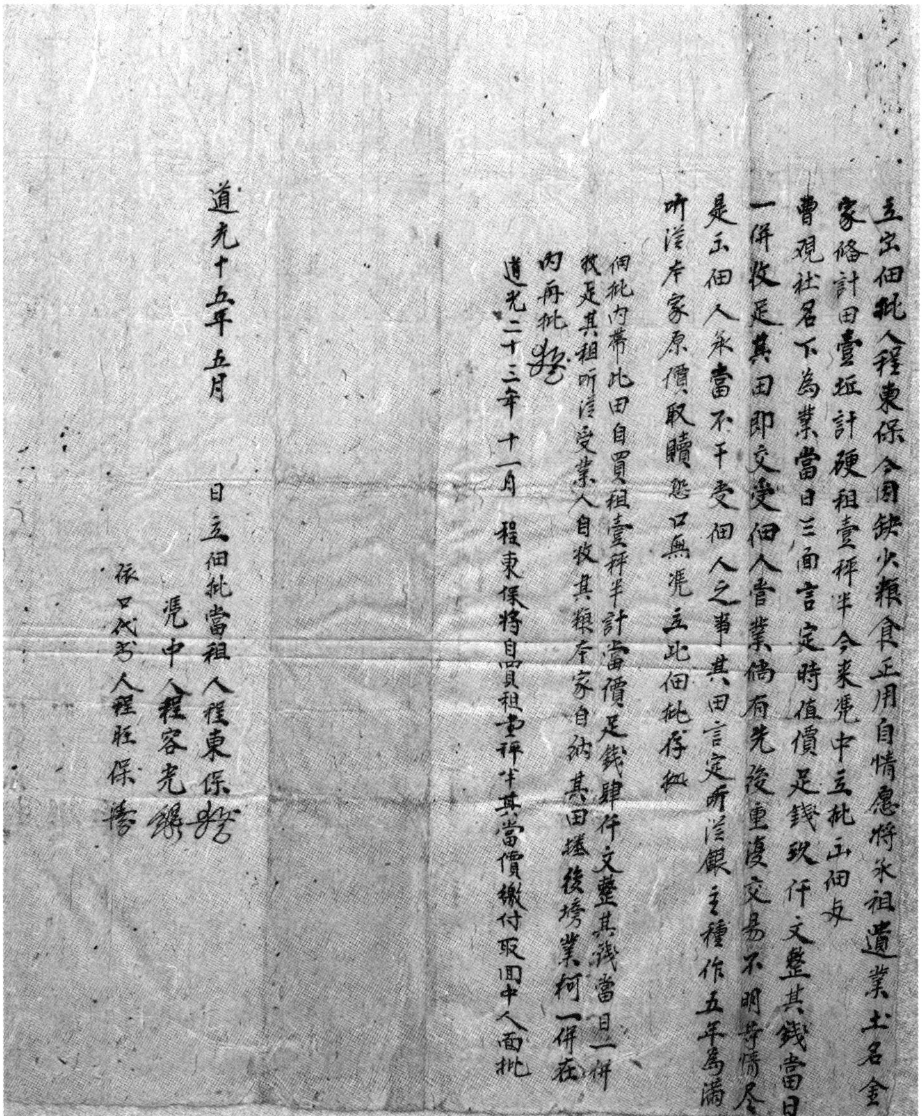
立出佃批人程東保，今因缺少粮食正用，自情愿將承祖遺業土名金
家塢，計田壹坵，計硬租壹秤半，今來凭中立批出佃與
曹觀社名下為業，當日三面言定時值價足錢玖仟文整，其錢當日
一併收足，其田即交受佃人管業。倘有先後重復交易不明等情，盡
是出佃人承當，不干受佃人之事。其田言定所從銀主種作五年為滿，
听從本家原價取贖。恐口無凭，立此佃批存拠。
佃批內帶此田自買租壹秤半，計當價足錢肆仟文整，其錢當日一併
收足，其租所從受業人自收，其粮本家自納，其田塍後塝業柯一併在
內，再批。押
道光二十三年十一月　程東保將自買租壹秤半其當價繳付取回，中人面批
道光十五年五月　日立佃批當租人程東保　押
凭中人程容光　押
依口代筆人程旺保　押

清道光十五年五月某某縣程東保立出佃田批附道光二十三年十一月程東保立繳付當價取回批

清道光二十二年八月某某縣程東保等立出佃田批

立出佃批人程東保同男有福今爲媳病故缺少正用自情愿將土名金
家塢田大小弍坵計硬租弍秤今來憑中立批出佃與
曹大爺名下爲業當日三面言定時值佃錢肆仟文正其佃當時一併收
足其田即交受佃人管業種作交租無異倘有先後重復交易一切不明
等情尽是出佃人承當不涉受佃人之事其田不拘年月遠近聽從本
家原價取贖其茶柯柤子樹一併在内恐口無憑立此佃批存照

道光弍拾弍年八月　日立出佃人程東保十
同男　有福押
中見人程德魁押
程有洪押
依書人程兆保押

〔三〕明萬曆至民國年間其他出佃田皮園地契約

二

明萬曆六年十一月〔祁門縣〕康熠等立出佃空山約

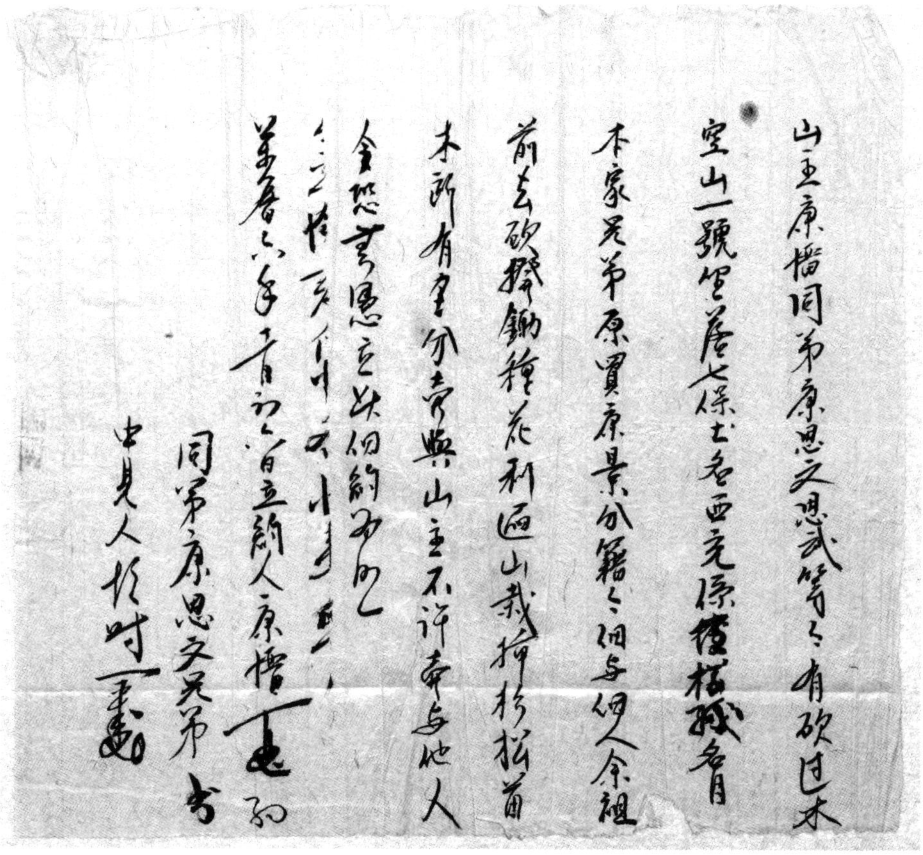
山主康熠同弟康思文、思武等，今有砍过木
空山一號，坐落七保土名西充源，係[illegible]名目
本家兄弟原買康景分籍，今佃與佃人余祖
前去砍[illegible]鋤種花利，遍山栽插杉松苗
木，所有主分壹與山主，不許賣與他人
今恐無憑，立此佃約爲照
[illegible]
萬曆六年十一月初八日立約人康熠（押）
同弟康思文兄弟（押）
中見人[illegible]（押）

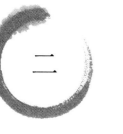

二

明萬曆九年二月（祁門縣）胡白立出佃佃田約

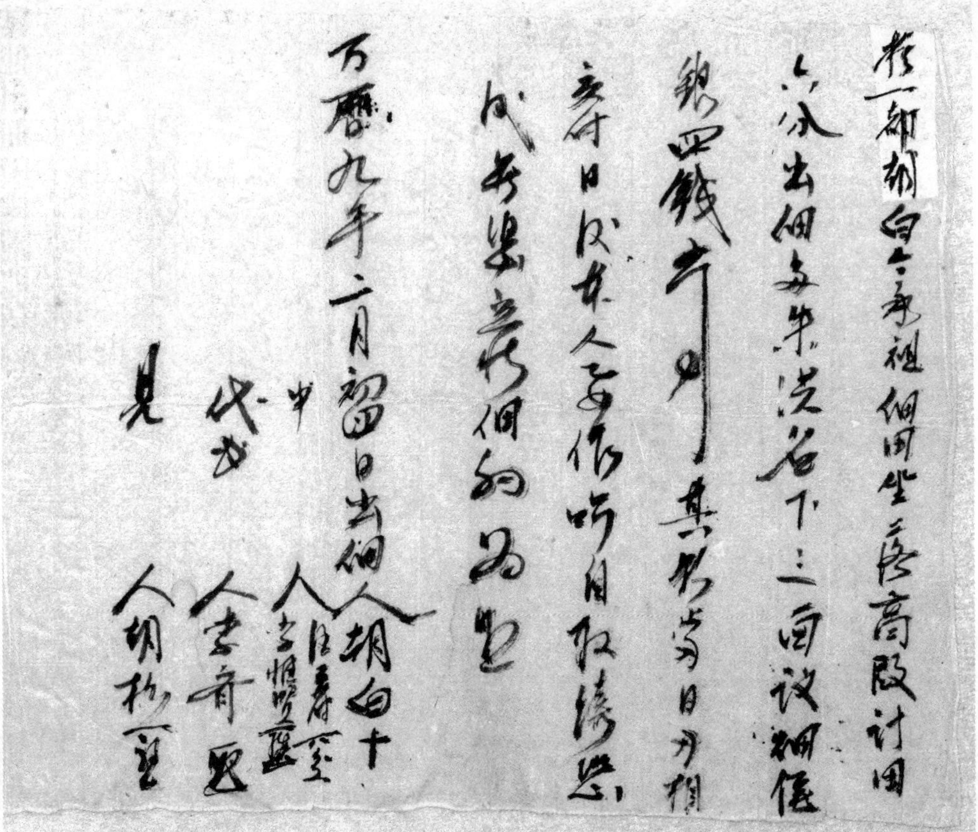
拾一都胡白立承祖佃田坐落高段，計田
六分，出佃與朱洪名下，三面議佃價
銀四錢，其價當日收領。
交付日後本人要作，聽自取贖，
成無異言，佃約為照。
萬曆九年二月[illegible]日出佃人胡白立
中人胡壽祖
李恒[illegible]
代書人李育
見人胡松

拾東李時春今因無錢使用，自情愿將十一都二保土名畝来塢，計田弍畝内取壹
畝出佃与朱　　名下耕種爲業，面議時值價文銀玖錢正，其田聽自佃人耕
種，本身無詞，今恐無憑，立此佃約存照。
萬曆廿三年三月初一日立佃約

人　李時春（押）
里長東溪（押）
見人　黄竹山（押）
見人　胡子亮（押）

明萬曆廿三年三月〔祁門縣〕李時春立出佃田約

二

明萬曆四十年正月某某縣胡應護立出佃園地約

立佃約人胡應護，原佃堂伯園，當備計租麦租拾伍觔，豆租
拾伍觔，其園在前段。今因種作不便，自情愿出佃與本村
朱名下前去耕種，交租不累出佃人之事。三面議定佃價紋銀
叁錢捌分。立佃之日即銀壹復定，多月分聽自出佃人原價取贖，
則無異言。恐後無憑，立此佃約存照。

萬曆四十年正月　日　立佃人胡應護（押）
中見叔父
兄天旬（押）

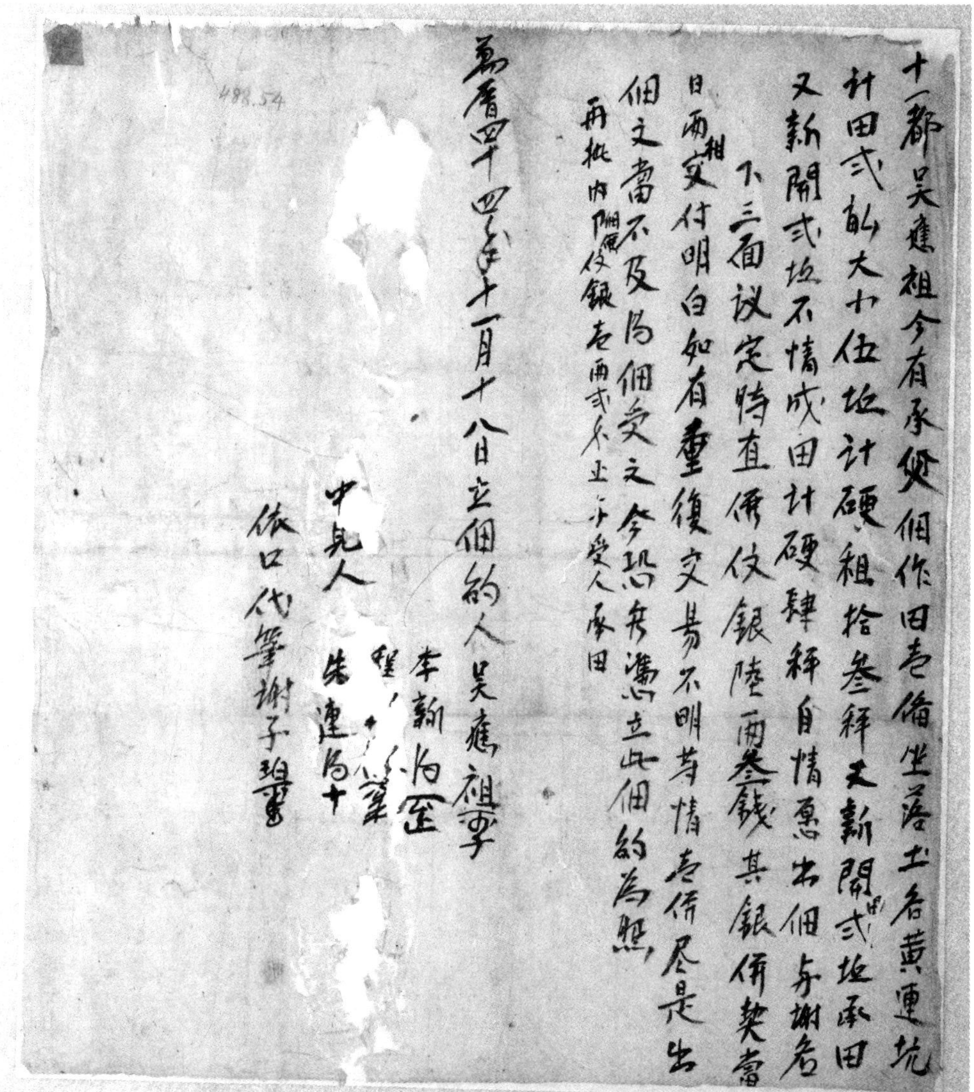

十一都吳應祖今有承買佃作田壹備坐落土名黃連坑
計田弍畝大小伍坵計硬租拾叁秤又新開弍坵承田
又新開弍坵不情成田計硬肆秤自情愿出佃與謝名
下三面議定時值價紋銀陸兩叁錢其銀價契當
日兩相交付明白如有重復交易不明等情壹係盡是出
佃之當不及爲佃受之人恐無憑立此佃約爲照
再批內佃價紋銀壹兩弍錢正付受人承田

萬曆四十四年十一月十八日立佃約人吳應祖
李新
中見人　程[illegible]
朱連爲
依口代筆謝子翊

明萬曆四十四年十一月某某縣吳應祖立出佃佃作田約

二

明崇禎二年三月某某縣吳寄孫立出佃田約

都吳寄孫今有田乙備坐落土名苦株樹下計租叁秤零拾斤
自情愿出佃与同都朱　名下為業前去耕種三面议定
得受價紋銀柒錢伍分整其銀契當日兩相交付明白入後倘
有來歷不明尽是出佃人承當不及受人之事今恐無憑立此
佃約存照
再批元有胡四十老契在胡本良收執

崇禎二年三月初一日　立佃約人吳寄孫（押）
中見人胡本賢（押）

明崇禎六年十一月某某縣李應麒等立出佃佃作田約

立佃約人李應麒仝弟應龍、應鳳，承祖父佃作
田壹備，坐落土名園下塅，計田壹畝，計租拾秤。今自
情愿出佃與本管李　名下為業，憑中議定
佃價銀陸錢整。其價契當日兩相交付。其田應時
領去種作，遞年交還小租谷貳秤，不至虧少。
如若欠少，聽自另佃。恐後無憑，立此契為照。

崇禎六年十一月　日立佃契人李應麒（押）
應龍（押）
應鳳（押）
中見人張子和（押）
鄭汝明（押）
代筆人張汝振（押）

二

明崇禎十一年八月某某縣方佛生立出佃佃作田約

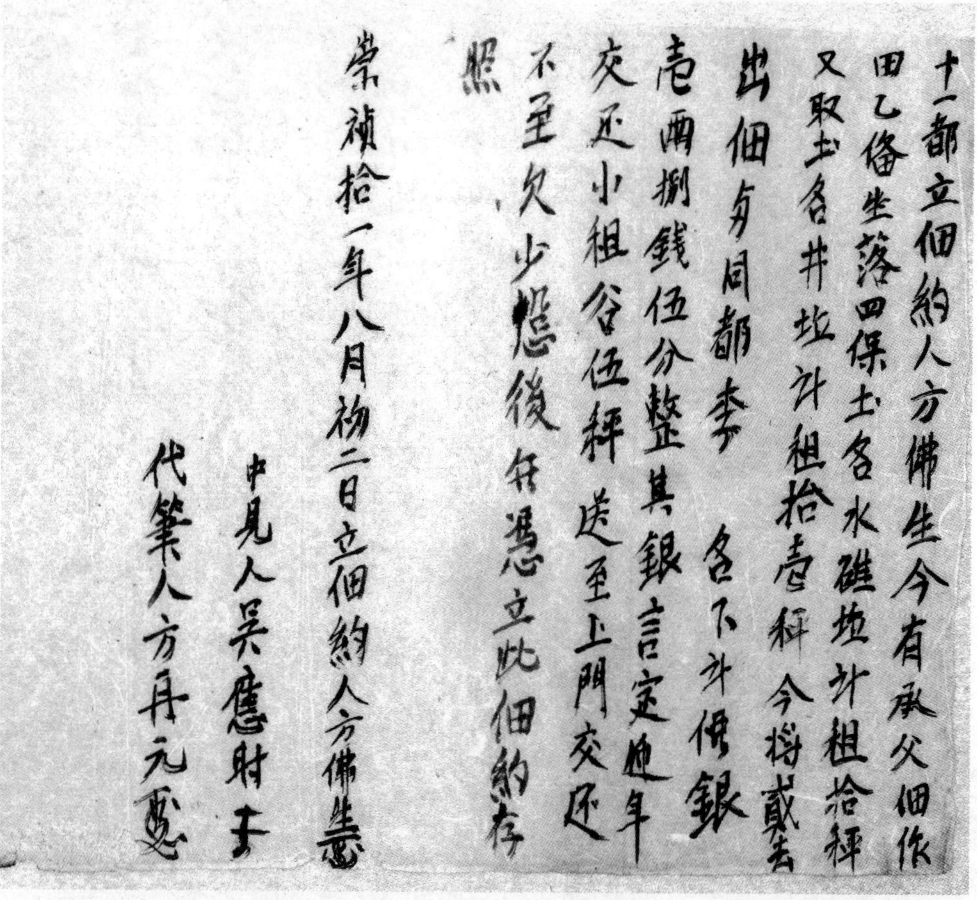

十一都立佃約人方佛生今有承父佃作
田乙备坐落四保土名水碓坵計租拾秤
又取土名井坵計租拾壹秤 今将贰秤
出佃与同都李 名下計價銀
壹兩捌錢伍分整其銀言定逓年
交还小租谷伍秤送至上門交还
不至欠少恐後無憑立此佃約存
照
崇禎拾一年八月初二日立佃約人方佛生
中見人吴應財
代筆人方丹元

二

明崇禎十三年正月某某縣李尚彬立出佃佃作田約附
崇禎十五年十一月孫珂立轉佃批

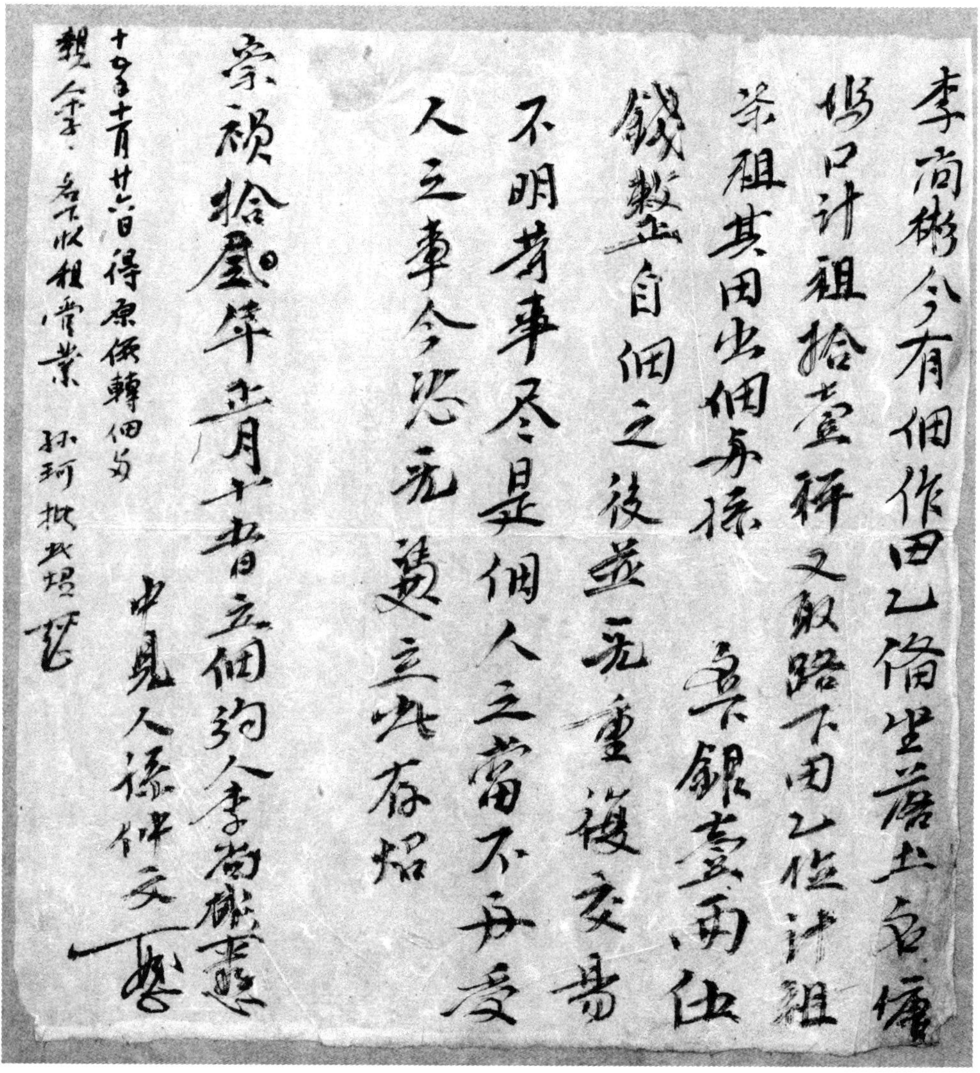
李尚彬今有佃作田乙備坐落土名儘
塢口計租拾壹秤又叔路下田乙坵計租
茶租其田出佃與孫　名下銀壹兩伍
錢整自佃之後並無重複交易
不明等事盡是佃人之當不與受
人之事今恐無憑立此存照
崇禎拾叁年正月十五日立佃約人李尚彬
中見人孫伴文
十五年十一月廿六日得原價轉佃與
契人名下收租管業　孫珂批此照

明崇禎十四年十月某某縣李奇富立出佃佃作田約

立佃約人李奇富今有佃作田壹備坐落土名樹坑磡頭
計田壹畝伍分大小叁坵計硬租拾肆秤拾肆斤今自
情愿出佃与
江　名下耕種為業叁面議定價紋銀叁兩陸錢
整其艮田約兩相交付明白倘有重復交易尽是出
佃人知當不及受人知事今恐無憑立此佃約存炤
日後听自源價取贖
崇禎拾肆年拾月初　日立佃約人李奇富（押）
中見人吴君用
代筆人李勝高

二

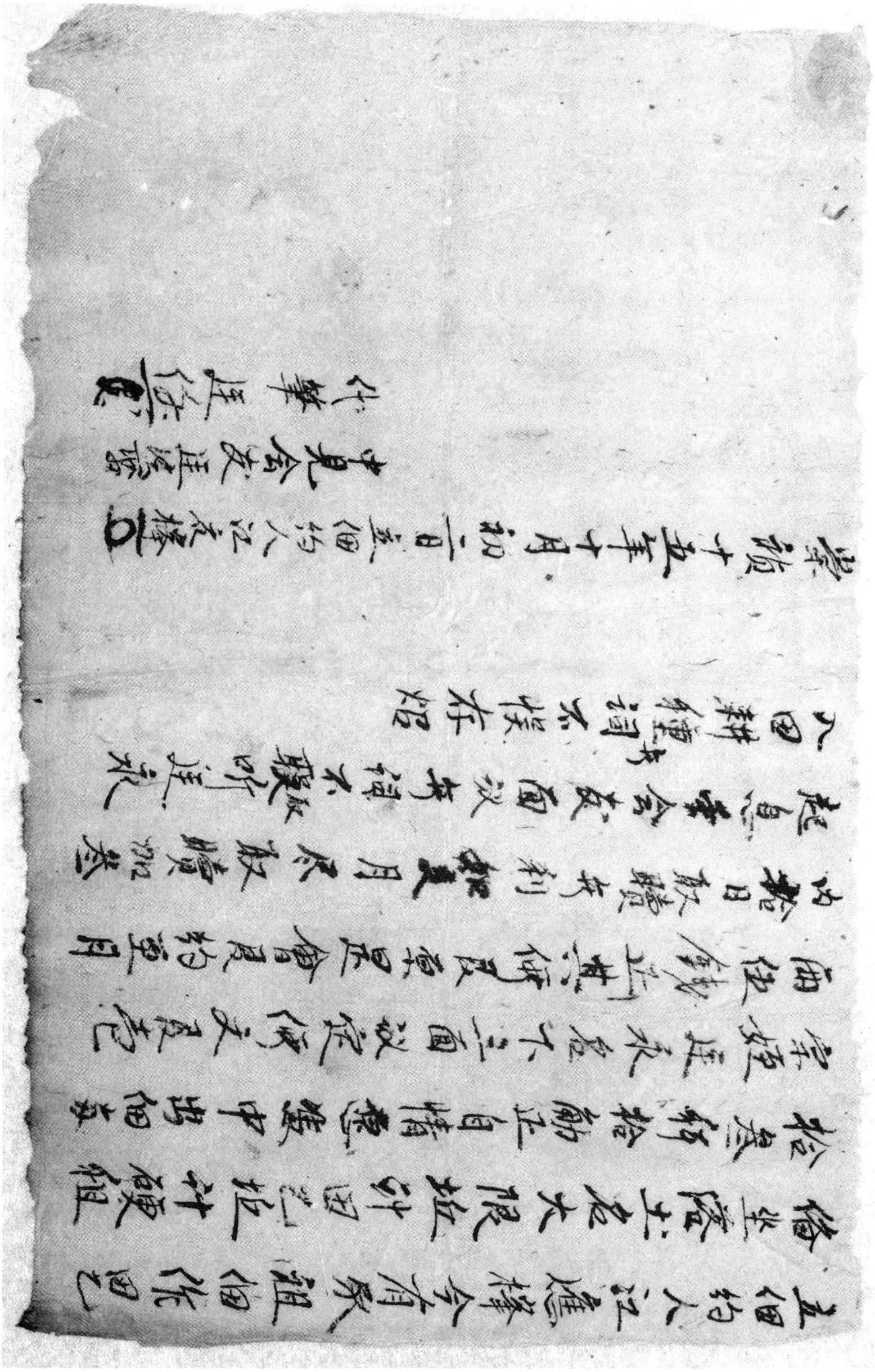

立佃約人江應檡今有承祖佃作田乙
備坐落土名大限坵計田乙坵計硬租
拾叁秤拾觔正自情愿憑中出佃与
宗姪廷永名下三面議定價文艮壹
兩伍錢正其價艮當是會艮約至月
內拾日取贖無利如違月盡取贖加叁
起息委會交面議無詞不敢騐听廷永
入田耕種無詞不悮存炤
崇禎十五年十月初二日立佃約人江應檡
中見舍友 廷熾
代筆 廷傑

明崇禎十五年十月某某縣江應檡立出佃佃作田約

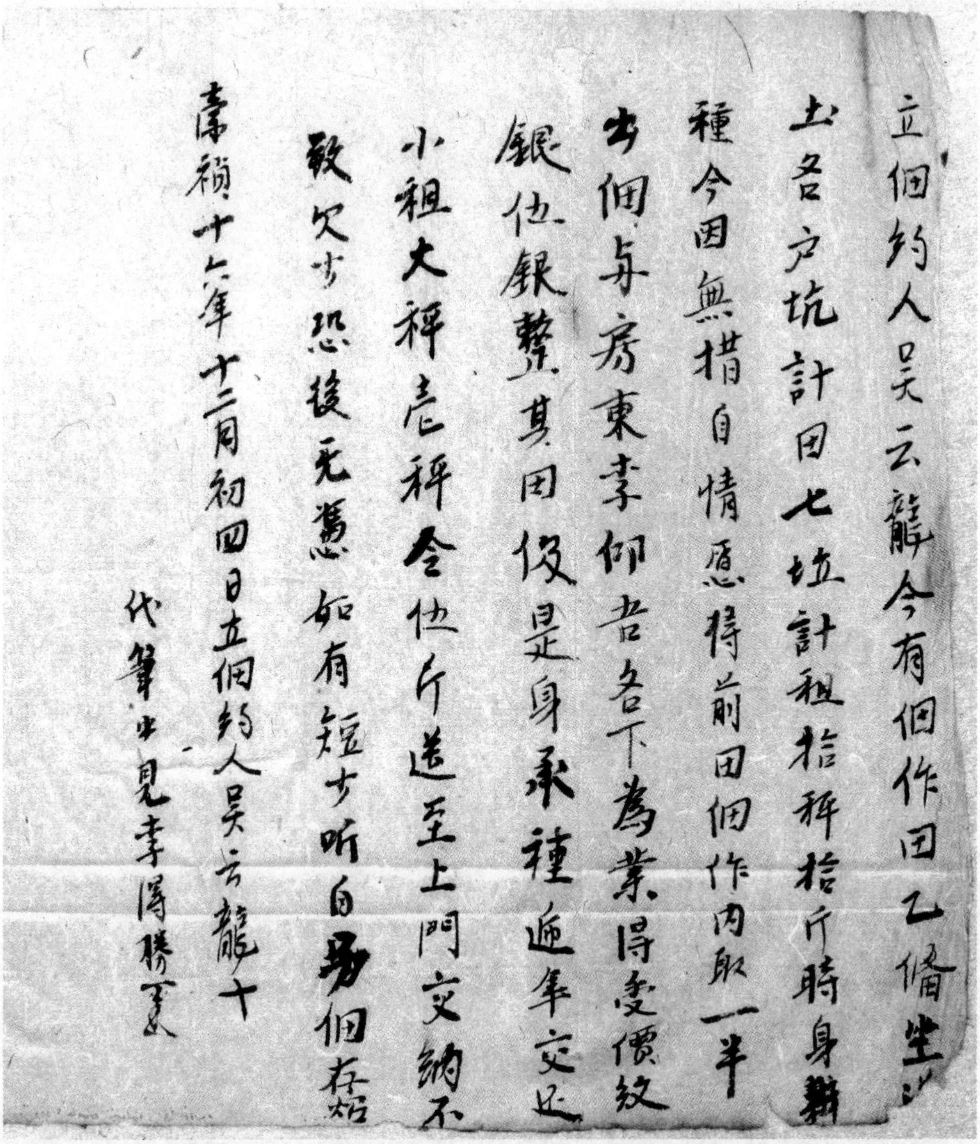

立佃約人吳云龍今有佃作田乙備坐
土名户坑計田七坵計租拾秤拾斤時身難
種今因無措自情愿將前田佃作內取一半
出佃与房東李仰吾名下為業得受價紋
銀伍錢整其田後是身承種遞年交還
小租大秤壹秤仝伍斤送至上門交納不
致欠少恐後无憑如有短少听自易佃存照
崇禎十六年十二月初四日立佃約人吳云龍（押）
代筆中見李得勝（押）

明崇禎十六年十二月某某縣吳云龍立出佃佃作田約

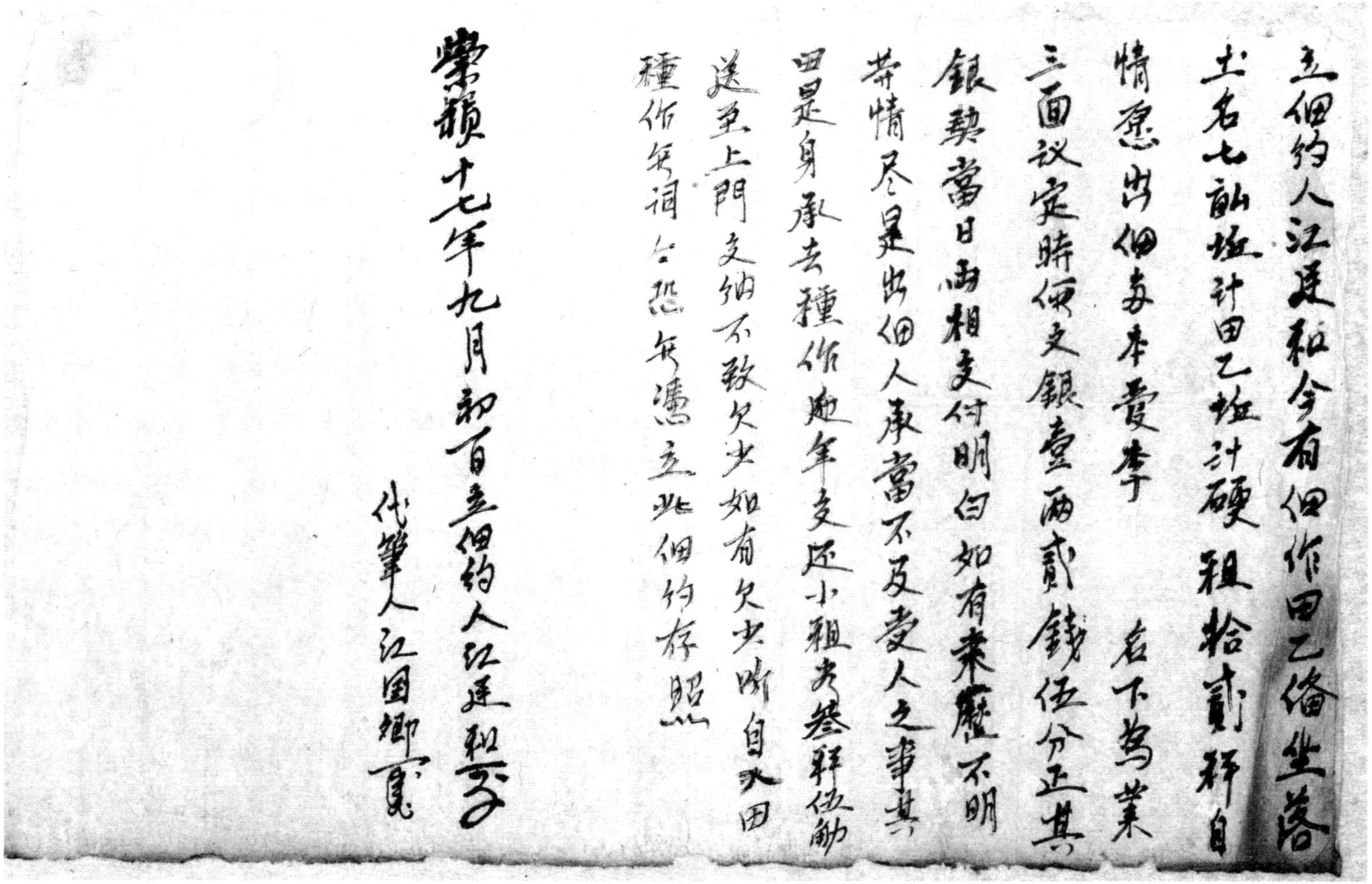
立佃約人江廷和今有佃作田乙備坐落
土名七畝坵計田乙坵計硬租拾貳秤自
情愿出佃与本賣李　名下為業
三面議定時值文銀壹兩貳錢伍分正其
銀契當日兩相交付明白如有來歷不明
等情尽是出佃人承當不及受人之事其
田是身承去種作遞年交還小租大禾叁秤伍觔
送至上門交納不致欠少如有欠少聽自取田
種作無詞今恐無憑立此佃約存照
崇禎十七年九月初一日立佃約人江廷和（押）
代筆人江國卿（押）

二

明弘光元年四月某某縣吴應時立出佃佃作田約

立佃約人吴應時今有佃作田乙備坐落四保土名培坑口計租硬
壹ム貳分今自情愿出佃與
本管李　名下銀壹兩肆錢陸分整其田契當日兩
相交付明白未佃之先并無重復交易等情如有不
明系是出佃人之事立此佃約存炤
弘光元年四月十四日立佃約人吴應時（押）
代筆人吴四壽（押）

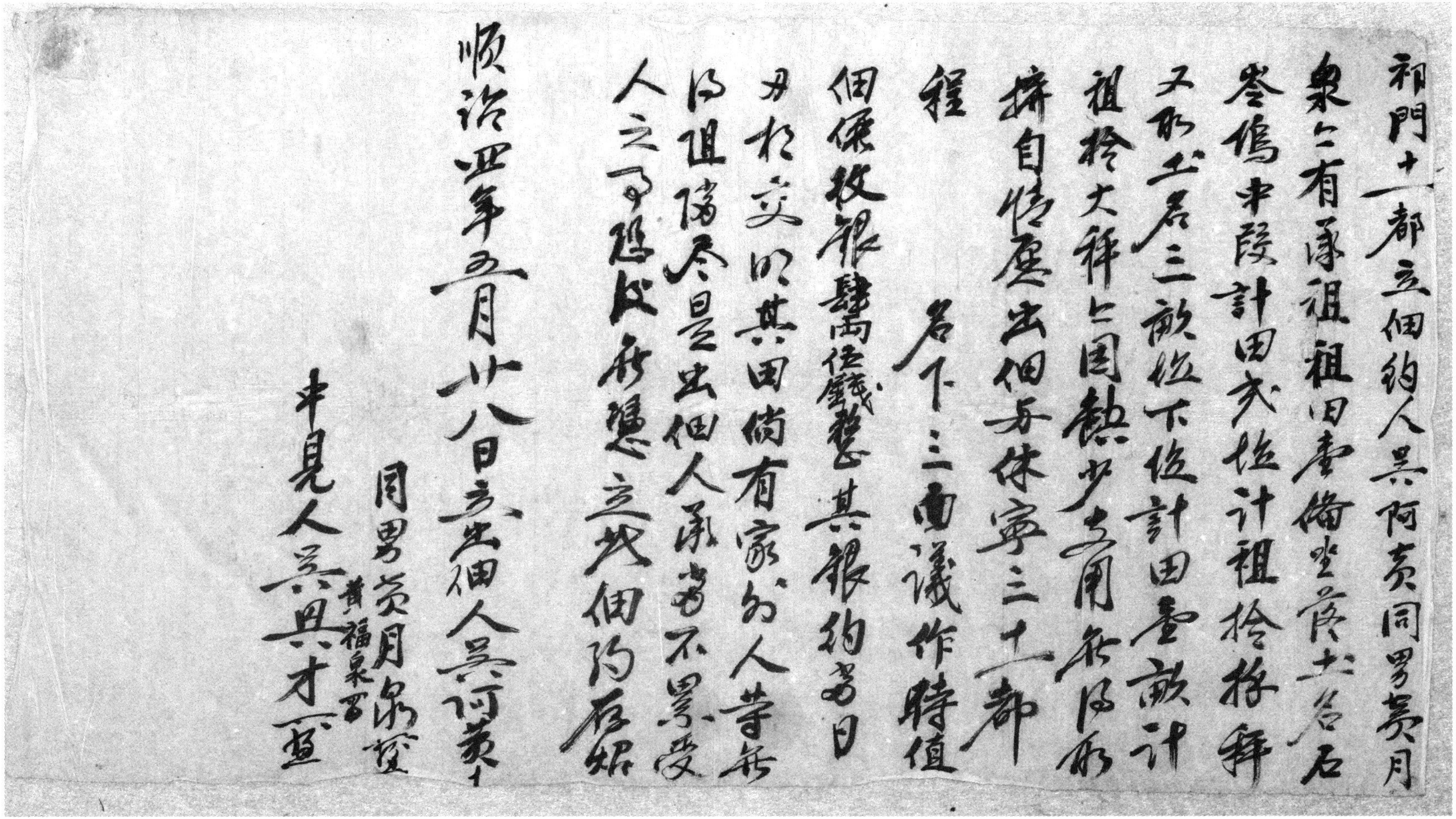

祁門十一都立佃約人吴阿黄同男吴月
泉(?)，今有承祖祖田壹備，坐落土名石
岑塢東(?)段，計田弍坵，計租拾捌秤；
又取土名三畝坵下坵，計田壹畝，計
租拾大秤。今因缺少使用，無從所(?)
措，自情愿出佃與休寧三十一都
程　　名下，三面議作時值
佃價紋銀肆兩伍錢整，其銀約為(?)日
丹(?)於交，以其田倘有家外人等無(?)
阻，倘是出佃人承當，不累受
人之事。恐後無憑，立此佃約存照。
順治四年五月廿八日立出佃人吴阿黄[illegible]
同男吴月泉[illegible]
黄福泉署(?)
中見人吴其才(?)押

清順治四年五月祁門縣吴阿黄等立出佃租田約

二

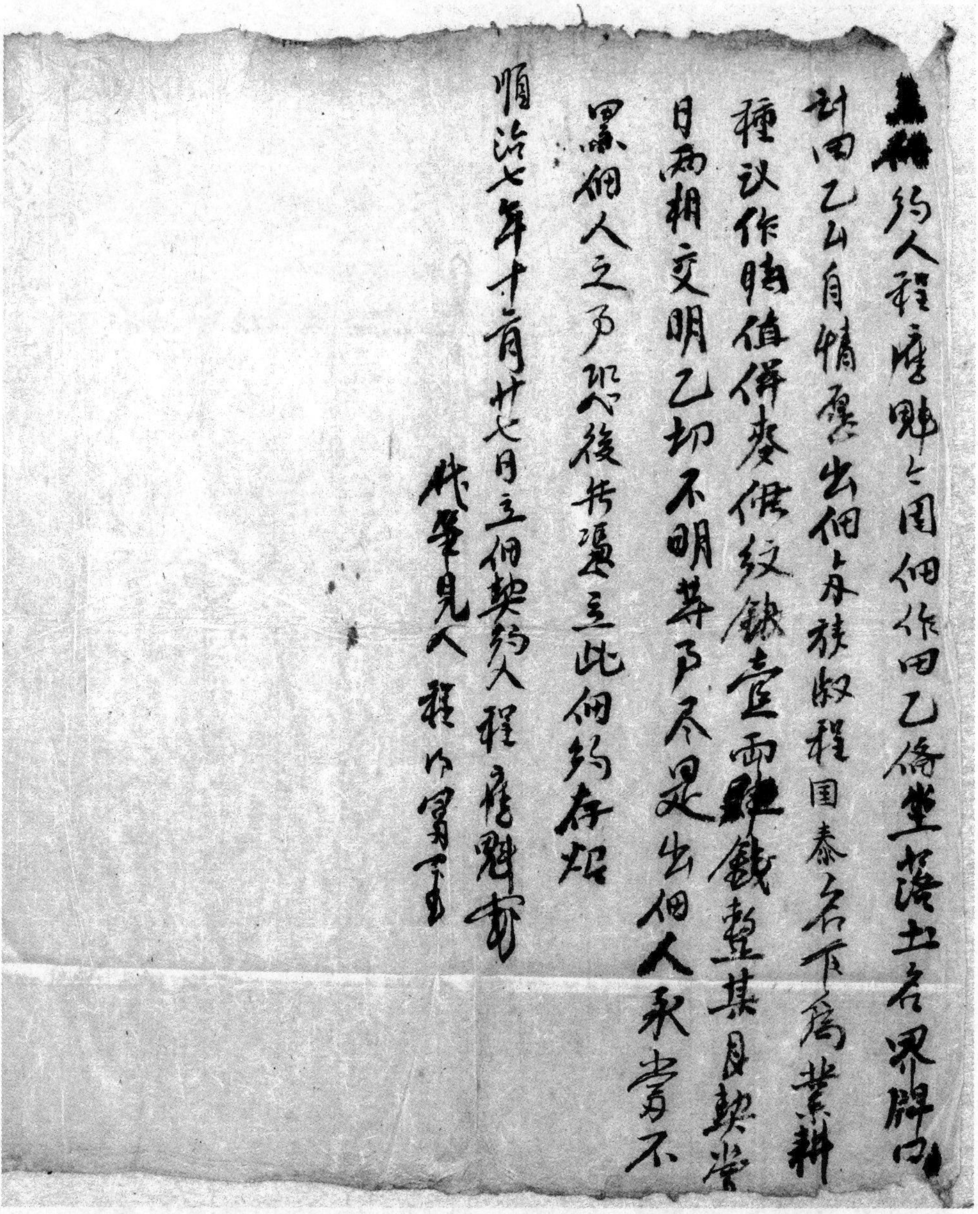
立佃約人程應魁今因佃作田乙備坐落土名界牌口
計田乙丘自情愿出佃与族叔程国泰名下為業耕
種议作時值價麥供紋銀壹兩肆錢整其價契當
日兩相交明乙切不明等事不干出佃人承當不
累佃人之事恐後無憑立此佃約存照
順治七年十二月廿七日立佃契約人程應魁（押）
代筆見人　程以寓（押）

清順治七年十二月某某縣程應魁立出佃佃作田約

清康熙五年四月某某縣鄭士武立出佃佃頭田約

立佃約人鄭士武今將佃頭田坵在土名
湾坵計租六砠將佃頭出佃与堂兄
名下價銀叁兩整其銀當日收足
其田所從受業今恐無憑立此佃
約存照

康熙五年四月十　日　立佃約人鄭士武（押）

中見国秀（押）

二

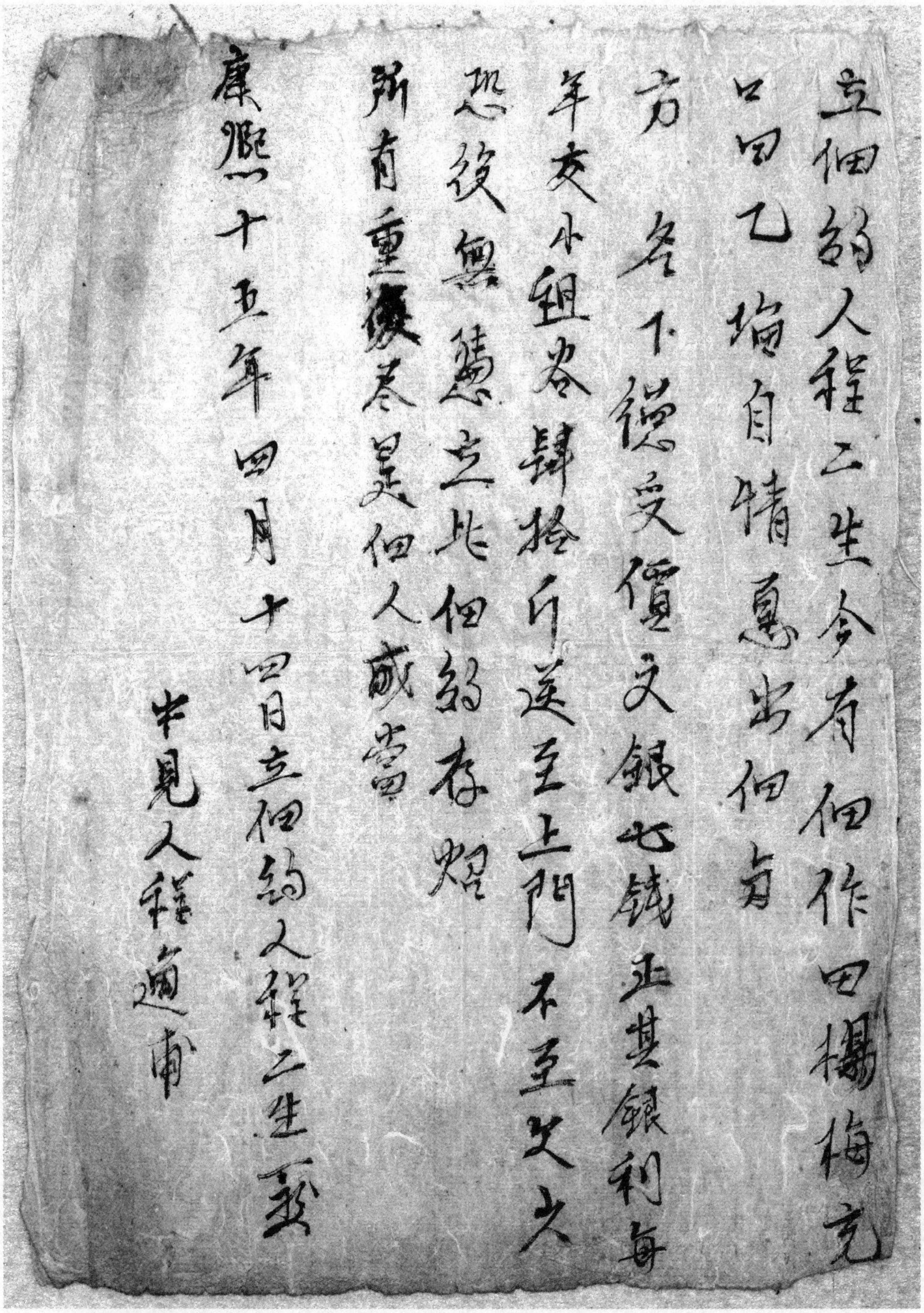
立佃約人程二生今有佃作田楊梅充
口田乙坵自情愿出佃與
方名下得受價文銀七錢正其銀利每
年交小租谷肆拾斤送至上門不至欠少
恐後無憑立此佃約存照
所有重復本是佃人承當
康熙十五年四月十四日立佃約人程二生
中見人程遇甫

清康熙十五年四月某某縣程二生立出佃佃作田約

清康熙三十六年十一月〔祁門縣〕〔方〕景昂等立出佃佃作田約

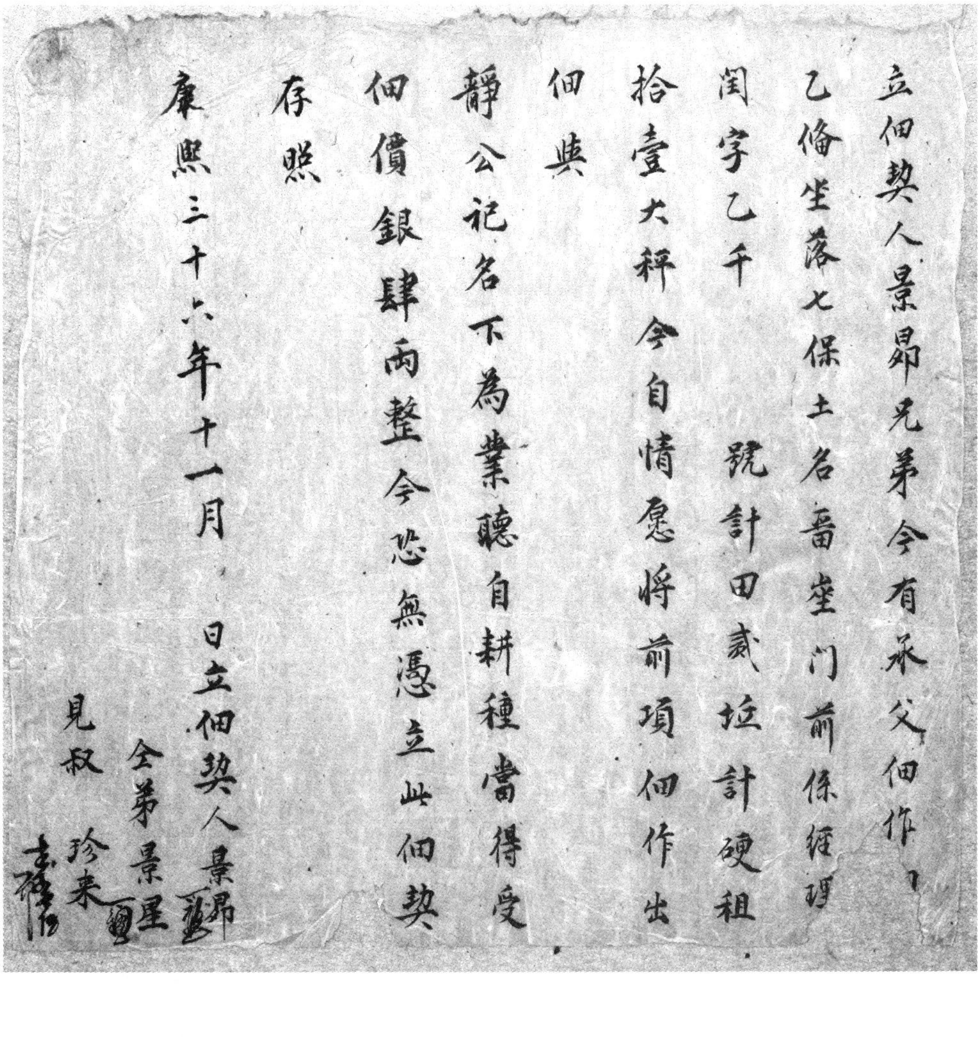

立佃契人景昂兄弟今有承父佃作一
乙偹坐落七保土名畓坵门前係经理
闰字乙千　號計田貳坵計硬租
拾壹大秤今自情愿將前項佃作出
佃與
靜公祀名下為業聽自耕種當得受
佃價銀肆兩整今恐無憑立此佃契
存照
康熙三十六年十一月　日立佃契人景昂（押）
仝弟景星（押）
見叔珍來（押）

清康熙四十九年正月某某縣許周泰立出佃佃頭田約

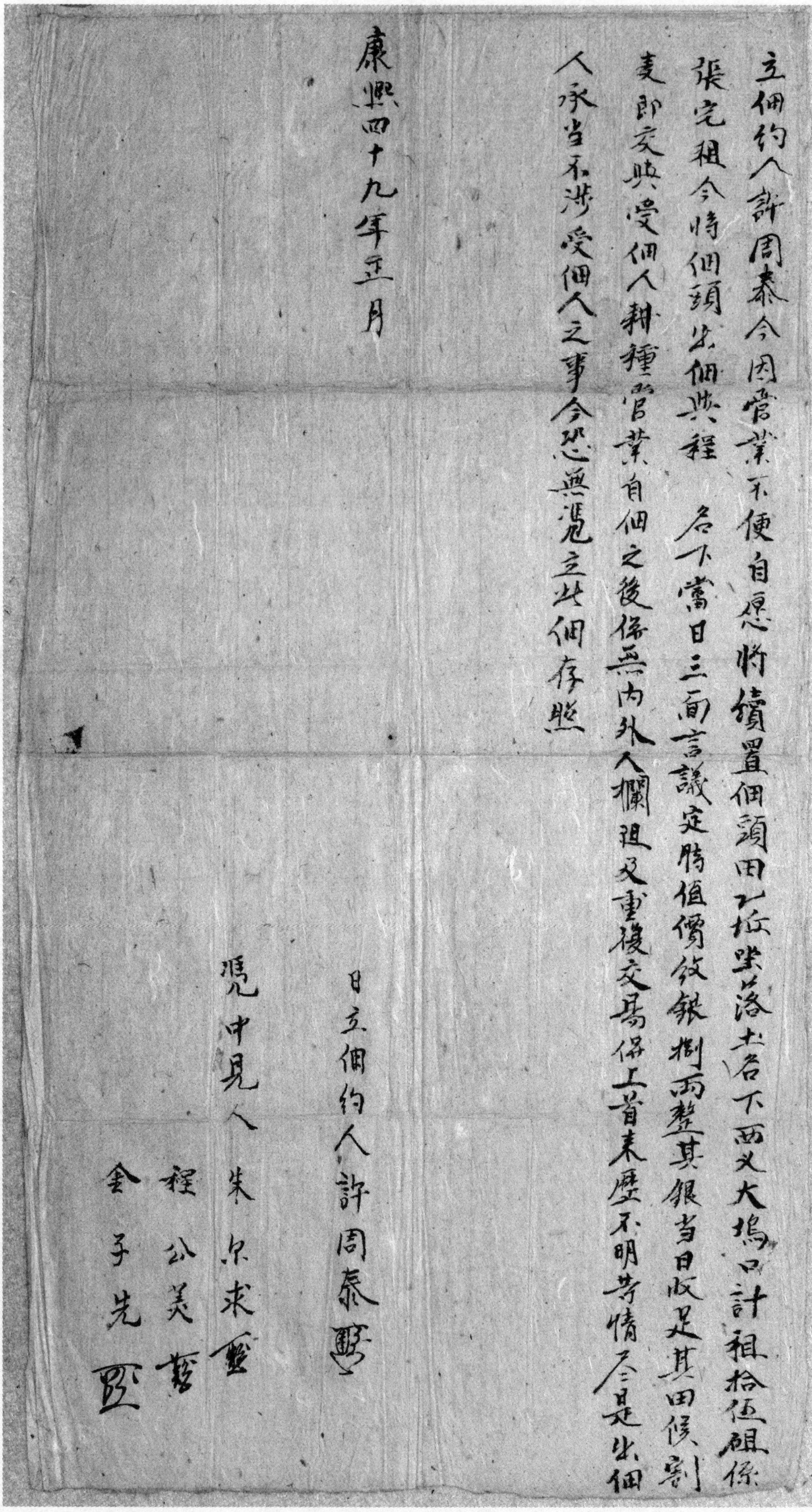
立佃约人許周泰今因管業不便自愿將續置佃頭田乙坵坐落土名下西义大塢口計租拾伍硕係
張完祖今將佃頭出佃與程　名下當日三面言議定時值價紋銀捌兩整其銀当日收足其田俟割
麦即交與受佃人耕種管業自佃之後係無内外人攔阻及重複交易保上首來歷不明等情盡是出佃
人承当不涉受佃人之事今恐無憑立此佃存照

康熙四十九年正月　日立佃约人許周泰（押）

憑中見人　朱尔求（押）

程公美（押）

金子先（押）

二

清雍正元年四月某某縣程漢章立出佃佃頭田約

立佃約人程漢章，今因缺少使用，自情愿央中將自己續置土
名墳林後佃頭田乙坵，計秈租拾肆砠，田骨係金宅，今憑中出
佃與張　名下為業，當日三面議定時值價九七色銀陸兩
貳錢整，其銀是身收足，其田隨即交與受佃人管業，本家
並無內外人攔阻，一切不明等情，盡是出佃人承當，不涉受佃
人之事。今恐無憑，立此佃約存照。其田日後听從原價取續。
無得異說，再批。其銀合尔琭会等

雍正元年　四月　日立佃約人程漢章（押）
包中見　程公美（押）
朱尔琭（押）
金日受（押）
丘松如（押）

二

清雍正九年五月某某縣潘德滋立出佃佃頭田約

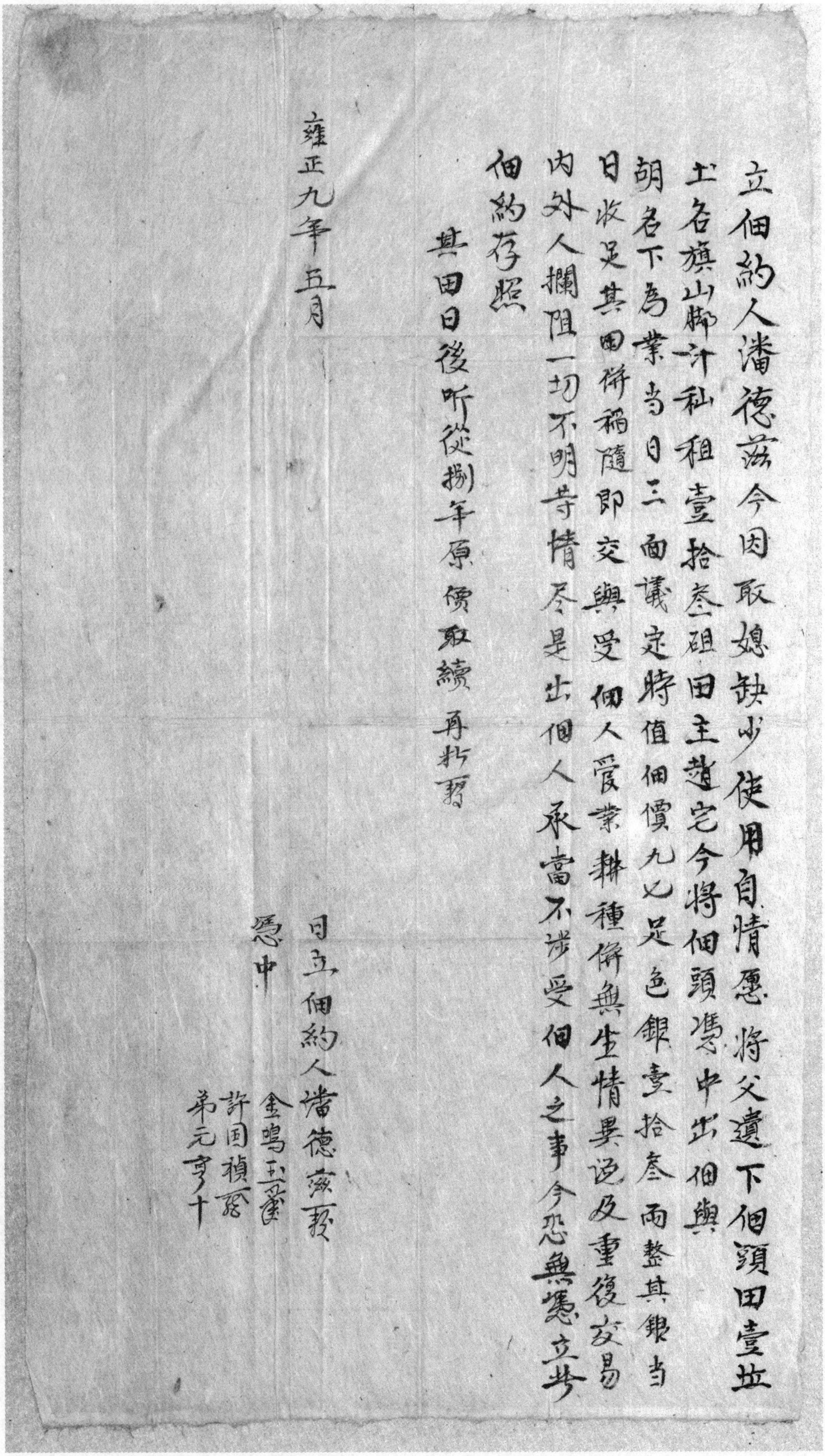

立佃約人潘德滋今因取媳缺少使用自情愿將父遺下佃頭田壹坵土名旗山腳計私租壹拾叁砠田主趙宅今將佃頭憑中出佃與胡名下為業當日三面議定時值佃價九七足色銀壹拾叁兩整其銀当日收足其田併稻隨即交與受佃人管業耕種併無生情異說及重復交易內外人攔阻一切不明等情尽是出佃人承當不涉受佃人之事今恐無憑立此佃約存照

其田日後听從捌年原價取贖 再批照

雍正九年五月　日立佃約人潘德滋（押）

憑中　金鳴玉（押）

許国禎（押）

弟元亨（十）

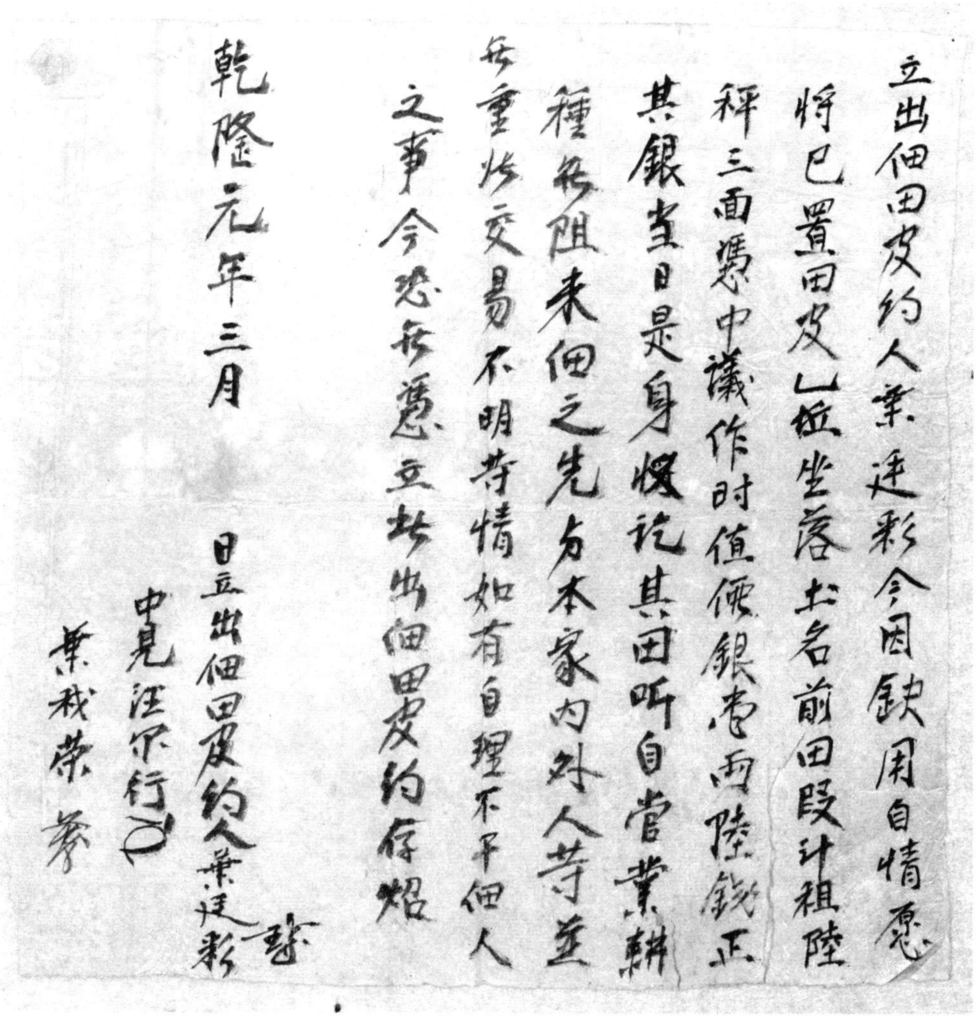
立出佃田皮約人葉廷彩今因缺用自情愿
將已置田皮乙坵坐落土名前田段計租陸
秤三面憑中議作时值價銀壹兩陸錢正
其銀當日是身收訖其田听自當業耕
種無阻未佃之先與本家內外人等並
無重複交易不明等情如有自理不干佃人
之事今恐無憑立此出佃田皮約存照
乾隆元年三月　日立出佃田皮約人葉廷彩（押）
中見汪尔行（押）
葉積榮（押）

清乾隆元年三月某某縣葉廷彩立出佃田皮約

清乾隆八年四月某某縣吳阿汪立出佃佃頭田約

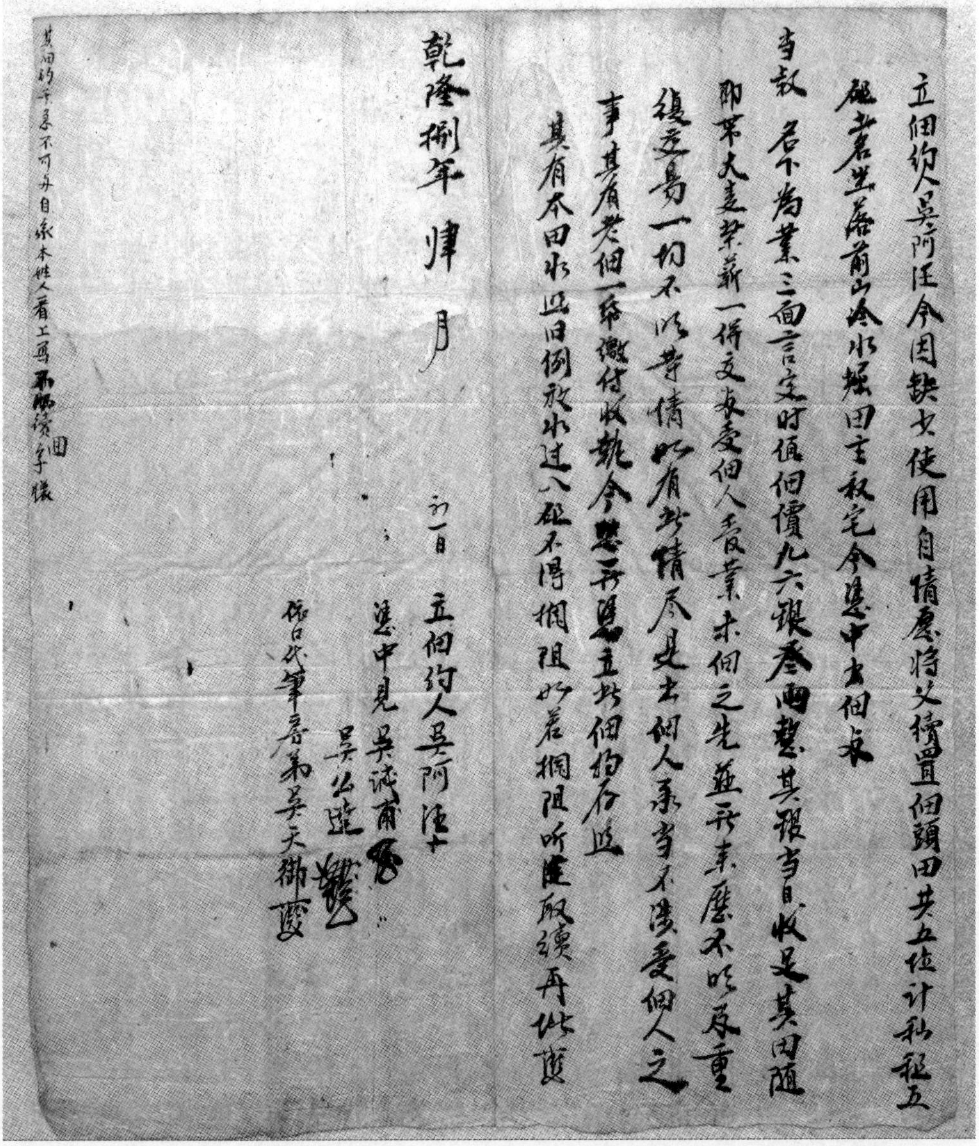

立佃約人吳阿汪今因缺少使用自情愿將父續置佃頭田共五丘計秈租五
砠土名坐落前山塆水堨田主叔宅今憑中出佃與
本家 名下為業三面言定時值佃價九六銀叁兩整其銀當日收足其田隨
即聽大建架薪一併交與受佃人管業未佃之先並無來歷不明及重
複交易一切不明等情如有此情盡是出佃人承當不涉受佃人之
事其有老佃一紙繳付收執今恐無憑立此佃約存照
其有本田水照舊例放水過八砠不得攔阻如若攔阻听從取續再批
乾隆捌年肆月初一日 立佃約人吳阿汪
憑中見 吳誠甫
吳公照
依口代筆房弟吳天御
其田約乎系不可丹自係本姓人看工寫 [illegible] 田字號

清乾隆九年十月某某縣宋柒壽立出佃田皮約

立佃約人宋柒壽今將承祖遺下田皮壹號坐落土名
号坪横坵計稅壹畝捌分計田壹坵今因急用自情愿
央中將前佃立約出佃與
房主吳　名下為業當日三面議定時值佃價銀拾兩
捌錢正其銀約當日兩相交明未佃之先並無重復交
易今佃之後聽從受佃人耕種管業倘有一切不明等情
盡是出佃人理值不涉受佃人之事今恐無憑立此佃約
存照

乾隆九年十月　日立佃約人宋柒壽（押）
中見人宋齊壽（押）

二

清乾隆十一年四月某某縣邱元泰立出佃田租約

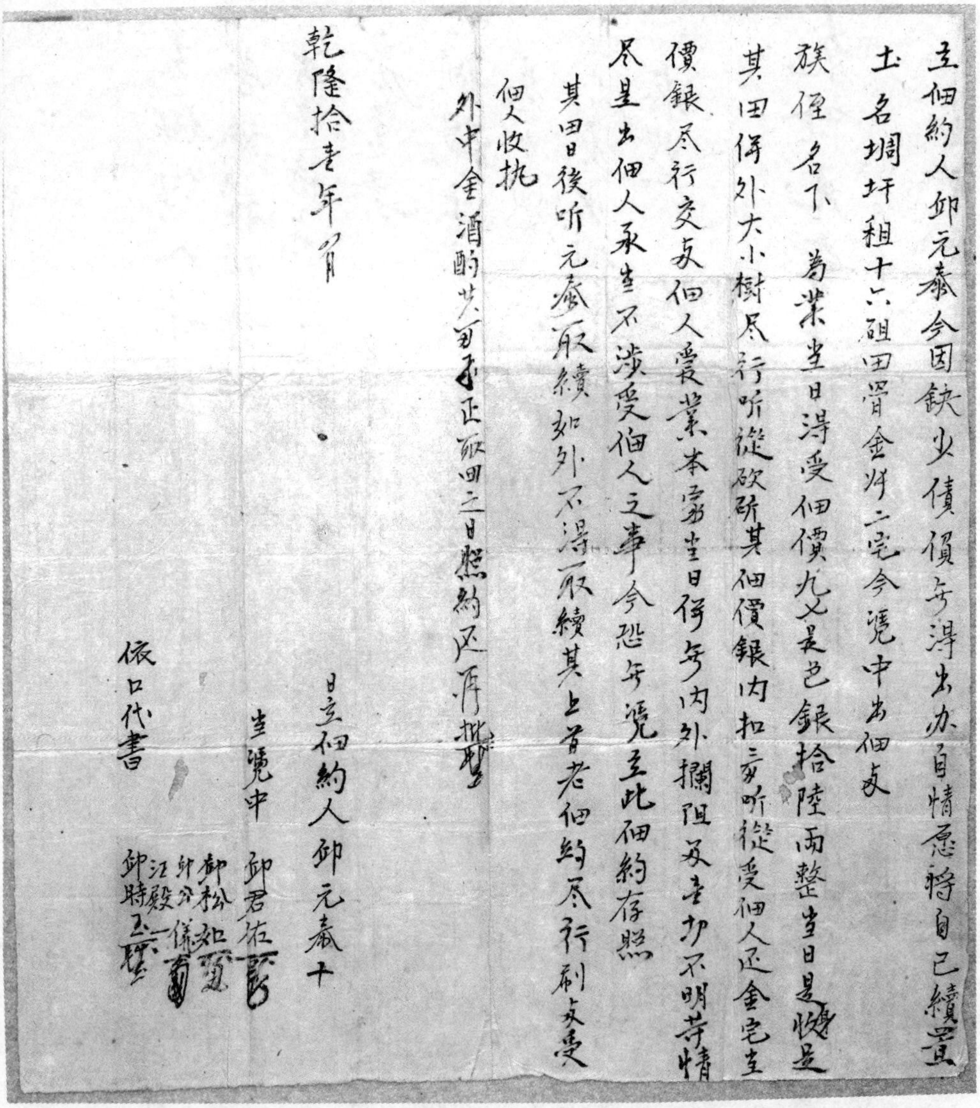
立佃約人邱元泰今因缺少債俻无得出办自情愿將自己續置
土名塥圩租十六硒田骨金姓二宅今憑中出佃與
族侄名下為業當日得受佃價九七足色銀拾陸兩整當日是收足
其田係外大小樹尽行听從砍斫其佃價銀內扣与听從受佃人还金宅生
價銀尽行交与佃人為業本家當日係与內外攔阻及重复不明等情
尽是出佃人承當不涉受佃人之事今恐无憑立此佃約存照
其田日後听元泰取續如外不得取續其上首老佃約尽行付与受
佃人收执
外中金酒酌共每年正收四三日照約还再批
乾隆拾壹年四月　日立佃約人邱元泰十
中見　邱君佐
邱松如
邱分僕
江殿
邱時玉
依口代書

清乾隆十二年十二月某某縣芮阿宋立出佃田皮約

立佃約人芮何宋，今因日給難办，自情愿央　堂叔爲中
將自己續置田皮乙号，坐落土名汪境口，計税乙畝，計田乙坵
出佃與
地藏會名下。當日三面議定時值佃價銀伍兩整，其銀田當日兩
相交明。未佃之先，並無重複交易，如有家外人等，無得生情
異說，如有交易，自當理直。恐後無憑，立此佃約存照。
日後仍從原價取贖無阻，但再批。
其銀九兑色紋，外加中金銀乙分，日後取贖退還，仝日再批。
乾隆拾弍年十二月　日立佃約人芮何宋
中見　芮本耀
依口代筆　陶秀林

清乾隆十四年正月某某縣胡氏等立出佃田皮約

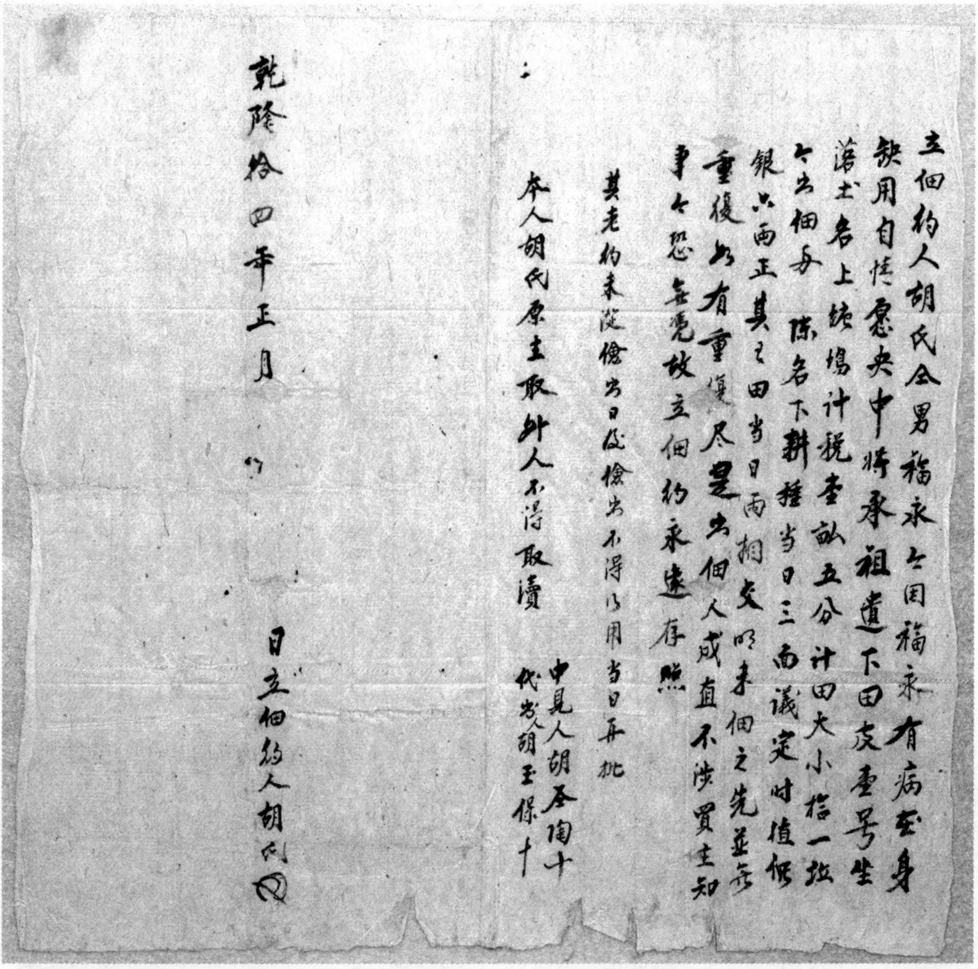

立佃約人胡氏仝男福永今因福永有病在身
缺用自情愿央中將承祖遺下田皮壹號坐
落土名上塘塢計稅壹畝五分計田大小梧一坵
今出佃與 陳名下耕種当日三面議定時值價
銀六兩正其銀田当日兩相交明未佃之先並無
重復如有重復盡是出佃人成直不涉買主知
事今恐無憑故立佃約永遠存照
其老約未從檢出日後檢出不得行用当日再批
本人胡氏原主取外人不得取讀
中見人胡秀陶十
代书人胡玉保十
乾隆拾四年正月 日立佃約人胡氏

立佃田約人徐永榮今因缺用將父遺下田壹號計
两坵土明裡園塘下情愿央中出佃為
吳永年名下為業三面議定時值價銀拾貳两整
其銀色九五兌処其銀當日交情其田憑從耕種未佃
之先併無重複影情尽是佃人承當不涉受業之事
恐後無憑立佃田約存照

乾隆拾柒年拾貳月

日立佃田約人徐永榮
中人　胡達佐

二

清乾隆十八年二月某某縣吳阿梁立出佃田皮約

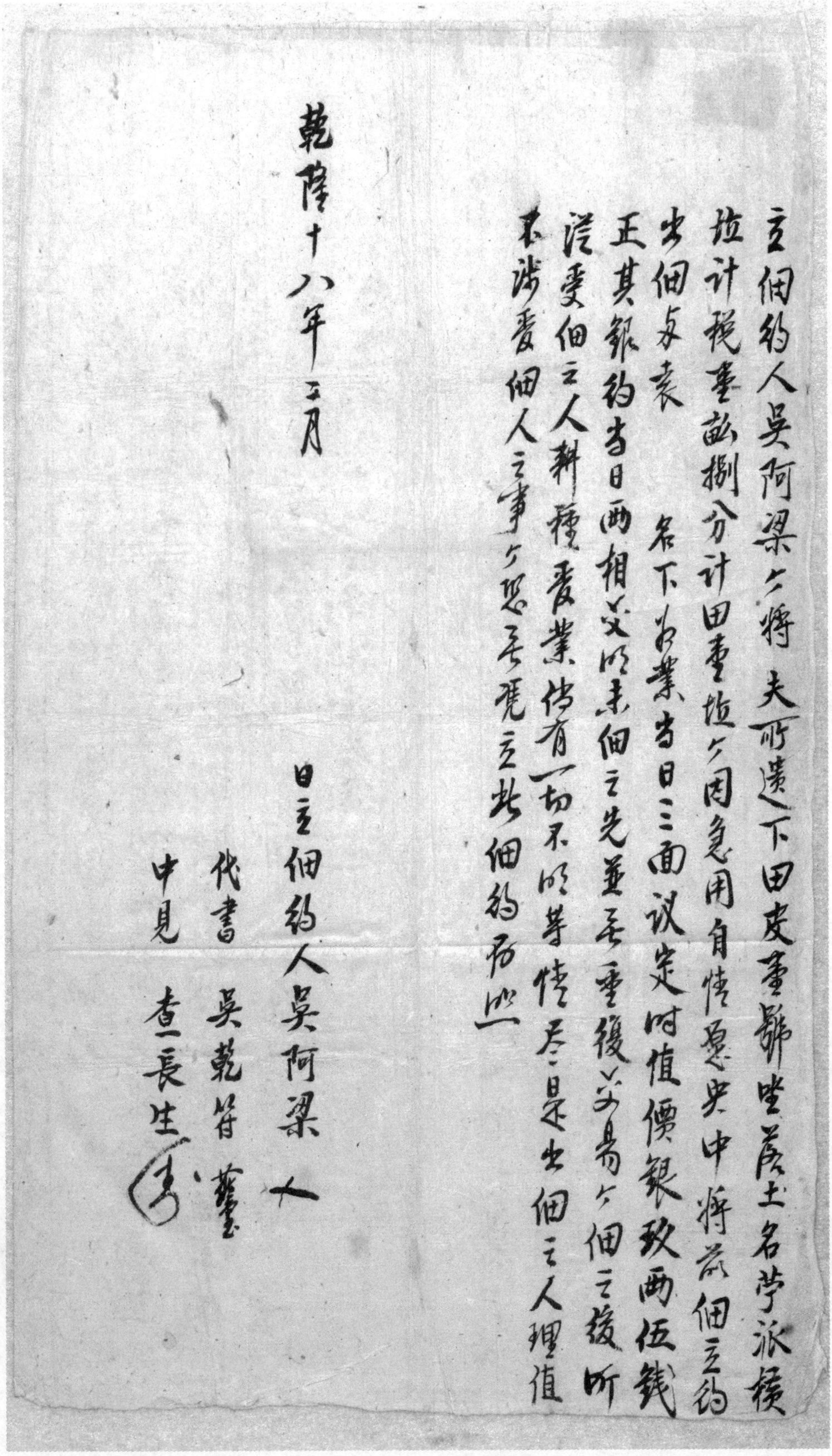

立佃約人吳阿梁今將　夫所遺下田皮壹號坐落土名苧派橫
坵計稅壹畝捌分計田壹坵今因急用自情愿央中將前佃立約
出佃與袁　名下為業當日三面議定时值價銀玖兩伍錢
正其銀約當日兩相交明未佃之先並無重復交易今佃之後所
從受佃之人耕種管業倘有一切不明等情盡是出佃之人理值
不涉受佃人之事今恐無憑立此佃約存照

乾隆十八年二月　日立佃約人吳阿梁（押）
代書　吳乾符（押）
中見　查長生（押）

清乾隆二十九年六月某某縣陳風泰立出佃田皮約

立佃约人陳風泰今因缺用自情愿央中將承父遺
下田皮壹號 土名大園叉名企坵今憑中三面言
定時值佃價銀弍兩捌錢整其艮九五色米平
足兑其田出佃之後听從受佃人耕田種麦本家
無得異說倘有外人攔阻盡是出佃人承當不涉
受佃人之事今恐無憑立此佃约存照

乾隆弍十九年六月　日立佃约人陳風泰（押）
中見人陳雲章（押）
代筆人陳得岐（押）

二

清乾隆三十二年八月某某縣朱芳臣立出佃竹園約

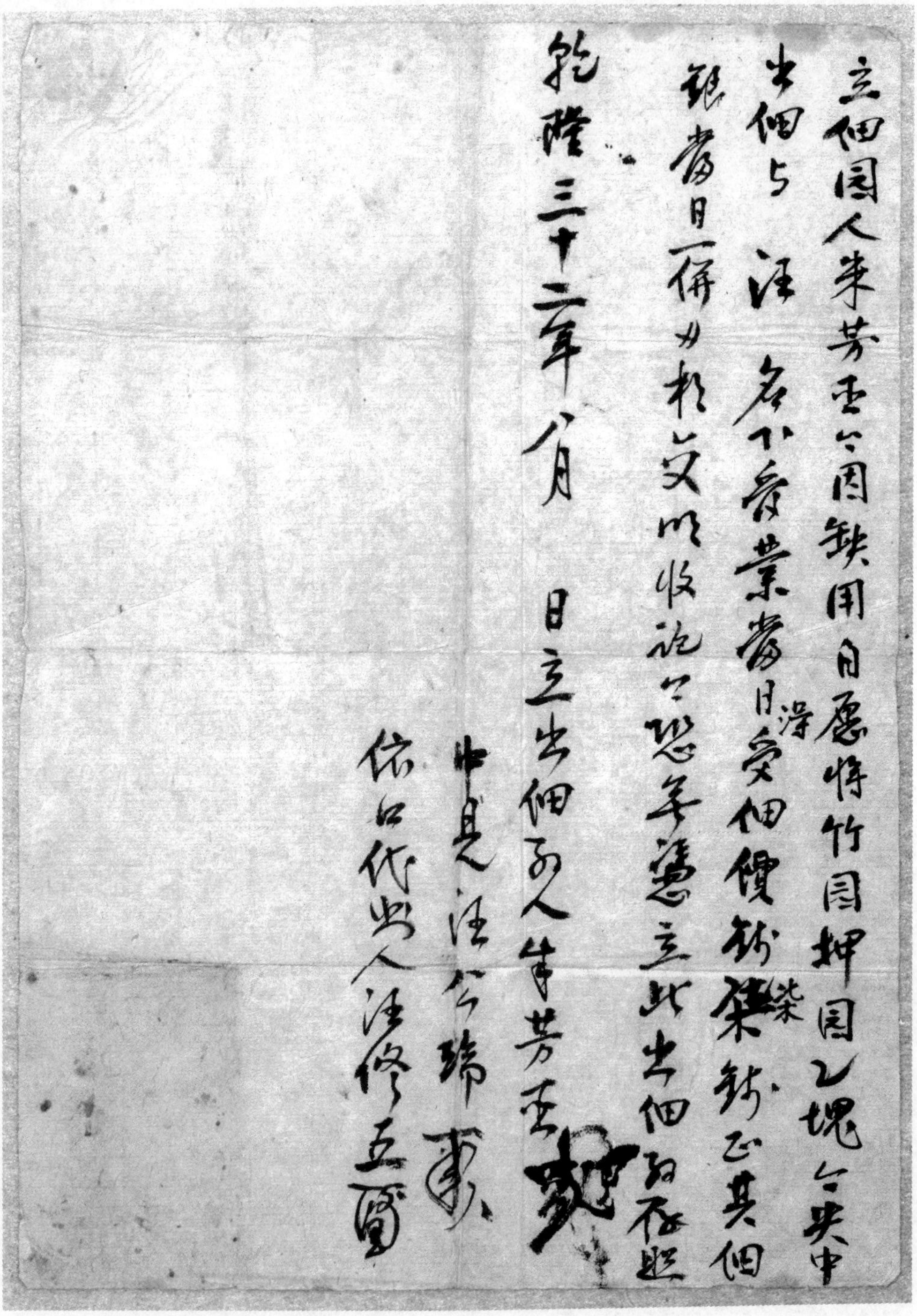

立佃園人朱芳臣，今因缺用，自愿將竹園押園乙塊，今央中
出佃与汪　名下發業，當日淂受佃價銀柒錢正。其佃
銀當日一併如數交明收訖。今恐無憑，立此出佃約存照。
乾隆三十二年八月　日立出佃字人朱芳臣（押）
中見　汪公瑞（押）
依口代書人汪修五（押）

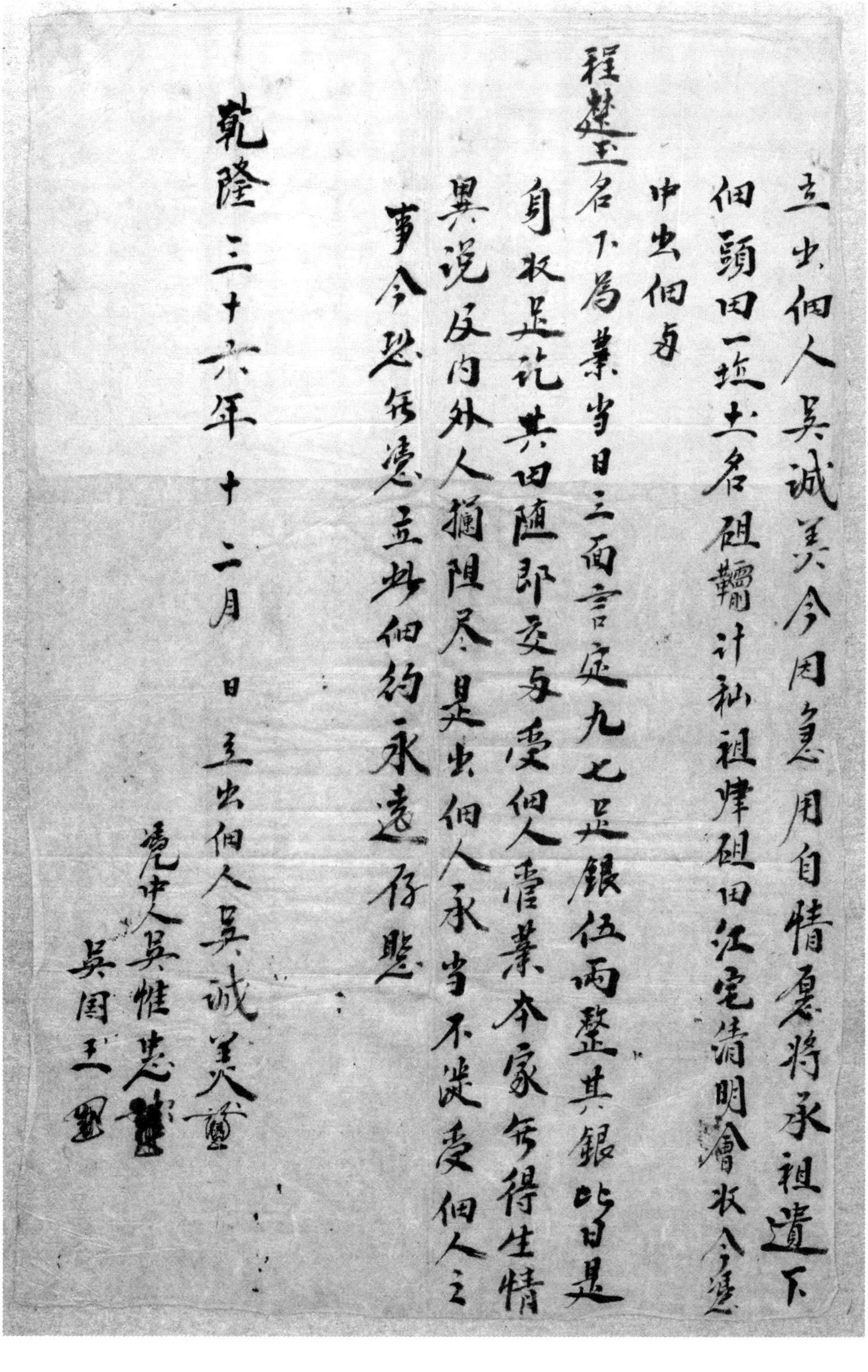

立出佃人吴誠美今因急用自情愿將承祖遺下佃頭田一坵土名砠轎計秈租肆砠田江宅清明會收今憑中出佃身
程楚玉名下爲業當日三面言定九七足銀伍兩整其銀比日是身收足訖其田隨即交与受佃人壹業本家無得生情異說及內外人攔阻盡是出佃人承當不涉受佃人之事今恐無憑立此出佃約永遠存照

乾隆三十六年十二月　日　立出佃人吴誠美（押）

憑中人吴惟忠（押）

吴周玉（押）

清乾隆三十六年十二月某某縣吴誠美立出佃佃頭田約

二

清乾隆四十一年十二月某某縣程友華立出佃茶園約

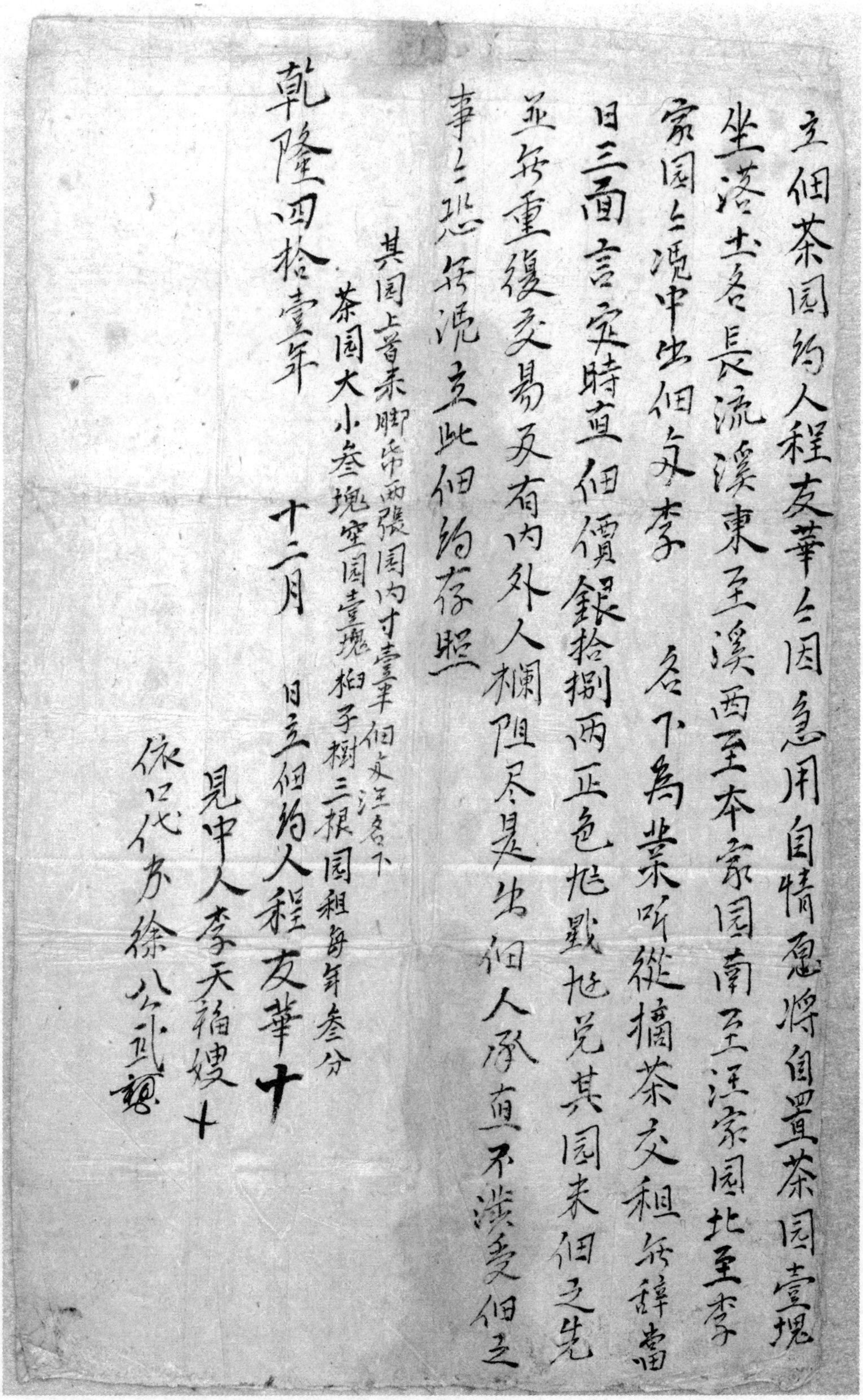

立佃茶园約人程友華今因急用自情愿將自置茶园壹塊坐落土名長流溪東至溪西至本家园南至汪家园北至李家园今憑中出佃與李　名下為業聽從摘茶交租無辞當日三面言定時直佃價銀拾捌兩正色扡戥扡其园未佃之先並無重復交易及有内外人攔阻尽是出佃人承直不涉受佃之事今恐無憑立此佃約存照

其园上首来脚帋兩張园内寸壹半佃與汪名下
茶园大小叁塊空园壹塊桕子樹三根园租每年叁分

乾隆四拾壹年　十二月　日立佃約人程友華十

見中人李天福嫂十

依口代书徐八公武押

清乾隆四十三年十二月某某縣陳惟成立出佃田皮約
附加價批

立佃約人陳惟成今有承祖有田皮壹號土名程家基計稅八分今因急
用自愿央中出佃與 袁名下本銀叁兩整其田未佃之先併無重復交
易於佃之後聽從受佃人耕種管業倘有家外人等生情異說尽是出佃
人理直不涉受佃人之事今口有憑立此佃約存照

其平九色九七其田聽從日後備原價取贖無阻又批（押）

又加價銀壹錢伍分又批

乾隆四十三年十二月　　日立佃約人陳惟成（十）

代筆中人吳天池（押）

一一

清乾隆四十四年十二月某某縣劉榮酉等立出佃田皮約

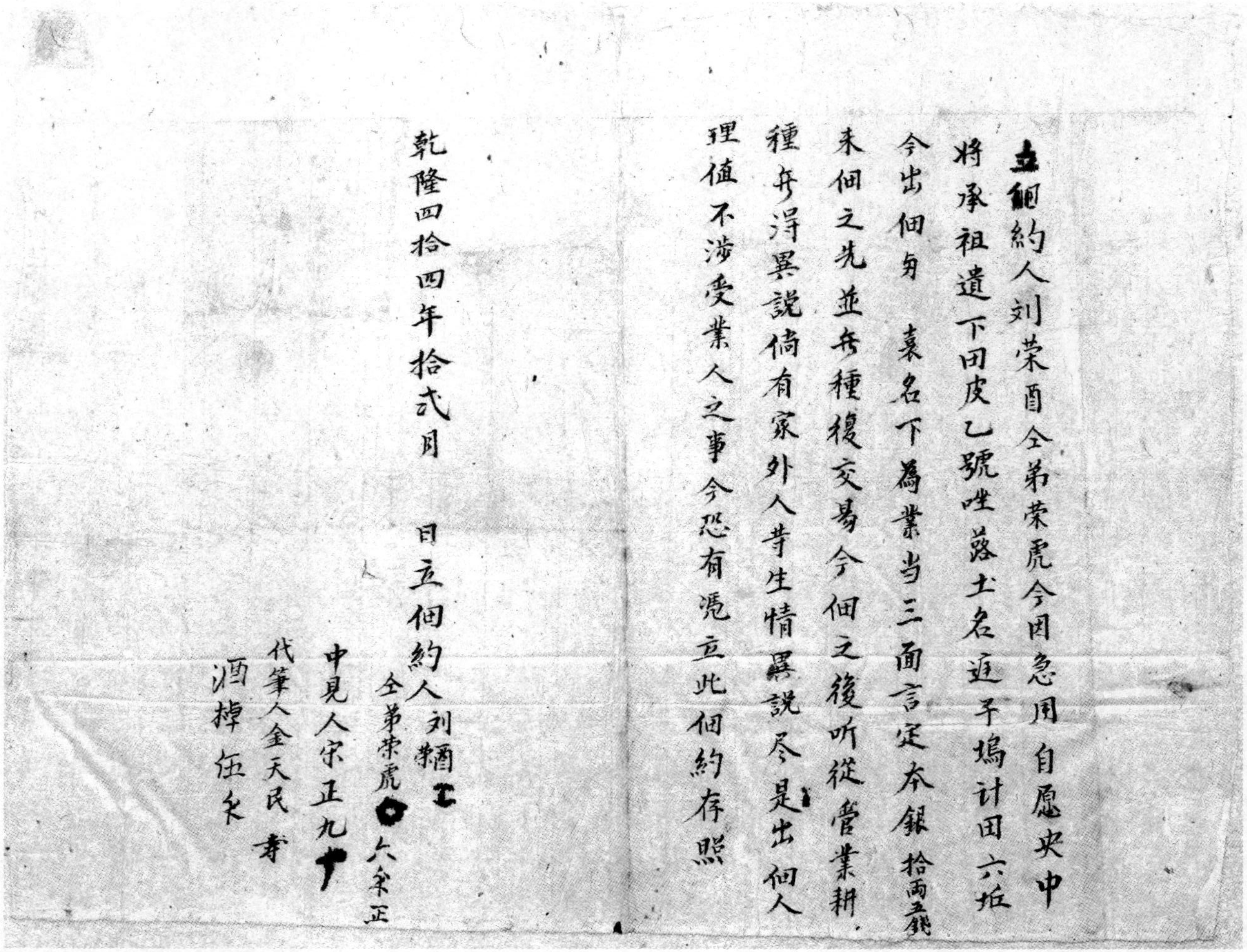
立佃約人刘荣酉仝弟荣虎今因急用自愿央中
将承祖遺下田皮乙號土名近于塢計田六坵
今出佃与　袁名下為業当三面言定本銀拾兩五錢
未佃之先並無重複交易今佃之後听從會業耕
種無得異說倘有家外人等生情異說尽是出佃人
理值不涉受業人之事今恐有憑立此佃約存照

乾隆四拾四年拾弍月　日立佃約人刘酉
仝弟荣虎　六余正
中見人宋正九
代筆人金天民
酒棹伍禾

二

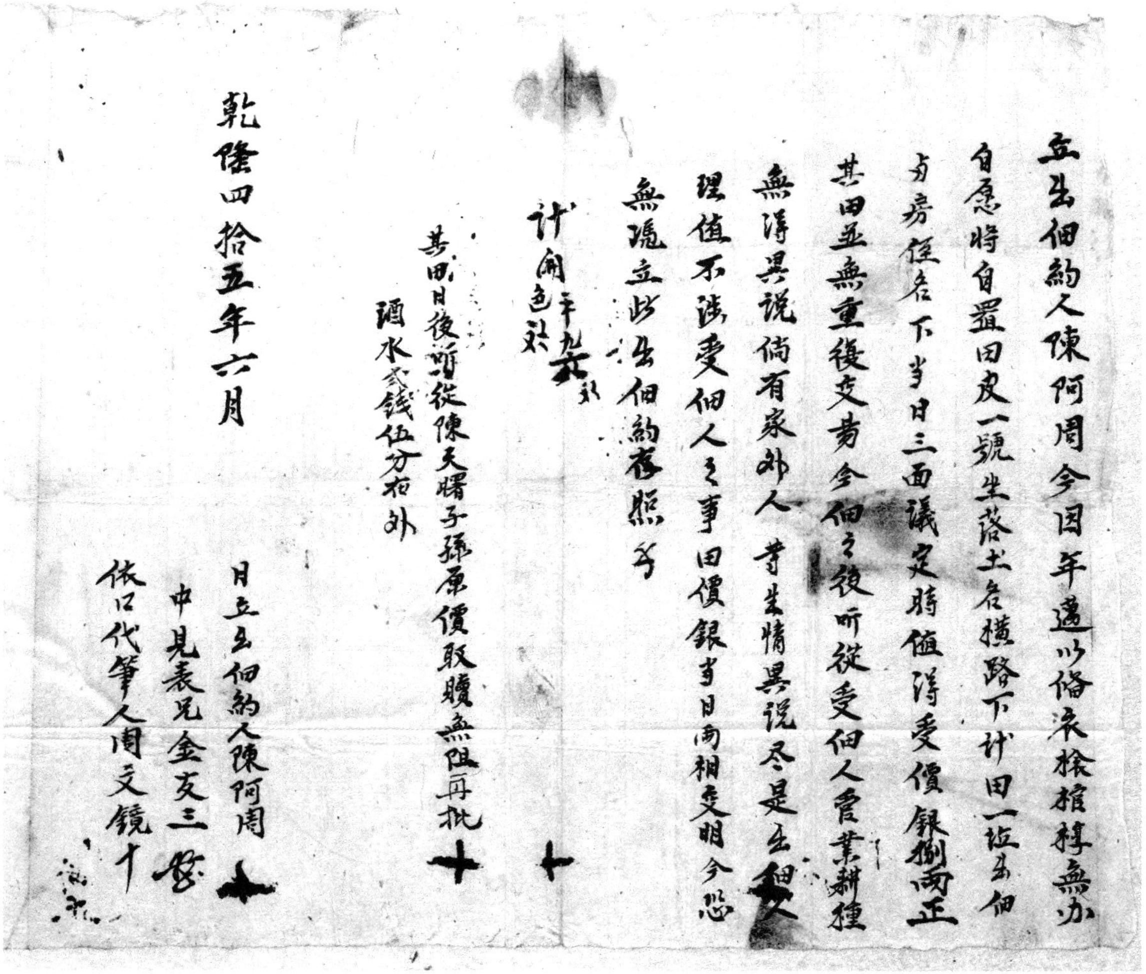
立出佃約人陳阿周今因年邁以備衣衾棺槨無办
自愿將自置田皮一號坐落土名横路下計田一坵出佃
與房侄名下當日三面議定時值得受價銀捌兩正
其田並無重復交易今佃之後聽從受佃人管業耕種
無得異說倘有家外人等生情異說盡是出佃人
理值不涉受佃人之事田價銀當日兩相交明今恐
無憑立此出佃約存照
計開手[illegible]契[illegible]
其田日後聽從陳天曙子孫原價取贖無阻　再批
酒水弍錢伍分在外
乾隆四拾五年六月　日立出佃約人陳阿周（押）
中見表兄金友三（押）
依口代筆人周文鏡（押）

清乾隆四十五年六月某某縣陳阿周立出佃田皮約

二

清乾隆四十六年六月某某縣吴昆悦立出佃田佃批

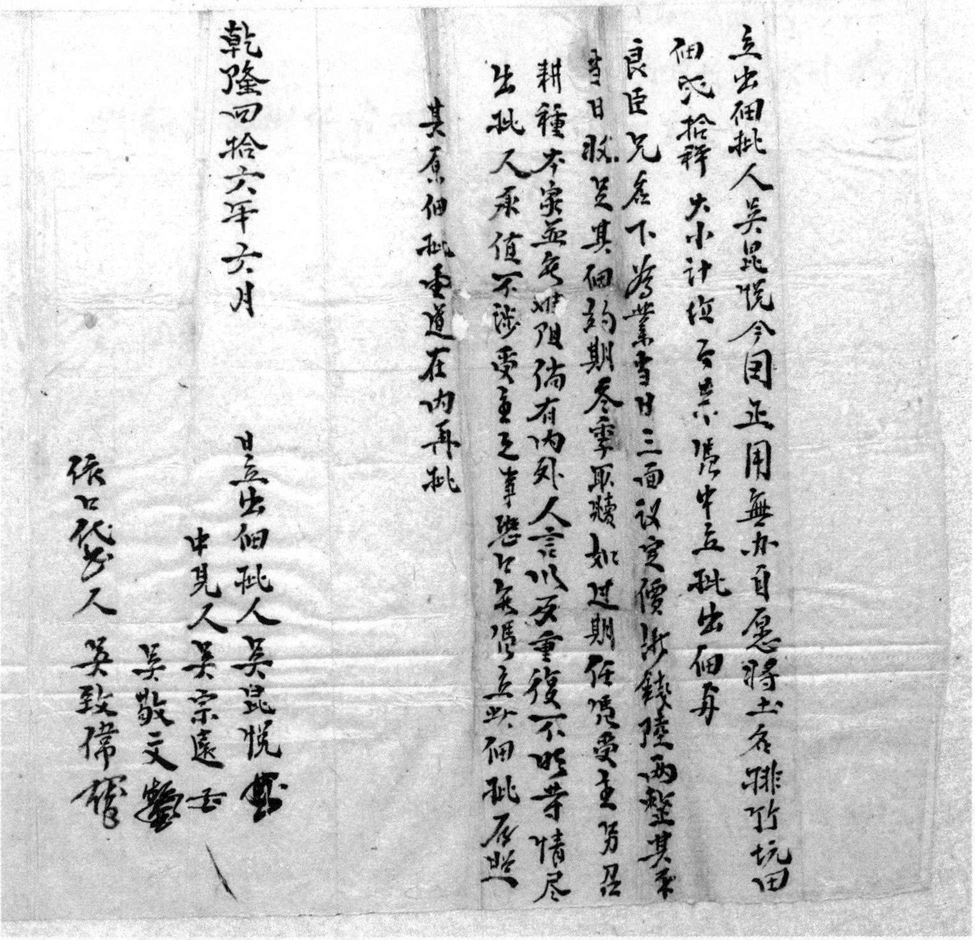
立出佃批人吴昆悦，今因正用無办，自愿將土名排竹坑田
佃皮拾秤，大小計陸丘，憑中立批出佃與
良臣兄名下為業，當日三面議定價紋錢陸兩整，其錢
當日收足，其佃約期冬季取贖，如過期，任憑受主另召
耕種，本家並無阻攔，倘有內外人言，以及重複不明等情，盡
出批人承值，不涉受主之事。恐口無憑，立此佃批存照。
其原佃批壹道在內，再批。
乾隆四拾六年六月　日立出佃批人吴昆悦（押）
中見人吴宗遠（押）
吴敬文（押）
依口代筆人　吴致偉（押）

立佃契約人朱門汪氏今因衣衾棺角無办急用自愿
央中将承祖遺下田皮壹號坐落土名過水坵計田
壹畝半将田出佃到遠名下為業当日三面議定淨
受價銀拾弐兩整其銀契當日兩相交明未佃之先並
無重復交易今佃之後听從受佃人耕種無阻倘
有家外人等生情異說尽是出佃人理值不涉受
業人之事今口無憑立此佃契存照

乾隆伍拾壹年十月　日立佃契人朱门汪氏（押）
代筆人吳端望（押）
中見人朱春林（十）

清嘉慶十年七月某某縣呂程氏立出佃佃皮約

立出佃人呂程氏，今因病重無物出办，自情愿将承祖遺下佃皮山塢
土名方充源，计坐租七秤零十五斤，出佃与
黄客聚名下為業，當日言定佃價龙銀叁兩正，其銀比日是身收足訖，其
田即交与受業人耕種。未佃之先並内外一切不明等情，along是出佃人承
當，不涉受業人之事。恐後無凭，立此佃約存照。其田言定壹期後
聽從原價取贖，所有上首老字查出日後不得行用，永遠存據。

嘉慶十年柒月　日立佃約人呂程氏 十
全媳 程氏 ○
憑中 程潤川 押
黄光遠 押
黄順富 十
依口代筆 黄佐雲 押

二

立出佃田皮約人汪幅今因臘月正用自愿將己田皮壹号坐落土名
鲍坑計租柒硕計田大小三坵今凭中出佃與
李樂平名下為業耕種交租其田當日三面議定時值得受佃
價柒拾錢伍兩正其錢約比日収交明其田未佃之先並無
重復交易及不明等情尽是出佃人理直不涉受佃人之事
其田叁年之後不計月日所從原價取贖歇退無凭立此佃
約存照

又批其田未佃之前欠租不涉受佃人之事 罄

道光肆年臘月　日立出佃田皮約人汪幅 罄

兹弟於道光廿七年取回凭中人程起十 臘月　取贖訖

清道光四年十二月某某縣汪幅立出佃田皮約附道光廿七年十二月取贖訖批

清道光十七年十月某某縣胡灶立出佃田批

立佃批人胡灶，今將自種版田大小叁坵，土名来
升塘，計租拾叁秤，每年交納田東租谷叁担九
斗正。今因正用，情愿央中將此田出佃与
羅名下為業耕種。當日三面議定時值佃價大
錢陸仟伍伯文正，其錢當佃成之日一併收足，其
田隨即交与受佃人耕種收管，以為倍息。當日
议定五年為期，以滿听備原價取佃。備有内外
人言各異，出佃人承值，不涉受佃人之事。兩無異
說，恐口無憑，立此出佃批存照。

道光拾七年十月　日　立佃批人胡灶（押）

憑中　胡富順（押）

代筆　周咏清（押）

二

立出佃批人陳阿金先爵今因已用自情愿
將父仝身己業土名野塢嶺田一宗計田大小
四坵計交實租壹秤正仝業今來請得中立佃到
葉名下為業當日三面言定時值足錢拾仝仟文
正其錢當日一併收足其田即行交業聽從受
業人永遠耕種交租不得欄阻兩無怨口無得
立此佃批永遠存據
其佃批加過租字壹个又改過錢字壹个共弍个十
道光廿三年八月　日立出佃批人陳阿金十
仝男人陳先爵十
代書人葉永清（押）

清道光廿三年八月某某縣陳阿金等立出佃田批

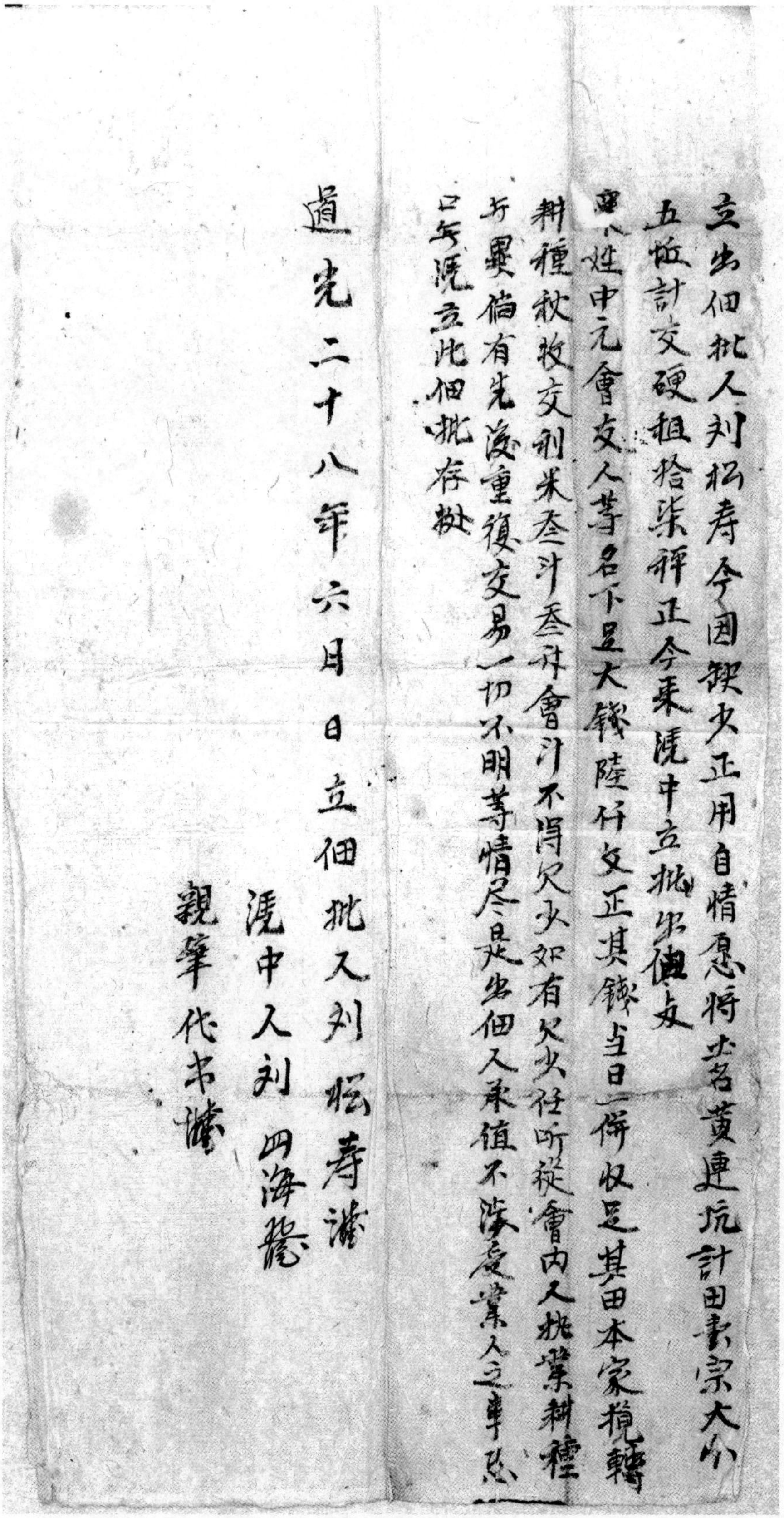

立出佃批人刘松寿今因缺少正用自情愿将土名黄连坑計田壹宗大小
五坵計交硬租拾柒秤正今来凭中立批出佃与
本姓中元會支人等名下呈大錢陸仟文正其錢當日一併收足其田本家攬轉
耕種秋收交利米叁斗叁升會斗不得欠少如有欠少任聽從會內人挑業耕種
無異倘有先後重復交易一切不明等情盡是出佃人承值不涉受業人之事恐
口無凭立此佃批存照

道光二十八年六月　日立佃批人刘松寿（押）
凭中人刘四海（押）
親筆代书（押）

二

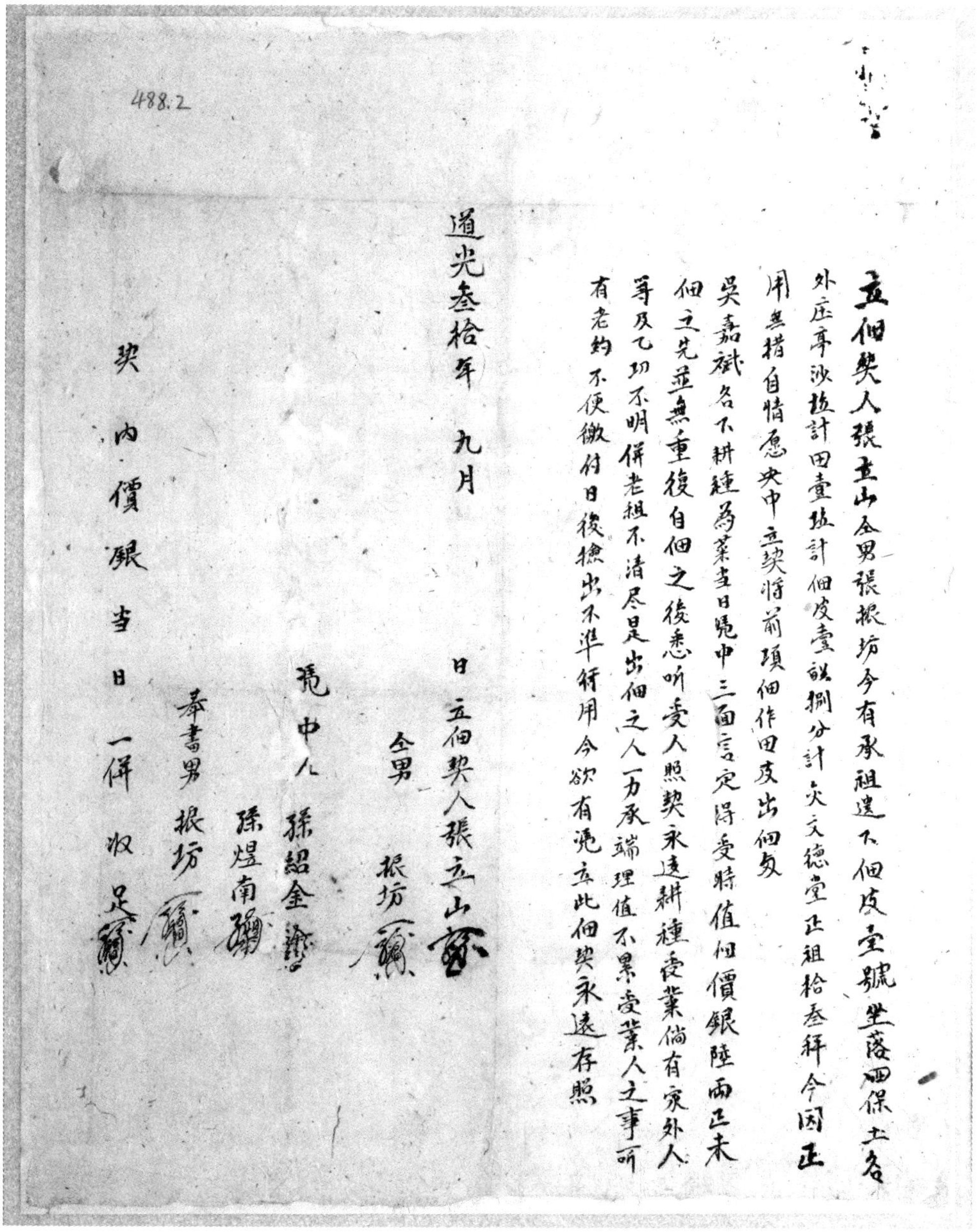

立佃契人張立山仝男張振坊今有承祖遺下佃皮壹號坐落四保土名外庄亭沙坵計田壹坵計佃皮壹畝捌分計欠文德堂正租拾叁秤今因正用無措自情愿央中立契將前項佃作田皮出佃與吳嘉斌名下耕種為業當日憑中三面言定得受時值佃價銀陸兩正未佃之先並無重復自佃之後悉听受人照契永遠耕種受業倘有家外人等及乙切不明係老祖不清尽是出佃之人一力承端理值不累受業人之事所有老約不便繳付日後撿出不準行用今欲有憑立此佃契永遠存照

道光叁拾年九月 日立佃契人張立山（押）

仝男 振坊（押）

憑中人 孫紹全（押）

孫煜南（押）

奉書男 振坊（押）

契內價銀當日一併收足（押）

清道光三十年九月某某縣張立山等立出佃佃皮約

二

清咸豐七年十月某某縣林開立出佃佃皮田字

立佃字人林開今因錢粮緊急自情愿將祖遺下佃皮田壹坵土名橫干計
私租拾四砠正今憑中立約將佃頭出佃与
許有周名下為業當日三面議定時值佃價大足錢玖仟弍百文正其錢比日
是身一並收足訖其佃皮田即交受佃人管業種作交租兩無異說所有
一切不明等情以及内外人攔阻重複交易否是出佃人一力承當不涉受佃
之事其佃皮田三面言定出佃壹紀期滿听從本家原價取續兩無異
說不得加價今恐無憑立此佃字存據
又批上首佃字壹紙原佃未從繳出日後檢出不作行用此約為憑據

咸豐七年十月　日立佃字人林開（十）
憑中代書張大有據

二

立佃批人張朝剛今因正用愿將原佃來田壹坵計田捌秤土名梅塢
頭憑中出佃与
葉 名下耕種管業比日三面言定得受佃價貳千捌百文正
其錢比日領訖其田受佃人耕種管業倘有上首欠租不清內外
人言出佃者一併承其田永不贖取恐口無憑立此佃批永遠
存照
又批合陽王姓租谷壹担四斗正
咸豐捌年十二月 日立佃批人張朝剛（押）
憑中朱福成（十）
代筆孫貴林（押）

清咸豐八年十二月某某縣張朝剛立出佃佃來田批

二

清同治元年五月（休寧縣）林賴渣立出佃佃田批

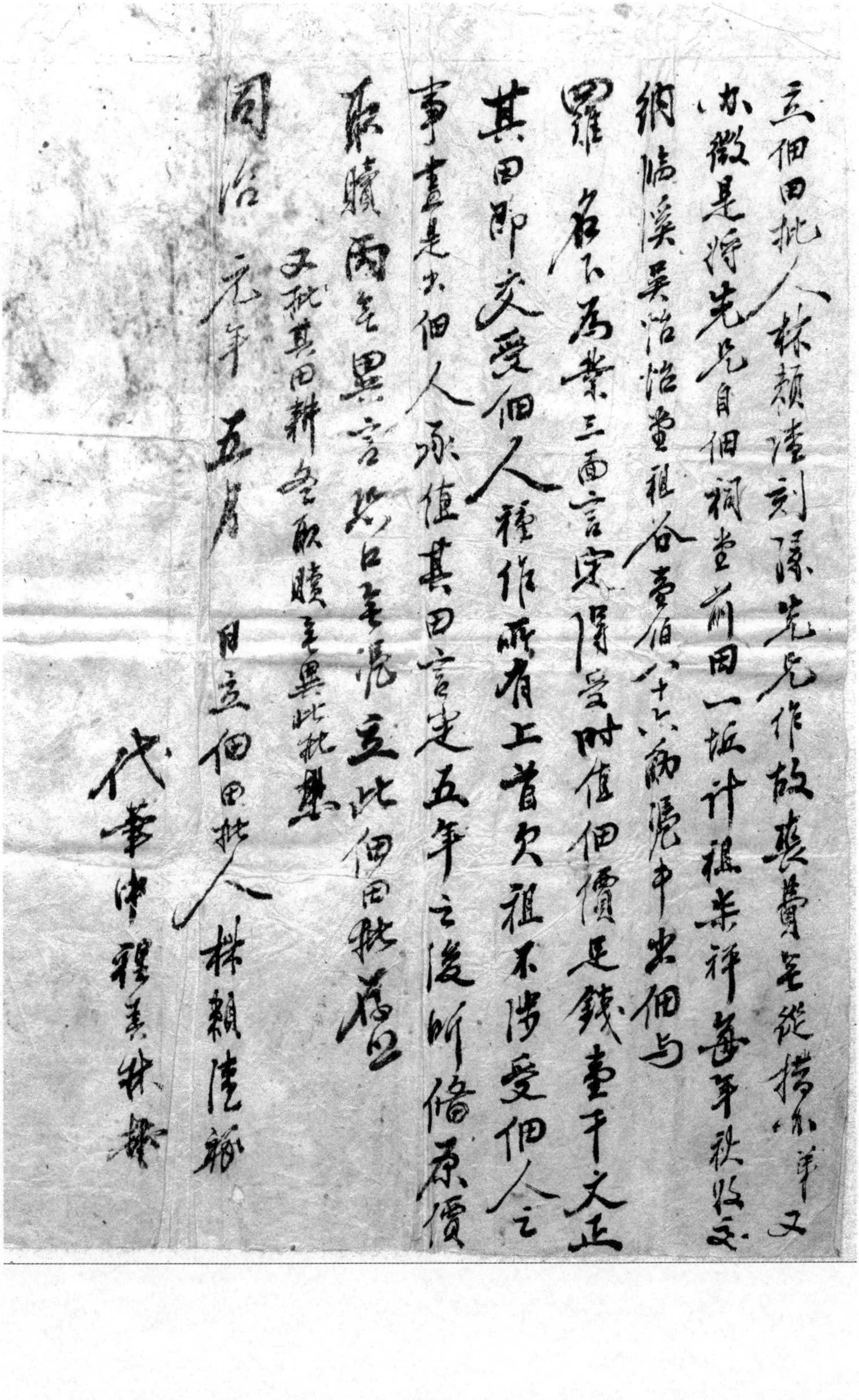
立佃田批人林賴渣，刻緣先兄作故，喪費無從措亦弟一文
亦徵，是將先兄自佃祠堂前田一坵，計租米拾，每年秋收交
納臨溪吳冶怡堂祖谷壹佰八十六觔，憑中出佃與
羅名氏下爲業，三面言定，得受時值佃價足錢壹千文正。
其田即交受佃人種作，所有上首欠租，不涉受佃人之
事，盡是出佃人承值。其田言定五年之後，所備原價
取贖，兩無異言。恐口無憑，立此佃田批存照。
又批：其田耕種取贖，無異，此批照。
同治元年五月 日立佃田批人林賴渣（押）
代筆中 程美林（押）

二

清光緒七年十月某某縣曹德隆立出佃田批

立出佃批人曹德隆今因缺少正用自情愿将父手
分身己業土名呈大塢計田壹宗大小陸坵計交実租
伍秤今來憑中立出佃皮
曹玉桶名下為業當日三面言定值佃價足錢柒仟伍
百文正其錢当日隨手一併收足其田即行交與受佃人
管業種作交租兩無異說倘有先後重復交易一切不明
等情盡是出佃人承值不涉受佃人之事其田言定種作肆
年為滿听從本家原價取回今欲有憑立此佃批存據
內批 其帶來內老佃批弍帋又帶茶柯一併在內再批 [押]
又批 其田未耕倘有取回之日後還稈叢再批 [押]
光緒七年 拾月日立出佃批人曹德隆 [押]
憑中人曹成發 [押]
程金能 [押]
親筆

二

清光緒二十七年十二月某某縣俞老和立出佃佃皮田約

立出佃約人俞老和今因急用自情愿將祖遺下央中佃皮田壹坵
计租四秤坐落土名大塘口尽行出佃与
俞名下為業当日三面言定得受時值佃價英洋伍元正其洋当
成佃約日是身親手一並收足其田即交俞姓受業耕種无得異
説倘有内外人言稱阻尽是出佃約人承直不涉受業人之事当
日三面言定耕種五年為滿听凭原價取贖兩无異言恐口无凭
立此佃約存據十
又批当交出某鄉赤契弍帋仝日批
光緒二十七年胋月日立出佃皮約人俞老和十
凭中 俞觀發十
代筆人程宗杰㸃

二

清光緒三十二年八月〔休寧縣〕姜應乾立出佃佃田批

立出佃批人姜應乾今因正用自願將 父遺下承身己業土名棚下坵佃田壹坵
計交硬租陸秤弍拾斤正今來憑中立批出佃与
葉振邦名下為業當日三面言定時值佃價錢拾四仟文正其 當日是身一併
收足其田隨即交業受佃人種作交租菜叢樹木聽從受佃人摘菜取息無
異其田自佃之後不拘年月遠近聽從本家備價取贖受佃人不得擱阻倘有
前後重複交易及一切等情是是出佃人承值不涉受佃人之事兩無異說
恐口無憑立此出佃批存據

其老契老批與別業相連未便繳付 再批 其田未耕田塝未刮 四價照毛市塩店到光洋 又批（押）

光緒三十弍年捌月 日立出佃批人姜應乾（押）
憑中人楊祥瑞（押）
親筆

清光緒三十三年九月（休寧縣）吳玉進立出佃田批

立佃批人吳玉進，今因正用，自愿央中將土名源口圩計田貳坵八秤，原租步壹拾六
斗正，交率口養記收；又望牛山田三坵貳十五秤，計硬租步貳拾山斗正，交富溪汪
宅收。兩共計田卌三秤，大小五坵，今憑中出佃與
程　名下爲業種作。當日三面言定時値佃價英洋拾伍元正，其洋成批之日一
併收足訖。其田即交受佃人管業，將田原在手出佃人承種，每年秋收挑送上
交納佃利上倉乾步拾五斗正，子粒不得短少。倘有欠缺，係是包中人是問。
此田如有內外人言，係是出佃人一力承值，不涉受佃人之事。其田言定租
後利清，听憑原價取贖，兩無異說。今欲有憑，立此佃批存照。

一所有老佃被礼遺失，無存此批

光緒叁拾叁年　　九月　　日立佃批人　吳玉進
憑包中人　錡進財　十
程萬宝　押
代筆人　程闋法　押

二

民國三年二月某某縣吴昆陶立出佃田字

立佃田字人吴昆陶，今因自種不便，願將該田坐落土名桐子坑脚並下前山脚等處，田大小拾七坵，計租叁拾陸砠，起板如式，憑中立字尽行出佃与黄觀發種作交租，數目開列于后。三面言定，得受佃價英洋叁元正，其洋比即是身親手收足訖，其田当即憑中指点明白，按年秋收照租額送门交納，不得短少。倘若日後租谷不清，田东起田佃頭，以作罷論。当日憑中言定期訂六年為滿，期滿之日，听從原價取贖，各得異説，恐口無憑，立此佃字存據。

計開田东租額

陳龢明　桐子坑　田六坵　計租十六砠　交年谷　百六十斤

趙立法户　仝　田三坵　計租五砠　交年谷　五十斤

錢盈户　下前山脚　田四坵　計租十砠　交年谷　百斤

吴昆陶　仝　田乙坵　計租五砠　交年谷　六十斤

民國三年二月　日立佃字人吴昆陶（押）

憑中人余進寶（十）

親筆（押）

七、明萬曆至清順治年間租樓屋田地契約

二

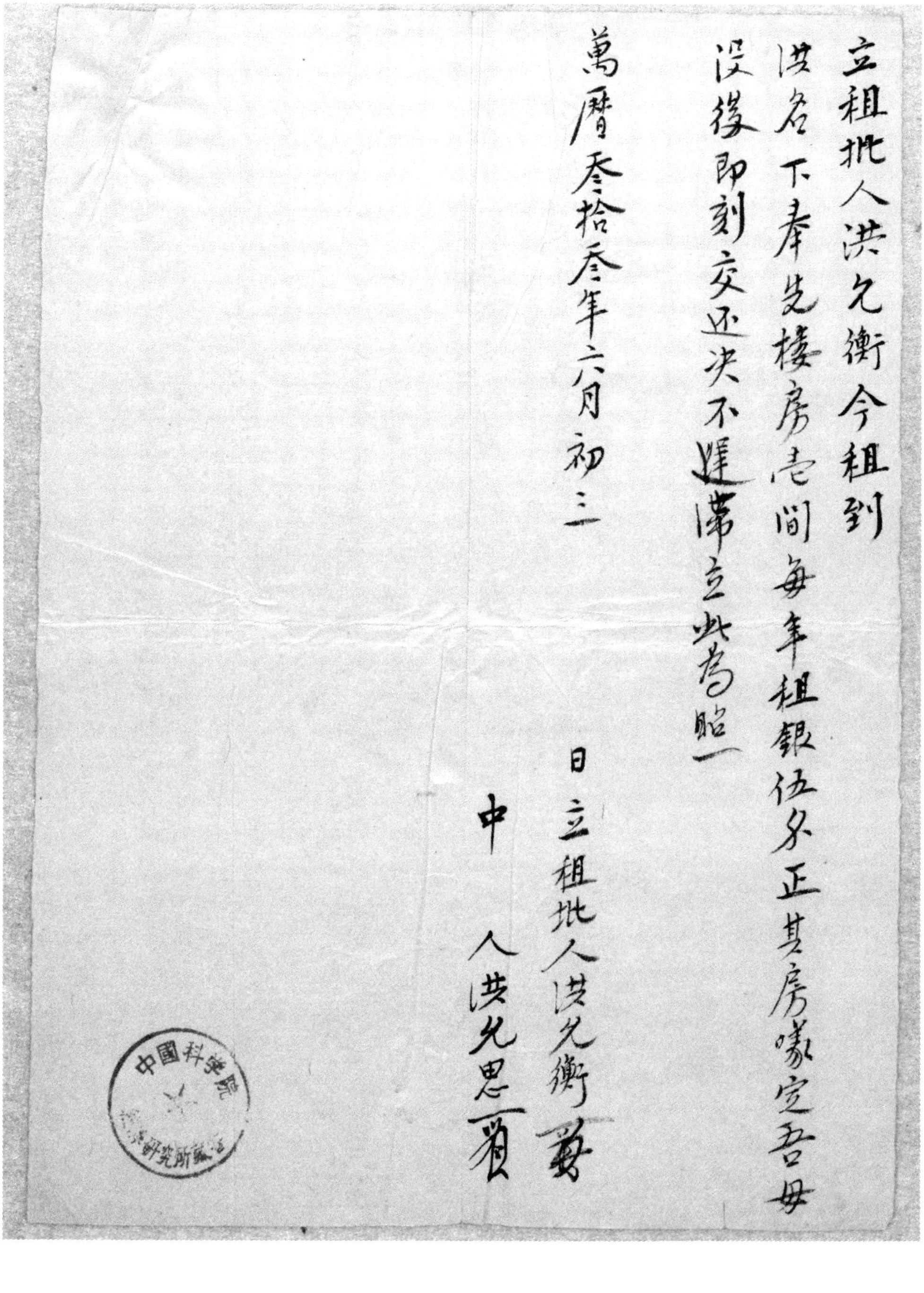

立租批人洪允衡今租到
洪名下奉先樓房壹間每年租銀伍分正其房嘱定吾母
没後即刻交还决不遲滞立此為照
萬曆叁拾叁年六月初三　日立租批人洪允衡（押）
中人洪允思（押）

明萬曆三十三年六月某某縣洪允衡立租樓房批

二

明萬曆四十七年正月某某縣李如傳立租樓屋批

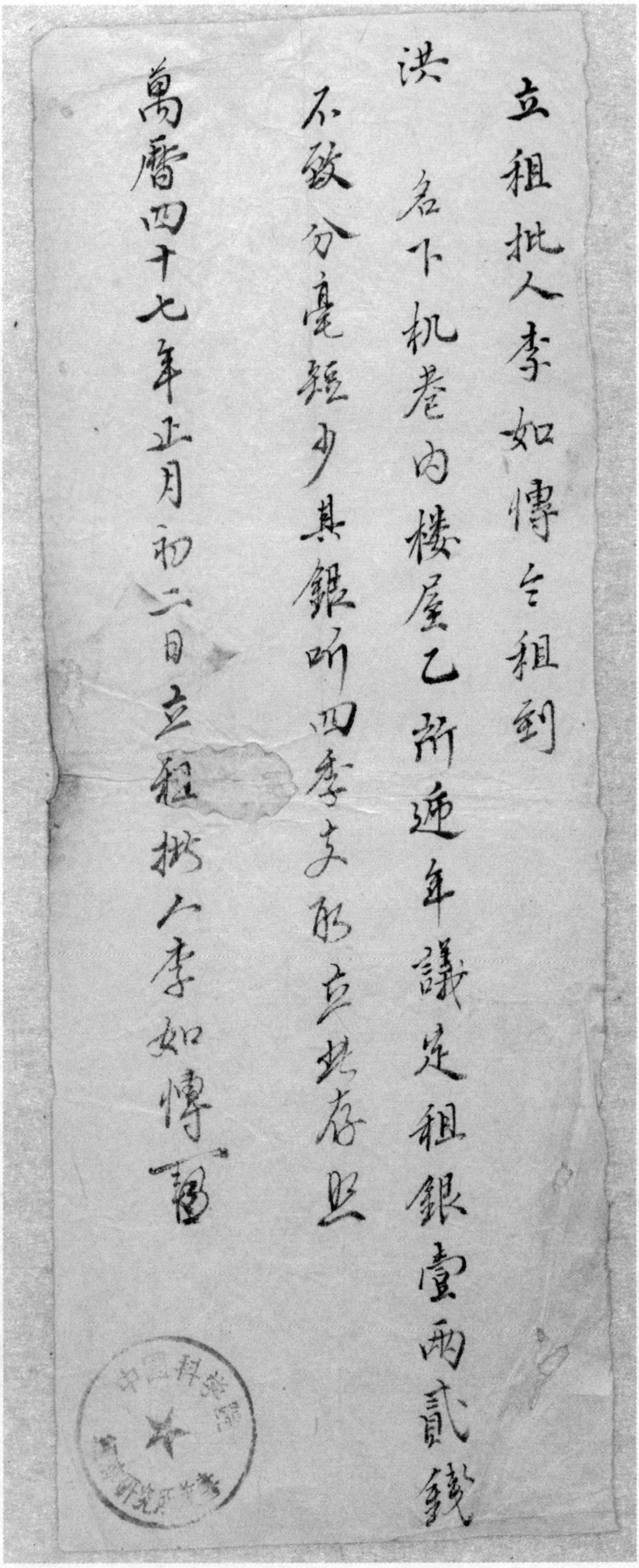
立租批人李如傳今租到
洪名下机巷内楼屋乙所遞年議定租銀壹兩貳錢
不致分毫短少其銀听四季支取立批存照
萬曆四十七年正月初二日立租批人李如傳（押）

明萬曆四十七年正月某某縣程勝立租樓屋批

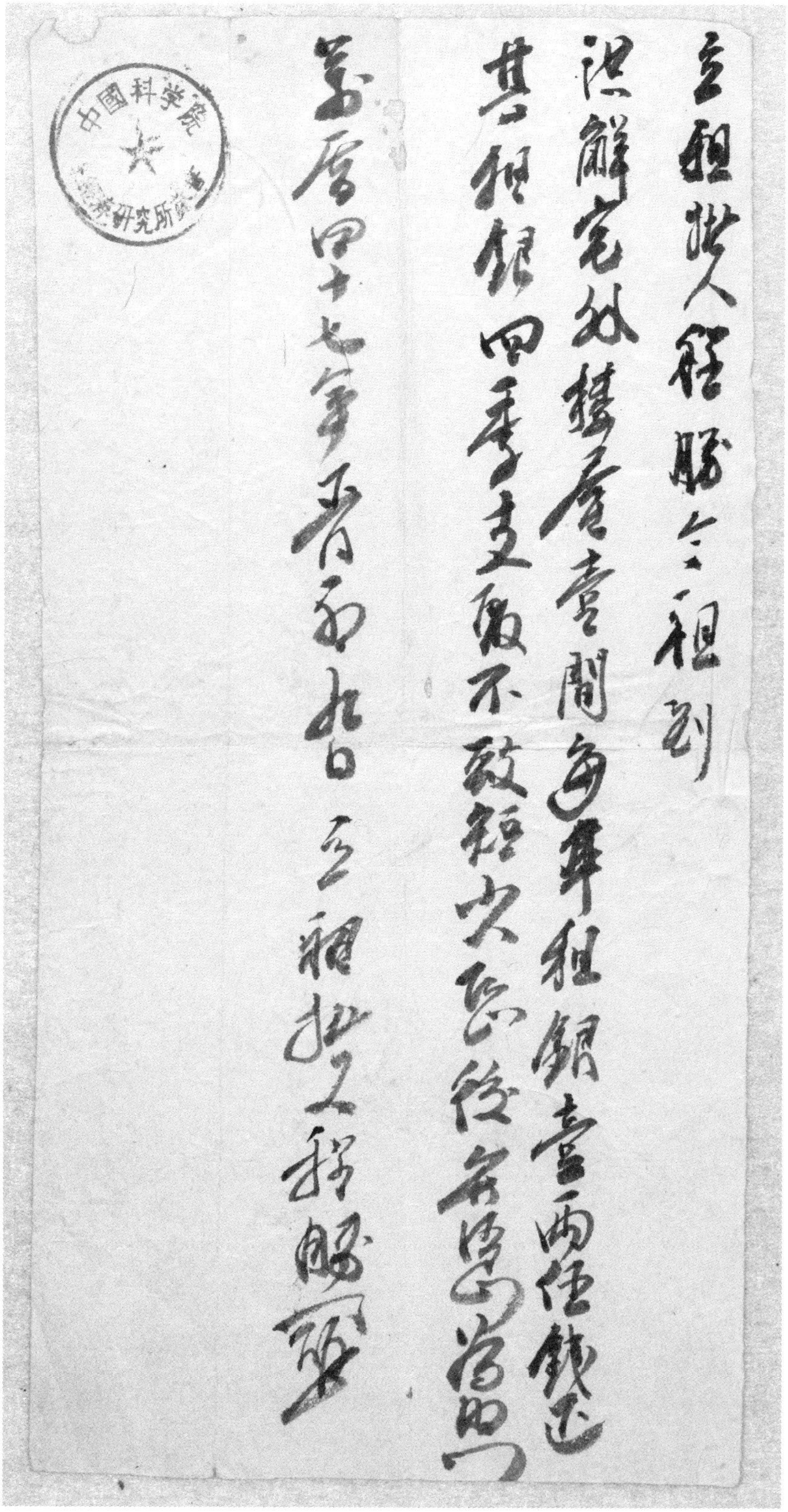
立租批人程勝今租到
汪解元處樓屋壹間，每年租銀壹兩伍錢正，
其租銀四季支取，不致短少，恐後無憑，當照。
萬曆四十七年正月九日立租批人程勝（押）

明萬曆四十七年正月某某縣華明一立租樓屋批

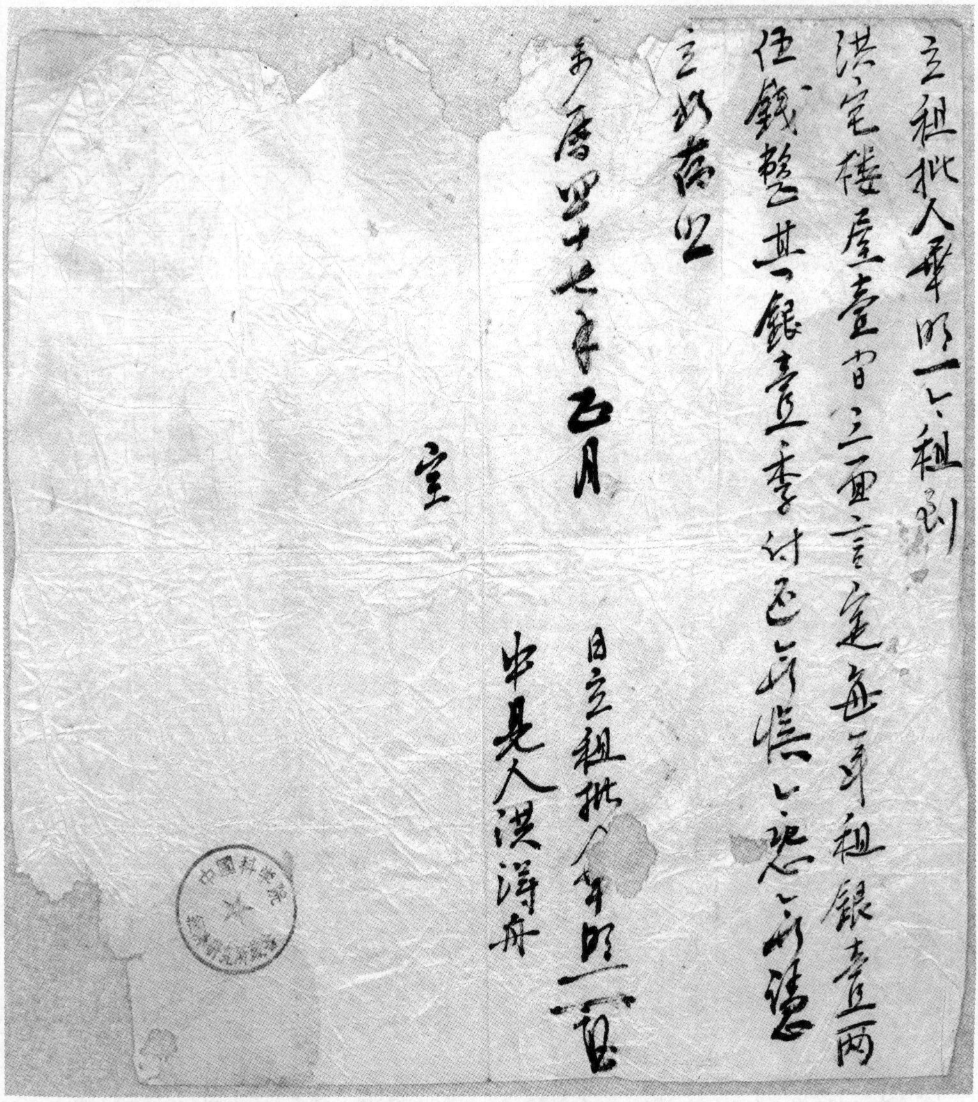

立租批人華明一今租到
洪宅樓屋壹間三面言定每年租銀壹兩
伍錢整其銀壹季付还無悵恐無憑
立此爲照
萬曆四十七年正月　日立租批人華明一（押）
中見人洪得舟
堂

二

明崇禎四年九月某某縣程繼老立租田批

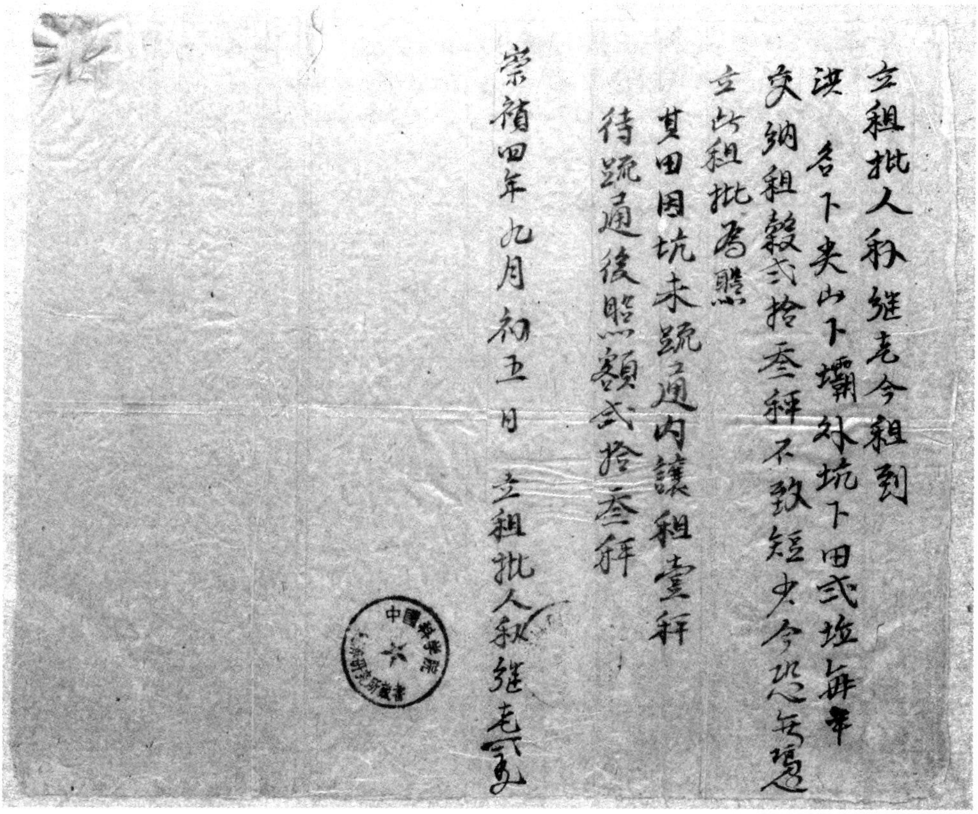

立租批人程繼老今租到
洪 名下夾山下壩外坑下田弍坵每年
交納租穀弍拾叁秤不致短少今恐無憑
立此租批為照
其田因坑未疏通內讓租壹秤
待疏通後照額弍拾叁秤
崇禎四年九月初五日 立租批人程繼老（押）

二

清順治四年四月某某縣洪惟貞立租田批

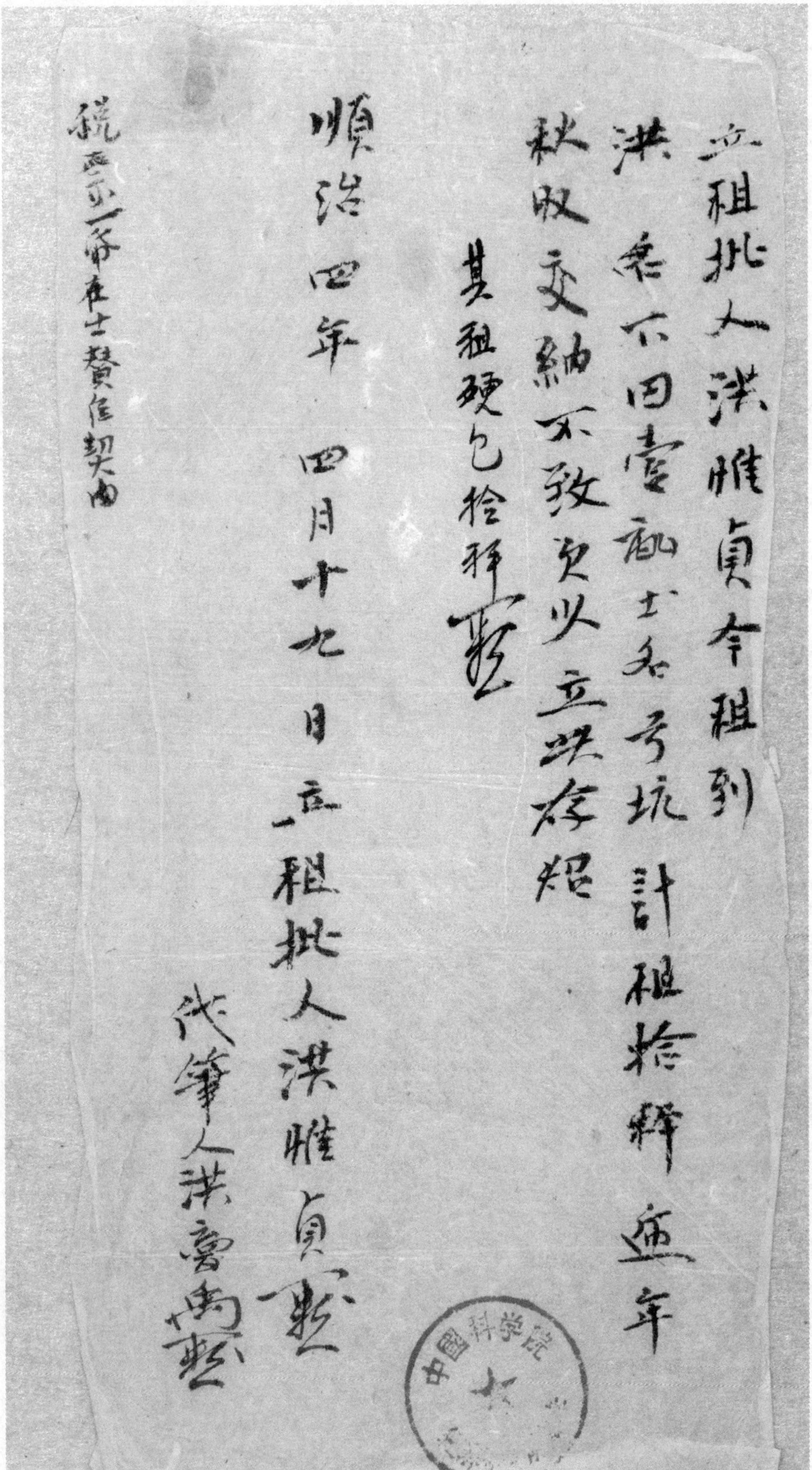
立租批人洪惟貞今租到
洪名下田壹畝土名弓坑 計租拾秤 逐年
秋收交納不致欠少 立此存炤
其租硬包拾秤整
順治四年 四月十七日 立租批人洪惟貞（押）
代筆人洪會禹（押）
統西五一都在士贊住契內
中國科學院

二

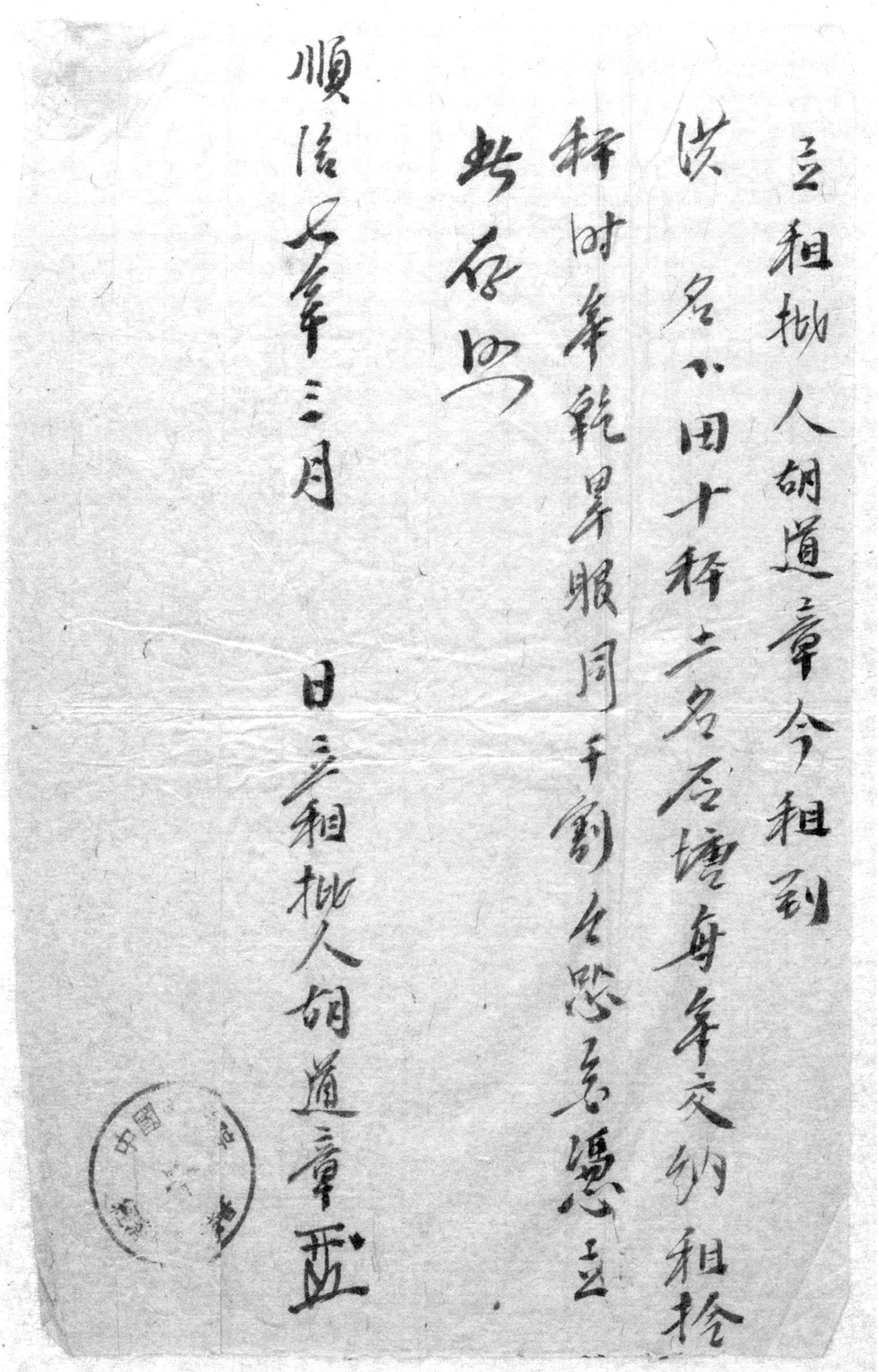

立租批人胡道章今租到
洪名下田十秤二名石塘每年交纳租拾
秤时年乾旱眼同千劉名照去憑立
此存照
順治七年三月　　日立租批人胡道章

清順治七年三月某某縣胡道章立租田批

清順治十三年正月某某縣姚德甫立租樓屋批

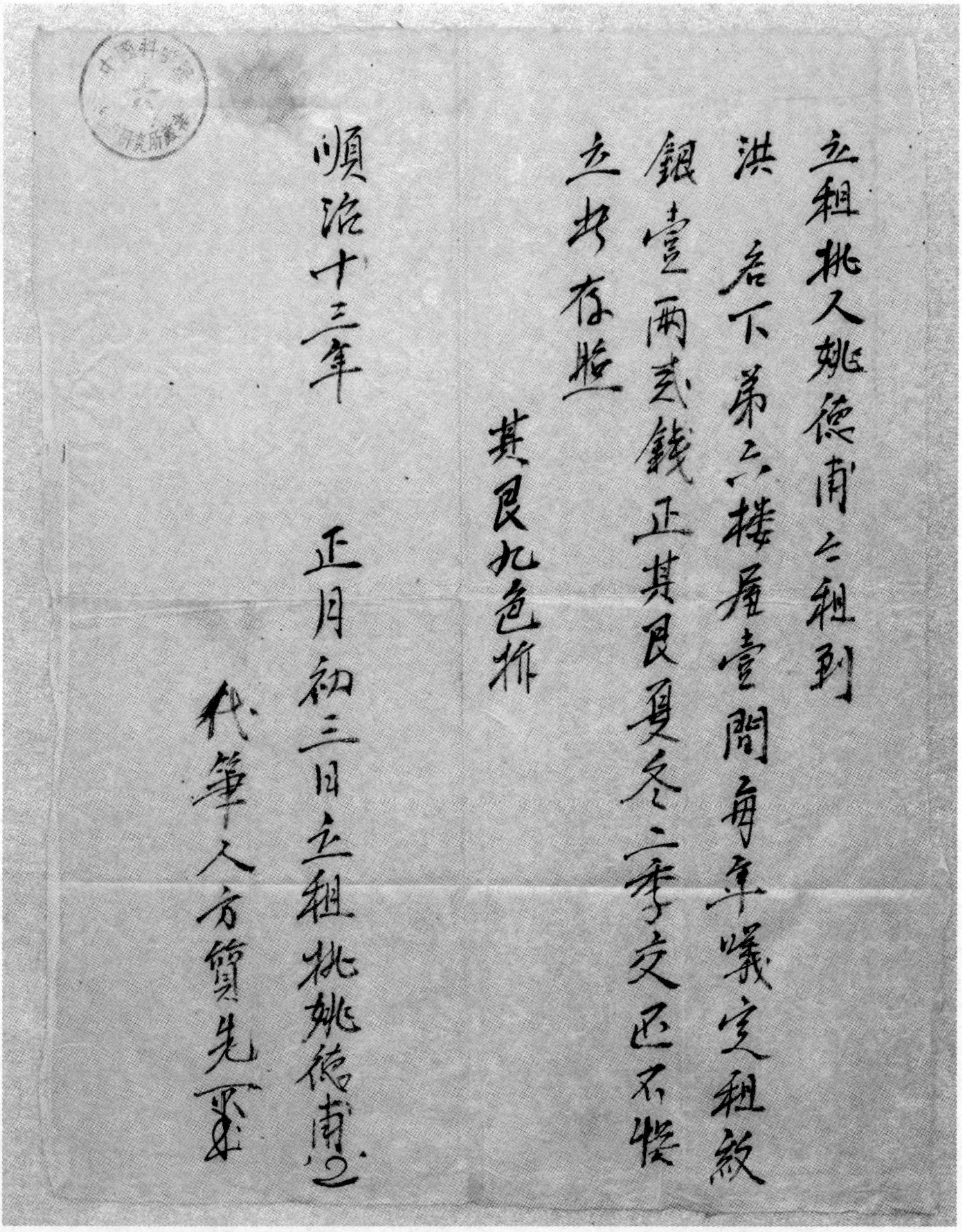

立租批人姚德甫今租到
洪　名下第六楼屋壹間每年議定租紋
銀壹兩貳錢正其艮夏冬二季交還不悮
立此存照
其艮九色折
順治十三年　　正月初三日立租批姚德甫（押）
代筆人方質先（押）

八、明萬曆至清光緒年間買賣租佃田地田皮加價契約

二

明萬曆四十年十月〔歙縣〕汪天進立佃到田及豆園批

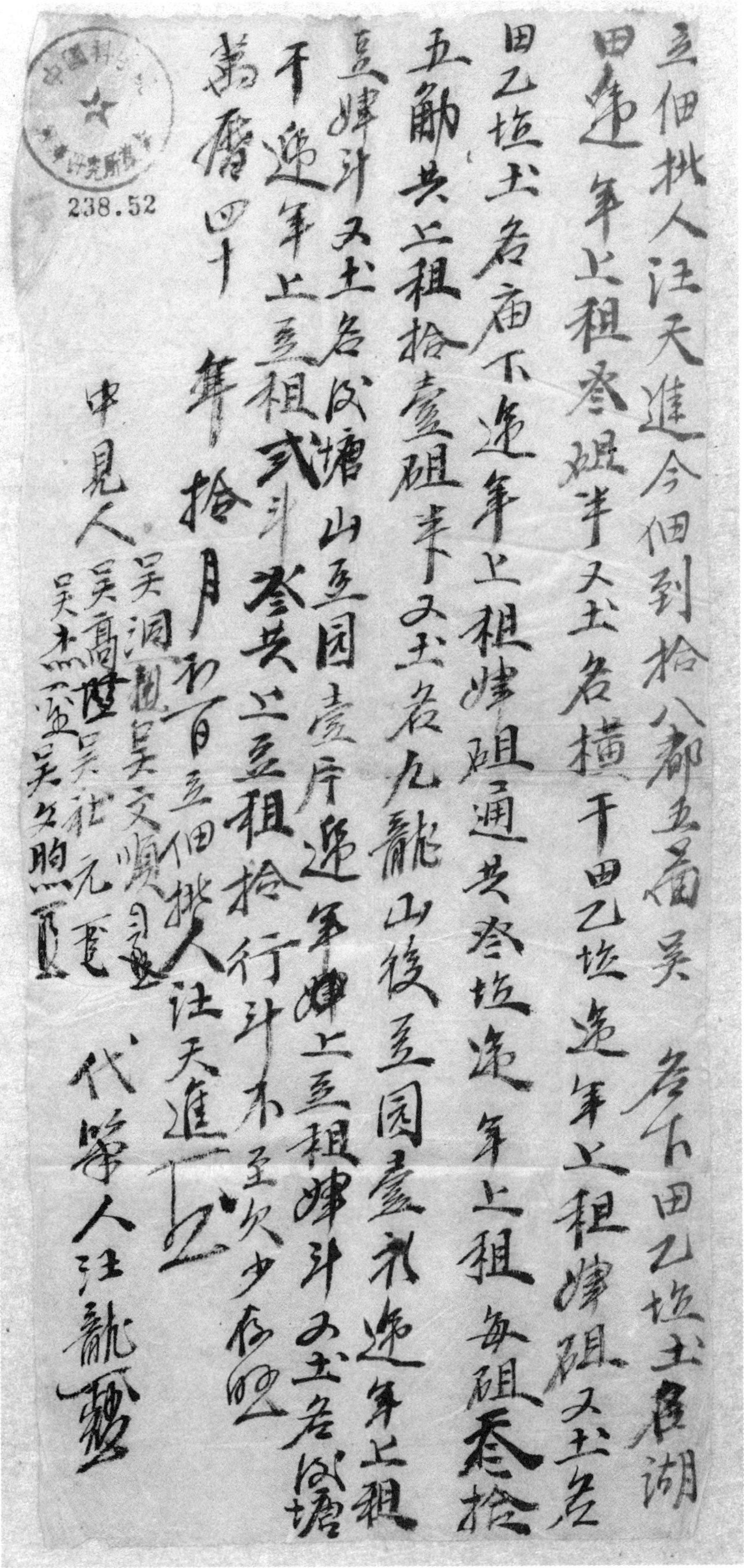
立佃批人汪天進今佃到拾八都吴名下田乙坵土名湖
田逐年上租叁砠半又土名横干田乙坵逐年上租肆砠又土名
田乙坵土名廟下逐年上租肆砠通共叁坵逐年上租每砠叁拾
五斤共上租拾壹砠半又土名九龍山後豆園壹处逐年上租
豆肆斗又土名段塘山豆园壹片逐年肆上豆租肆斗又土名段塘
下逐年上豆租弍斗叁共上豆租拾行斗不至欠少存照
萬曆四十年拾月初一日立佃批人汪天進（押）
中見人吴洞（押）吴文順（押）
吴高（押）吴社元（押）
吴杰（押）吴文照（押）
代筆人汪龍（押）

二

清康熙三十五年八月（歙縣）吴去瑕立出佃田約

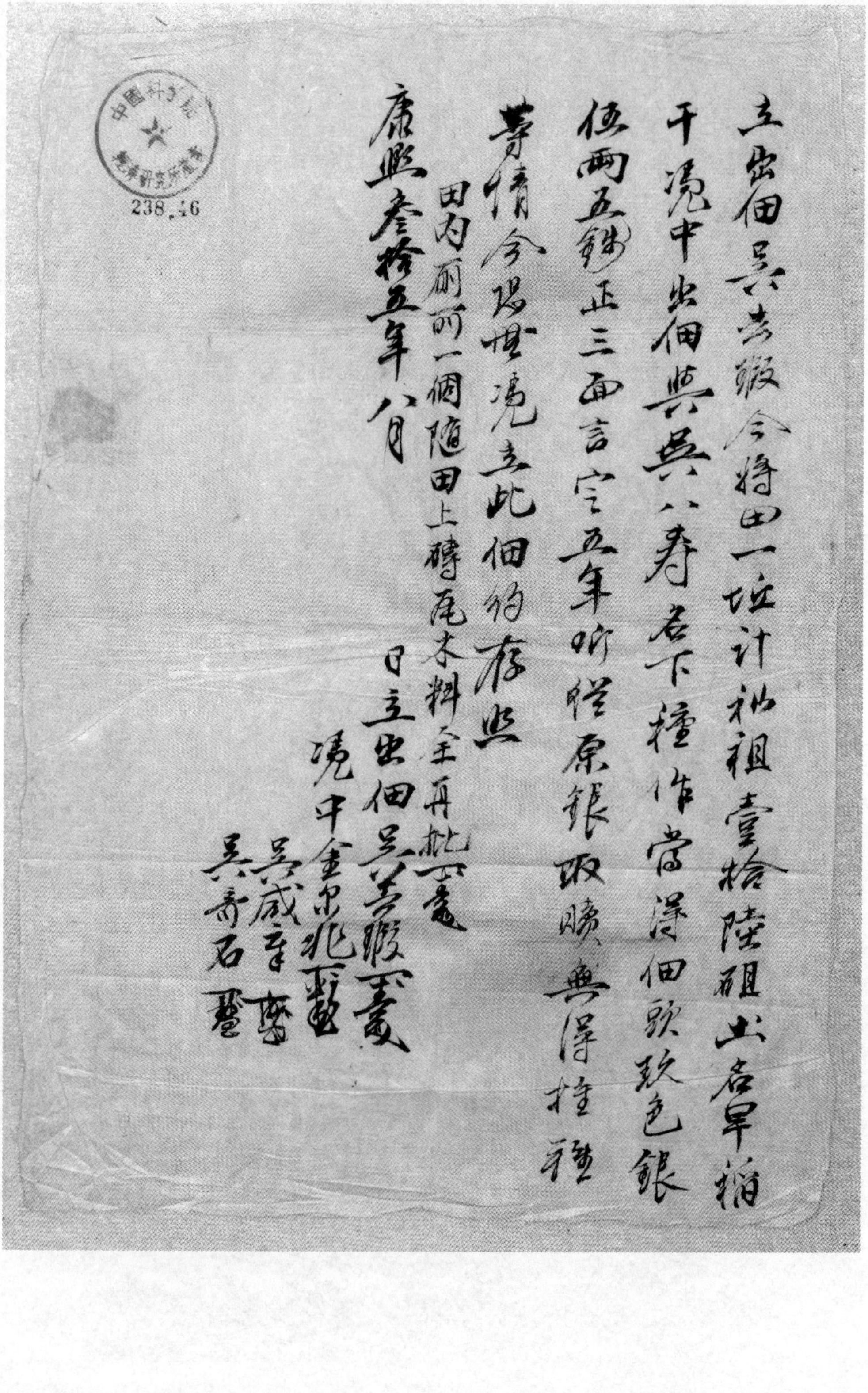

立出佃吴去瑕今將田一坵計租壹拾陸砠土名早稻
干澆中出佃與吴八壽名下種作當得佃頭紋色銀
伍兩五錢正三面言定五年听照原銀取贖無得推種
其情今恐無憑立此佃約存照
田內廁所一個隨田上磚瓦木料全再批
康熙叁拾五年八月　日立出佃吴去瑕（押）
憑中金東兆（押）
吴成章（押）
吴壽石（押）

二

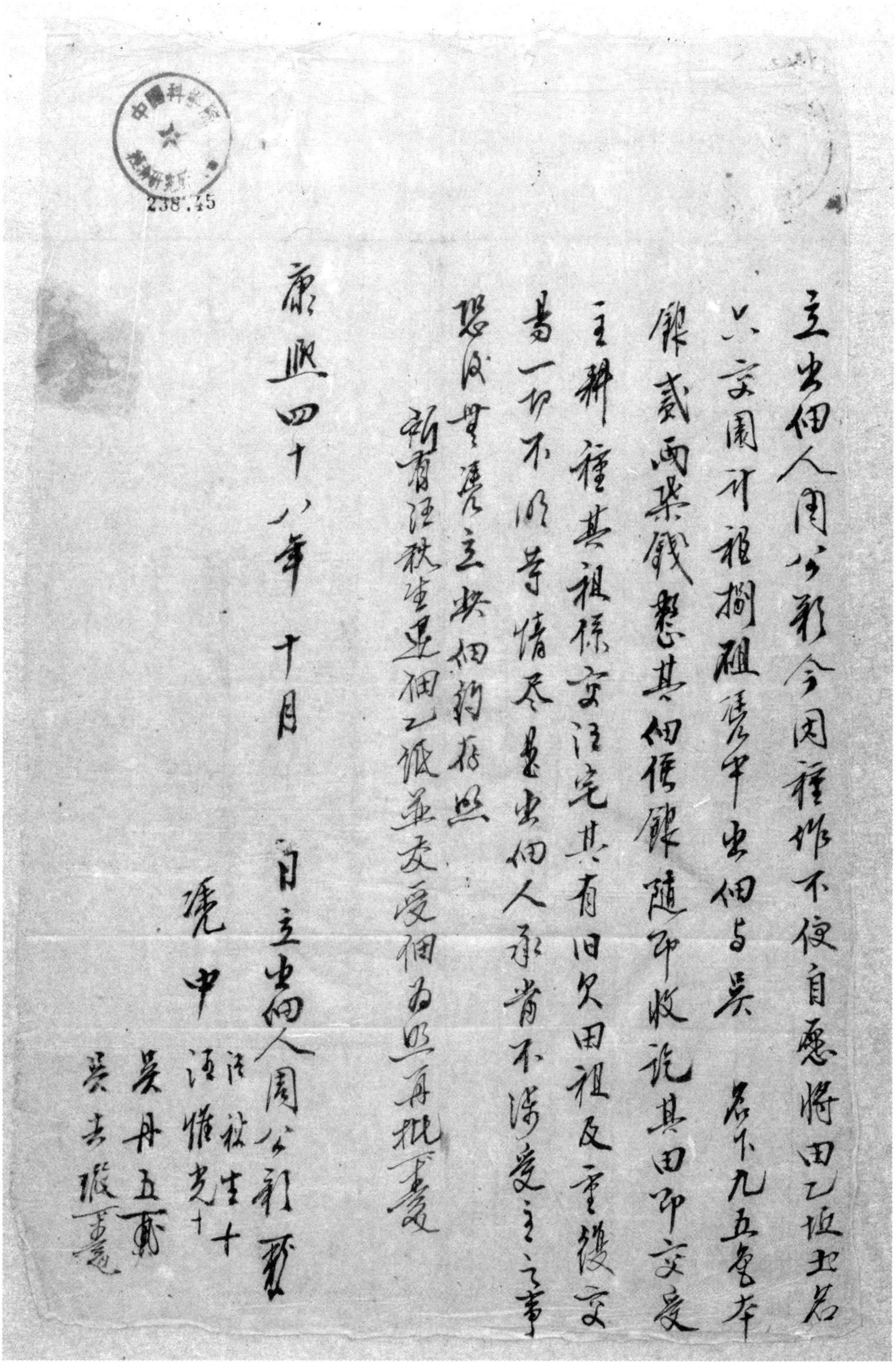

立出佃人周公彩，今因種作不便，自愿將田乙坵，土名只安園，計租捌砠，憑中出佃與吳　名下，九五色本銀貳兩柒錢整。其佃價銀隨即收訖，其田即交受主耕種。其租係交汪宅，其有旧欠田租及重複交易一切不明等情，盡是出佃人承肯，不涉受主之事。恐後無憑，立此佃約存照。

新有汪秋生退佃乙紙，並交受佃為照，再批。

康熙四十八年十月　日立出佃人周公彩（押）

憑中　汪秋生（十）　汪惟光（十）　吳丹五（押）　吳士璣（押）

清康熙四十八年十月〔歙縣〕周公彩立出佃田約

清康熙五十三年三月〔歙縣〕吴文元立出佃田及廁所約

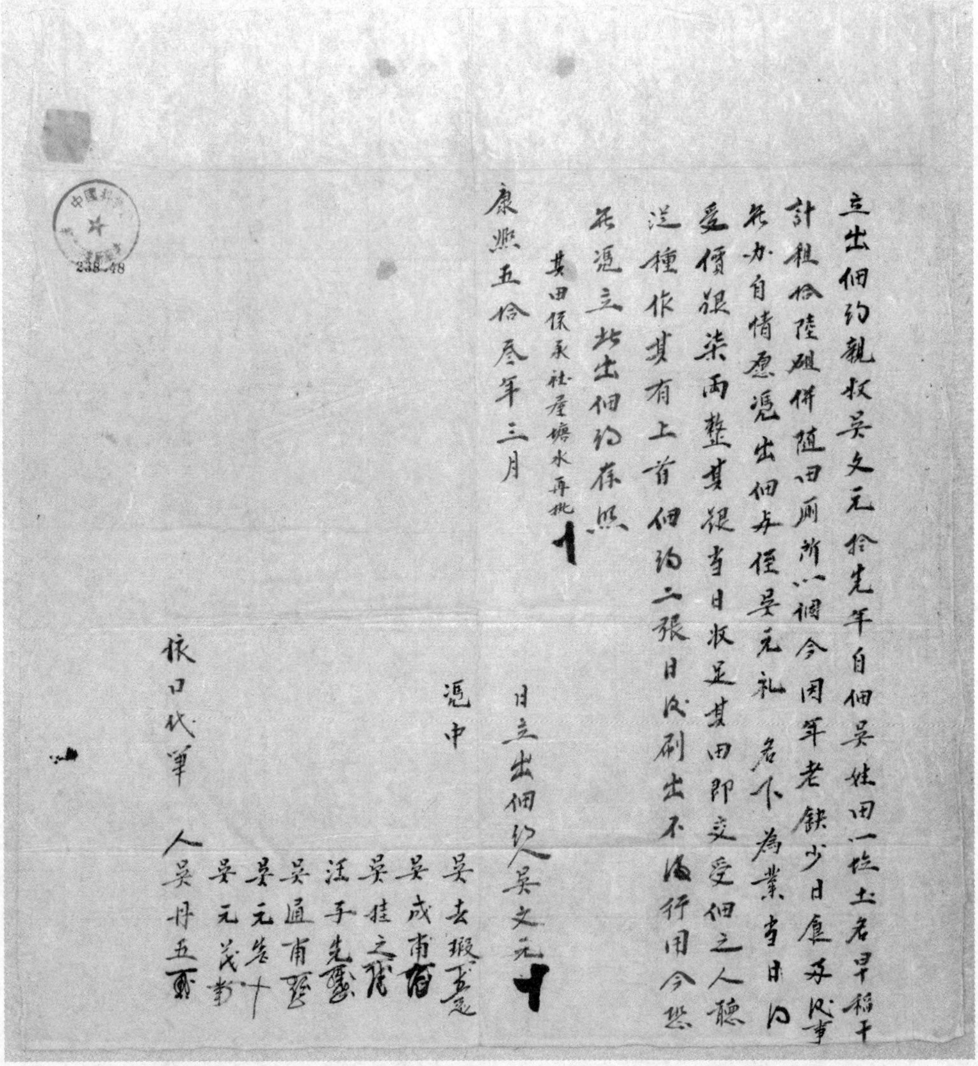

立出佃約親叔吴文元拾先年自佃吴姓田一坵土名旱稻干
計租拾陸砠併隨田廁所一個今因年老缺少日食無以爲事
無力自情愿憑出佃与侄吴元礼名下爲業當日
受價銀柒兩整其銀當日收足其田即交受佃之人聽
從種作其有上首佃約二張日後刷出不准行用今恐
無憑立此出佃約存照
其田係承祖屋墉水再批
康熙五拾叁年三月　日立出佃約人吴文元（押）
憑中　吴去瑕　吴成甫　吴桂之　汪手先　吴通甫　吴元卷　吴元茂
依口代筆人吴丹五

清雍正八年七月〔歙縣〕汪蘊文立出佃佃頭田約

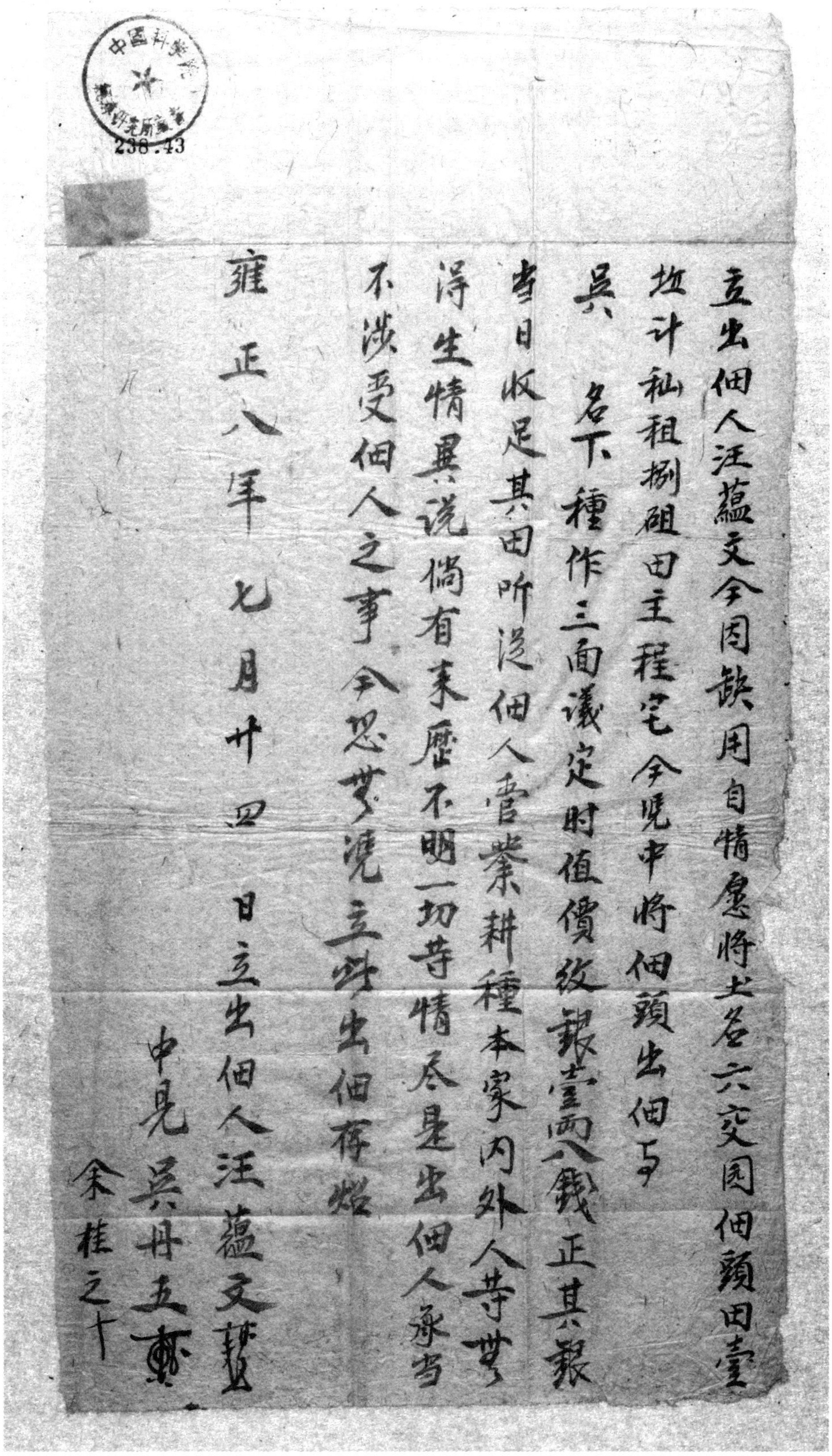

二

清乾隆四年十二月〔歙縣〕徐文英立出佃園地約

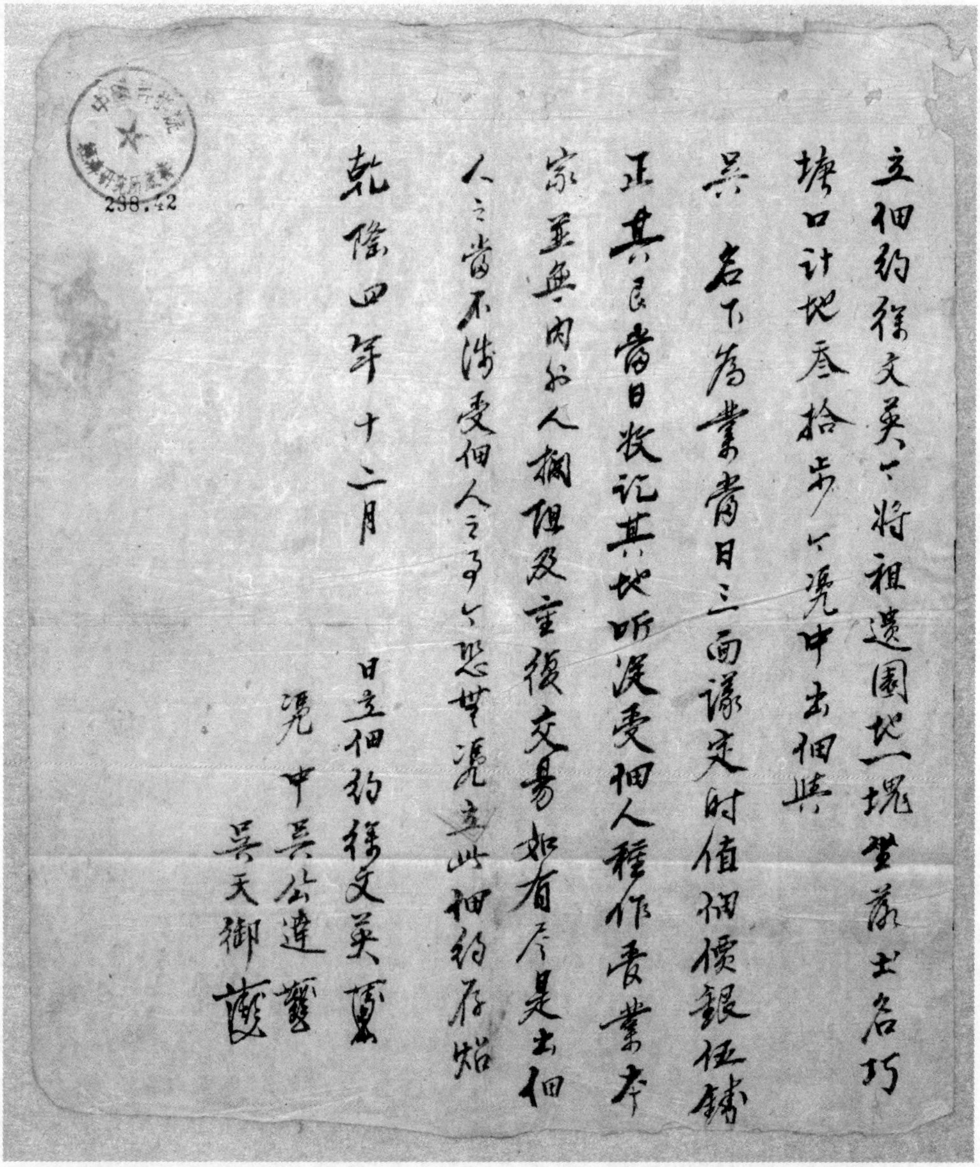

立佃約徐文英今將祖遺園地一塊坐落土名巧
塘口計地叁拾步今憑中出佃與
吳　名下爲業當日三面議定时值佃價銀伍錢
正其艮當日收訖其地听從受佃人種作爲業本
家並無內外人攔阻及重復交易如有尽是出佃
人之當不涉受佃人之事今恐無憑立此佃約存照
乾隆四年十二月　日立佃約徐文英（押）
凴中吳公達（押）
吳天御（押）

清乾隆四十六年十月（歙縣）吴子耀立出佃田皮約

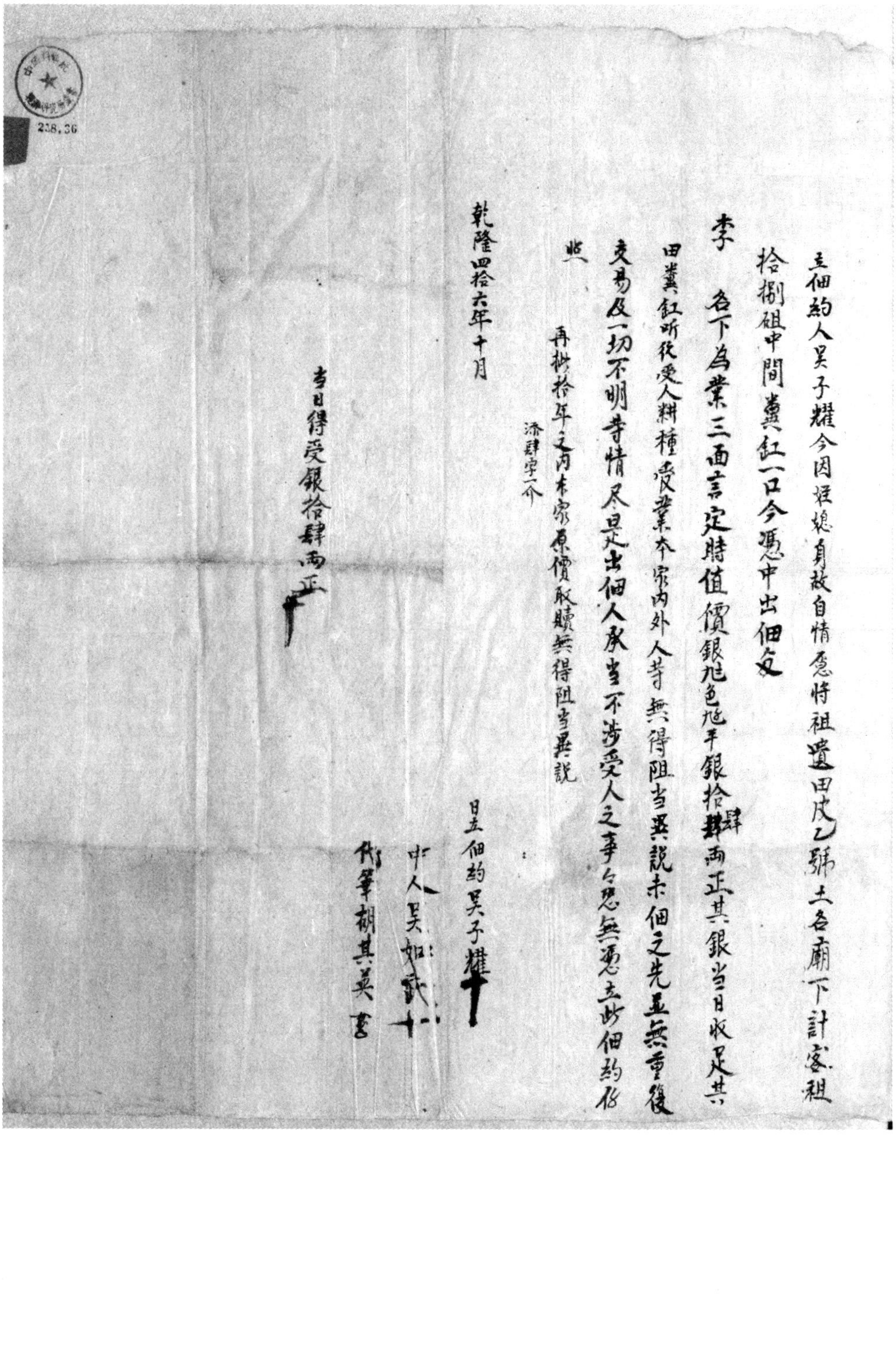
立佃約人吴子耀今因娌媳身故自情愿將祖遺田皮乙號土名廟下計客租
拾捌租中間糞缸一口今憑中出佃與
李
名下為業三面言定時值價銀九色九平銀拾肆兩正其銀當日收足其
田糞缸所係受人耕種管業本家内外人等無得阻當異說未佃之先並無重復
交易及一切不明等情盡是出佃人承當不涉受人之事今恐無憑立此佃約存
照
再批拾年之内本家原價取贖無得阻當異說
添肆字一个
乾隆四拾六年十月　日立佃約吴子耀（押）
中人吴如鈫（押）
代筆胡其英書
當日得受銀拾肆兩正（押）

二

清乾隆四十七年八月〔歙縣〕吴文彩立杜絶出佃佃頭田契

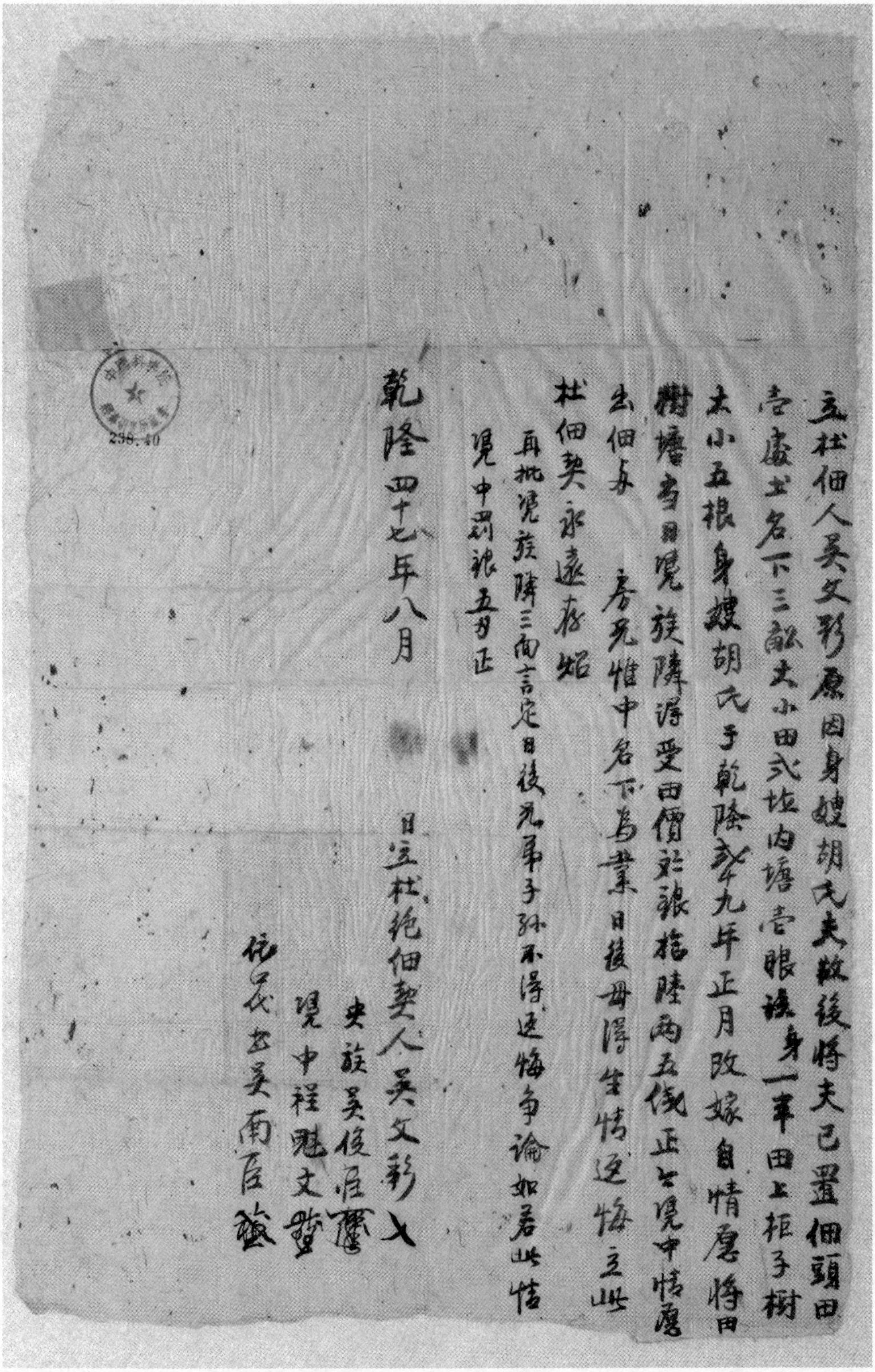
立杜佃人吴文彩原因身嫂胡氏夫故後將夫已置佃頭田
壹處土名下三畝丈小田弍坵內塘壹眼諒身一半田上柜子樹
大小五根身嫂胡氏于乾隆叁拾九年正月改嫁自情愿將田
樹塘當日憑族陞得受田價紋銀拾陸兩五錢正今憑中情愿
出佃与　房兄惟中名下為業日後毋得生情返悔立此
杜佃契永遠存炤
再批憑族陞三面言定日後兄弟子孫不得返悔爭論如若此情
憑中罰銀五兩正
乾隆四十七年八月　　日立杜絶佃契人吴文彩（押）
央族吴俊臣（押）
憑中程魁文（押）
依口代書吴南臣（押）

二

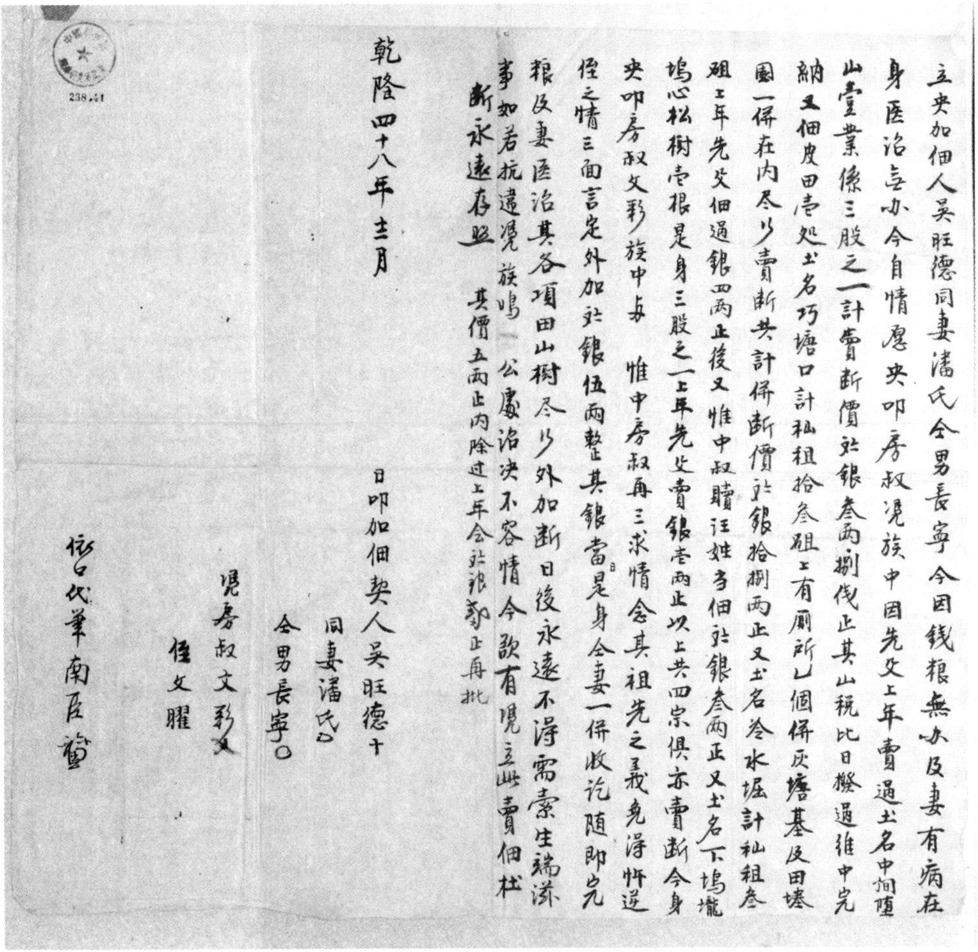

立央加佃人吴旺德同妻潘氏仝男長寧今因钱粮無办及妻有病在
身医治无办今自情愿央叩房叔滉族中因先父上年賣過土名中垌塆
山壹業係三股之一計賣断價紋銀叁兩捌伐正其山税比日撥過雒中完
納又佃皮田壹处土名巧塘口計私租拾叁砠上有廁所山個係灰塘基及田塝
園一併在内尽行賣断共計係断價紋銀拾捌兩正又土名冷水堀計私租叁
砠上年先父佃過銀四兩正後又惟中叔贖汪姓手佃紋銀叁兩正又土名下塢壠
塢心松樹壹根是身三股之一上年先父賣銀壹兩正以上共四宗俱亦賣断今身
央叩房叔文彩族中友　惟中房叔再三求情念其祖先之義免得忤逆
侄之情三面言定外加紋銀伍兩整其銀當日是身仝妻一併收讫随即充
粮及妻医治其各項田山樹尽行外加断日後永遠不得需索生端滋
事如若抗違滉族鳴一公處治决不容情今欲有憑立此賣佃杜
断永遠存照　其價五两正内除过上年仝紋银鄧正再批

乾隆四十八年十二月　日叩加佃契人吴旺德十
同妻潘氏○
仝男長寧○
滉房叔文彩
侄文耀
依口代筆南臣

清乾隆四十八年十二月〔歙縣〕吴旺德等立加佃山業及佃皮田等價銀契

〔二〕清康熙年間某某縣鄧氏承租佃脚田契約

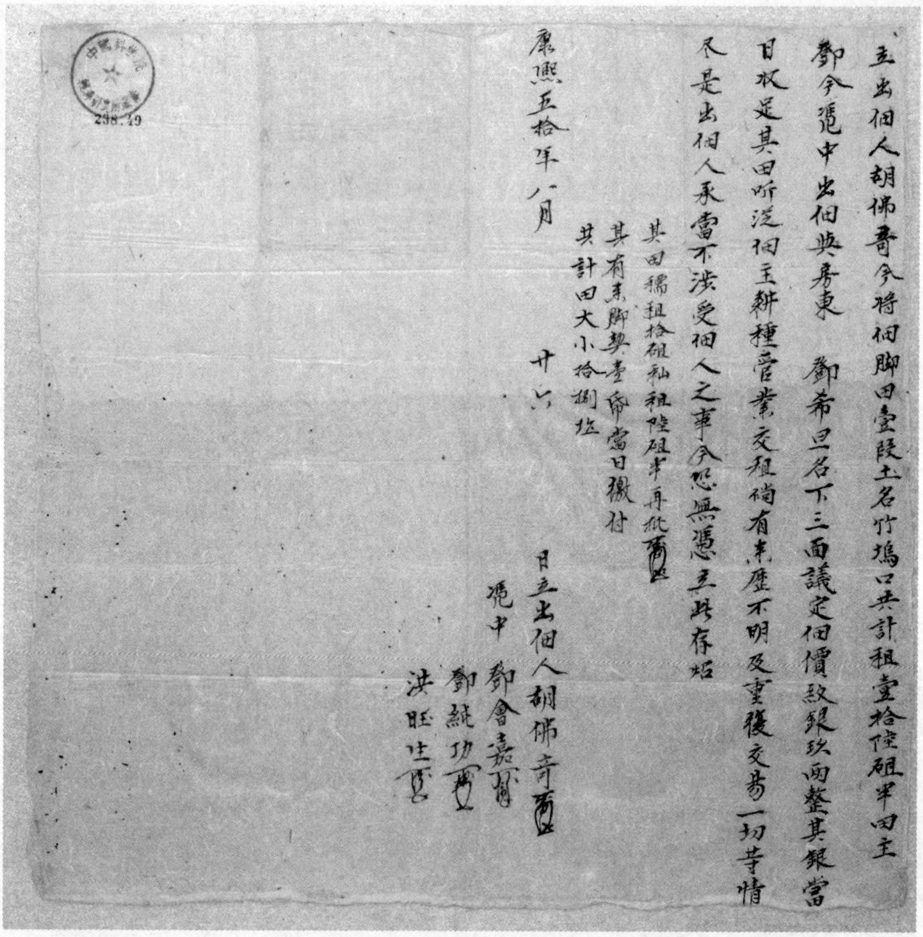

立出佃人胡佛奇今將佃脚田壹段土名竹塢口共計租壹拾陸砠半田主
鄧今憑中出佃與房東　鄧希旦名下三面議定佃價紋銀玖兩整其銀當
日收足其田听從佃主耕種管業交租倘有來歷不明及重複交易一切等情
盡是出佃人承當不涉受佃人之事今恐無憑立此存炤
其田糯租拾砠私租陸砠半再批（押）
其有來脚契壹帋當日繳付
共計田大小拾捌坵
康熙五拾年八月　廿六　日立出佃人胡佛奇（押）
憑中　鄧會嘉（押）
鄧紘功（押）
洪旺生（押）

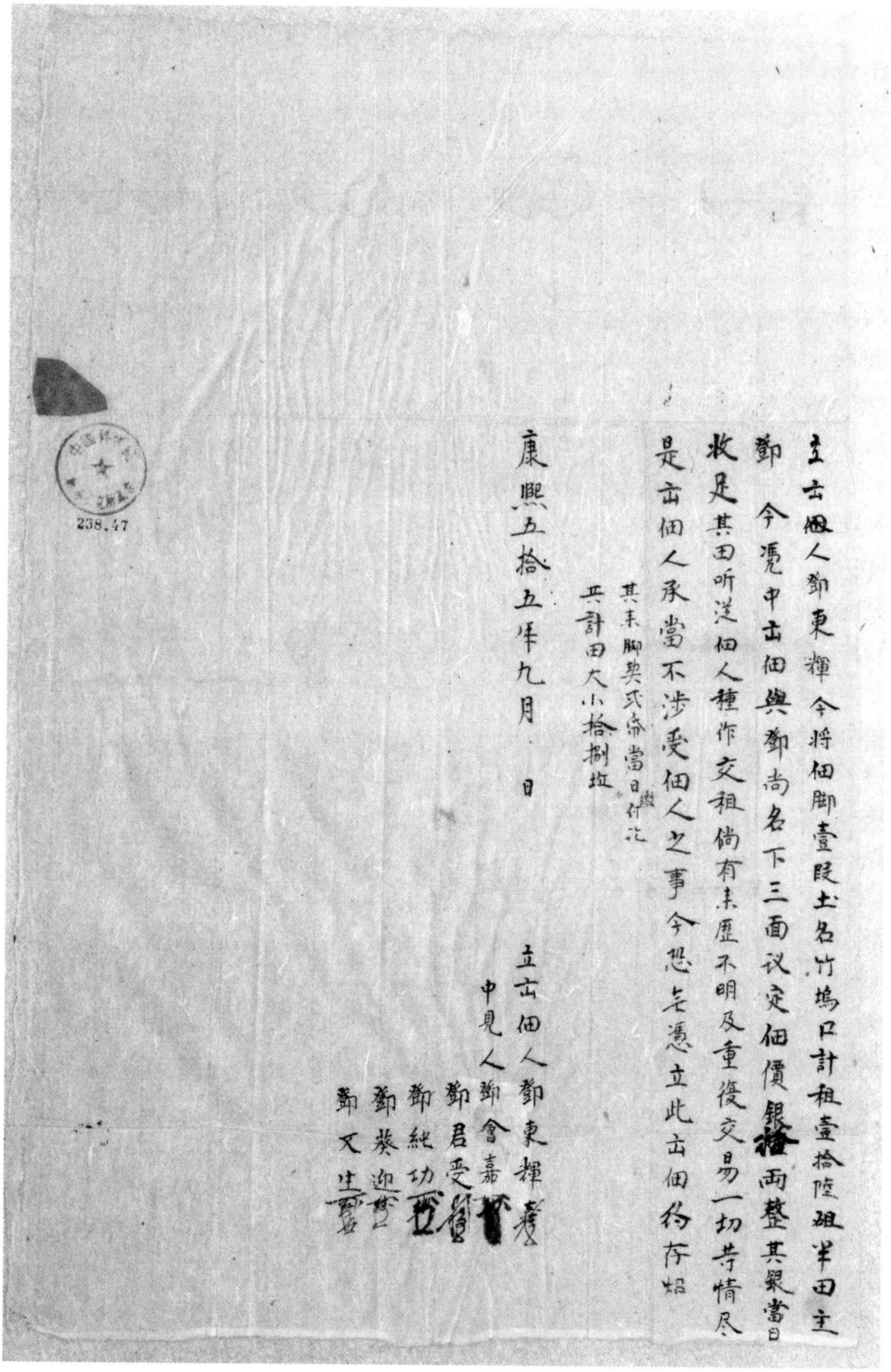

立出佃人鄧東輝今將佃腳壹戥土名竹塢口計租壹拾陸砠半田主鄧

今憑中出佃與鄧尚名下三面议定佃價銀拾兩整其銀當日收足其田听从佃人種作交租倘有來歷不明及重復交易一切等情盡是出佃人承當不涉受佃人之事今恐無憑立此出佃約存照

其來腳契弍帋當日繳付訖

共計田大小拾捌坵

康熙五拾五年九月　日　立出佃人鄧東輝（押）

中見人鄧會嘉（押）

鄧君受（押）

鄧純功（押）

鄧癸迎（押）

鄧文生（押）

清康熙五十五年九月某某縣鄧東輝立出佃佃脚約

〔三〕清乾隆至道光年間某某縣黄氏買賣租佃契約

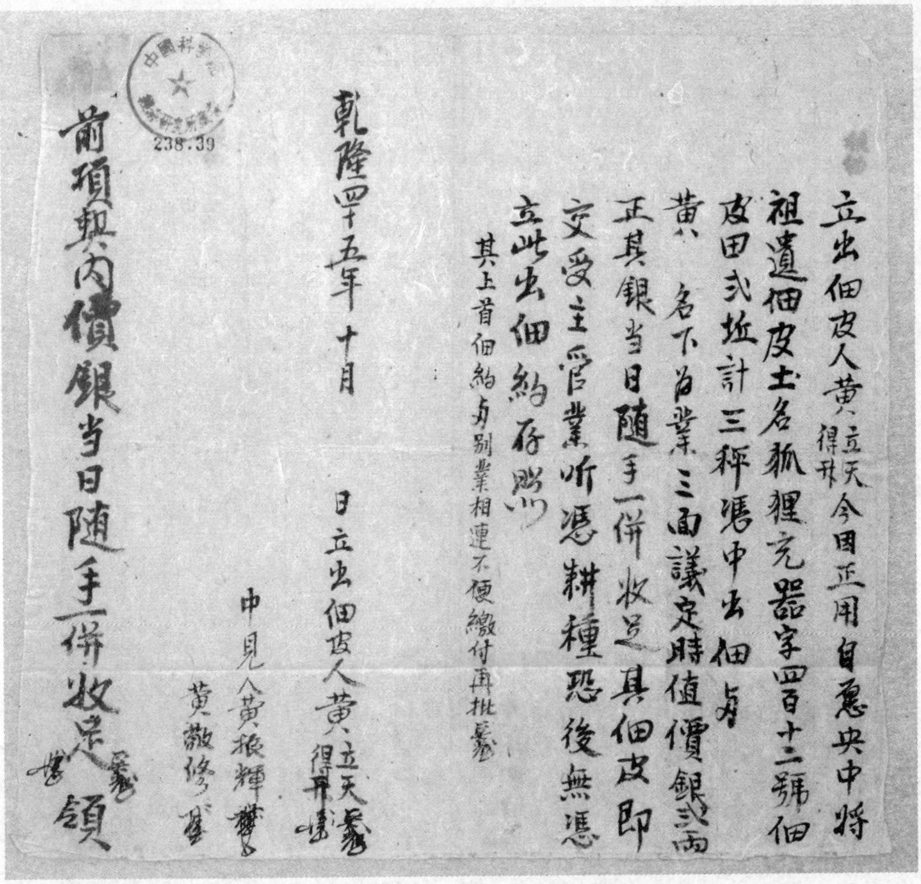

立出佃皮人黄立天、得升，今因正用，自愿央中将
祖遺佃皮，土名狐狸坑，器字四百十二號，佃
皮田弍坵，計三秤，憑中出佃与
黄　名下為業。三面議定時值價銀弍兩
正，其銀当日隨手一併收足，其佃皮即
交受主管業，听憑耕種。恐後無憑，
立此出佃約存照。
其上首佃約身別業相連，不便繳付，再批。（押）

乾隆四十五年十月　日立出佃皮人黄立天（押）
得升（押）
中見人黄根輝（押）
黄繳修（押）

前項契內價銀当日隨手一併收足。領（押）

二

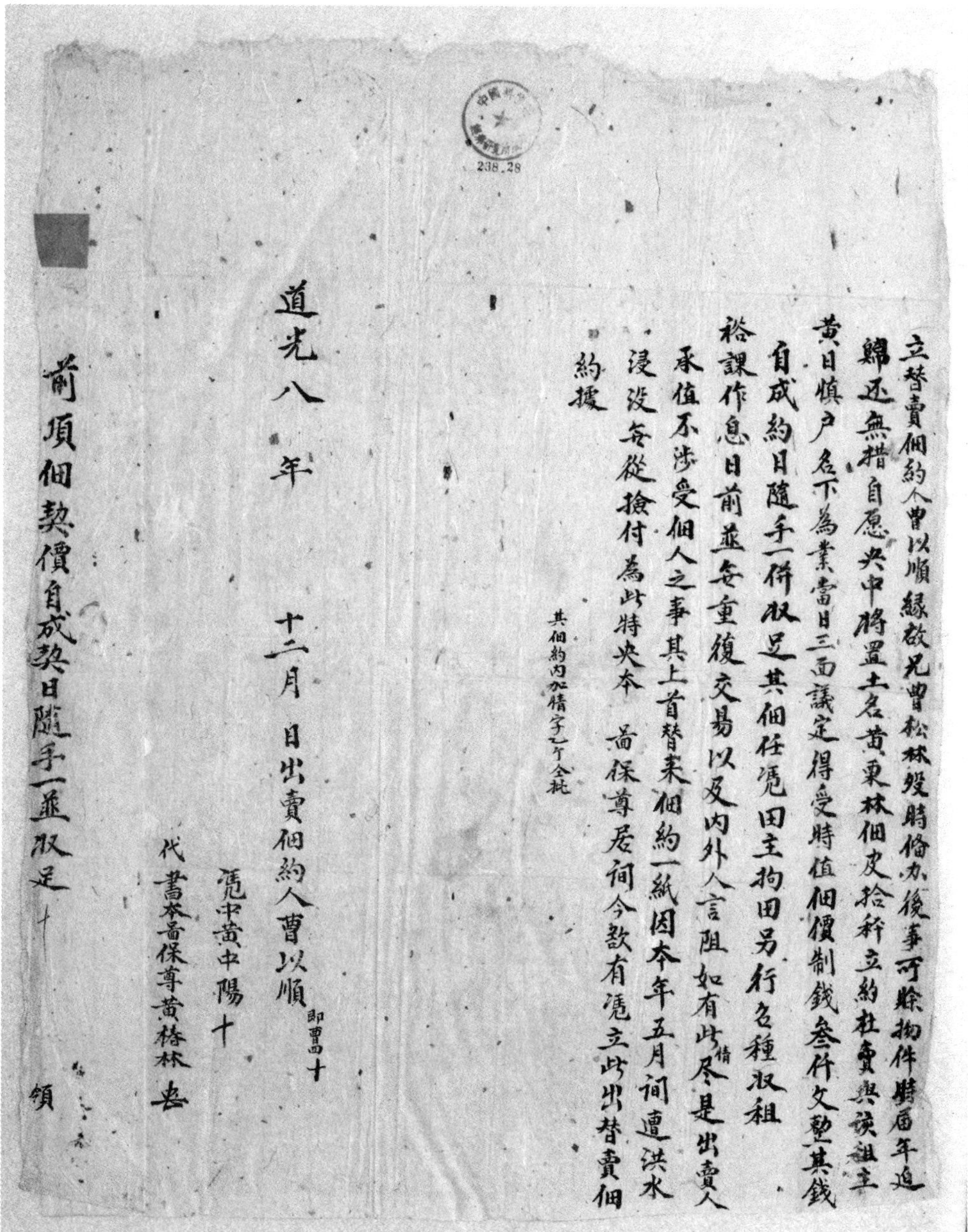

立替賣佃約人曹以順緣故兄曹松林殁時偹办後事可賒物件時届年追
歸还無措自愿央中將置土名黄栗林佃皮拾秤立約杜賣與談祖主
黄日慎户名下為業當日三面議定得受時值佃價制錢叁仟文整其錢
自成約日随手一併收足其佃任凴田主拘田另行召種收祖
裕課作息日前並無重復交易以及內外人言阻如有此情盡是出賣人
承值不涉受佃人之事其上首替来佃約一紙因本年五月间遭洪水
浸没無從撿付為此特央本 啚保尊居间今欲有凴立此出替賣佃
約據

其佃約内加情字乙个仝批

道光八年 十二月 日出賣佃約人曹以順 即曹四十

凴中黄中陽 十

代書本啚保尊黄椿林 押

前項佃契價自成契日随手一並收足 十 領

清道光八年十二月某某縣曹以順立替賣佃皮約

二

清道光三十年二月某某縣黃金和立承佃田約

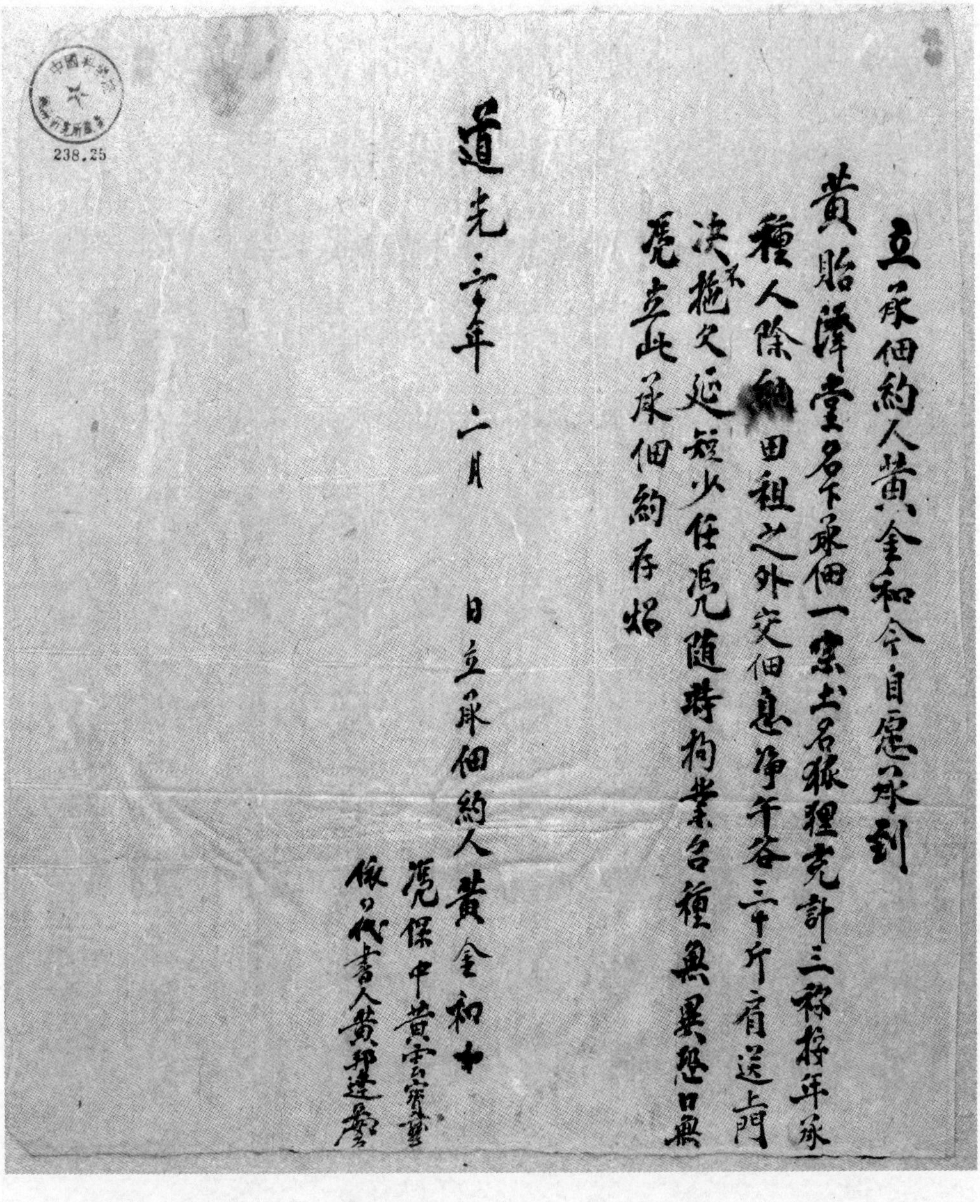

立承佃約人黃金和今自愿承到
黃貽澤堂名下承佃一宗土名猴狸充計三秤每年承
種人除納田租之外交佃息淨干谷三十斤肩送上門
決不拖欠延短少任凭随時拘業另種無異恐口無
凭立此承佃約存照
道光三十年　二月　日立承佃約人黃金和（押）
凭保中黃雲霄（押）
依口代書人黃邦達（押）

〔四〕清嘉慶至光緒年間某某縣胡氏租佃關係文書

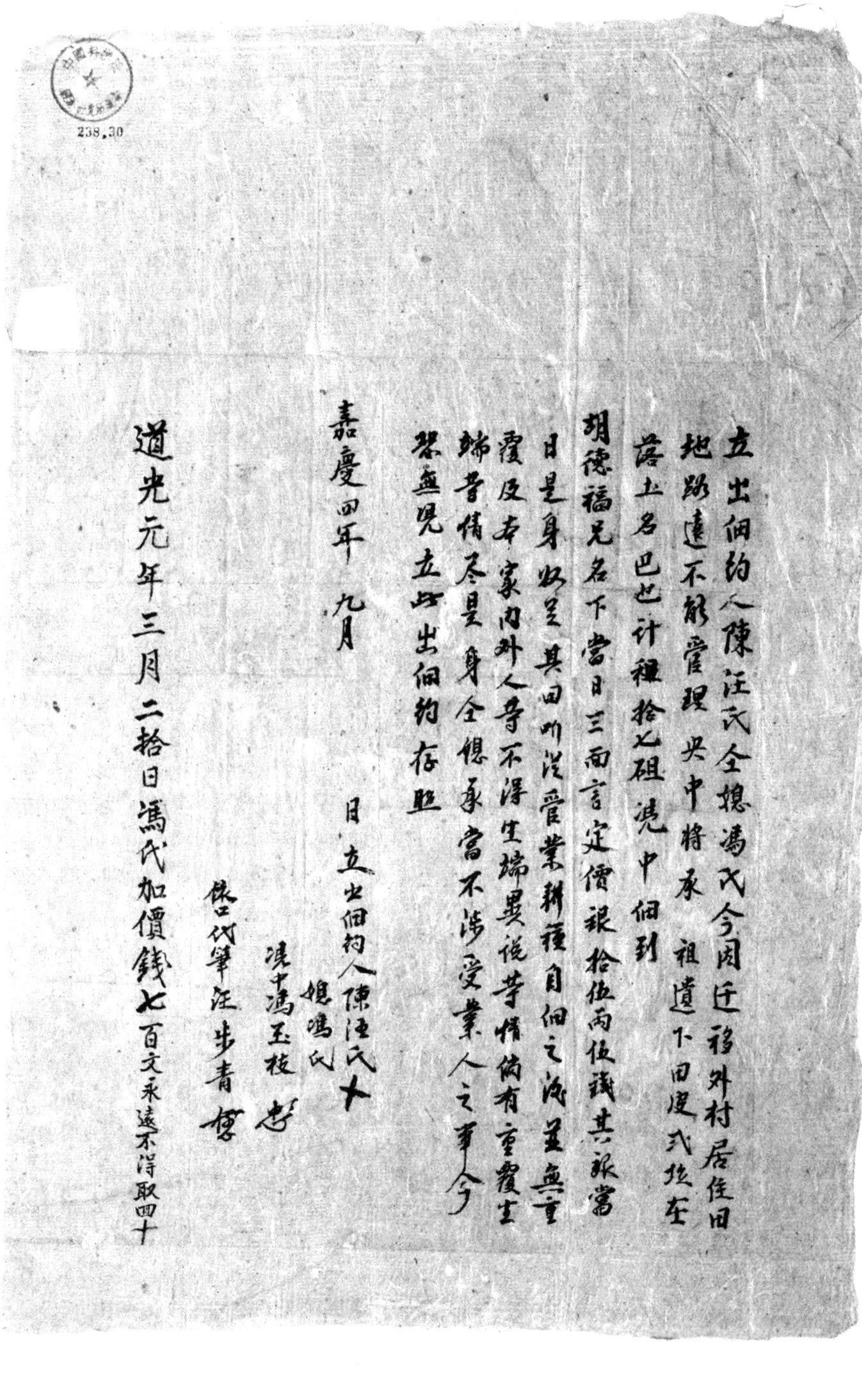

立出佃約人陳汪氏仝媳馮氏今因迁移外村居住田地路遠不能管理 央中將承 祖遺下田皮弍丘坐落土名巴也計租拾乙砠 憑中佃到胡德福兄名下 當日三面言定價銀拾伍兩伍錢 其銀當日是身收足 其田聽從管業耕種自佃之後並無重覆及本家內外人等不得生端異說等情倘有重覆生端等情尽是身全媳承當不涉受業人之事 今恐無憑 立此出佃約存照

嘉慶四年 九月 日 立出佃約人陳汪氏 十

媳馮氏

憑中馮玉枝 押

依口代筆汪步青 押

道光元年三月二拾日馮氏加價錢七百文永遠不得取四十

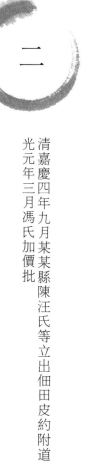

清嘉慶四年九月某某縣陳汪氏等立出佃田皮約附道光元年三月馮氏加價批

二

清嘉慶七年十月某某縣胡春嫂立出佃田皮約附嘉慶廿二年十二月胡氏好風立加價批

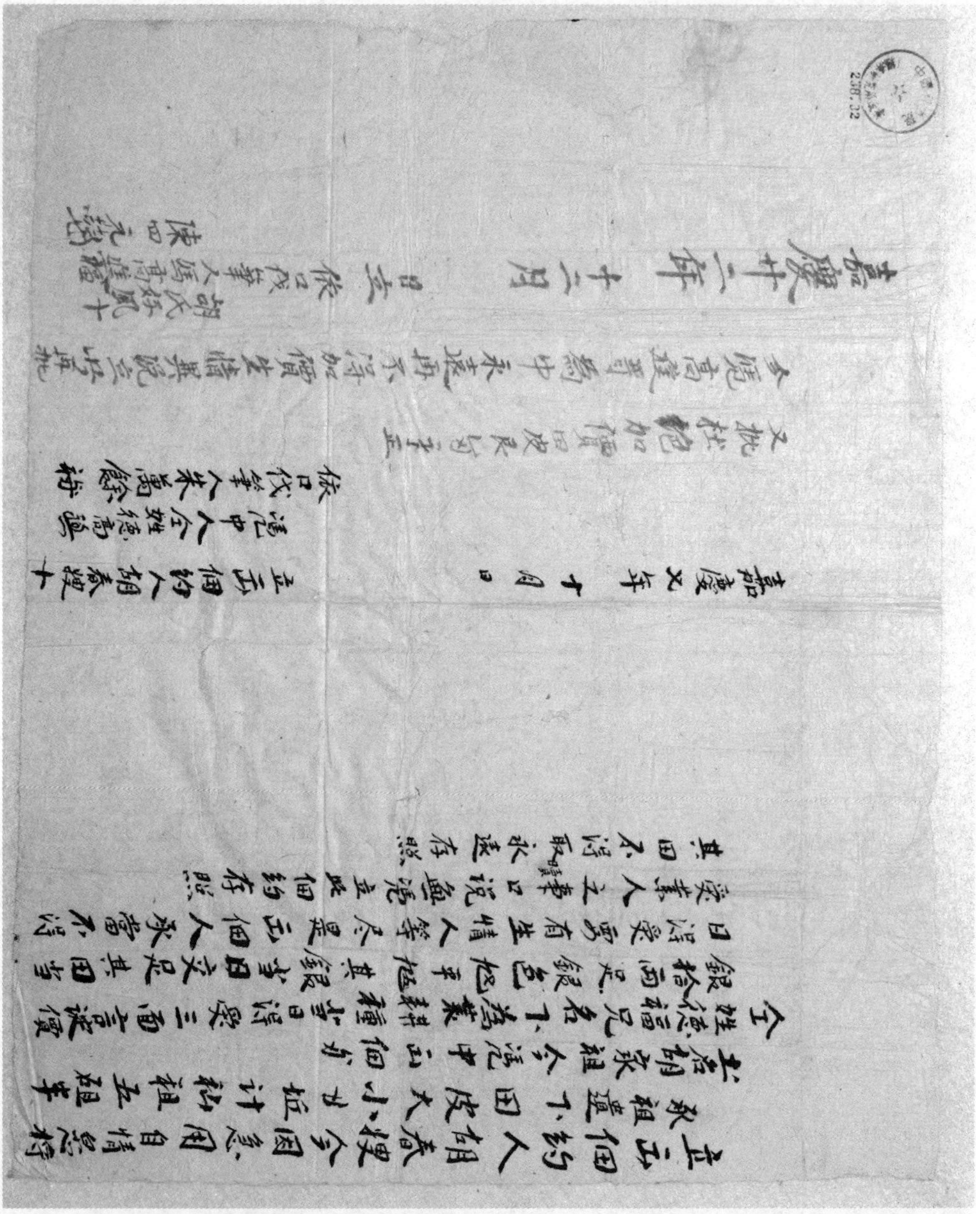
立出佃約人胡春嫂今因急用自情愿將
承祖遺下田皮大小廿坵計租五硯半
土名胡家祖今憑中出佃与
仝姓德福兄名下為業耕種當日得受三面言定價
銀拾兩足銀色處平處其銀當日交足其田當
日得受勿有生情人等尽是出佃人承當不得
受業人之事口說無憑立此佃約存照
其田不得取贖永遠存照
嘉慶七年　十月　日　立出佃約人胡春嫂十
憑中人仝姓德高押
依口代筆人朱萬餘押
又批杜絕加價田皮艮句乎正
今憑高進哥為中永遠再不得加價生情異說立此再批
嘉慶廿二年十二月　日立　胡氏好風十
依口代筆人馮高進押
陳四元押

二

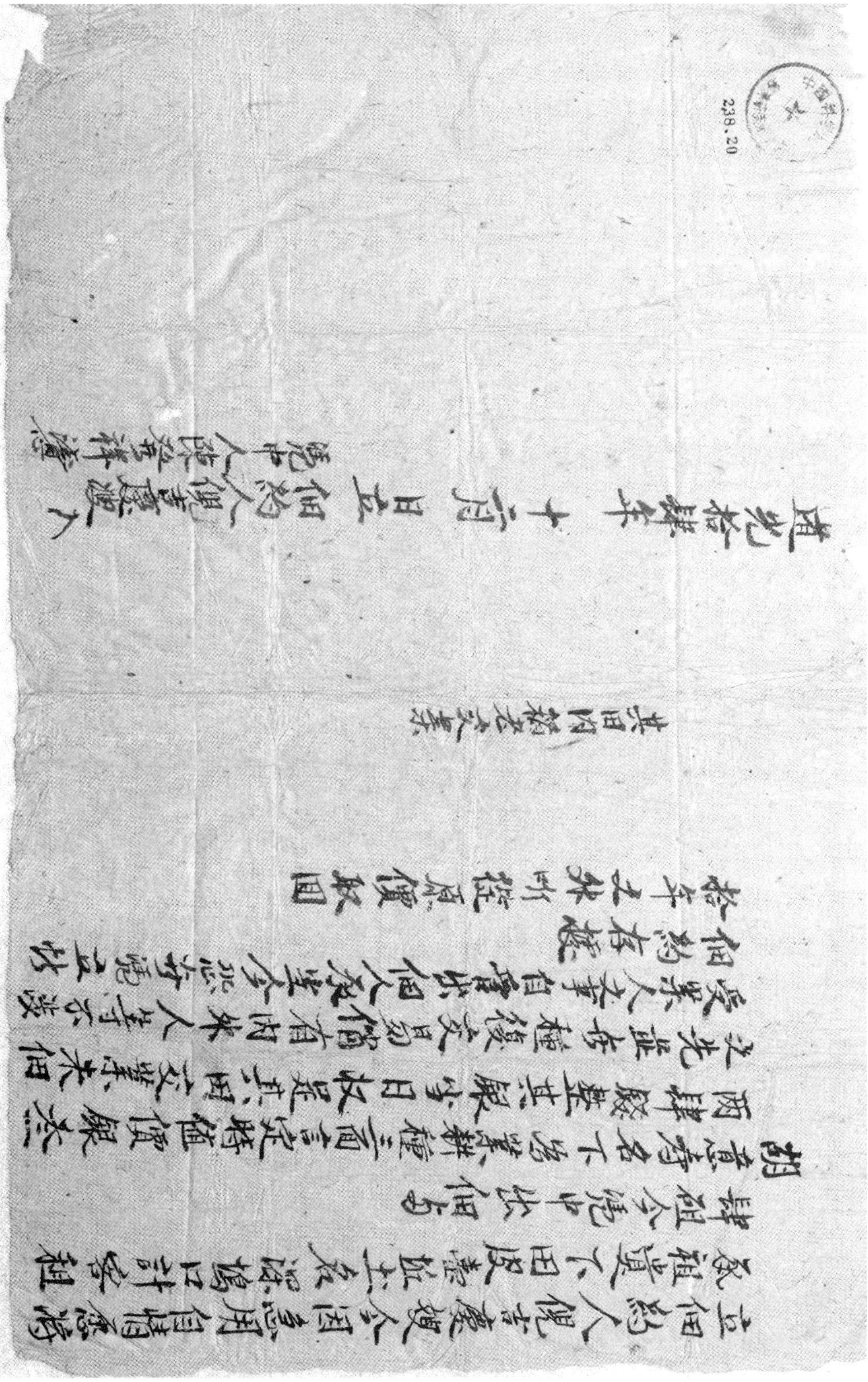
立佃約人倪吉慶嫂今因急用自情愿將
承祖遺下田皮壹坵土名深塢口計客租
肆砠今凭中出佃與
胡意壽名下為業耕種三面言定時值價銀叁
兩肆錢整其銀当日收足其田交業未佃
之先並無重複交易倘有內外人等不涉
受業人之事自會出佃人承当今恐無凭立此
佃約存據
拾年之外听從原價取回
其田內稻老交業
道光拾肆年十二月　日立　佃約人倪吉慶嫂
凭中人陳登祥

清道光十四年十二月某某縣倪吉慶嫂立出佃田皮約

清道光十六年六月某某縣胡汪氏等立斷出佃房約

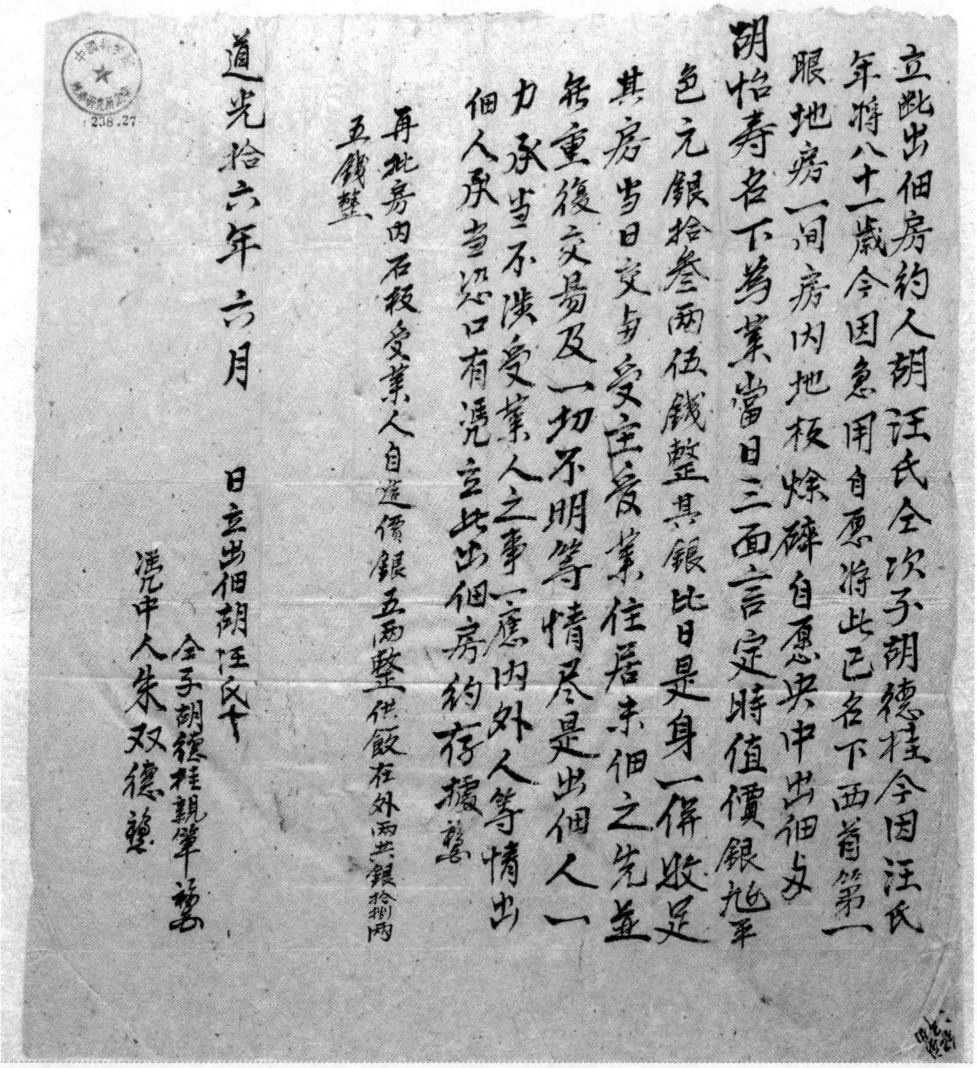
立此出佃房約人胡汪氏仝次子胡德桂今因汪氏
年將八十一歲今因急用自愿將此己名下西首第一
眼地房一间房内地板燎磚自愿央中出佃與
胡怡壽名下為業當日三面言定時值價銀九平
色元銀拾叁兩伍錢整其銀比日是身一併收足
其房当日交与受主受業住居未佃之先並
無重復交易及一切不明等情盡是出佃人一
力承当不涉受業人之事一應内外人等情出
佃人承当恐口有凴立此出佃房約存據
再批房内石板受業人自造價銀五兩整供飯在外兩共銀拾捌兩
五錢整
道光拾六年六月 日立出佃胡汪氏
仝子胡德桂親筆
凴中人朱双德

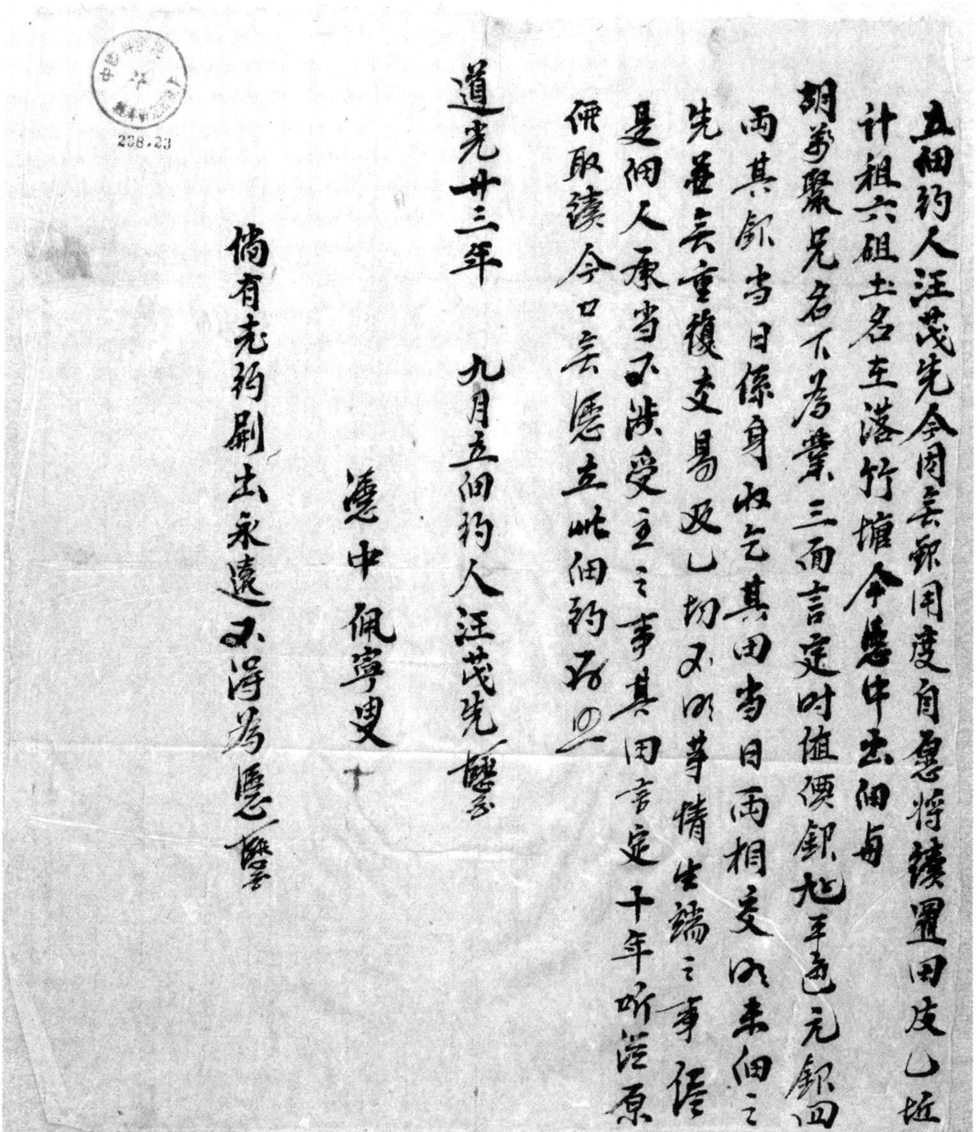

立佃約人汪茂先今因要銀用度自愿將續置田皮乙坵
計租六砠土名在落竹塘今憑中出佃与
胡爺聚先名下為業三面言定时值價銀九七平色元銀四
兩其銀当日係身收足其田当日兩相交明未佃之
先並無重復交易及一切不明等情生端之事俱
是佃人承当不涉受主之事其田言定十年听從原
價取續今口無憑立此佃約存照

道光廿三年　九月　日立佃約人汪茂先

憑中　佩寧叟　十

倘有老約刷出永遠不得為憑

清道光廿三年九月某某縣汪茂先立出佃田皮約

二

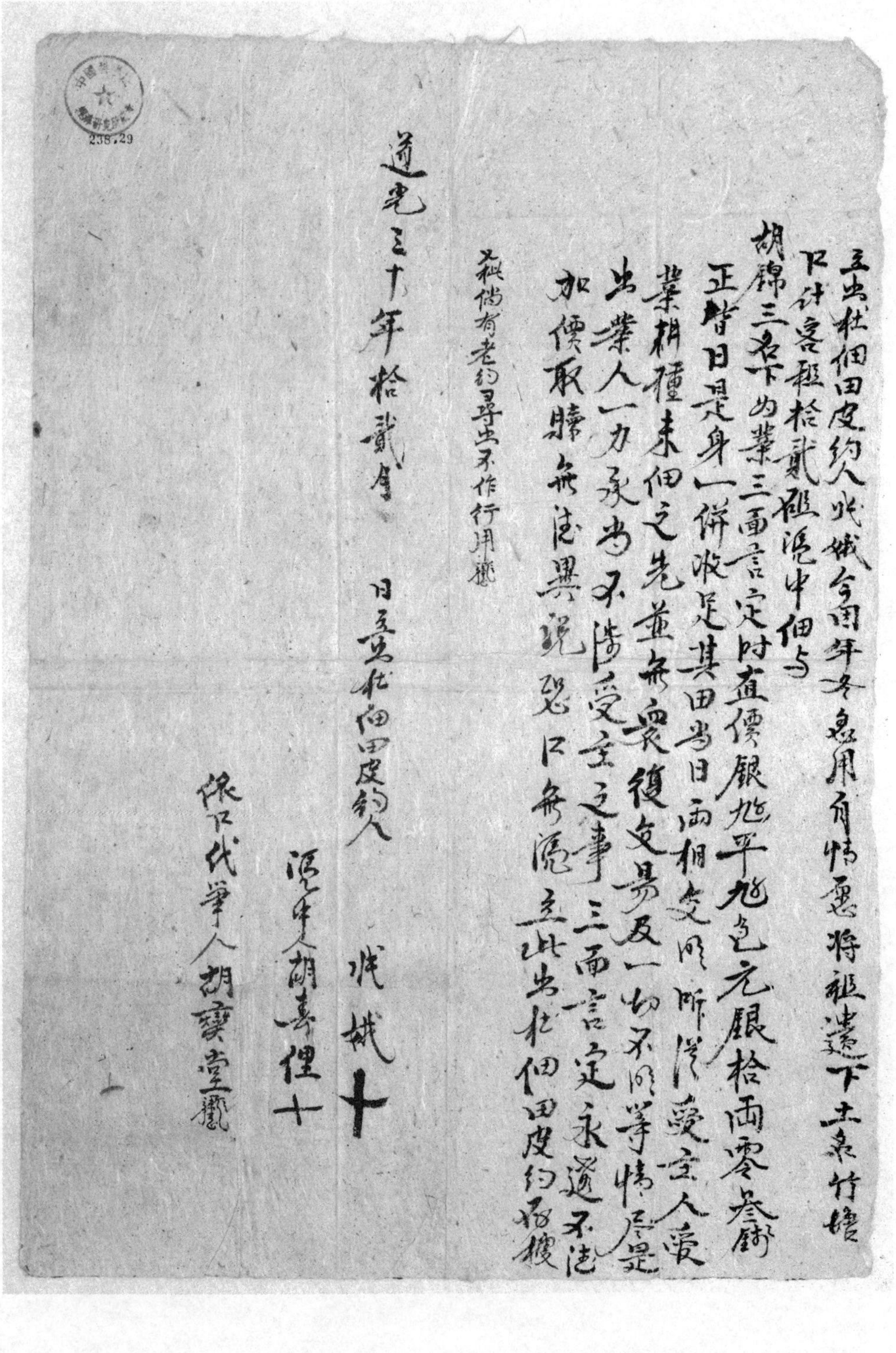

立出杜佃田皮約人張娥，今因年冬急用，自情愿將祖遺下土名竹塘
下计客租拾貳砠，憑中佃與
胡錦三名下為業，三面言定時值價銀九平九色元銀拾兩零叁錢
正，當日是身一併收足。其田當日兩相交明，所有受主人管
業耕種，未佃之先並無重復交易及一切不明等情，尽是
出業人一力承當，不涉受主之事。三面言定，永遠不許
加價取贖，無得異說。恐口無憑，立此出杜佃田皮約為據。

又批：倘有老約尋出不作行用。據

道光三十年拾貳月　日立出杜佃田皮約人　張娥　十

憑中人胡嘉俚　十

依口代筆人胡寶堂　據

清道光三十年十二月某某縣張娥立出杜佃田皮約

二

清咸豐四年十二月某某縣方秋意立出佃田皮約

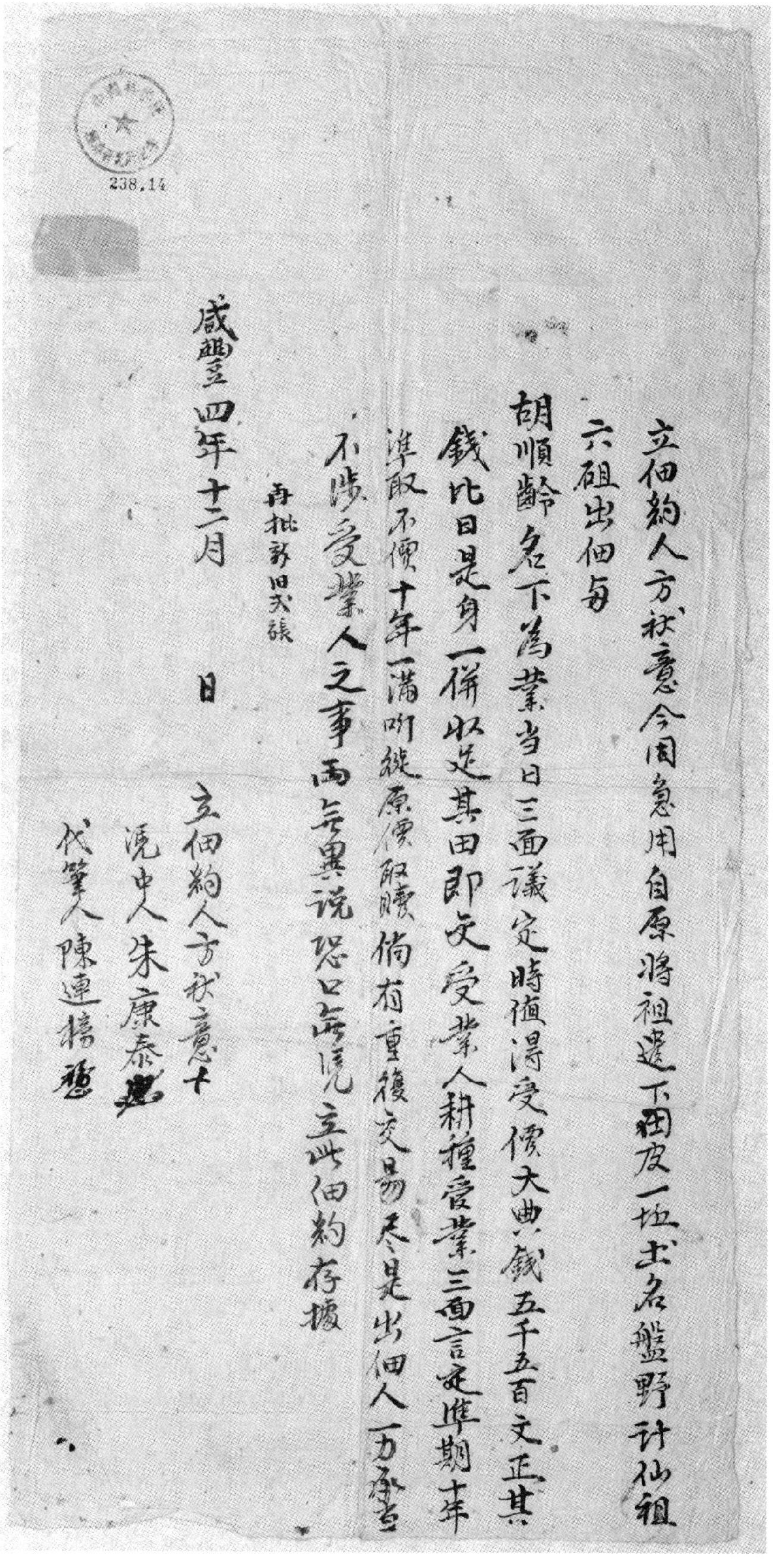

立佃約人方秋意今因急用自原將祖遺下田皮一坵土名盤野計佃祖
六砠出佃與
胡順齡名下為業當日三面議定時值得受價大典錢五千五百文正其
錢比日是身一併收足其田即交受業人耕種管業三面言定准期十年
準取不價十年一滿听從原價取贖倘有重複交易尽是出佃人一力承當
不涉受業人之事兩無異説恐口無憑立此佃約存據
再批新旧弍張
咸豐四年十二月　日
立佃約人方秋意十
憑中人朱康泰
代筆人陳連積

二

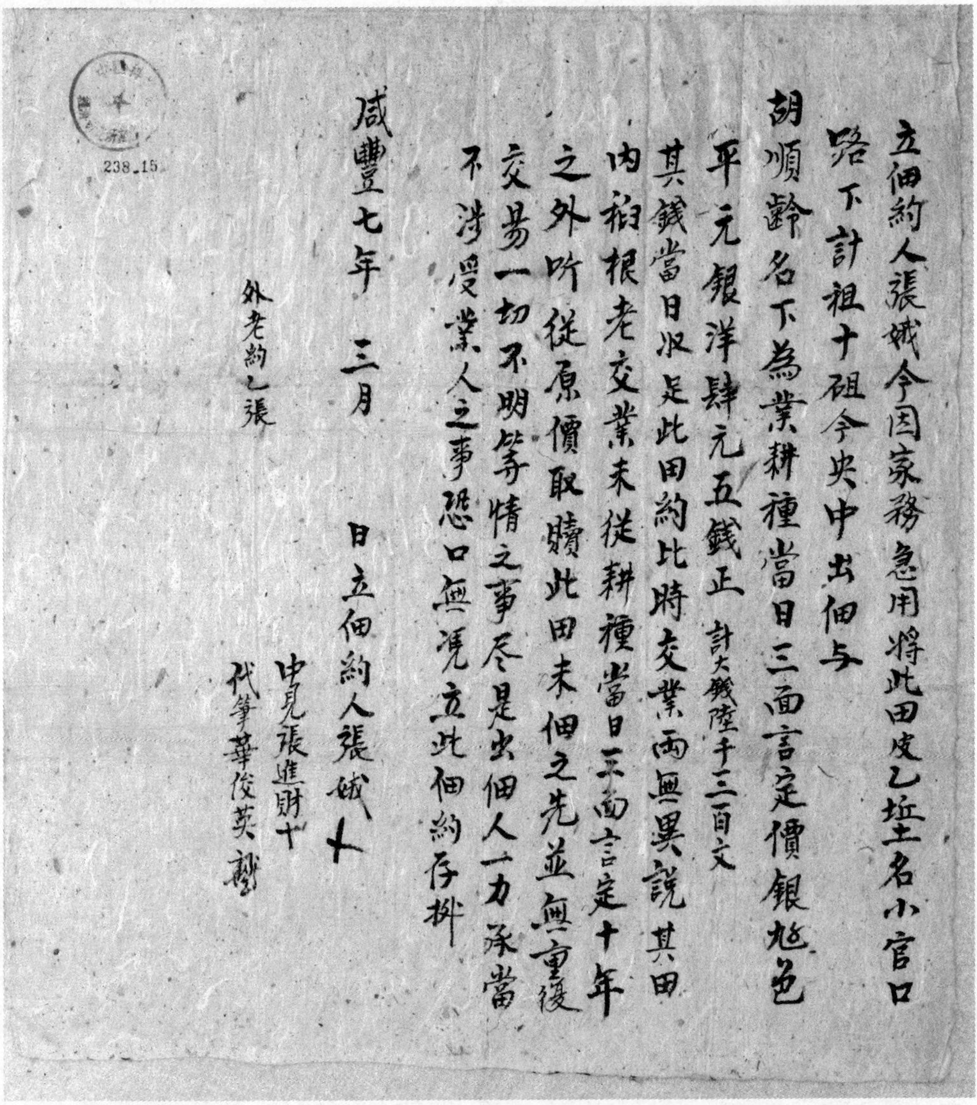

立佃約人張娥今因家務急用將此田皮乙坵土名小官口
路下計祖十砠今央中出佃与
胡順齡名下為業耕種當日三面言定價銀拋色
平元銀洋肆元五錢正 計大錢陸千三百文
其錢當日収足此田約比時交業兩無異說 其田
内稻根老交業未從耕種當日三面言定十年
之外听從原價取贖此田未佃之先並無重復
交易一切不明等情之事尽是出佃人一力承當
不涉受業人之事恐口無凭立此佃約存据

咸豐七年 三月 日立佃約人張娥（押）

中見張進財十

代筆華俊英（押）

外老約乙張

清咸豐七年三月某某縣張娥立出佃田皮約

二

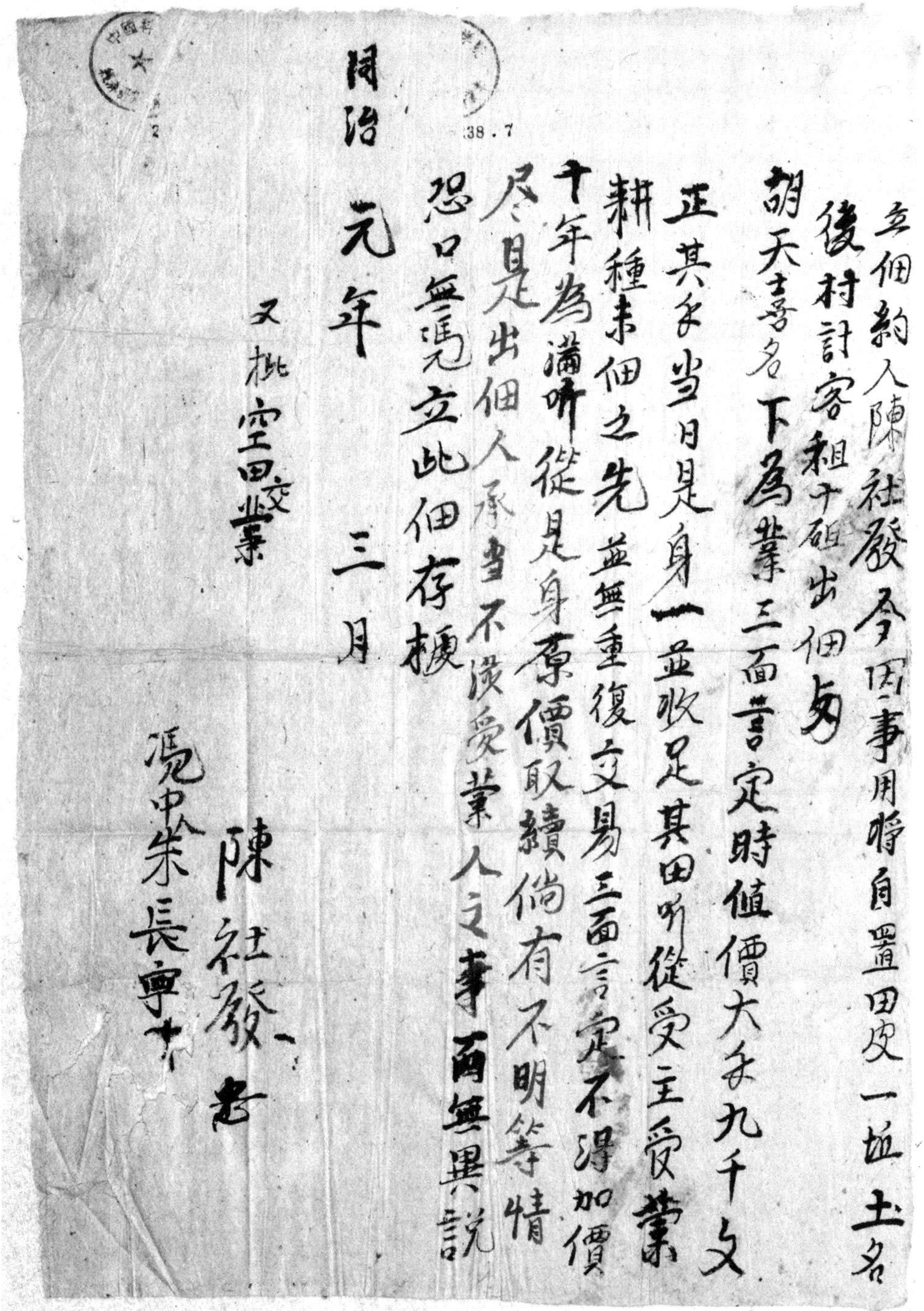

立佃約人陳社發今因事用將自置田皮一坵土名後村討客租十砠出佃與胡天喜名下為業三面言定時值價大錢九千文正其錢当日是身一並收足其田所從受主受業耕種未佃之先並無重復交易三面言定不得加價十年為滿所從是身原價取續倘有不明等情盡是出佃人承当不涉受業人之事兩無異說恐口無憑立此佃存據

同治元年三月

陳社發（押）

又批空田交業

憑中朱長寧（押）

清同治元年三月某某縣陳社發立出佃田皮約

二

清同治元年十二月某某縣倪進福嫂立出佃田皮約

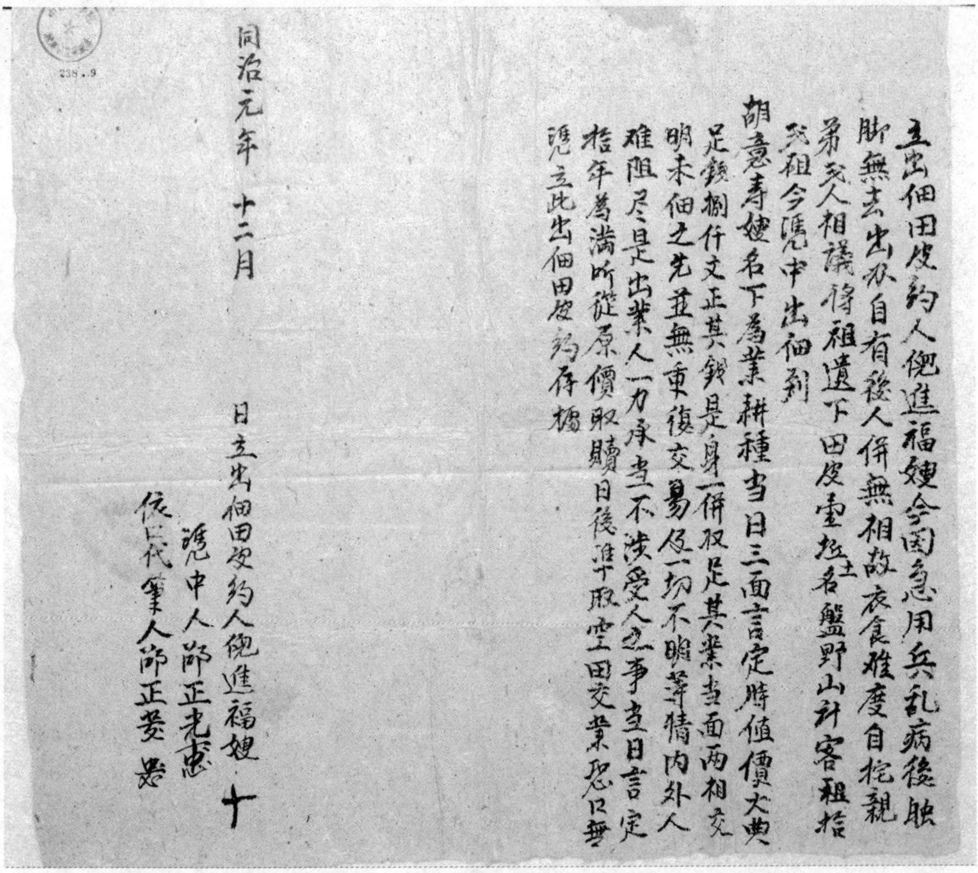

立出佃田皮約人倪進福嫂今因急用兵乱病後缺
脚無去出水自有後人併無相故衣食难度自挖親
弟兄人相議將祖遺下田皮壹坵土名盤野山計客租拾
秤今憑中出佃到
胡意寿嫂名下為業耕種当日三面言定時值價大典
足錢捌仟文正其錢是身一併收足其業当面兩相交
明未佃之先並無重復交易及一切不明等情內外人
难阻尽是出業人一力承当不涉受人之事当日言定
拾年為滿聽從原價取贖日後准中取空田交業恐口無
憑立此出佃田皮約存据

同治元年　十二月　　日立出佃田皮約人倪進福嫂　十
憑中人鄧正光　忠
依口代筆人鄧正芝　押

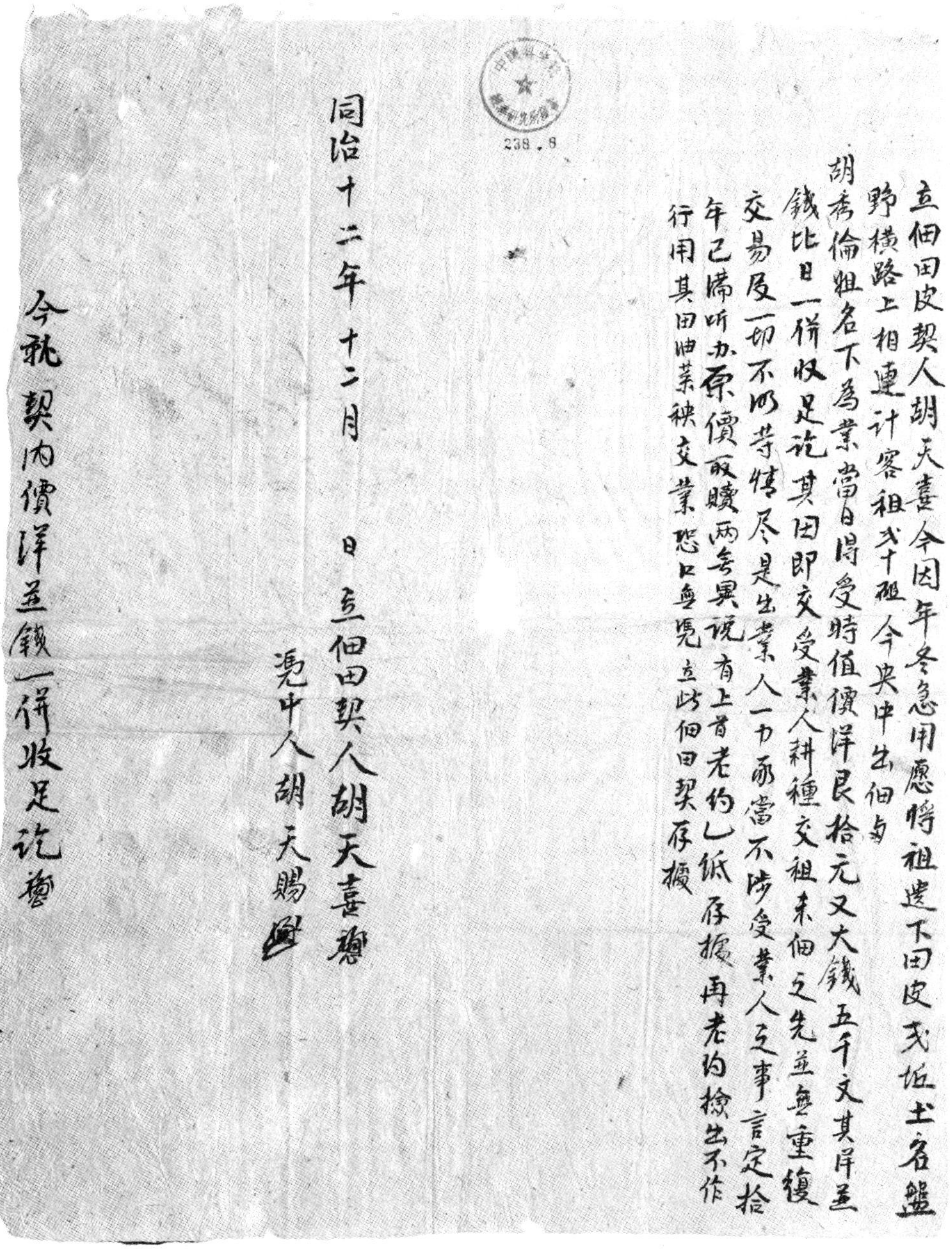

立佃田皮契人胡天喜今因年冬急用愿將祖遺下田皮弍坵土名盤
野横路上相連計客租弍十砠今央中出佃与
胡秀倫粗名下為業當日得受時值價洋艮拾元又大錢五千文其洋並
錢比日一併收足訖其田即交受業人耕種交租未佃之先並無重復
交易及一切不明等情尽是出業人一力承當不涉受業人之事言定拾
年已滿听办原價取贖兩無異説有上首老約乚紙存據再老約檢出不作
行用其田坵菜秧交業恐口無憑立此佃田契存據

同治十二年十二月　　日立佃田契人胡天喜（押）
憑中人胡天賜（押）

今執契內價洋並錢一併收足訖（押）

清同治十二年十二月某某縣胡天喜立出佃田皮契

清同治十三年十一月某某縣胡壽個等立出佃田皮約

立出佃約人胡寿個仝子有仂今因正事用
將客租田皮土名小官路下計租十硙小公拞八硙土名盤野計仙租六硙出佃与
土名盤野山計客租二硙半共計田皮四口
倪七寿名下為業耕種交租計價行大錢
拾弍千文正倘有重復盡是出佃人承值
不淌交業人之事一其田壹至十二年原從其
取贖身無異說恐口無憑立此佃約存據

當日收洋九元一併收乞

再批三面言定取字

同治拾叁年十一月　日立

立佃約人胡寿個（十）

憑中胡修倫（十）

代筆有仂（押）

二

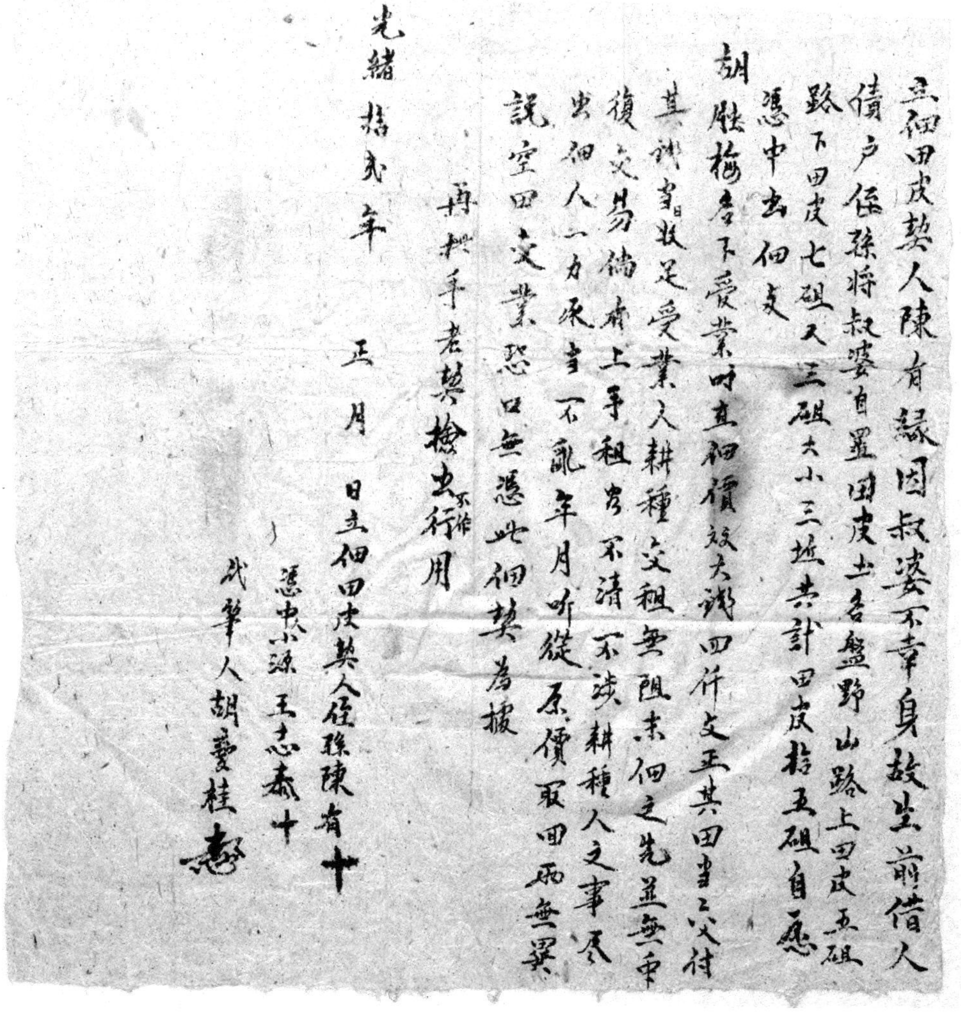
立佃田皮契人陳有録因叔婆不幸身故生前借人
債户侄孫將叔婆自置田皮土名盤野山路上田皮五硕
路下田皮七硕又三硕大小三坵共計田皮拾五硕自愿
憑中出佃支
胡
勝梅名下爰業時直佃價足大錢四仟文正其田当之付
其錢当日收足受業人耕種交租無阻未佃之先並無重
復交易倘有上手租眾不清不涉耕種人之事盡
出佃人一力承当不亂年月聽從原價取回兩無異
説空口文業恐口無憑此佃契為據
再批手者契檢出不作行用
光緒拾弍年　正月　日立佃田皮契人侄孫陳有十
憑中人小源　王志泰十
代筆人胡夔桂（押）

清光緒十二年正月某某縣陳有立出佃田皮契

〔五〕清同治至光緒年間〔休寧縣〕高梘吴氏斷買佃租契約

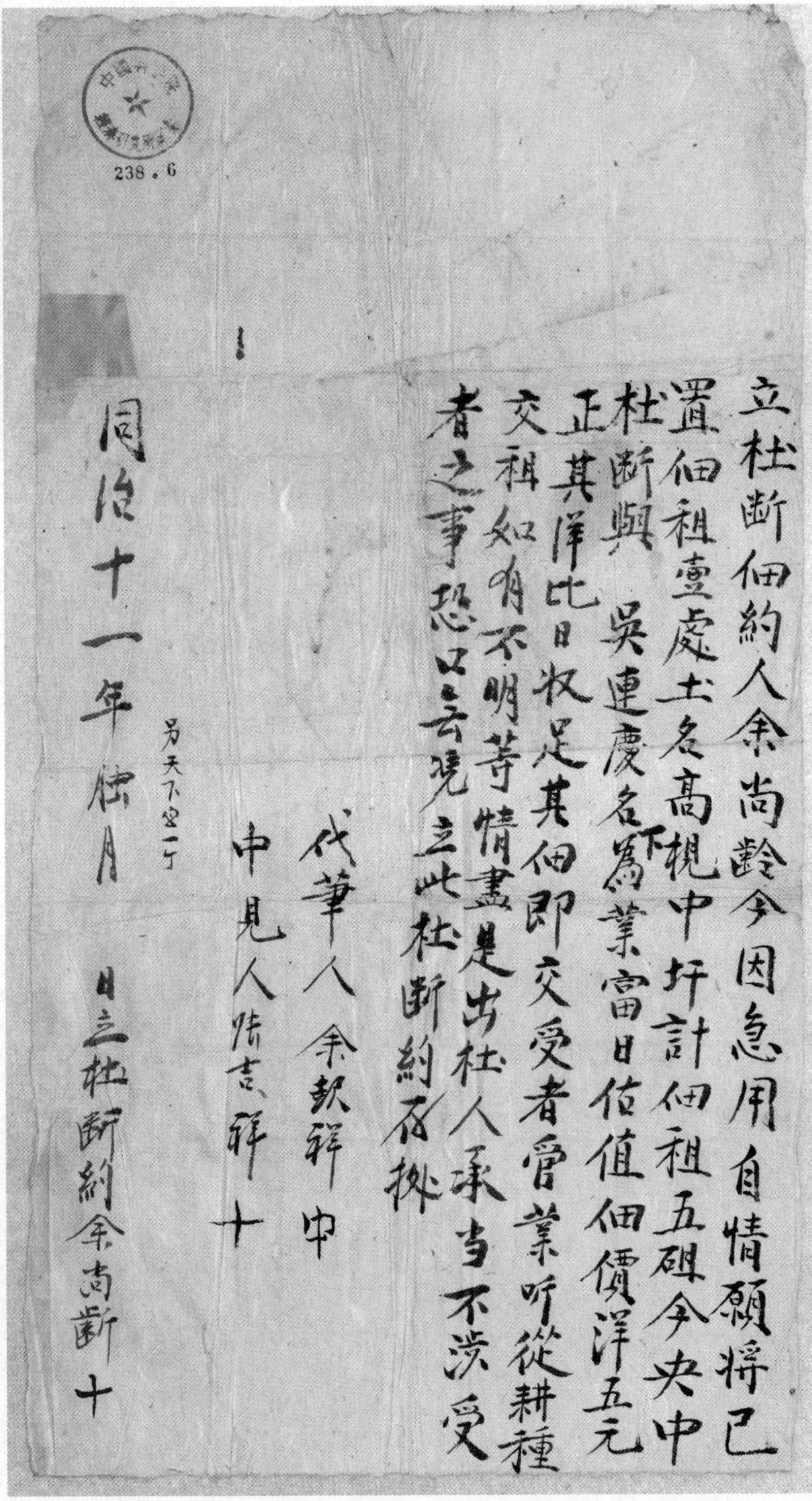

立杜斷佃約人余尚齡，今因急用，自情願將已置佃租壹處，土名高梘中圩，計佃租五砠，今央中杜斷與吴連慶名下為業，當日估值佃價洋五元正，其洋比日收足，其佃即交受者管業，聽從耕種交科。如有不明等情，盡是出杜人承當，不涉受者之事。恐口無憑，立此杜斷約存據。

另天下□一丁

代筆人 余馭祥 中

中見人 陈吉祥 十

同治十一年臘月 日立杜斷約余尚齡 十

清同治十一年十二月〔休寧縣〕余尚齡立杜斷佃租約

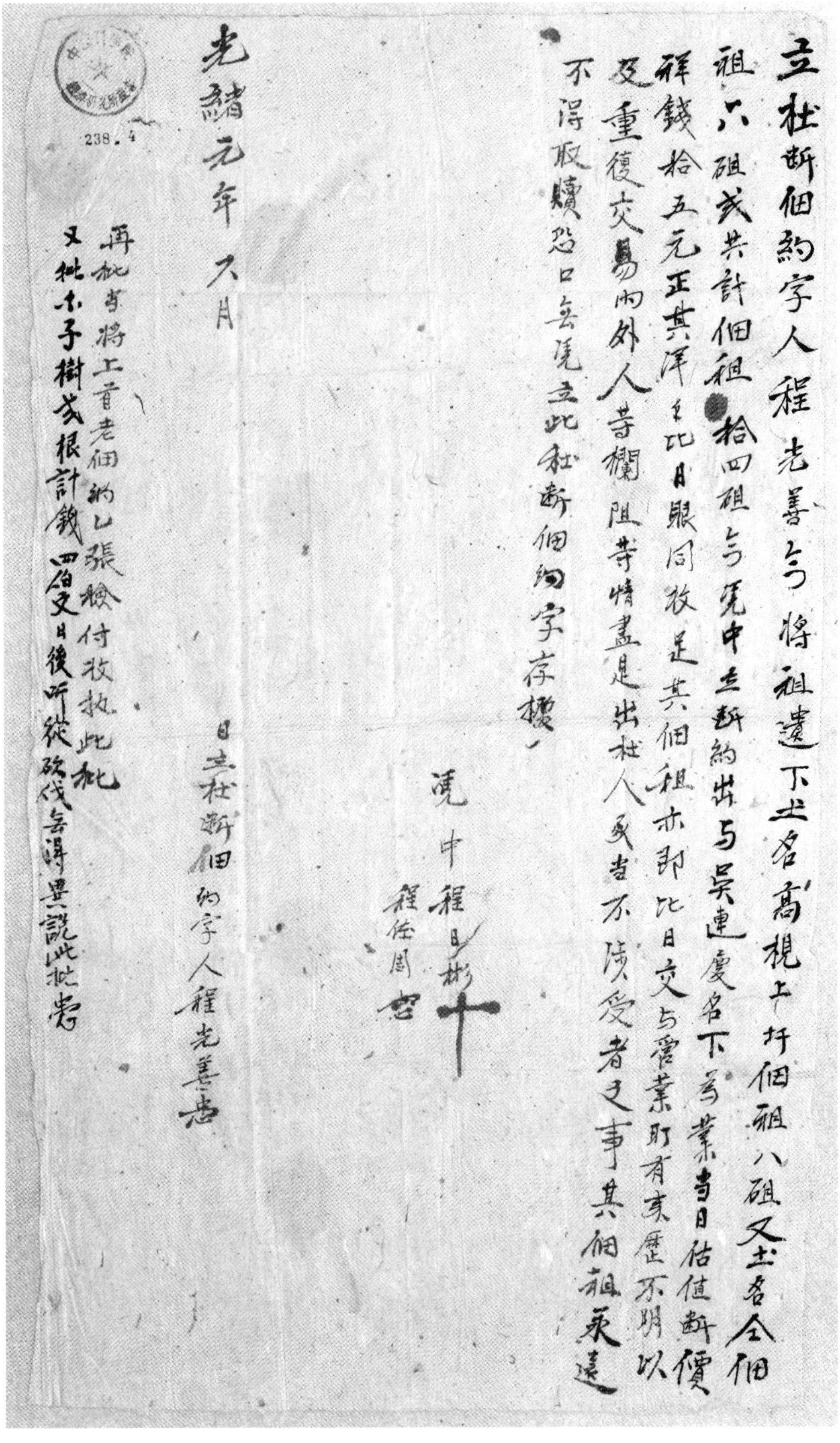

立杜斷佃約字人程光善今將祖遺下土名高梘上圩佃租八砠又土名仝佃租六砠弍共計佃租拾四砠今憑中立斷約出與吳連慶名下爲業當日估值斷價秤錢拾五元正其洋當日眼同收足其佃租亦即當日交與管業所有來歷不明以及重復交易內外人等攔阻等情盡是出杜人承當不涉受者之事其佃租永遠不得取贖恐口無憑立此杜斷佃約字存據。

憑中程日彬 十
程佐周 書

光緒元年六月日立杜斷佃約字人程光善

再批當將上首老佃約山張繳付收執此批
又批小子樹弍根計錢四佰文日後聽從砍伐無得異說此批

清光緒元年六月〔休寧縣〕程光善立杜斷佃租約

清光緒三十三年三月（休寧縣）程葉氏等立杜斷賣佃皮田約

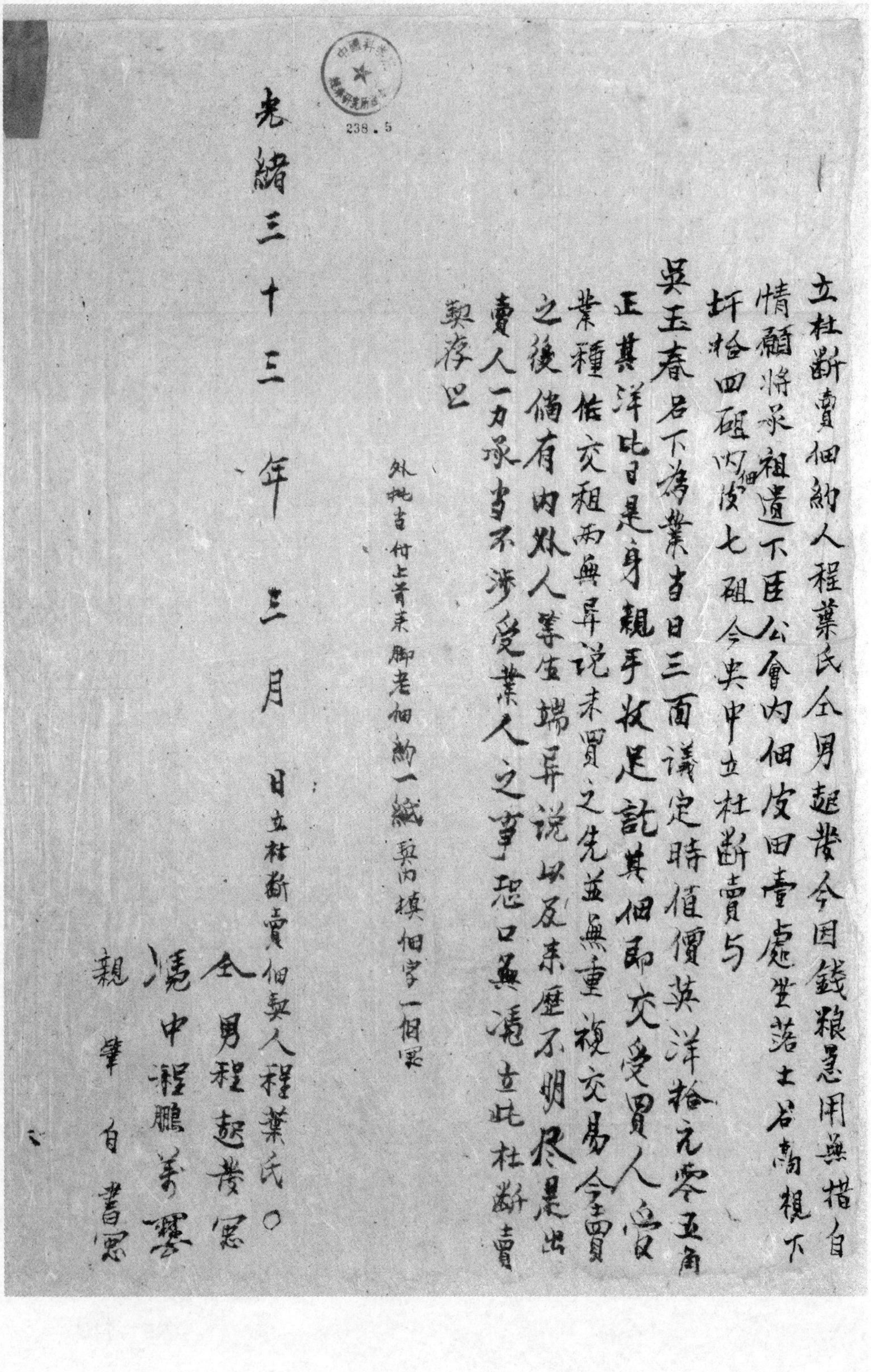

立杜斷賣佃約人程葉氏仝男起發今因錢粮急用無措自
情願將承祖遺下匡公會內佃皮田壹處坐落土名高棖下
圩拾四碩內佃皮七碩今央中立杜斷賣与
吳玉春名下為業當日三面議定時值價英洋拾元零五角
正其洋比日是身親手收足訖其佃即交受買人管
業種佃交租兩無異說未賣之先並無重複交易仝買
之後倘有內外人等生端異說以及來歷不明盡是出
賣人一力承當不涉受業人之事恐口無憑立此杜斷賣
契存照

外批吉付上首來腳老佃約一紙契內填佃字一個（押）

光緒三十三年三月　日立杜斷賣佃契人程葉氏〇
仝　男程起發（押）
憑中程鵬著（押）
親筆自書（押）

〔六〕清順治至光緒年間其他租佃契約

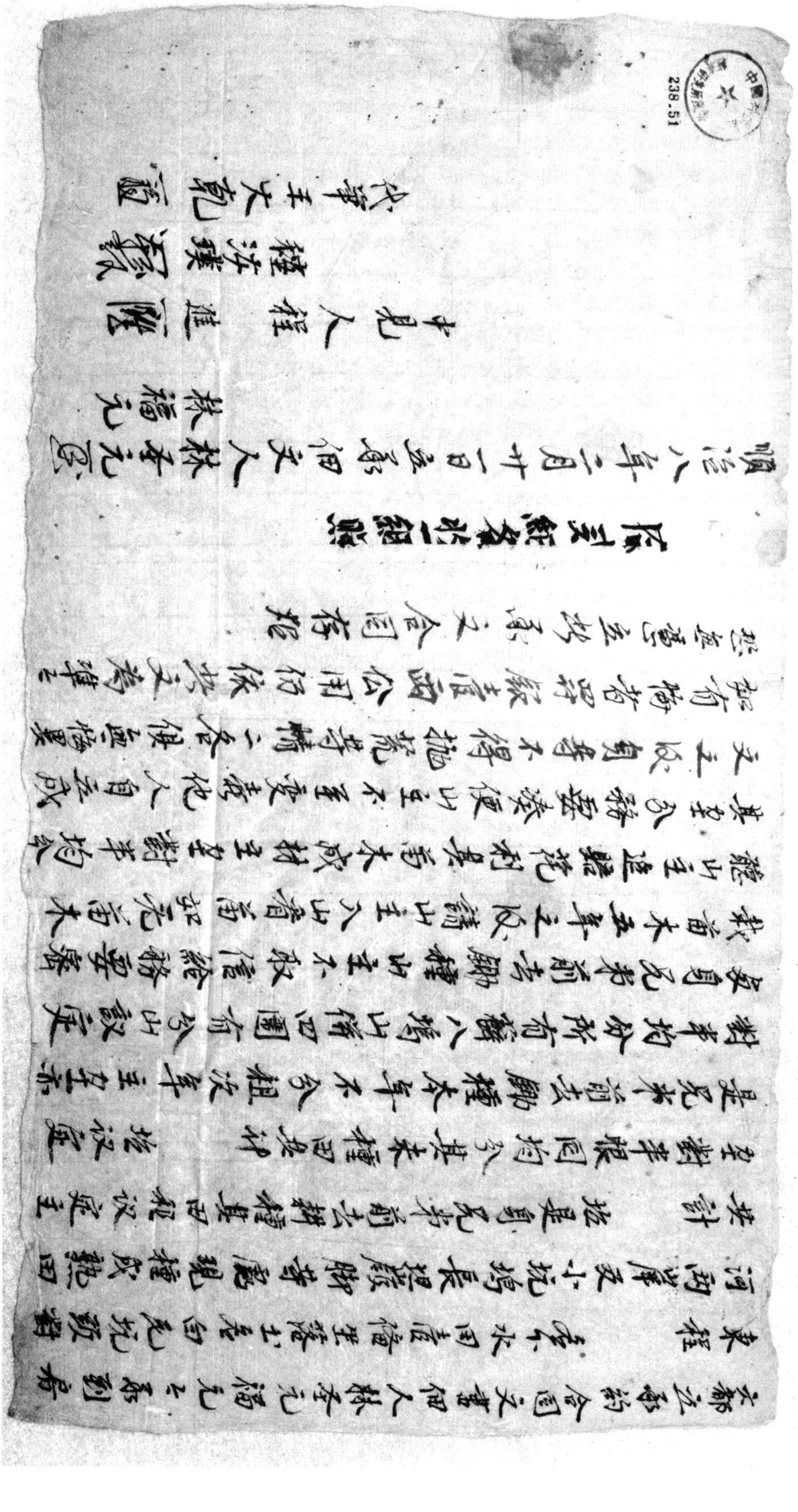

清順治八年二月某某縣林聖元等立承佃水田及山合同文書

二

清順治十一年四月某某縣洪應春等立承佃山約

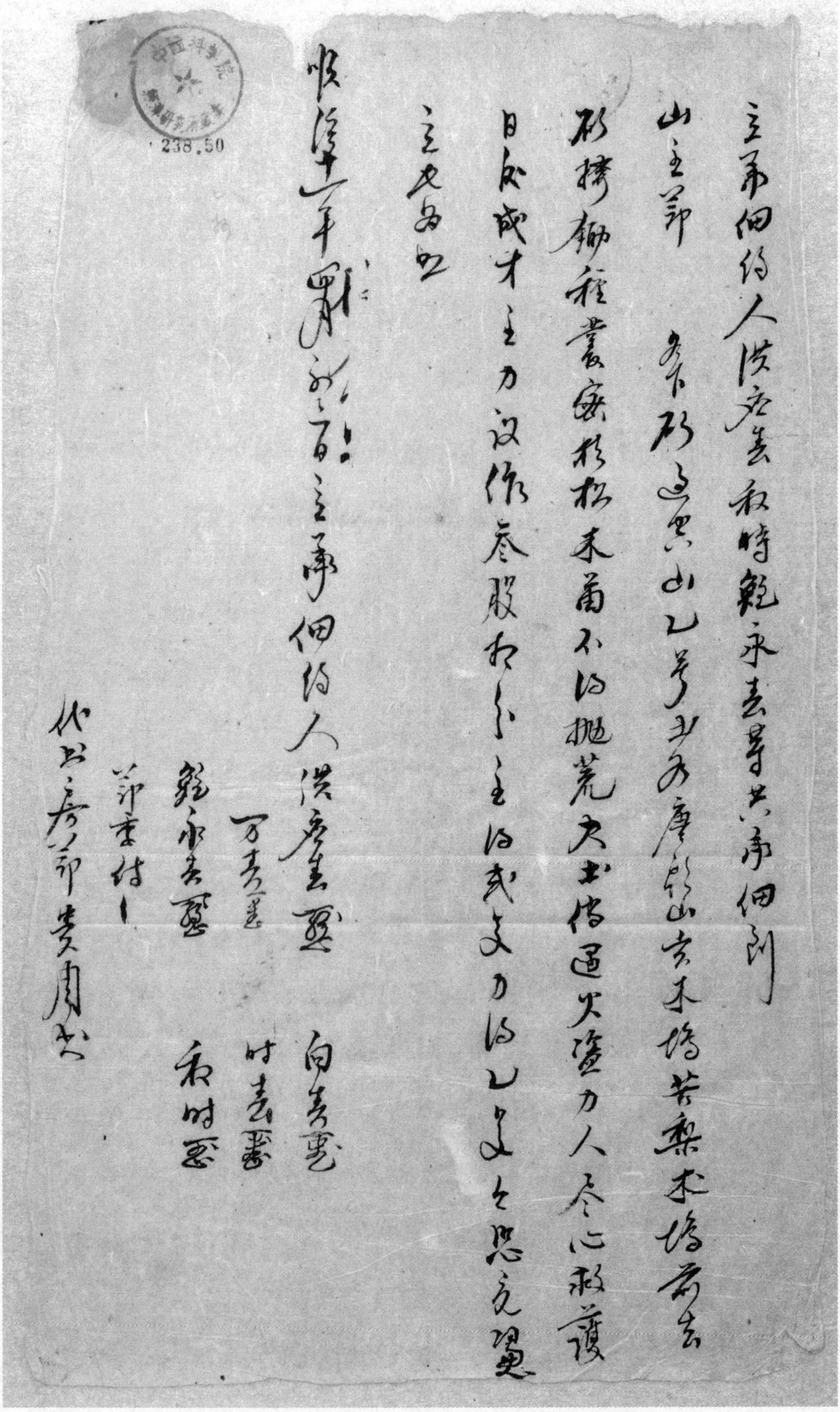

清雍正五年四月某某縣胡文立出佃佃脚田約

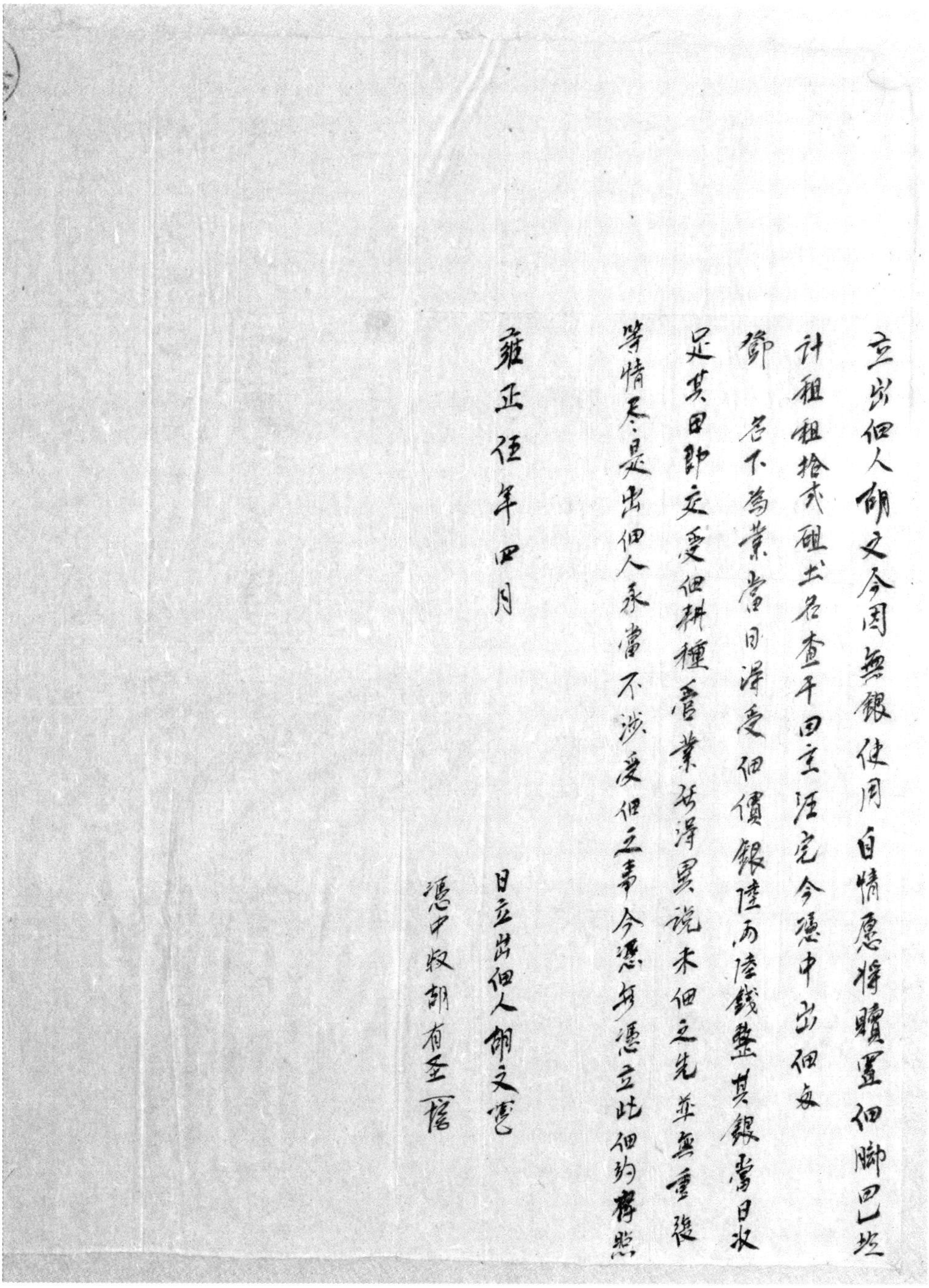
立出佃人胡文今因無銀使用自情愿將贖置佃脚四坵
計租租拾弍砠土名查干田主汪宅今憑中出佃與
鄧名下為業當日得受佃價銀陸兩陸錢整其銀當日收
足其田即交受佃耕種管業去得異說未佃之先並無重張
等情尽是出佃人承當不涉受佃之事今恐無憑立此佃約存照
雍正伍年四月　日立出佃人胡文（押）
憑中叔胡有全（押）

清乾隆二十二年十二月某某縣汪廷盛立佃旱田約

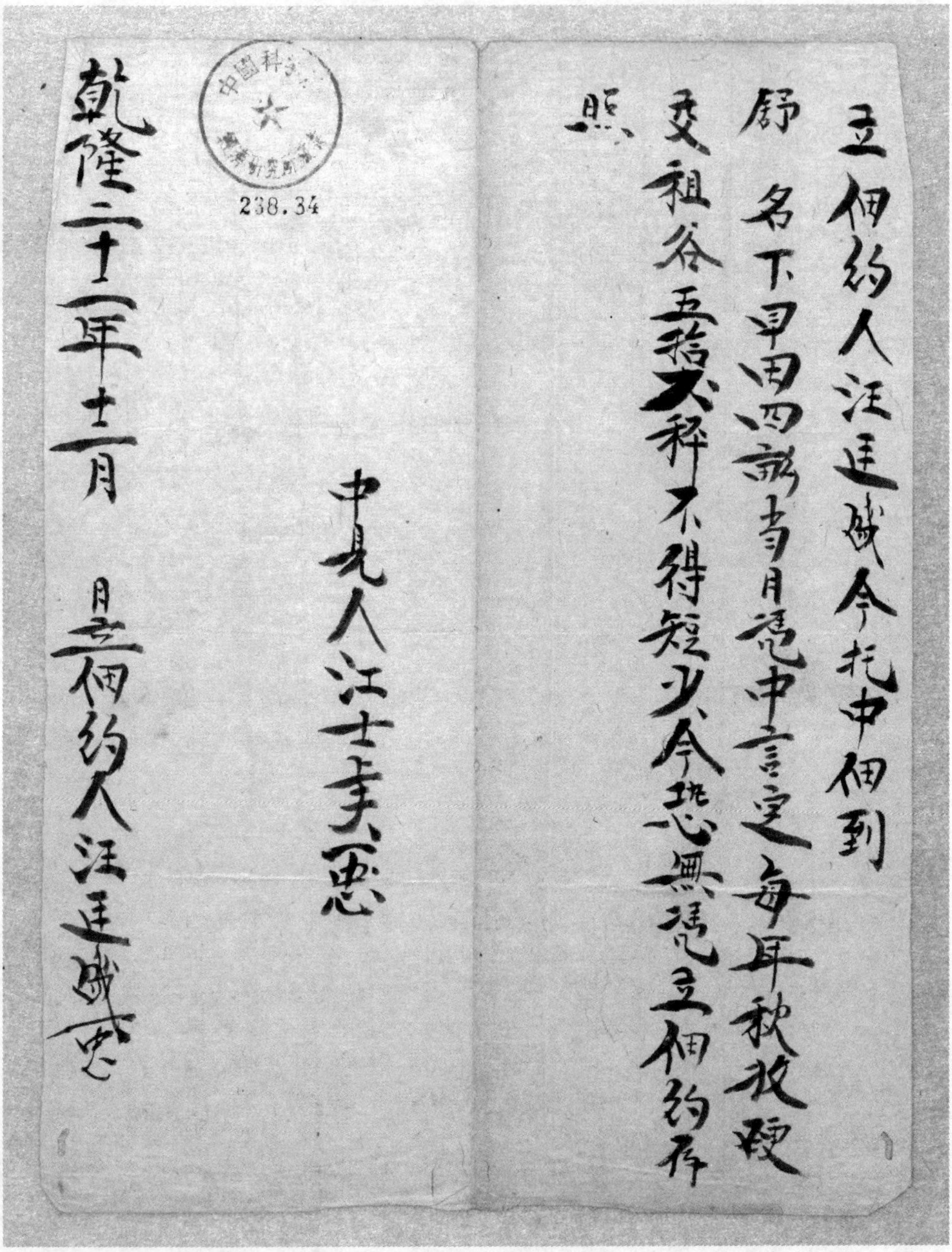

立佃約人汪廷盛今托中佃到
爵名下旱田四畝當日憑中言定每年秋收硬
交祖谷五秤大秤不得短少今恐無憑立佃約存
照。

中見人汪士美（押）

乾隆二十二年十二月　日立佃約人汪廷盛（押）

清乾隆三十年五月某某縣吴召周立承佃旱田契

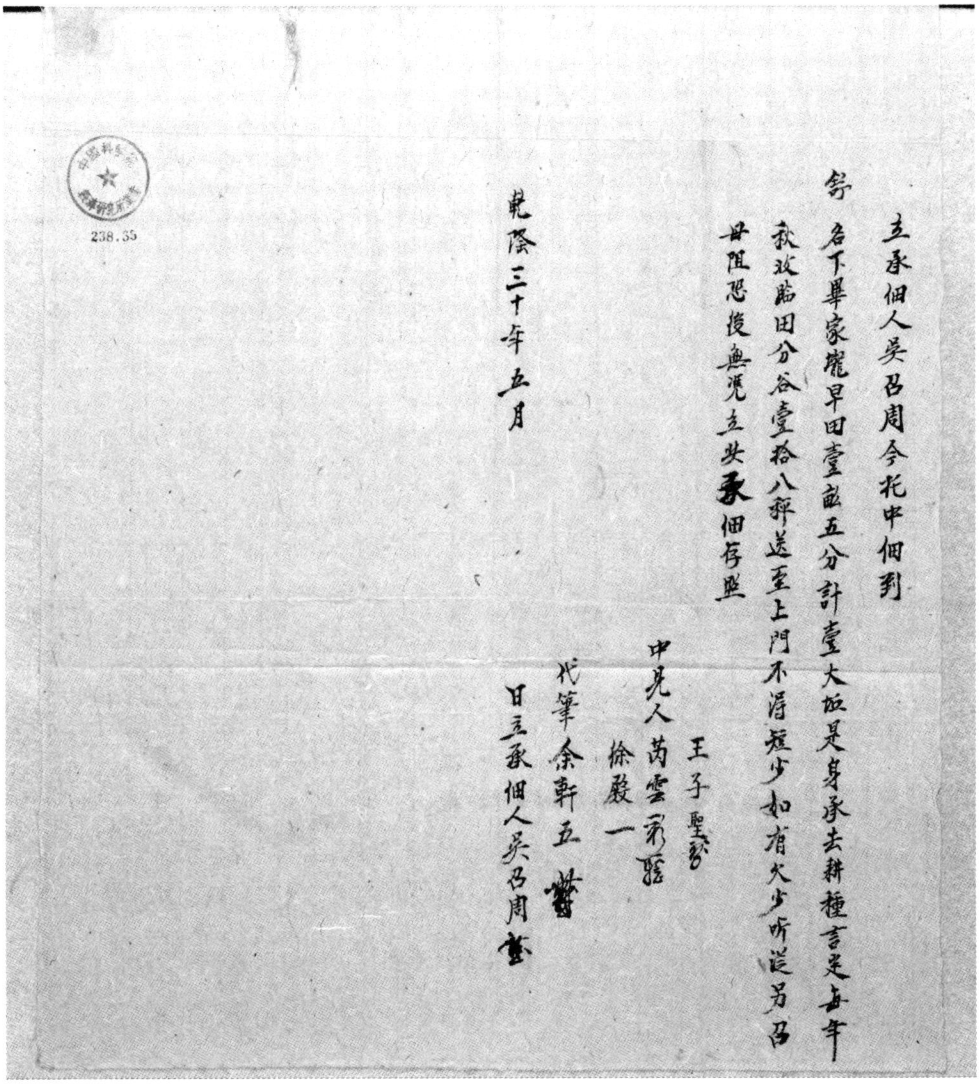

立承佃人吴召周今佃到
舒名下舉家壠旱田壹畝五分，計壹大坵，是身承去耕種，言定每年
秋收臨田分谷壹拾八秤，送至上門，不得短少。如有欠少，听從另召，
毋阻。恐後無凭，立此承佃存照。

中見人 王子聖（押）
芮雲彩（押）
徐殿一
代筆 余軒五（押）

乾隆三十年五月 日立承佃人吴召周（押）

238.35

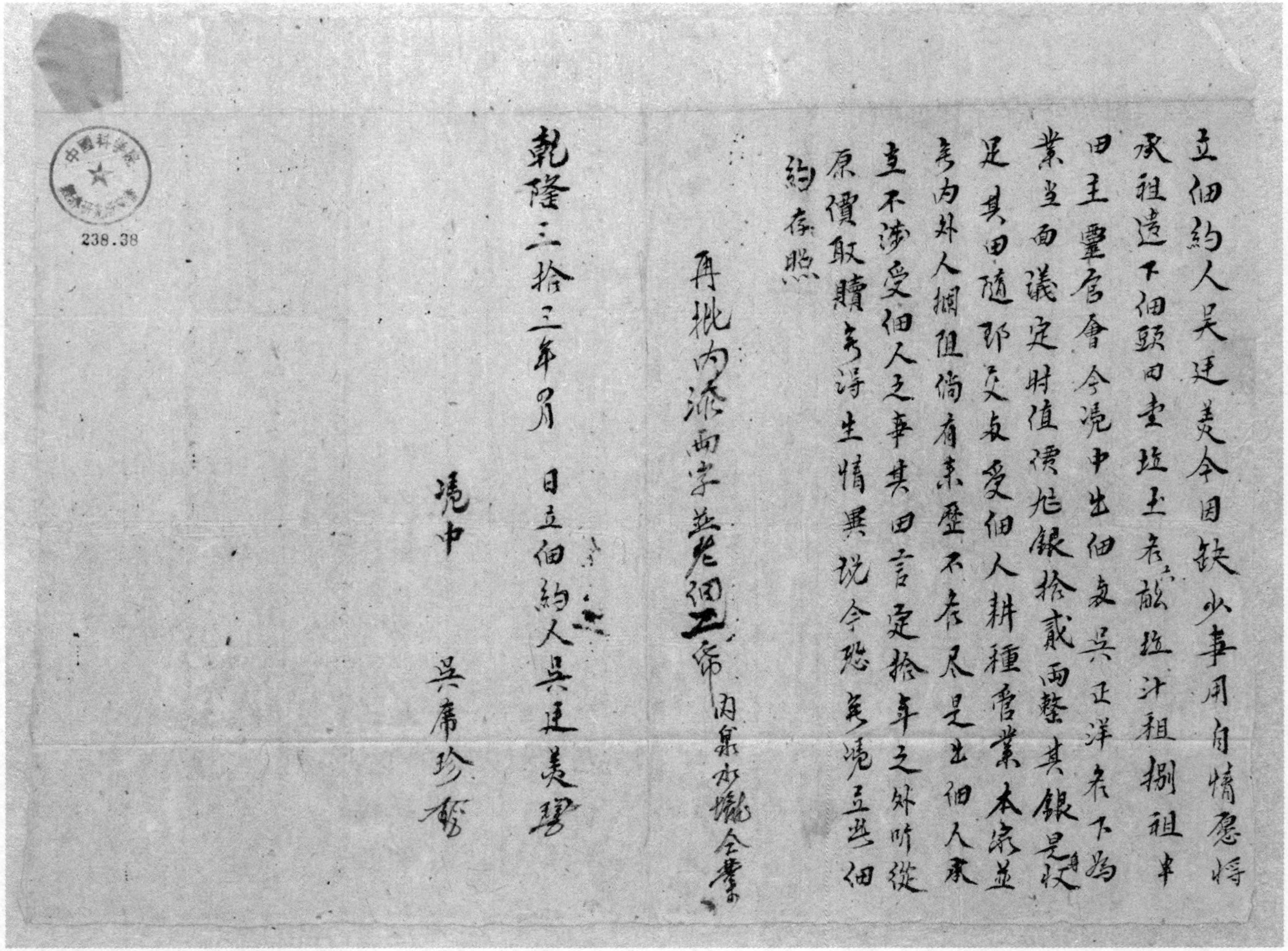
立佃約人吴廷美，今因缺少事用，自情愿將
承祖遺下佃頭田壹坵，土名六畝坵，計租捌租半，
田主靈宫會，今憑中出佃與吴正洋名下爲
業，當面議定時值價紋銀拾貳兩整，其銀是收
足，其田隨即交與受佃人耕種管業，本家並
無内外人攔阻，倘有來歷不明，盡是出佃人承
當，不涉受佃人之事。其田言定拾年之外聽從
原價取贖，無得生情異説，今恐無憑，立此佃
約存照。

再批：内添兩字，並老佃乙紙，内泉水壠合業。

乾隆三拾三年四月　日立佃約人吴廷美（押）

憑中　吴席珍（押）

二

清乾隆五十五年九月某某縣姚李氏立出佃佃皮田約
附乾隆五十七年十一月姚祥貴加佃價批

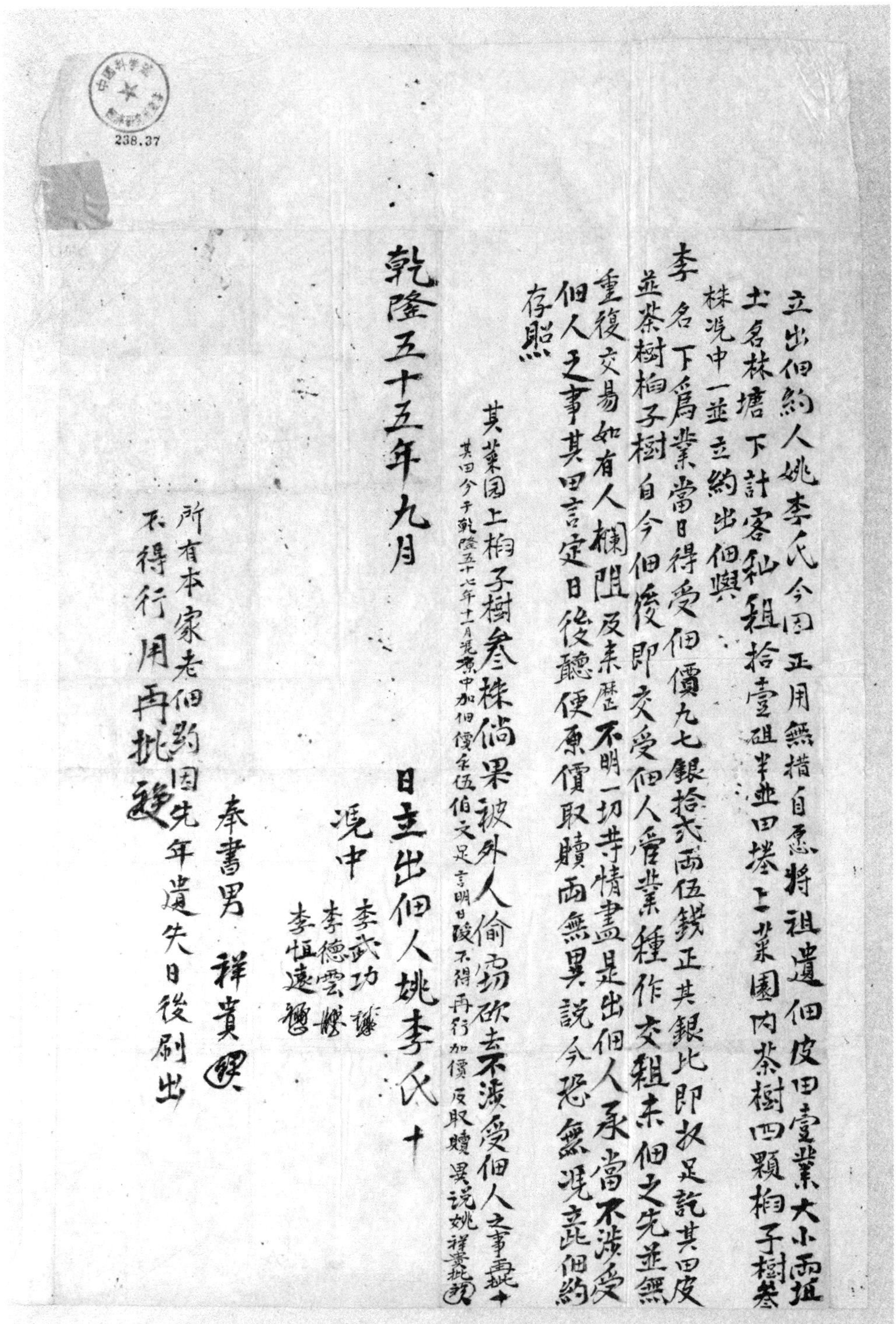

立出佃約人姚李氏今因正用無措自愿將祖遺佃皮田壹業大小兩坵土名林塘下計客秈租拾壹砠半並田塝上菜園內茶樹四顆桕子樹叄株凴中一並立約出佃與
李　名下爲業當日得受佃價九七銀拾弍兩伍錢正其銀比即收足訖其田皮並茶樹桕子樹自今佃後即交受佃人管業種作交租未佃之先並無重復交易如有人攔阻及來歷不明一切等情盡是出佃人承當不涉受佃人之事其田言定日後聽便原價取贖兩無異說今恐無凴立此佃約存照

其菜园上桕子樹叄株倘果被外人偷窃砍去不涉受佃人之事再批十

其田今于乾隆五十七年十一月凴中加佃價錢伍伯文足言明日後不得再行加價反取贖異説姚祥貴批（押）

乾隆五十五年九月　日立出佃人姚李氏十

凴中　李武功（押）
李德雲（押）
李恒遠（押）

奉書男　祥貴（押）

所有本家老佃約因先年遺失日後刷出不得行用再批（押）

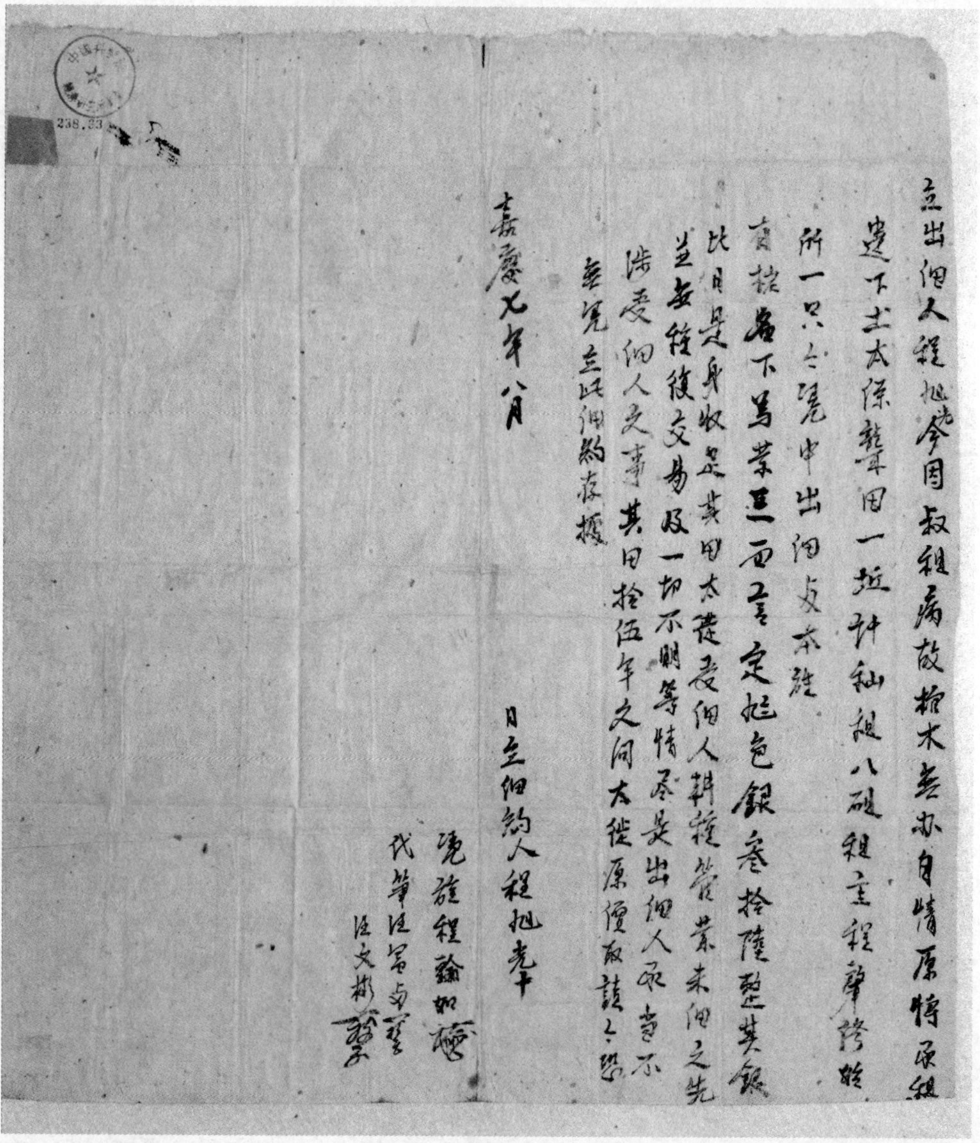
立出佃人程旭光今因叔祖病故棺木無办自情原將承祖
遺下土太保[illegible]字田一坵計秈租八硯租主程肇詩於
所一只今憑中出佃與本族
直族名下為業三面言定得受銀叁拾陸兩其銀
比日是身收足其田太從憑佃人耕種管業未佃之先
並無重複交易及一切不明等情盡是出佃人承當不
涉受佃人之事其田拾伍年之間太從原價取贖之理
恐口無憑立此佃約存據
嘉慶七年八月　日立佃約人程旭光（押）
憑族程[illegible]如（押）
代筆汪[illegible]（押）
汪文彬（押）

清嘉慶七年八月某某縣程旭光立出佃田約

二

清嘉慶廿年四月（歙縣）汪進茂立承佃山脚地坦約
附嘉慶廿一年三月王聖藩立議收租管業字

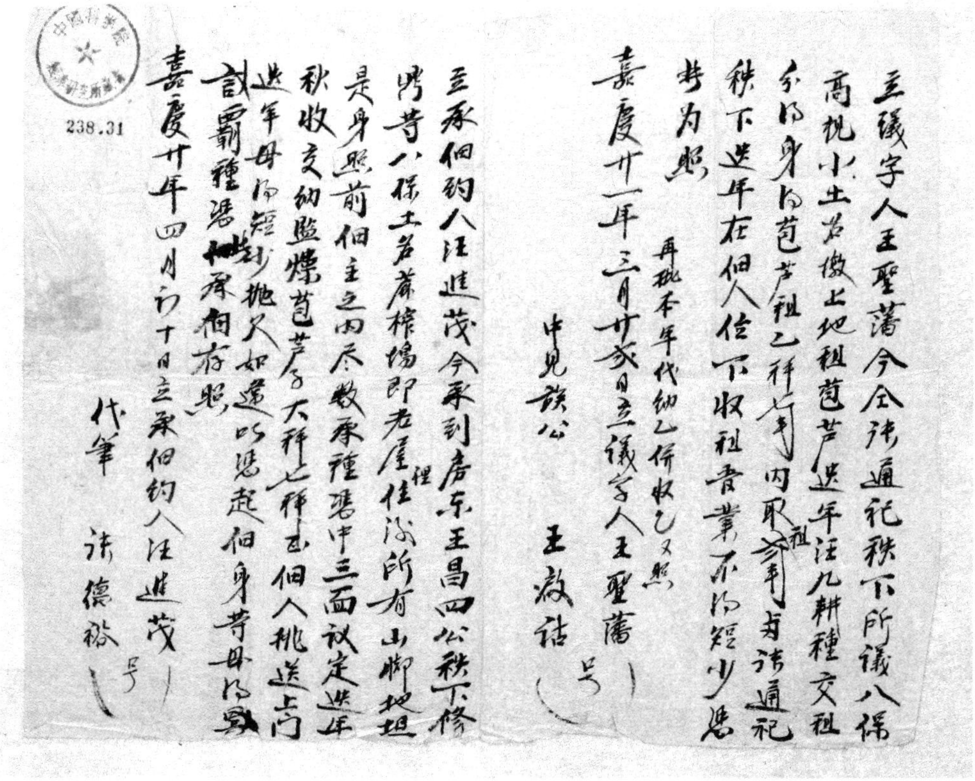
立議字人王聖藩今仝詳通祀秩下所議八保
高枧小土名傲上地租苣芦迭年汪九耕種交租
分作身內苣芦租乙秤七斤內取租叁斤與詳通祀
秩下迭年在佃人位下收租管業不得短少恐
無為照
再批本年代納乙併收乙又照
嘉慶廿一年三月廿六日立議字人王聖藩 號
中見族公 王敘詰 號

立承佃約人汪進茂今承到房東王昌四公秩下條
門苛八保土名蕭棕塢即老屋住理後所有山腳地坦
是身照前佃主之內尽數承種憑中三面議定迭年
秋收交納監爍苣芦子大秤七秤正佃人挑送上門
迭年毋得短少拋欠如違以憑起佃身等毋得異
説爾種憑[illegible]承佃存照
嘉慶廿年四月初十日立承佃約人汪進茂 號
代筆 詳德裕 號

二

清道光六年十二月某某縣胡來順立出佃田皮約

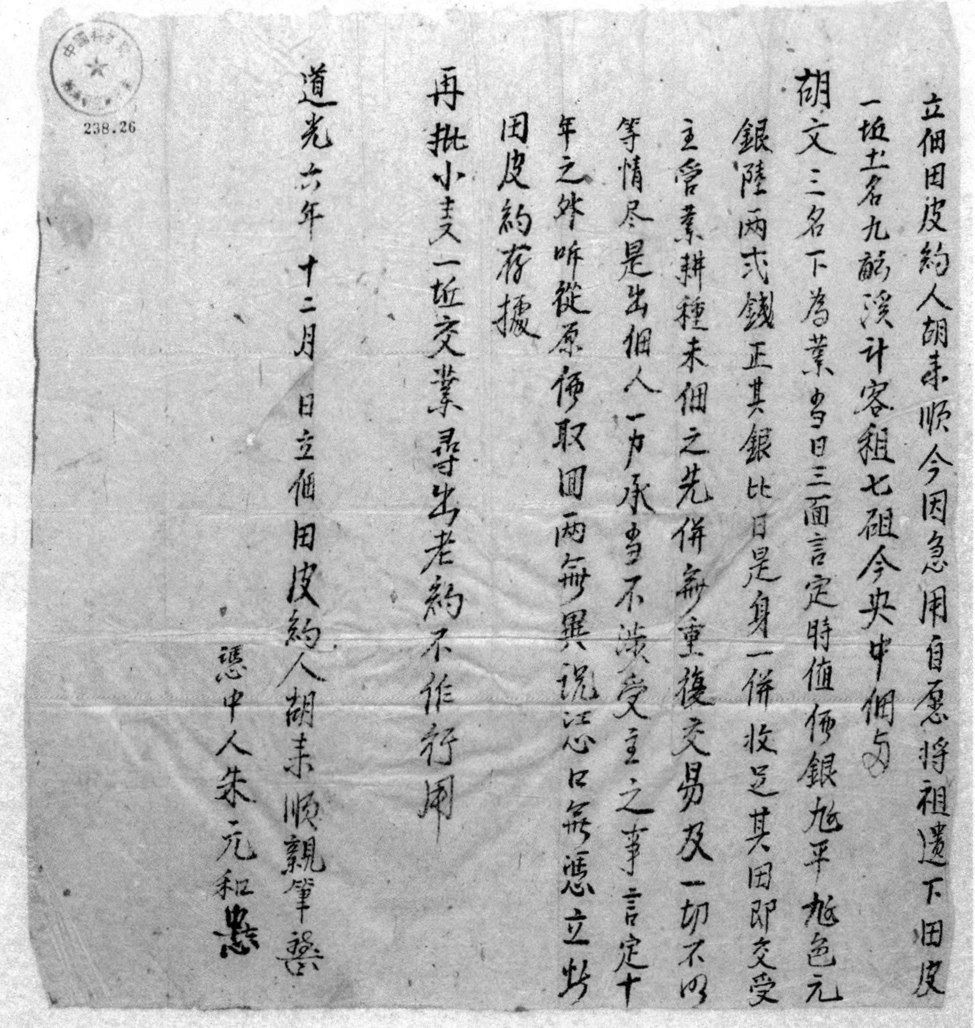
立佃田皮約人胡来順今因急用自愿将祖遺下田皮
一坵土名九畝溪計客租七砠今央中佃与
胡文三名下為業當日三面言定時值價銀九平九色元
銀陸兩弍錢正其銀比日是身一併收足其田即交受
主管業耕種未佃之先併無重複交易及一切不明
等情尽是出佃人一力承當不涉受主之事言定十
年之外听從原價取回兩無異說恐口無憑立此
田皮約存據
再批小麦一坵交業尋出老約不作行用
道光六年十二月　日立佃田皮約人胡来順親筆（押）
憑中人朱元和（押）

二

立出佃田皮約人朱麒麟今因正用自情愿將自置下田皮乙坵計客
祖九砠零拾五斤自愿央中出佃與
吳君錫名下受業耕種土名栗木塢三面言定時值價銀旭色旭平
柒兩伍錢整其銀当日是身收足其田当日兩相交明未佃之先
並無重復交易及乙切不明等情内外人不得攔阻盡是出業
人承当不涉受業人之事其田言定拾年之外听從原價取贖
空田交完兩無異說恐口無憑立此佃約為據存照
又批其田稻言定秋季听從受業人收割兩無異說
道光貳十二年五月　日立出佃田皮約人朱其麟（押）
憑中兄　双德（押）
依口代筆吳玫美（押）
又批上首老約新田兩紙

清道光二十二年五月某某縣朱麒麟立出佃田皮約

二

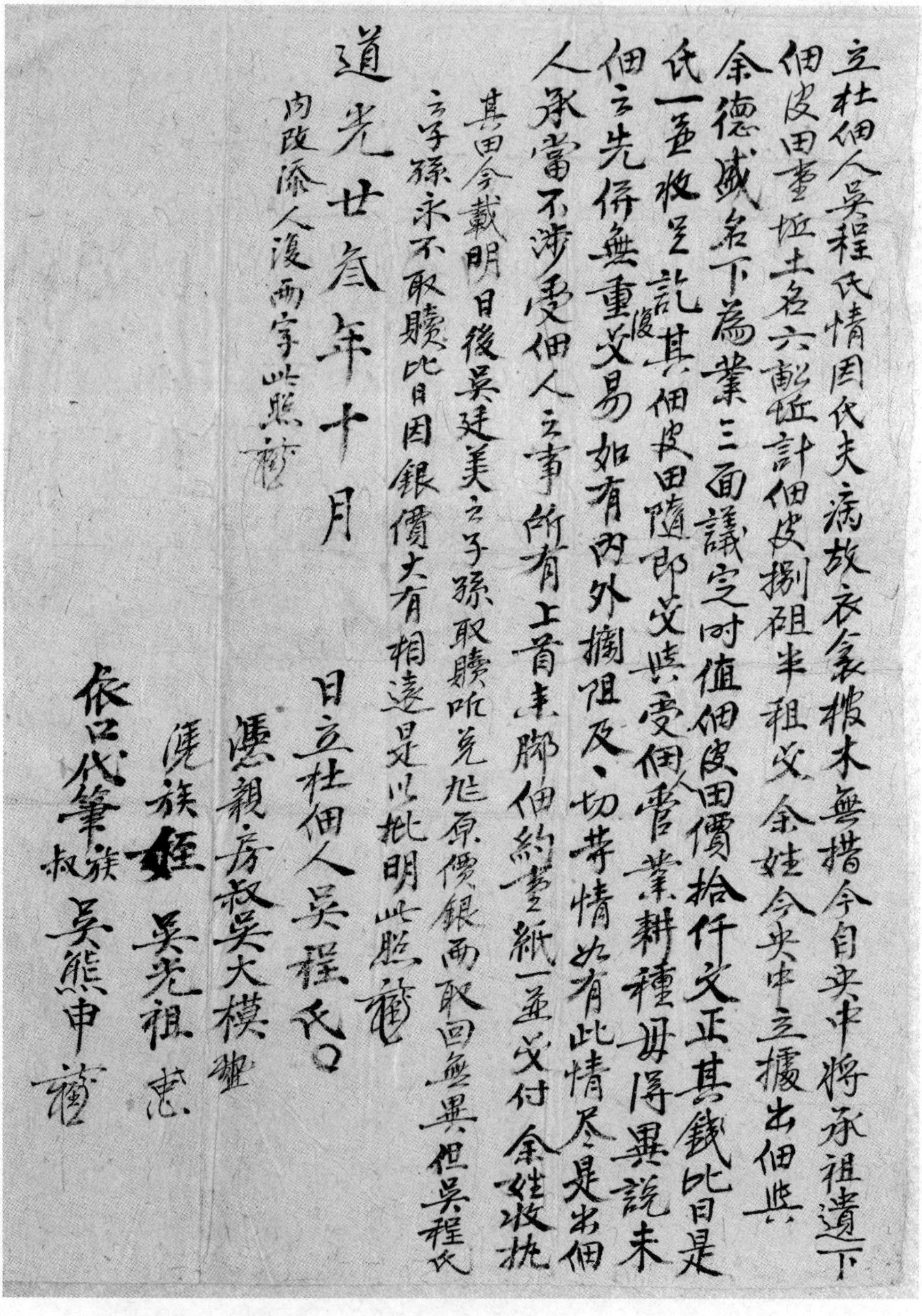
立杜佃人吴程氏情因氏夫病故衣衾棺木無措今自央中將承祖遺下
佃皮田壹坵土名六畝坵計佃皮捌砠半租交余姓今央中立據出佃與
余德盛名下為業三面議定时值佃皮田價拾仟文正其錢比日是
氏一並收足訖復其佃皮田隨即交與受佃人管業耕種毋得異說未
佃之先併無重交易如有內外攔阻及一切等情如有此情尽是出佃
人承當不涉受佃人之事所有上首來腳佃約壹紙一並交付余姓收執
其田今載明日後吴廷美之子孫取贖听兑照原價銀兩取回無異但吴程氏
之子孫永不取贖比日因銀價大有相遠是以批明此照（押）
日立杜佃人吴程氏（押）
憑親房叔吴大模（押）
憑族侄吴光祖（押）
依口代筆族叔吴熊申（押）
道光廿叁年十月
內改添人復兩字此照（押）

清道光廿三年十月某某縣吴程氏立杜出佃佃田皮約

二

清道光廿七年十月某某縣朱廷樑立出佃田皮約

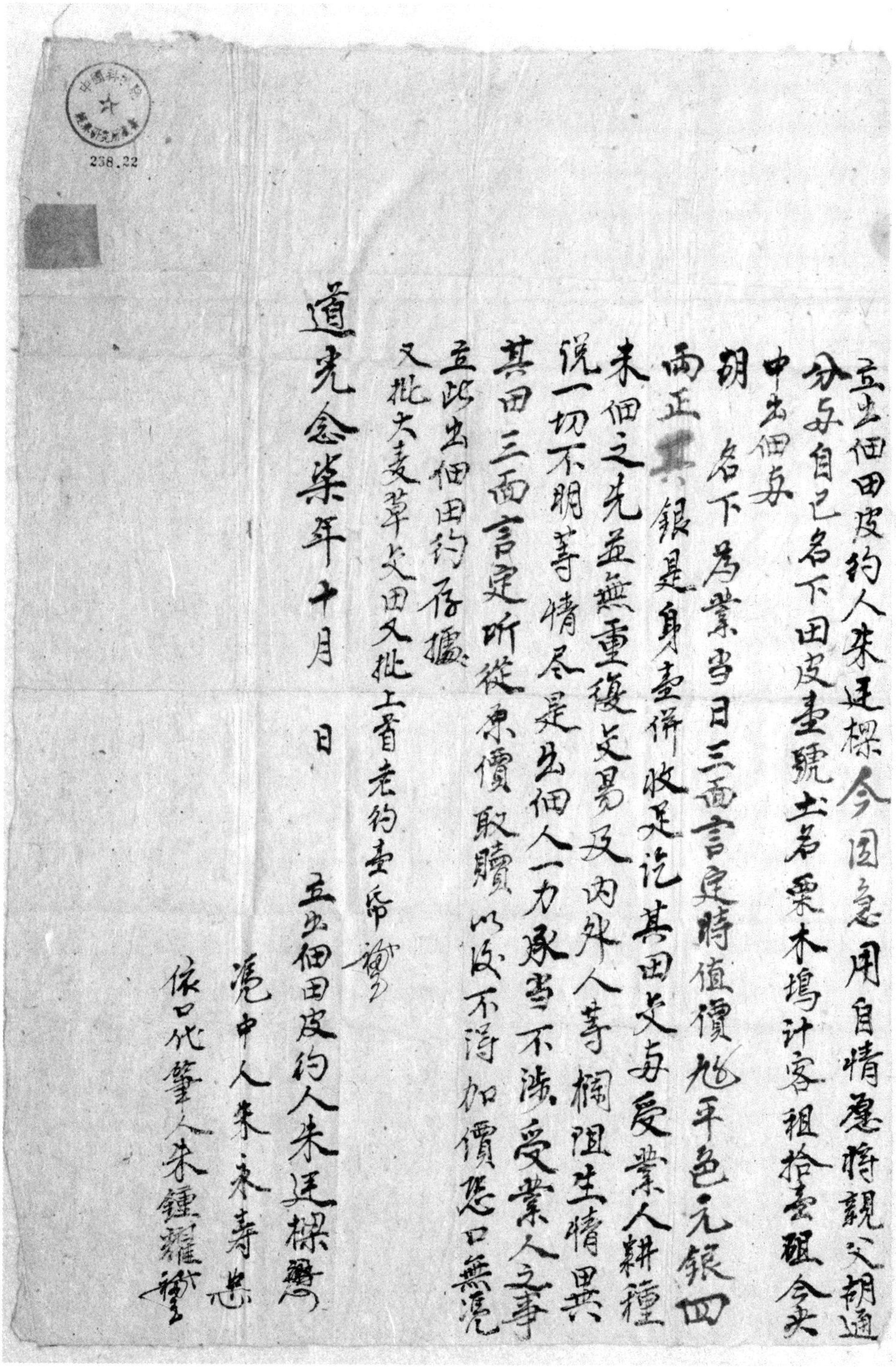

立出佃田皮約人朱廷樑，今因急用，自情愿將親父胡通
分與自己名下田皮壹號，土名栗木塢，計客租拾壹砠，今央
中出佃與
胡　名下爲業，當日三面言定時值價九平色元銀四
兩正，其銀是身壹併收足訖。其田皮與受業人耕種，
未佃之先並無重複交易及内外人等攔阻生情異
説，一切不明等情，盡是出佃人一力承當，不涉受業人之事。
其田三面言定，所從原價取贖，以後不得加價，恐口無憑，
立此出佃田約存據。
又批：大麥草與田。又批：上首老約壹紙（押）

道光念柒年十月　日

立出佃田皮約人朱廷樑（押）
憑中人朱來壽（押）
依口代筆人朱鍾耀（押）

二

清道光三十年九月某某縣汪吴氏立杜佃田皮字

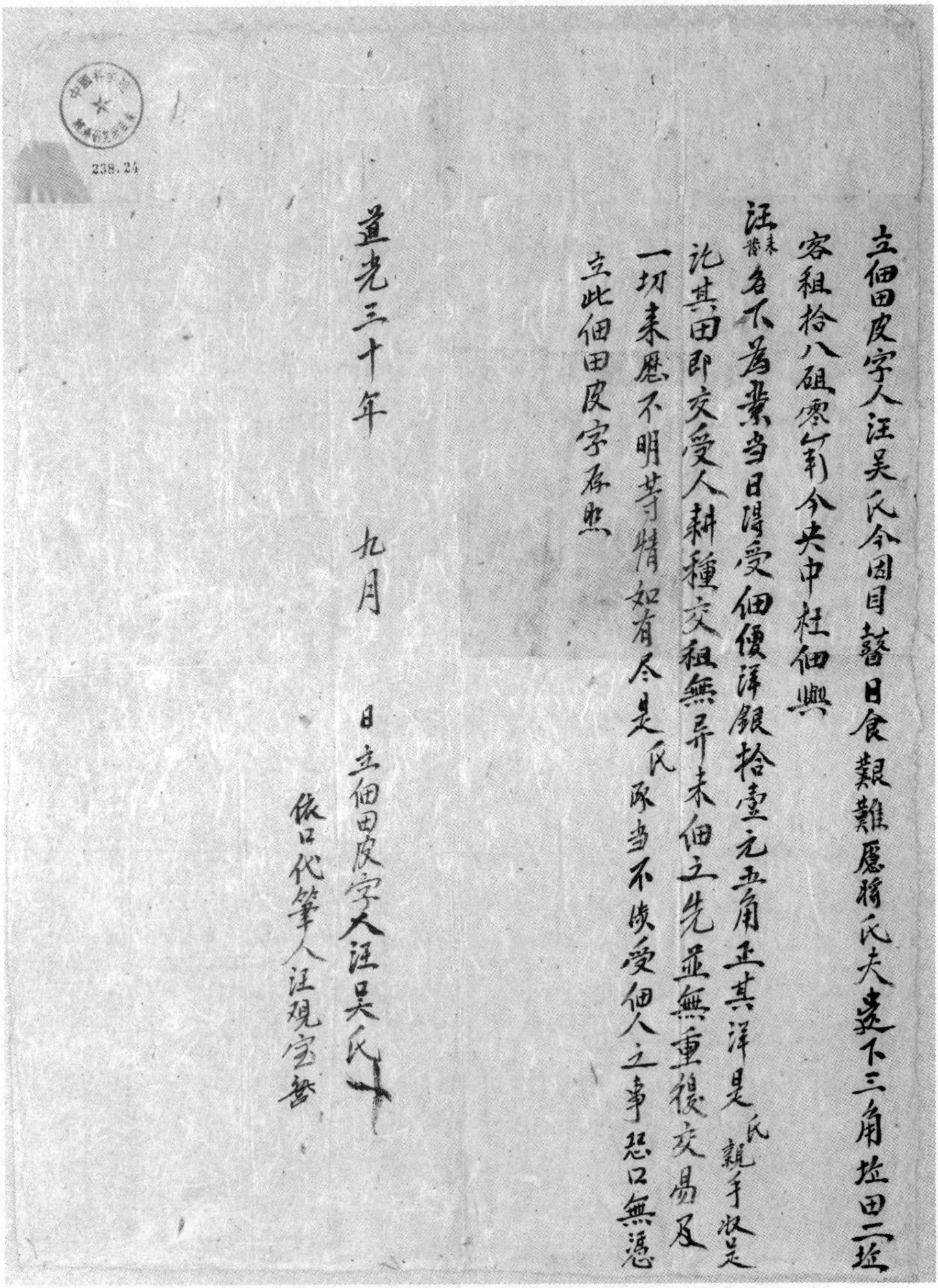

立佃田皮字人汪吴氏，今因目瞽日食艱難，願將氏夫遗下三角坵田一坵，
客租拾八砠零六斤，今央中杜佃與
汪暜来名下為業，当日得受佃價洋銀拾壹元五角正，其洋是氏親手收足
訖，其田即交受人耕種交租，無异。未佃之先並無重複交易，及
一切来歷不明等情，如有，尽是氏承当，不涉受佃人之事。恐口無憑，
立此佃田皮字存照。

道光三十年　九月　日立佃田皮字人汪吴氏（押）

依口代筆人汪觀宝（押）

二

清咸豐二年七月某某縣畢華斌立出佃田皮約

立佃約人畢華斌今因正用自情愿將祖遺下該身分下田皮弍號
土名楊武山計客租拾陸硍拾陸斤又土名烏石坵計客租陸硍計
田兩坵今央中出佃与
查　名下為業三面言定時值價銀好平色足光元銀捌兩
肆錢正其銀当日是身收足其田即交受業人管業耕種無
得生端異説未佃之先並無重復交易及一切不明等情尽是
出佃人承当不涉受業人之事今欲有憑立此佃約存照

再批並田塍在內
又批原当契附內　押

咸豐弍年七月　日立佃約人畢華斌　押
憑中　畢玉堂　押
　　　胡朋遠　押
親筆自書　押

今就契內價銀比日是身一併收足　同日再批　押

二

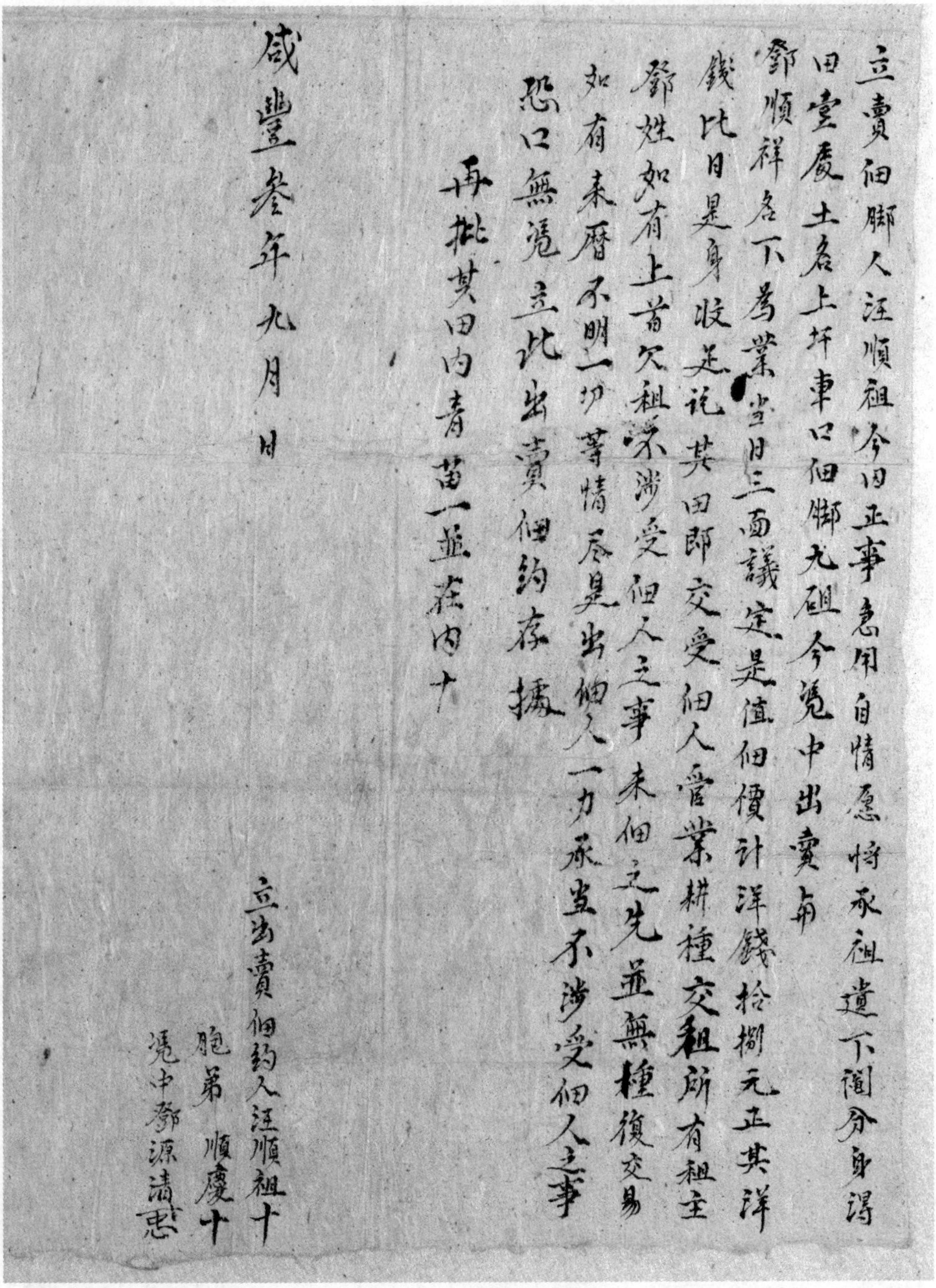

立賣佃脚人汪順祖今因正事急用自情愿將承祖遺下闔分身得
田壹處土名上坵車口佃脚九砠今凴中出賣與
鄧順祥名下為業當日三面議定時值佃價計洋錢拾捌元正其洋
錢比日是身收足訖其田即交受佃人管業耕種交租所有租主
鄧姓如有上首欠租不涉受佃人之事未佃之先並無種復交易
如有來曆不明一切等情盡是出佃人一力承當不涉受佃人之事
恐口無凴立此出賣佃約存據

再批其田內青苗一並在內十

咸豐叁年九月日

立出賣佃約人汪順祖十
胞弟 順慶十
凴中鄧源清(押)

清咸豐三年九月某某縣汪順祖立賣佃脚約

二

清咸豐三年十一月某某縣周永廣嫂立承佃豆坦菜園荒地字

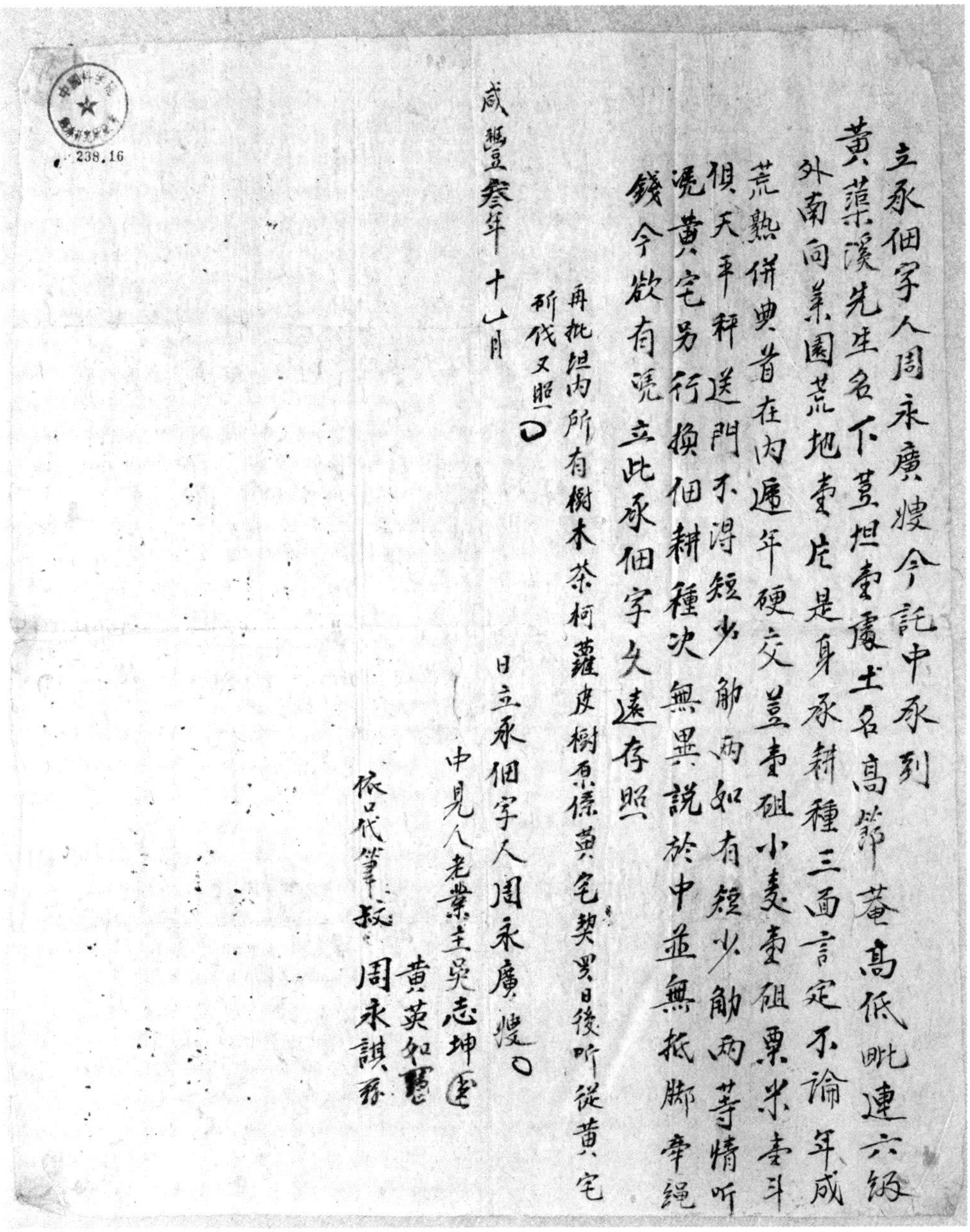

立承佃字人周永廣嫂今託中承到
黄蘖溪先生名下荳坦壹處土名高節菴高低毗連六級
外南向菜園荒地壹片是身承耕種三面言定不論年成
荒熟併典首在内逐年硬交荳壹砠小麦壹砠粟米壹斗
俱天平秤送門不得短少觔兩如有短少觔兩等情听
凭黄宅另行換佃耕種决無異説於中並無抵脚牵繩
錢今欲有凭立此承佃字久遠存照

再批：坦内所有樹木茶柯蘿皮樹原係黄宅契買日後听從黄宅
斫伐又照〇

咸豐叁年十一月　日立承佃字人周永廣嫂〇
中見人老業主吳志坤（押）
黄英如（押）
依口代筆叔　周永謨（押）

二

清咸豐五年十一月某某縣吳開泰立杜賣田皮約

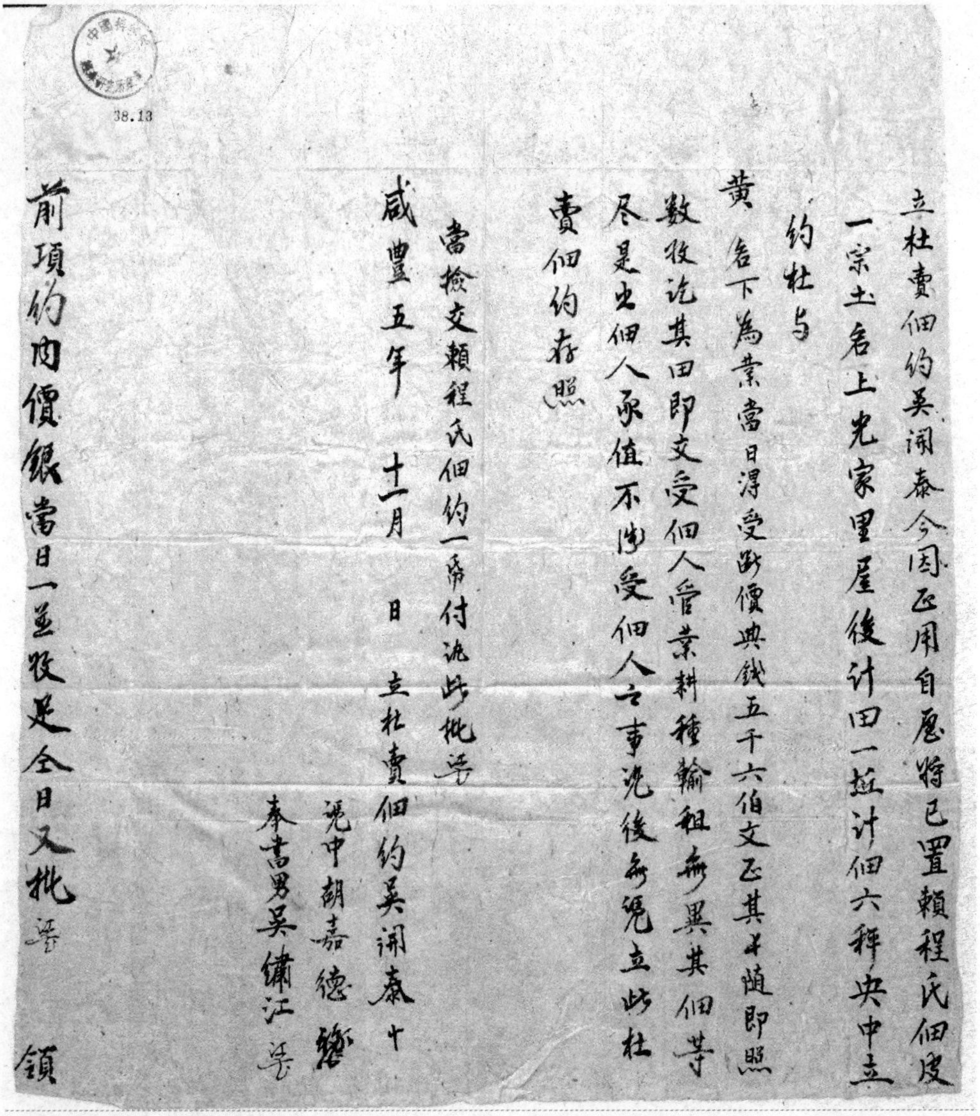
立杜賣佃約吳開泰今因正用自愿將已置賴程氏佃皮
一宗土名上光家里屋後計田一坵計佃六秤央中立
約杜与
黄 名下為業當日得受時價典錢五千六伯文正其錢隨即照
數收訖其田即交受佃人管業耕種輸租無異其佃并
尽是出佃人承值不涉受佃人之事恐後無憑立此杜
賣佃約存照
當檢交賴程氏佃約一帋付訖此批（押）
咸豐五年 十一月 日 立杜賣佃約吳開泰（押）
憑中胡嘉德（押）
奉書男吳鏞江（押）
前項約內價銀當日一並收足仝日又批（押） 領

立出佃皮田約人程得孝今因正用自愿央中將承祖遺下佃皮田壹號坐落
土名車田岑計租拾又砠計田大小五坵今憑中出佃与
程倫表名下耕種當日三面議定時值得受佃價足大錢拾弍千又伯文正其錢比日
是身一併收足其田隨即交与受佃人管業無得異言未佃之先並無重
復交易倘有內外人攔阻一切等情盡是出佃人理值不涉受業人之事今
出佃之後永遠不得加價異說今欲有憑立此佃約永遠存照
比日繳付来腳佃約壹紙又批（押）

咸豐八年　三月　日立出佃約人程得孝（押）
憑保代書中陳松明（押）
見中胡萬清（押）

清咸豐八年三月某某縣程得壽立出佃佃皮田約

清同治元年十二月某某縣胡旭明立出佃田皮約

立佃約胡旭明緣因會銀急逼無措，情愿將祖遺下田皮田坵，土名猴塘里，共計私租弍畝三分，央中佃到程德誠名下爲業，當日得受價銀洋色平拾兩整，其銀比日是身收足，兩相交明，並無話說。其田稻者交田聽憑受業耕種，決不難阻。未佃之先，並無重複交易，倘有不明等情，盡是出佃人承當。其田拾年以滿，聽從原價取贖，恐口無憑，立此佃約存據。

同治元年拾二月　日　立佃約人胡旭明　十

子紫庭奉筆

中人程嘉進

胡有年

二

清光緒三年五月某某縣陳王氏等立出當佃皮契

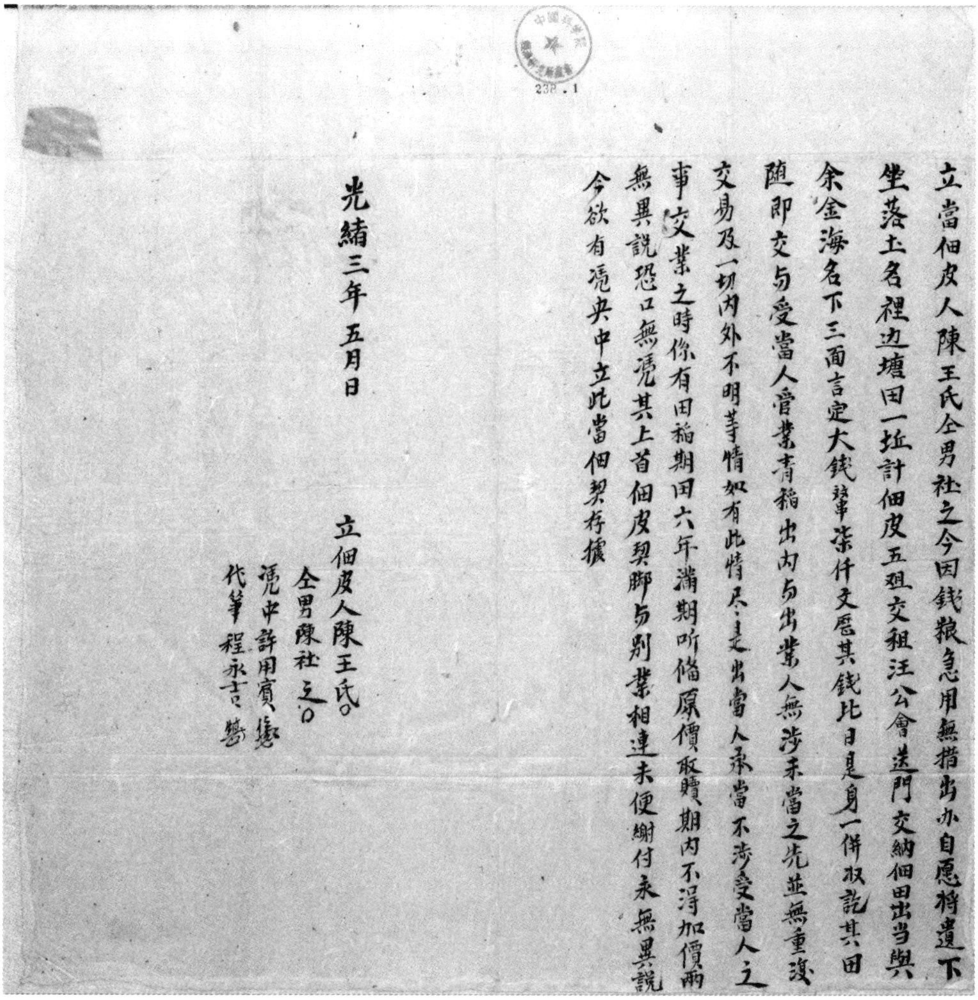

立當佃皮人陳王氏仝男社之今因钱粮急用無措出办自愿将遺下
坐落土名裡边塘田一坵計佃皮五秤交租汪公會送門交納佃田出当與
余金海名下三面言定大钱肆拾仟文恩其钱比日是身一併收訖其田
随即交与受當人管業青稲出内与出業人無涉未當之先並無重複
交易及一切内外不明等情如有此情尽是出當人承當不涉受當人之
事交業之時你有田稲期囙六年满期听備原價取贖期内不得加價兩
無異説恐口無憑其上首佃皮契脚与别業相連未便繳付永無異説
今欲有憑央中立此當佃契存據

光緒三年五月日

立佃皮人陳王氏〇
仝男陳社之〇
凴中許用賔
代筆程永吉

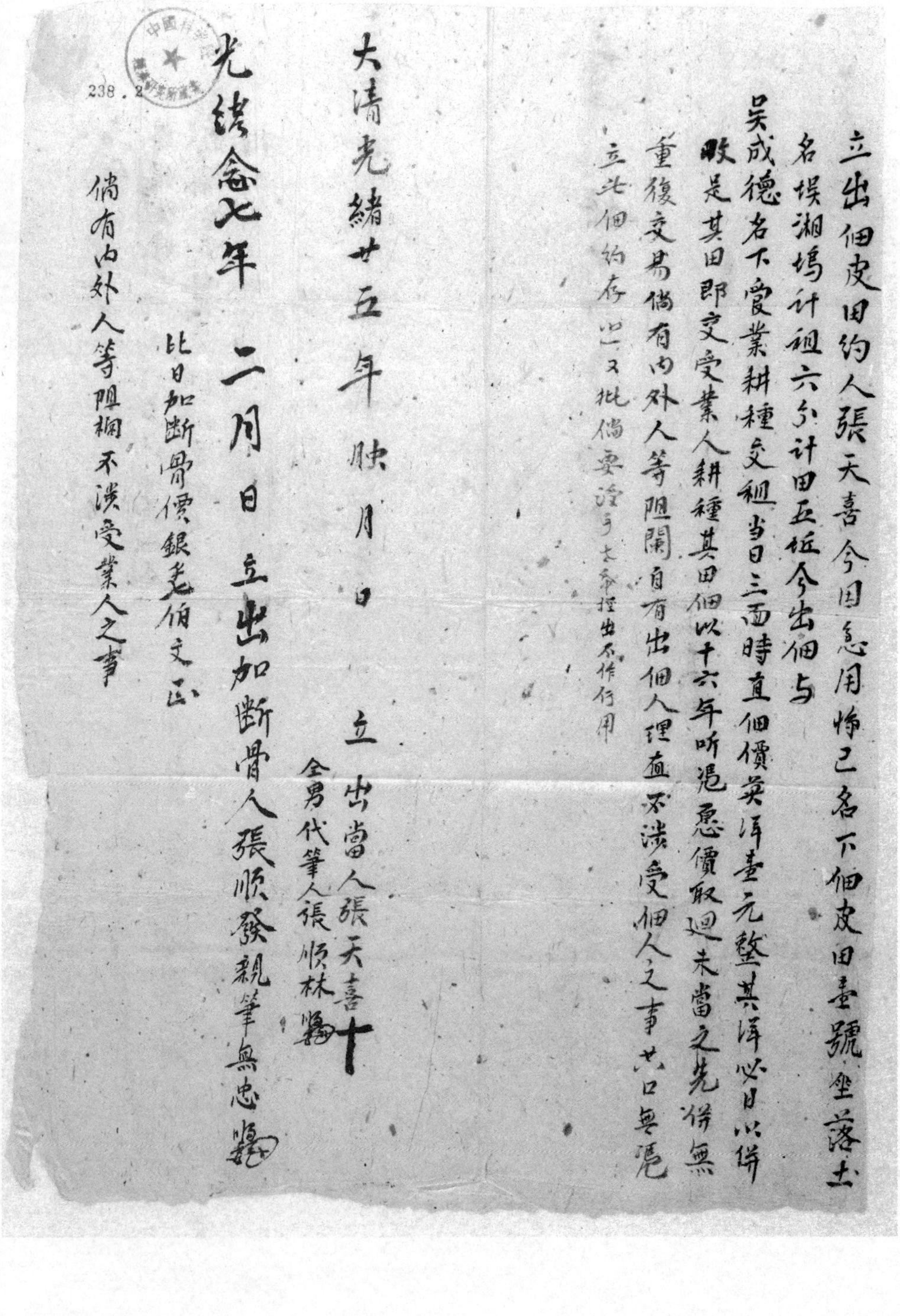
立出佃皮田約人張天喜今因急用將己名下佃皮田壹號坐落土
名堘湘塢計租六分計田五坵今出佃與
吴成德名下當業耕種交租當日三面時直佃價英洋壹元整其洋比日以併
收足其田即交受業人耕種其田佃以十六年听憑原價取迴未當之先併無
重複交易倘有内外人等阻闌自有出佃人理直不涉受佃人之事恐口無憑
立此佃約存照　又批倘要從于本年扗出不作行用
大清光緒廿五年臘月　日　立出當人張天喜（十）
仝男代筆人張順林（押）
光緒念七年二月　日　立出加斷骨人張順發親筆無悉（押）
比日加斷骨價銀乙佰文正
倘有内外人等阻擱不涉受業人之事

清光緒廿五年十二月某某縣張天喜立出佃佃皮田約附光緒廿七年二月張順發立加斷骨價銀批

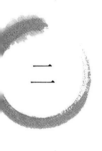

九、明崇禎至清光緒年間承佃田皮山場契約

〔一〕清道光至同治年間〔黟縣〕西遞胡氏出租田地山場契約

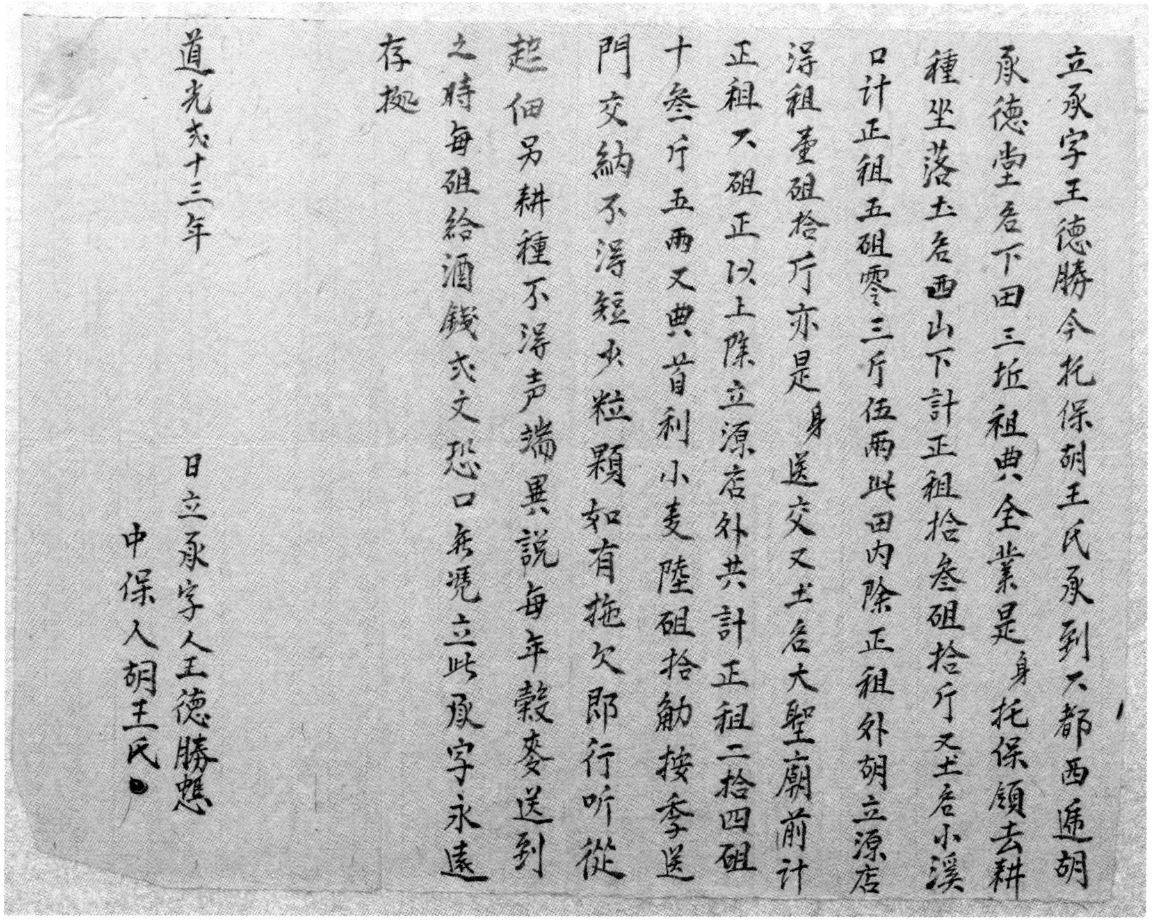

立承字王德勝今托保胡王氏承到本都西遞胡
承德堂名下田三坵，租典全業，是身托保領去耕
種，坐落土名西山下，計正租拾叁砠拾斤，又土名小溪
口，計正租五砠零三斤伍兩。此田內除正租外，胡立源店
淨租壹砠拾斤，亦是身送交；又土名大聖廟前，計
正租大砠正，以上除立源店外，共計正租二拾四砠
十叁斤五兩，又典首利小麥陸砠拾觔，按季送
門交納，不得短少粒顆。如有拖欠，即行聽從
起佃另耕，種不得声端異說，每年穀麥送到
之時，每砠給酒錢弍文。恐口無憑，立此承字永遠
存據。

道光弍十三年　日立承字人王德勝（押）
中保人胡王氏（押）

清道光二十三年〔黟縣〕王德勝立承田字

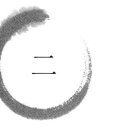

二

清道光二十六年六月〔黟縣〕陳樹托等立承到坦業山場字

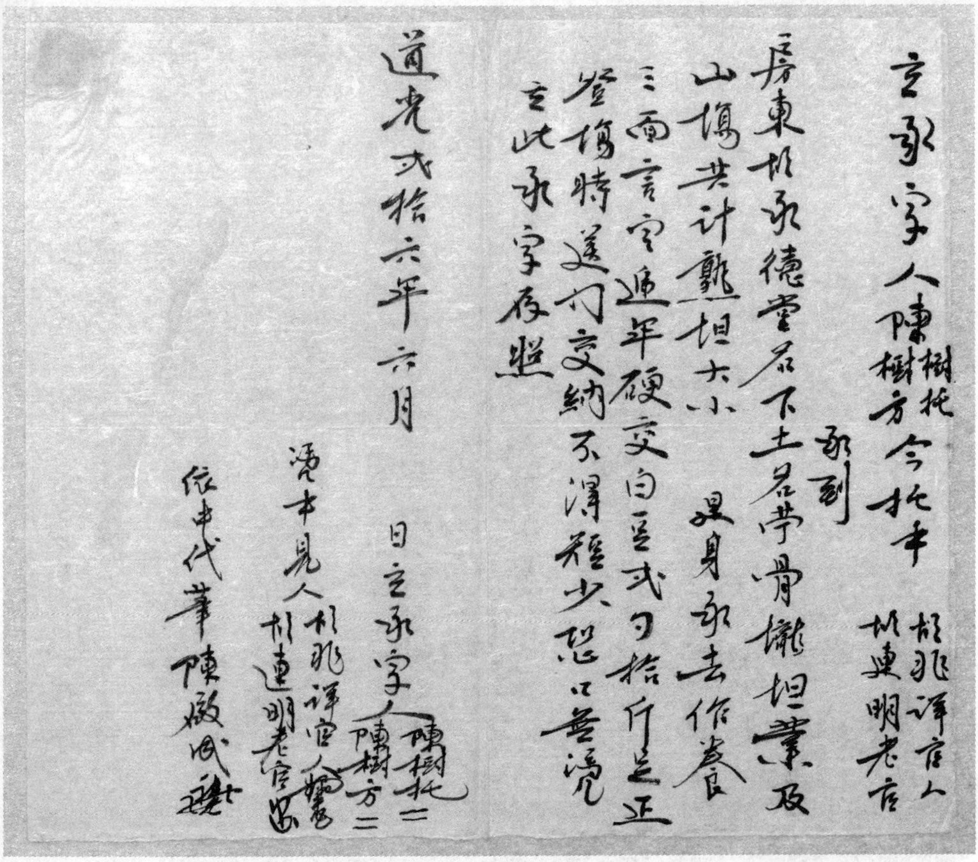
立承字人陳樹托、陳樹方今托中承到胡兆祥官人、胡連明老官房東胡承德堂名下土名學骨坳坦業及山塢共計熟坦大小，是身承去作養。三面言定逐年硬交白豆式斗拾斤足正，登場特送門交納，不得短少。恐口無憑，立此承字存照。

道光式拾六年六月　日立承字人陳樹托、陳樹方

憑中見人胡兆祥官人、胡連明老官

依口代筆陳廠風

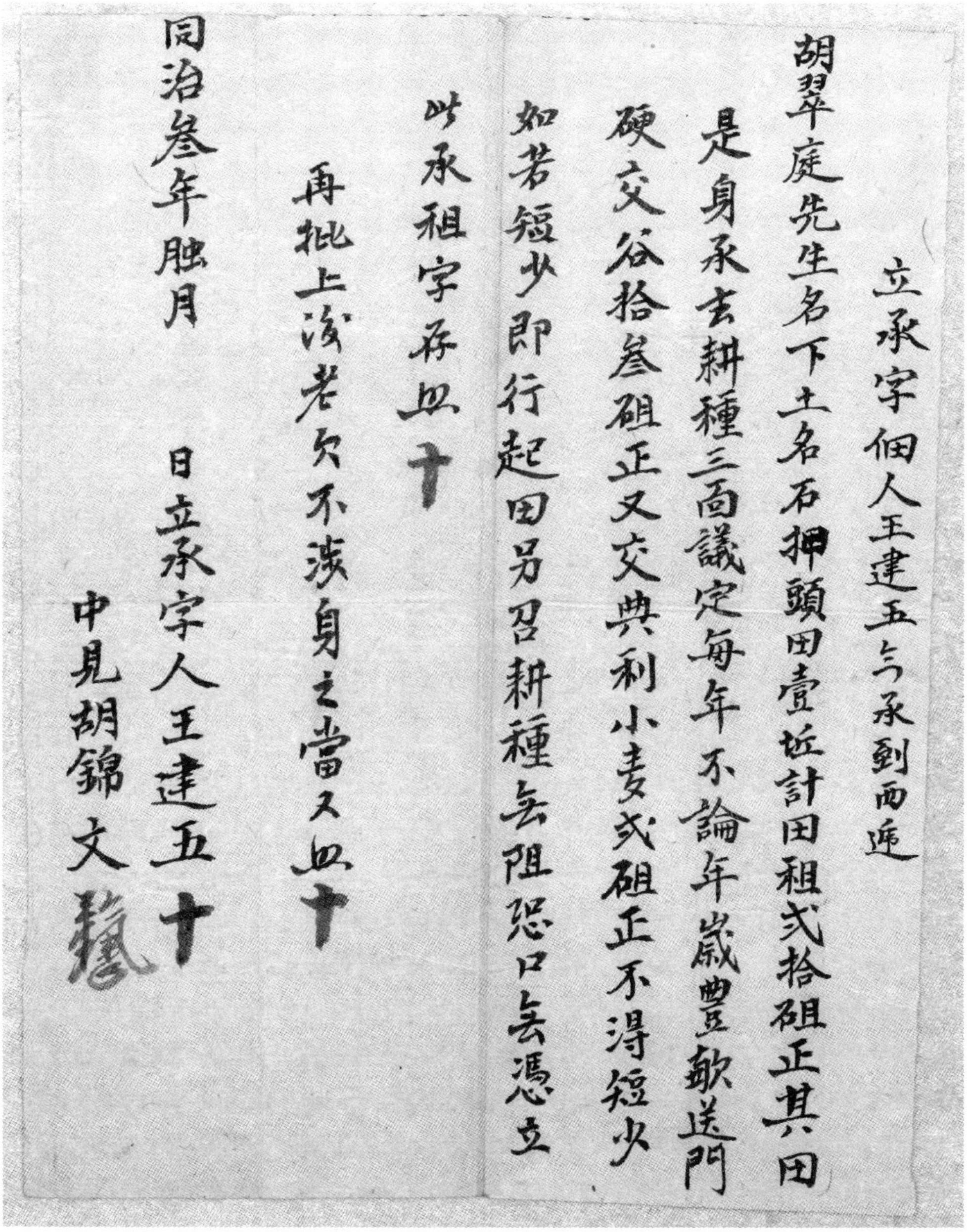

立承字佃人王建五今承到西遞
胡翠庭先生名下土名石押頭田壹坵計田租弍拾硕正其田
是身承去耕種三面議定每年不論年歲豐歉送門
硬交谷拾叁硕正又交典利小麦弍硕正不得短少
如若短少即行起田另召耕種無阻恐口無憑立
此承租字存照 十
再批上後老欠不涉身之當又照 十
同治叁年臘月 日立承字人王建五 十
中見胡錦文 (押)

清同治三年十二月〔黟縣〕王建五立承田字

二

〔二〕清道光至光緒年間〔祁門縣〕桃源陳氏出租山地契約

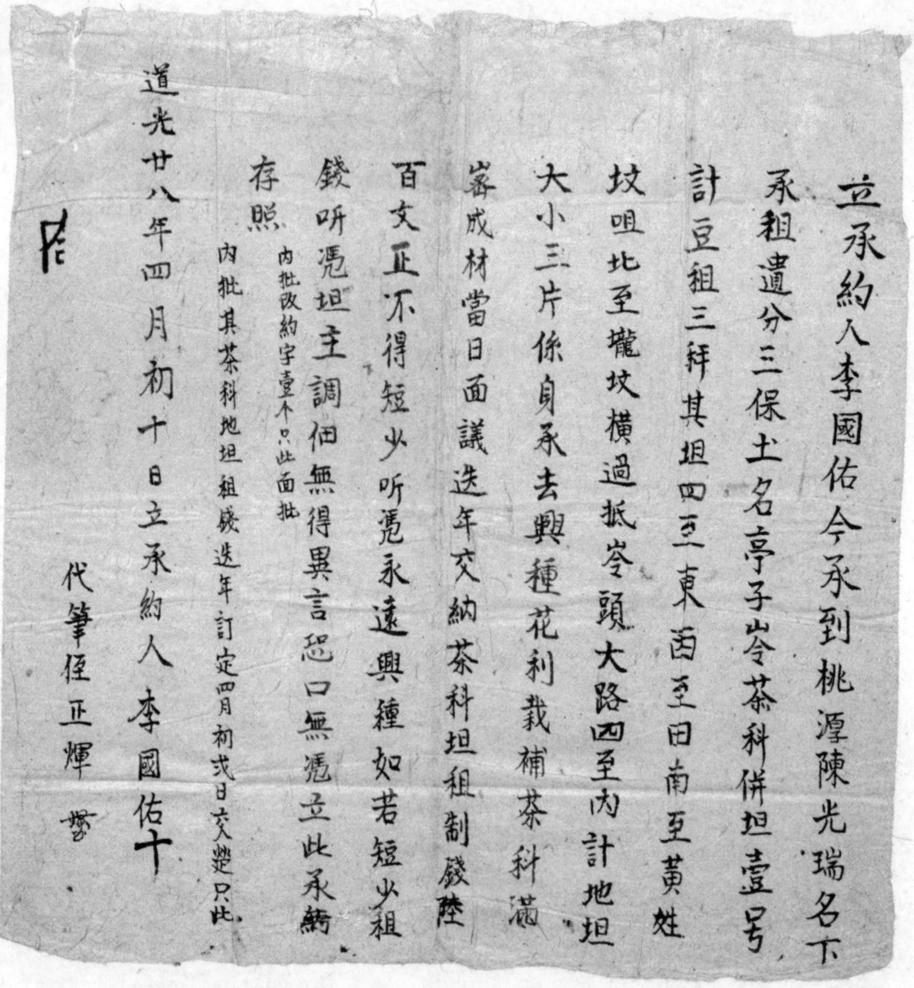
立承約人李國佑今承到桃源陳光瑞名下
承祖遺分三保土名亭子山令茶科併坦壹号
計豆租三秤其坦四至東西至田南至黄姓
坟咀北至壠坟横過抵岺頭大路四至内計地坦
大小三片係自承去興種花利栽補茶科滿
嶺成材當日面議迭年交納茶科坦租制錢陸
百文正不得短少所凴永遠興種如若短少租
錢所凴坦主調佃無得異言恐口無凴立此承約
存照
内批改約字壹个只此面批
内批其茶科地坦租錢迭年訂定四月初弍日交楚只此
道光廿八年四月初十日立承約人李國佑十
代筆侄正煇押

清道光廿八年四月某某縣李國佑立承茶科並坦約

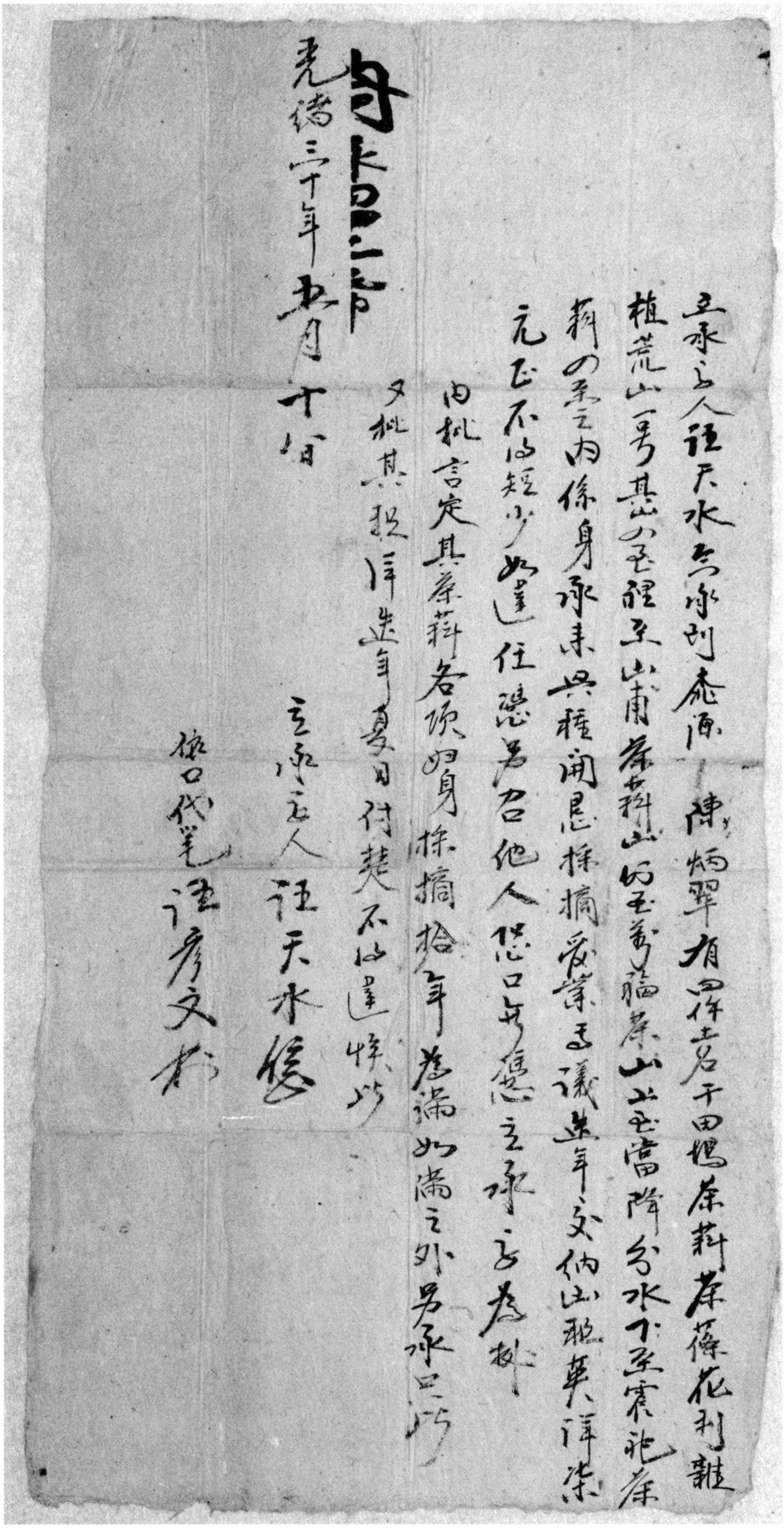

立承字人汪天水今承到叔源陳炳翠有四保土名干田塢茶科茶葉花利雜

植荒山一號，其山四至：裡至山脚茶科山，外至前腦茶山，上至當降分水，下至窑坑茶

科四至之内，係身承來興種開墾採摘爲業，三面議定每年交納山租英洋柒

元正，不得短少，如違任憑另召他人，無得異言。恐口無憑，立承字爲據。

內批：言定其茶科各項歸身採摘，拾年爲滿，如滿之外另承照此。

又批：其租洋定每年夏月付楚，不得違悞，此。

光緒三十年五月 十日

立承字人 汪天水（押）

依口代筆 汪彦文（押）

清光緒三十年五月某某縣汪天水立承租荒山字

〔三〕清咸豐至同治年間〔祁門縣〕環砂程氏出租田地契約

清咸豐八年二月〔祁門縣〕汪有慶立承佃地約

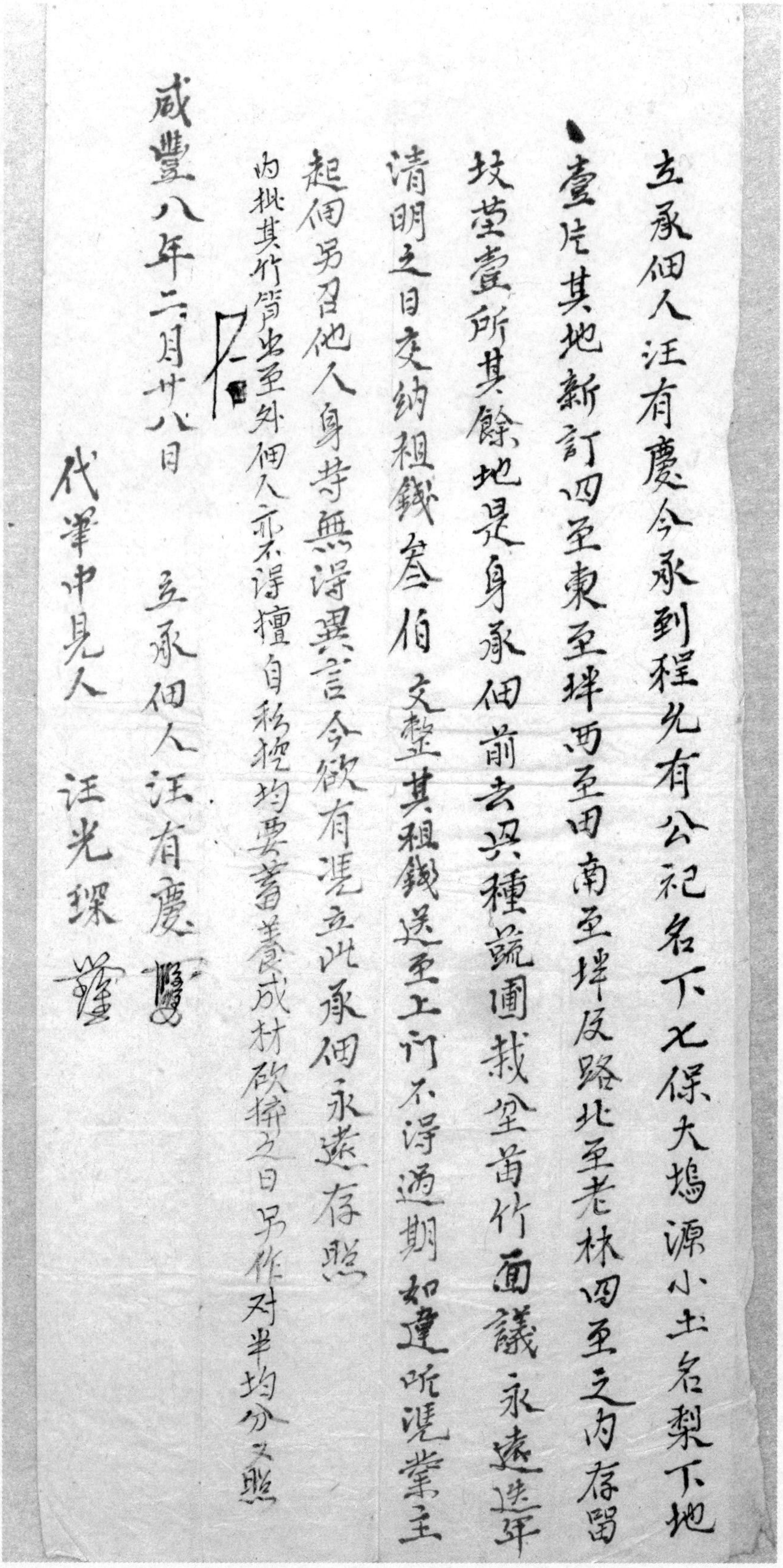
立承佃人汪有慶今承到程允有公祀名下七保大塢源小土名梨下地壹片其地新訂四至東至坪西至田南至坪及路北至老林四至之内存留坟塋壹所其餘地是身承佃前去興種蔬圃栽坌苗竹面議永遠逐年清明之日交納租錢叁伯文整其租錢送至上门不得過期如違听凭業主起佃另召他人身等無得異言今欲有凴立此承佃永遠存照

内批其竹筍出至外佃人亦不得擅自私挖均要蓄養成材砍掠之日另作对半均分又照

咸豐八年二月廿八日　立承佃人汪有慶（押）

代筆中見人　汪光琛（押）

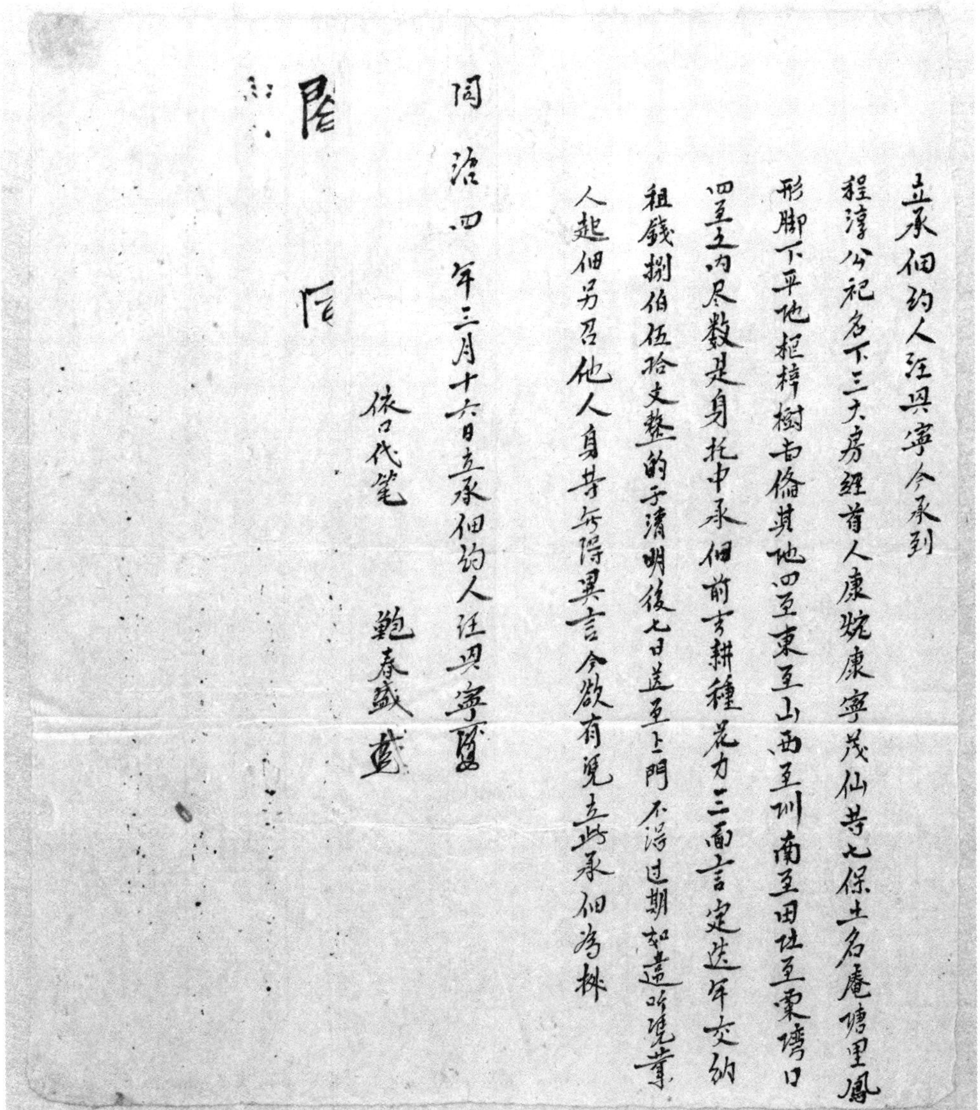

立承佃約人汪興寧今承到
程淳公祀名下三大房經首人康虢康寧茂仙等七保土名庵塘里風
形腳下平地柜棹樹杏倫其地四至東至山西至圳南至田北至栗塆口
四至之內尽數是身托中承佃前去耕種花力三面言定遞年交納
租錢捌伯伍拾文整的于清明後七日送至上門不得过期如違聽業
人起佃另召他人身等無得異言今欲有憑立此承佃為據
同治四年三月十六日立承佃約人汪興寧（押）
依口代筆　鮑春盛（押）

清同治四年三月〔祁門縣〕汪興寧立承佃地約

（四）清光緒年間（祁門縣）歷溪塢王氏帖八公祀出租山場契約

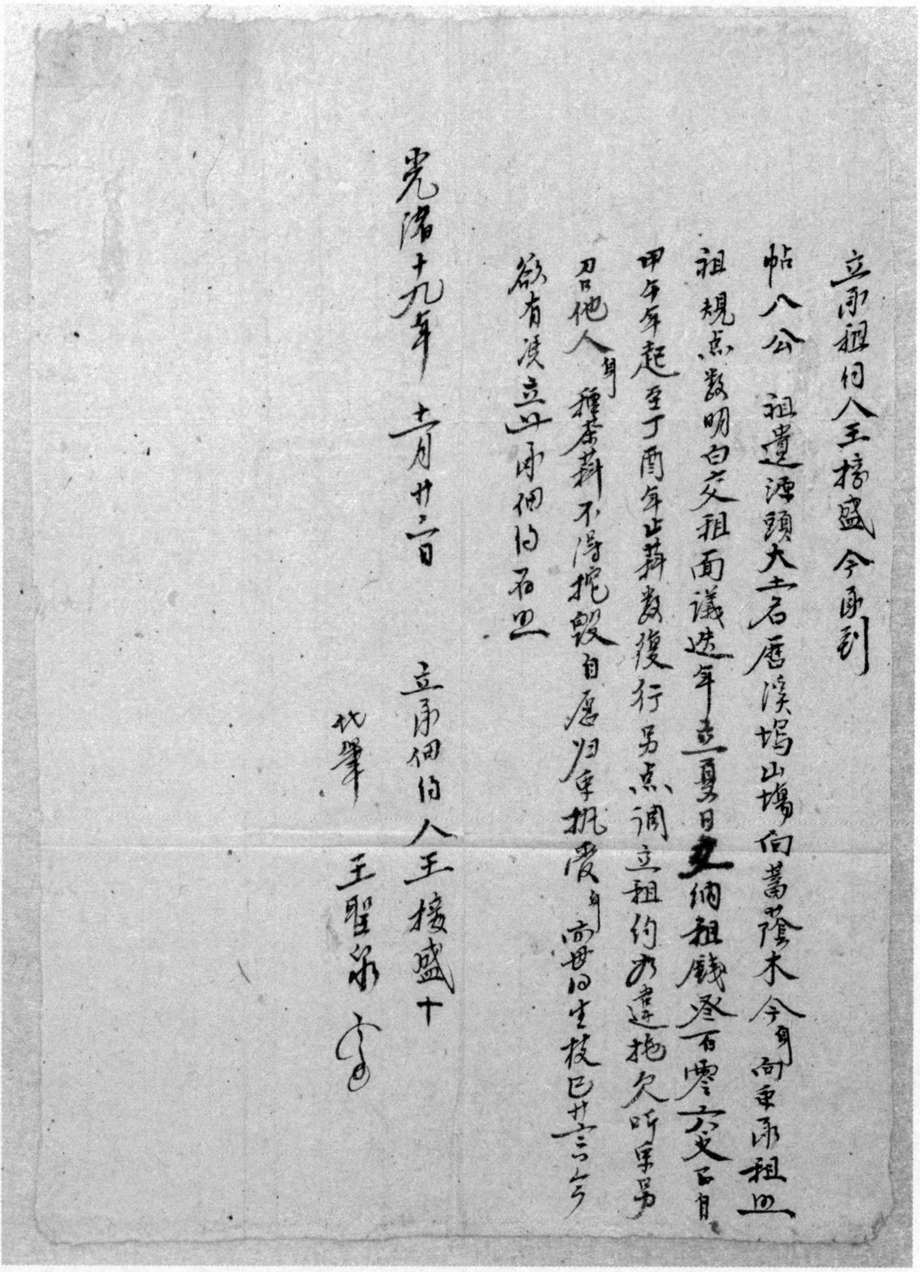

立承租佃人王接盛，今承到
帖八公　祖遺源頭大土名歷溪塢山場，向蓄陰木，今身向東承租山
祖規點數明白，交租面議，逐年立夏日交納租錢叁百零六文正，自
甲午年起至丁酉年止，蓄數復行另點，調立租約，如有遲延拖欠，聽眾另
召他人，身種茶蒔，不得挖毀，自愿歸東扒震，身向田生枝，已廿三号
欲有憑，立此承佃约存照
光緒十九年十一月廿二日　立承佃约人王接盛（十）
代筆　王聖錦　字

二

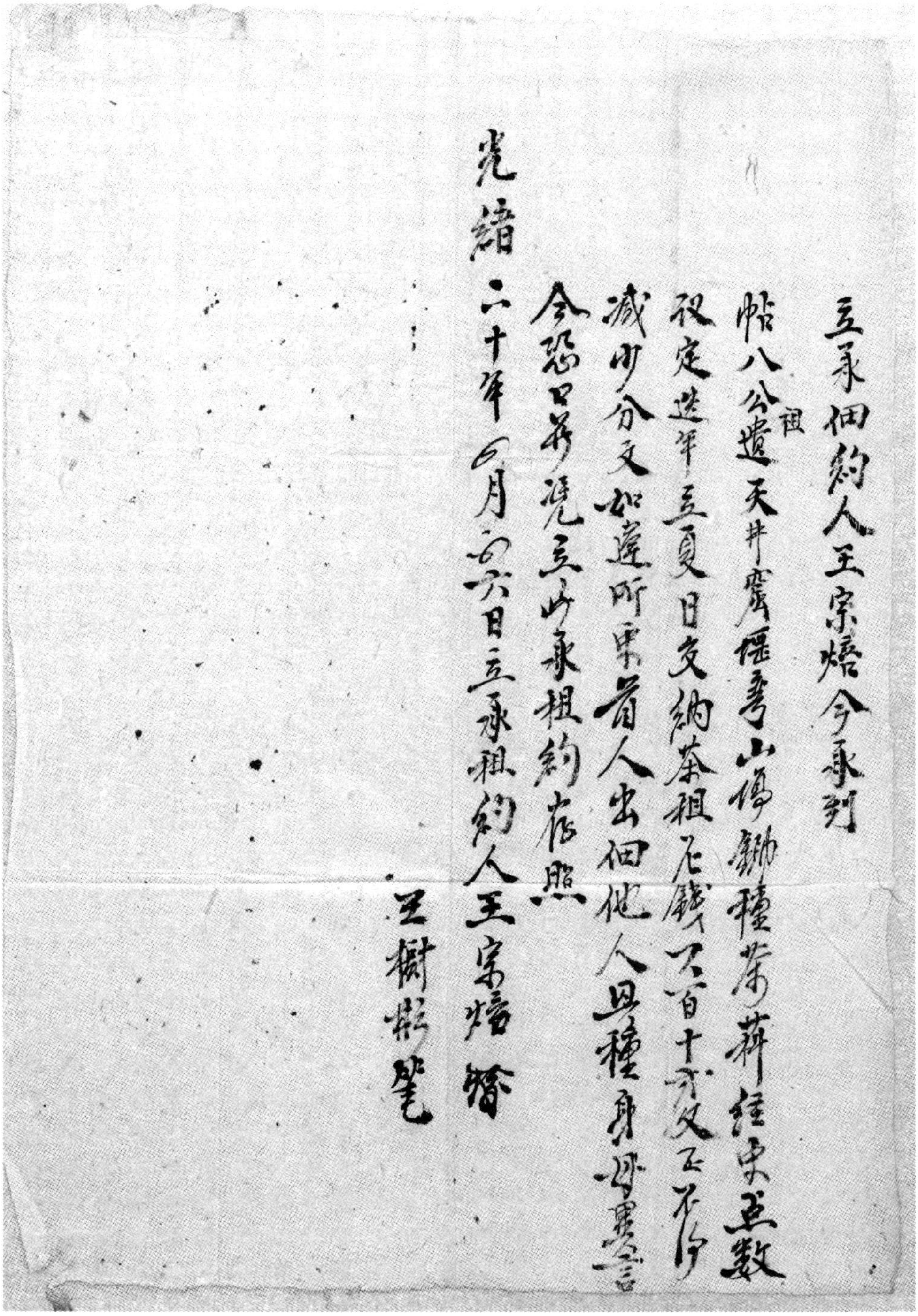
立承佃約人王宗焙今承到
帖八公祖遺天井塢硾秀山場鋤種茶薪經史無數
議定遞年立夏日交納茶租足錢一百十文不得
減少分文如違所業眾人出佃他人興種身無異言
今恐口無憑立此承租約存照
光緒二十年四月[illegible]六日立承租約人王宗焙（押）
王樹彬筆

清光緒二十年四月（祁門縣）王宗焙立承佃山場約

〔五〕明崇禎至清光緒年間其他租佃田皮山場契約

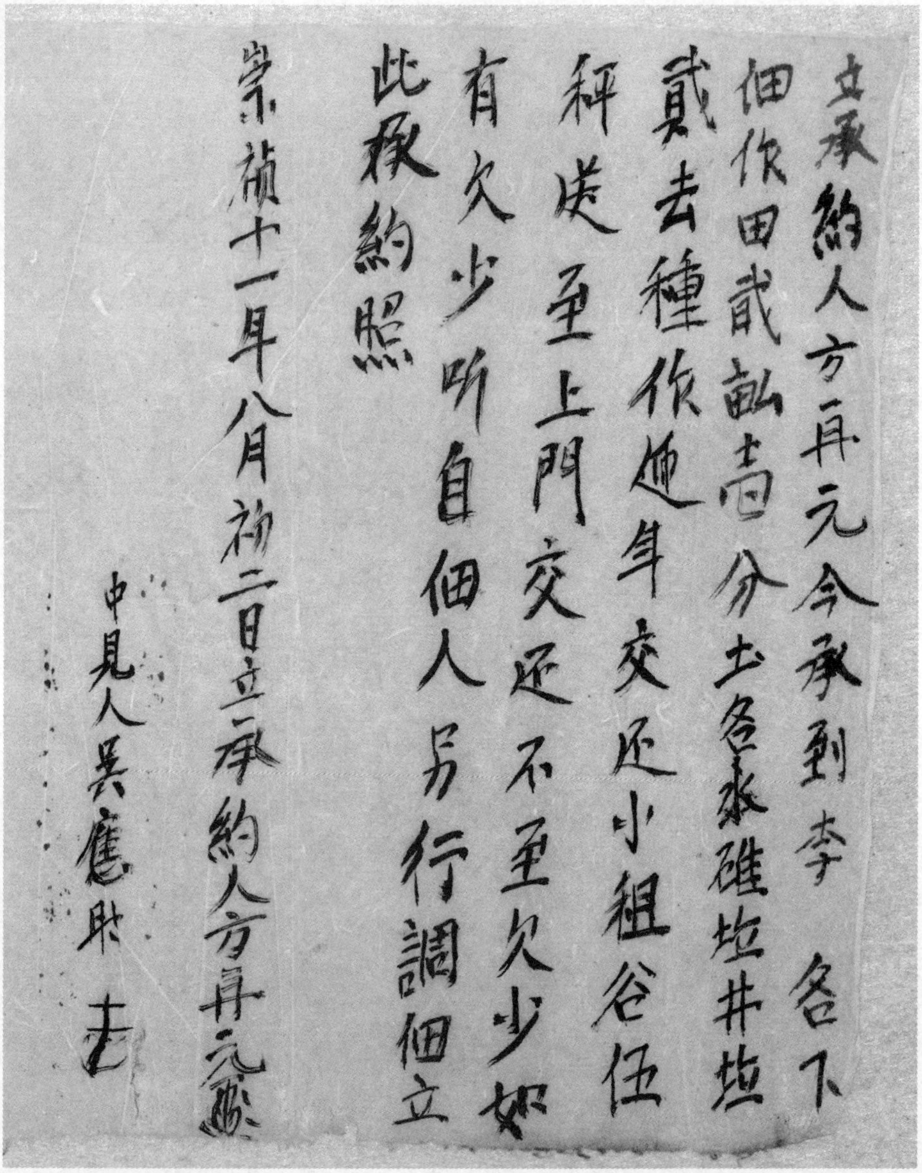
立承約人方再元今承到李 名下
佃作田貳畝壹分土名水碓塢井塢
貳去種作遞年交還小租谷伍
秤送至上門交還不至欠少如
有欠少聽自佃人另行調佃立
此承約照
崇禎十一年八月初二日立承約人方再元（押）
中見人吳應耿（押）

明崇禎十一年八月某某縣方再元立承到佃作田約

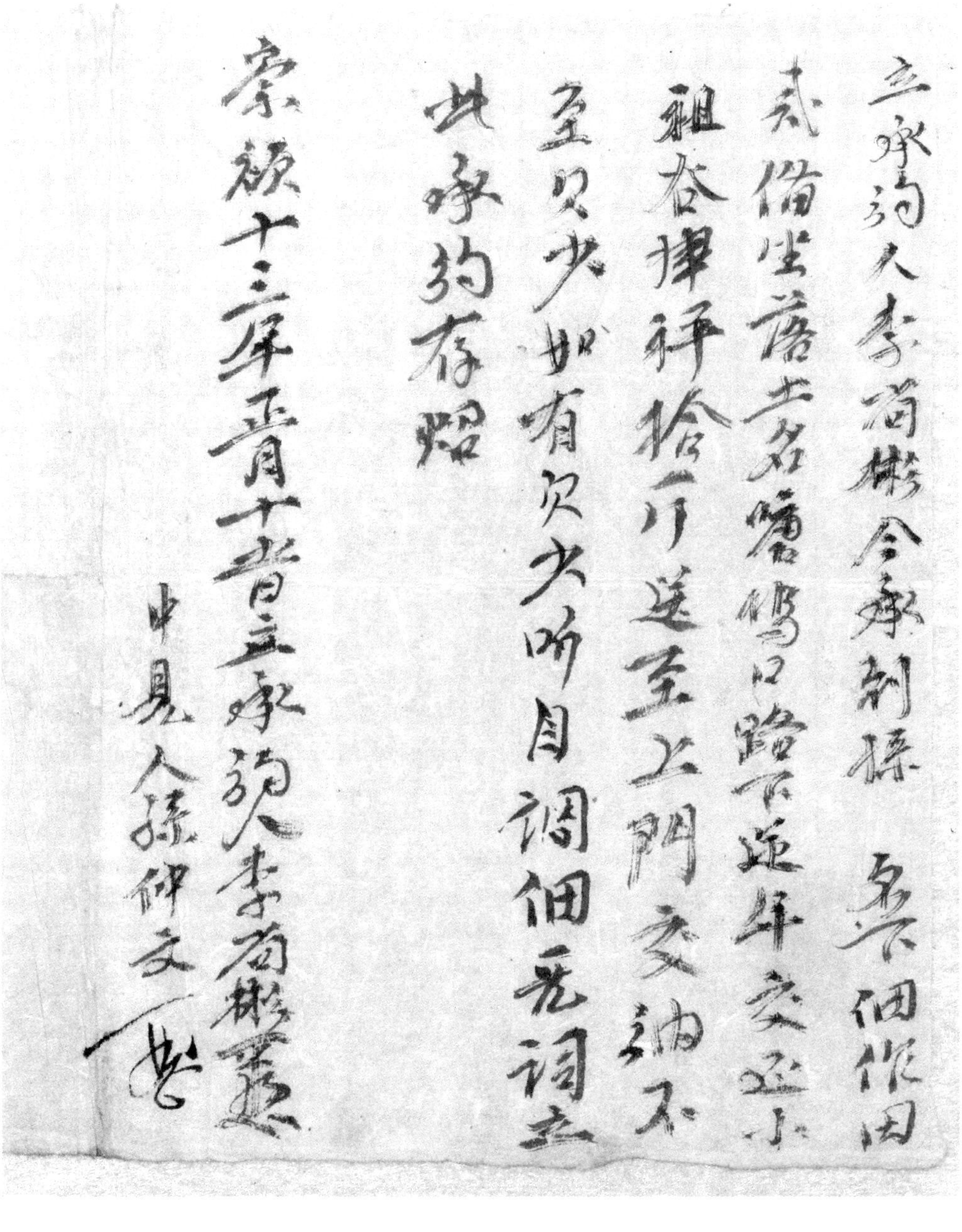

立承約人李尚彬今承到操　名下佃作田
式備坐落土名儲鳴口路下逐年交還小
租谷肆秤拾斤送至上門交納不
至欠少如有欠少聽自調佃無詞立
此承約存照

崇禎十三年正月十七日立承約人李尚彬（押）

中見人孫仰文（押）

明崇禎十三年正月某某縣李尚彬立承到佃作田約

二

明崇禎十五年十一月某某縣江廷永立承田約

立承約人江廷永今承到　李頎千名下
田乙備坐落土名碣頭坦前去耕種交租
遞年交納小租[illegible]肆秤正送至上門交納不
致欠少如有欠少听自田主另佃無詞今恐
無憑立此承約存照

崇禎十五年十一月　　日立承約人江廷永（押）
中見人　[illegible]孫（押）
代筆人　廷從（押）

二

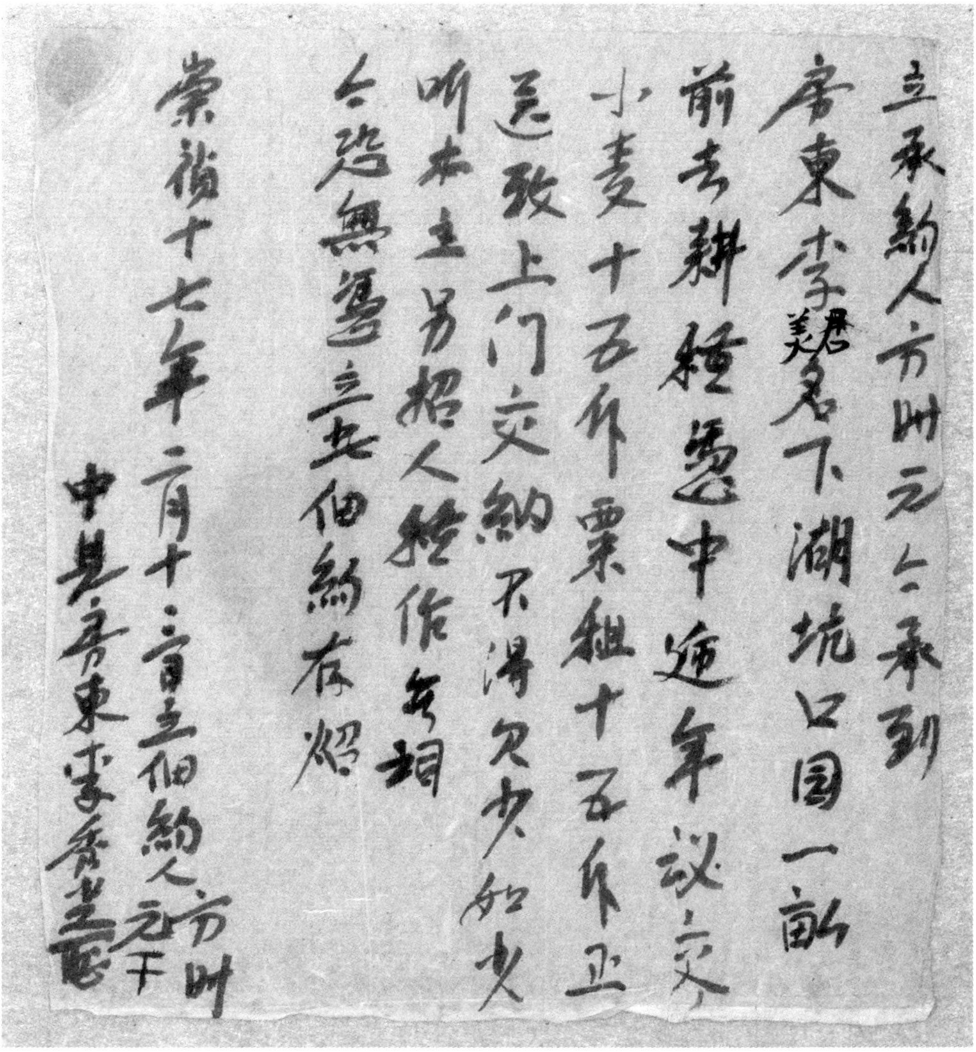

立承約人方州元今承到
房東李君美名下湖坑口園一畝
前去耕種憑中遞年議交
小麥十五斤粟租十五斤正
送致上门交納不得欠少如欠
听本主另招人耕作無詞
今恐無憑立此佃約存照
崇禎十七年二月十 日立佃約人方州元
中見房東李秀□

明崇禎十七年二月某某縣方時元立承佃園約

二

明弘光元年四月某某縣吴應時立承到佃作田約

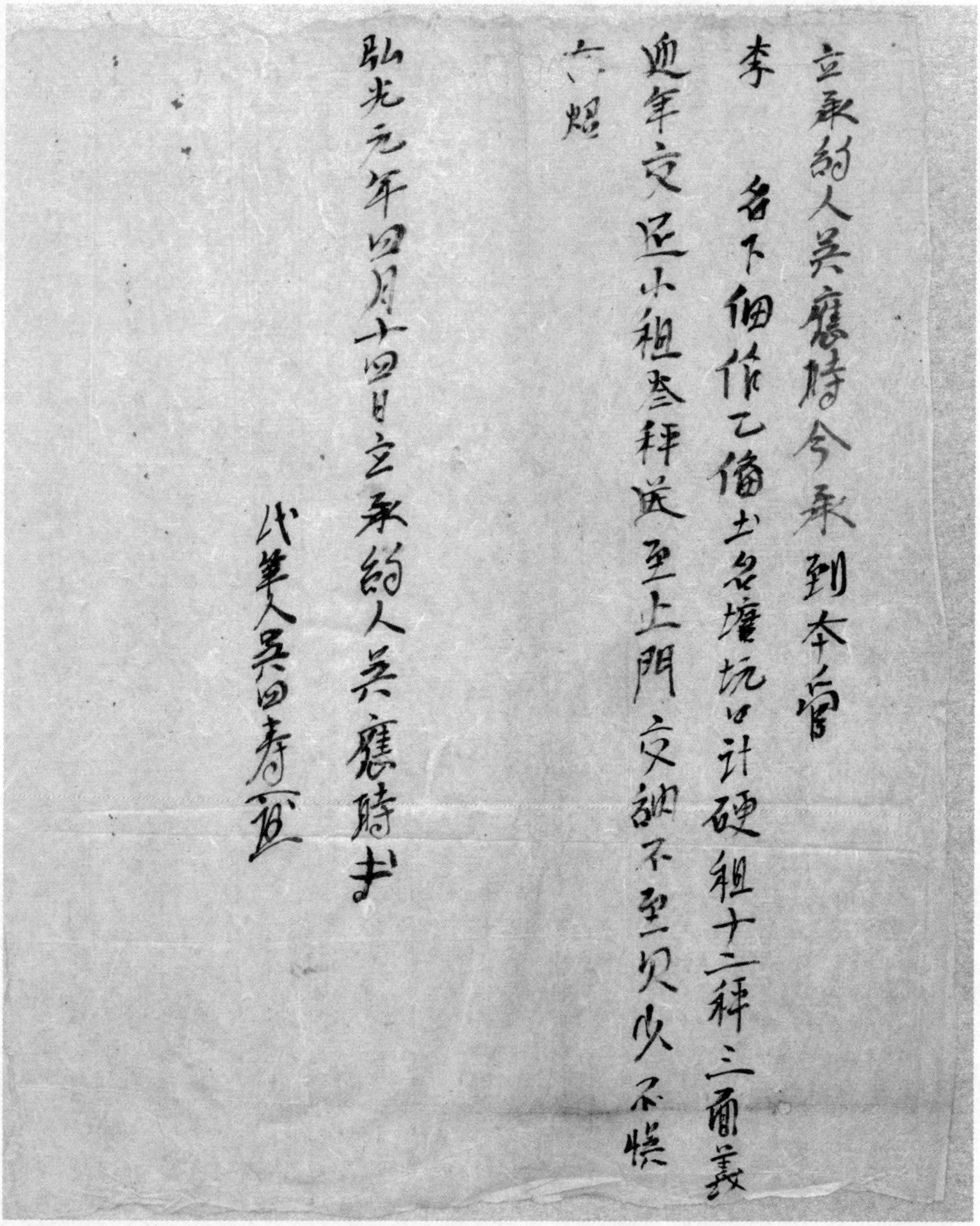

立承約人吴應時今承到本管
李　名下佃作乙備土名壜坑口計硬租十二秤三面義
過年交足小租叁秤送至上門交納不至欠少不悮
六照
弘光元年四月十四日立承約人吴應時押
代筆人吴四壽(押)

清康熙四十二年五月某某縣方存輝立還佃租約

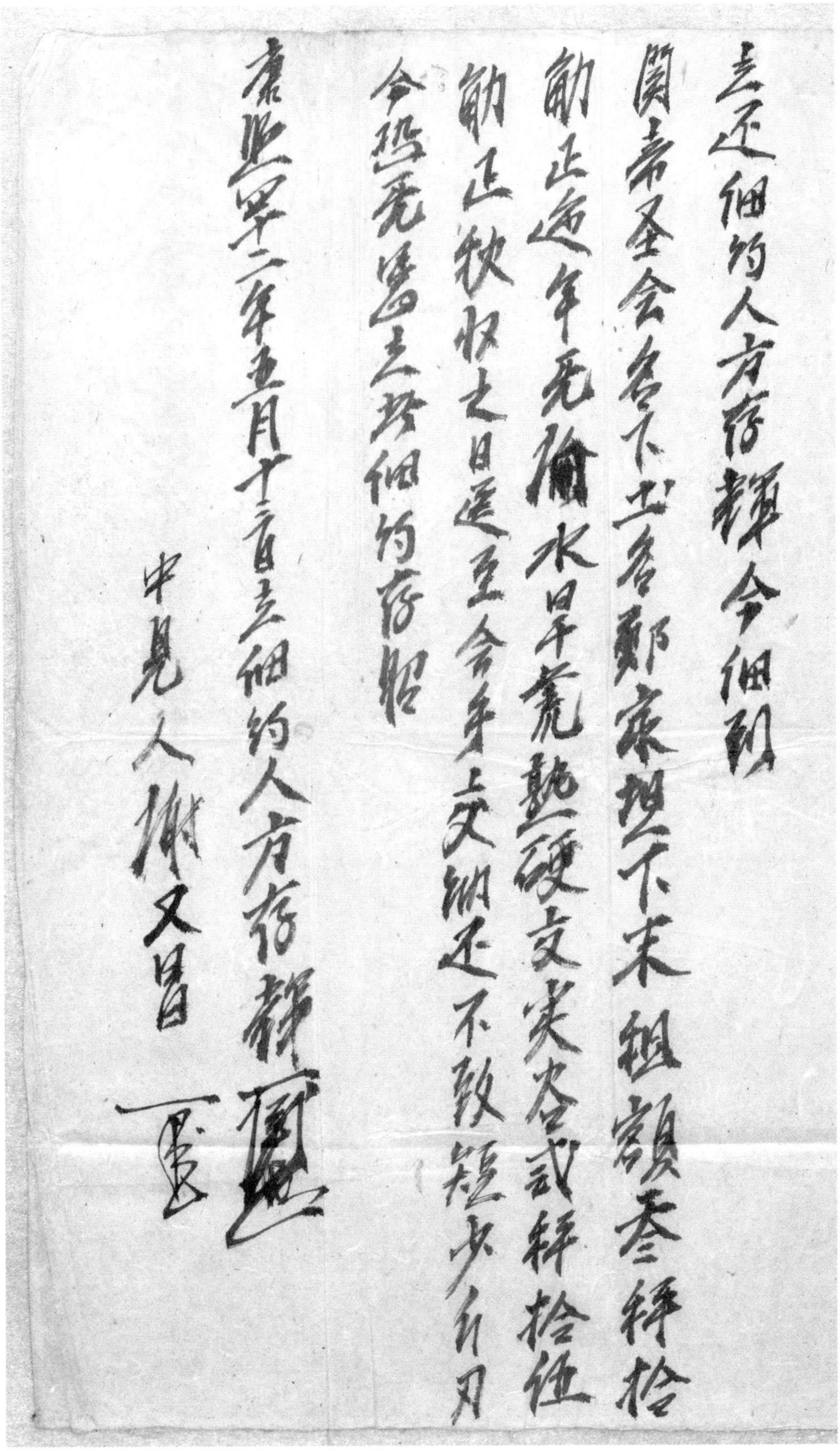
立還佃約人方存輝，今佃到
閔帝聖會名下土名鄭家坦下末租額叁秤拾
勸正，遞年无論水旱荒熟，硬交實谷貳秤拾伍
勸正，秋收之日送至會手交納足，不致短少斤兩。
今恐無憑，立還佃約存照。
康熙四十二年五月十二日立還佃約人方存輝（押）
中見人汪又昌（押）

二

清乾隆十四年十二月某某縣曹海立攬到田佃租批

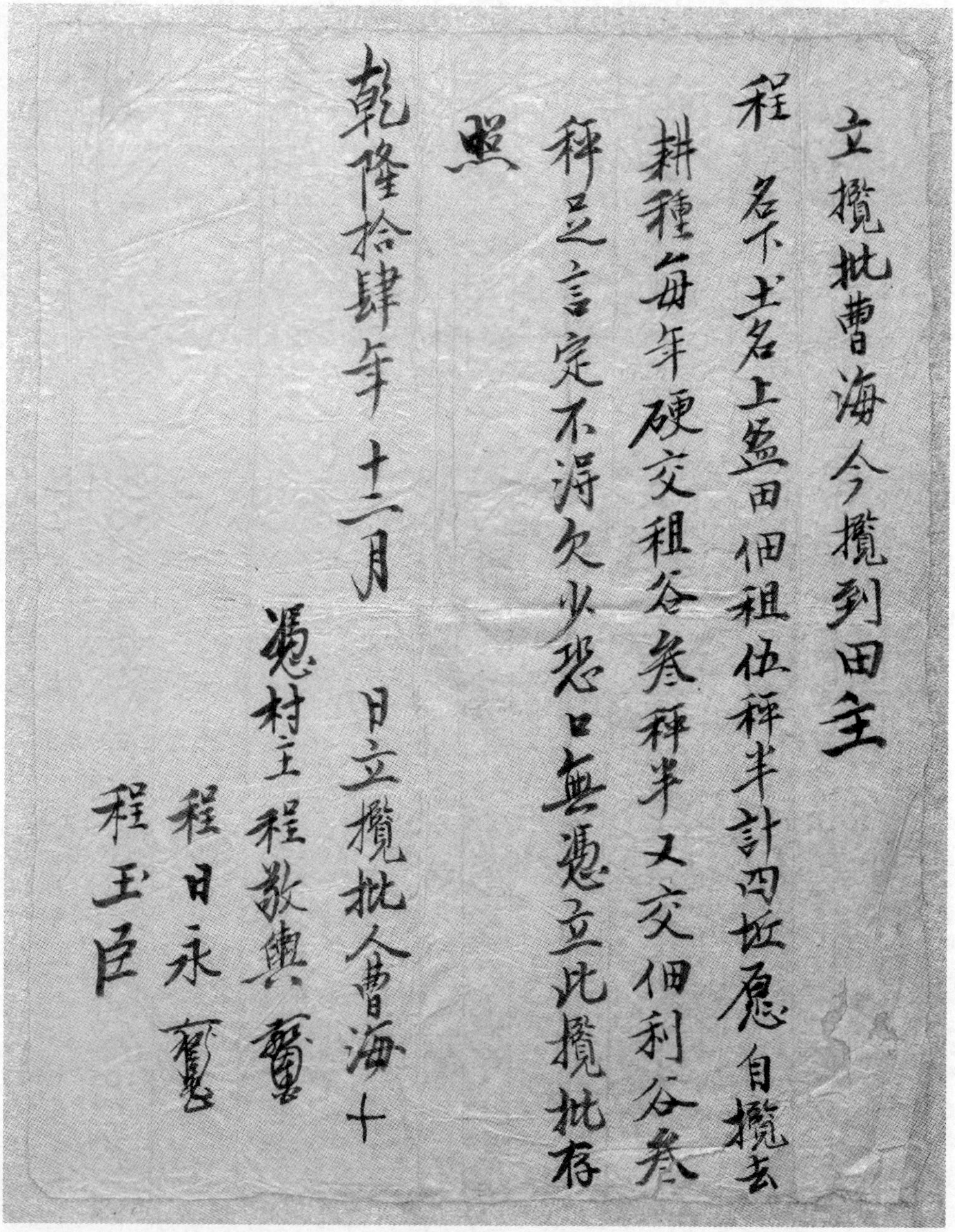

立攬批曹海今攬到田主

程　名下土名上塢田佃租伍秤半計四坵愿自攬去

耕種每年硬交租谷叁秤半又交佃利谷叁

秤足之言定不得欠少恐口無憑立此攬批存

照

乾隆拾肆年十二月　日立攬批人曹海十

憑村主程敬典（押）

程日永（押）

程玉臣

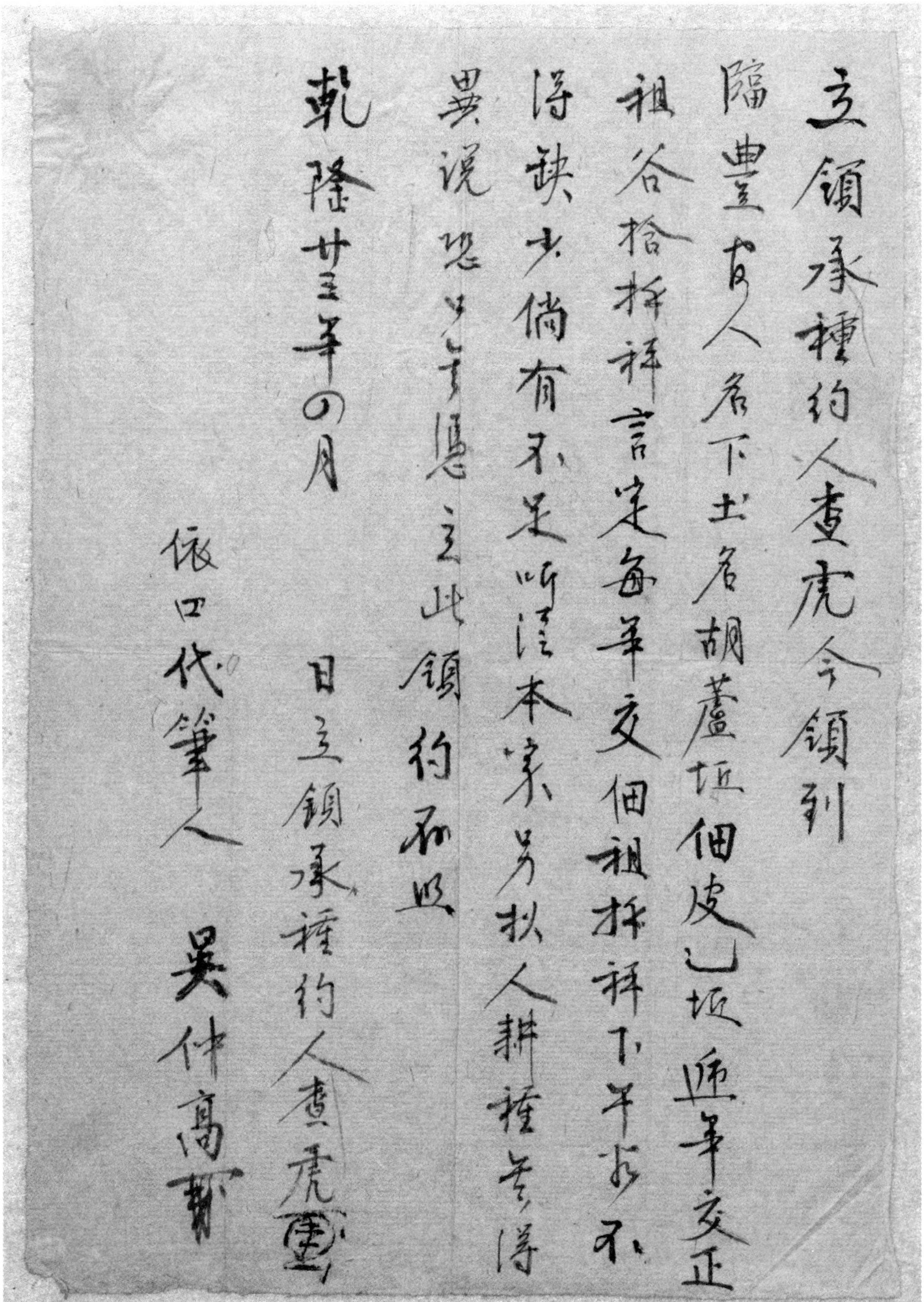

立領承種約人查虎今領到
臨豐友人名下土名胡蘆坵佃皮乙坵遞年交正
租谷拾捌秤言定每年交佃租捌秤下午少不
得缺少倘有不足听憑本家另扒人耕種無得
異說恐口無憑立此領約存照
乾隆廿三年四月　　日立領承種約人查虎（押）
依口代筆人　吳仲高（押）

清乾隆廿三年四月某某縣查虎立領承種佃皮約

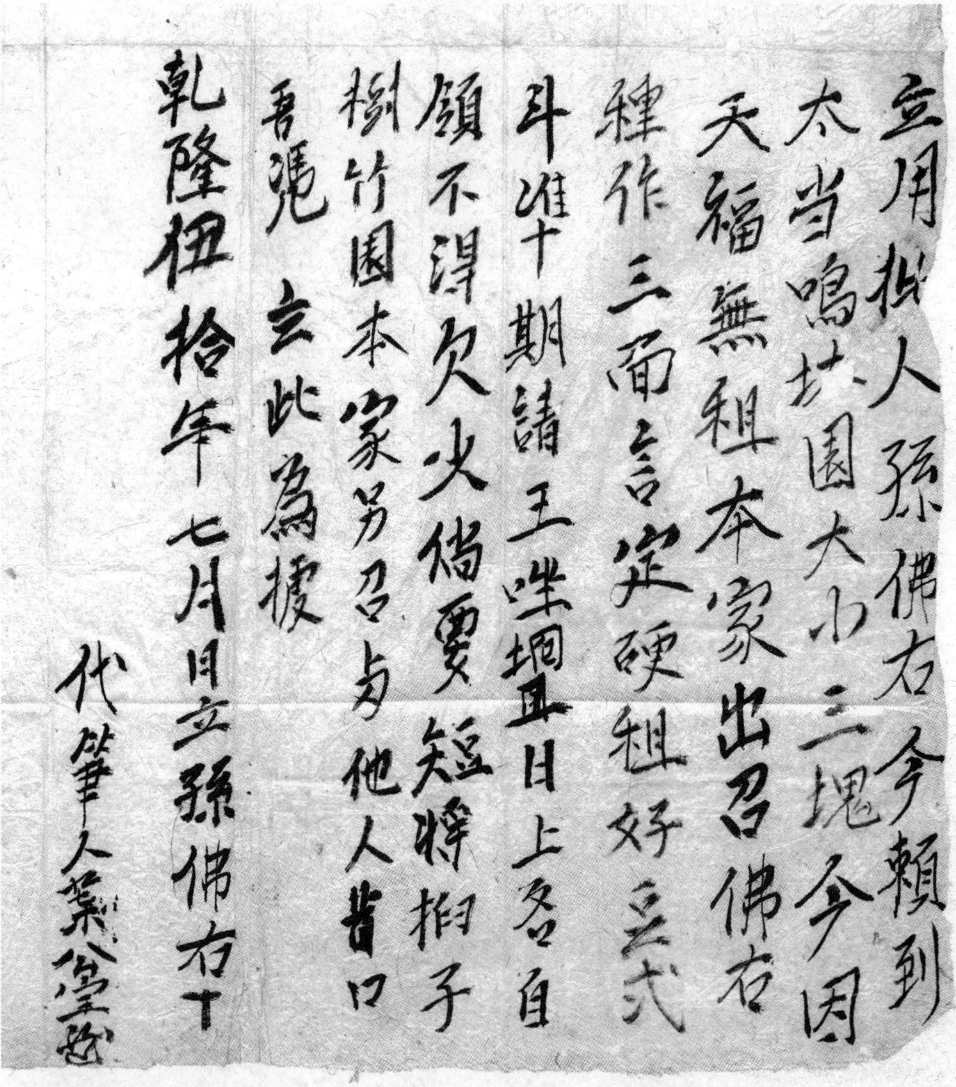
立用批人孫佛右今賴到
太当鳴坮園大小三塊今因
天福無租本家出召佛右
種作三面言定硬租好豆弍
斗准十期請王坐堛日上各自
領不淂欠少倘要短將樹子
樹竹園本家另召与他人皆口
吾憑立此爲據
乾隆伍拾年七月日立孫佛右十
代筆人葉公堂押

二

清乾隆五十年七月某某縣孫佛右立租種園地批

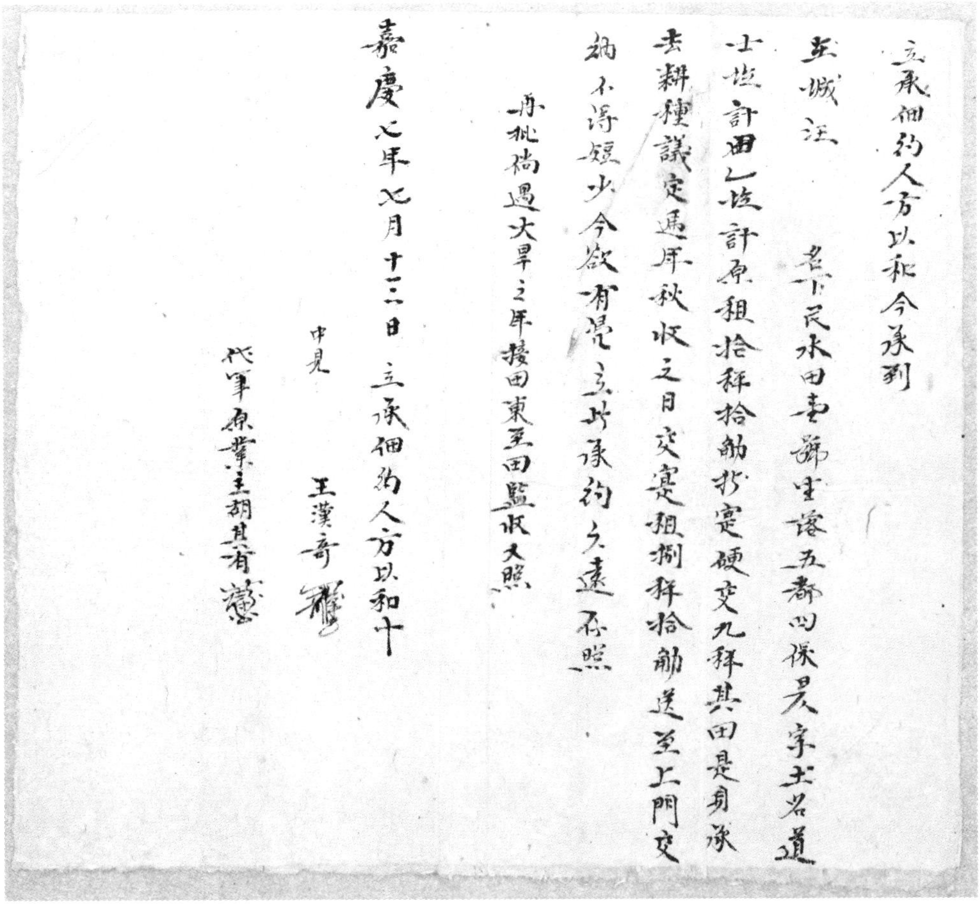

立承佃約人方以和，今承到
東城汪　　名下民水田壹號，坐落五都四保昃字，土名道
士坵，計田乙坵，計原租拾秤拾觔，折實硬交九秤，其田是身承
去耕種，議定遞年秋收之日交實租捌秤拾觔，送至上門交
納，不得短少。今欲有憑，立此承約久遠存照。
再批：倘遇大旱之年，接田東至田監收為照。
嘉慶七年七月十二日　立承佃約人方以和（押）
中見　王漢奇（押）
代筆原業主胡其有（押）

清嘉慶七年七月某某縣方以和立承佃民水田約

清嘉慶十年三月某某縣胡光鳳立承佃田皮約

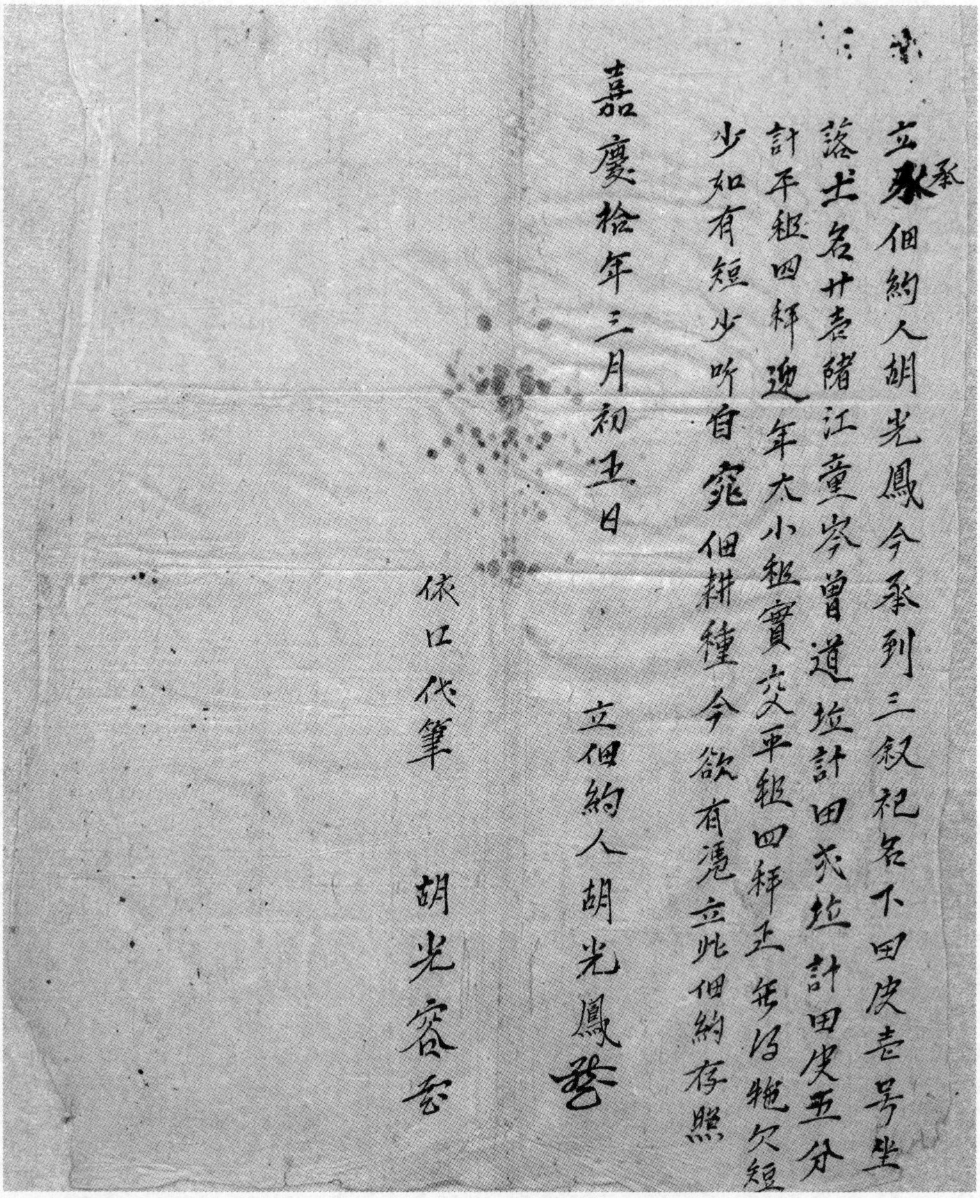

立承佃約人胡光鳳今承到三叔祀名下田皮壹号坐
落土名廿壹楮江童岑曾道坵計田弍坵計田皮五分
計平租四秤逐年大小租實交平租四秤正毋得拖欠短
少如有短少听自窕佃耕種今欲有凴立此佃約存照
嘉慶拾年三月初五日
立佃約人胡光鳳（押）
依口代筆胡光容（押）

清嘉慶十二年二月某某縣余殿南立承佃荒田約

立承佃約人前邑余殿南今承到
汪詠范胡胡五姓業主名下荒田壹號坐落土名黃土坪計田三大伍上首
縛户是身承去開荒耕種三面言定本年開荒十四年接業主下田
干收對半均分毋得挑抛今恐無憑立此承約存照

嘉慶十二年二月十九日立承約人前邑余殿南十
中見人汪光遠
代筆人江廷侯

二一

清嘉慶十九年三月某某縣邱賢臣立承田約

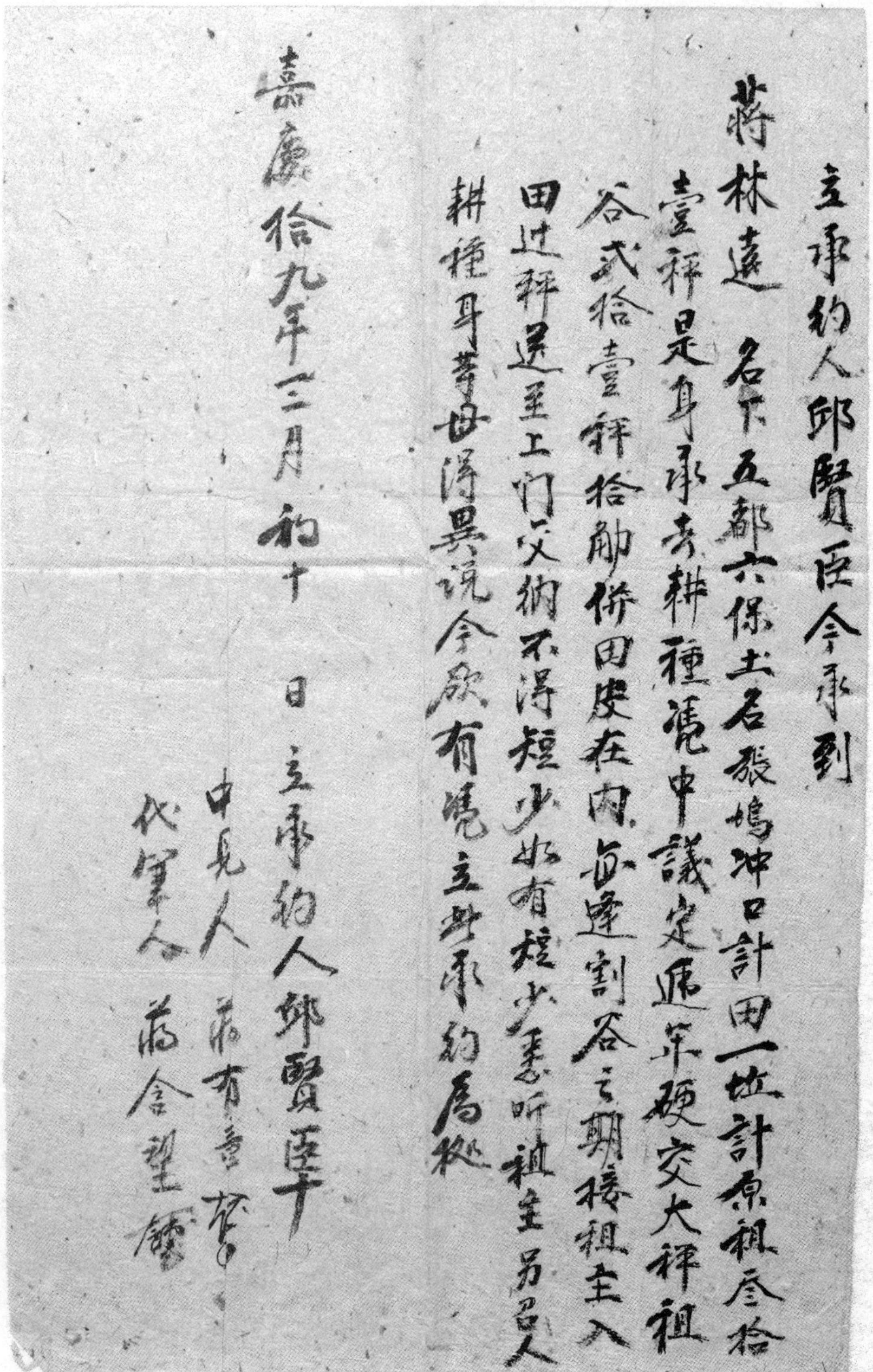
立承約人邱賢臣今承到
蔣林遠名下五都六保土名敖鳩冲口計田一坵，計原租叁拾壹秤，是身承去耕種。憑中議定每年硬交大秤租谷貳拾壹秤拾觔，併田皮在內。每逢割谷之期，接租主入田过秤，送至上门交纳，不得短少。如有短少，悉听租主另召人耕種，身等毋得異説。今欲有憑，立此承約為據。

嘉慶拾九年三月初十日　立承約人邱賢臣（押）
中見人　蔣有音（押）
代筆人　蔣金望（押）

二

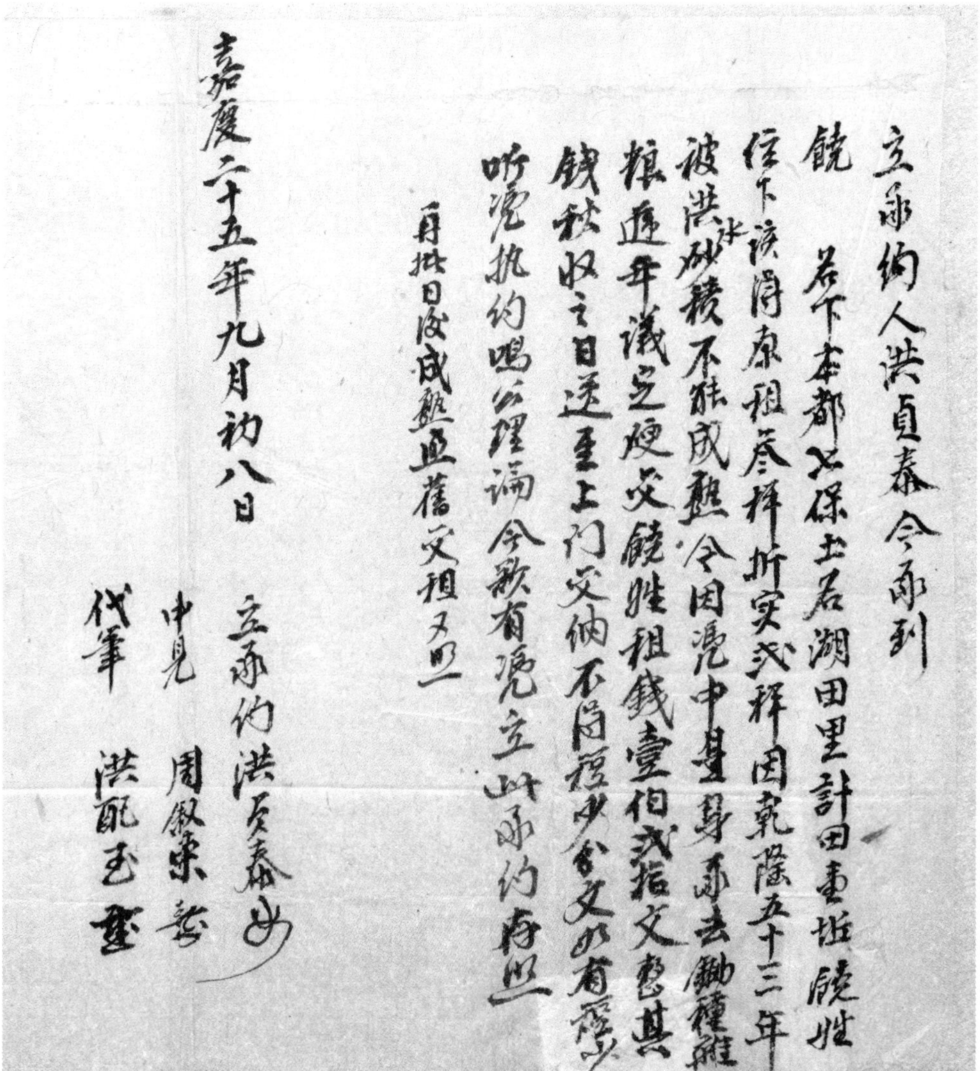
立承約人洪貞泰今承到
饒　名下本都弍保土名湖田里計田壹坵饒姓
住下該得原租叁秤折實弍秤因乾隆五十三年
被洪水砂積不能成熟今因憑中量身承去鋤種雜
粮遞年議定硬交饒姓租錢壹伯弍拾文整其
錢秋收之日送至上门交纳不得短少分文如有短少
听憑执约鳴公理論今欲有憑立此承約存照
　　自批日後成熟照舊交租又照
嘉慶二十五年九月初八日
　　　　立承約洪貞泰
　　　　中見　周叙榮
　　　　代筆　洪配玉

清嘉慶二十五年九月某某縣洪貞泰立承田約

二

清道光四年八月〔祁門縣〕胡良盛立承佃田約

大清道光四年八月念一日 立承佃約人胡良盛

二

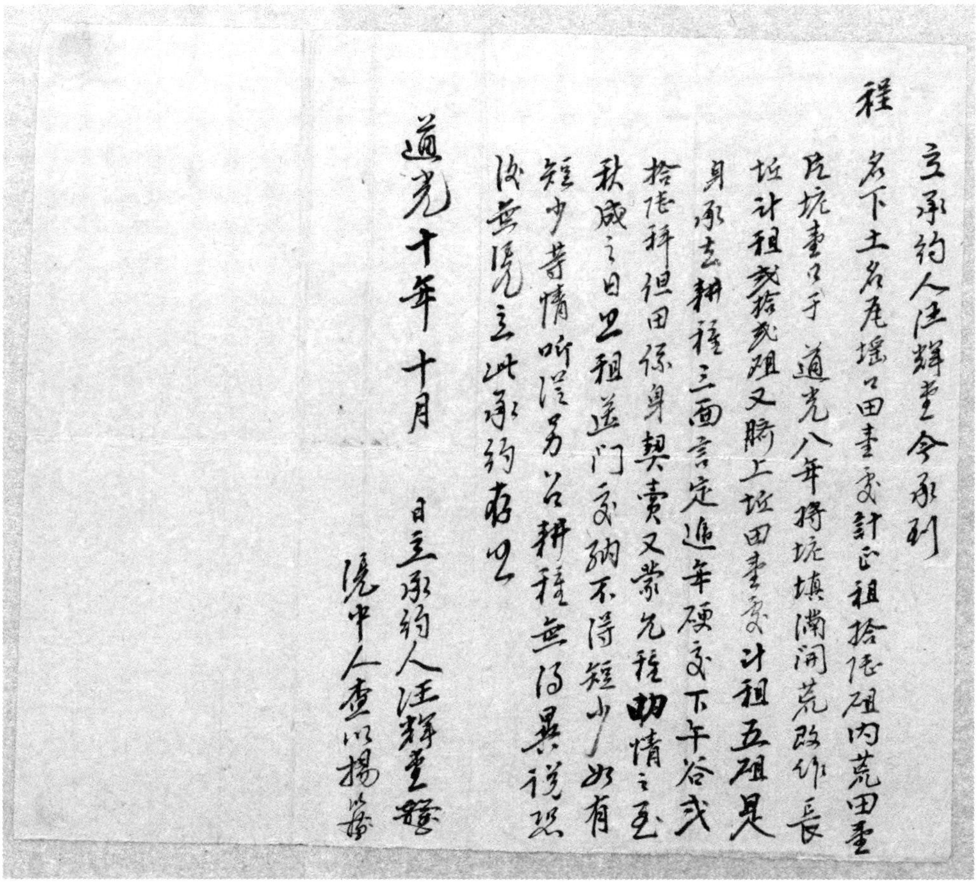

程

立承約人汪輝堂今承到

名下土名庵塢口田壹丘計正租拾伍砠內荒田壹

片坑壹口，于道光八年將坑填滿開荒改作長

坵計租貳拾貳砠，又將上坵田壹丘計租五砠，是

身承去耕種，三面言定遞年硬交下午谷貳

拾伍秤。但田係身契賣，又蒙允種，叨情之至。

秋收之日上租送門交納，不得短少。如有

短少等情，聽從另召耕種，無得異說。恐

後無憑，立此承約存照。

道光十年十月　日立承約人汪輝堂（押）

憑中人查以揚（押）

清道光十年十月某某縣汪輝堂立承田約

二

清道光十二年閏九月某某縣朱福孫立承到糞草田皮約

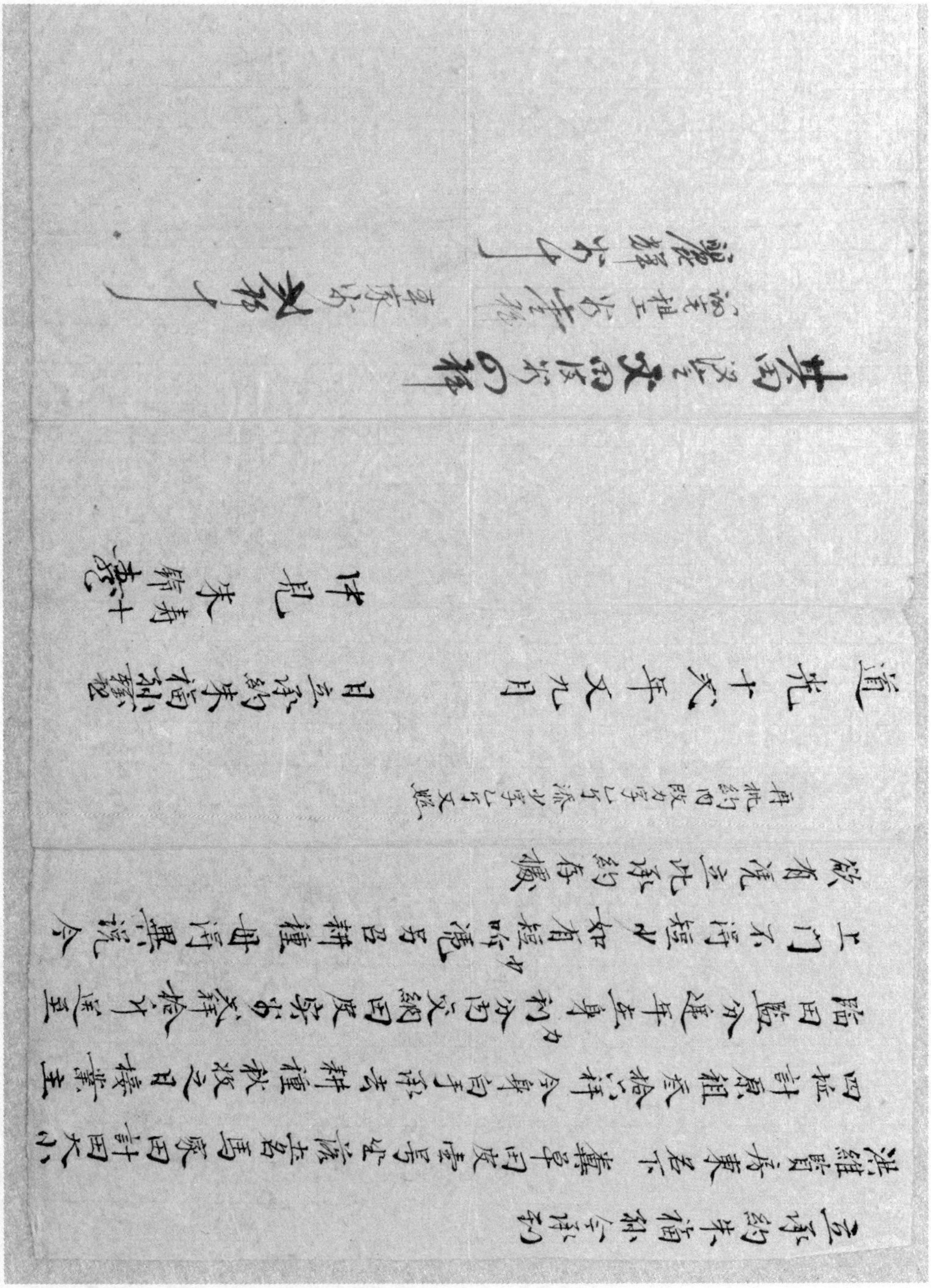
立承約朱福孫今承到
洪維賢房東名下糞草田皮壹号，坐落土名馬家田，計田大小
四坵，計原租叁拾六秤。今身白手承去耕種，秋收之日，㨿業主
臨田監分，進年在身利分力内交納田皮米叁秤拾斤，送至
上門，不得短少。如有短少，聽凴另召耕種，毋得異說。今
欲有凭，立此承約存㨿。
再批：約内改力字乙个，添少字乙个，又照。
道光十弍年又九月　日立承約朱福孫（押）
中見　朱壽（十）
　　　朱錦（押）

其田皮當文田皮米四秤
承宅祖上米壹秤
麗輝米十斤
本家米弍秤十斤

二

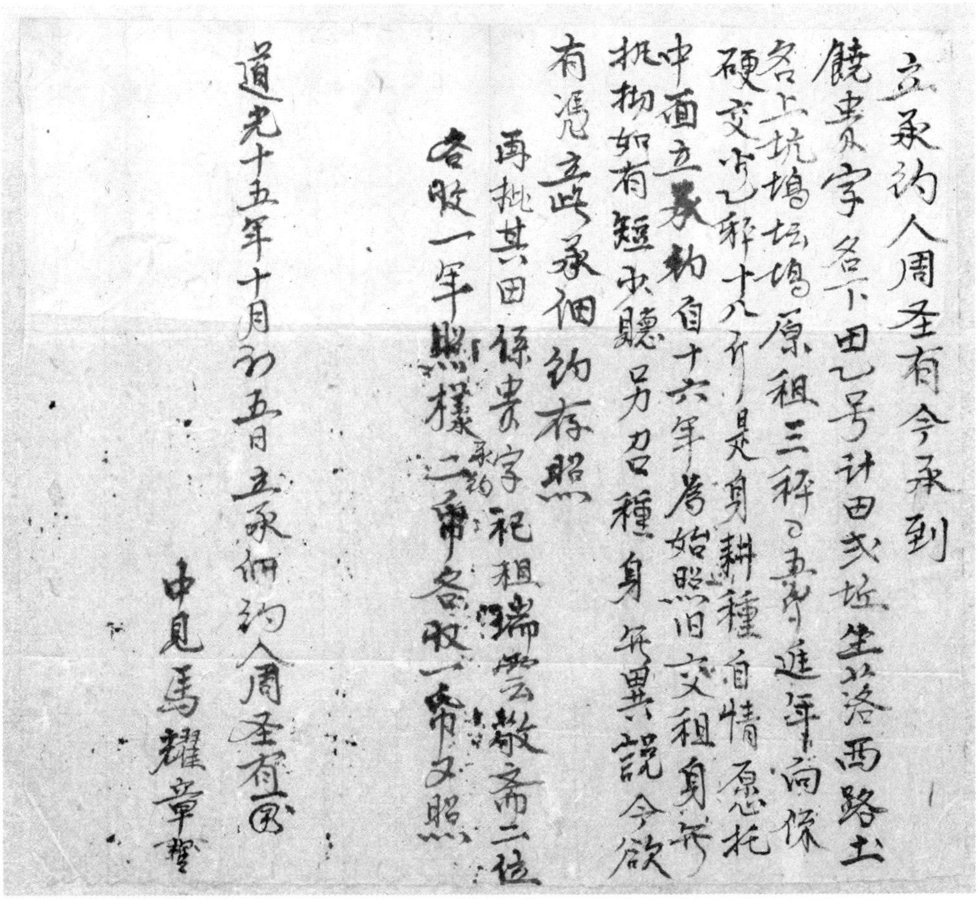
立承約人周圣有今承到
饒貴字各下田乙号計田弍坵坐落西路土
名上坑塢坵塢原祖三秤乙五斤進年向係
硬交谷乙秤十八斤是身耕種自情愿托
中面立承約自十六年為始照旧交租身無
抛拗如有短少聽另召種身無異說今欲
有憑立此承佃約存照
再批其田係貴字祀祖瑞雲敬齋二位承約
各收一年照樣二帋各收一帋爲照
道光十五年十月初五日立承佃約人周圣有（押）
中見馬耀章（押）

清道光十五年十月某某縣周聖有立承田約

清道光廿七年七月某某縣某姓國嘉等立召租山約

立召約文晁公祀國嘉仝侄應奎等緣有四保土名乾田塢山一號迭年公議交納租錢五百文又梅園塆山一號迭年公議交納租典錢四百文今召秩下光前根前去興種花利苗木期定五月初一日付楚不得短少分文如違听憑改佃無得異說恐口無凭立此召約為據

道光廿七年七月十八日

立承召約

國嘉 奉男書 押

應奎 押

二

清咸豐元年十二月某某縣汪財子立承租田約

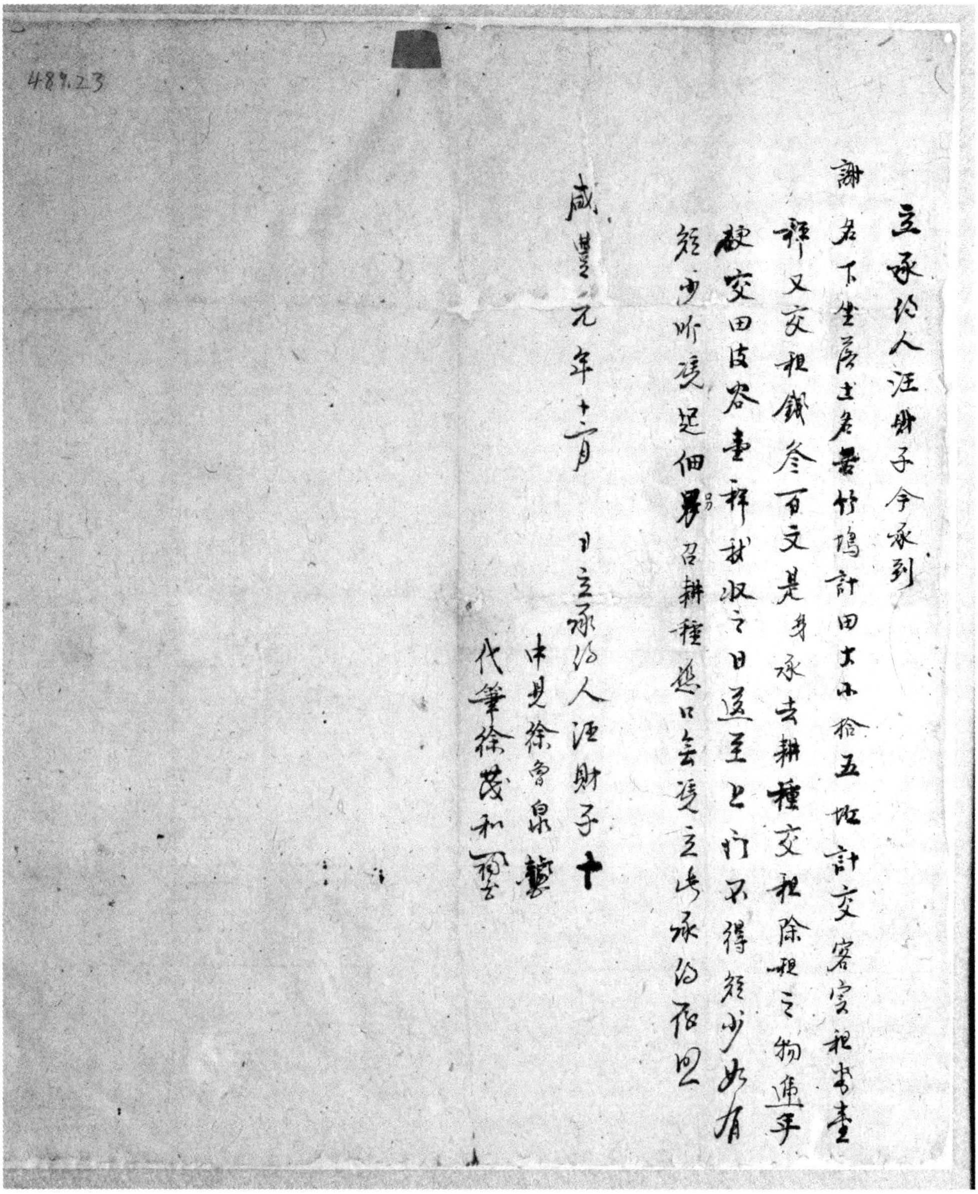

立承佃人汪財子今承到
謝名下坐落土名晉竹塢計田大小拾五坵計交客實租拾壹
秤又交租錢叁百文是身承去耕種交租除租之物准乎
硬交田皮客壹秤秋收之日送至上門不得短少如有
短少听凭退佃另召耕種退口無言立此承佃存照
咸豐元年十二月　日立承佃人汪財子（押）
中見徐會泉（押）
代筆徐茂和（押）

二

清咸豐二年六月某某縣吴灶有立承田字

立承字人吴灶有今承到耕
俞郁方名下田壹處，土名謝家湖，計租拾弍砠
拾斤正，是身承去耕種，言定無論時年豐
歉，遞年接踹田硬收下年淨小麦四砠，秈谷
拾砠。如有短少，即聽起佃。恐口無憑，立此承
字存照。

咸豐弍年六月　日立承字人吴灶有（押）
中見汪殿選（押）
依口代筆胡观陞（押）

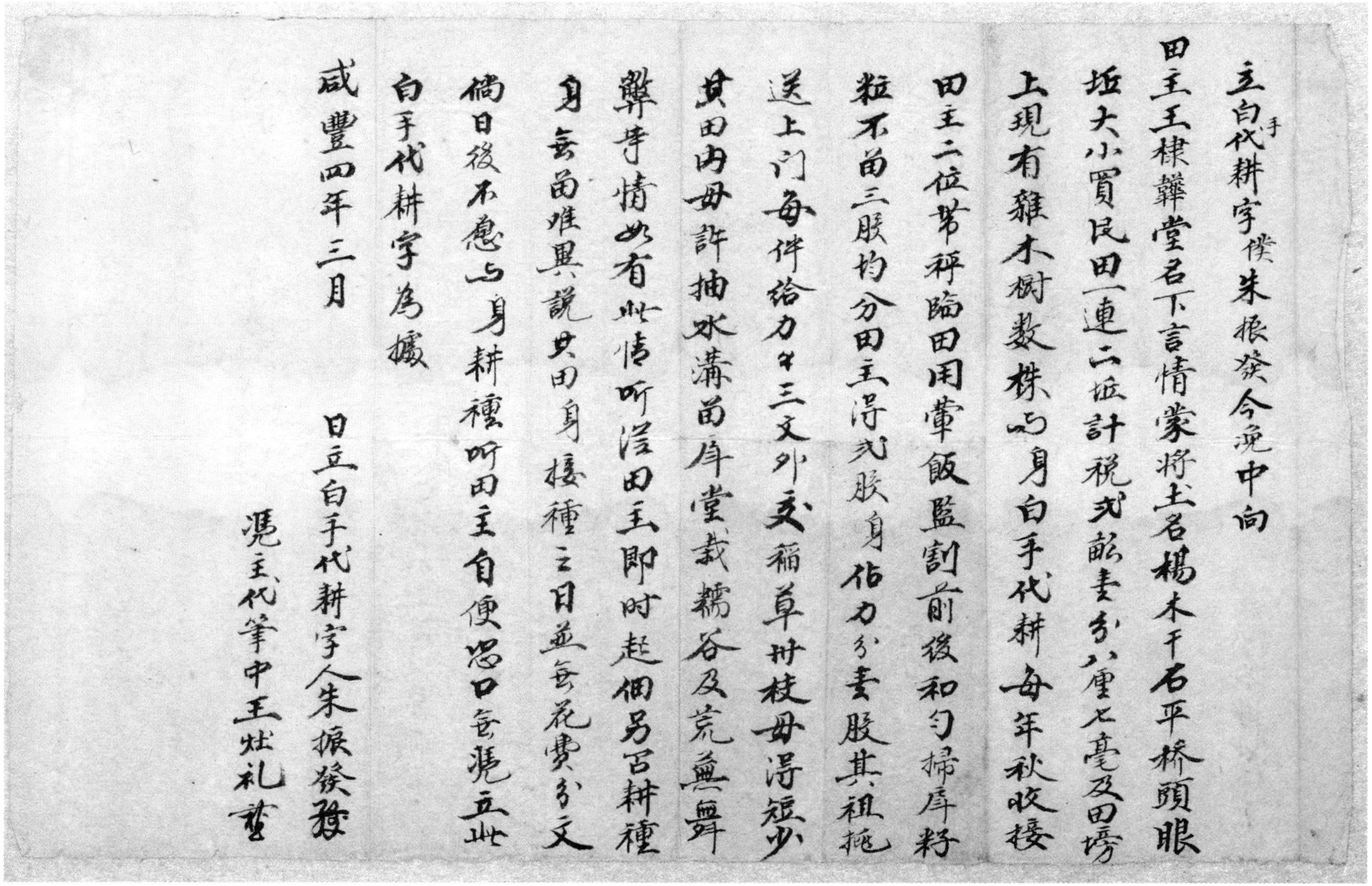
立白手代耕字僕朱振發今浼中向
田主王棣韡堂名下言情蒙將土名楊木干石平橋頭眼
坵大小買民田一連二坵計稅弍畝壹分八厘七毫及田塝
上現有雜木樹數株與身白手代耕每年秋收接
田主二位帶秤臨田用輋飯監割前後和勻掃淨籽
粒不苗三股均分田主得弍股身佔力分壹股其租拖
送上門每伴給力分三文外交稻草卅枝毋得短少
其田內毋許抽水滿苗厚堂栽糯谷及荒蕪舞
弊等情如有此情听從田主即時起佃另召耕種
身無苗難異說其田身接種之日並無花費分文
倘日後不愿與身耕種听田主自便恐口無憑立此
白手代耕字為據
咸豐四年三月　日立白手代耕字人朱振發
憑主代筆中王灶礼押

清咸豐四年三月某某縣朱振發立白手代耕大小買民田字

二

清咸豐十年二月某某縣李大風立承田約

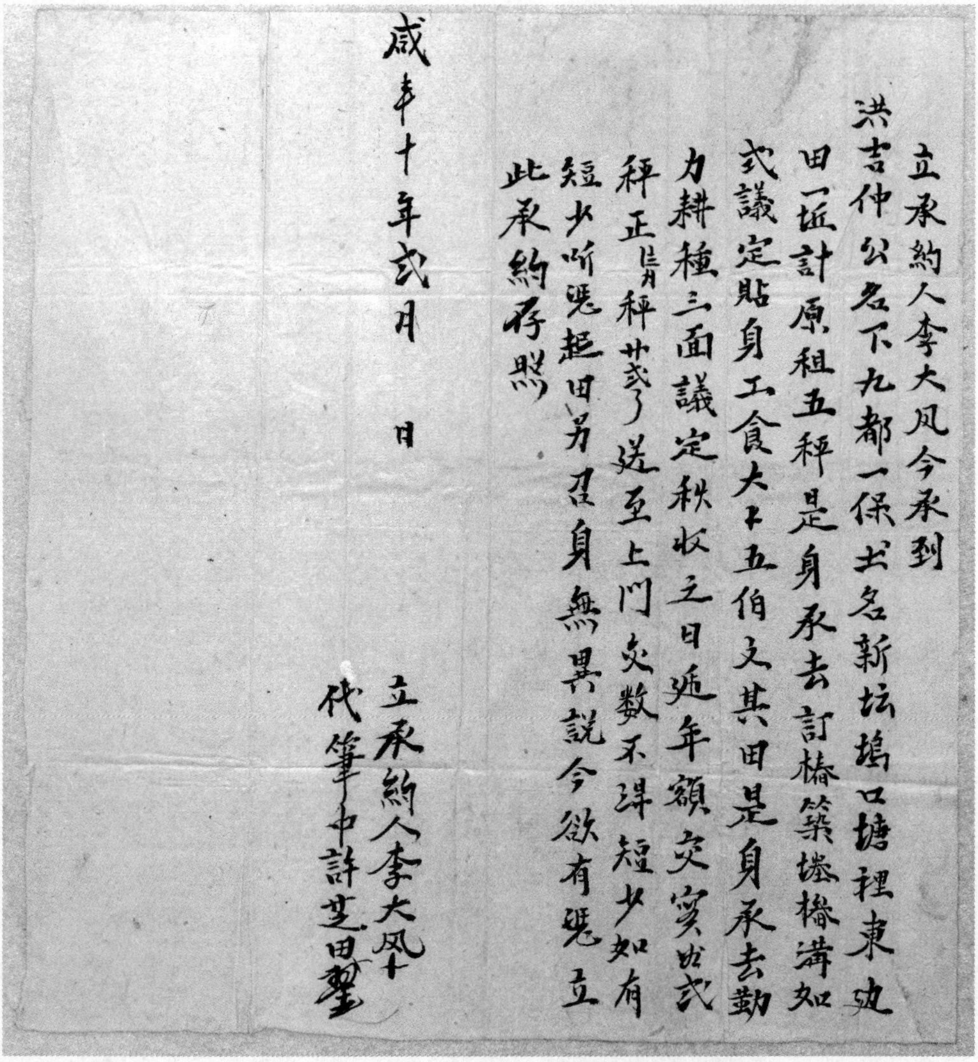

立承約人李大风今承到
洪吉仲公名下九都一保土名新坛塢口塘裡東边
田一坵計原租五秤是身承去訂椿築塝樁满如
式議定貼身工食大卜五伯文其田是身承去勤
力耕種三面議定秋收之日延年額交實谷弍
秤正旨月秤廿弍斤送至上門交數不得短少如有
短少听凭起田另召自身無異說今欲有凭立
此承約存照

咸豐十年弍月　日

立承約人李大风（押）
代筆中許芝田（押）

二

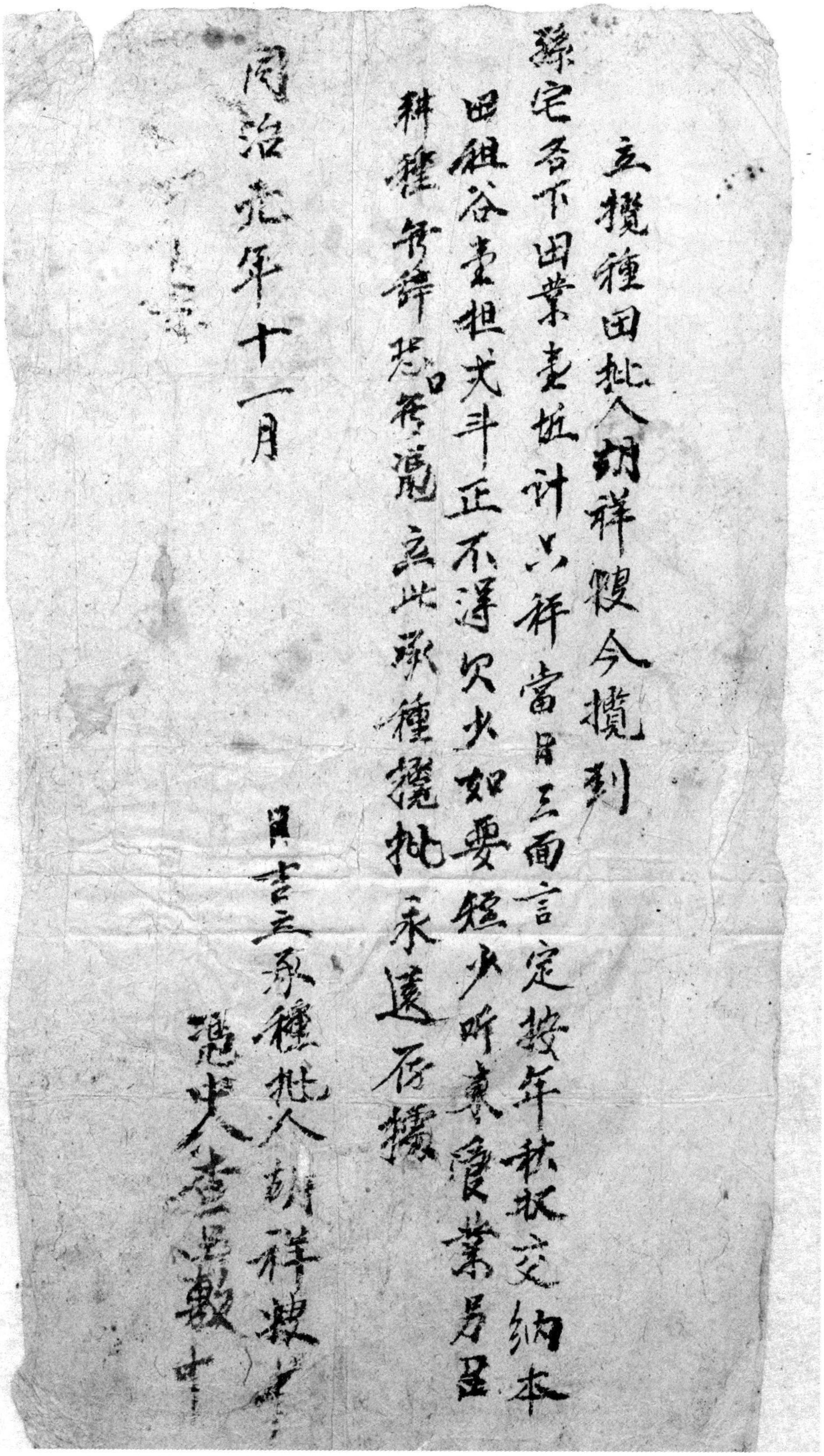

立攬種田批人胡祥嫂今攬到
縣宅名下田業土坵計六秤當日三面言定按年秋收交納本
田租谷壹担弍斗正不得欠少如要短少聽東食業另召
耕種無辞恐口無憑立此承種攬批永遠存據
同治元年十一月　日吉立承種批人胡祥嫂（押）
憑中人查墨數（押）

清同治元年十一月某某縣胡祥嫂立攬種田批

二

清同治五年十二月某某縣余義發立承佃田約

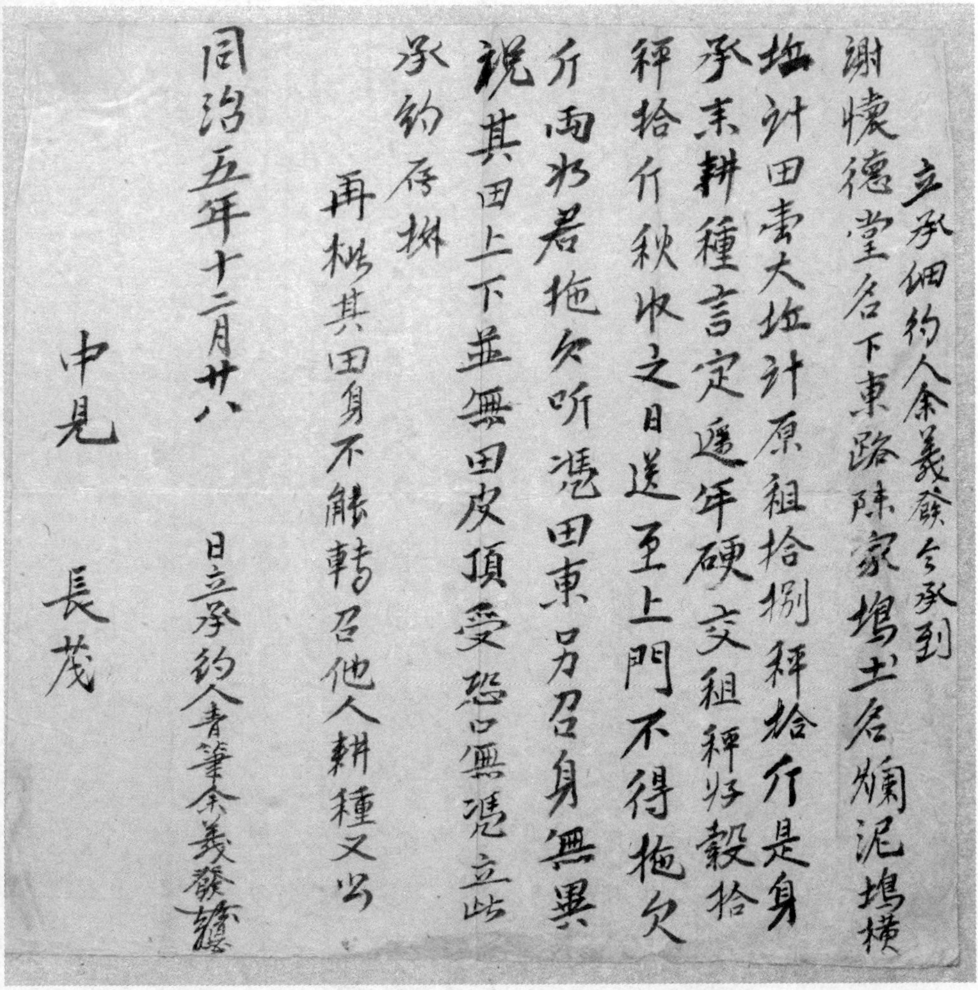

立承佃約人余義發今承到
謝懷德堂名下東路陳家塢土名爛泥塢橫
坵計田壹大坵計原租拾捌秤拾斤是身
承來耕種言定遞年硬交租秤好穀拾
秤拾斤秋收之日送至上門不得拖欠
斤兩如若拖欠听憑田東另召身無異
說其田上下並無田皮頂受恐口無憑立此
承約存據
再批其田身不能轉召他人耕種又照
同治五年十二月廿八日立承約人青筆余義發
中見　長茂

清同治十年十二月某某縣程吉慶立承種田約

立承種人程吉慶今種到
程細田耕堂名下米羅塢田一業計田拾七坵原租
谷九担六斗今三面言定不論豐熟乾旱
每年交過風淨下午谷四担四斗當年貼修渠
做塝工〆弍千四伯文修理尉貼以後渠内打砂
係是承種人修理不涉田東之事恐口無憑
立此承種存照

同治拾年　十二月　　日立承種人程吉慶十
憑中人張順高十
代筆程敘川押

清光緒五年三月某某縣方起發立承田字

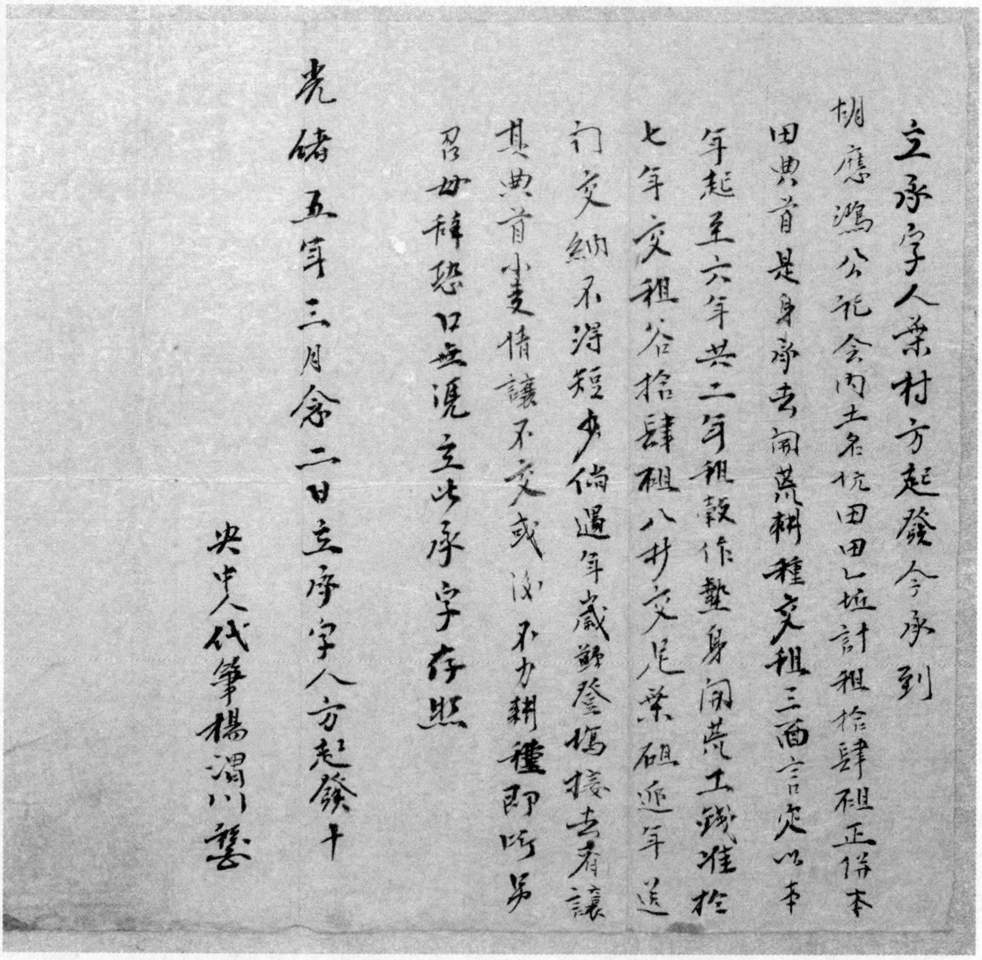
立承字人棠村方起發，今承到
胡應鴻公祀會內土名坑田田乙坵，計租拾肆秤正，係本
田典首是身承去開荒耕種，交租三硒，言定以本
年起至六年共二年租穀作墊身開荒工錢，准於
七年交租谷拾肆秤八斤，交足棠硒，逐年送
門交納，不得短少。倘遇年歲歉登，憑接去看讓。
其典首小麦情讓不交。或後不力耕種，即聽另
召，毋辭。恐口無憑，立此承字存照。
光緒五年三月念二日立承字人方起發（押）
央中人代筆楊渭川（押）

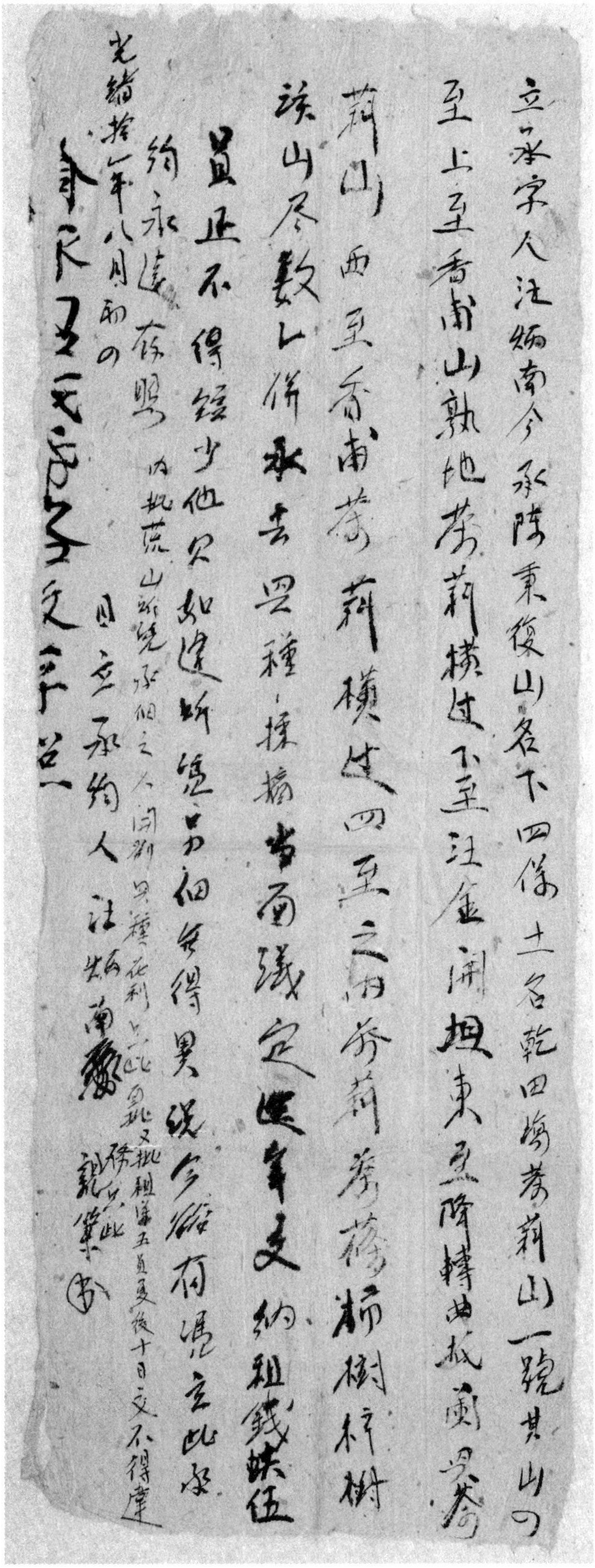
立承字人汪炳南今承陳秉俊山名下四保土名乾田塢茶萪山一號，其山四
至上至香甫山熟地茶萪横過，下至汪金開坦，東至降轉曲抵兩畀茶
萪山，西至香甫茶萪横過。四至之内茶萪茶萪(?)楠樹梓樹，
該山盡數出佃承去開種、採摘，當面議定逐年交納租錢洋伍
員正，不得短少他欠，如違聽憑另佃，無得異説。今欲有憑，立此承
約永遠存照。　　内批：荒山所見承佃之人開割與種，花利與此無涉(?)。又批：租洋五員遞後十日交，不得少(?)
光緒拾壹年八月初四日立承約人汪炳南（押）
孫(?)此(?)親筆（押）
余艮五元正今交年足(?)

清光緒十一年八月某某縣汪炳南立承茶萪山字

清光緒十八年九月〔祁門縣〕方春泰等立承佃民水田約

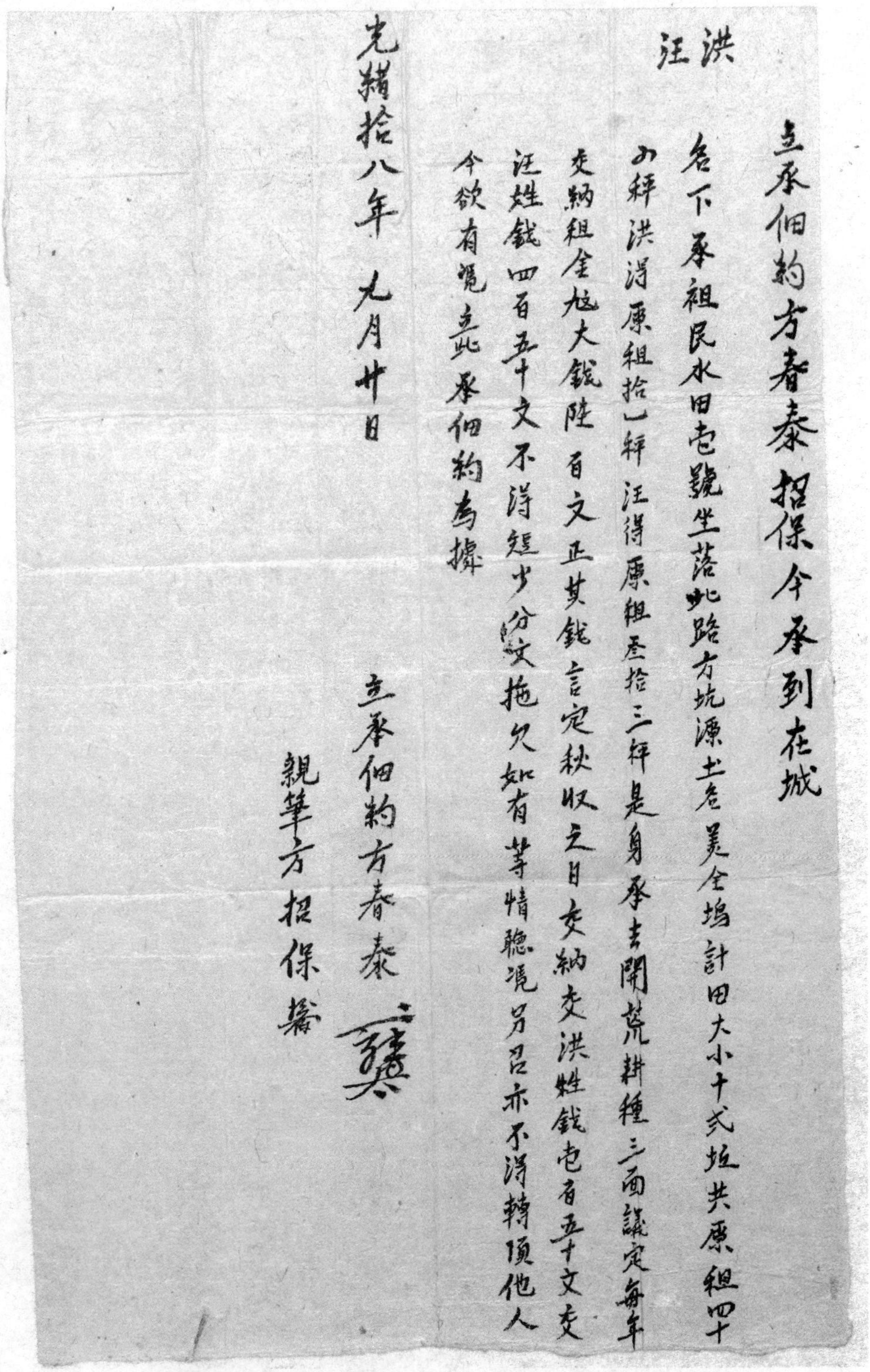

立承佃約方春泰、招保，今承到在城
洪
汪名下承祖民水田壹號，坐落北路方坑源，土名羹全塢，計田大小十弍坵，共原租四十
四秤，洪得原租拾一秤，汪得原租叁拾三秤。是身承去開荒耕種，三面議定每年
交納租金九大錢陸百文正，其錢言定秋收之日交納，交洪姓錢壹百五十文，交
汪姓錢四百五十文，不得短少分文拖欠。如有等情，聽憑另召，亦不得轉頂他人。
今欲有憑，立此承佃約為據。

立承佃約方春泰（押）
親筆方招保（押）

光緒拾八年九月廿日

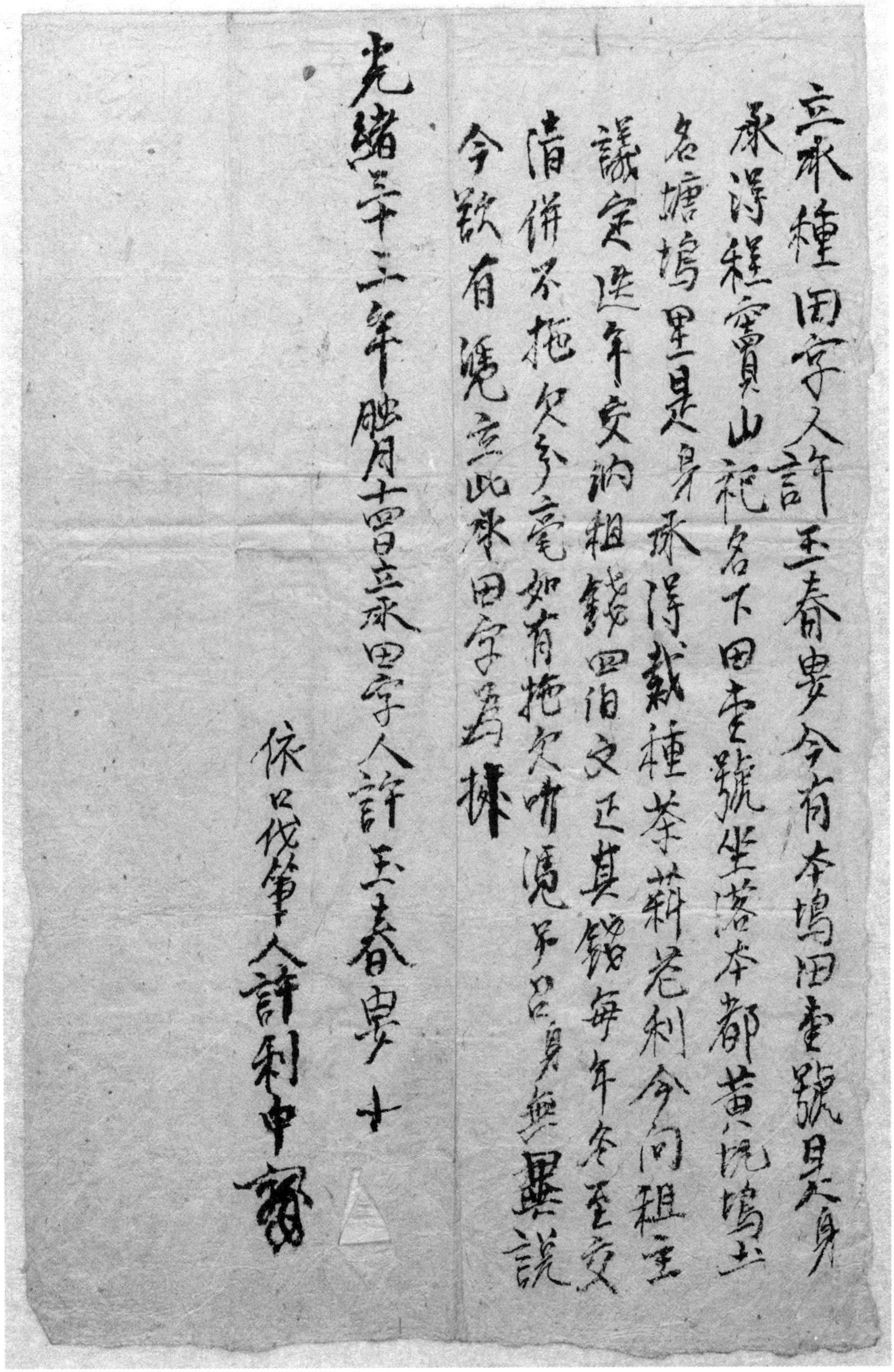
立承種田字人許玉春嫂今有本塢田壹號是夫身
承得程寶山祀名下田壹號坐落本都黃坑塢土
名塘塢里是身承得栽種茶萪花利今向租主
議定逐年交納租錢四伯文正其錢每年冬至交
清并不拖欠分毫如有拖欠聽憑另召身無異說
今欲有憑立此承田字為據
光緒三十三年臘月十四日立承田字人許玉春嫂 十
依口代筆人許利中

清光緒三十三年十二月〔祁門縣〕許玉春嫂立承種田字

十、清康熙至民國年間租田地山場房屋等契約

（一）清嘉慶三年湖口縣張文廣承租土地山場契約

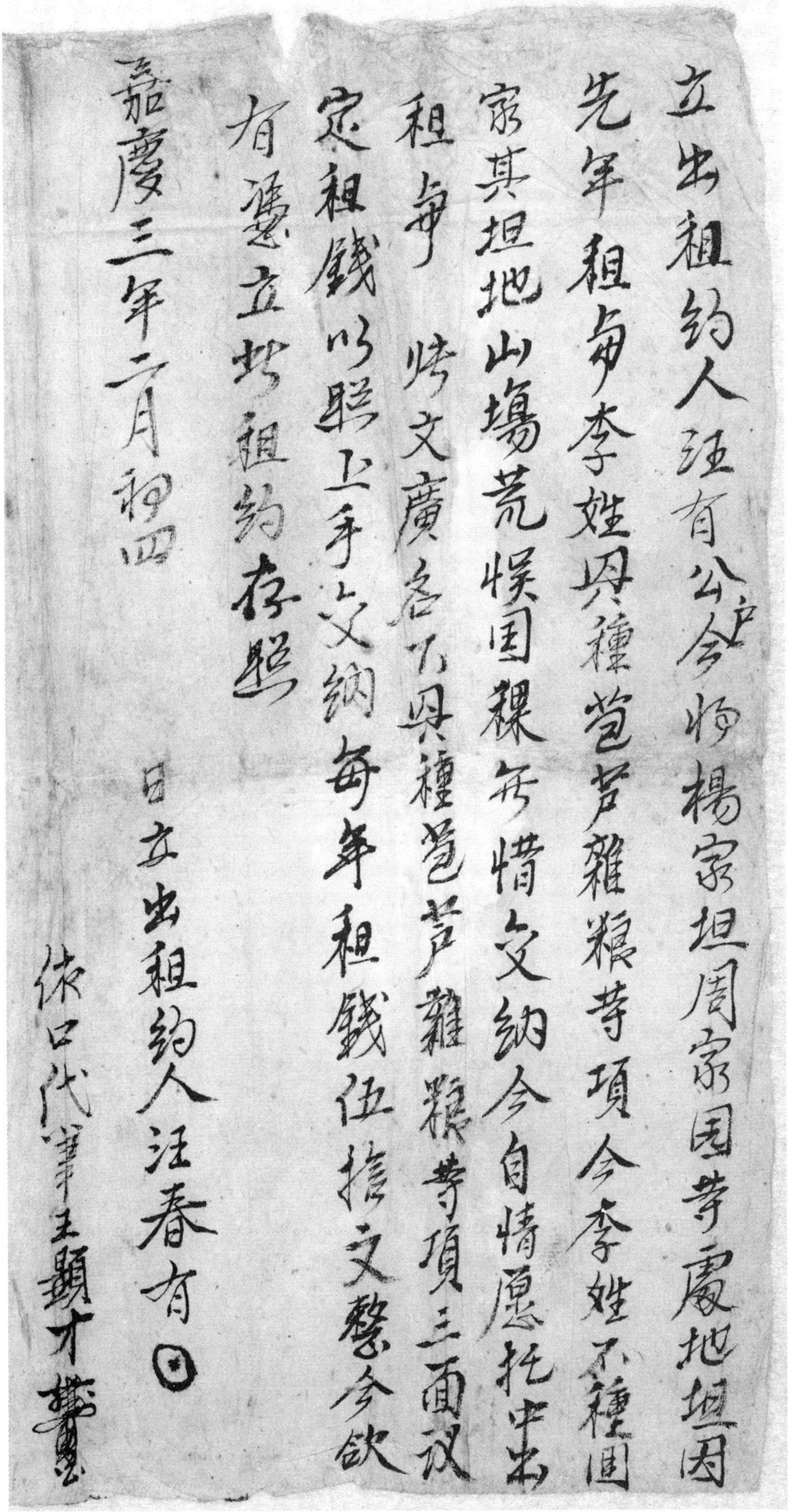
立出租約人汪有公户今將楊家坦周家園等處地坦因
先年租與李姓與種苞芦雜粮等項今李姓不種退
家其坦地山塲荒悮园稞無情交納今自情愿托中出
租與張文廣名下與種苞芦雜粮等項三面議
定租錢以照上手文納每年租錢伍拾文整今欲
有憑立出租約存照
嘉慶三年二月初四　日立出租約人汪春有（押）
依口代筆王顯才（押）

清嘉慶三年三月某某縣汪祖法户等立出租地坦約

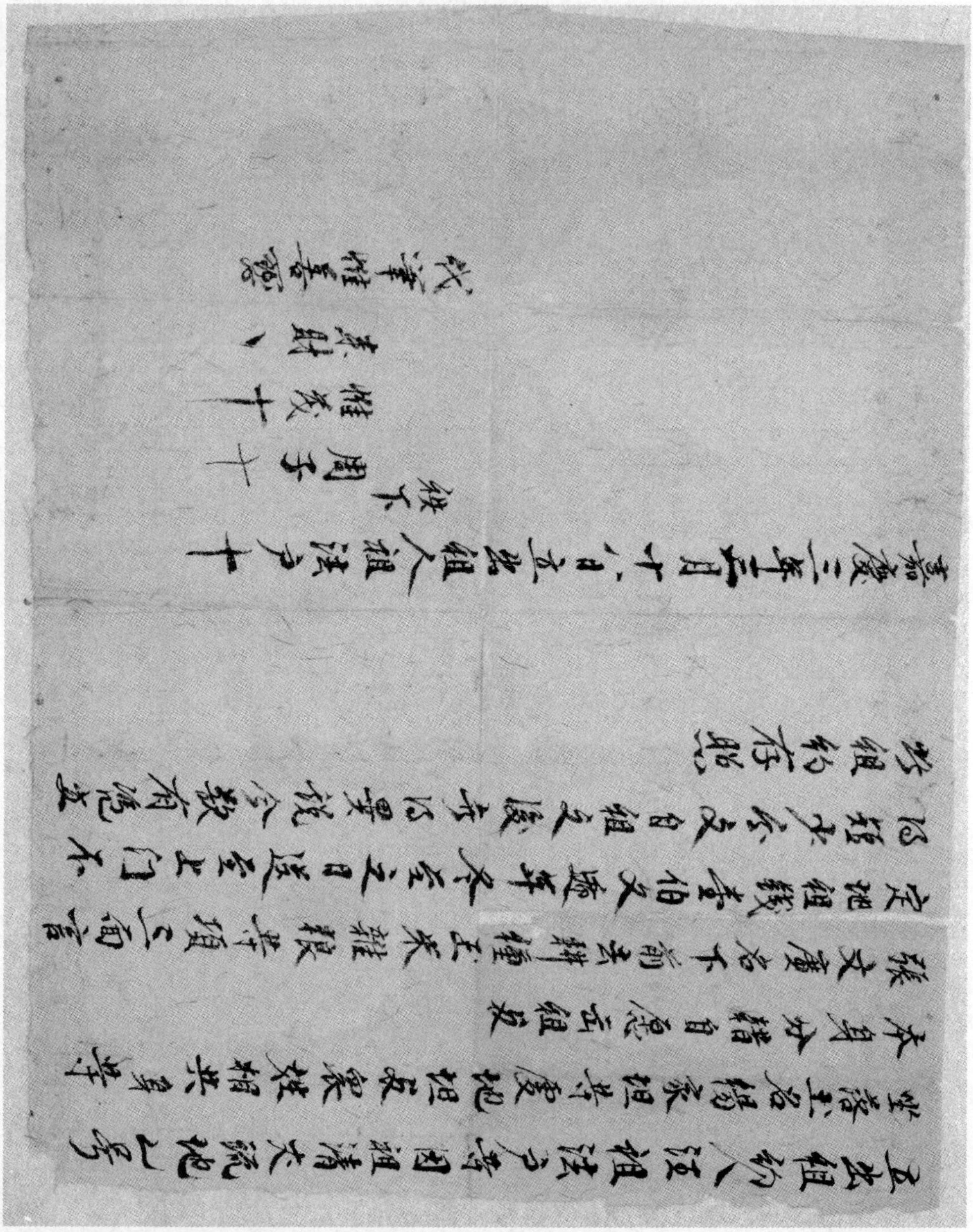
立出租約人汪祖法户等，因祖清丈疏地乙号，
坐落土名楊家坦等處地坦，及衆姓相共身等
本身分籍，自愿出租及
張文廣名下前去耕種玉米雜粮等項，三面言
定地租錢壹伯文，遞年冬至之日送至上门，不
得短少分文。自租之後，亦得異說。今欲有凴，立
此租約存照。

嘉慶三年三月十八日立出租人祖法户 十
秩下 周子 十
惟茂 十
来財 丶
代筆 惟善 （押）

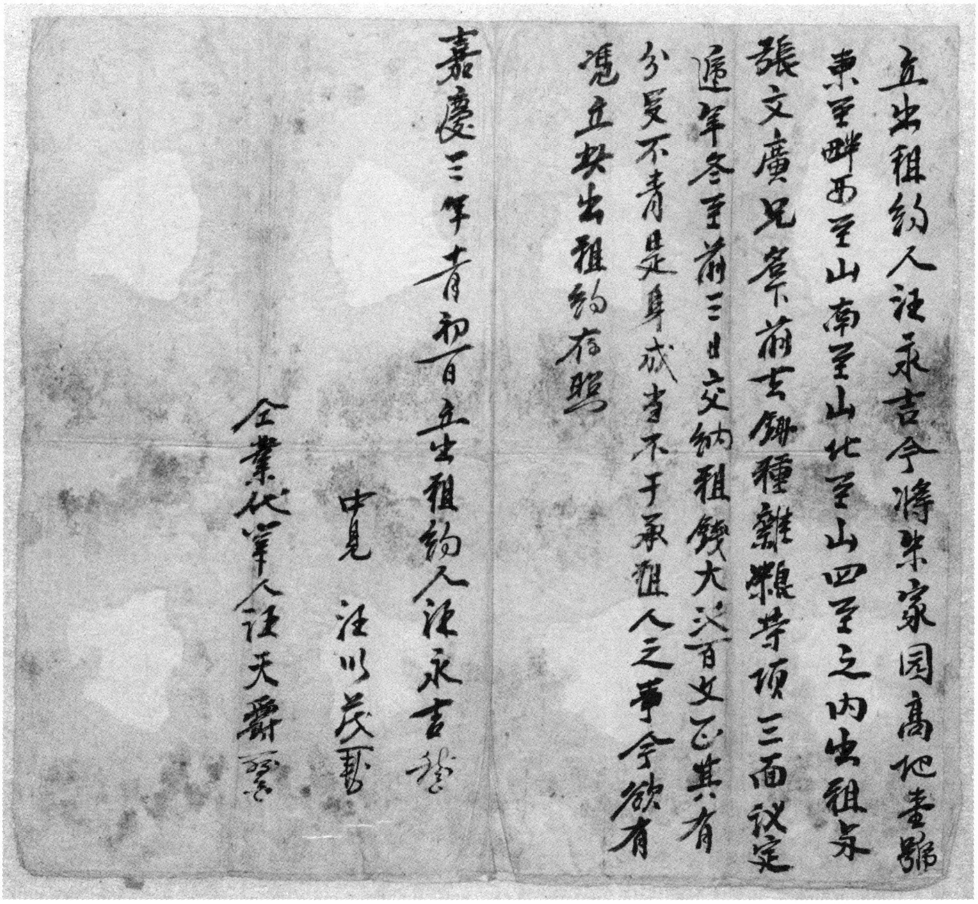

立出租約人汪永吉今將朱家园高地壹號
東至畔西至山南至山北至山四至之內出租与
張文廣兄業下前去鋤種雜糧等項三面议定
遞年冬至前三日交納租錢大六百文正其有
分文不欠是身成当不干承租人之事今欲有
憑立契出租約存照
嘉慶三年十一月初一日立出租約人汪永吉（押）
中見　汪以茂（押）
全業代筆人汪天爵（押）

清嘉慶三年十一月某某縣汪永吉立出租土地約

〔二〕清光緒十九年〔祁門縣〕歷溪塢王氏帖八公祀出租山場契約

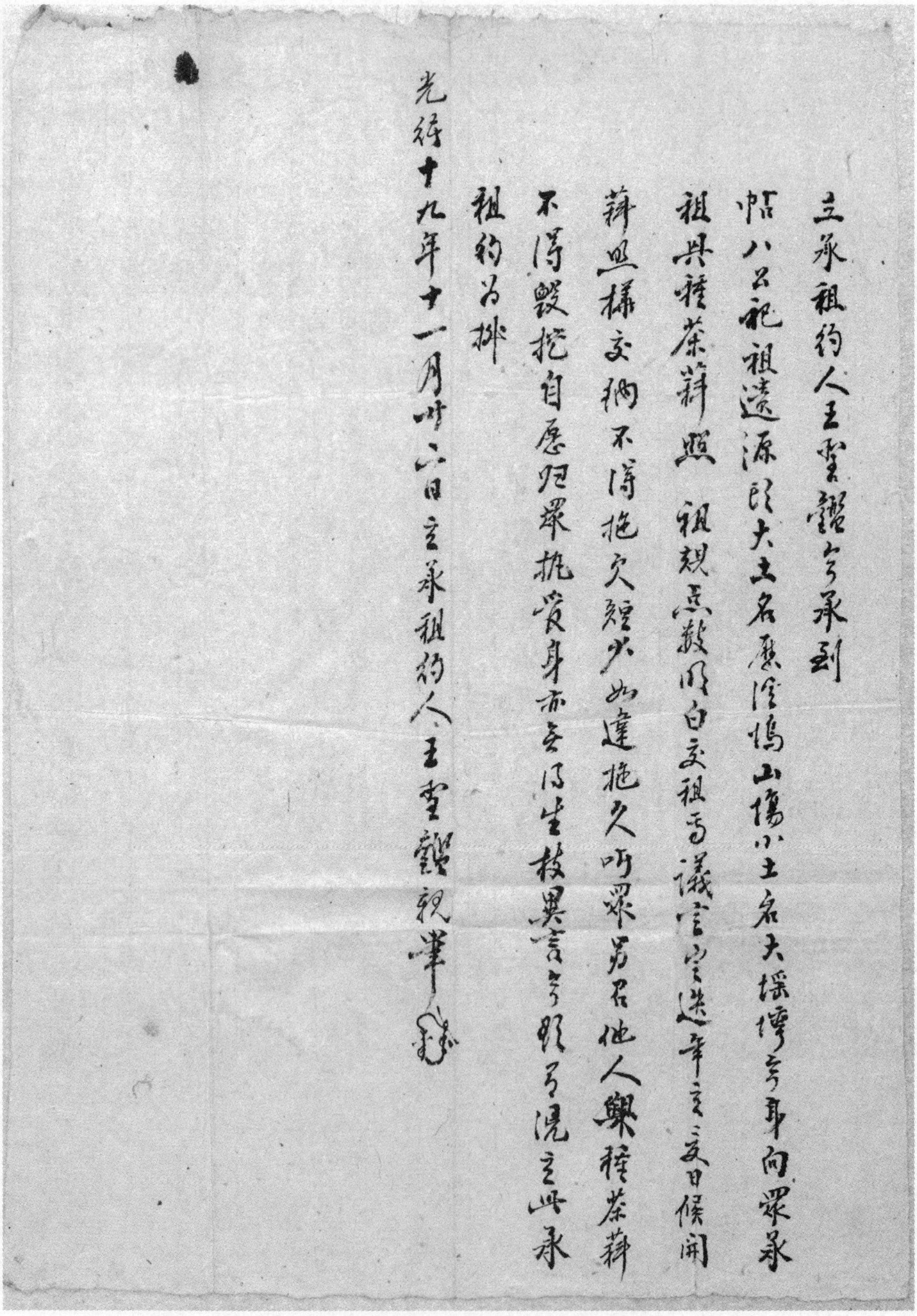
立承祖約人王聖鑑今承到
帖八公祀祖遗源頭大土名歷溪塢山場小土名大塚塆今身向衆承
祖興種茶薪照　祖規三穀同白交祖首議定迭年交交日候開
薪照樣交納不得拖欠短少如違拖欠聽衆另召他人興種茶薪
不得毀挖自愿歸衆執管身亦無得生枝異言今恐無憑立此承
祖約爲據
光緒十九年十一月廿六日立承祖約人王聖鑑親筆

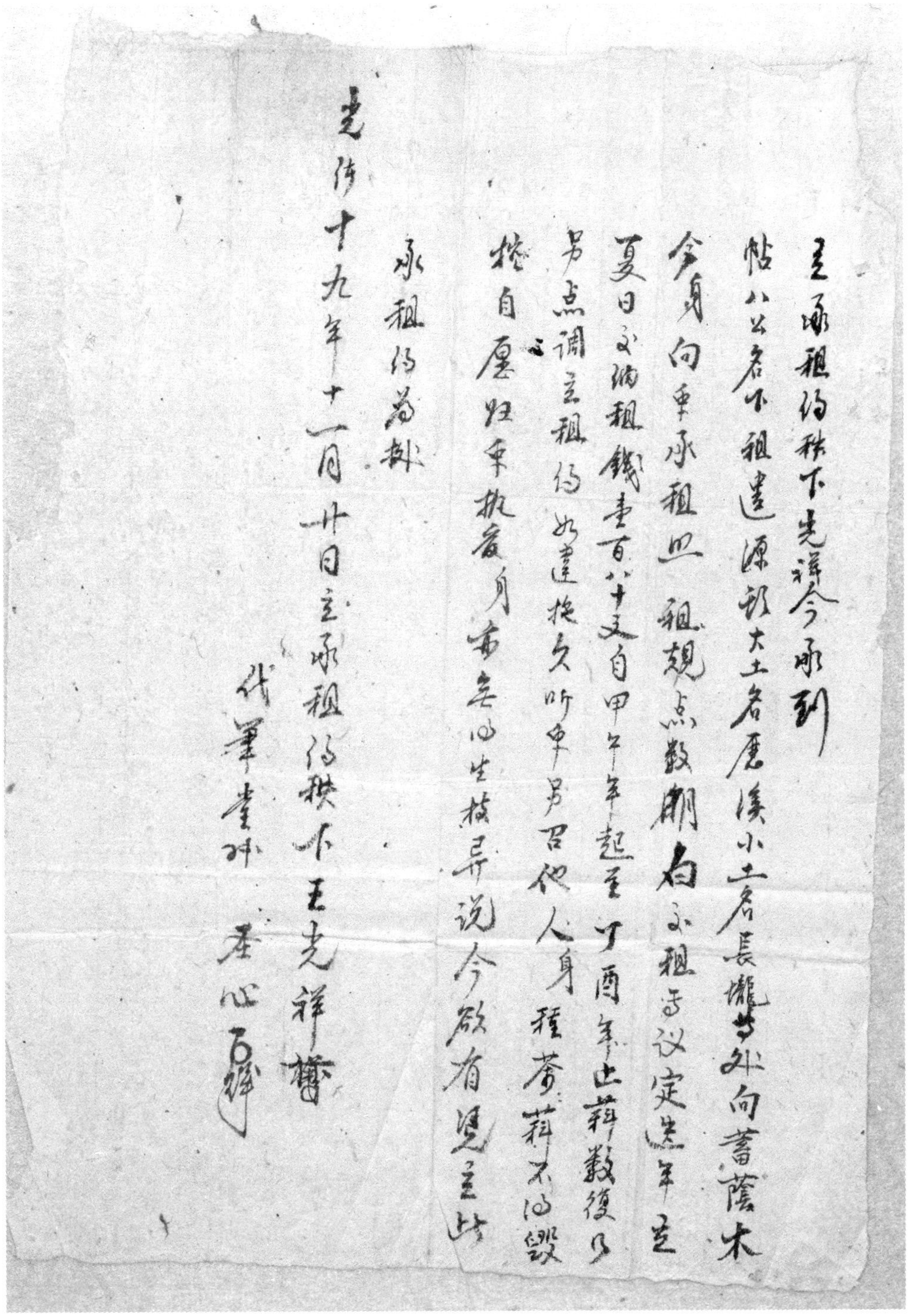

立承租约人秋下光祥今承到
帖八公名下祖遗源頭大土名廛溪小土名長壠外向蓄蔭木
今身向東承租山 租規点數明白 言租言议定先年至
夏日交清租錢壹百八十文自甲午年起至丁酉年止苗數復乃
另点调立租约 如違拖欠听東另召他人身 種苗苗不得毁
挖自愿歸東执业身无得生枝异说今欲有憑立此
承租约為据
光绪十九年十一月廿日立承租约秋下王光祥押
代筆堂叔 存心押

清光緒十九年十一月（祁門縣）王光祥立承租山場約

二

清光緒十九年十一月（祁門縣）王道前立承租山場約

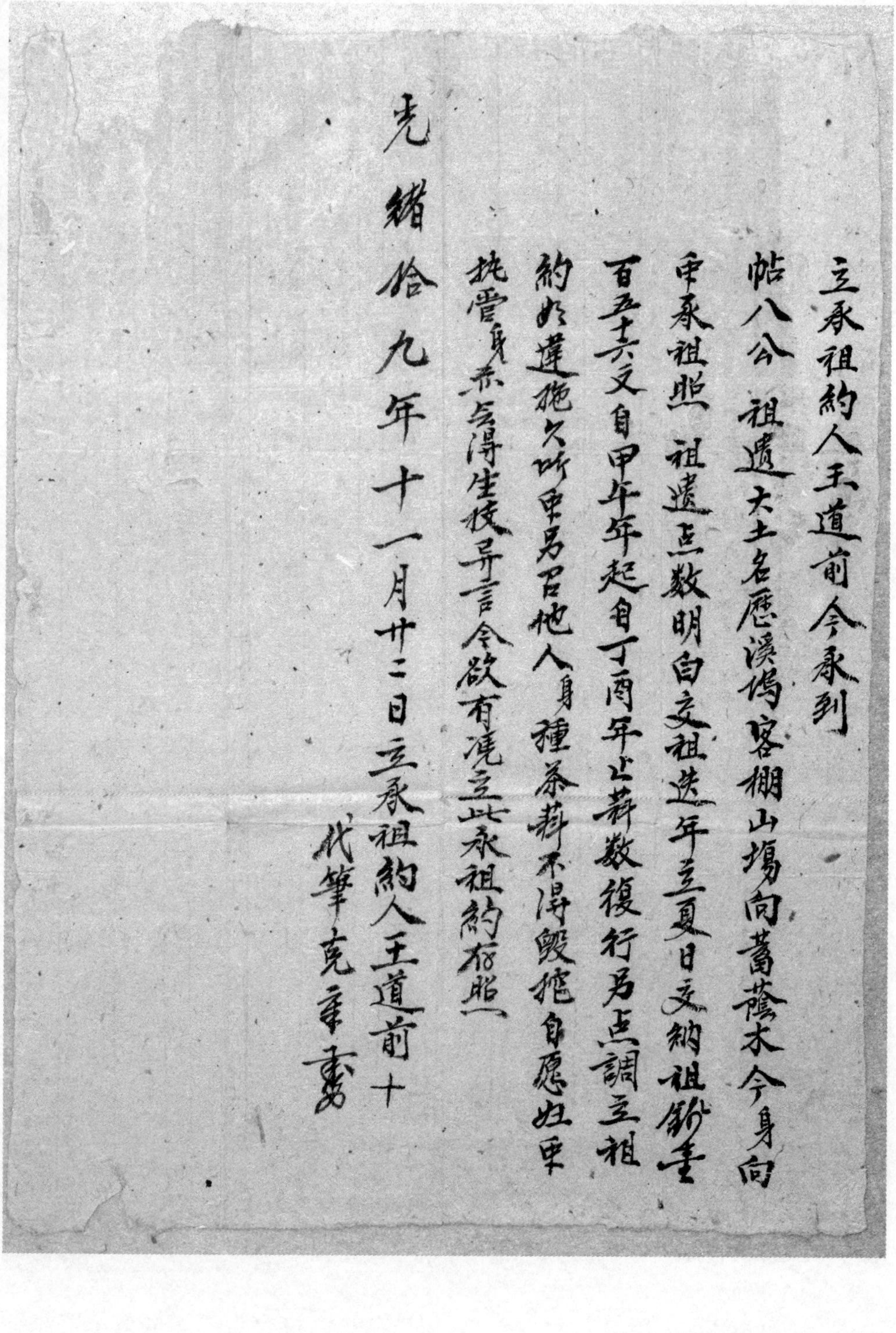

立承祖約人王道前，今承到
帖八公　祖遺大土名歷溪塢客棚山場向蓄蔭木，今身向
東承祖照　祖遺並數明白，交祖迭年立夏日交納祖錢壹
百五十六文，自甲午年起，自丁酉年止，薪數復行另立，調立祖
約，如違拖欠，聽東另召他人，身種茶莳不得毀掩，自愿好東
挑管，身亦無得生枝异言，今欲有憑，立此承祖約存照。
光緒拾九年十一月廿二日立承祖約人王道前（十）
代筆克章（押）

清光緒十九年十一月（祁門縣）王天來立承租山場約

立承租約人王天来今承到
帖八公 祖遺土名應溪塢磨刀石坑茅丗山塲向
蓄養蔭木今 身向東承租照 祖規点數明白交租
逓年立夏日交納租錢捌百八十四文自甲午年起
至丁酉年止耕数復行另立調立租約如違拖欠听
東另召他人 身 種茶耕不得毀掩自愿伍栗桃
管 身 亦不得生枝异言今欲有憑立此承租約存
批
光緒十九年十一月廿二日立承租約人王天来 押
代筆 王道詮 押

二

清光緒十九年十一月（祁門縣）王天友立承租山場約

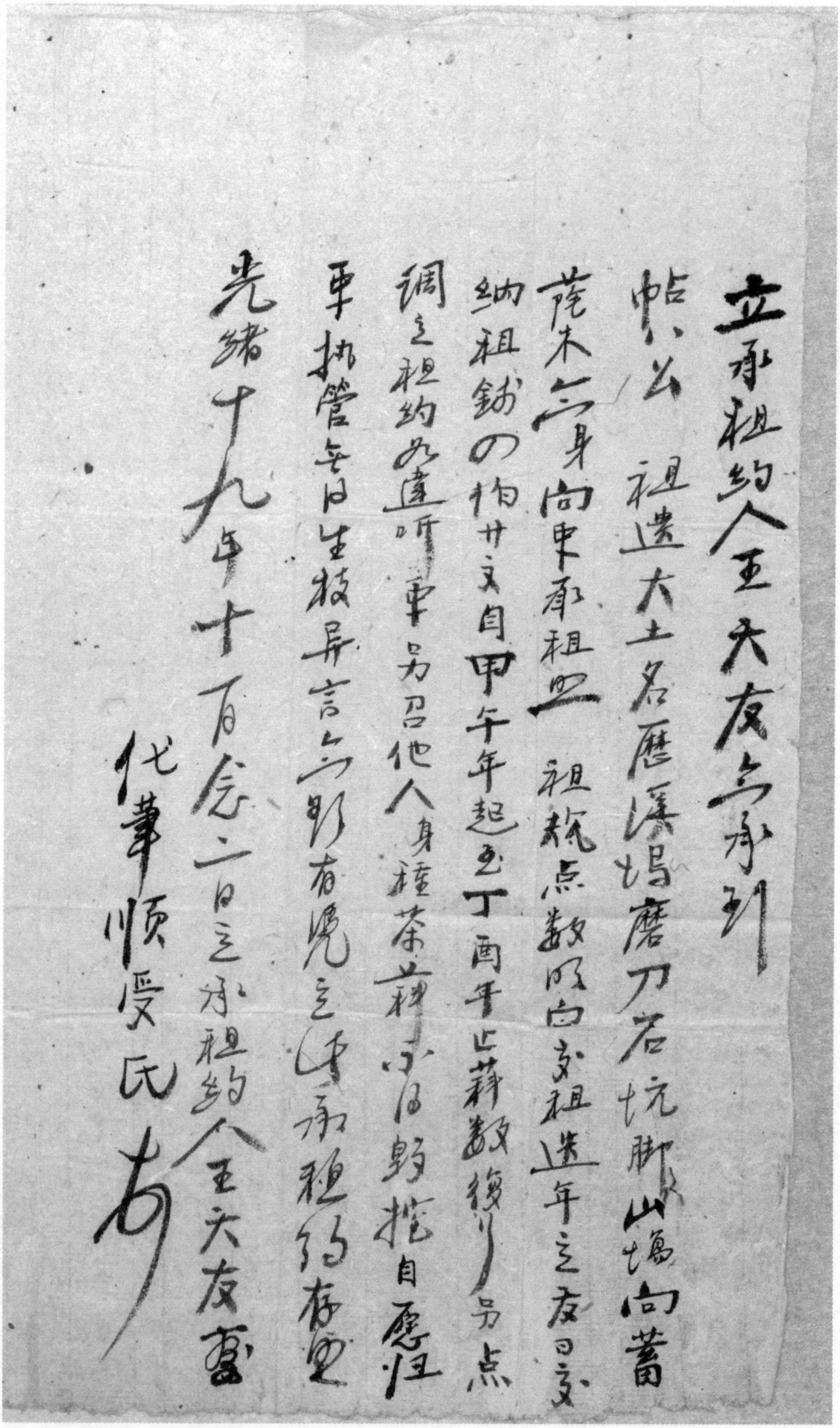
立承租約人王天友今承到
帖公祖遺大土名歷溪塢磨刀石坑脚山塢向蓄
蓓木今身向東家租出　祖栽点數收回交祖迭年之友日交
納租錢四伯廿文自甲午年起至丁酉年止蒔數發另点
調之租約如違听東另召他人身種茶蒔不得私挖自應佳
東執管無得生枝異言今欲有憑立此承租約存照
光緒十九年十一月念二日立承租約人王天友（押）
代筆順受氏（押）

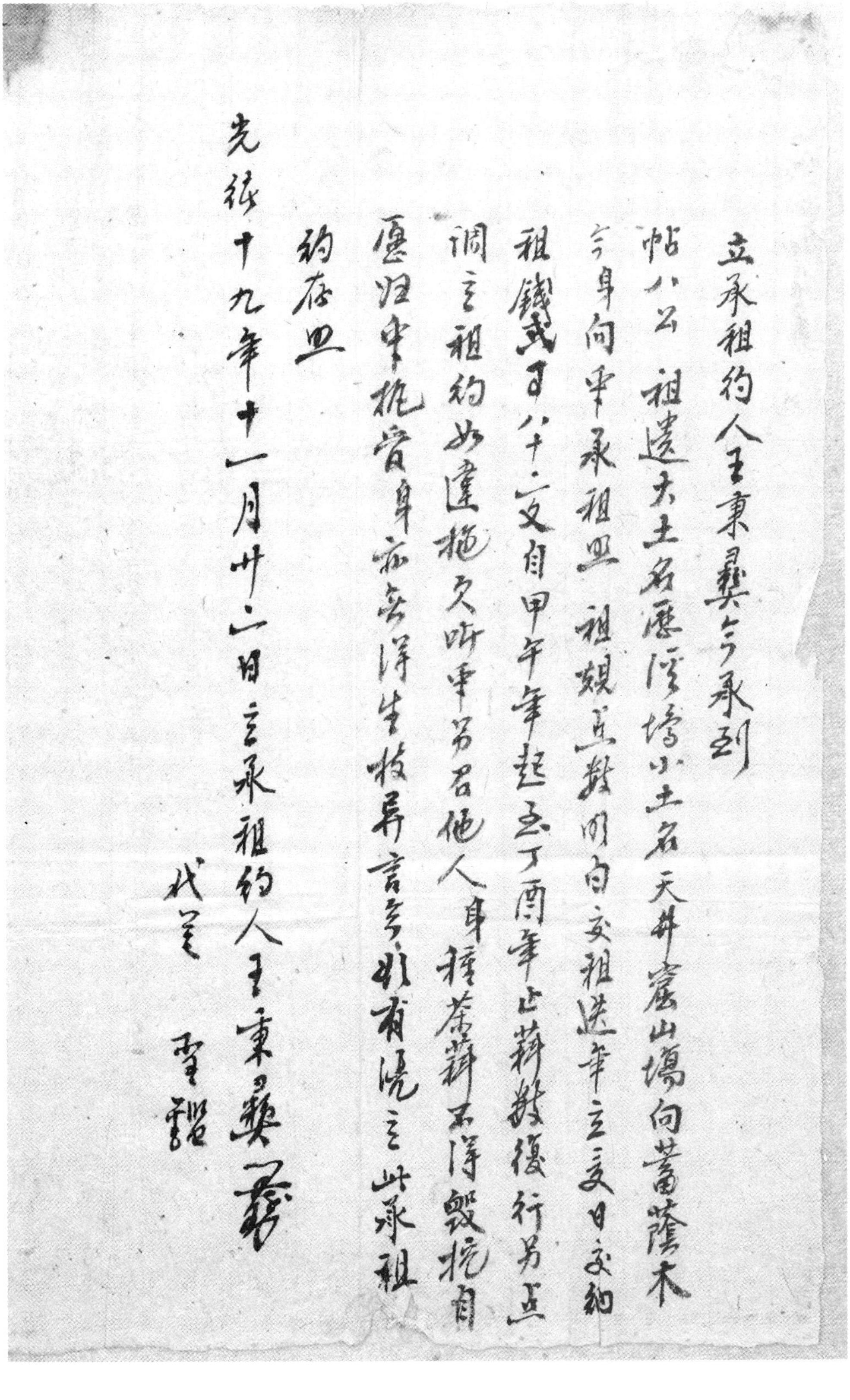

立承租約人王秉彝今承到
帖八公 祖遺大土名歷源塢小土名天井窟山塢向蓄蔭木
今身向中承租照 租規直數明白交租送年立冬日交納
租錢貳百八十二文自甲午年起至丁酉年止耕數後行另立
調立租約如違拖欠聽中另召他人身種茶耕不得毀挖自
愿退中挖管身亦安得生枝異言今欲有憑立此承租
約存照
光緒十九年十一月廿二日立承租約人王秉彝（押）
代筆 雪韶

清光緒十九年十一月〔祁門縣〕王秉彝立承租山場約

清光緒十九年十一月（祁門縣）王唐風立承租山場約

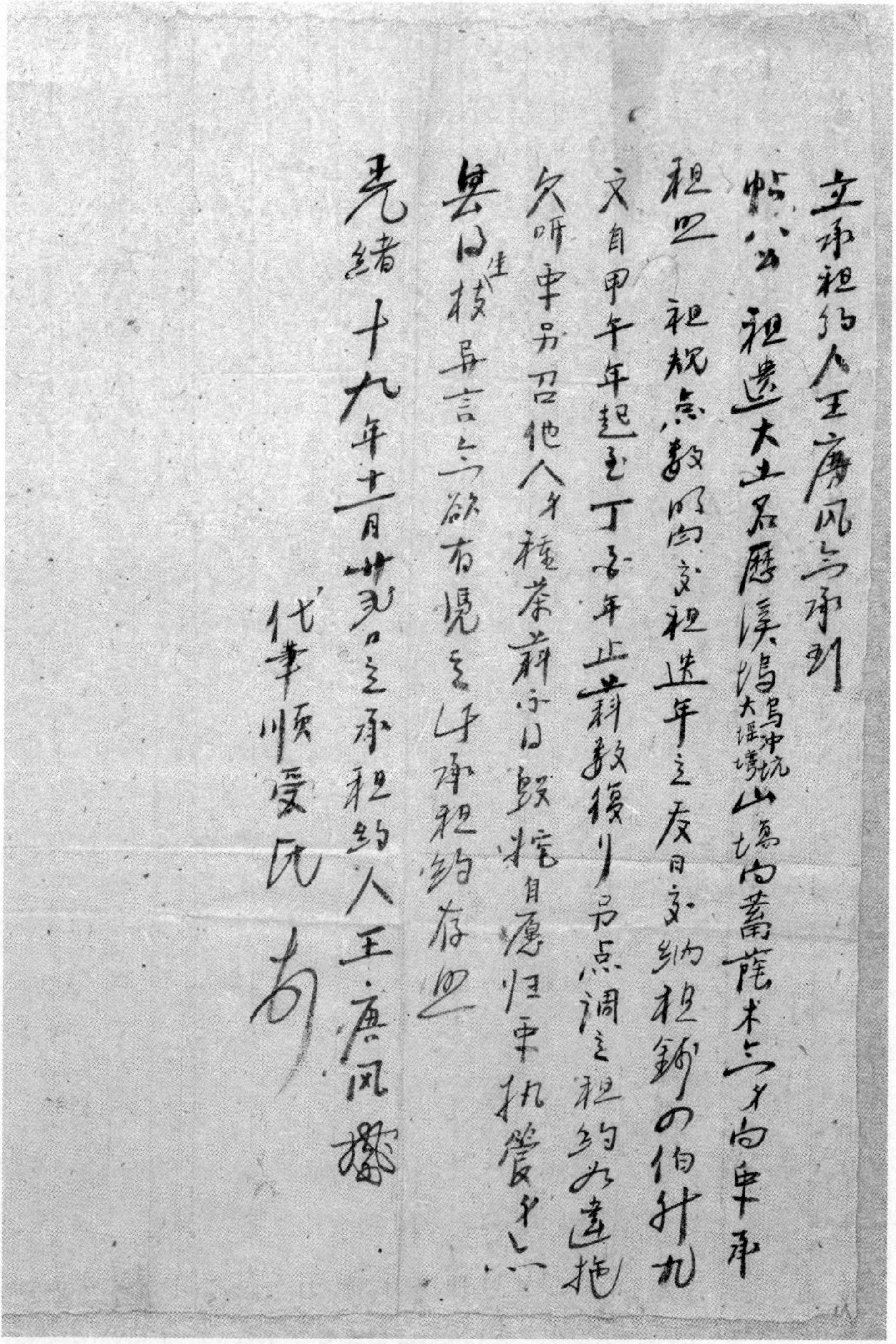
立承租約人王唐风，今承到
帖公租遗大土名歷溪塢（烏沖坑、大坪塝）山塢内蓄荒木一片，向東承
租。租批点数明内交租，迭年之冬日交納租錢四伯廿九
文，自甲午年起至丁酉年止，計數後如另点调立租約為據。拖
欠，所東另召他人承種茶萪，不得毁壞，自應归東执管。其一
無得住枝另言。今欲有憑，立此承租約存照。
光緒十九年十一月廿四日立承租約人王唐风（押）
代筆 顺受氏

二

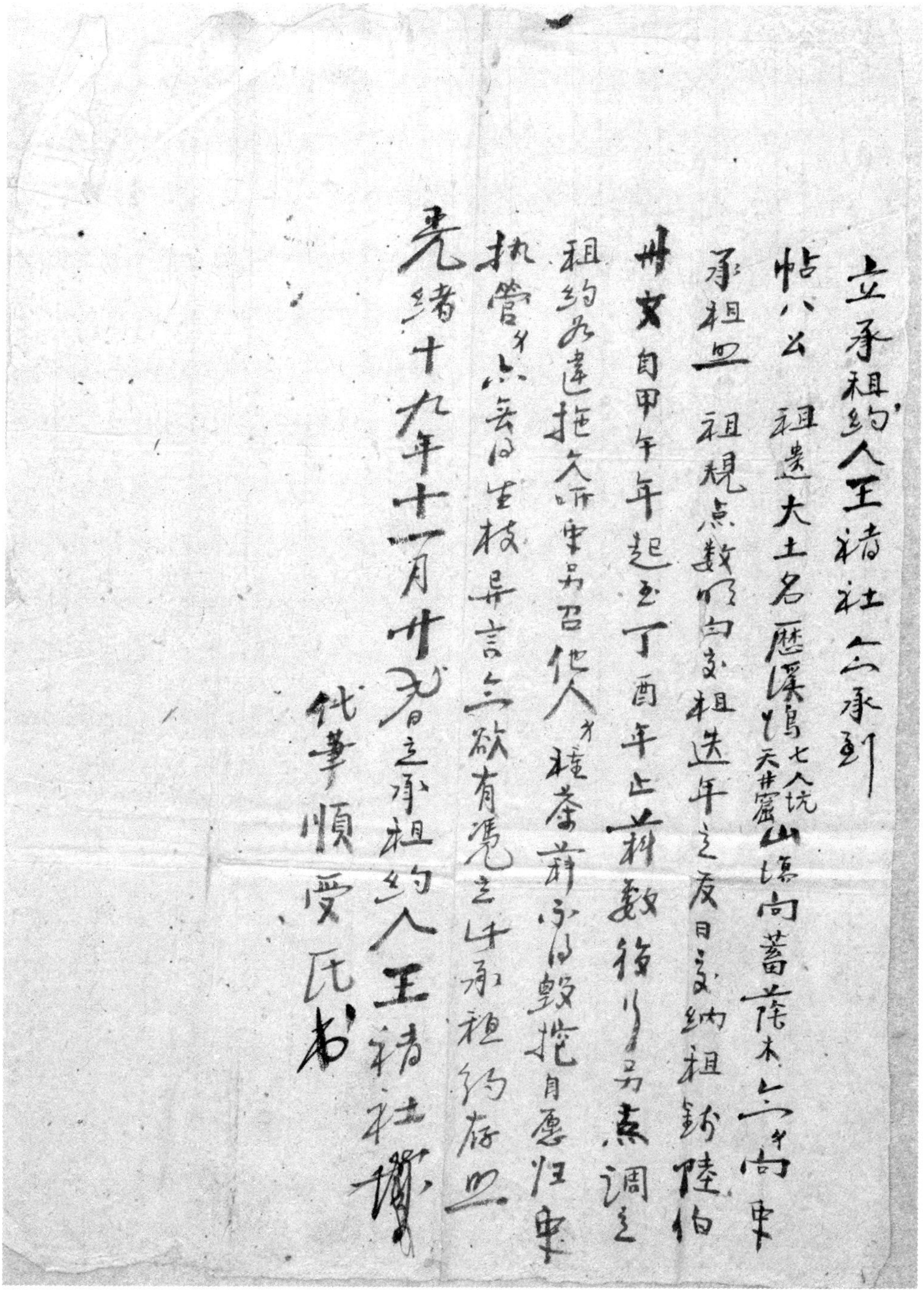
立承祖約人王褚社今承到
帖八公　祖遺大土名歷溪塢七人坑天井窟山場向蓄苗木今向東
承祖四　祖規照數照向交祖迭年交日交納祖錢陸伯
卅文自甲午年起至丁酉年止苗數後〃另照調立
祖約如違拖欠聽東另召他人〃種蓄苗不得霸挖自應歸東
執管〃〃無得生枝異言今欲有憑立此承祖約存照
光緒十九年十一月廿五日立承祖約人王褚社（押）
代筆順受氏書

清光緒十九年十一月（祁門縣）王褚社立承租山場約

二一

清光緒十九年十一月（祁門縣）王喜鳳立承租山場約

立承租約人王喜鳳今承到
帖八公祖遺大土名歷溪塝磨田坑山塲向蓄蔭木今身向東
承租照 祖規五數明白交祖送東主支日交納祖錢壹千
零廿三文自甲午年起至丁酉年止蒔數復行另立調主租約
如違拖欠所東另召他人身種茶蒔不得毀挖自愿理東
執管身家無得生端異言今欲有憑立此承租約存照
光緒拾九年十一月廿二日立承租約人王喜鳳（押）
代筆 堂銓

立承祖約人王金祖今承到

帖八公　祖遺大土名應溪塢双河口七人坑山場向蓄蔭木今身向東

承祖照　祖規立數明白交祖迭年立夏日交納祖鈔陸伯拾

八文自甲午年起自丁酉年止蒔數復行另立調立祖約如違拖

欠所東另召他人身種茶蒔不得毀拖自愿听東批管身亦无

得生枝异言今欲有凭立此承祖約存照

光緒拾九年十一月廿二日立承祖約人王金祖（押）

代筆克章

二

清光緒十九年十一月〔祁門縣〕王安樂立承租山場約

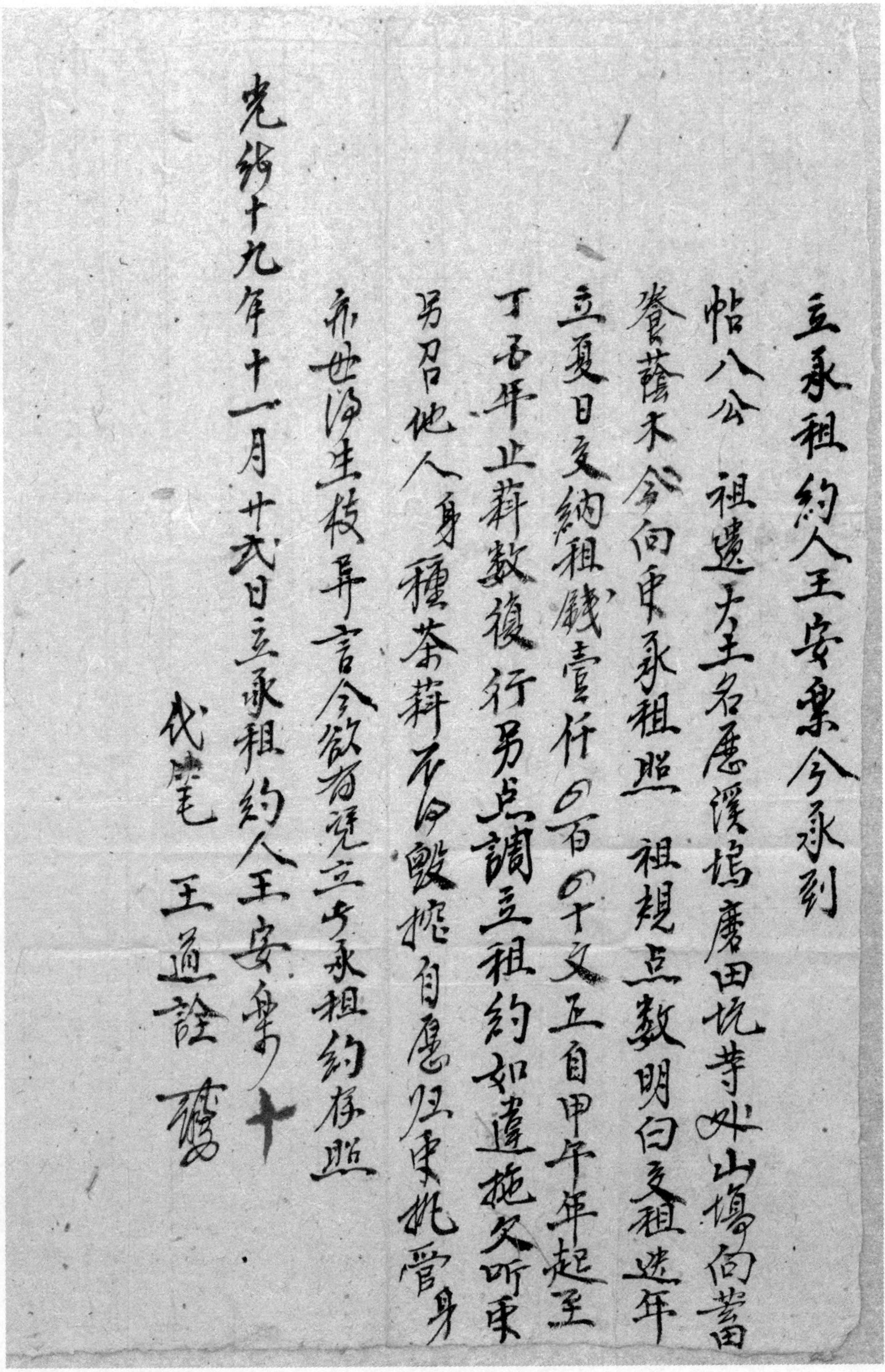
立承租約人王安樂今承到
帖八公　祖遺土名屋溪塢磨田坑等处山場向蓄
養蔭木今向東承租照　祖規立數明白交租迭年
立夏日交納租錢壹仟〇百〇十文正自甲午年起至
丁酉年止蒔數復行另立調立租約如違拖欠聽東
另召他人身種茶蒔不得毀挖自愿任東批管身
亦無得生枝异言今欲有憑立此承租約存照
光緒十九年十一月廿弍日立承租約人王安樂十
代筆　王道詮押

二

立承租約人秩下王佛珠，今承到帖八公祖遺磨刀石坑正孝展溪塢山場向蓄蔭木，今身向東承租照祖規立數明白，交租遞年立夏日交納租錢六百二十文正。自甲午年起，自丁酉年正科數復行另照請立租約。如違拖欠，所東另召他人。身種茶科不得毀挖，自愿但東挑會，身亦無得生枝異言。今欲有憑，立此承租約存照。

光緒十九年十一月廿二日立承租約人王佛珠（押）

代筆王道詮（押）

清光緒十九年十一月（祁門縣）王佛珠立承租山場約

清光緒十九年十一月（祁門縣）王聖維立承租山場約

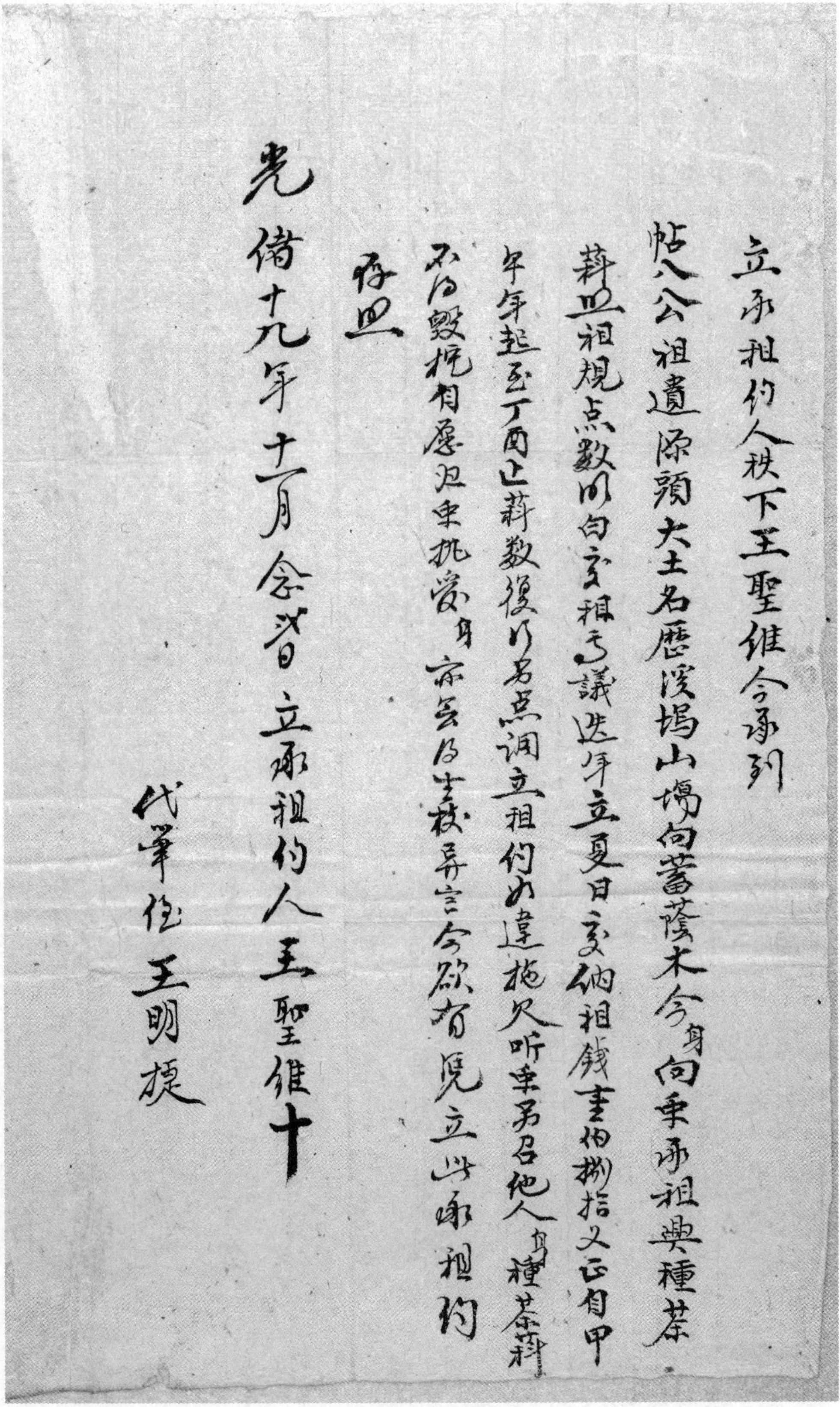

立承祖約人秩下王聖維今承到
帖八公祖遺源頭大土名歷溪塢山塲向蓄蔭木今身向衆承祖興種茶
蒔照祖規点数同白交祖衆議迭年立夏日交納祖錢壹佰捌拾文正自甲
午年起至丁酉止蒔数復行另点調立祖約如違拖欠听衆另召他人身種茶蒔
不得毀抗有憑憑衆挑發身家無得生枝异言今欲有憑立此承祖約
存照

光緒十九年十一月　日　立承祖約人王聖維十

代筆侄王明提

清光緒十九年十一月（祁門縣）王森得立承租山場約

立承祖約人王森得今承到
怡八公 祖遺大土名歷溪塢又陽坑山場向蓄蔭
木今身向東承祖照 祖規照數明白交租迭年立
夏日交納租錢九十六文自甲午年起至丁酉年止鋤
數後行另立調立祖約如違拖欠听東另召他人
身種茶鋤不得毀挖自應憑東扶業身亦不得
生端異言今恐無憑立此承祖爲據
光緒拾玖年十一月廿二日立承祖約人王森得　奉母代押
依口代筆　王聖敏　押

清光緒十九年十一月（祁門縣）王聖泉立承租山場約

立承租約人秩下王聖泉今承到帖八公　祖遺源頭大土名歷
溪塢山場向蓄陰木今身向业承租照　祖規点數明白交租面
議俟開苗逐年立夏日交納租錢九百文正自甲午年起自丁酉
年止苗數復行另点　調立租約如違拖欠听业另召他人身種茶
苗不得毀挖自處但业　批嘗身　亦無得生枝异言　言欲有凭立
此承租約存照

光緒十九年十一月廿二日　立承租約人王聖泉（押）
親筆

清光緒十九年十一月〔祁門縣〕王阿汪氏立承租山場約

立承租約人秩下王阿汪氏今承到帖八公　祖遺源頭大土名歷溪塢山塲向蓄蔭木今身向東承租興種茶萪照祖規点數明白交租面议遞年　立夏日交納租錢貳百卅四文正自甲午年起至丁酉年止萪數復行另点謹立租約如違拖欠听東另召他人身種茶萪不得毀扡自愿歸東執管身亦無得生枝異言今欲有憑立此承租約存照

光緒十九年　十一月廿二日　立承租約人王阿汪氏

仝男長根

代筆堅泉（押）

二

清光緒十九年十一月（祁門縣）王修捷立承租山場約

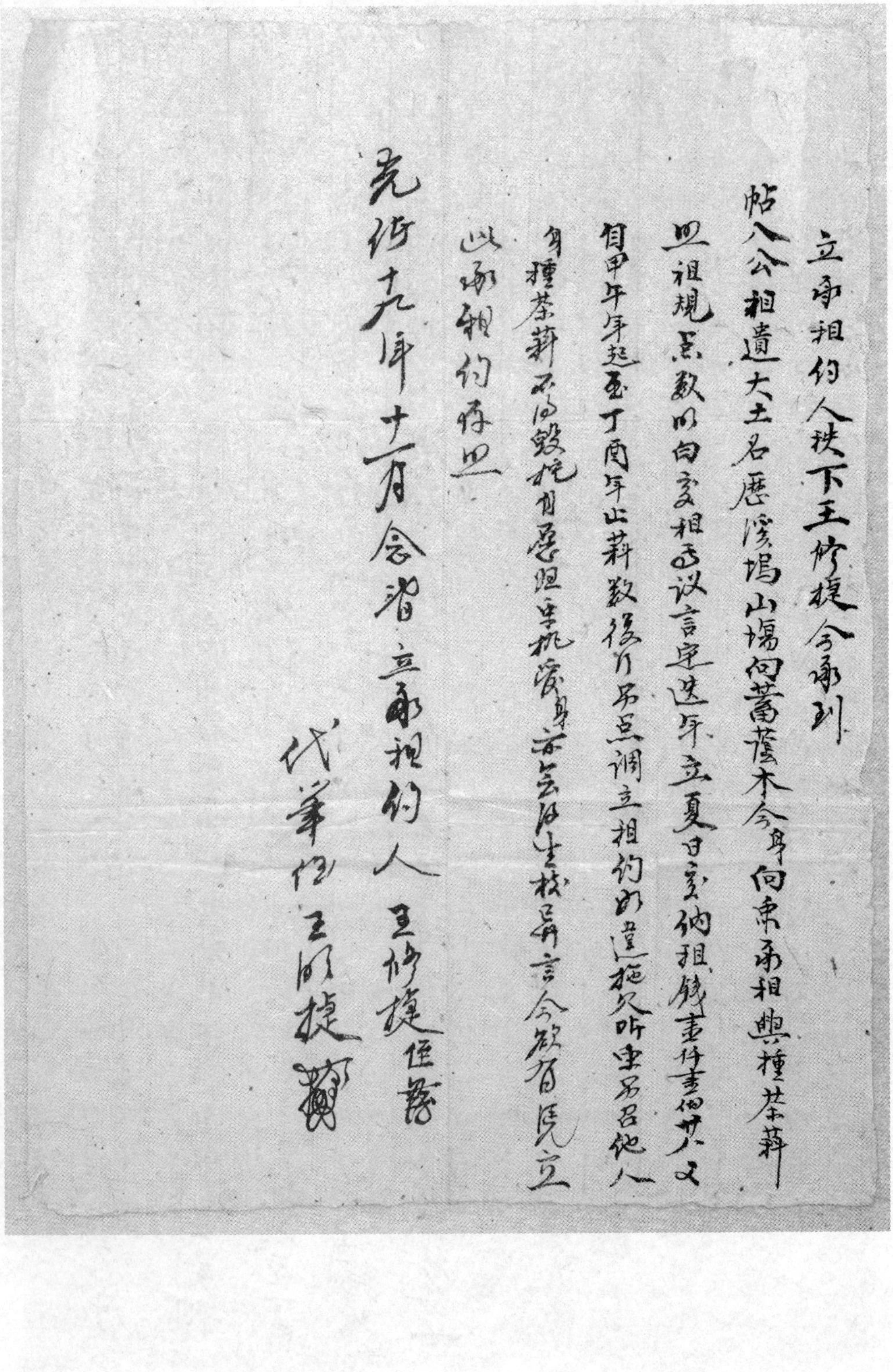
立承租約人秩下王修捷今承到
帖八公相遺大土名歷濛塢山場向蓄蔭木今身向東承租與種茶薪
照祖規原數以白交租議言定迭年立夏日交納租錢壹仟壹佰廿八文
自甲午年起至丁酉年止薪數後仍另照調立租約如遲延拖欠聽東另召他人
身種茶薪不得毀挖[illegible]身無[illegible]生枝異言今欲有憑立
此承租約存照
光緒十九年十一月念四日 立承租約人 王修捷（押）
代筆侄 王明捷（押）

立承租約人秩下王金祿今承到
帖八公　祖遺大土名歷溪塢天井岸山場向蓄雜木今身向眾承租以祖規
點數明白交租迭年立夏日交納租錢叁伯大文自甲午年年起至丁酉
年止稞數後以照點調立租約如違挖只聽眾另召他人身種蓄耕
不得毀挖自願租來批發身亦無異言今欲有憑立此承租
約存照

光緒十九年十一月念日　立承租約人王金祿（押）
代筆　王明提（押）

二

清光緒十九年十一月（祁門縣）王際松立承租山場約

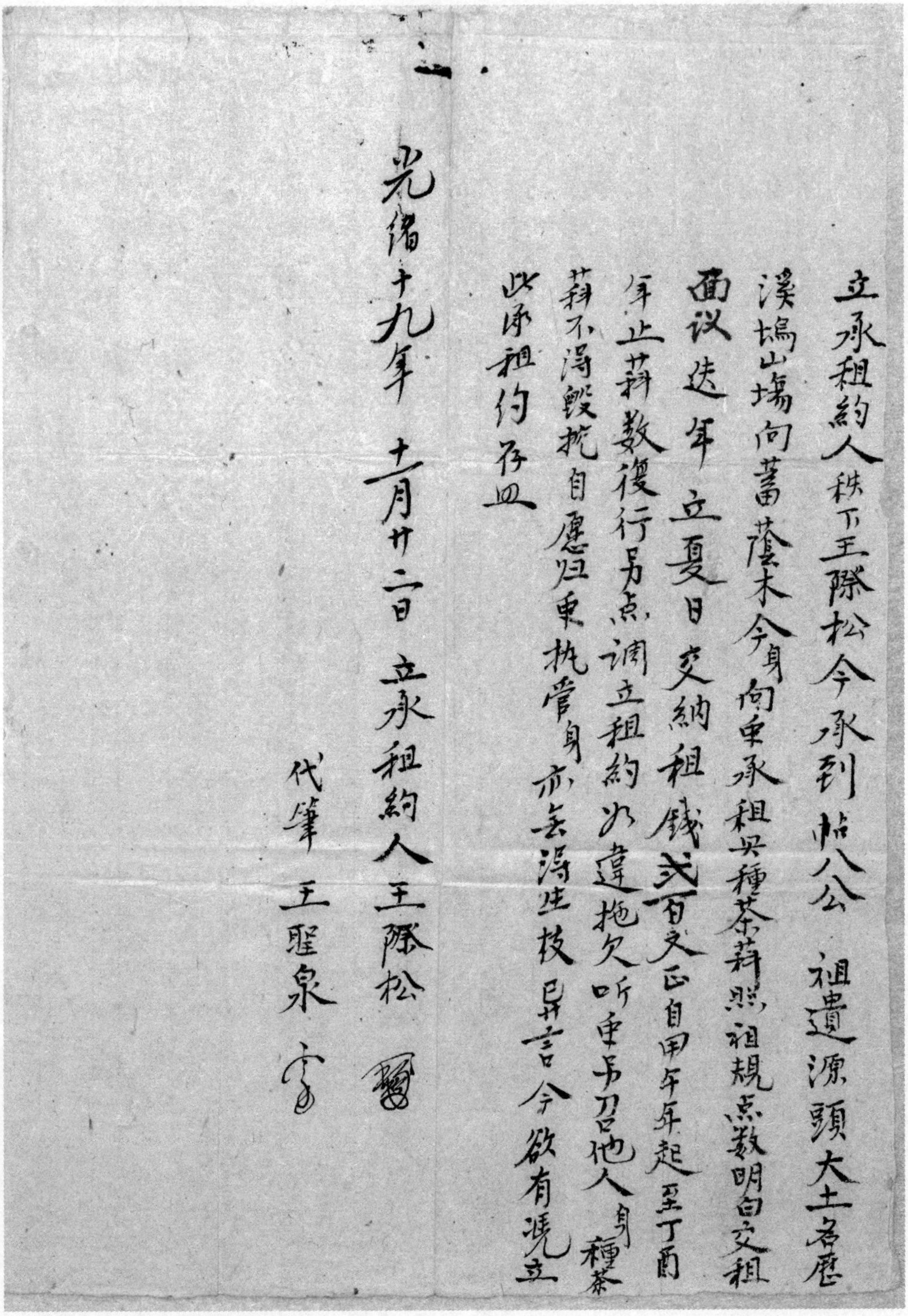
二

立承租約人秩下王際松今承到帖八公祖遺源頭大土名歷溪塢山場向蓄蔭木今身向東承租只種茶䕆照祖規点數明白交租面议迭年立夏日交納租錢弍百文正自甲午年起至丁酉年止䕆數復行另点调立租約如違拖欠听東另召他人身種茶䕆不得毀批自愿归東执管身亦無得生技异言今欲有凭立此承租约存照

光緒十九年十一月廿二日立承租約人王際松（押）

代筆王聖泉（押）

清光緒十九年十一月（祁門縣）王道昇立承租山場約

立承租約人秩下王道昇，今承到帖八公祖遺源頭大土名歷溪塢山場，內蓄蓧木，今身向業承租興種茶荈，照祖規點數明白，交租商議，逐年立夏日交納租錢柒拾貳文。又自甲午年起至丁酉年止，荈數俱行另點，調立租約。如違拖欠，聽業另召他人，身種茶荈不得阻撓，自愿歸業執管，身亦無得生枝異言。今欲有憑，立此承租約存照。

光緒十九年十一月念弍日 立承租約人 王道昇

代筆 王明旋

二

清光緒十九年十一月〔祁門縣〕王佑林立承租山場約

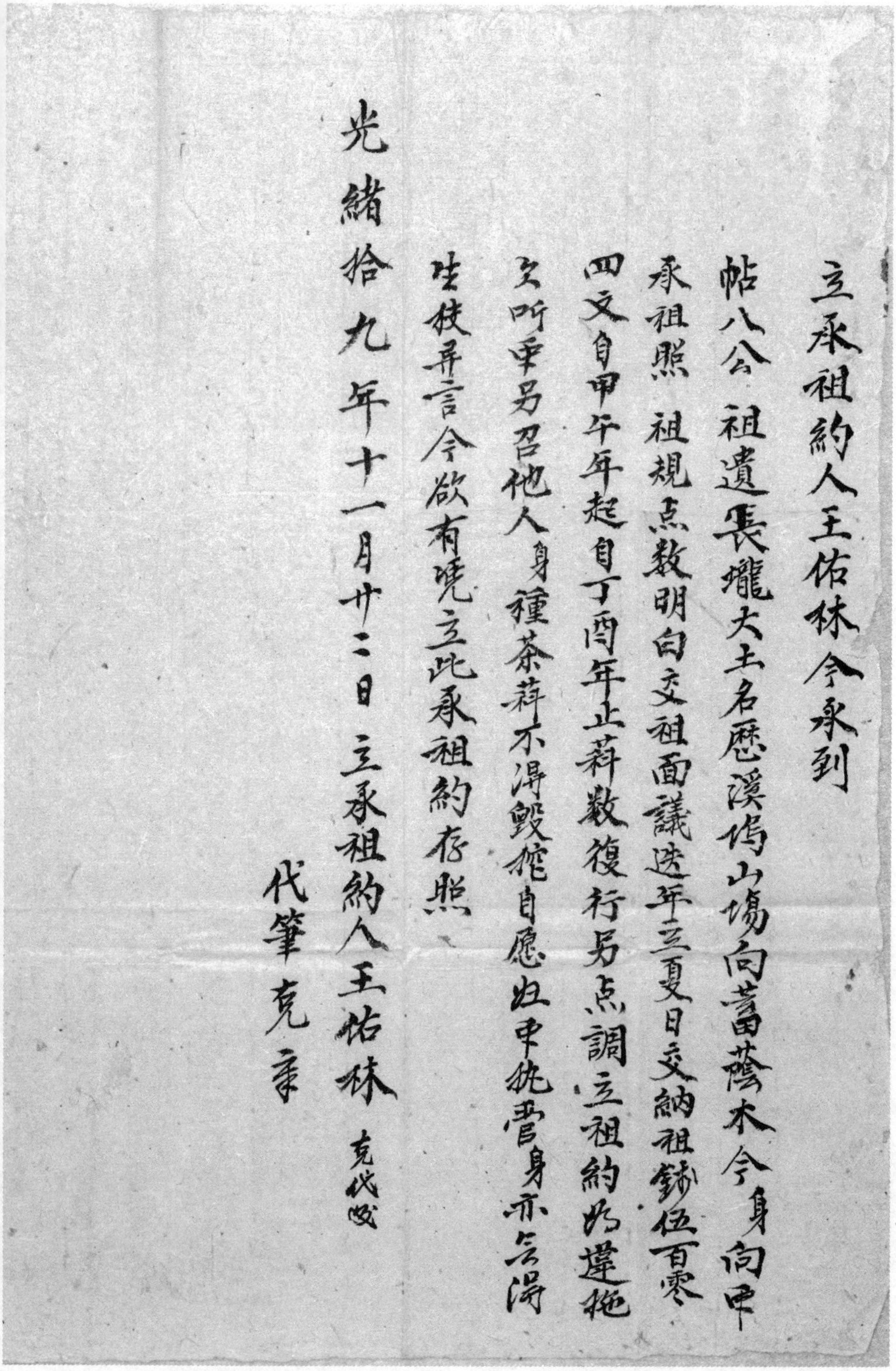
立承祖約人王佑林今承到
帖八公　祖遺長壠大土名歷溪塢山場向蓄蔭木今身向甲
承祖照　祖規点數明白交祖面議逐年立夏日交納祖鈔伍百零
四文自甲午年起自丁酉年止蒔數復行另点調立祖約如遲拖
交听甲另召他人身種茶蒔不得毀拖自愿如甲執霄身亦不得
生枝异言今欲有凭立此承祖約存照
光緒拾九年十一月廿二日　立承祖約人王佑林　克代押
代筆克康

清光緒十九年十一月〔祁門縣〕王際鑫立承租山場約

立承祖約人王際鑫今承到
帖八公　祖遺大土名歷溪塢大堘彎并処山塲向蓄蔭木今
身向東承祖照　祖遺点数明白交祖迭年立夏日交納祖錢壹
仟叁伯五十文自甲午年起自丁酉年止蒔数復行另点調立祖約如
違拖欠听東另召他人身種茶蒔不得毀棍自應出東执𠎝身
亦無得生枝异言今欲有憑立此承祖約存照
光緒拾九年十一月廿二日　立承祖約人王際鑫（押）
代筆　克章（押）

二

清光緒十九年十一月〔祁門縣〕王瑞風立承租山場約

立承祖約人王瑞风今承到
姑八公　祖遺大土名唐溪塢下（双河口）未陞茍処山場身所種荼
萪向照　祖規点數照白交祖迭年立夏日交納租米
奎干一伯七十文自甲午年起至丁酉年止萪數復
行另点，請立祖約，如違，拖欠，听東另召他人荼萪
不得拖毁，自愿，凭東执，屋身亦無為生枝异言
今欲有凭，立此承祖約為据
光緒十九年十一月廿三日　立承祖約人王瑞风（十）
代筆　光華（押）

〔三〕清宣統至民國年間某某縣吴敬誠堂出租園地田地契約

清宣統三年二月某某縣姚可進立租園地批

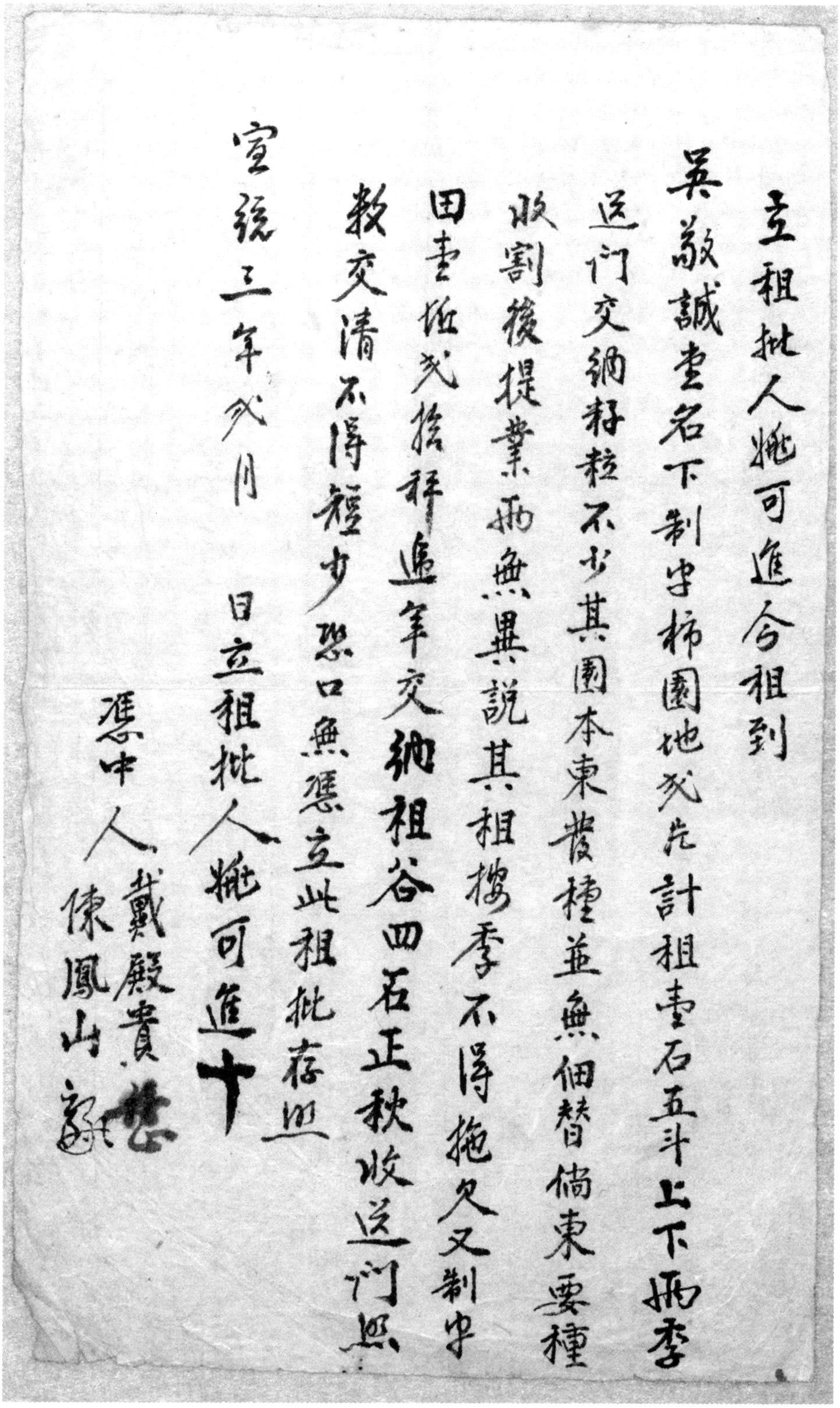

立租批人姚可進今租到
吴敬誠堂名下制字柿園地弍片計租壹石五斗上下兩季
送門交納籽粒不少其園本東發種並無佃替倘東要種
收割後提業兩無異説其租按季不得拖欠又制字
田壹坵弍拾秤逐年交納租谷四石正秋收送門照
數交清不得短少恐口無憑立此租批存照
宣統三年弍月　日立租批人姚可進十
憑中人　戴殿貴（押）
陳鳳山（押）

二

清宣統三年三月某某縣汪大元立租田批

立租田批人汪大元今租到
吳啟誠堂名下制字田拾六拜土名涵水山安
遞年計谷秤叁石貳斗正其祖收割挑送
上門交納不得短少憑口無憑立租批存照
宣統叁年三月　日立租田批人汪大元
憑中人　徐筱衡（押）
陳鳳山
戴殿貴（押）

二

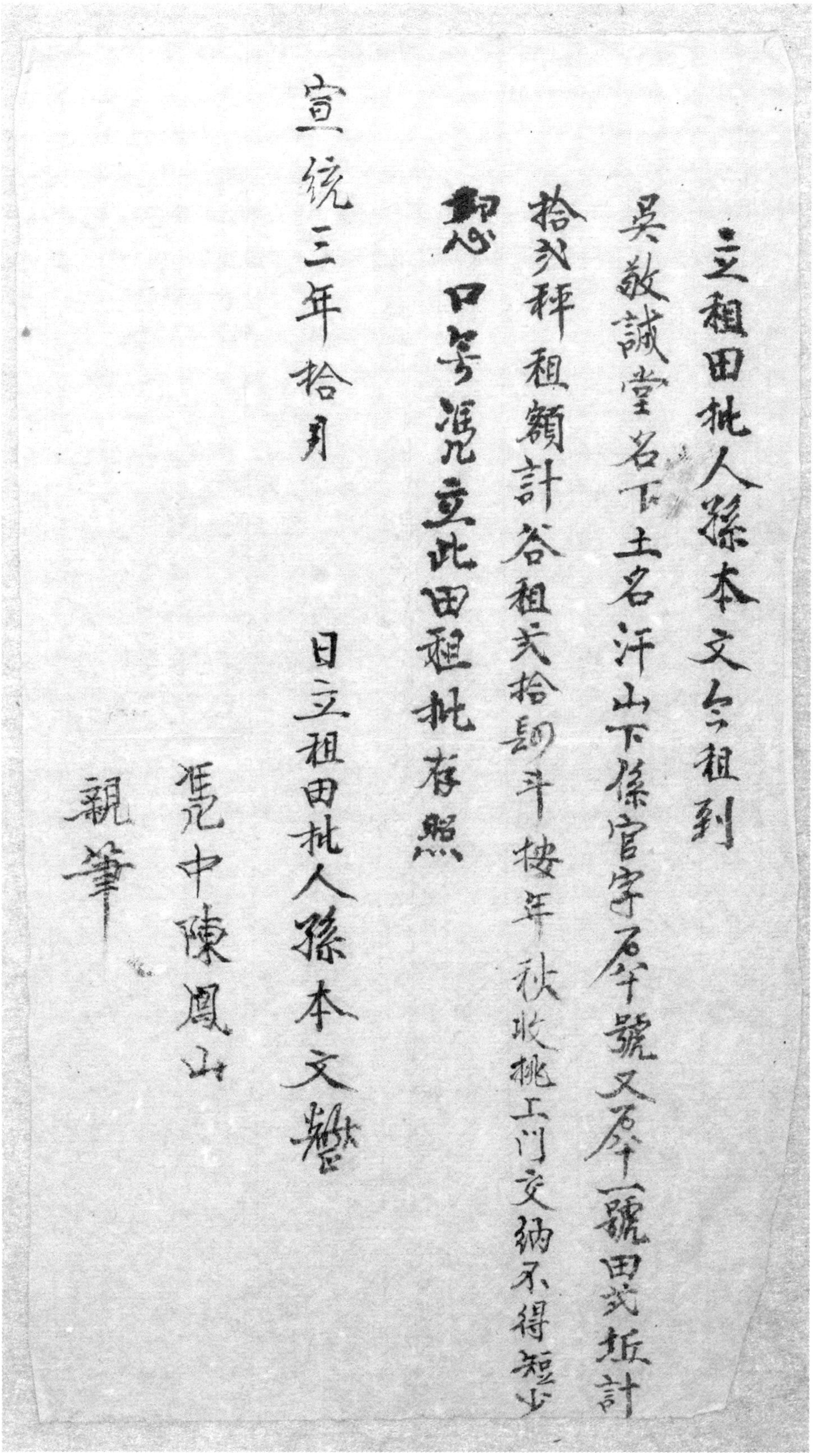
立租田批人孫本文今租到
吴敬誠堂名下土名汗山下係官字五千號又五千一號田弍坵計
拾弍秤租額計谷租弍拾觔正每年秋收挑上门交纳不得短少
恐口無憑立此田租批存照
宣統三年拾月　日立租田批人孫本文（押）
凴中陳鳳山
親筆

清宣統三年十月某某縣孫本文立租田批

立租田批人劉招財今租到
吴嚴誠堂名下烏朗源艮字九十八六兩号田貳坵計十
四秤每遇年交納租谷貳擔八斗挑送上門不得
短少其田並無佃種恐口無憑立此租批存照
民國元年三月　日立租批人劉招財十
憑中人　陳鳳山　筆

二

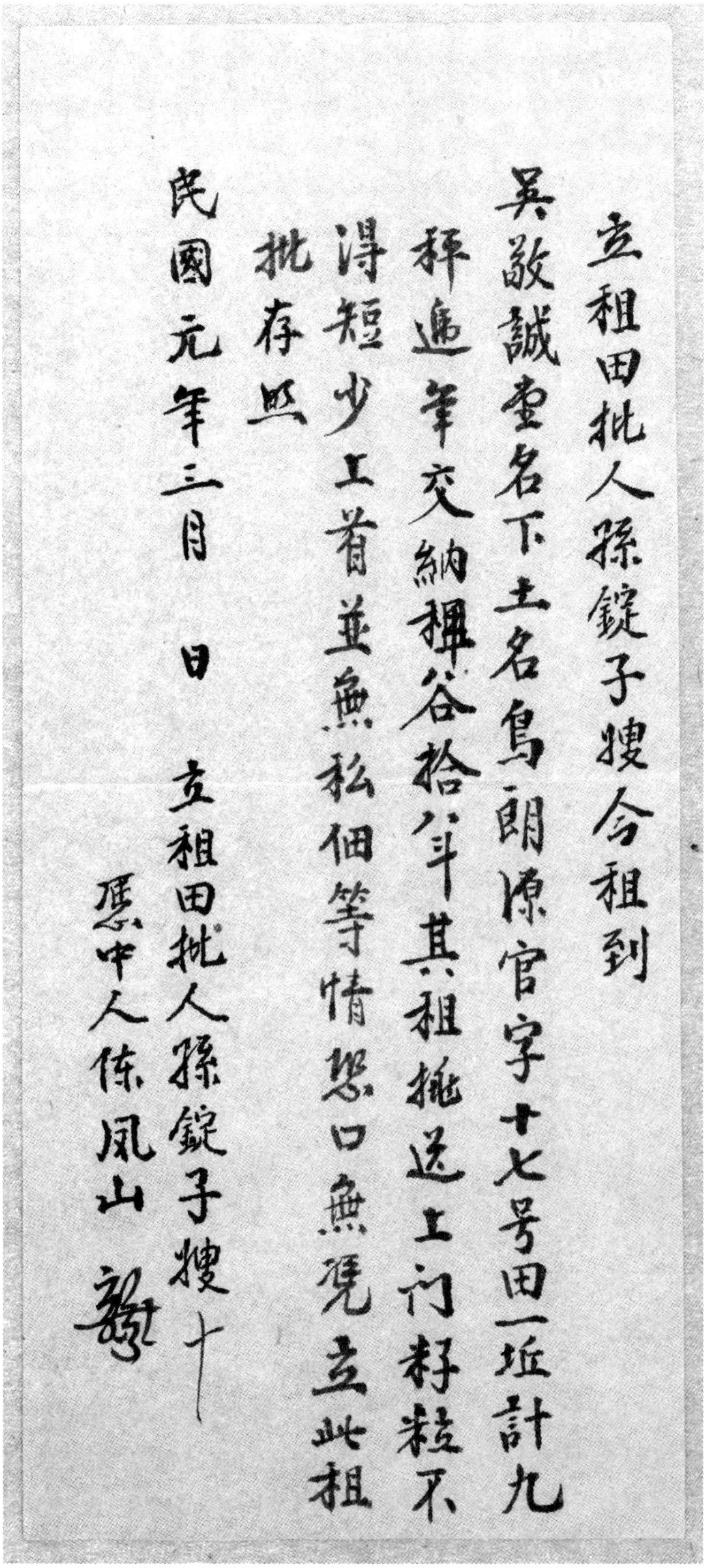

立租田批人孫錠子嫂今租到
吳敬誠堂名下土名烏朗源官字十七號田一坵計九
秤遞年交納穀拾八斗其租挑送上門籽粒不
得短少工首並無私佃等情恐口無憑立此租
批存照
民國元年三月　日　立租田批人孫錠子嫂十
憑中人陳鳳山

民國元年三月某某縣孫錠子嫂立租田批

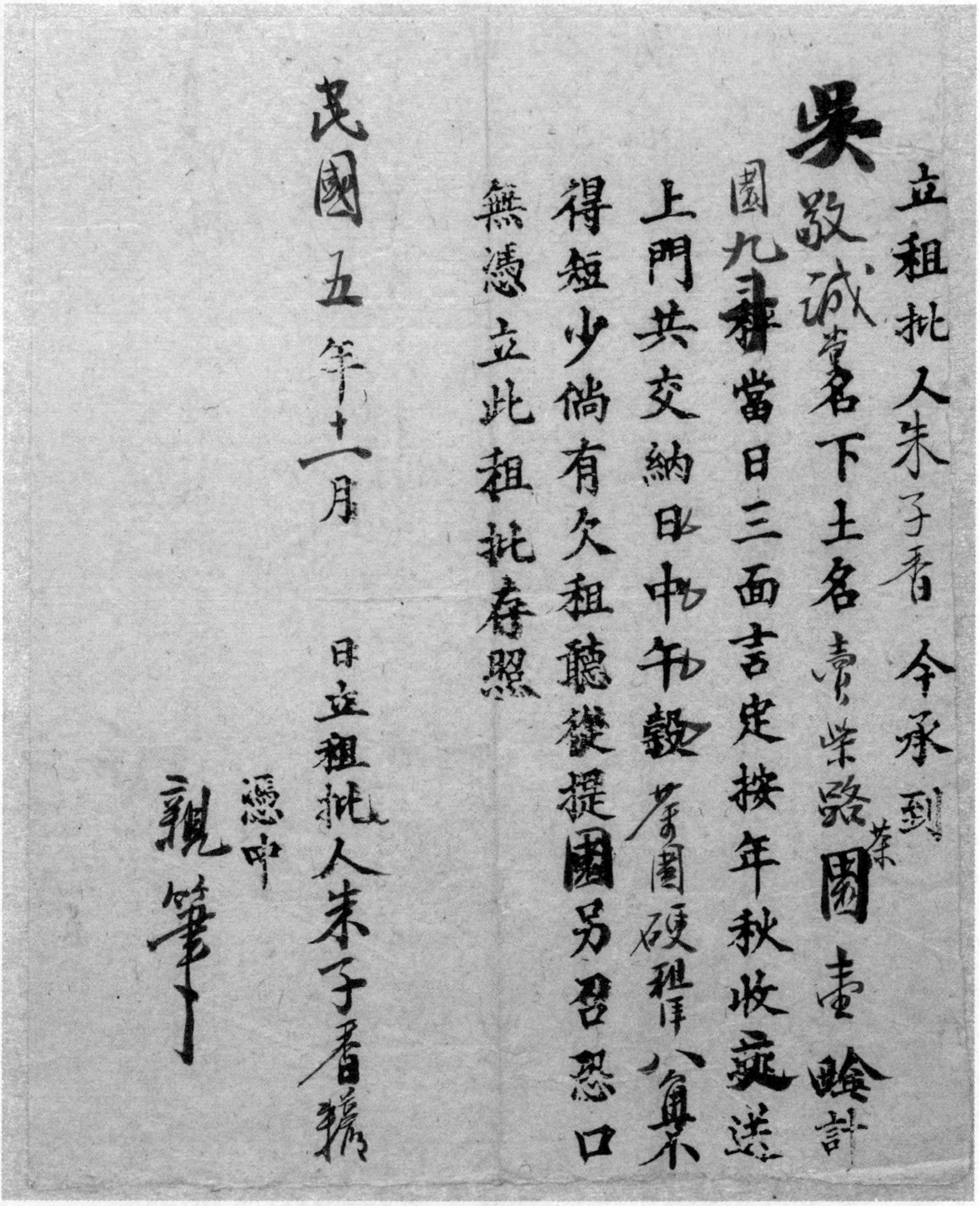

立租批人朱子香今承到
吴敬誠堂名下土名壹柴路茶園壹塊計
園九秤，當日三面言定，按年秋收[illegible]送
上門，共交納取中乾穀茶園硬租洋八角，不
得短少。倘有欠租，聽從提園另召。恐口
無憑，立此租批存照。
民國五年十一月　日立租批人朱子香（押）
憑中
親筆

民國五年十一月某某縣朱子香立租茶園批

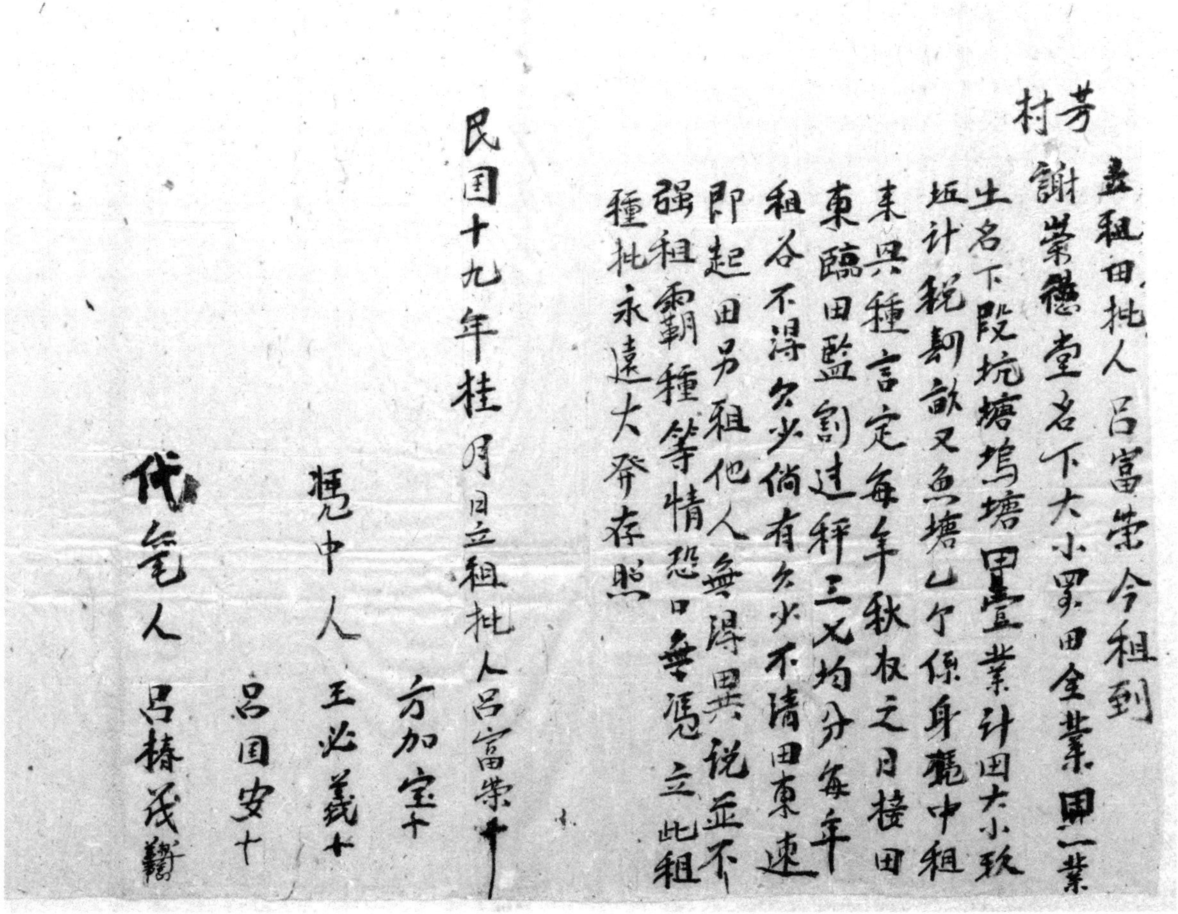

芳村
立租田批人呂富榮今租到
謝榮德堂名下大小買田全業田一業
土名下段坑塘塢塘田壹業計田大小玖
坵計稅捌畝又魚塘山乙（个）係身麓中租
來興種言定每年秋收之日接田
東臨田監割過秤三七均分每年
租谷不得欠少倘有欠少不清田東速
即起田另租他人無得異說並不
強租霸種等情恐口無憑立此租
種批永遠大發存照

民国十九年桂月　日立租批人呂富榮┼
憑中人　方加寶┼　王必義┼　呂国安┼
代筆人　呂椿茂

民國十九年農曆八月〔歙縣〕呂富榮立租大小買田及魚塘批

二

民國十九年十二月〔歙縣〕洪長生立租大小買田並屋基批

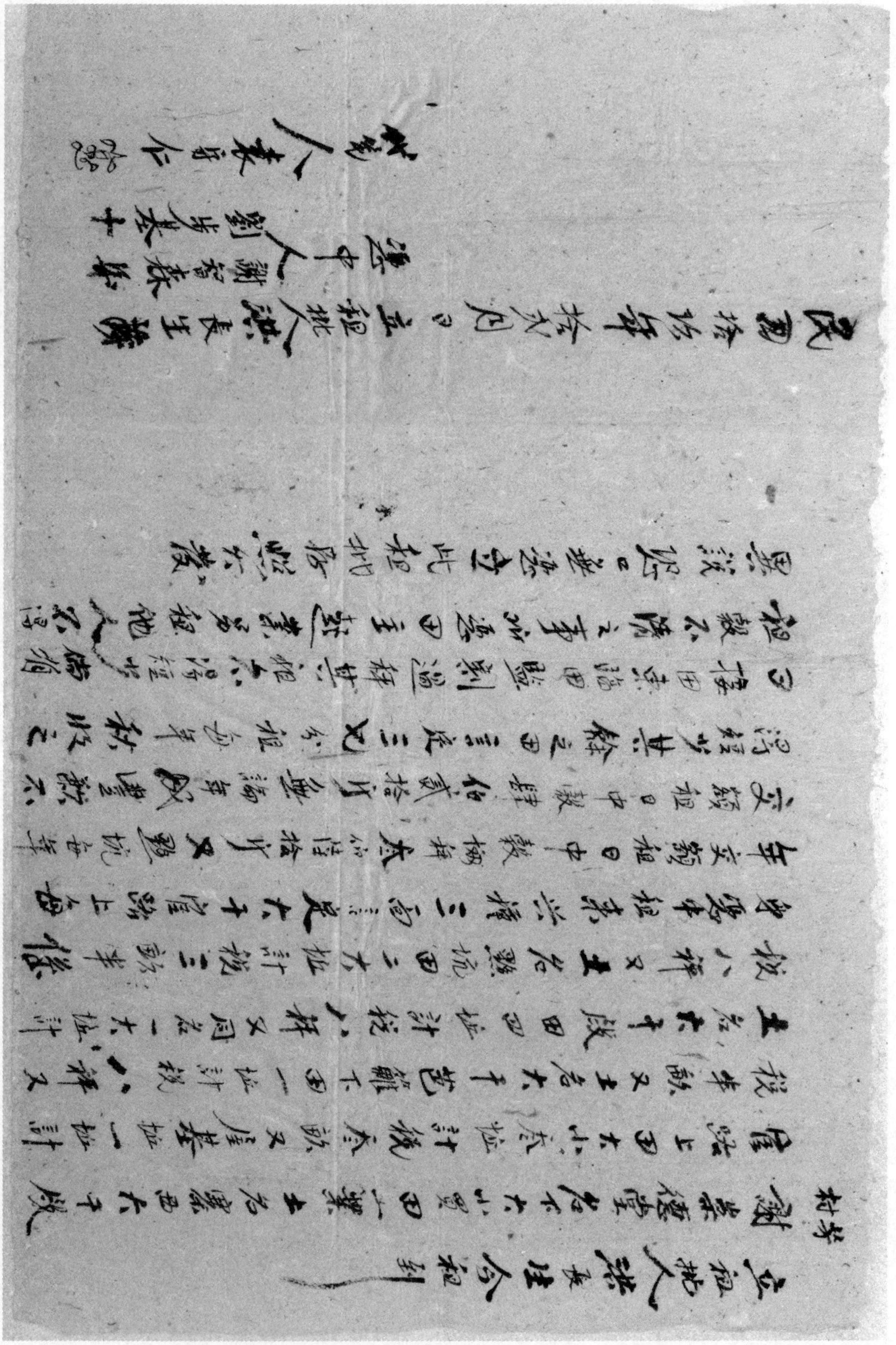

二

立租批人劉步其今租到
謝崇德繼承澤堂名下此係德熙公所置之產坐落寨西土名黃坪山從家
塢口以外上沿大降直下外沿山腳直下下至黃坪山腳所有茶
柯竹園係身租來採摘興養不得荒蕪今托憑中當面議定
每年交租金洋捌元正準以每年去茶市交清不得欠少
今議定包租拾弍年但拾弍年以外租與不租再從復議
兩無異說恐口無憑立此租批存照

立租批人劉步其十
憑中人程春如十
謝世齡押
代筆人謝鶴庭押

民國弍十年臘月日

民國二十年農曆十二月〔歙縣〕劉步其立租茶柯竹園批

二

民國二十四年九月（歙縣）汪銀成立租山場批附
民國廿八年四月騰批

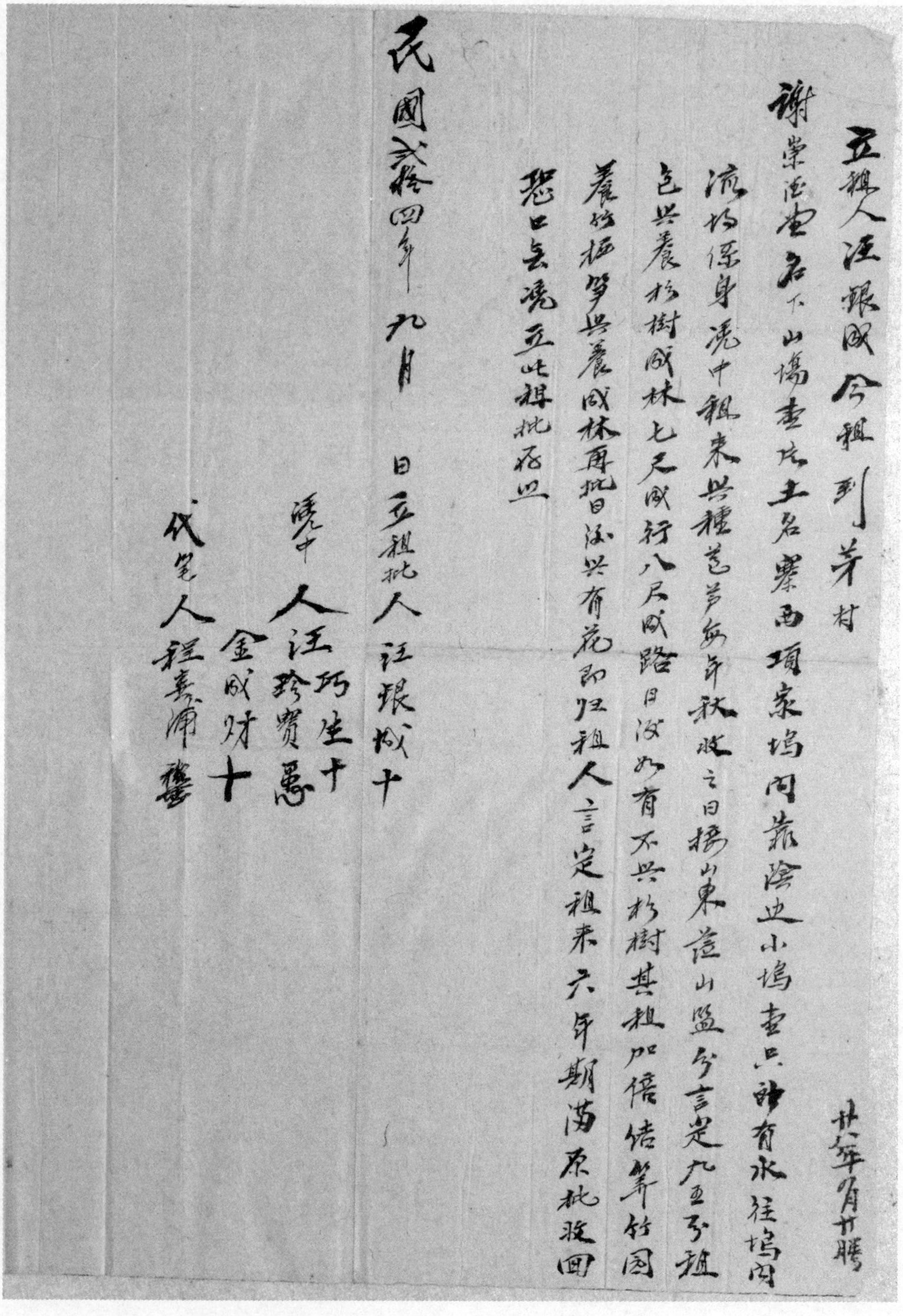

立租人汪銀成，今租到茅村
謝崇德堂名下山場壹處，土名寨西項家塢內靠陰邊小塢壹只，詐有水往塢內
流，均係身憑中租來興種苞蘆，每年秋收之日，接山東邊山監分，言定九五分租
已興養杉樹成林，七尺成行，八尺成路，日後如有不興杉樹，其租加倍結算。竹園
養拔插笋興養成林，再批日後興有花，即歸租人，言定租來六年期滿，原批收回。
恐口無憑，立此租批存照。
民國貳拾四年九月　日立租批人汪銀成十
憑中人汪巧生十
汪玲賢押
金成財十
代筆人程熹浦書

廿八年四月廿騰

民國二十六年二月〔歙縣〕金成財立租樓屋及屋基菜園山場茶柯等批

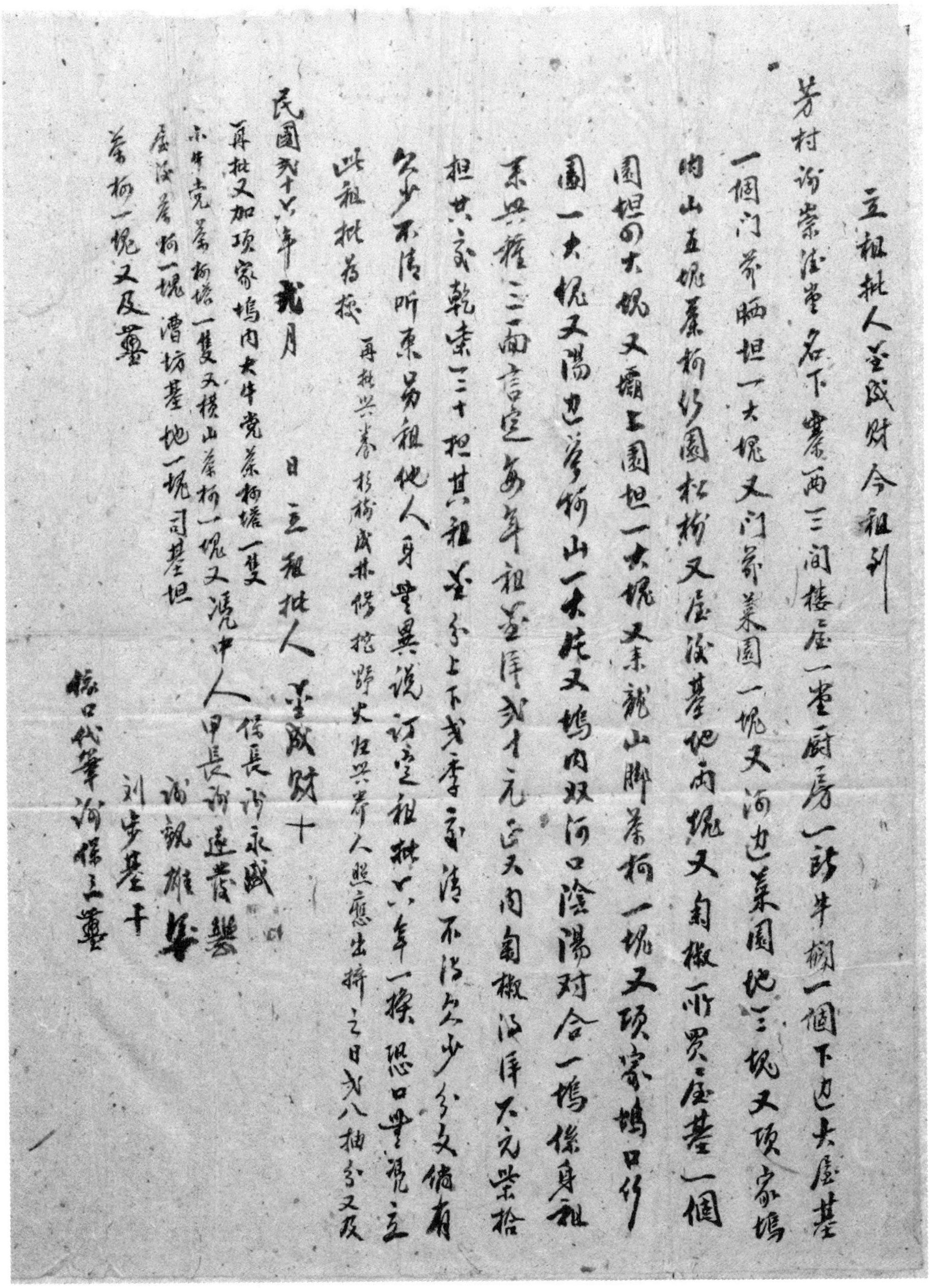

立租批人金成財今租到
芳村謝崇德堂名下業西三間樓屋一堂廚房一眼牛欄一個下边大屋基
一個门前晒坦一大塊又门前菜園一塊又河边菜園地三塊又項家塢
內山五塊茶柯竹園松樹又屋後基地兩塊又肩檄所買之屋基一個
園坦四大塊又霸王園坦一大塊又來龍山腳茶柯一塊又項家塢口竹
園一大塊又陽边茶柯山一大片又塢內双河口陰陽对合一塢係身租
來興種三面言定每年租金洋貳十元正又內肩檄河洋大元柒拾
担共貳乾柴一三十担其租金分上下貳季交清不得欠少分文倘有
欠少不清所來易租他人身無異說訂定租批六年一換恐口無憑立
此租批爲據　再批興養杉樹成林偕挖踩出归興養人照應出拚之日貳八抽分又及
民國貳十六年貳月　日立租批人金成財十
再批又加項家塢內大牛党茶柯塆一隻
小牛党茶柯塆一隻又橫山茶柯一塊又滉中
屋後茶柯一塊　漕坊基地一塊　司基坦
茶柯一塊又及
保長謝永盛
中人　甲長謝達貴
謝觀雄
刘步基十
依口代筆謝保三

民國廿八年二月（歙縣）羅養基立租山場批

立租批人羅養基今租到芳村

謝角椒名下山場一大片土名桑坑大鎅板塢上至山頂下至水坑左至大壠直上右至鴻興山業

当溝直上又下边小鎅板塢山場一片上至長根竹园下至水坑左至貴榮山右至大鎅板

塢当面指界四至之內所菟開劉興種当面議定包興杉樹七尺成行八尺成路並規

定坎塢三手扦苗壠培弍季扦苗如苗不足定即補扦成林再該山內每年苞芦出產均

是一九分租挑送上门一俟茶柯成林能行採摘言定每百斤償茶租洋伍元正以及規

定此山四界內須負責茶籽樹与竹园與養成林不收租金上議各項務須遵照实行倘有

違背即行另租他人兩無異說恐口無憑立此租批存照

騰

民國廿八年二月　日立租批人羅養基十

凭中人謝保三 程裕明 程世爵十

代筆人蔣文斌押

二

民國三十三年元月〔歙縣〕操月恒立租地造窯批

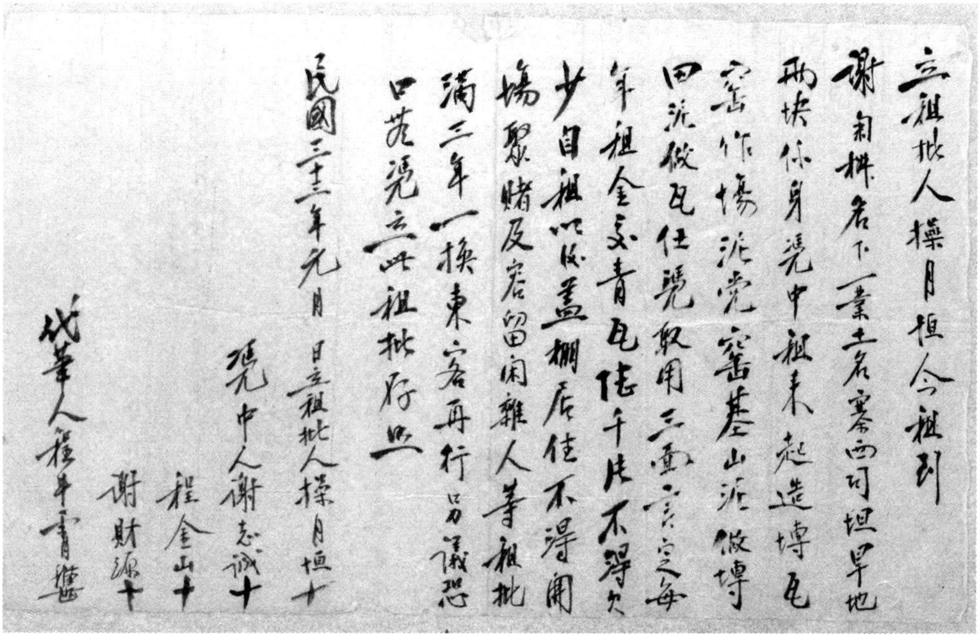
立租批人操月恒今租到
謝甸耕名下一業土名窑西坑坦旱地
兩塊係身憑中租來起造塼瓦
窑作場泥完窑基山泥做塼
回泥做瓦任憑取用三面言定每
年租金交青瓦陸千片不得欠
少自租以後蓋棚居住不得開
場聚賭及窩留閑雜人等租批
滿三年一換東家再行另議恐
口無憑立此租批存照
民國三十三年元月　日立租批人操月恒十
憑中人謝志誠十
程金山十
謝財源十
代筆人程年青

民國三十三年三月〔歙縣〕洪丸喜立租茶柯及荒山批

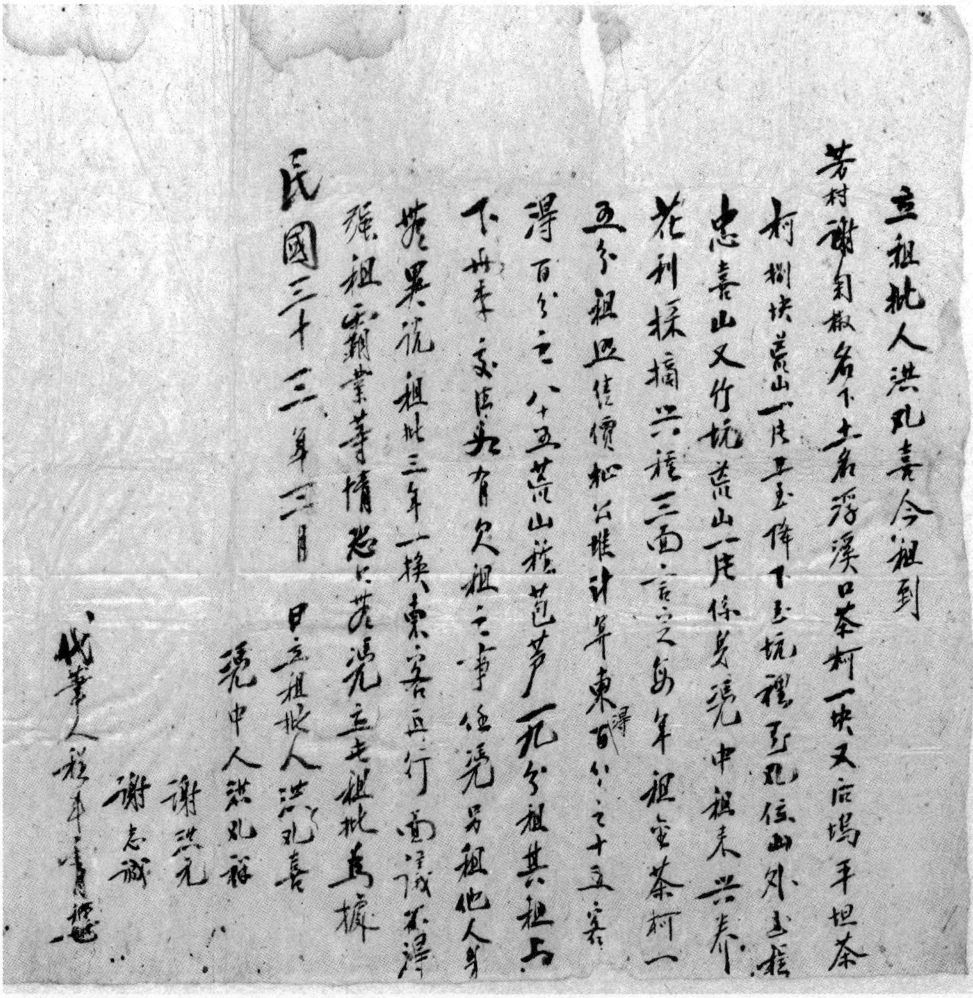

立租批人洪丸喜今租到
芳村謝旬叔名下土名浮溪口茶柯一块又店塢平坦茶
柯樹块荒山一片里至降下至坑裡至丸位山外至種
忠喜山又竹坑荒山一片係身憑中租來興春
花利採摘興種三面言定每年租金茶柯一
五分租迎佳價松公堆計算東浔百分之十五客
浔百分之八十五荒山種苞芦一元分租其租上
下兩季交清如有欠租之事任憑身租他人身
種異說租批三年一換東客兩行商議不得
強租霸業等情恐口無憑立此租批為據
民國三十三年三月　　日立租批人洪丸喜
憑中人洪丸禄
謝洪元
謝志誠
代筆人程本清押

立租批人程玉來今租到芳村
謝菊耕名下土名寨西出路外三間樓屋壹堂門亭
壹間一併在內自托憑中租來居住開設營業三
面言定每月租金國幣壹佰元正分上下兩季交清不得
欠少分文不得有妄爲及開場聚賭情事租批三年
壹換租金再行面議若不得強租霸住恐口無憑立
此租批存照大發
『再批每年茶市堆茶任憑房東堆放茶葉無得異
言』
民國三十三年三月 日立租批人程玉來十
憑中人謝志誠十
謝信茂十
代筆人程本青

民國三十三年三月（歙縣）程玉來立租樓屋批

二

民國三十三年三月（歙縣）劉花狗立租屋基地菜園茶柯批

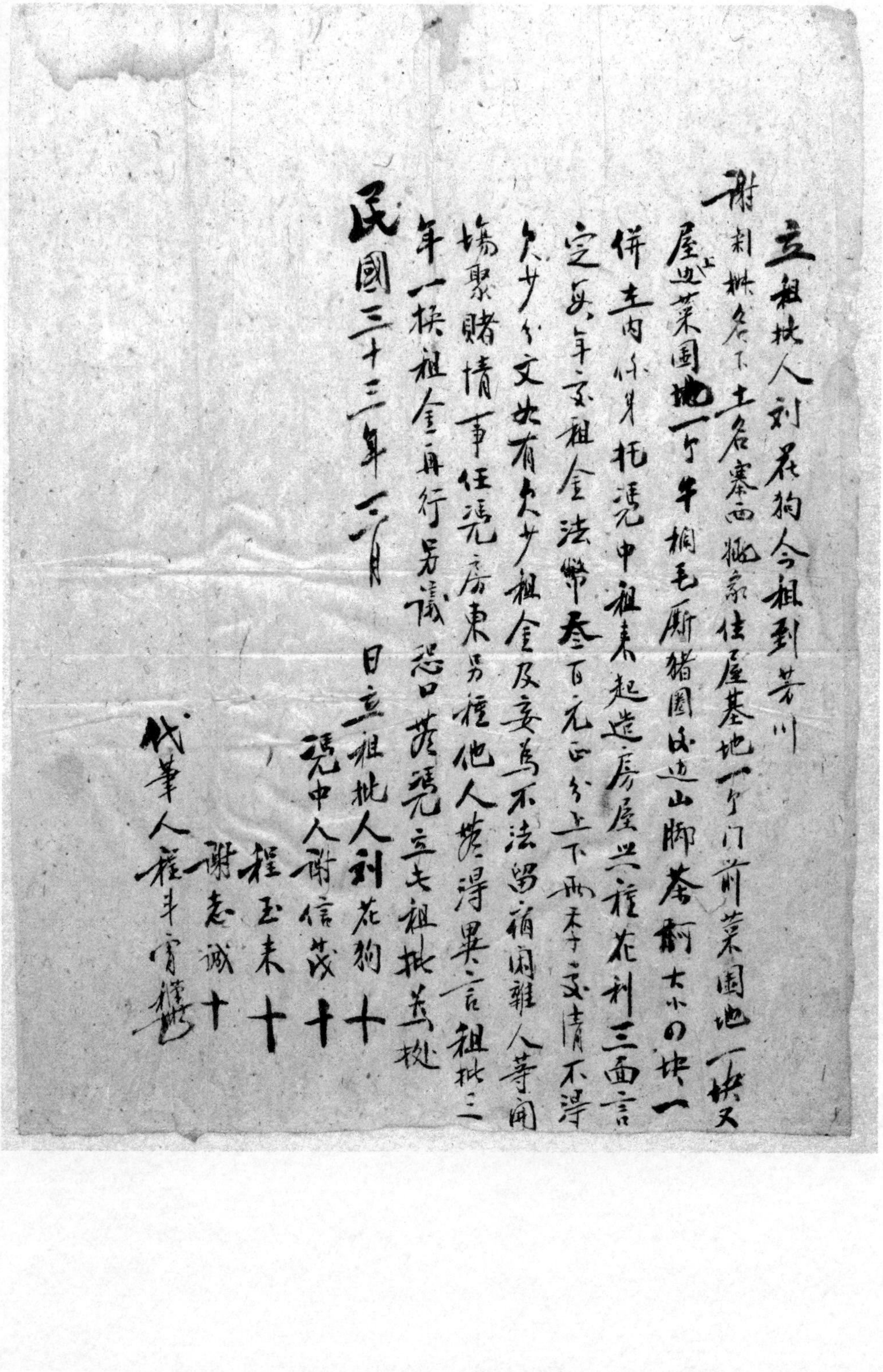

立租批人刘花狗今租到芳川
謝剩椒名下土名塞西概家住屋基地一个门前菜園地一块又
屋边上菜園地一个牛棚毛厕猪園以边山脚茶蓬大小四块一
併在内今身托凭中租来起造房屋只種花利三面言
定每年交租金法幣叁百元正分上下两季交清不得
欠少分文如有欠少租金及妄為不法留宿闲雜人等开
場聚賭情事任凭房東另種他人毋得異言租批二
年一换租金再行另議恐口無凭立此租批為據
民國三十三年三月　日立租批人刘花狗十
凭中人謝信茂十
程玉来十
謝志诚十
代筆人程斗宵

二

民國三十三年三月（歙縣）謝灶萬立租地基批

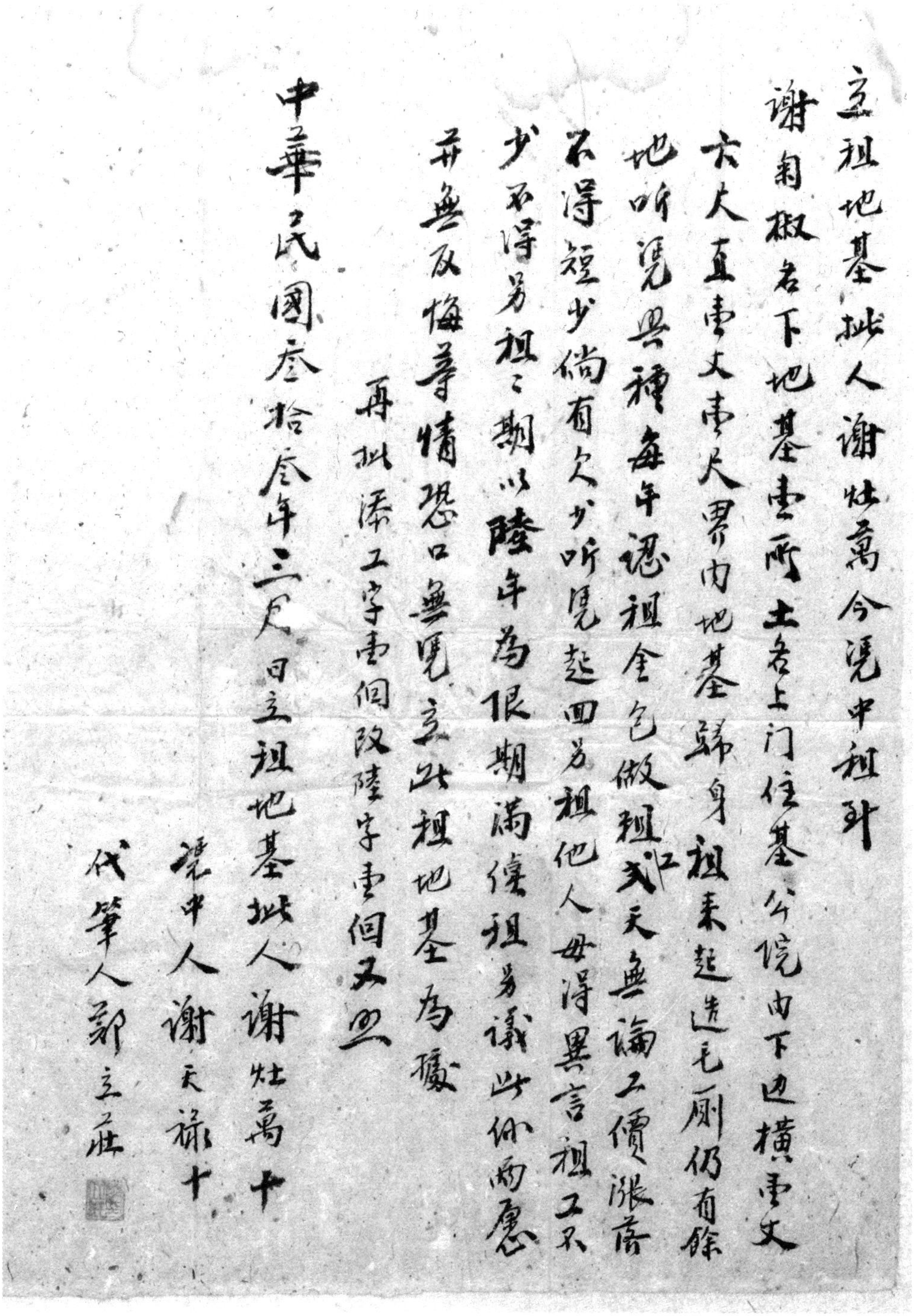
立租地基批人謝灶萬，今憑中租到
謝甸椒名下地基壹所，土名上门住基公院內下边横壹丈
六尺，直壹丈壹尺，界內地基歸身租來起造毛厠，仍有餘
地聽憑與種，每年認租金包做租工式天，無論工價漲落，
不得短少，倘有欠少，聽憑起回另租他人，毋得異言。租工不
少，不得另租，租期以陸年為限，期滿任租另議，此係兩愿，
并無反悔等情。恐口無憑，立此租地基為據。
再批：添工字壹個，改陸字壹個，又照。
中華民國叁拾叁年三月　日立租地基批人謝灶萬（十）
憑中人謝天祿（十）
代筆人鄭立莊

二

民國三十四年元月〔歙縣〕鄭景賢等立祖山場批

立祖山批人鄭景賢 鄭景廷今憑中祖到
謝甸撤名下山場事業土名浮溪塢頭坑猪食槽所有水往塢内流者約在
其内歸身承祖祠墾坟墓裡边歸鄭景賢興種外边歸鄭景廷開墾二
面言定每年秋收之日交納苞芦每百斤壹九分祖批送上门本山包興養木
白果柏樹茶柯等項由山東指定何處興養何種養木培植成林為保
護祖墓之計承祖之後須要始終如一不得中途停頓倘中途停頓任
保人負責培植成林此係兩愿并無威逼等情恐口無憑立此祖山批為
據

中華民國叁拾肆年元月 日立祖山批人鄭景賢 十
鄭景廷 十
憑中人謝人勉
謝新民（押）
程中書（押）
代筆包中鄭立莊

〔五〕民國年間〔歙縣〕黃氏出租大小買田契約

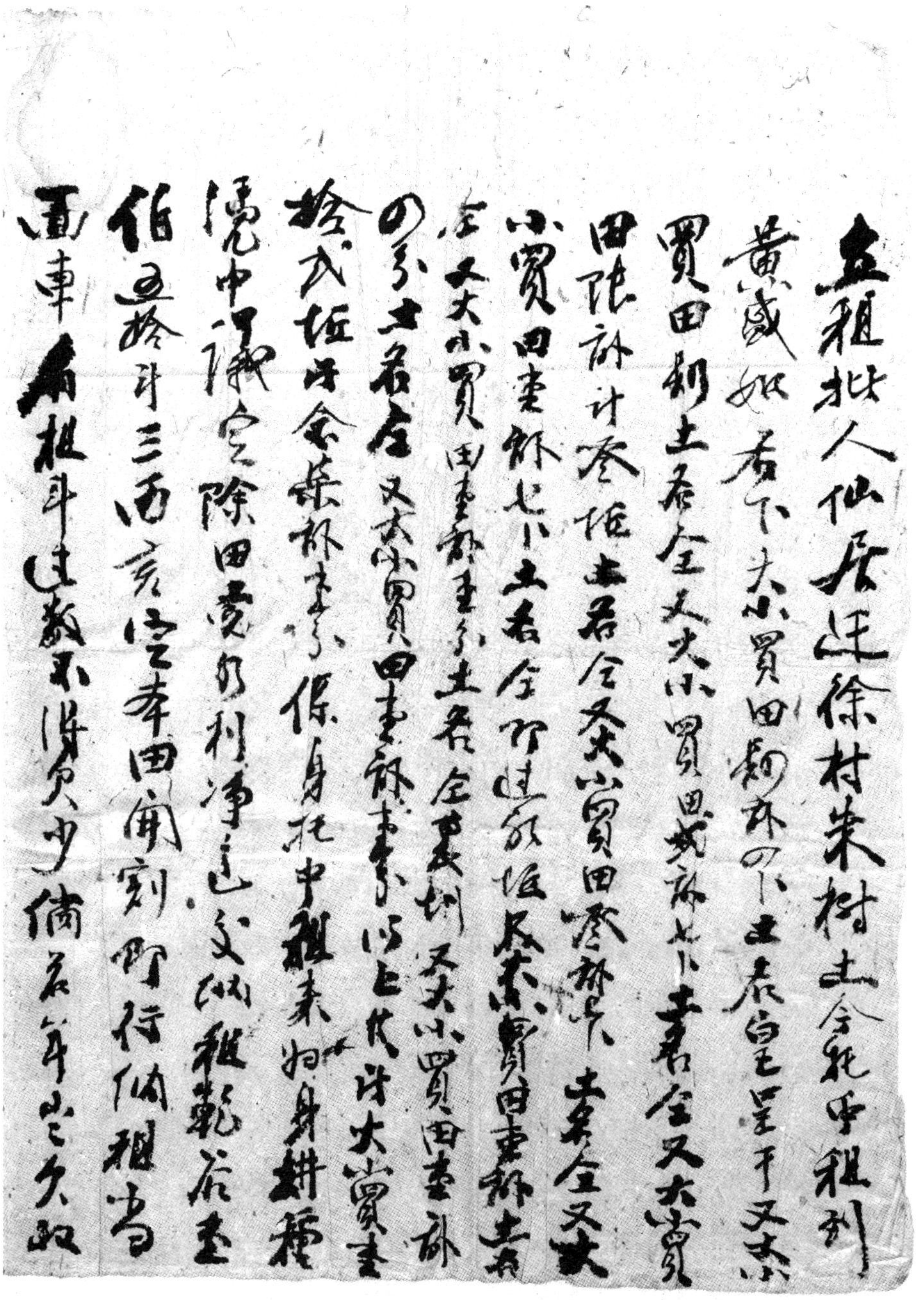

（一）

二

民國十九年農曆十一月（歙縣）朱樹土立租大小買田批附民國廿年二月退回田壹畝壹分添租貳畝批

即該田業到佃割收，係自願，不得異言。恐口
無憑，立此租批為照。

廿年弍月廿□將內田一畝壹分退回業主，轉租郝承種，
添租種黃泥田弍畝，計租谷拾壹斗。

再批：其田如果租息清楚，不許另租他人，
不得起業，又照。

民國拾玖年冬月立租人朱樹土

憑中　孫鶴亭正
王光五十
潘国大〇

代筆　張春生正

（二）

民國二十年八月（歙縣）劉彩德立租批大小買田批

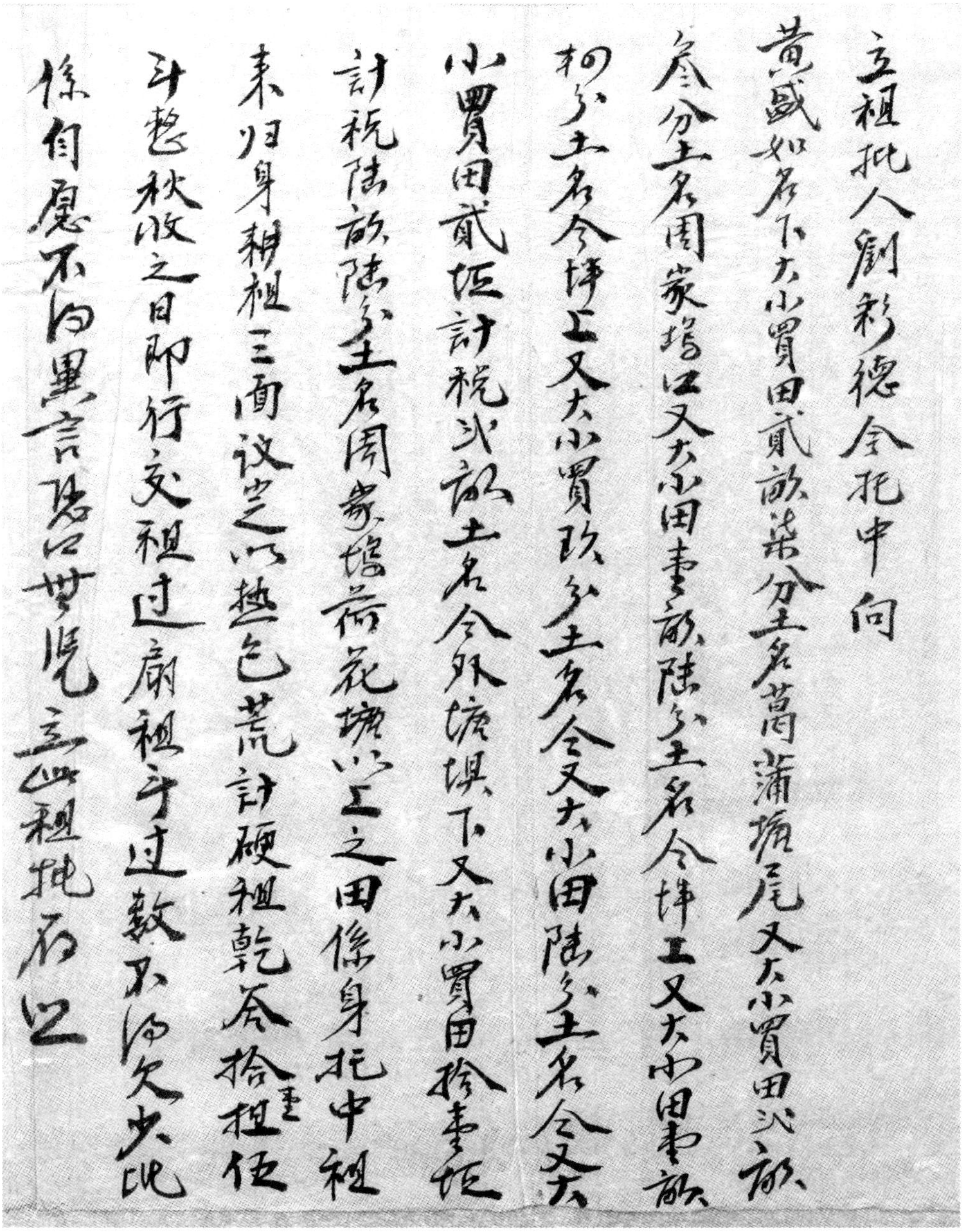

立租批人劉彩德今托中向
黄盛如名下大小買田弍畝柒分，土名葛蒲塘尾，又大小買田弍畝
叁分，土名周家塢口，又大小田壹畝陸分，土名今坪上，又大小田壹畝
柒分，土名今坪上，又大小買玖分，土名今，又大小田陸分，土名今，又大
小買田貳坵，計税弍畝，土名今外塘塓下，又大小買田拾壹坵，
計税陸畝陸分，土名周家塢荷花塘，以上之田係身托中租
来归身耕種，三面议定，以熟色荒計硬租乾谷拾担伍
斗整，秋收之日即行交租，过扇租斗过数，不得欠少，此
係自愿，不得異言，恐口無憑，立此租批存照。

（一）

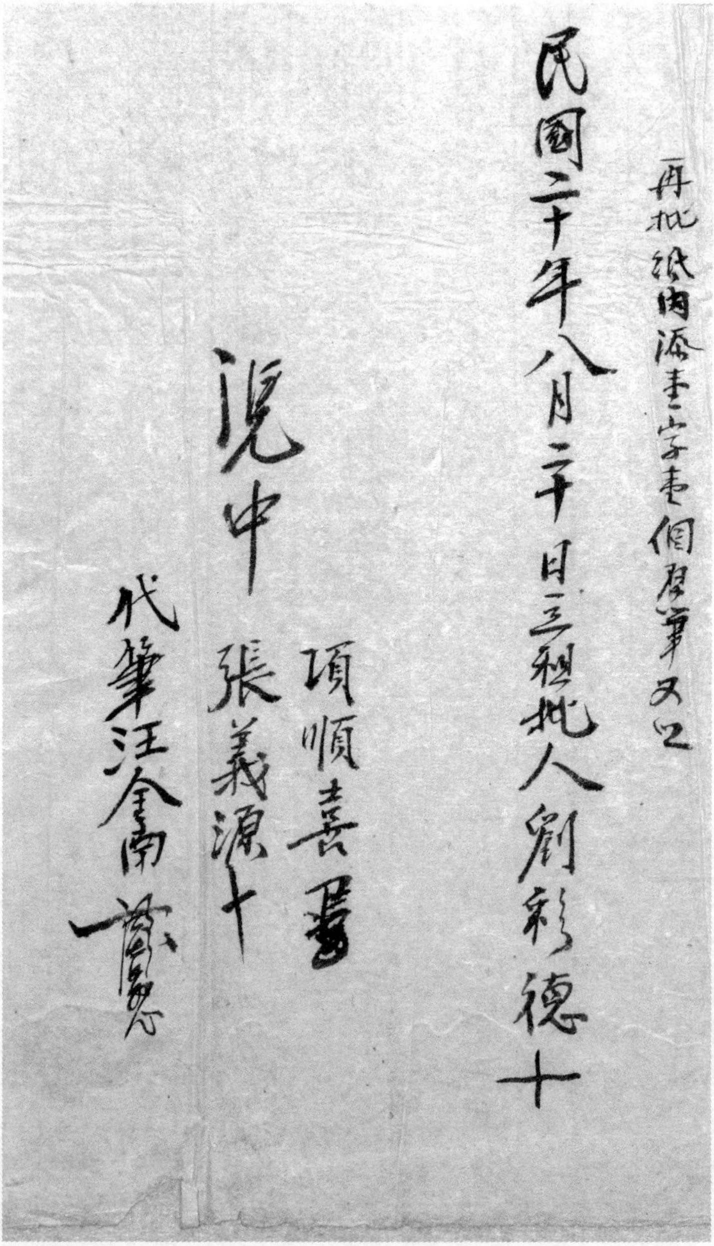
再批紙內添壹字壹個原筆又照

民國二十年八月二十日立租批人劉彩德十

憑中 項順喜（押）
張義源十

代筆汪金南（押）

（二）

民國二十年八月〔歙縣〕張義源立承攬租大小田及大小買田批

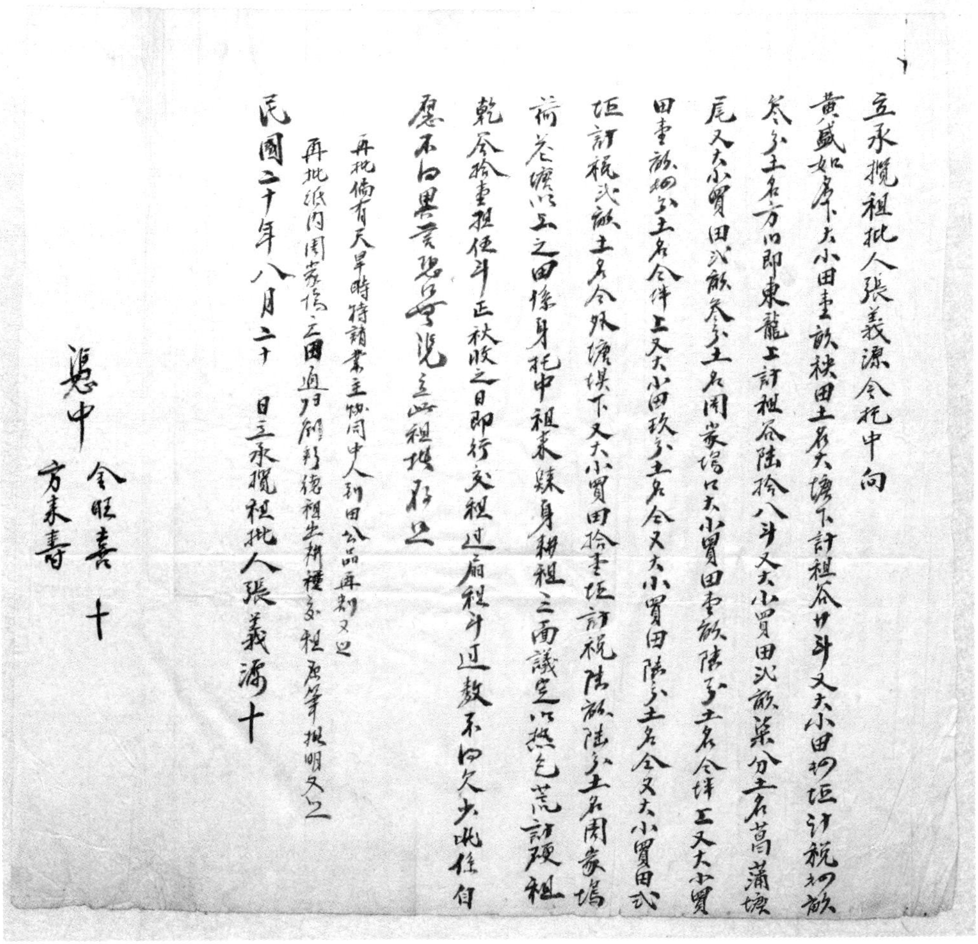

立承攬租批人張義源今托中向
黄盛如處下大小田壹畝秧田土名大塘下計租谷廿斗又大小田坰坵計税捌畝
叁分土名方口即東龍上計租谷陸拾八斗又大小買田弍畝柒分土名菖蒲塘
尾又大小買田弍畝叁分土名周家塢口大小買田壹畝陸分土名仝坪上又大小買
田壹畝捌分土名仝坪上又大小田玖分土名仝又大小買田陸分土名仝又大小買田弍
坵計税弍畝土名仝外塘塅下又大小買田拾壹坵計税陸畝陸分土名周家塢
荷花塘以上之田係身托中租來耕身耕種三面議定以憑包荒計硬租
乾谷拾壹租伍斗正秋收之日即行交租过扇租斗过數不得欠少此係自
愿不得異言恐口無憑立此租批存照
再批倘有天旱時待請業主協同中人到田公品再割又照
再批該內周家塢之田過了翻新德租出耕種各租原筆批明又照
民國二十年八月二十　日立承攬租批人張義源十
憑中　全旺喜十
方來壽

二

民國二十年夏曆八月〔歙縣〕張六慶立租大小買田批附瓦塞塘下竹林下大小買田系湖北人富明種批

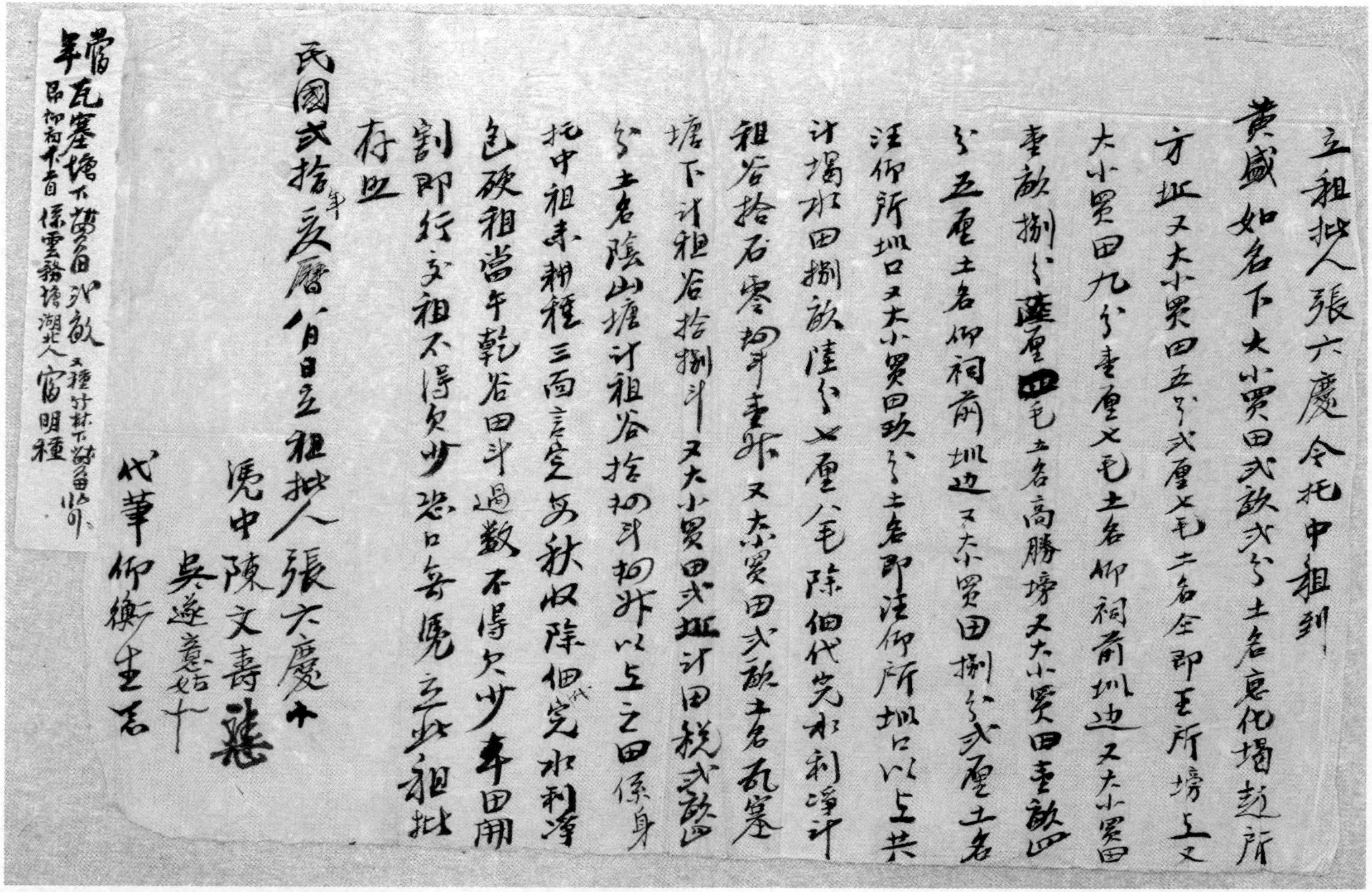

立租批人張六慶今托中租到
黄盛如名下大小買田式畝式分土名息化塌趑所
方坵又大小買田五分式厘七毛土名全即王所塝上又
大小買田九分壹厘七毛土名仰祠前圳边又大小買田
壹畝捌分蓬厘四毛土名高勝塝又大小買田壹畝四
分五厘土名仰祠前圳边又大小買田捌分式厘土名
汪仰所圳口又大小買田玖分土名即汪仰所圳口以上共
計揭水田捌畝陆分七厘八毛除佃代完水利淨計
租谷拾石零肆斗壹升又大小買田式畝土名瓦塞
塘下計租谷拾捌斗又大小買田式坵計田税式畝四
分土名陰山塘計租谷拾桶斗拊以上之田係身
托中租來耕種三面言定每秋收除佃代完水利淨
包硬租當年乾谷田斗過數不得欠少本田開
割即行交租不得欠少恐口無憑立此租批
存照

民國式拾年夏曆八月日立租批人張六慶（押）
憑中陳文壽（押）
吳遂意（押）
代筆仰衡生書

當年瓦塞塘下荒田弍畝又種竹林下荒田四分
昂仰祠下首係雲務塘湖北人富明種

〔六〕民國二十年〔歙縣〕范觀青租大小買田契約

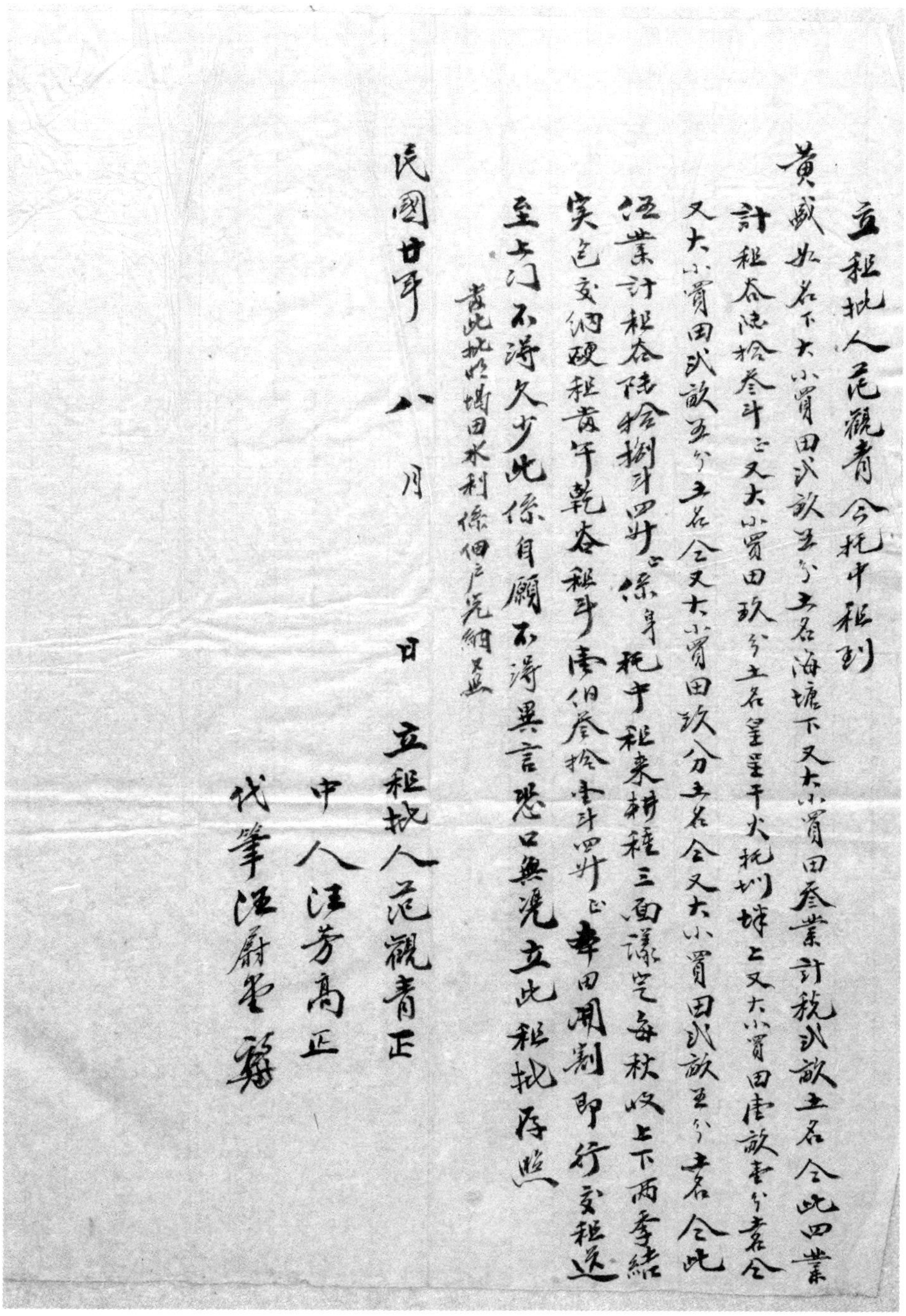

立租批人范觀青今托中租到
黄戯如名下大小買田貳畝五分土名海塘下又大小買田叁業計稅貳畝土名仝此四業
計租谷陸拾叁斗正又大小買田玖分土名星星干火托圳埄上又大小買田壹畝壹分土名仝
又大小買田貳畝五分土名仝又大小買田玖分土名仝又大小買田貳畝五分土名仝此
伍業計租谷陸拾捌斗四升正係身托中租來耕種三面議定每秋收上下兩季結
實包交綑硬租谷午乾谷租斗壹佰叁拾壹斗四升正 其田周割即行交租送
至上门不得欠少此係自願不得異言恐口無憑立此租批存照
書此批收塌田水利係佃户完納又照

民國廿年 八 月 日 立租批人范觀青正
中人汪芳高正
代筆汪蔚堂籍

二

民國二十年八月〔歙縣〕范觀青立租大小買田批

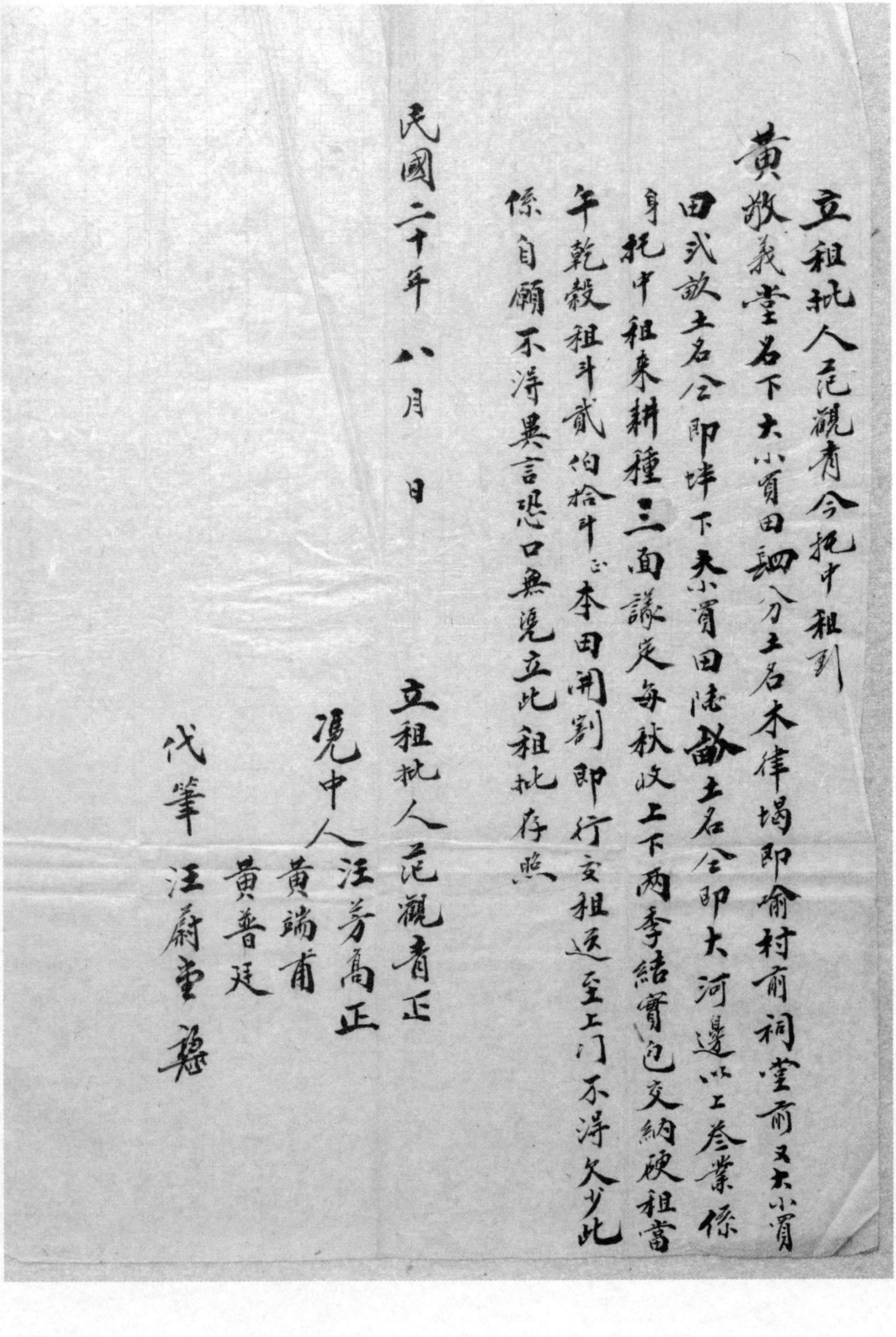

立租批人范觀青今托中租到
黄敦義堂名下大小買田一畝八分土名木律堨即喻村前祠堂前又大小買
田弍畝土名仝即蚌下大小買田陸畝土名仝即大河邊以上叁業係
身托中租來耕種三面議定每秋收上下兩季結實包交納硬租當
年乾穀租斗貳伯拾斗正本田開割即行交租送至上门不得欠少此
係自願不得異言恐口無憑立此租批存照

民國二十年八月　日

立租批人范觀青正
憑中人汪芳高正
黄端甫
黄晋廷
代筆汪蔚堂

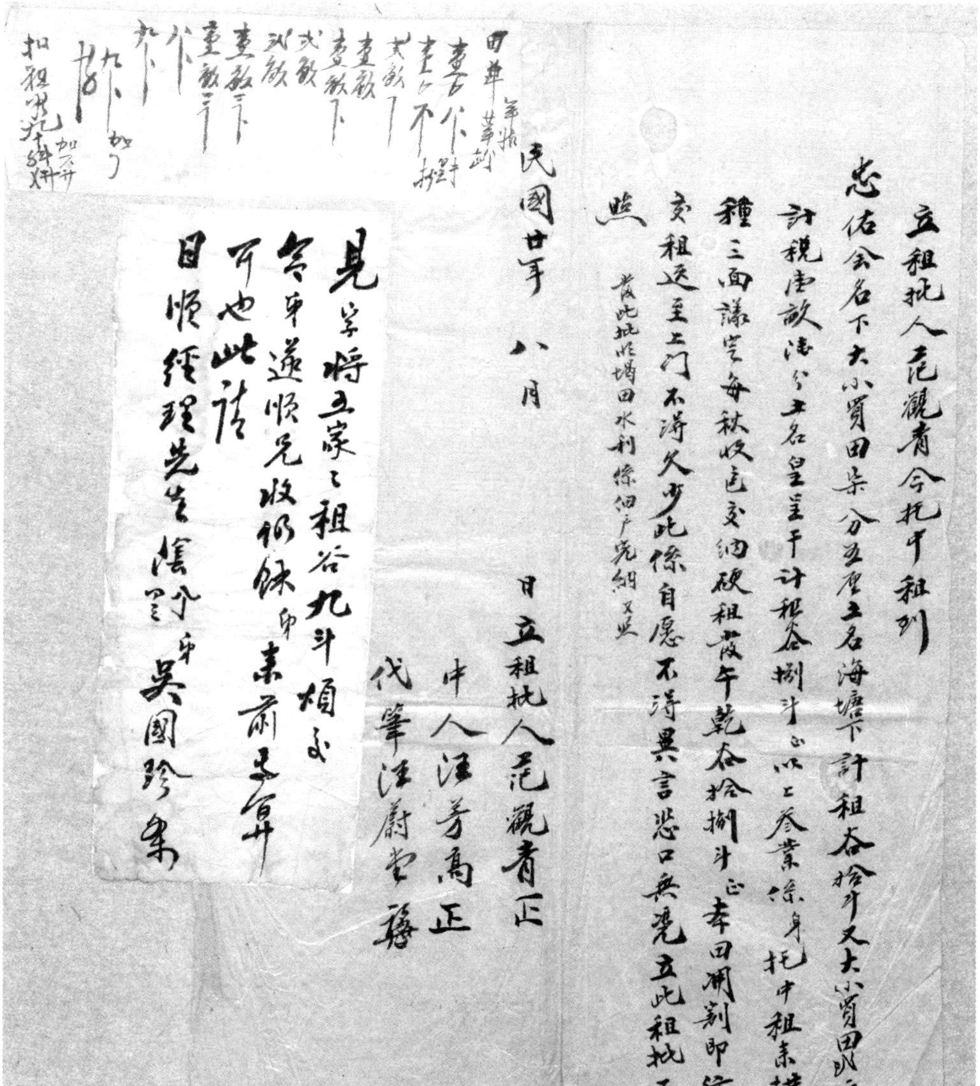

立租批人范觀青今托中租到
忠佑公名下大小買田柒分五厘土名海塘下計租叁拾斤又大小買田貳坵
計税壹畝陆分土名皇呈干計租叁拾捌斤正以上叁業係身托中租來耕
種三面議定每秋收足交納硬租叁午乾叁拾捌斤正奉田潤割即行
交租送至上门不得欠少此係自愿不得異言恐口無憑立此租批存
照
荒此批收塌田水利係佃户完納又照
民國廿年 八月 日立租批人范觀青正
中人汪芳高正
代筆汪蔚中藤

見字將五家之租谷九斗煩交
令弟遂順兄收祈余來前五百井
可也此請
日順經理先生儀
吳國珍條

民國廿年八月（歙縣）范觀青立租大小買田批附田單及某年陰曆八月吳國珍立請日順經理交算租穀條

〔七〕民國年間某某縣余天川會出租店屋契約

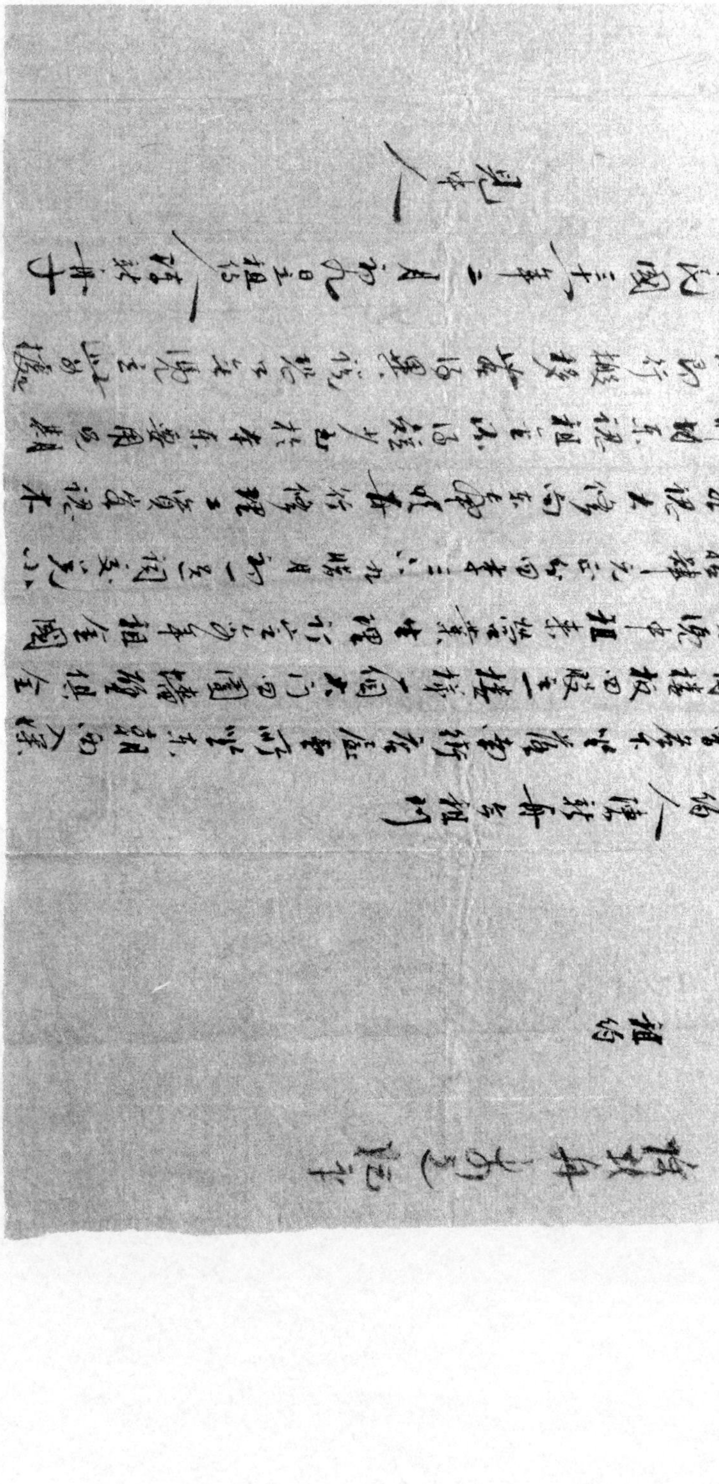

租批大吉

江柏明
大光堂 收会租 青手老摿 发之拆车

立租約人江伯明大光堂△家今租到
余天川祀会名下郭门外店屋壹所坐南朝
北入深連進後面有墻院并耳门石扶
御磚墻及式樓上下樓梯四圍门壁一应
俱全是身凭中租来居住管業小本
生理及方订議店门不時打開免生霉
爛倘然擅意不開大门即行回租言定
通年租金國幣叁拾陆元正按分四季收
五月初一送祠交兑不得有誤並於修理
屋層小修家認大修先向聲說工資家
認磚瓦東認倘东要用先行通知即當
搬遷毋得异说恐口無凭立此為據

民國三十一年廢曆二月下浣立租約人江伯明大光堂△家押

中人胡生桂

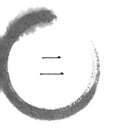

青付押租洋拾元〇捌角此照

二

民國三十二年四月某某縣徐靜波立租店屋約

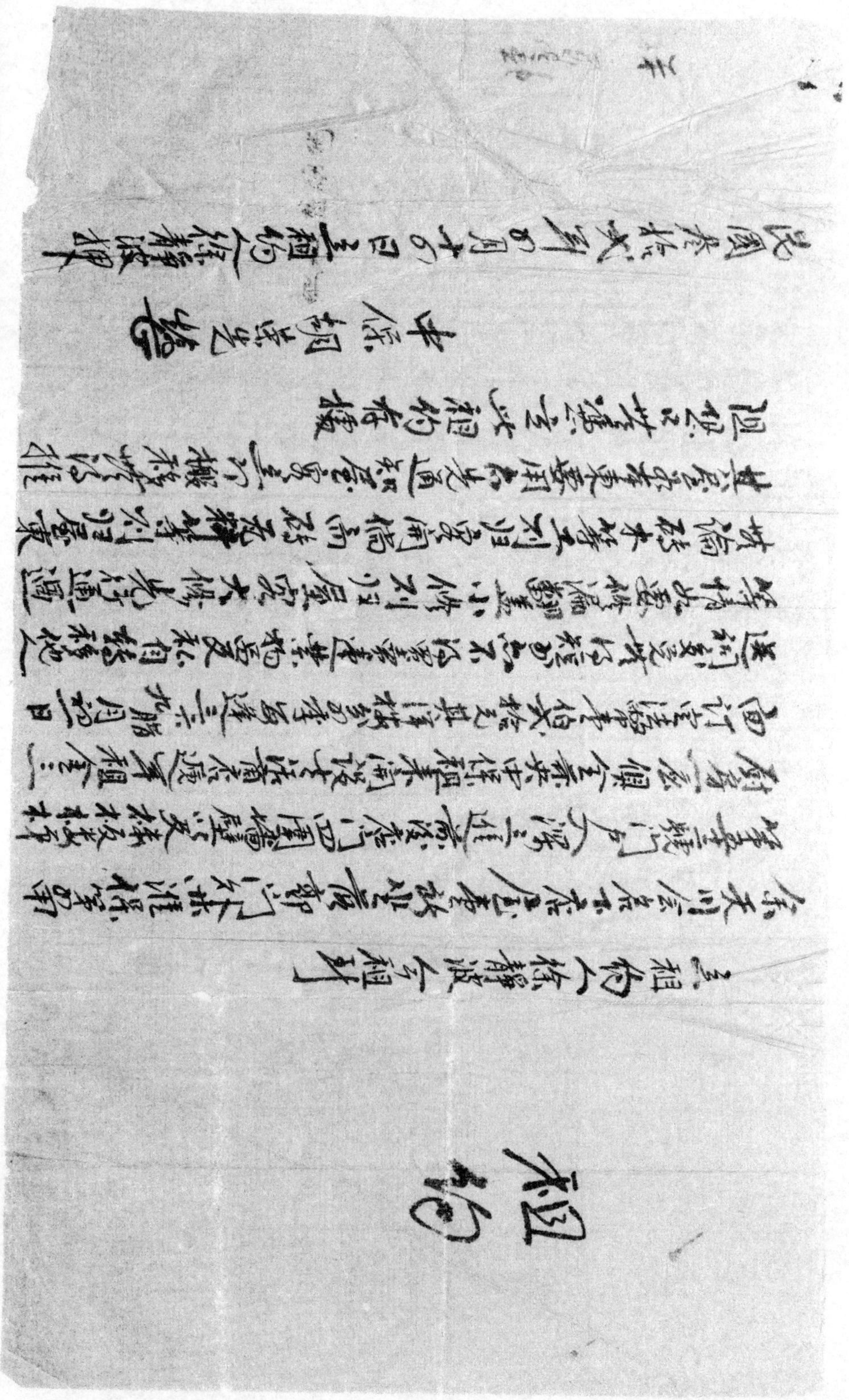

租約

二

民國三十二年古曆四月某某縣劉見文立租店屋約

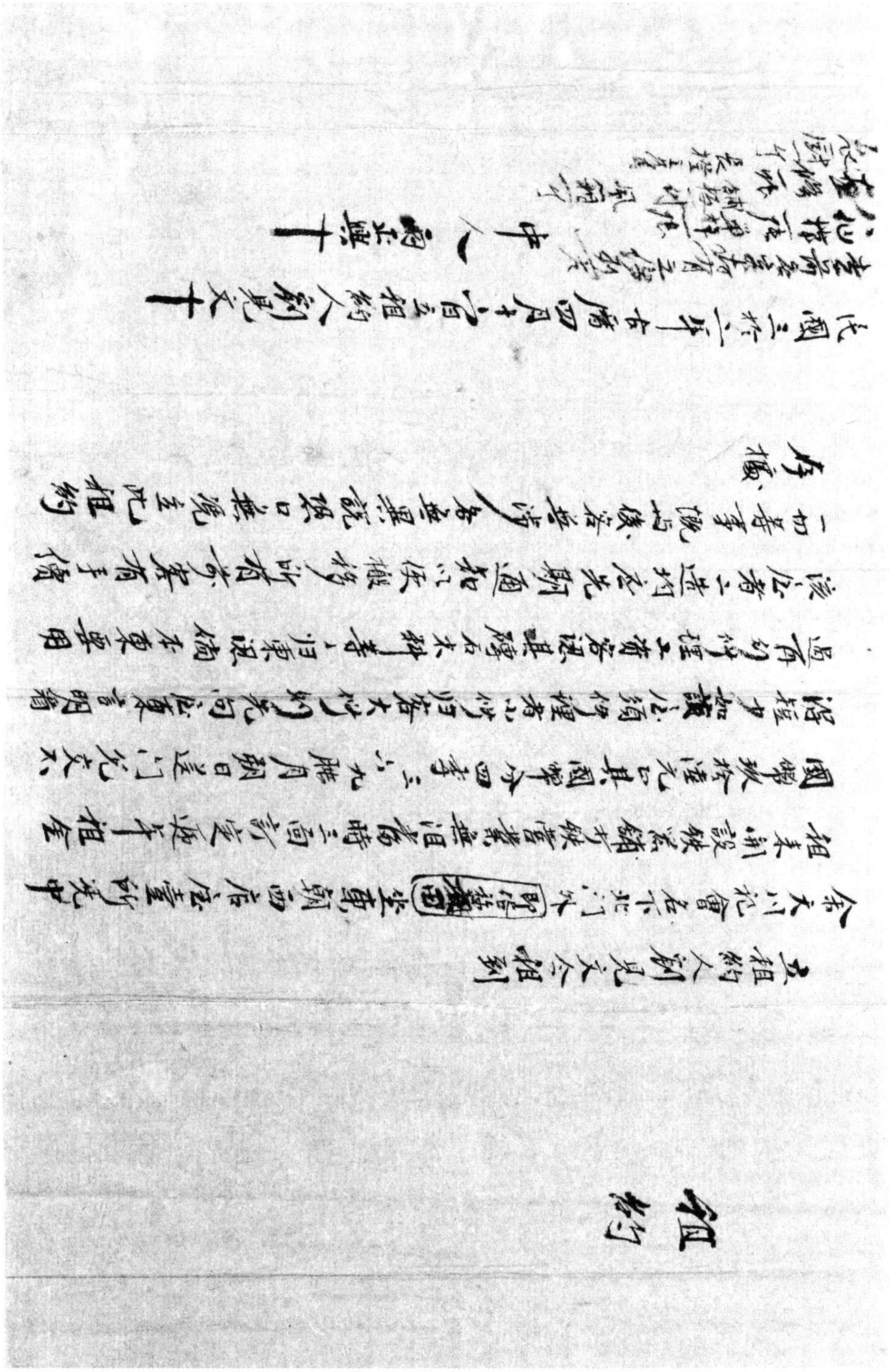

租約

立租約人劉見文今租到

余天川祀會名下北门外坐東朝西店屋壹所，憑中

租來開設鉄器铺打鉄营業，無阻當時三面訂定逐年租金

國幣玖拾陸元正，其國幣分四季三六九腊月朔日送门兑交，不

得短少。如讓店須修理者，小修归客，大修归東。先向店東言明，看

過再行修理，工資客認，其磚石木料等々归東。退佃本東要用，

該店者亦照先期通知，以便搬移。所有前客有手續，

一切等事概与後客無涉，各無異説。恐口無憑，立此租約

存據。

民國三拾二年古曆四月十一日立租約人劉見文十

中人　尚正興十

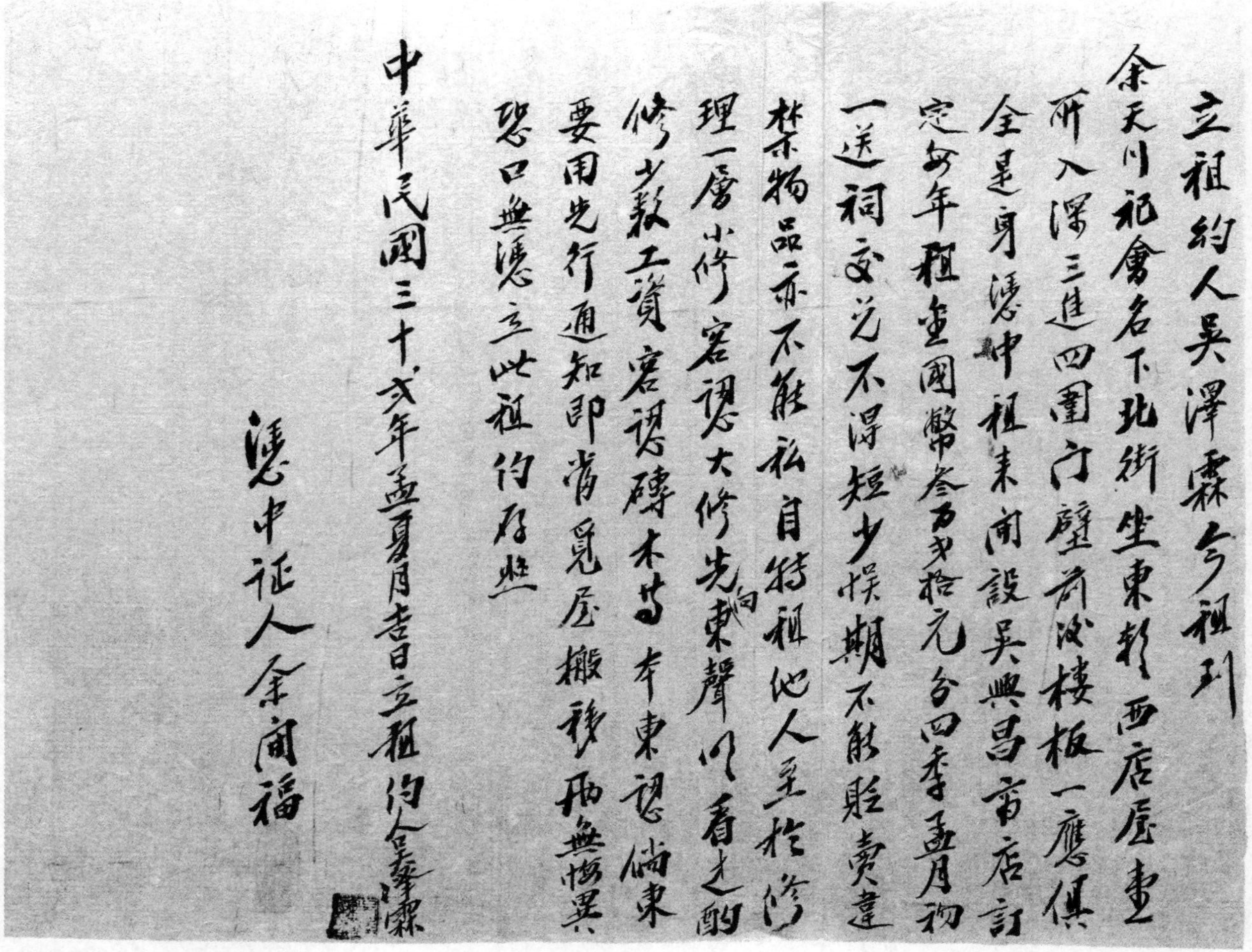
立租約人吳澤霖今租到
余天川祀會名下北街坐東朝西店屋壹
所，入深三進，四圍門壁、前後樓板一應俱
全，是身憑中租来開設吳興昌南店。訂
定每年租金國幣叁万弍拾元，分四季孟月初
一送祠交兑，不得短少悞期，不能販賣違
禁物品，亦不能私自轉租他人。至於修
理，一層小修客認，大修先向東聲明，看之酌
修，少數工資客認，磚木等本東認備。東
要用先行通知，即當覓屋搬移，兩無悔異。
恐口無憑，立此租約存照。
中華民國三十弍年孟夏月吉日立租約人吳澤霖
憑中証人余爾福

〔八〕清康熙至民國年間其他租佃田地山場園地屋基等契約

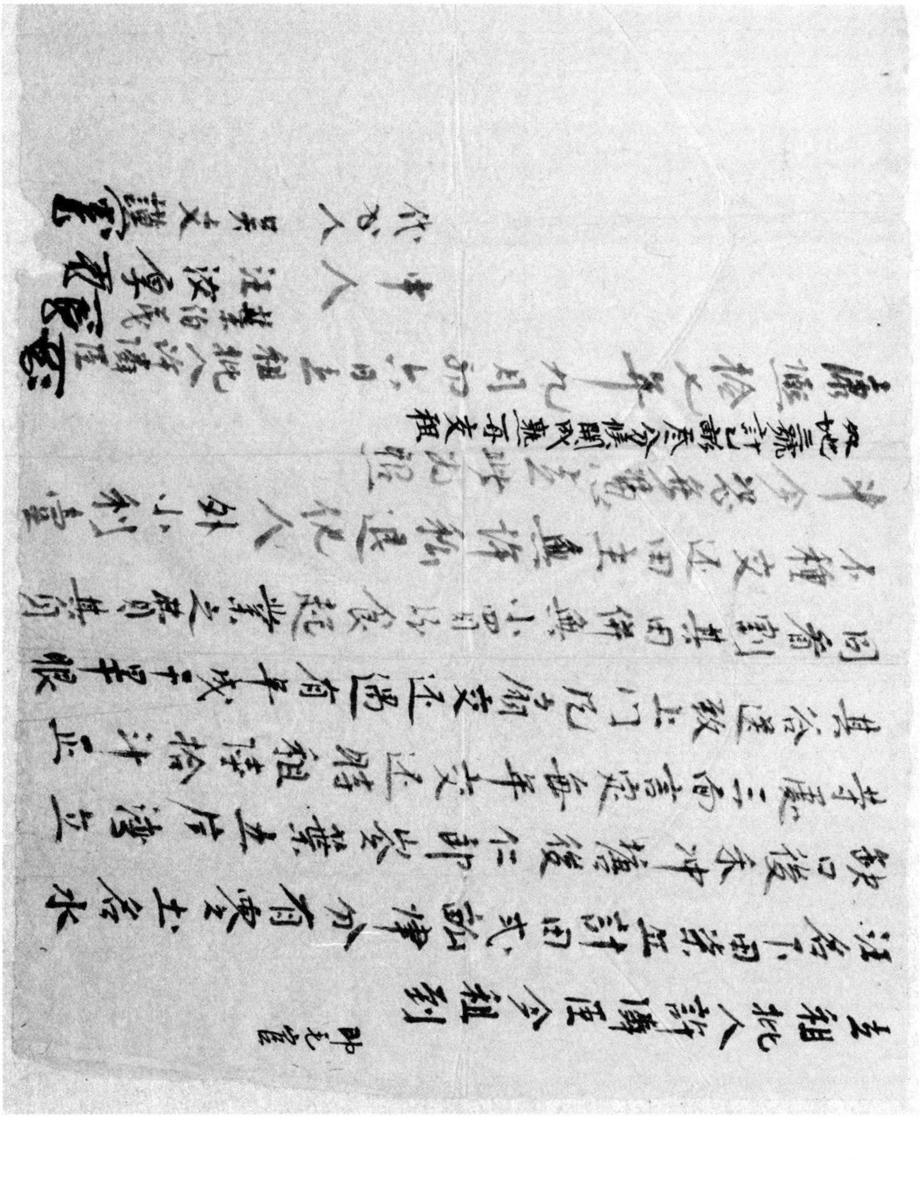

清康熙十七年九月某某縣許鄰臣立租田批

清康熙十九年十一月某某縣許積德立租田批

立租批人許積德今租到
汪　名下田壹業計稅四分乙厘土名后何冲
三面議定時租乙十二斗三升秋收送
至上門風扇交还不至欠少其田議定八
分拆算如少升合所憑田主起業自
行耕種毋得異説今恐無憑立此租批
存照
其田不種將田交还田主毋許私退人再批（押）
康熙十九年十一月廿三日立租批人許積德（押）
依口代筆方古文（押）

二

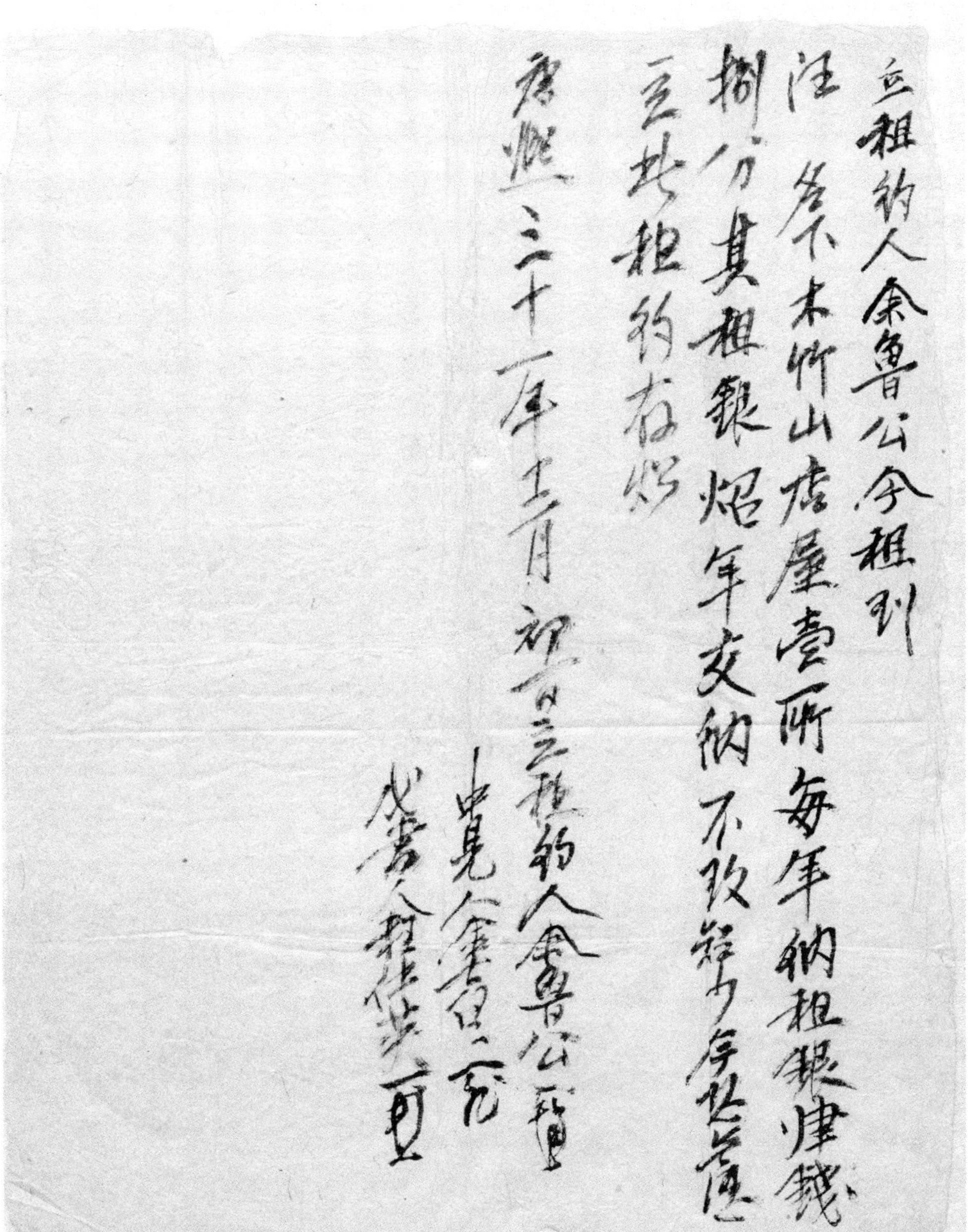
立租約人余魯公今租到
汪名下本竹山店屋壹所每年納租銀肆錢
捌分其租銀照年交納不致短少今恐無憑
立此租約存照
康熙三十一年十二月初一日立租約人余魯公（押）
中見人余魯侯（押）
代書人程仕安（押）

清康熙三十一年十二月某某縣余魯公立租店屋約

二一

清康熙四十四年正月某某縣汪子成立租房批

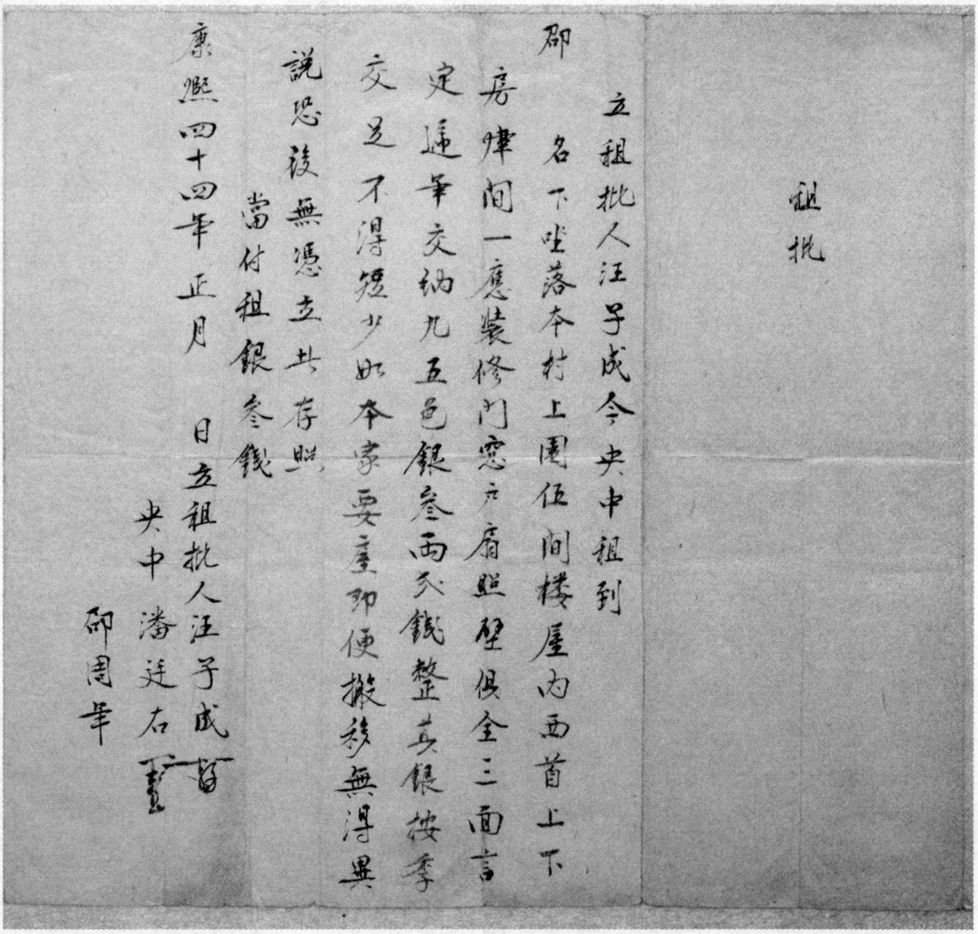

租批

立租批人汪子成今央中租到
邵　名下坐落本村上園伍間樓屋內西首上下
房肆間一應裝修門窗户扇照壁俱全三面言
定逐年交納九五色銀叁兩贰錢整其銀按季
交足不得短少如本家要屋即便搬移無得異
説恐後無憑立此存照
當付租銀叁錢
康熙四十四年正月　　日立租批人汪子成（押）
央中潘廷右（押）
邵周年

二

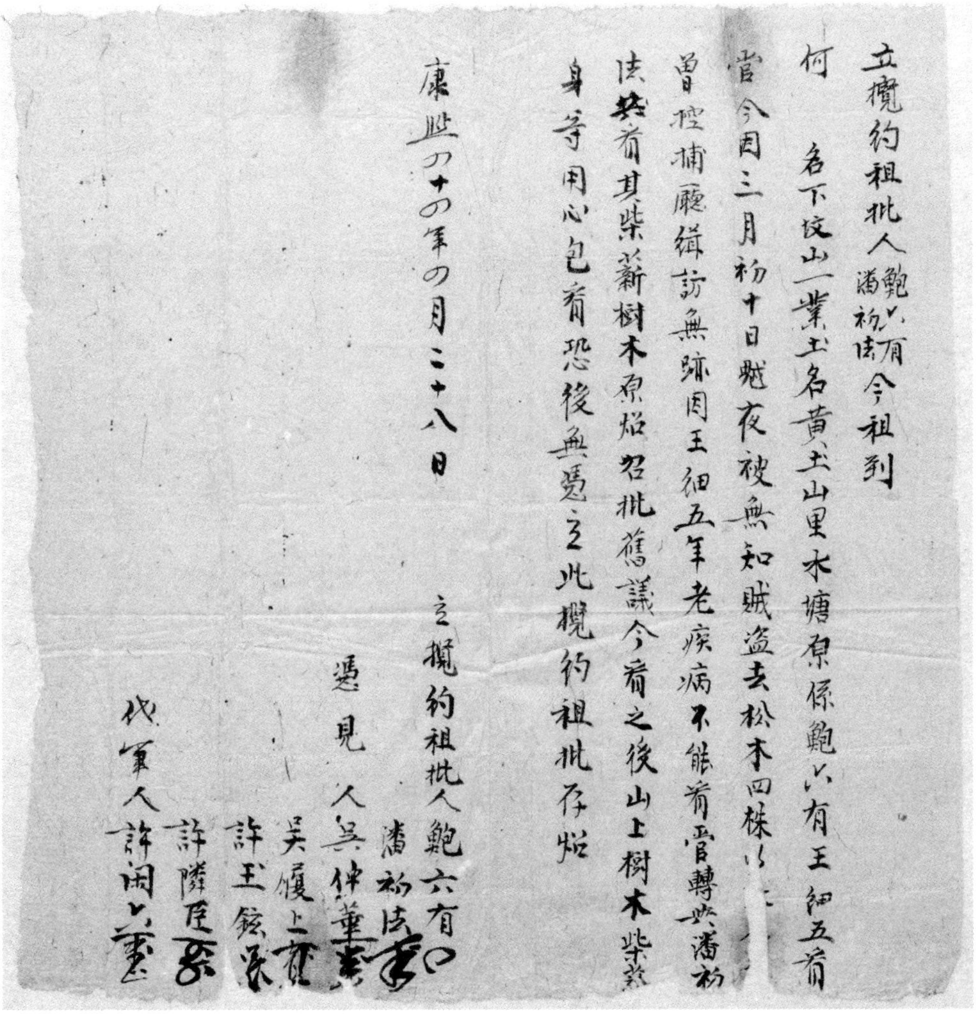

立攬約祖批人鮑六有潘初佳今祖到
何名下坟山一業土名黃土山里水塘原係鮑六有王細五看
管今因三月初十日黑夜被無知賊盜去松木四株以
曾控捕廳緝訪無踪因王細五年老疾病不能看管轉與潘初
佳妹看其柴薪樹木原照召批舊議今看之後山上樹木柴薪
身等用心包看恐後無憑立此攬約祖批存照
康熙四十四年四月二十八日
立攬約祖批人鮑六有
潘初佳
憑見人吳仲華
吳復上
許玉鉉
許隣臣
代筆人許闲六

清康熙四十四年四月某某縣鮑六有等立攬約租墳山批

清雍正元年三月某某縣黄振凡等立租厝基批約

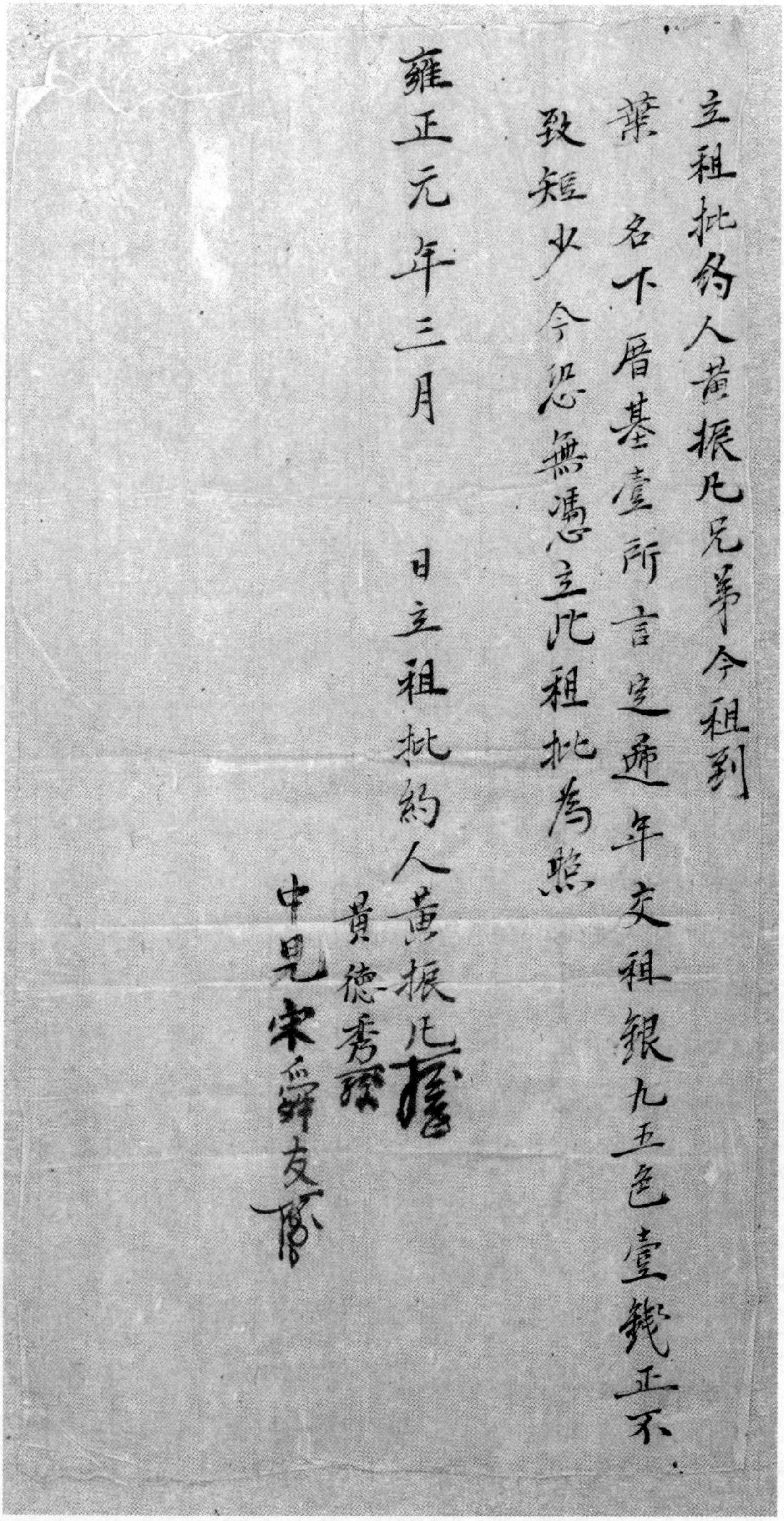
立租批約人黄振凡兄弟今租到
葉名下厝基壹所言定遞年交租銀九五色壹錢正不
致短少今恐無憑立此租批為照
雍正元年三月　日立租批約人黄振凡（押）
黄德秀（押）
中見宋舜友（押）

清乾隆四年十一月某某縣項元孫立租約

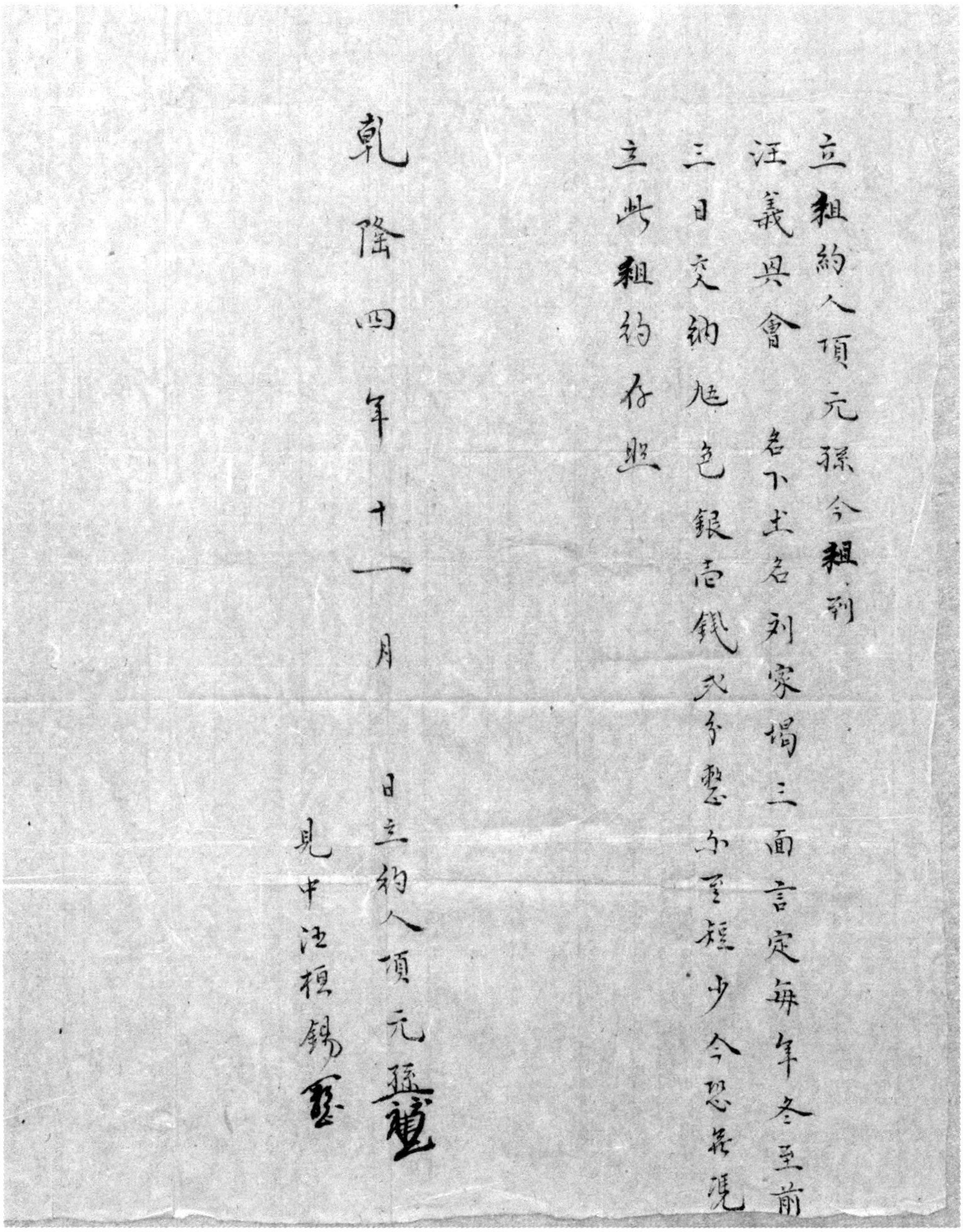
立租約人項元孫今租到
汪義興會名下土名刘家塢三面言定每年冬至前
三日交納足色銀壹錢弍分整不至短少今恐無憑
立此租約存照
乾隆四年十一月　日立約人項元孫
見中汪恒錫

清乾隆三十年十二月某某縣陳德源立租廚屋約

立租約人陳德源今租到

陳　名下廚屋四家言定每年交租金

銀四錢整其利均作月季清完不致短

少今恐無憑立此租約存照

乾隆三十年十二月　日立租約人陳德源（押）

中見　吳文英（押）

陳樹中（押）

代書　陳師揚（押）

立租批青邑曹永年今租到

陳　名下竹塢店屋乙層是身租來開店当日三面言定每週年七折錢銀陸两整其租銀四季送还不得短少倘若租錢不清听從店主將店内加伙批还抵租不得異說倘若店内吃酒生端一應等不涉店主之事今恐無憑立此租批存照

当收押批錢五錢正

乾隆三拾七年　二月　　日　立租批人曹永年　十

代筆　陳振三（押）

清乾隆三十七年二月（青陽縣）曹永年立租店屋批

二

清乾隆四十五年二月（祁門縣）謝名廷等立出租山場約

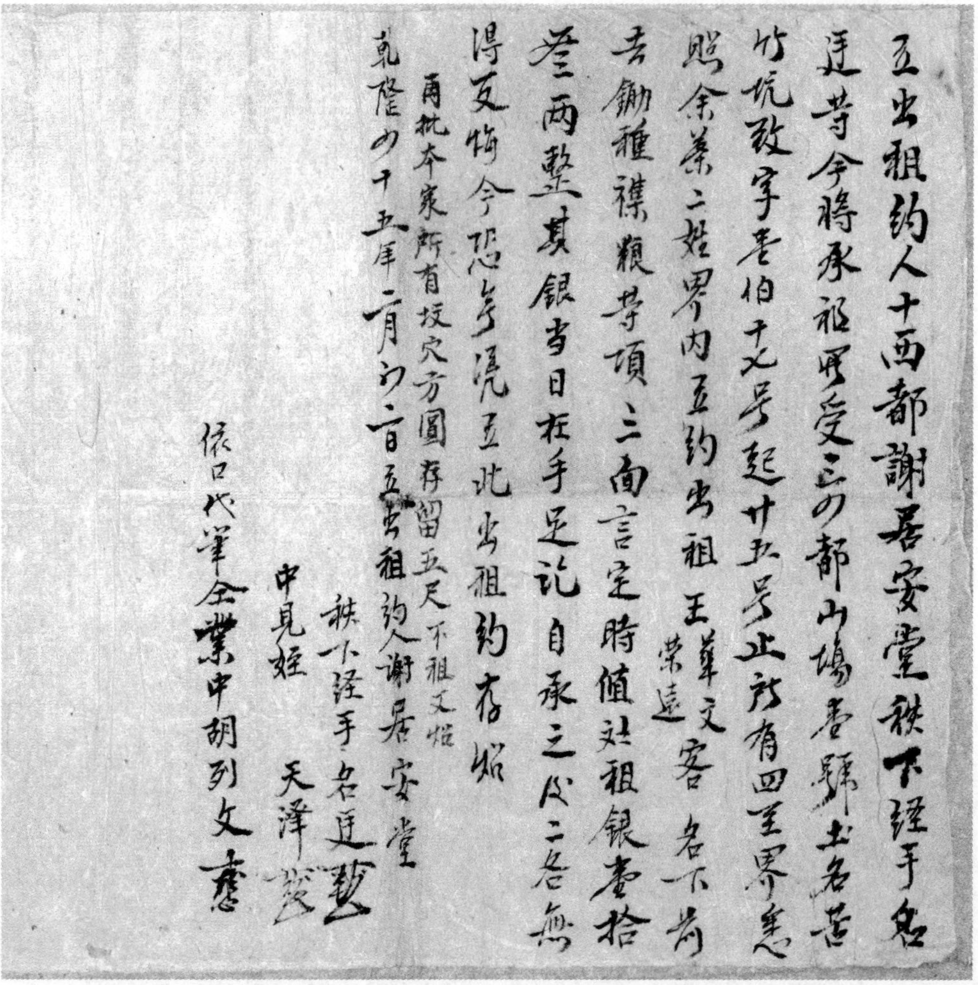
立出租約人十西都謝居安堂秩下經手名
廷等今將承祖買受三四都山場壹號土名苦
竹坑致字壹伯十七号起廿五号止所有四至界悉
照余葉二姓界内立約出租王華文（榮遠）客名下前
去鋤種稞糧等項二面言定時值租銀壹拾
叁兩整其銀當日在手足訖自承之後二各無
得反悔今恐無憑立此出租約存炤
再批本家所有坟穴方圓存留五尺不租又炤
乾隆四十五年二月初二日立出租約人謝居安堂
秩下經手名廷（押）
中見姪　天澤（押）
依口代筆　全業中胡列文（押）

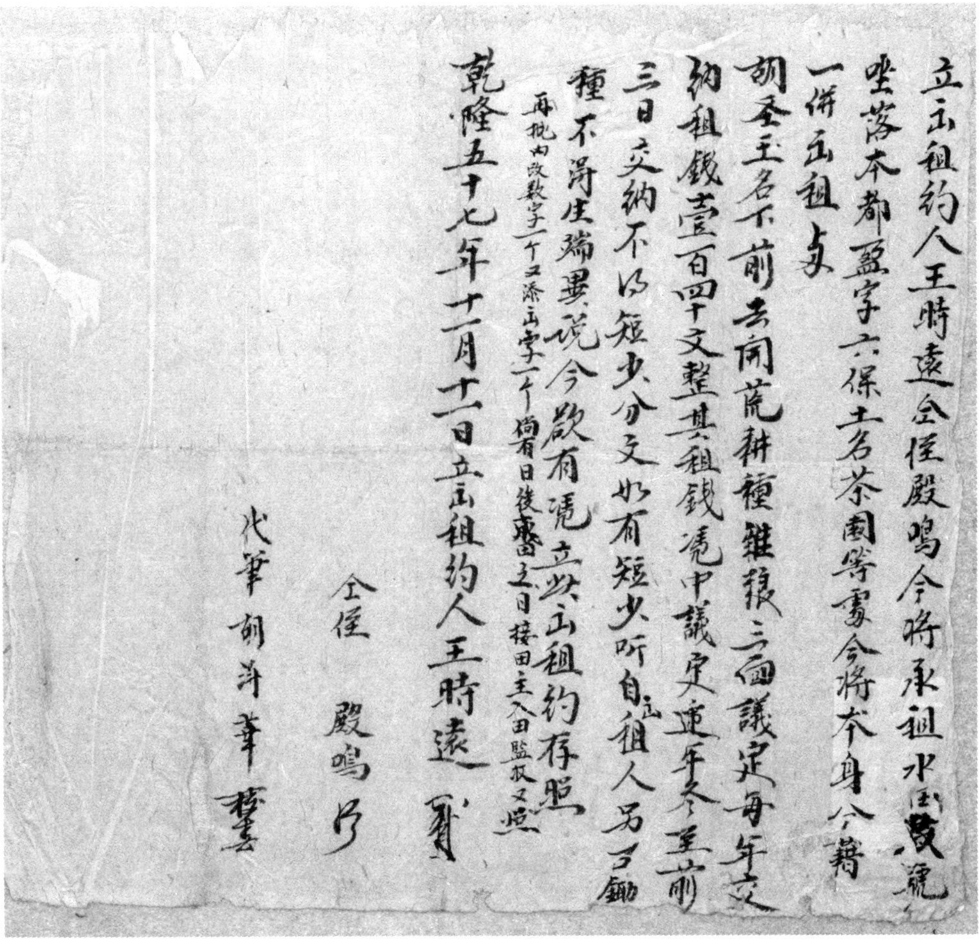

立出租約人王時遠仝侄殿鳴今將承祖水田壹號
坐落本都盈字六保土名茶園等處今將本身分籍
一併出租與
胡丞王名下前去開荒耕種雜粮二面議定每年交
納租錢壹百四十文整其租錢憑中議定遞年冬至前
三日交納不得短少分文如有短少听自出租人另召鋤
種不得生端異說今欲有憑立此出租約存照
再批內改數字一个又添出字一个倘有日後[illegible]之日接田主入田監收又照
乾隆五十七年十一月十一日立出租約人王時遠（押）
仝侄　殿鳴（押）
代筆　胡肖華書

清乾隆五十七年十一月某某縣王時遠等立出租水田約

清乾隆五十九年正月某某縣倪敬存立租田契

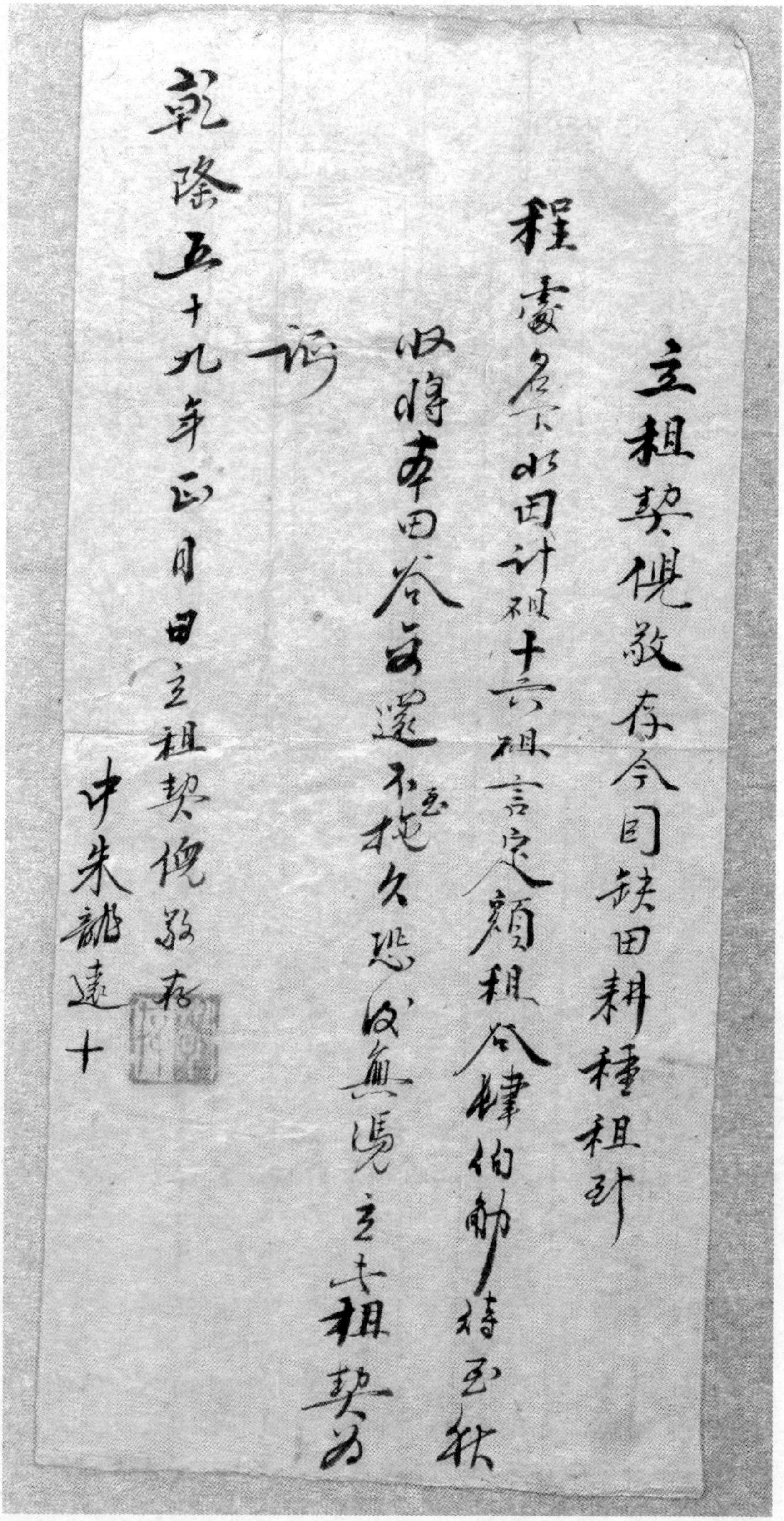

立租契倪敬存，今因缺田耕種，租到
程處名下水田，計租十六租，言定額租谷肆伯斤，待至秋
收將本田谷送還，不敢拖欠。恐口無憑，立此租契為
照。
乾隆五十九年正月　日立租契倪敬存（押）
中朱龍遠（十）

清嘉慶三年七月某某縣胡發興立承租地約

立承租約人胡發興今承租到福亭祖仰年祠康文貴益泰店

有本都六保小岑坞陽字七百六十八号，計地四十四步零七厘，是身承去耕種，

逐年議定實交租錢捌十九文足的，于清明前一日送至上門交納，不得短

少拋荒。如違，听憑另行出租。今欲有憑，立承租約存照。

有合同

嘉慶三年七月念六日立承租約人胡發興（号）

中見兄發富（号）

弟發旺（号）

代筆鄭一桂出

現在業主

可謨得二步九斗

可教乃二步九斗

可李乃二步九斗　入益泰店

仰年祖乃十七步六斗

康文貴乃十七步六斗

地圖

稅[illegible]

東路　西山

南垟　北坳

立租批人周觀慶，今租到程名下土名水塘大買并小頂地一業，本身
租來耕種，每年包还硬龍麦叁印斗年只，不短少，如有短少，听
程姓起地另召。今欲有凭，立此租批為用。

再批添听字乙個 [押]

又添地字一個 [押]

道光十年八月　日立租批人周觀慶 十

中見　周承有 [押]

代筆　王宏應 [押]

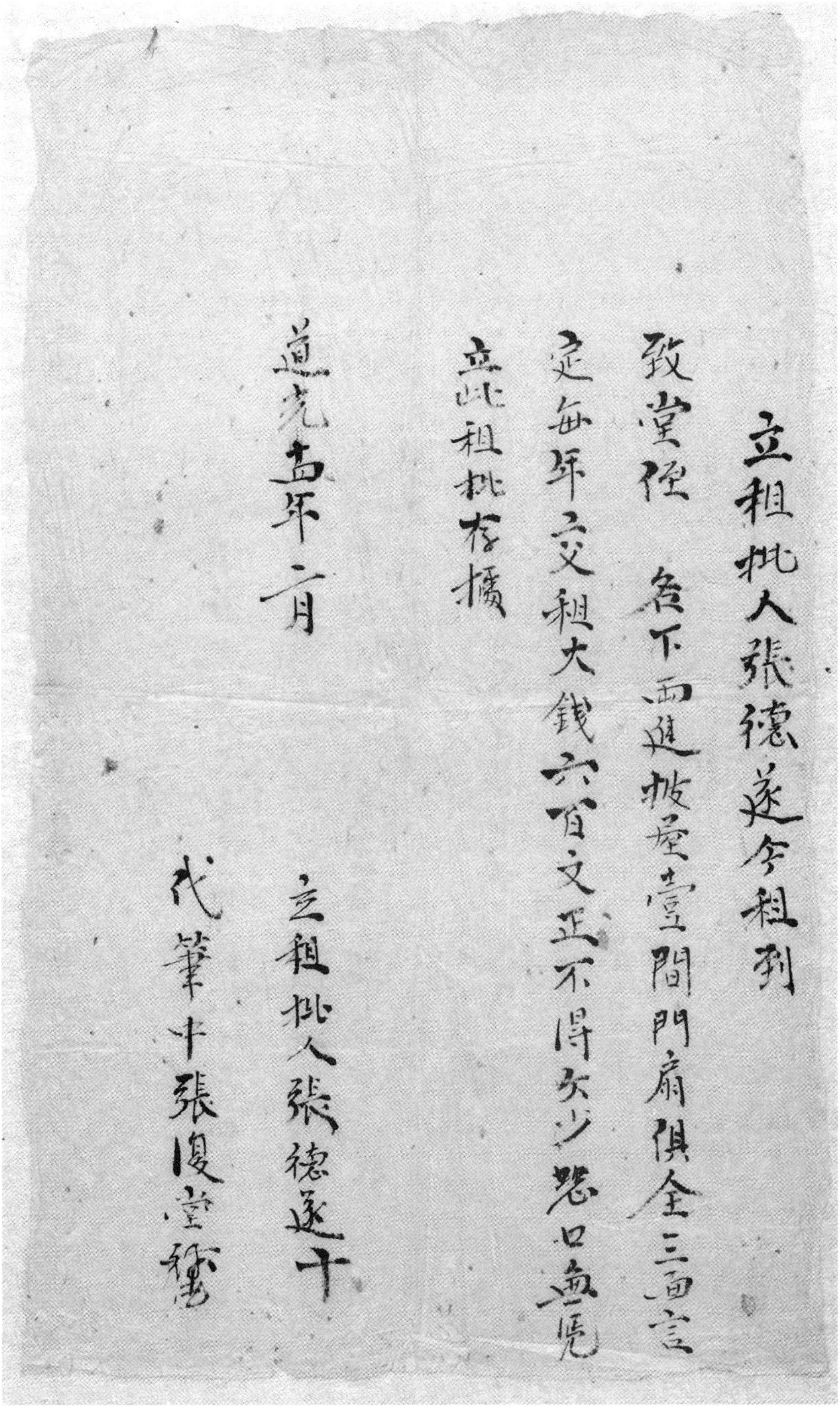

立租批人張德遂今租到
致堂侄　名下西邊披屋壹間門扇俱全三面言
定每年交租大錢六百文正不得欠少恐口無憑
立此租批存據
道光十四年二月
立租批人張德遂十
代筆中張復堂押

清道光十四年二月某某縣張德遂立租屋批

二

清道光二十年三月某某縣汪道三等立出租地約

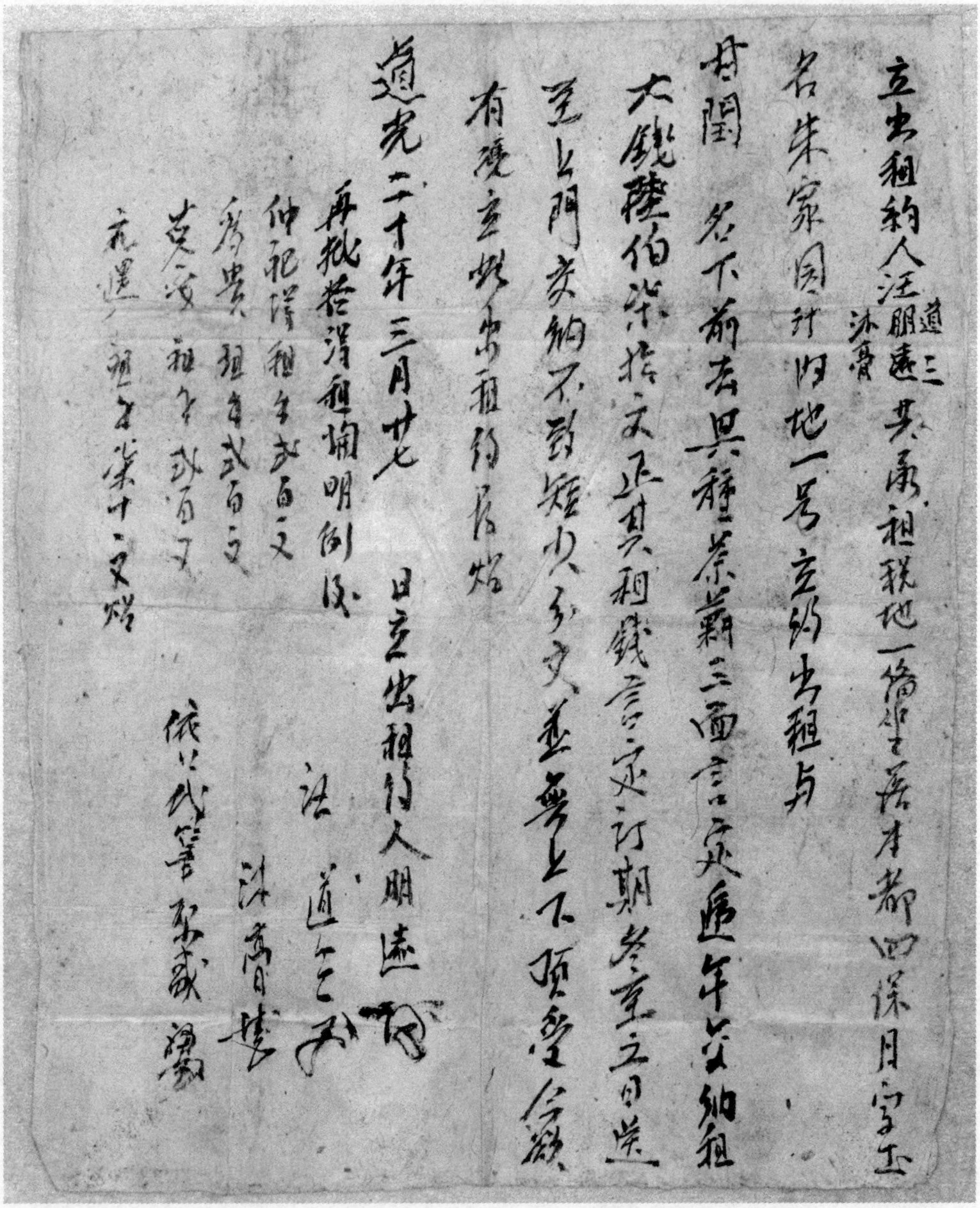
立出租約人汪朋遠道三沐膏，共承祖秋地一備，坐落本都四保月字五
名朱家園計內地一号，立約出租与
毋閏名下前去興種茶薪，三面言定遞年交納租
大錢陸伯柒拾文正，其租錢言定訂期冬至之日送
至上門交納，不致短少分文，並無上下項受分厘。
有憑，立此出租約存照。
道光二十年三月廿七日立出租約人朋遠（押）
汪道三（押）
沐膏（押）
再批：眷谷租埇明例後：
仲祀谷租錢貳百文
秀貴租錢貳百文
英發租錢貳百文
元遇租錢柒十文存照
依口代筆 黎秋藏（押）

二

清道光廿三年正月某某縣潘徐氏立租磨坊加租約

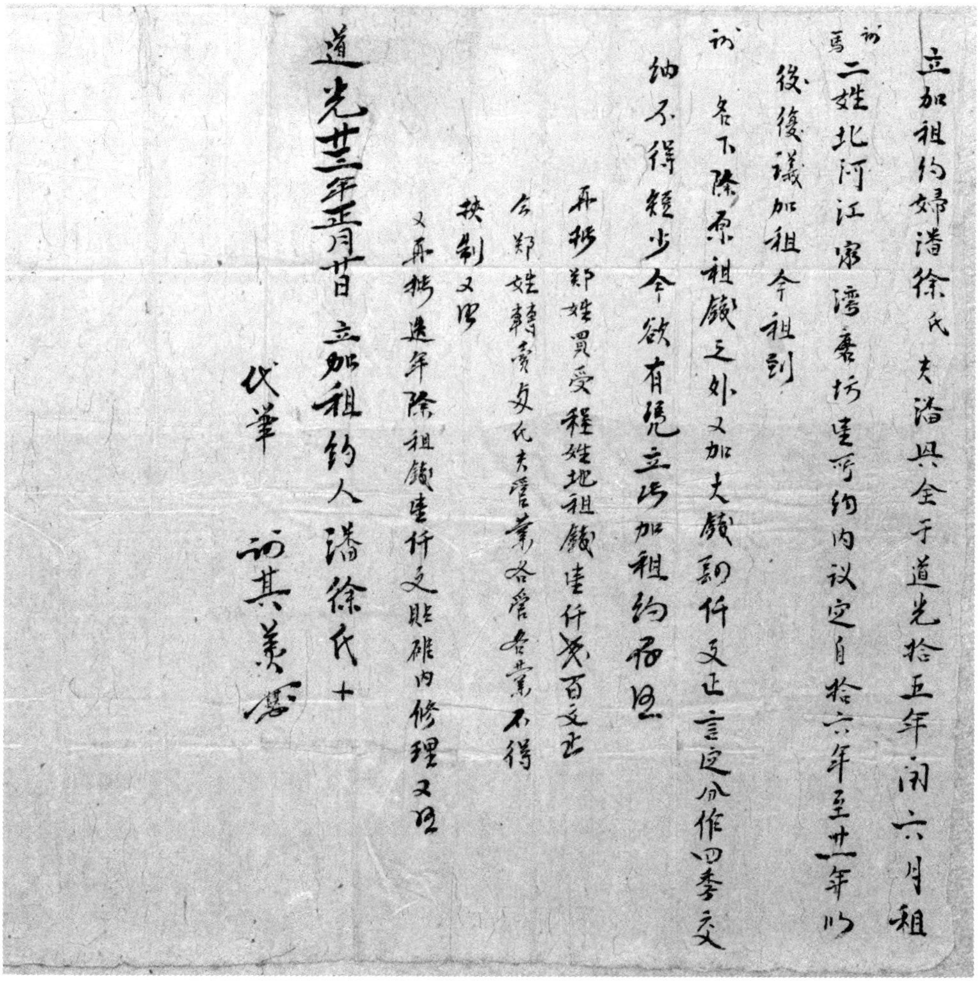
立加租約婦潘徐氏，夫潘興全于道光拾五年閏六月租
謝馬二姓北河江家灣磨坊壹所，約內議定自拾六年至廿一年以
後復議加租，今租到
謝名下，除原租錢之外，又加大錢貳仟文正，言定分作四季交
納，不得短少。今欲有憑，立此加租約爲照。
再批：鄭姓買受程姓地租錢壹仟貳百文正，
與鄭姓轉賣與氏夫管業，各管各業，不得
換割，又照。
又再批：逐年除租錢壹仟文貼碓內修理，又照。
道光廿三年正月廿日 立加租約人潘徐氏 十
代筆 謝其美 押

二

清咸豐元年四月某某縣倪人松立出租田地約附某年倪人松立收租金約

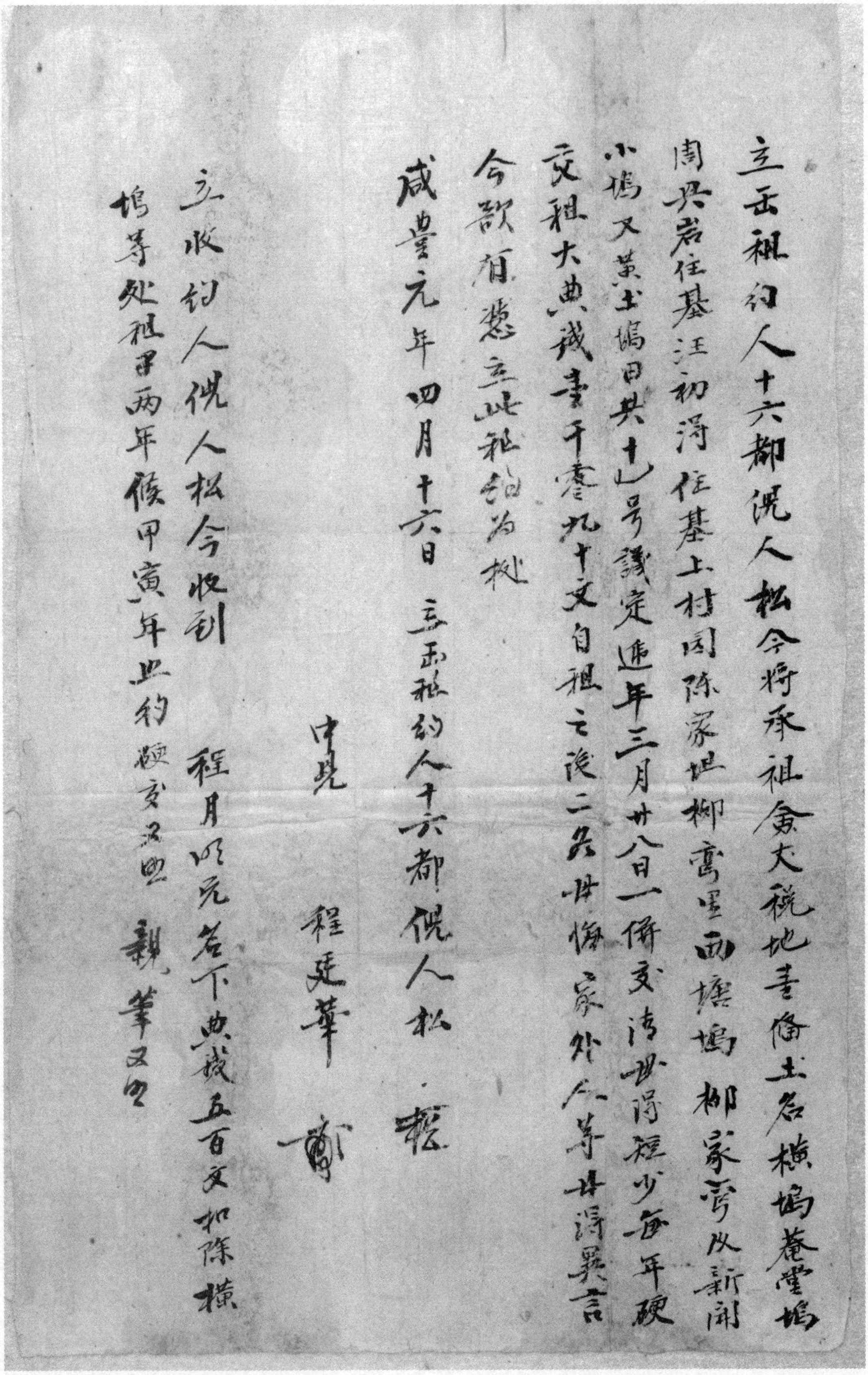
立出租約人十六都倪人松今將承祖僉大稅地壹備土名橫塢菴堂塢
周興岩住基汪初得住基上村園陳家坦柳鸾里西塘塢柳家亭及新開
小塢又葉出塢田共十九号議定逓年三月廿八日一併交清毋得短少每年硬
交租大典錢壹千零九十文自租之後二各毋悔家外人等毋得異言
今欲有憑立此租約為據
咸豐元年四月十六日 立出租約人十六都倪人松（押）
中見 程廷華（押）
立收約人倪人松今收到 程月明兄名下典錢五百文扣除橫
塢等處租穀兩年候甲寅年此約繳交為照 親筆又包

立租約人巴天壽緣身住屋与汪宅
三官殿毗連本年七月身在廟后空
地起造披屋厨房九月凭黄劃界致汪
宅知覺央仝隣黄大明所造屋地委係恭
字弍千五百十四号其地寔屬汪惇叙祠
公業今汪宅鳴保理論身知自錯托中向汪
宅再四求情蒙念無知寬不深較免身拆
屋完地嗣後每年于正月廿二日交地租大錢
弍百文正不得逾期今欲有凭立此租約存照
所有三官殿後門隔壁向南出入门首地步
亦係惇叙祠之業叨情便身出入設有損傷
廟墻是身修理其廟内墻損壞不涉身事
又批

咸豐弍年　九月　日立租約人巴天壽（押）
托中吳曜東（押）
凭保吳開（押）
凭叔祖巴正（押）

二

清咸豐六年三月（祁門縣）饒允執等立召山約附『鳴官押退盜租約』批

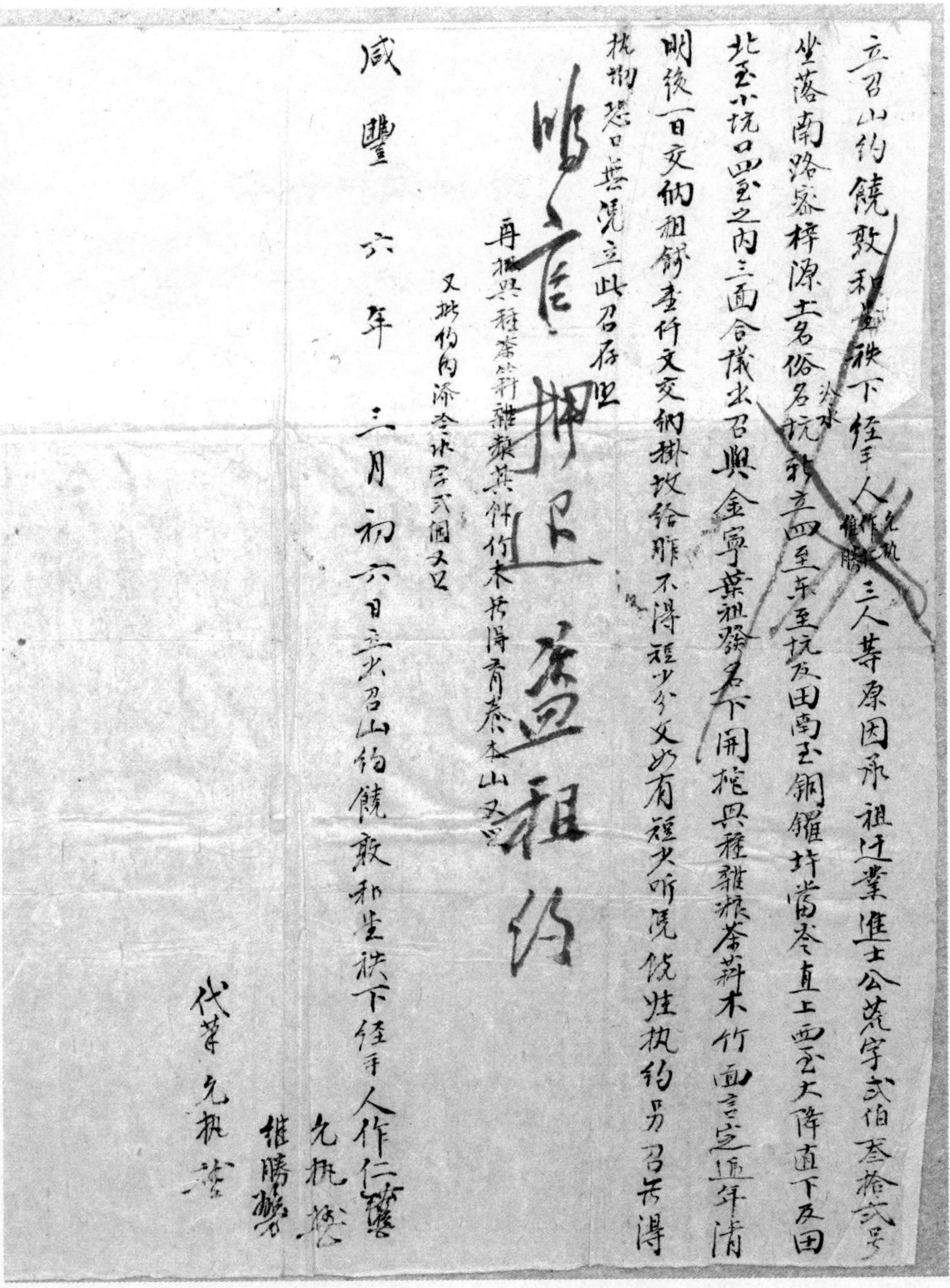
立召山約饒敦和坐秩下經手人作仁、允執、維勝三人等，原因承祖遷業進士公荒字弍伯叁拾弍号，坐落南路[illegible]梓源，土名俗名坑沙水[illegible]，其四至：東至坑及田，南至銅鑼坵當冬直上，西至大降直下及田，北至小坑口，四至之內三面合議，出召與金寧葉祖發名下開挖興種雜糧茶蔴木竹，面言定逐年清明後一日交納租錢壹仟文，交納掛坟給胙，不得短少分文。如有短少，聽憑饒姓執約另召，無得执拗。恐口無憑，立此召存照。

鳴官押退盜租約

再批：興種茶[illegible]雜糧，其餘竹木只得看養，本山又照。

又批：約內添[illegible]字弍個，又照。

咸豐六年三月初六日立出召山約饒敦和坐秩下經手人　作仁（押）
允執（押）
維勝（押）
代筆　允執（押）

二

立租小買光板田批人黃新全，今憑中租到
汪名下小買田壹坵，計稅九分，土名八畝坵；又小買田壹坵，土名東假
憑中言定，兩坵田每年秋收交还米斗干谷貳拾壹斗，挑
送上門，車淨風扇，不得欠少。倘有欠少，听憑起業追租，另
換佃人作種，兩無異言。立此租批存照。

再批酒酌錢壹百文照

咸豐玖年捌月　日立租批人黃新全 ○
黃順全 ○
黃美全 ○
包中宋廷義 ○
呂和泰 押
代筆 袁翹章 押

清咸豐九年八月某某縣黃新全等立租小買光板田批

二

清同治三年九月某某縣盧秀中立租正廳約

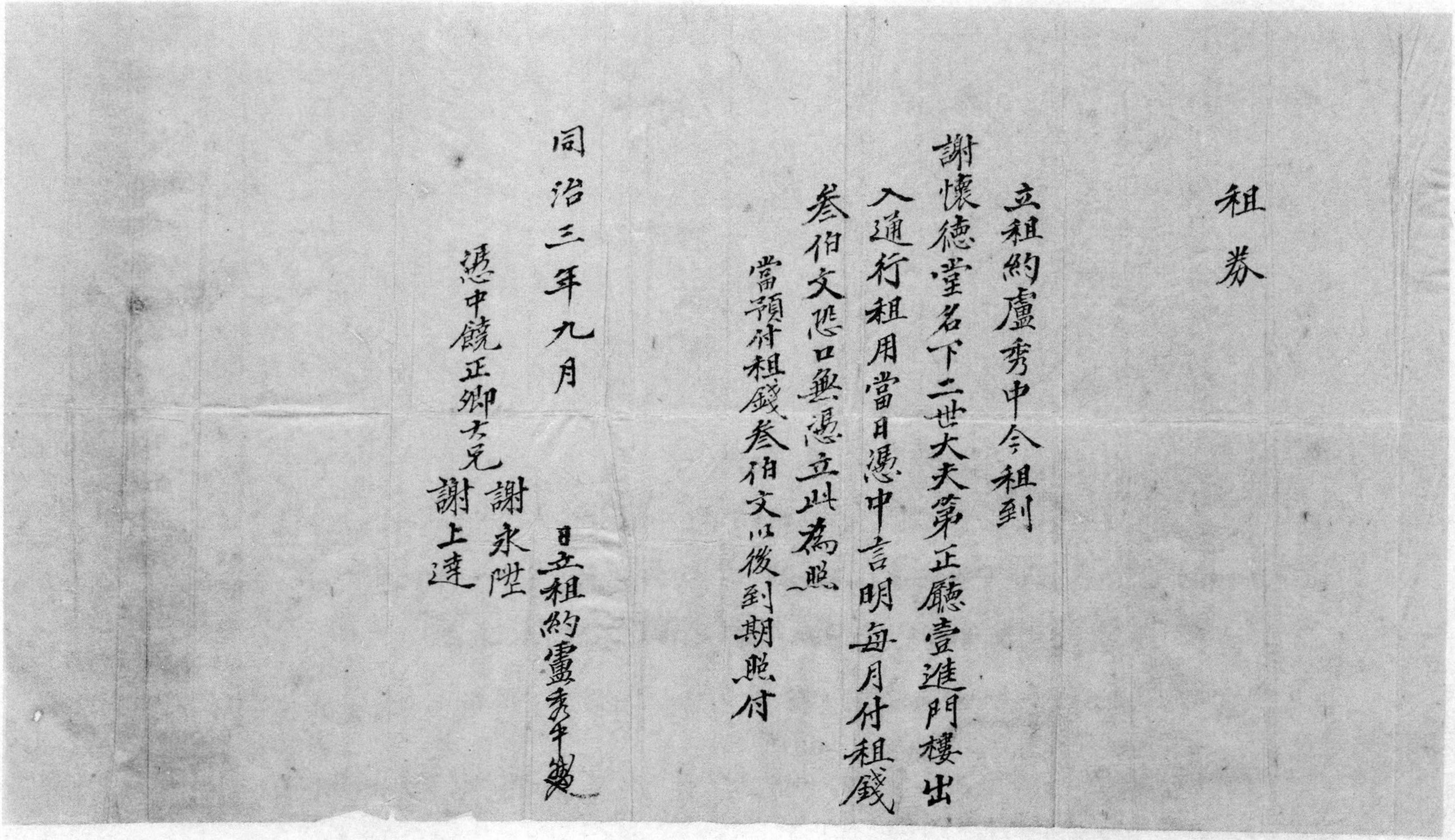

租券

立租約盧秀中今租到

謝懷德堂名下二世大夫第正廳壹進門樓出

入通行租用當日憑中言明每月付租錢

叁伯文恐口無憑立此爲照

當預付租錢叁伯文以後到期照付

同治三年九月　日立租約盧秀中（押）

憑中饒正卿大兄　謝永陞

謝上達

清同治七年十月某某縣王來海立租房約

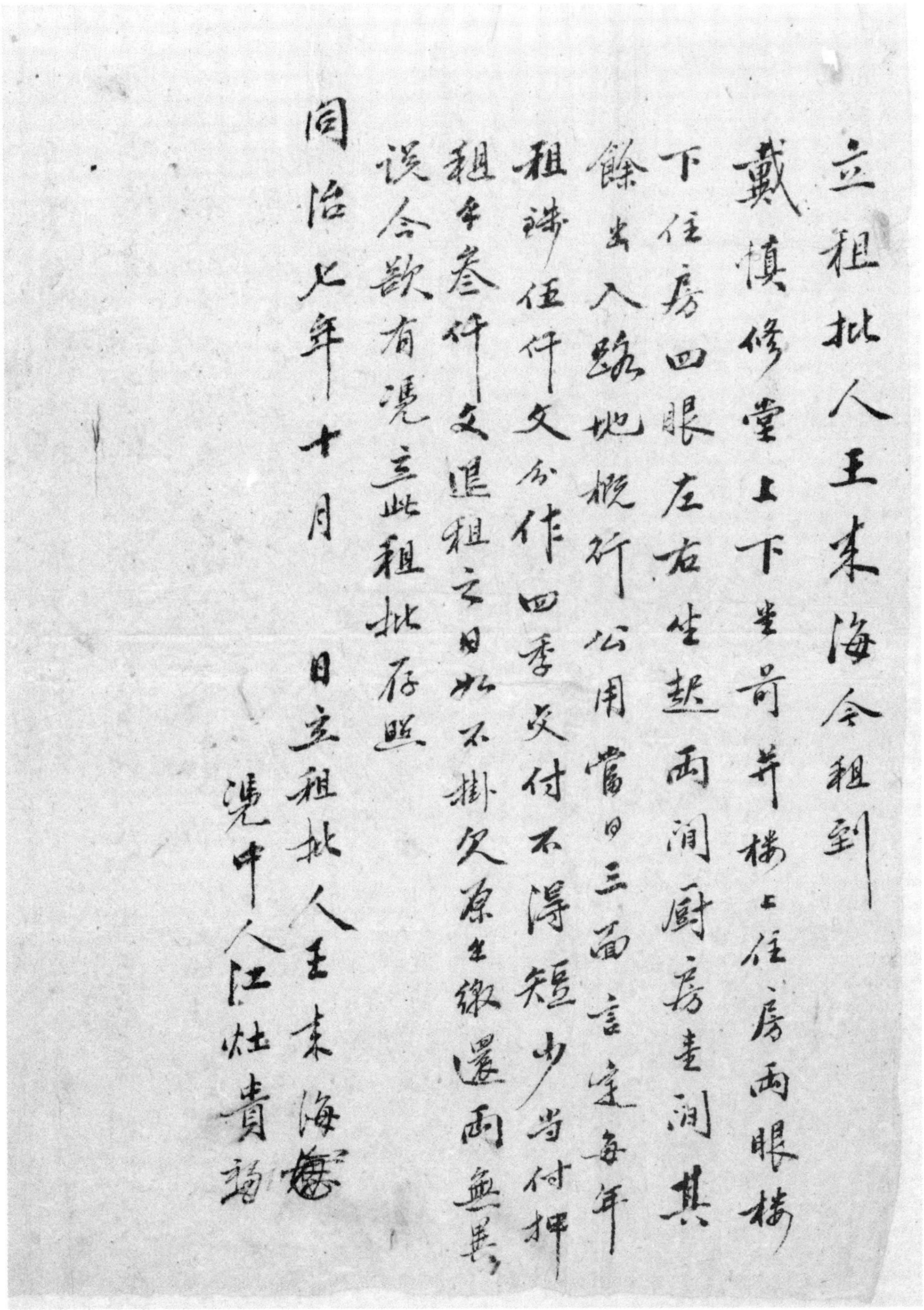
立租批人王來海今租到
戴慎修堂上下坐前并樓上住房兩眼樓
下住房四眼左右坐起兩間廚房壹間其
餘出入路地概行公用當日三面言定每年
租錢伍仟文分作四季交付不得短少尚付押
租錢叁仟文退租之日如不掛欠原錢繳還兩無異
說今欲有憑立此租批存照
同治七年十月　日立租批人王來海（押）
憑中人江灶貴（押）

立祖批人孫天順今祖到
程世德堂名下祖墳餘地東首計長弍丈五尺計闊五尺屋不加高
祖墳並無樹木二面言定當收得祖錢捌百文正每年祖並大
錢捌百文正其〻〻當季交納不得短少恐口無憑立此祖批
存據　再批地東眾位共計六人　程兆壽兄　程順仂兄
程開文兄　程詞喜兄
程福協兄　程開潤兄
同治拾年四月　日立祖批人孫天順
憑中人胡永泰
代筆人胡秋全

清同治十年四月某某縣孫天順立租祖墳餘地批

清同治十三年八月某某縣程錫章立出召田批

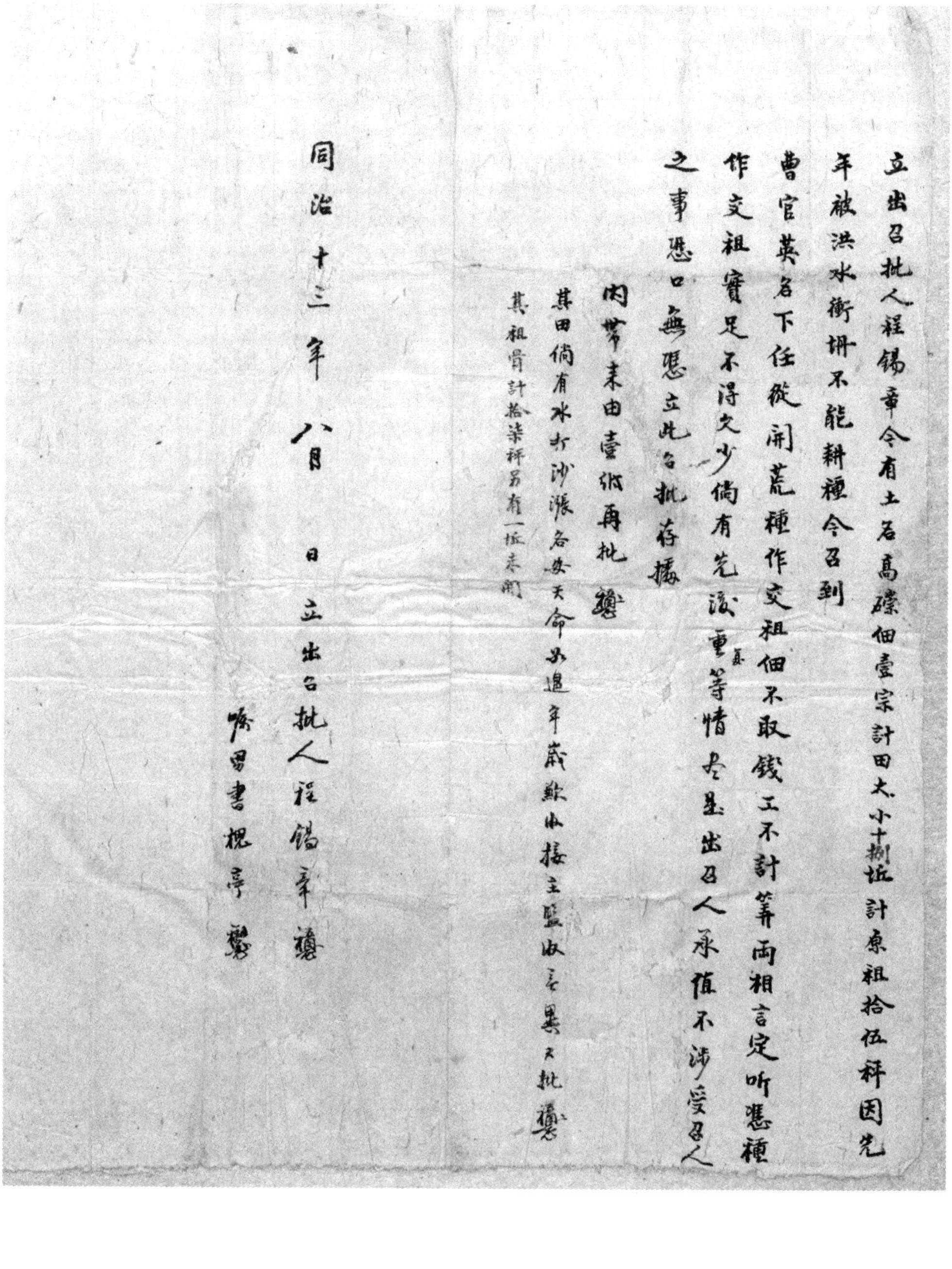
立出召批人程錫章今有土名高𥓈佃壹宗計田大小十捌坵計原租拾伍秤因先
年被洪水衝坍不能耕種今召到
曹官英名下任從開荒種作交租佃不取錢工不計算兩相言定所憑種
作交租實足不得欠少倘有荒廢重等情盡是出召人承值不涉受召人
之事恐口無憑立此召批存據
内帶來由壹紙再批 據
其田倘有水打沙漲各安天命不追年歲歉收接主監收之異又批 據
其租骨計拾柒秤另有一坵未開
同治十三年八月　日立出召批人程錫章 據
喚男書槐亭 據

二

清光緒四年七月某某縣詹士林立租屋約

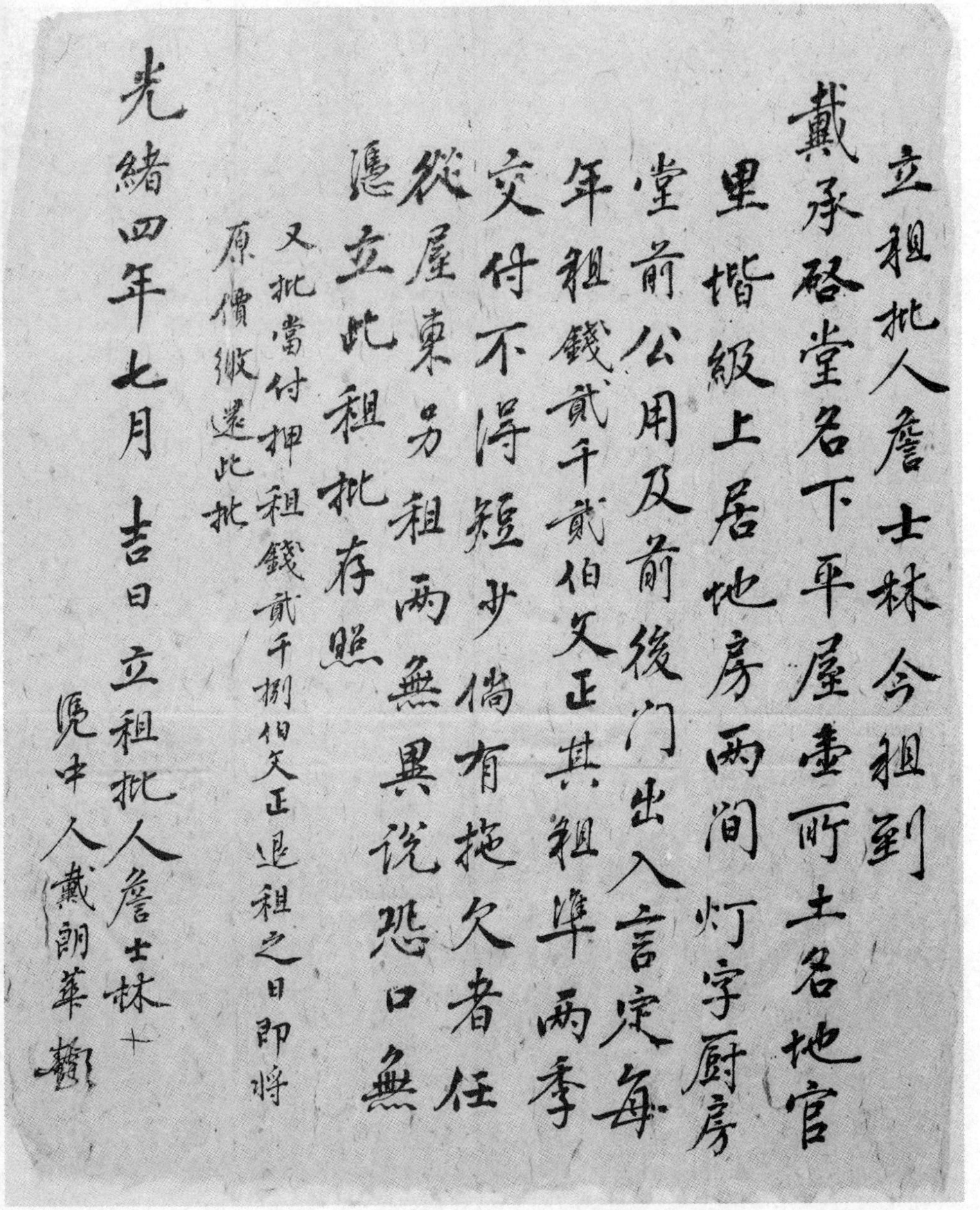
立租批人詹士林今租到
戴承啓堂名下平屋壹所土名地官
里階級上居地房兩間灯字廚房
堂前公用及前後门出入言定每
年租錢貳千貳伯文正其租準兩季
交付不得短少倘有拖欠者任
從屋東另租兩無異說恐口無
憑立此租批存照
又批當付押租錢貳千捌伯文正退租之日即将
原價繳還此批
光緒四年七月 吉日 立租批人詹士林十
憑中人戴朗華（押）

二

清光緒八年八月（休寧縣）胡繼善堂秩下兩大房人等立召租田約

立召約胡繼善堂秩下兩大房人等，緣因先年本祠契買豹南汪姓計田六坵，坐落本
保土名三港裡，其原租廿三秤，原佃黄學清承種，向交午穀弍百肆拾觔。奚於光緒元年
夏間天降洪水，將溪邊石破冲塌數丈，并田內面泥淪去，及漲石沙，以致不能栽禾，只種苞蘆
出息微細，其田瘦瘠，是以不敷供納。誠恐日後坑課之累，迨今業經吳忠悦承種，向説出觔
修做田破，全其美舉，其田六坵今改并為兩大坵，共做工價洋銀拾六員，本祠出洋捌員，鐨公祀
肆員，文炫祀肆員。當日承種人訂定包石破三年不得損壞，如其損壞，承種人出工修做如式。
自三年以後損壞，主力兩造面議，照例出費修做。今當議定，毋論水旱，逐年交午穀壹百捌
拾觔，送至上門，不得短少。其穀照租分派。其田石洑及面泥，計數拾工，俱係承種人出力挑填，業
人亦出費。今恐無憑，立此召約為據。

[illegible]

光緒八年八月初四日立召約胡繼善堂秩下
奇房族長胡錫光
房長胡英山
經事胡發進
束筆胡斗南

二一

清光緒十一年十二月某某縣何近仁立賣田坦回租厝柩字

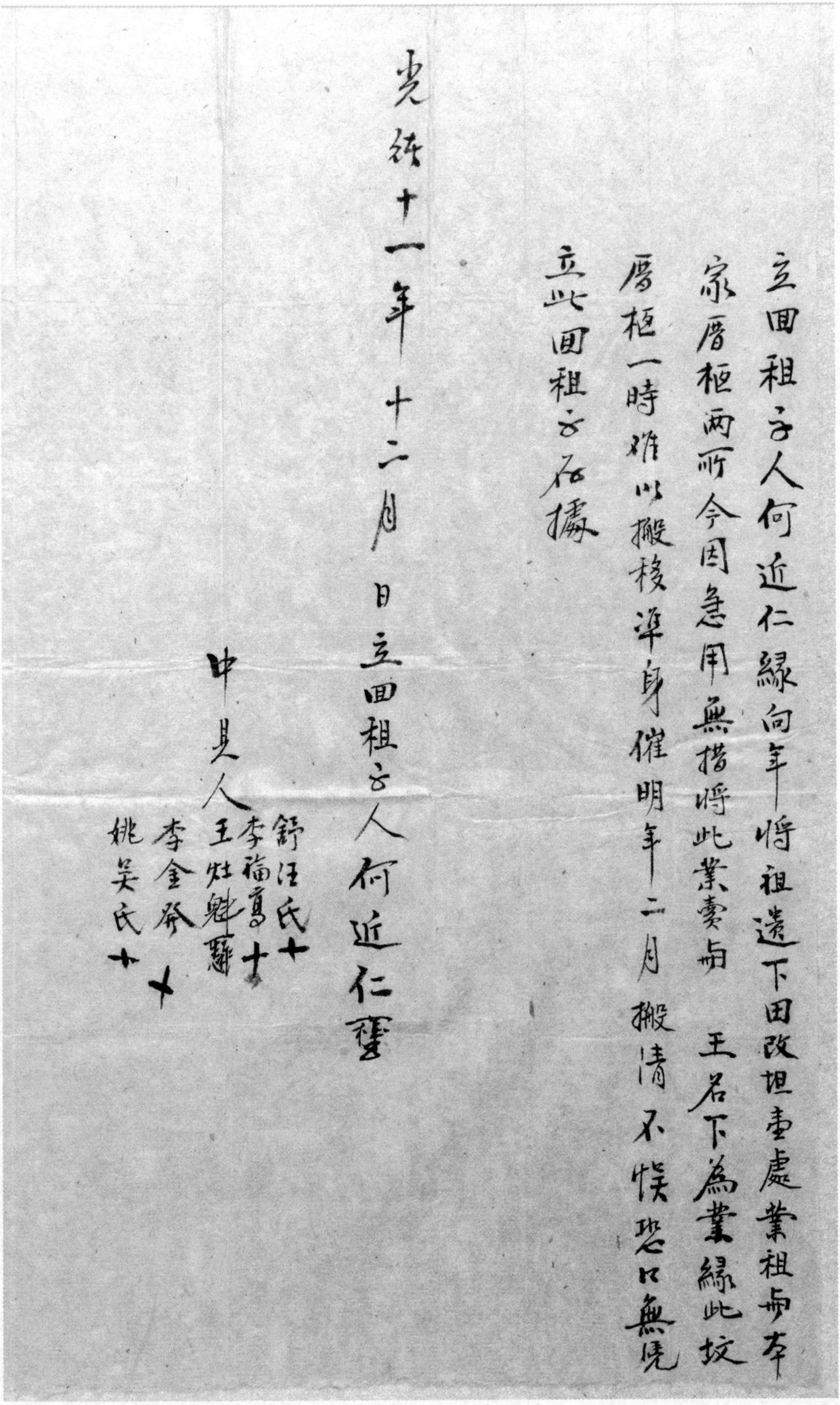
立回租字人何近仁緣向年將祖遺下田改坦壹處業祖與本
家厝柩兩所今因急用無措將此業賣與　王君下為業緣此坟
厝柩一時難以搬移凖身催明年二月搬清不悞恐口無憑
立此回租字存據

光緒十一年十二月　日立回租字人何近仁（押）

中見人　舒汪氏十
李福富十
王灶魁（押）
李金發 十
姚吳氏十

二

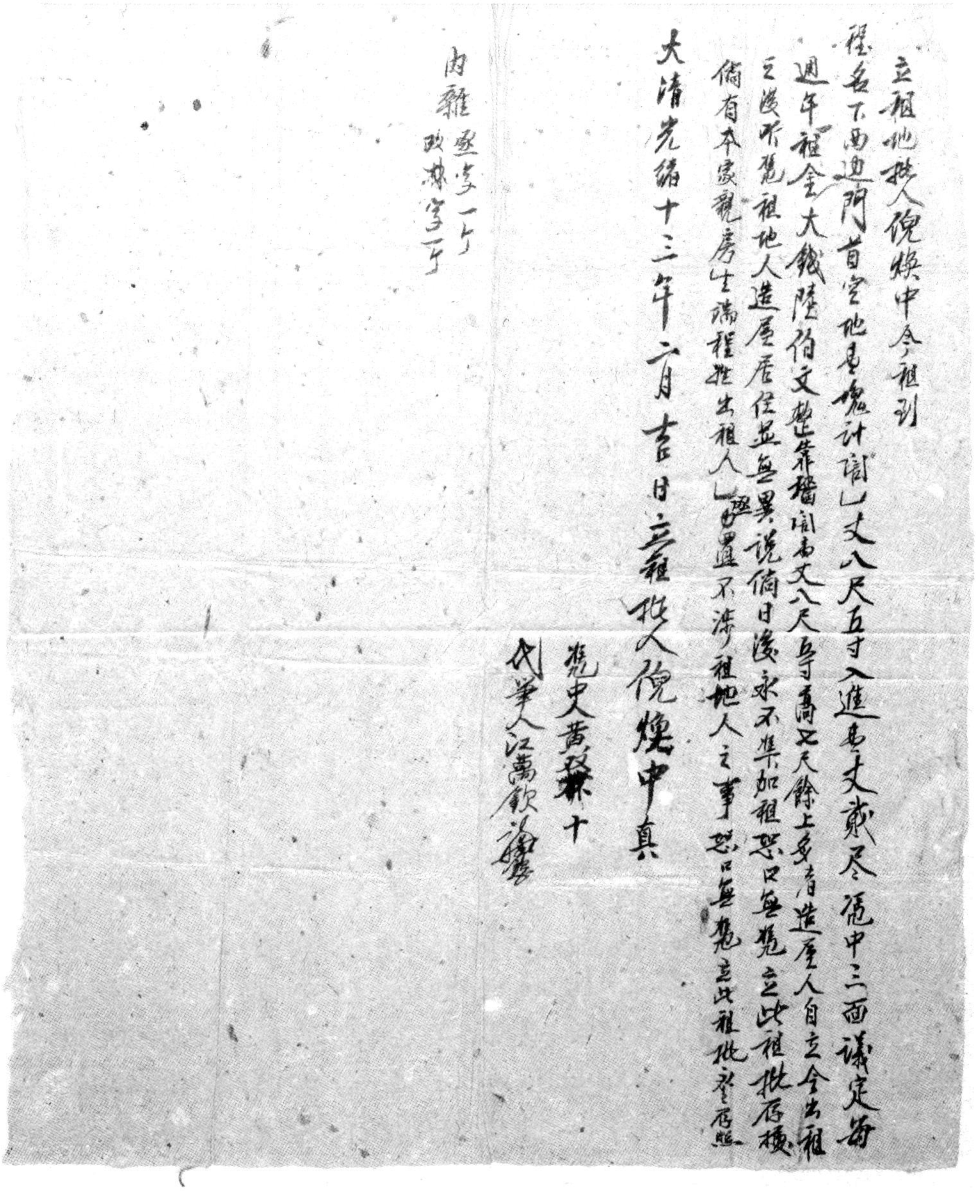

立租地批人倪焕中今租到
程名下西边門首空地壹塊，計闊一丈八尺五寸，入進壹丈貳尺，憑中三面議定，每
週年租金大錢陸佰文整。靠牆闊壹丈八尺，至高七尺餘，上至有造屋人自立。今出租
之後，所憑租地人造屋居住，並無異說。倘日後永不准加租，恐口無憑，立此租批存據。
倘有本家親房生端，程姓出租人一力承值，不涉租地人之事。恐口無憑，立此租批存照。
大清光緒十三年二月吉日立租批人倪焕中（押）
憑中人黃双林 十
代筆人江萬欽（押）
内雜盈字一号
政林字一号

清光緒十三年二月某某縣倪焕中立租地批

二

清光緒二十四年二月某某縣湯云保等立投租屋宇約

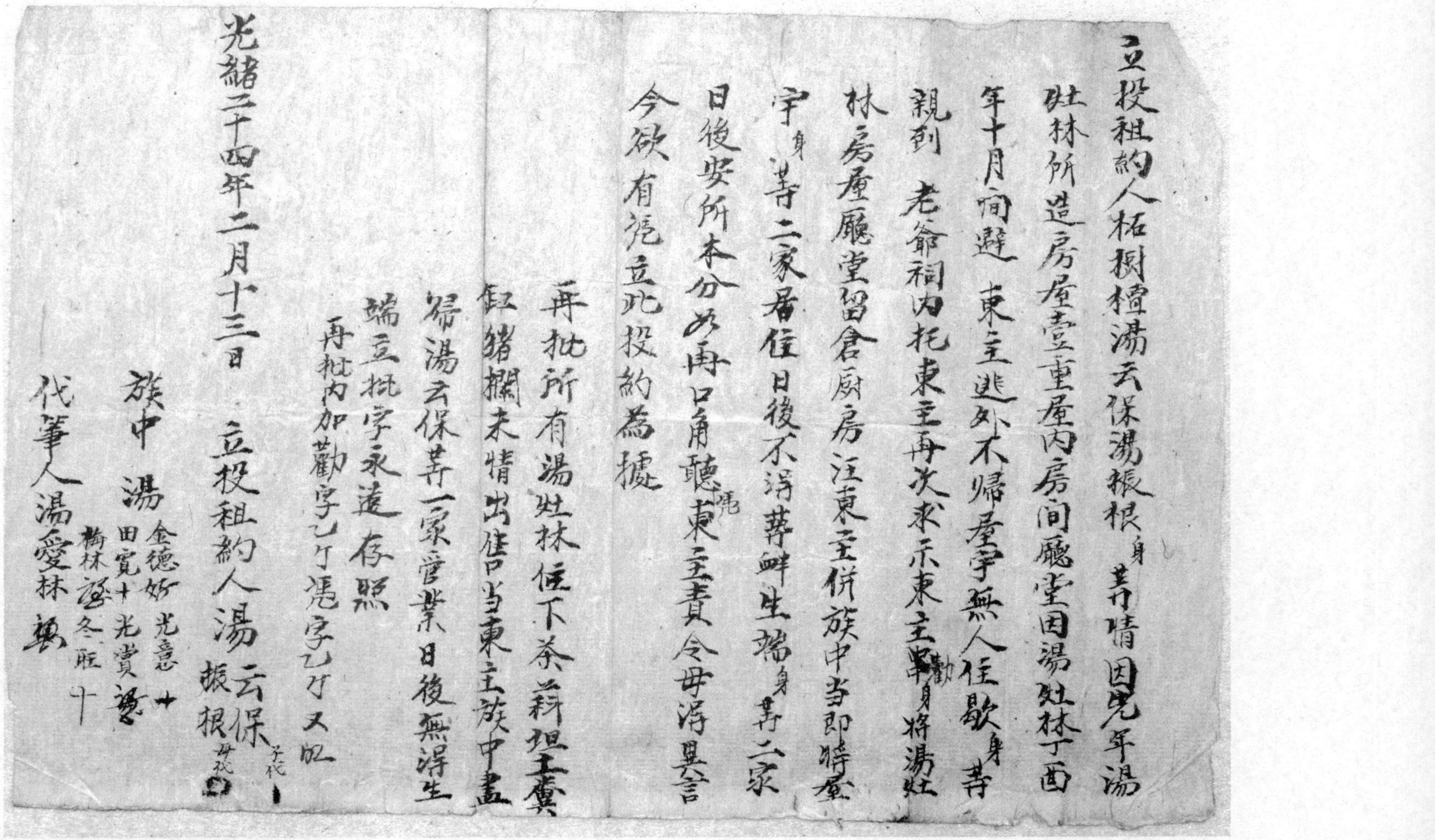

立投租約人栢樹壇湯云保湯振根身等情因先年湯
灶林所造房屋壹重屋內房間廳堂因湯灶林于酉
年十月間避 東主逃外不歸屋宇無人住歇身等
親到 老爺祠內托東主再次求示東主叫身將湯灶
林房屋廳堂留倉廚房汪東主併族中當即將屋
宇身等二家居住日後不得藉衅生端身等二家
日後安所本分如有口角聽憑東主責令毋得異言
今欲有憑立此投約為據
再批所有湯灶林住下茶蘇坦土糞
缸豬欄未情出售當東主族中盡
歸湯云保等一家管業日後無得生
端立批字永遠存照
再批內加勸字乙个憑字乙个又啟

光緒二十四年二月十三日 立投租約人湯云保（子花押）
湯振根（母花押）
族中 湯金德（押） 光意（十）
田寬（十） 光賞（押）
梅林（押） 冬旺（十）
代筆人湯愛林（押）

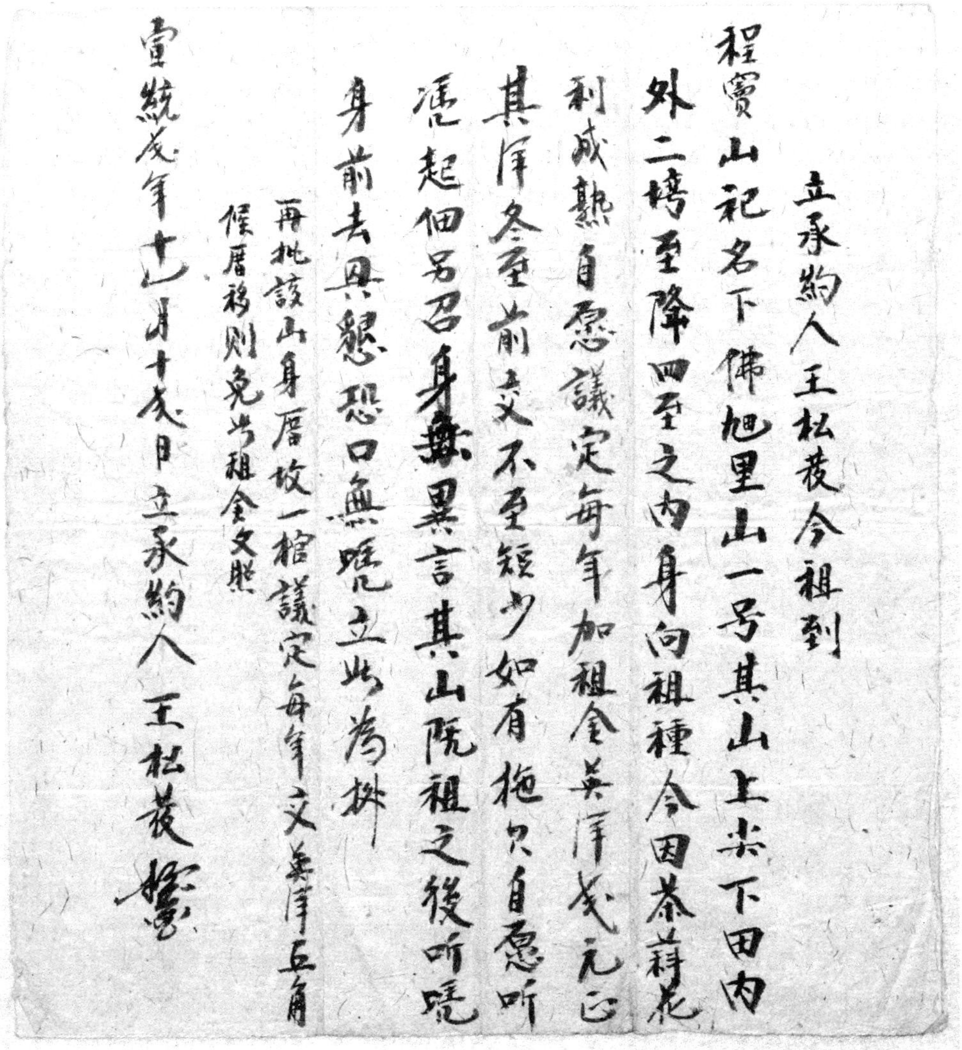
立承約人王松發今租到
程實山祀名下佛坳里山一号其山上尖下田內
外二塝至降四至之內身向祖種今因茶蒔花
利减熟自愿議定每年加租金英洋弍元正
其洋冬至前交不至短少如有拖欠自愿听
憑起佃另召身無異言其山既租之後听憑
身前去興懇恐口無憑立此為據
再批該山身厝故一棺議定每年交英洋五角
保厝移則免出租金文照
宣統弍年十一月十弍日立承約人王松發（押）

清宣統二年十一月（祁門縣）王松發立承租山並加租金約

辛亥年（清宣統三年）九月某某縣鄧桂生立租住屋批

立祖批字人鄧桂生今租到
仁記名下坐落土名下現村係新丈火字等號住屋壹所
計四間屋内裝修一應俱全並園墻空地並用
三面言定每年祖金英洋弍元六角正四季交納
不得短少倘有欠少祖所從管業另召無辭承
祖之日當付押祖錢弍百文俟退祖之日如不欠祖
原數繳回並無異說立此祖批為據存照

辛亥年九月　日　立祖批人鄧桂生十
憑中人鄧長生十
程小水十
代筆人程本耀書

二

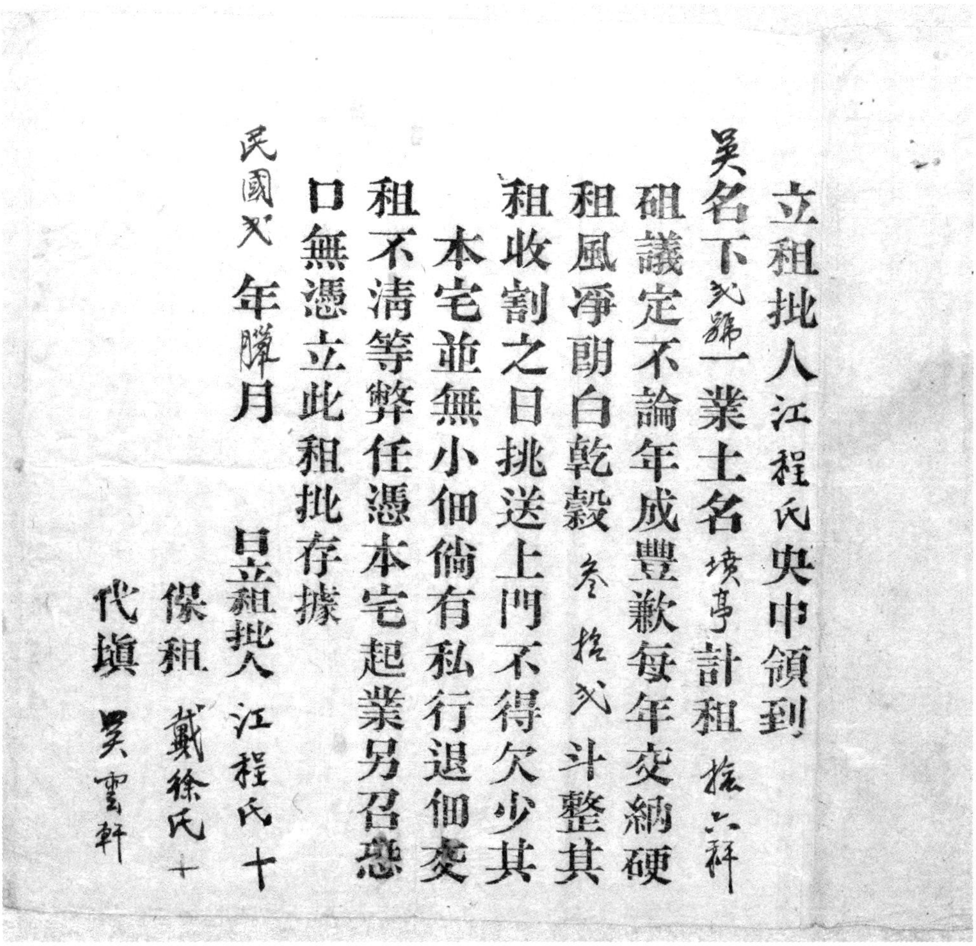

立租批人江程氏央中領到
吴名下弍號一業土名墳亭計租拾六秤
租議定不論年成豐歉每年交納硬
租風淨朗白乾穀叁拾弍斗整其
租收割之日挑送上門不得欠少其
本宅並無小佃倘有私行退佃變
租不清等弊任憑本宅起業另召恐
口無憑立此租批存據
民國弍年臘月日立租批人江程氏十
保租戴徐氏十
代填吴雲軒

民國二年農曆十二月某某縣江程氏立租田地批

二

民國三年十月某某縣蕭富貴立出靠租田字

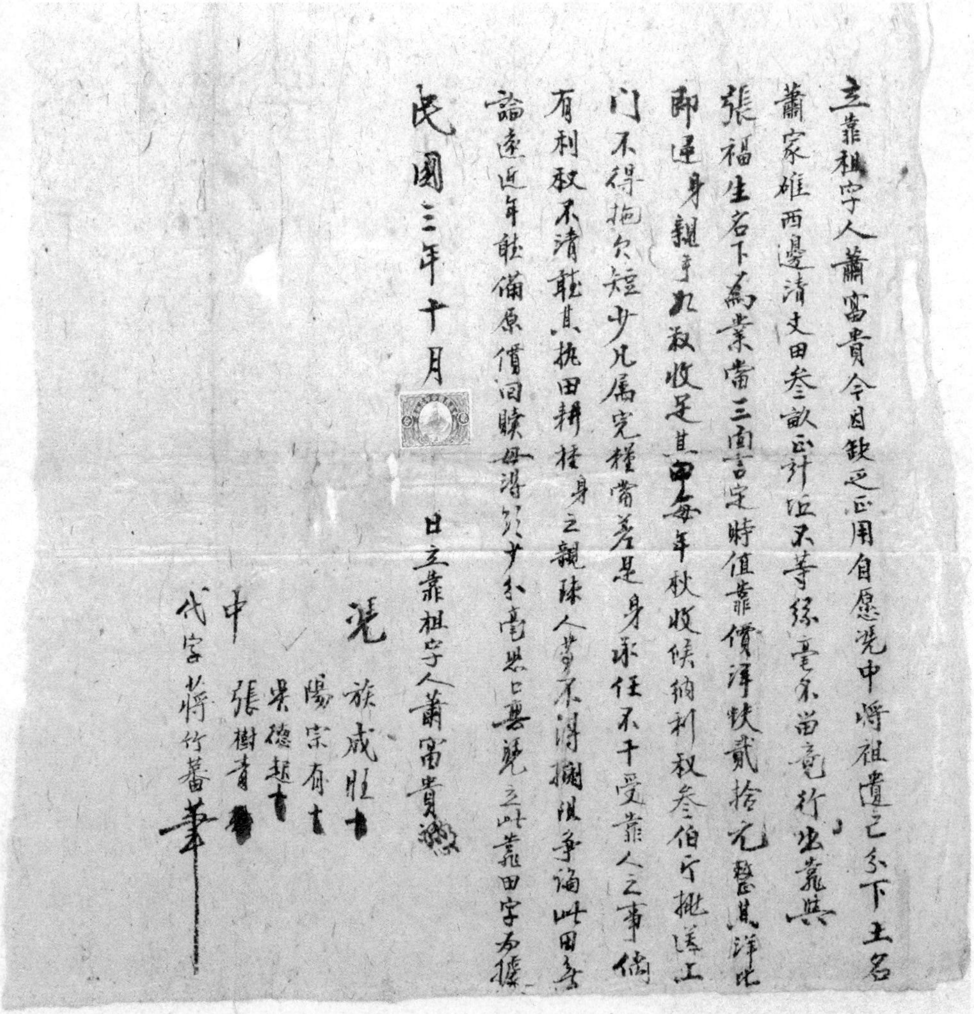
立靠租字人蕭富貴今因缺乏正用自愿凭中將祖遺之分下土名
蕭家塘西邊清丈田叁畝正計伍大等係毫不留竟行出靠與
張福生名下爲業當三面言定時值靠價洋鉄貳拾元整其洋比
即遞身親手九叔收足其田每年秋收候納利叔叁伯斤挑送上
門不得拖欠短少凡屬完糧當差是身承任不干受靠人之事倘
有利叔不清聽其挑田耕種身之親球人等不得攔阻爭論此田各
論遠近年貼備原價回贖毋得兌少分毫恐口無凭立此靠田字為據
民國三年十月　日立靠祖字人蕭富貴
凭　族成旺
陽宗有
吳德起
中　張樹青
代字　蔣竹蕃　筆

民國七年七月某某縣胡春蕃立租店屋批

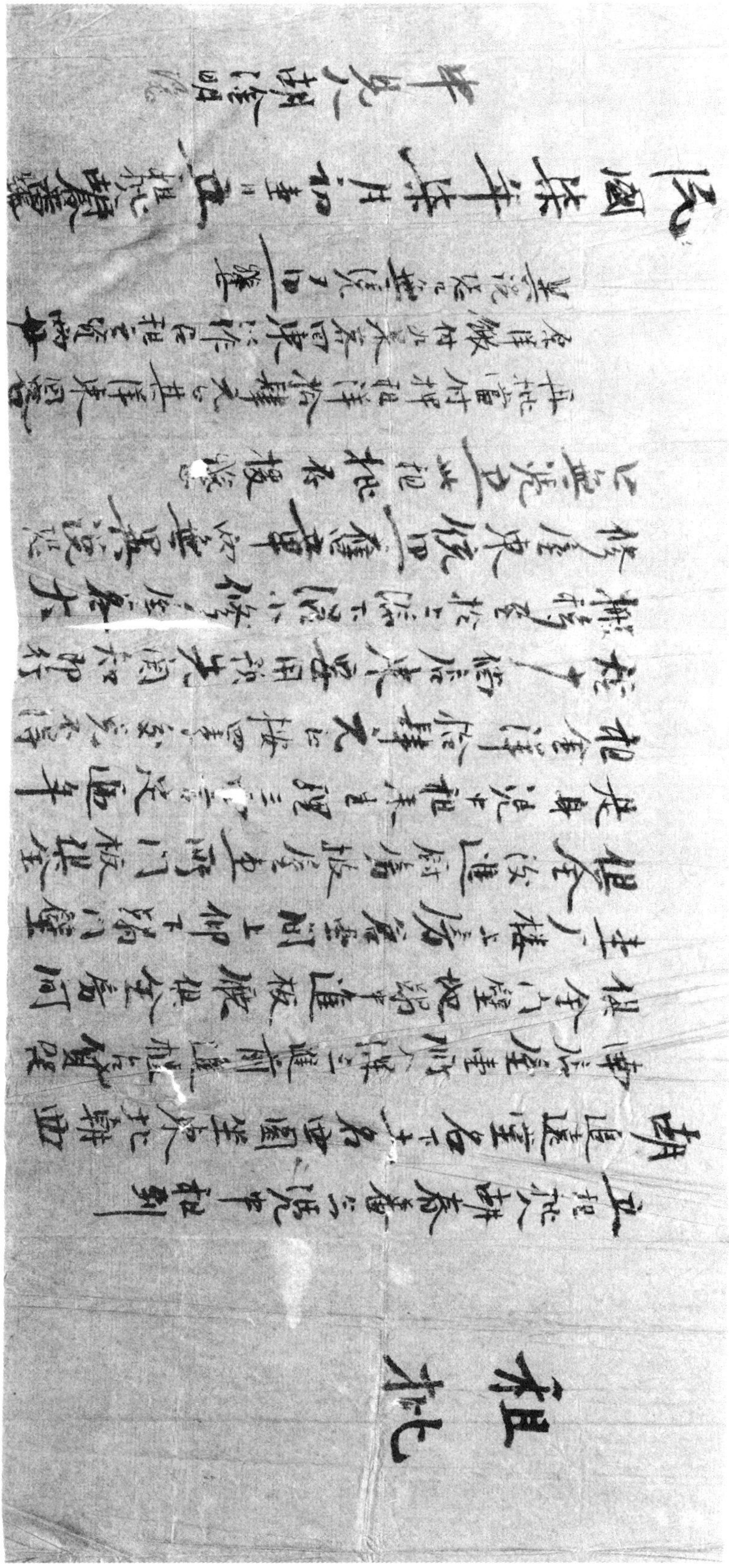

二

民國十三年二月某某縣時林山立租屋批

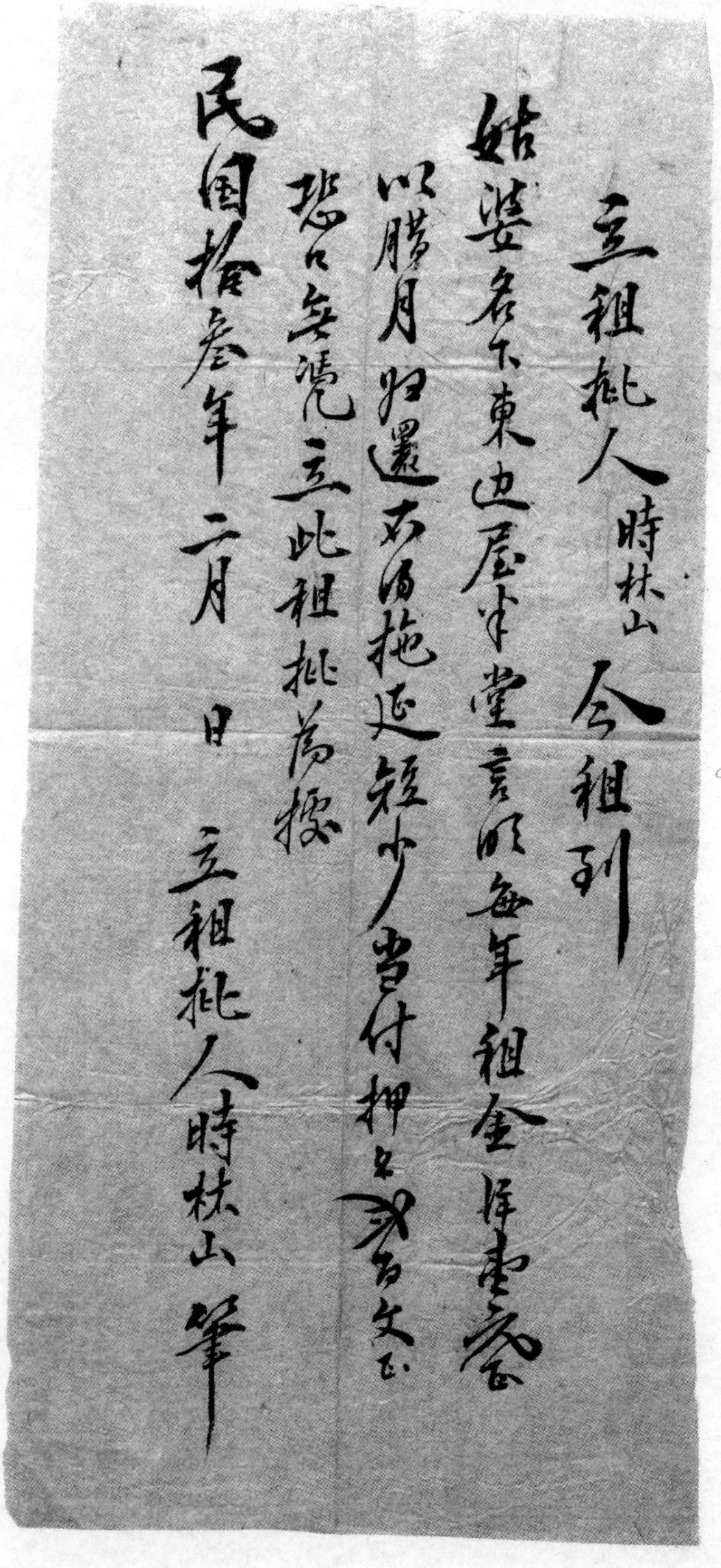

立租批人時林山今租到
姑婆名下東邊屋半堂，言明每年租金洋壹元，
以臘月歸還，不得拖延短少，當付押□錢百文正。
恐口無憑，立此租批為據。
民國拾叁年二月　日　立租批人時林山筆

二

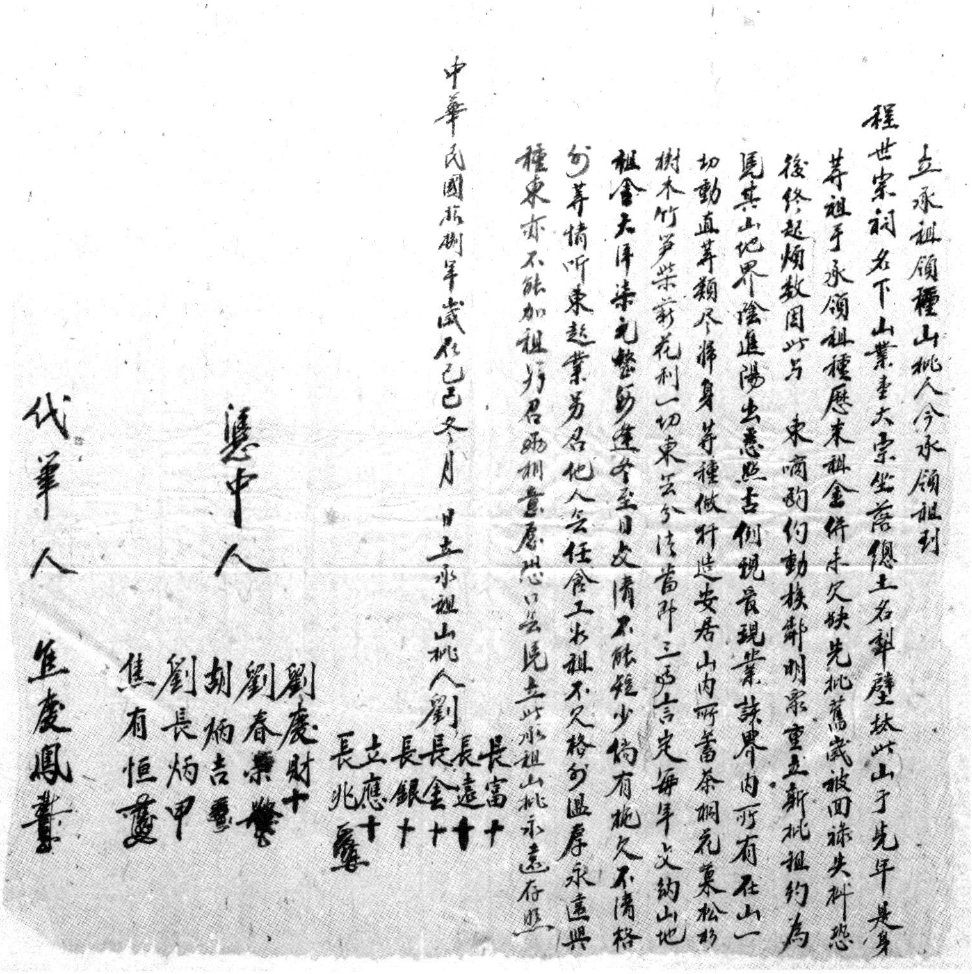

立承祖領種山批人今承領祖到
程世宗祠名下山業壹大宗坐落總土名鄣壁坑此山于先年是身
等祖手承領祖種歷來租金併未欠缺先批舊歲被回祿失料恐
後終起煩数因此与　東商酌約動族鄰明衆重立新批祖約為
憑其山地界陰進陽出悉照古例現管現業該界內所有在山一
切動直等類尽歸身等種做杆造安居山內所蓄茶桐花菓松杉
樹木竹笋柴薪花利一切東芸分清當解三面言定每年交納山地
祖金大洋柒元整勿遲冬至日交清不能短少倘有拖欠不清格
外等情听東起業另召他人公任食工米租不欠格外盈厚永遠與
種東亦不能加租另召兩相意愿恐口無憑立此承祖山批永遠存照

中華民國拾捌年歲在己巳冬月　日立承祖山批人劉長富十
長遠十
長金十
長銀十
立應十
長兆（押）

憑中人　劉慶財十
劉春榮（押）
胡炳吉（押）
劉長炳（押）
焦有恒（押）

代筆人　焦慶鳳（書）

民國十八年農曆十一月某某縣劉長富等重立承租領種山批

二

民國二十一年十一月某某縣余阿拜等立承租山批

立承租批人二十四都四啚，今租到本都二啚
陳裕盛窑名下山業壹宗，計山稅八畝零八厘正，稅畝列後，為業。
當日三面言定，按年租金價洋八元正，另立租摺壹扣，憑摺準冬至
付清，不得拖欠短少。其山听從客人砍養柴薪樹木，東不辭客，客不辭東，
永不加租，永無反悔，不得異說。恐口無憑，立此租批存據。
當付押租大洋弍元正，退租之日，如不欠租，原數退還。
退山之日，光山歸還。
計開土名字號稅畝
土名西議尾髮字弍拾叁号，計山稅三畝玖分
土名　仝　又弍拾肆号，計山稅四畝一丫
有人盜砍樹木，何人看見，稟公憑保公罰。

民國二十一年十一月　日立租批人　余阿拜十
程日進押
程福春十
汪進寶十
汪觀寶十
陳銀高十
陳銀雀十
陳銀兆十
陳秋生十
洪玉袍十
金六斤十
憑中人陳有成押
代筆人汪本立押

立租批人裴輔雲　央中領到
吳名下田一業土名双連塘/東橋頭計租貳拾肆/捌斗整其
硒議定不論年成豐歉每年交納硬
租風淨晒白乾穀五担五斗
租收割之日挑送上門不得欠少其
田本宅並無小佃倘有私行退佃交
租不清等弊任憑本宅起業另召恐
口無憑立此租批存據

民國貳拾五年十二月　日立租批人裴輔雲
保租戴經芳
代填

民國二十五年十二月某某縣裴輔雲立租田批

二

民國三十五年十月某某縣汪增啓立租賃住屋並菜園字

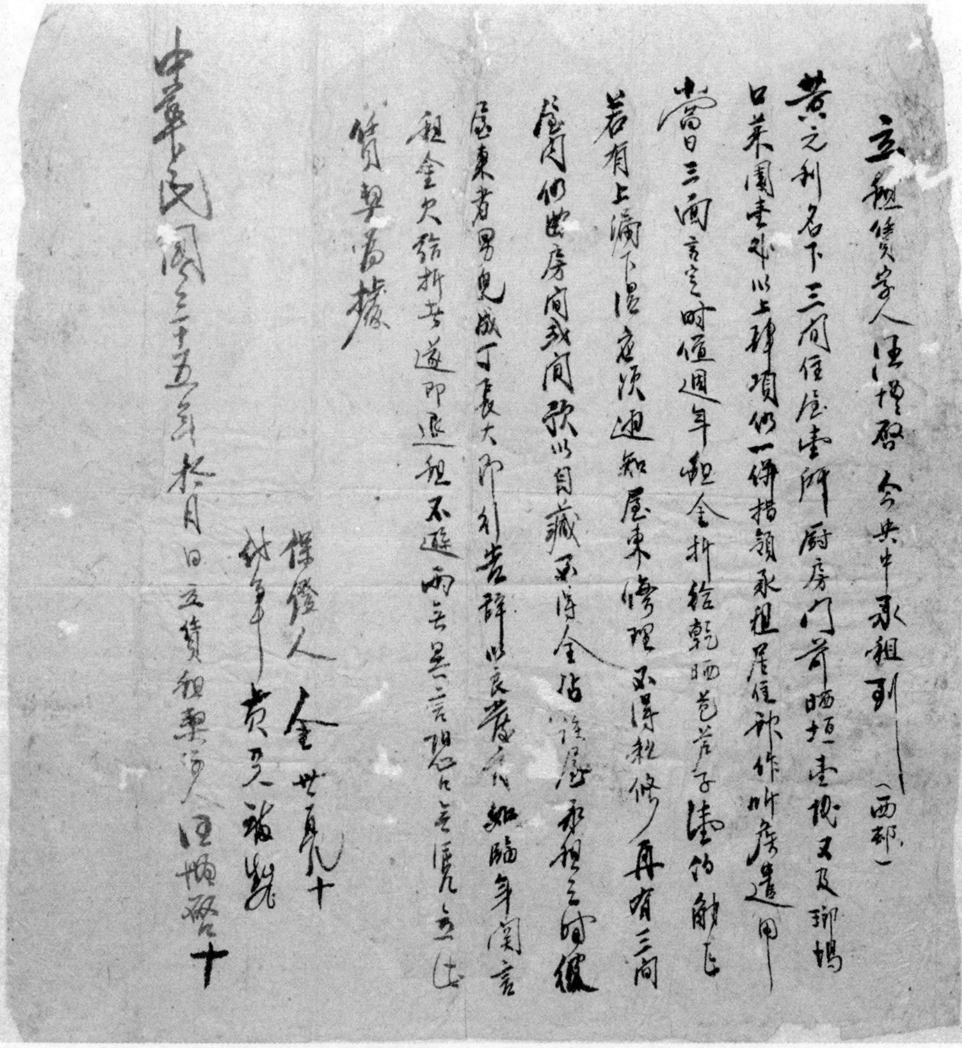
立租賃字人汪增啓，今央中承租到（西都）
黃之利名下三間住屋壹所，廚房门前晒坦壹塊，又及瑯塢
口菜園壹處。以上肆項做一併措領承租居住种作，所產遣用。
當日三面言定，時值週年租金折給乾晒苞芦子陸佰觔正。
若有上漏下湿，應須通知屋東修理，不得執修。再有三間
房门做出房间或間，欲以自藏，不得全佔。該屋承租之时，須
屋東者男兒成丁長大，即刻告辞，以良屋交代。如臨年関，言
租金欠结折苞芦即退租不遲，兩無異言，恐口無憑，立此
賃契為據。
保證人　金世良十
代筆　黃又誠
中華民國三十五年拾月　日　立賃租契字人　汪增啓十

二

丙戌〔戌?〕年十二月某某縣吴惟一立租地批

立租批人吴惟一今租到
叔名下下塘坦乙塊，計遠年上租麥六斗，秋要米穀
乙石，成年正無異，例期交納，不得少欠。今恐無憑，立
此租批存照。
待來春收過麥期，及交園還東主，出佃錢陸錢正，田主無異說。
丙戌年十二月初日　立租批人吴惟一（押）
中人　叔君餘

十一、清嘉慶至民國年間租田地房屋等契約

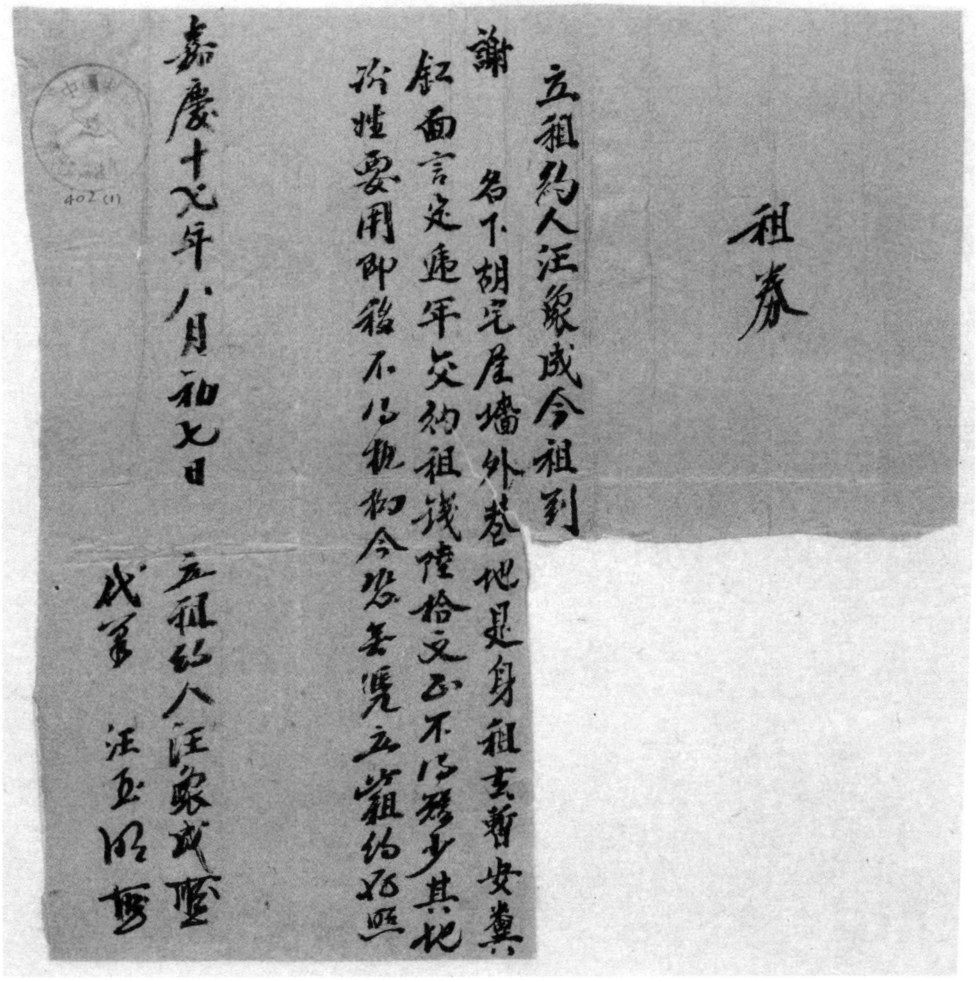
租券

立租約人汪象成今租到

謝 名下胡宅屋墻外巷地，是身租去暫安糞

缸，面言定逐年交納租錢陸拾文正，不得短少。其地

於姓要用，即移，不得執拗。今恐無憑，立此租約存照。

嘉慶十七年八月初七日 立租約人汪象成（押）

代筆 汪正昭（押）

清嘉慶十七年八月某某縣汪象成立租巷地安放糞缸約

二

清道光二年五月某某縣某姓鋕垣等立租地批

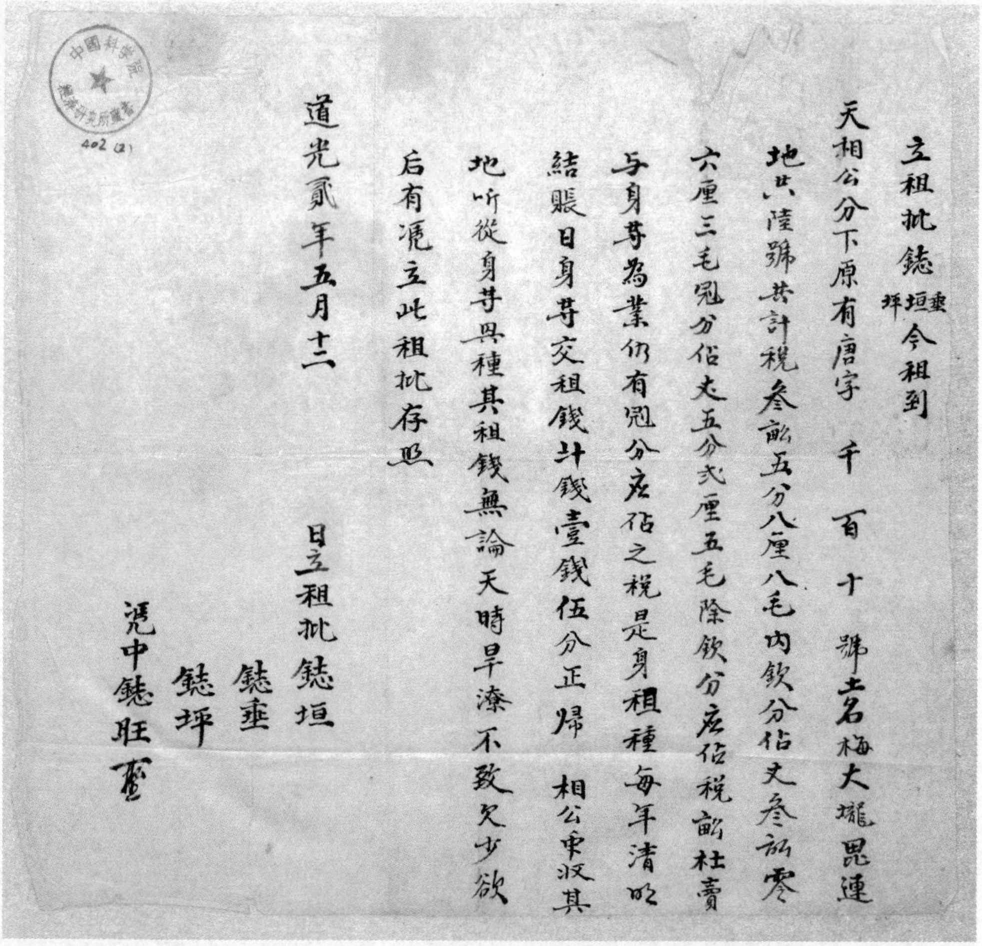
立租批鋕垣垂坪令祖到
天相公分下原有唐字　千　百　十　號土名梅大壠毘連
地共陸號共計稅叁畝五分八厘八毛內欽分佔丈叁畝零
六厘三毛冠分佔丈五分弍厘五毛除欽分應佔稅畝杜賣
与身等為業仍有冠分應佔之稅是身租種每年清明
結賬日身等交租錢斗錢壹錢伍分正歸　相公東收其
地听從身等興種其租錢無論天時旱潦不致欠少欲
后有憑立此租批存照
道光貳年五月十二　日立租批鋕垣
鋕垂
鋕坪
憑中鋕旺（押）

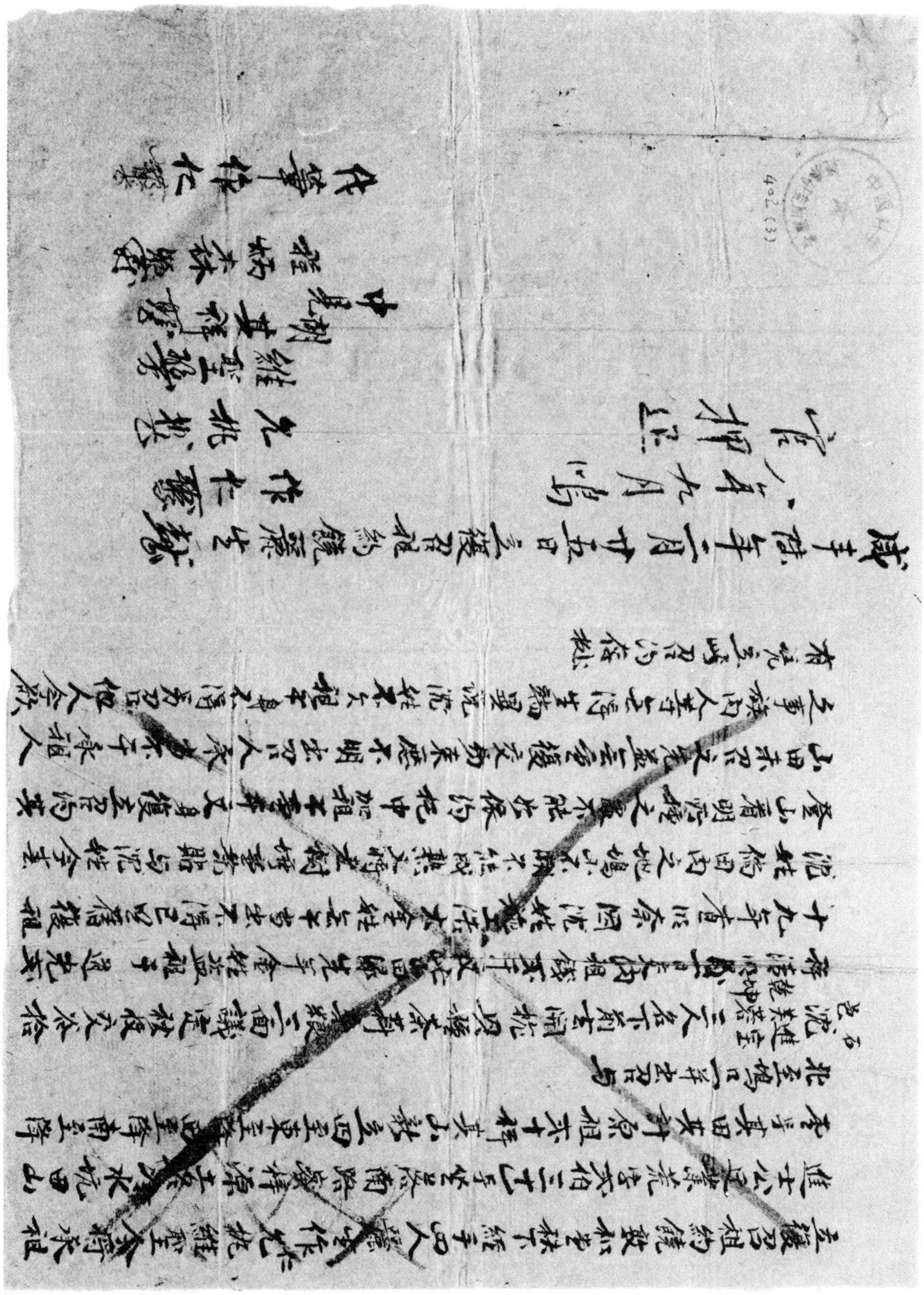

立復召祖約饒致和、老林下經手四人[illegible]作仁、允桃、維烈[illegible]承祖

[illegible]

咸豐六年二月廿五日立復召祖約饒麗生

作仁

允桃

維烈

中見 [illegible]

依書 作仁

清咸豐六年二月〔祁門縣〕饒麗生等立召租田山約

二

清同治十二年三月某某縣金玉堂立租地約

立租約人金玉堂，今租到
城東汪祿壽祀名下屋基地壹備，坐落一都一啚華橋
梨嶺，領土名帝方坵，所有四至照依老界，東至金姓
屋基地，西至寡姓、金姓屋基地，北至山腳，南至官
路心，四至之内是身租去興養菜園，遞年交納租
足九大錢壹百文正，其錢冬至前三日六文付送至上門，
不得短少，如有短少，听凭另召，身無異說。恐口
無凭，立此租約存據。
同治拾式年三月　日立租約人金玉堂（押）
親筆
再批：其地不得轉租他人，又照。

402 (4)

二

立租字人吳義和今租到
江金海名下坐落江村五分祠边坐南朝北樓屋壹所
樓上兩间樓下兩间並前至日门前碗坦菜地一
片廁所壹但是身憑中租來居住訂定每年租金
英洋叁元正其洋言明三節支取不短少如有房
租不清倘若日後東不還租身即搬讓兩無異言恐
口無憑立此租字为據
民國六年閏二月廿六日立此租字人吳義和 十
憑中人 江國翰 昌林 桂花 十
代筆人江雲庭

卷五　明景泰至民國年間佔用對換基地及合造房屋合同

二

〔一〕清同治至光緒年間某某縣江洪喜佔用地基議字

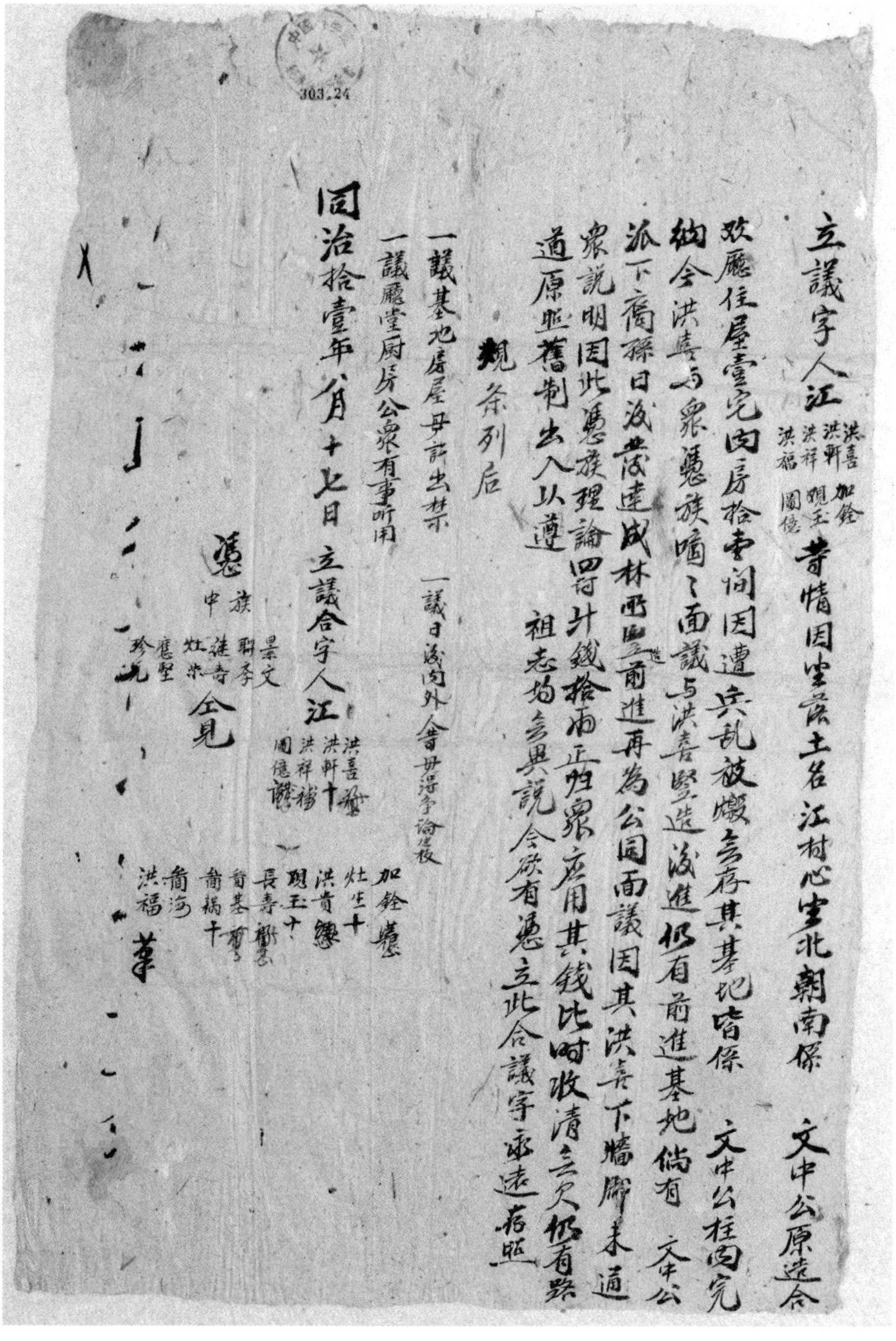
立議字人江洪喜 洪軒 洪祥 洪福 加銓 覌玉 圖億 等情因坐落土名江村心坐北朝南係 文中公原造合
歡廳住屋壹宅內房拾壹間因遭兵亂被燬無存其基地皆係 文中公柱內完
納今洪喜与衆憑族嗜了面議与洪喜豎造後進仍有前進基地尚有 文中公
派下裔孫日後若有達成林再豎造前進再為公同面議因其洪喜下牆脚未通
衆說明因此憑族理論罰廿錢拾兩正外衆應用其錢比時收清無欠仍有照
道原照舊制出入以遵 祖志怕多異說今欲有憑立此合議字永遠存照
規条列后
一議基地房屋毋許出禁
一議廳堂厨房公衆有事所用
一議日後內外人等毋得爭論生枝
同治拾壹年八月十七日 立議合字人江洪喜 洪軒 洪祥 圖億
憑族中 景文 聯李 灶木 珍元 全見
加銓 灶生 洪貴 覌玉 長壽 裔基 裔禧 裔海 洪福 筆

清同治十一年八月某某縣江洪喜等立豎造舊宅地基後進及墻脚罰錢議字

清光緒十七年八月某某縣江洪貴等立舊宅基地前進豎造餘房議字

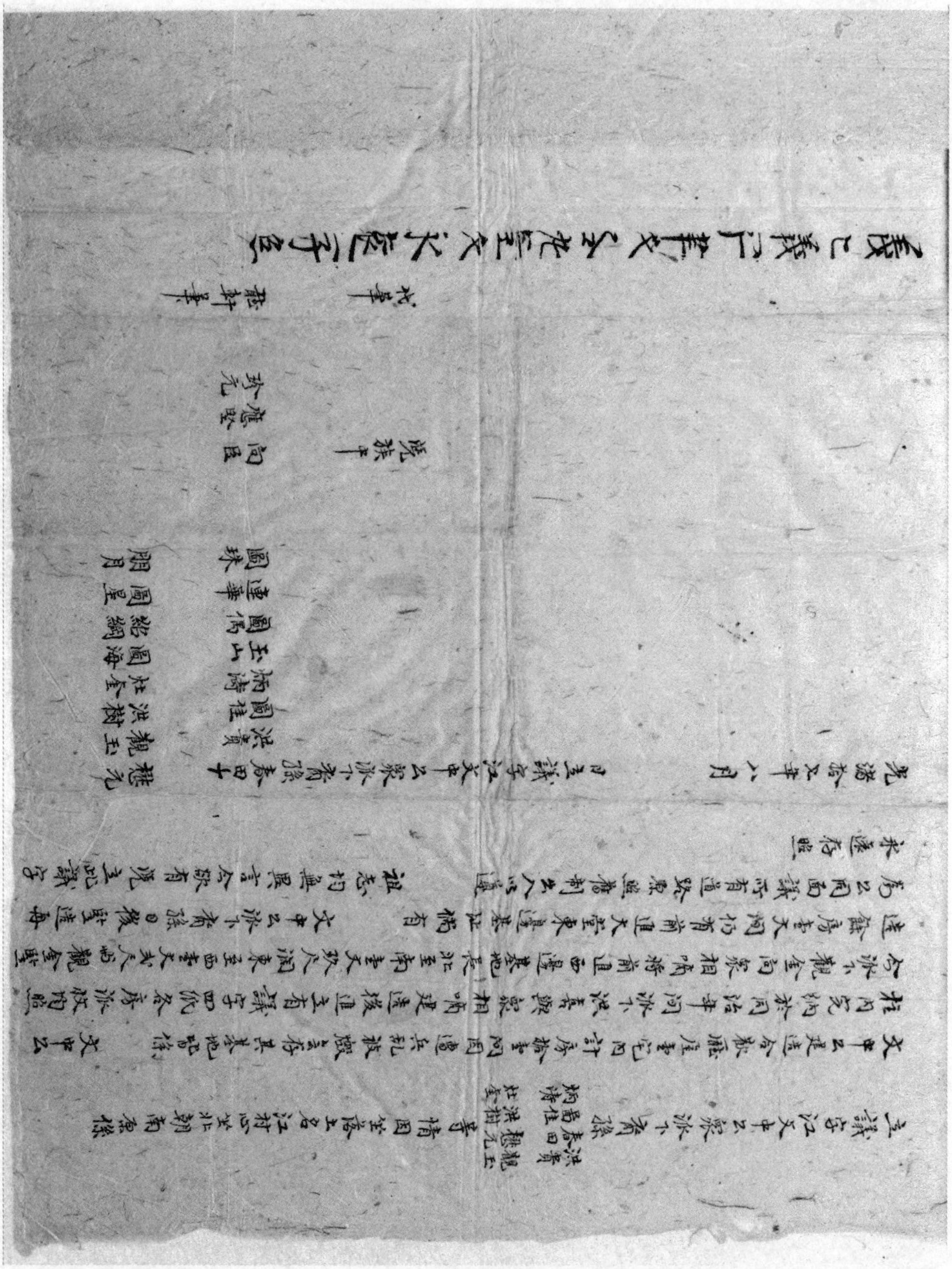
立議字江文中公衆派下裔孫洪貴、春田、昌佳、炳涛、觀玉、懋元、洪樹、灶全等，情因坐落土名江村心，坐北朝南，原係
文中公建造合叙廳屋一重，宅內計房拾壹間，因遭兵亂被燬無存，其基地皆係 文中公
柱內究納。於同治年间派下洪喜與衆相商建造後進，立有議字四紙，各房派收內照。
今派下觀全向衆相商，將前進西邊基地長北至南壹丈玖尺，濶東至西壹丈式尺，與觀全豎
造餘房壹大間，仍有前進大堂東邊基址，備有 文中公派下裔孫日後豎造，再
爲公同面議，所有道路原照舊制出入以通 祖志，均無異言。今欲有憑，立此議字
永遠存照。

光緒拾柒年八月　日立議字江文中公衆派下裔孫 春田十、洪貴、圖佳、炳涛、玉山、圖偶、連華、圖珠、懋元、觀玉、洪樹、灶全、圖海、紹綱、圖星、朋月

憑族中 向臣、應堅、珍元

代筆 聯軒筆

〔一一〕明景泰至民國年間對換基地及合造房屋合同

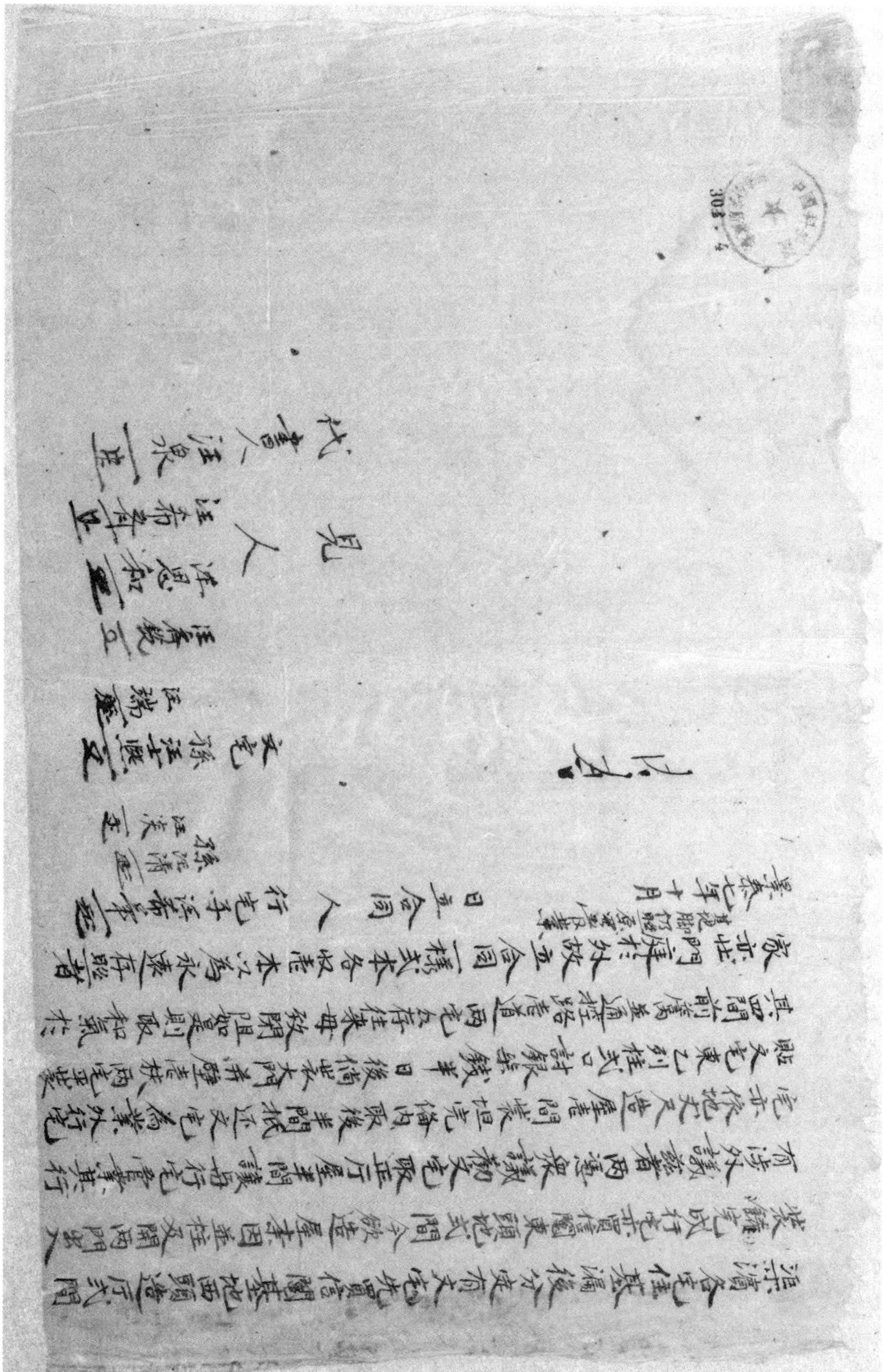

明景泰七年十月〔休寧縣〕汪希華等立換屋貼銀合同

二

明萬曆三十八年正月（休寧縣）程鑾等立出貼地合同

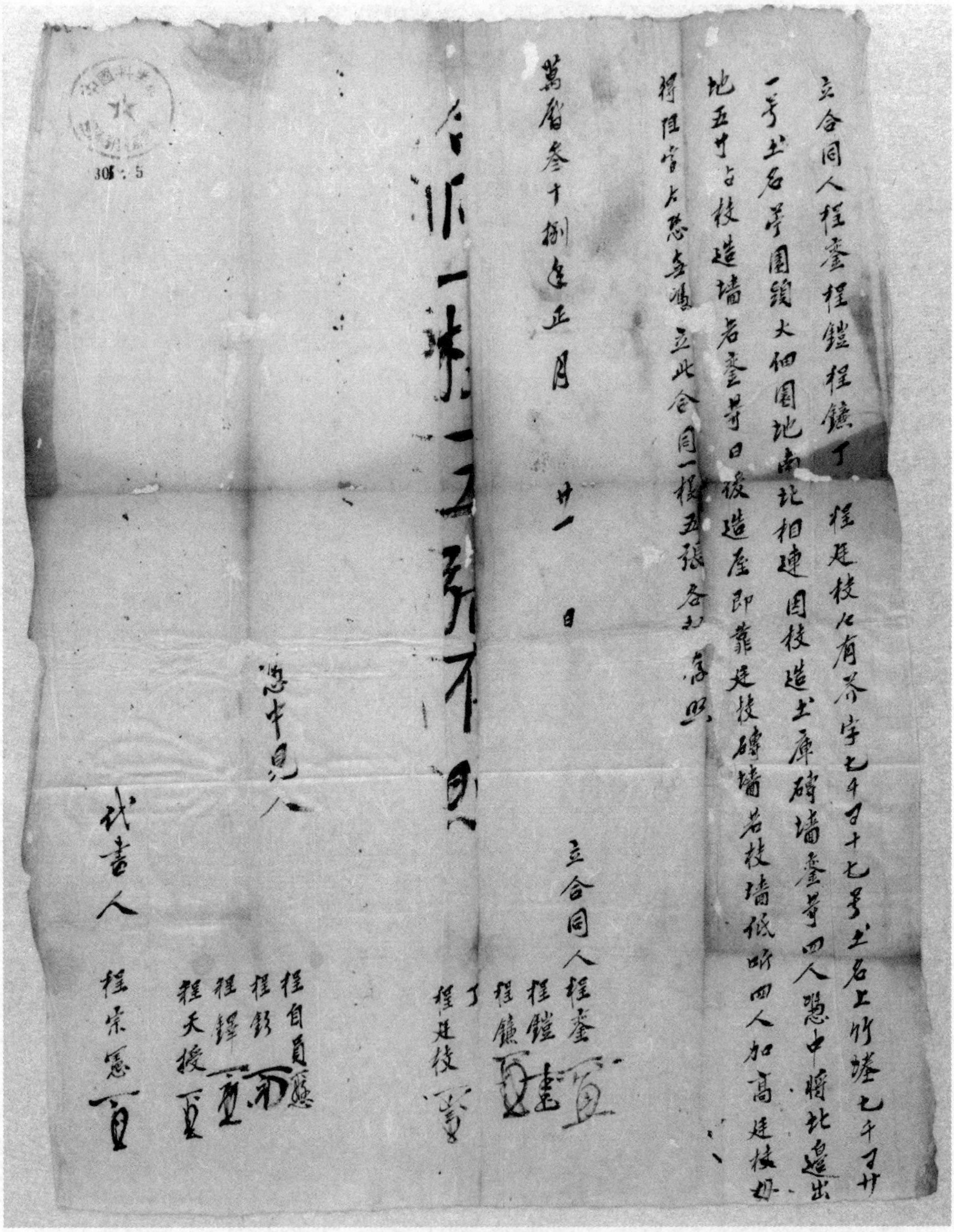

立合同人程鑾、程鎧、程鑛、丁 程廷枝，今有莽字七千□十七號，土名上竹塝七千□廿一號土名吳園，與大佃園地南北相連。因枝造土庫磚墻，鑾等四人憑中將北邊出地五寸與枝造墻。若鑾等日後造屋，即靠廷枝磚墻，若枝墻低，聽四人加高，廷枝毋得阻當。今恐無憑，立此合同一樣五張，各執存照。

萬曆叁十捌年正月 廿一 日

立合同人 程鑾

程鎧

程鑛

丁 程廷枝

憑中見人 程自貞

程欽

程鐸

程天授

代書人 程宗憲

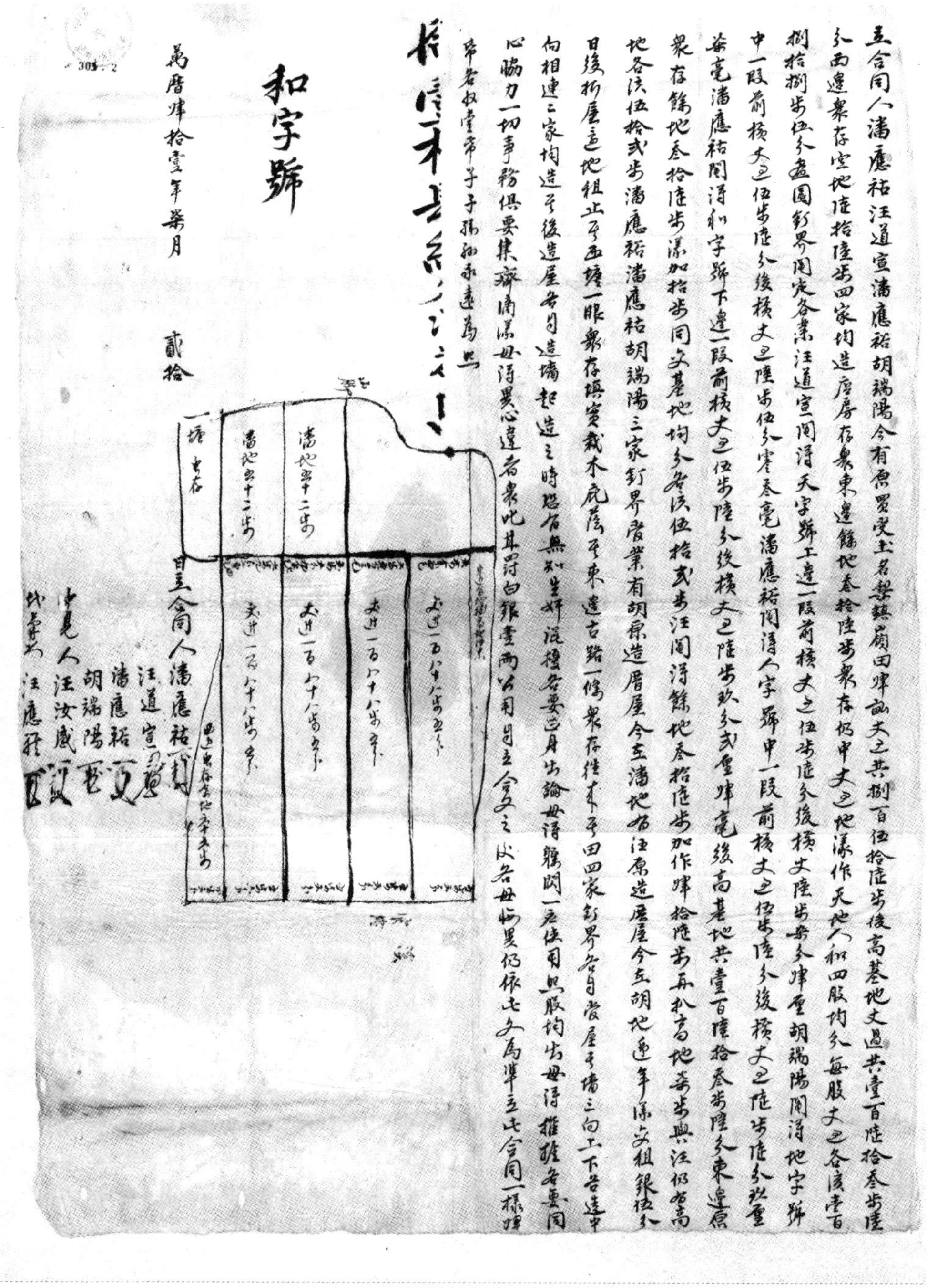
立合同人潘應祐汪道宣潘應裕胡瑞陽今有原買受土名磐鎮嶺田肆畝丈之共捌百伍拾陸步後高基地丈過共壹百陸拾叁步陸
分西邊衆存空地陸拾陸步四家均造店房存衆東邊餘地叁拾陸步衆存仍中丈之地議作天地人和四股均分每股丈之各該壹百
捌拾捌步伍分畫圖釘界阄定各業汪道宣阄得天字號上邊一段前橫丈之伍步陸分後橫丈陸步柒分肆釐胡瑞陽阄得地字號
中一段前橫丈之伍步陸分後橫丈之陸步伍分壹釐叁毫潘應裕阄得人字號中一段前橫丈之伍步陸分後橫丈之陸步陸分玖釐
柒毫潘應祐阄得和字號下邊一段前橫丈之伍步陸分後橫丈之陸步玖分貳釐肆毫後高基地共壹百陸拾叁步陸分東邊原
衆存餘地叁拾陸步議加拾步同前基地均分各該伍拾貳步汪阄得餘地叁拾陸步加作肆拾陸步再扒高地柒步與汪仍有高
地各該伍拾貳步潘應祐潘應裕胡瑞陽三家釘界管業有胡原造厝屋今在潘地者汪原造厝屋今在胡地邊逐年係与租銀伍分
日後折屋還地租止其西墻一眼衆存填實栽木庇蔭其東邊古路一條衆存往來其田四家釘界各自管屋其墻三向上下各連中
向相連二家均造其後造屋各自造墻起造之時恐有無知生奸混擾各要出身出論毋得推阻一應使用照股均出毋得推挨各要同
心協力一切事務俱要集齊商議毋得異心違者衆比其罰白銀壹兩公用自立合文之後各毋悔異仍依此文為準立此合同一樣肆
帋各收壹帋子子孫孫永遠為照

和字號

萬曆肆拾壹年柒月貳拾日立合同人潘應祐（押）
汪道宣（押）
潘應裕（押）
胡瑞陽（押）
中見人汪汝感（押）
代書人汪應程（押）

明萬曆四十一年七月某某縣潘應祐等四家立均造店房鬮分基地合同

二 明天啓三年二月（休寧縣）吴一漳等立劃分祖遺樓房基地合同

三十二都四啚立合同人吴一漳一貫一濂一泮一泠社德祖德等原有得保得祐樓房基地一備坐落土
名珠簾係戢字三百十一号今丈維字三百八十三号計徑理一分九厘四毛因岩孫福寿立契出賣與社德
祖德兄弟岩寿云寿子臣應龍應芳應祥立契出賣與漳貫濂泮泠兄弟今輪冊年互相執契爭業
今請衆等念祖一脉近前勸諭其屋原係社德祖德居住衆議將樓房併隨住屋基地篤義扒與社德
祖德管業新立四至東至衆水溝西至長房衆地南至墻塝北至埋石爲界計稅九厘柒毛其外边空地原
與漳貫濂泮泠基地相連衆議將外边空地篤義扒與漳貫濂泮泠管業東至衆水溝西至漳貫
濂泮泠等地南至埋石爲界北至五大房居屋水溝計稅九厘柒毛其社德屋前挨長房塝依水渠量出
長乙丈八尺六寸社德兄弟業餘直出至漳兄弟地界止挨衆水渠橫量進四尺七寸濶係二家衆存路
道乙塊毋許閉塞自立合同之後永遠遵界各執各業毋許執原契生情異說以啟爭端如違罰銀拾

（一）

二

明天啓三年二月〔休寧縣〕吴一漳等立劃分祖遺樓房基地合同

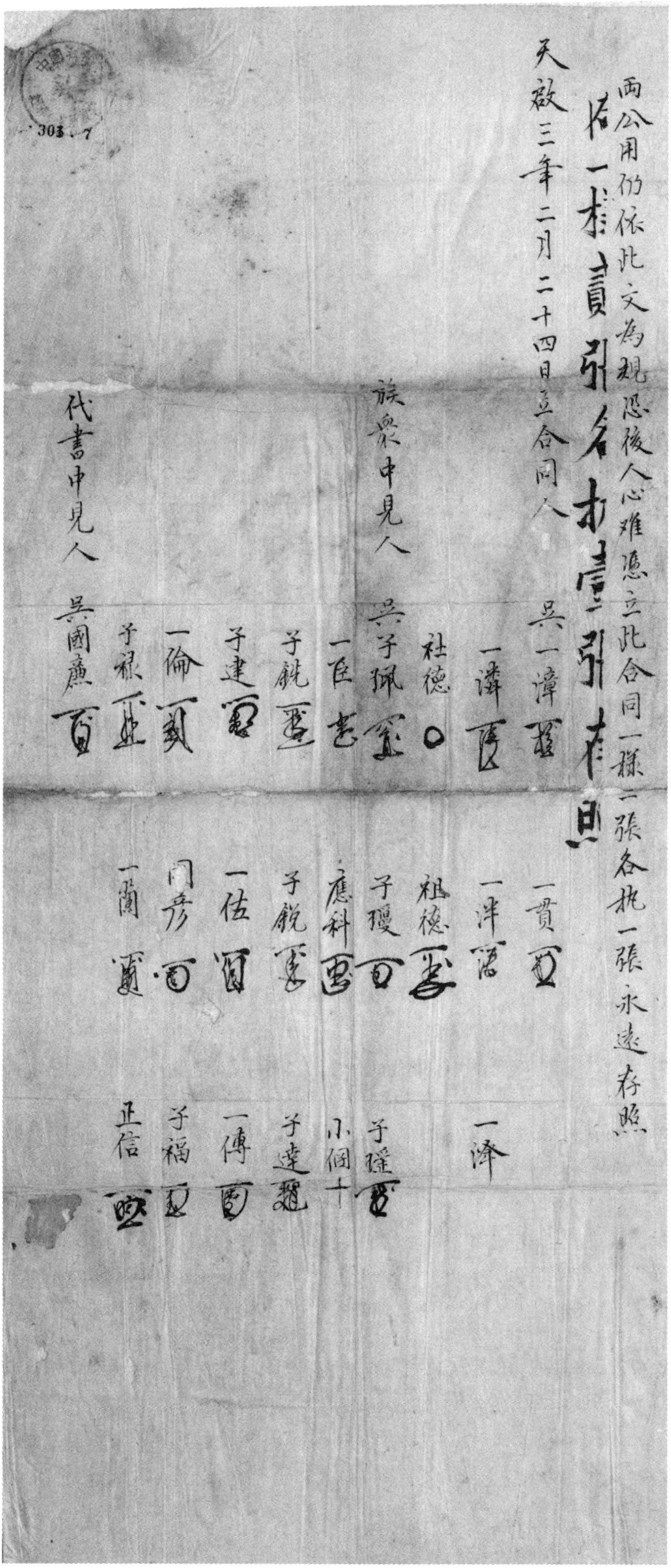

兩公用仍依此文為規恐後人心難憑立此合同一樣二張各執一張永遠存照

天啟三年二月二十四日立合同人 吴一漳（押） 一貫（押）

一璘（押） 一泮（押） 一洚

社德〇 祖德（押）

族衆中見人 吴子珮（押） 子瓔（押） 子瑤（押）

一臣（押） 應科（押） 小個十

子銳（押） 子銳（押） 子逵（押）

子建（押） 一佐（押） 一傳（押）

一倫（押） 同彥（押） 子福（押）

子祿（押） 一蘭（押） 正信（押）

代書中見人 吴國應（押）

（二）

二一

明崇禎六年九月某某縣詹新九等立議園地照舊管業中間隔牆均造合同

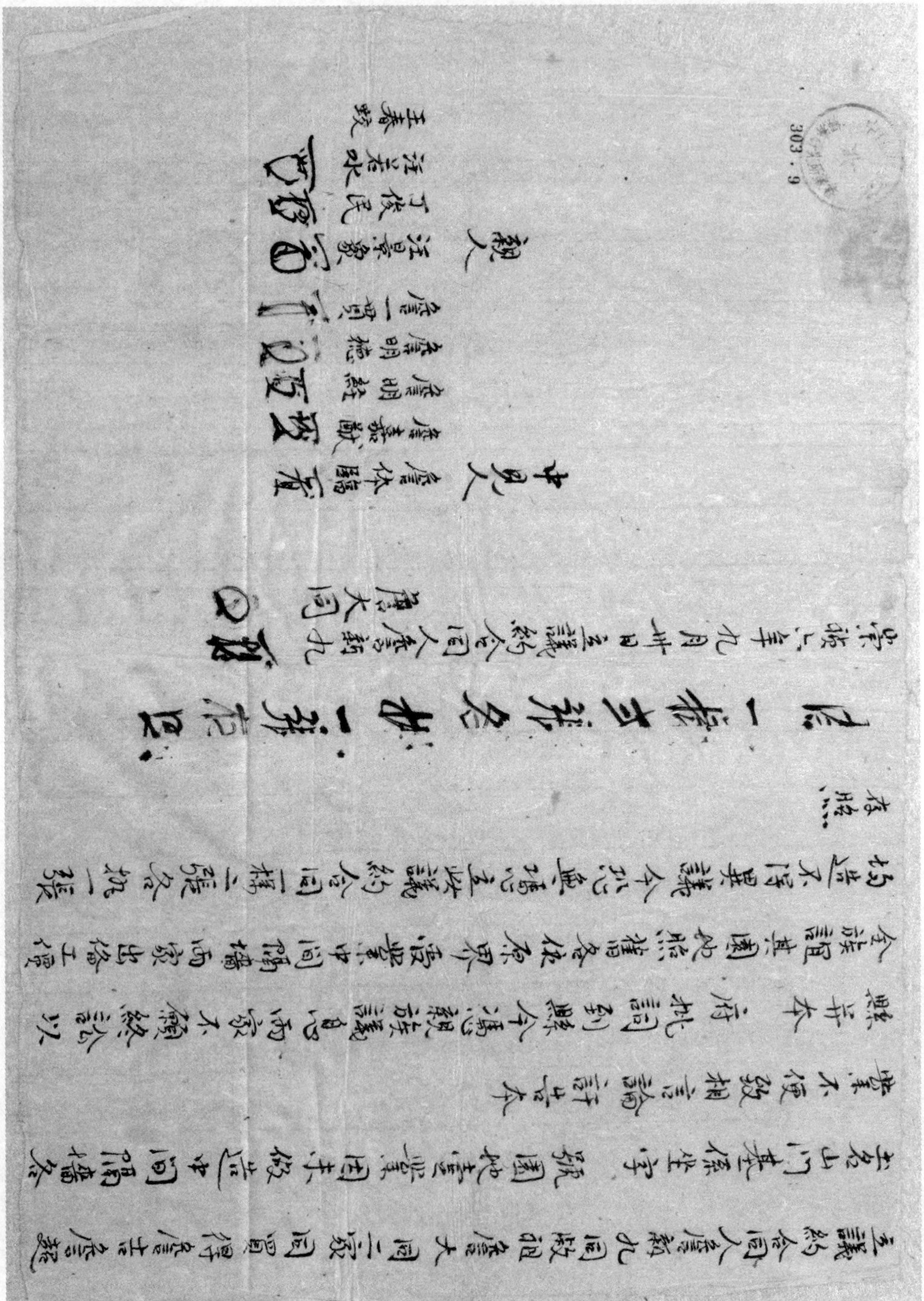
立議約合同人詹新九同故祖詹大同二家同買得詹吉詹起志名山门基係坐字　號園地壹業因未做造中间隔墻各業不便致相言論訐告本
縣并本　府批詞到縣今憑親族議息兩家不願終訟以全族誼其園地照舊各依原界壹業中间隔墻兩家出備工價均造不得異議今恐無憑立此議約合同一樣二張各執一張存照

崇禎六年九月卅日立議約合同人詹新九
詹大同
中見人　詹体臨
詹嘉猷
詹明經
詹明德
詹一貫
親人　汪景象
丁俊民
汪若水
王春蛟

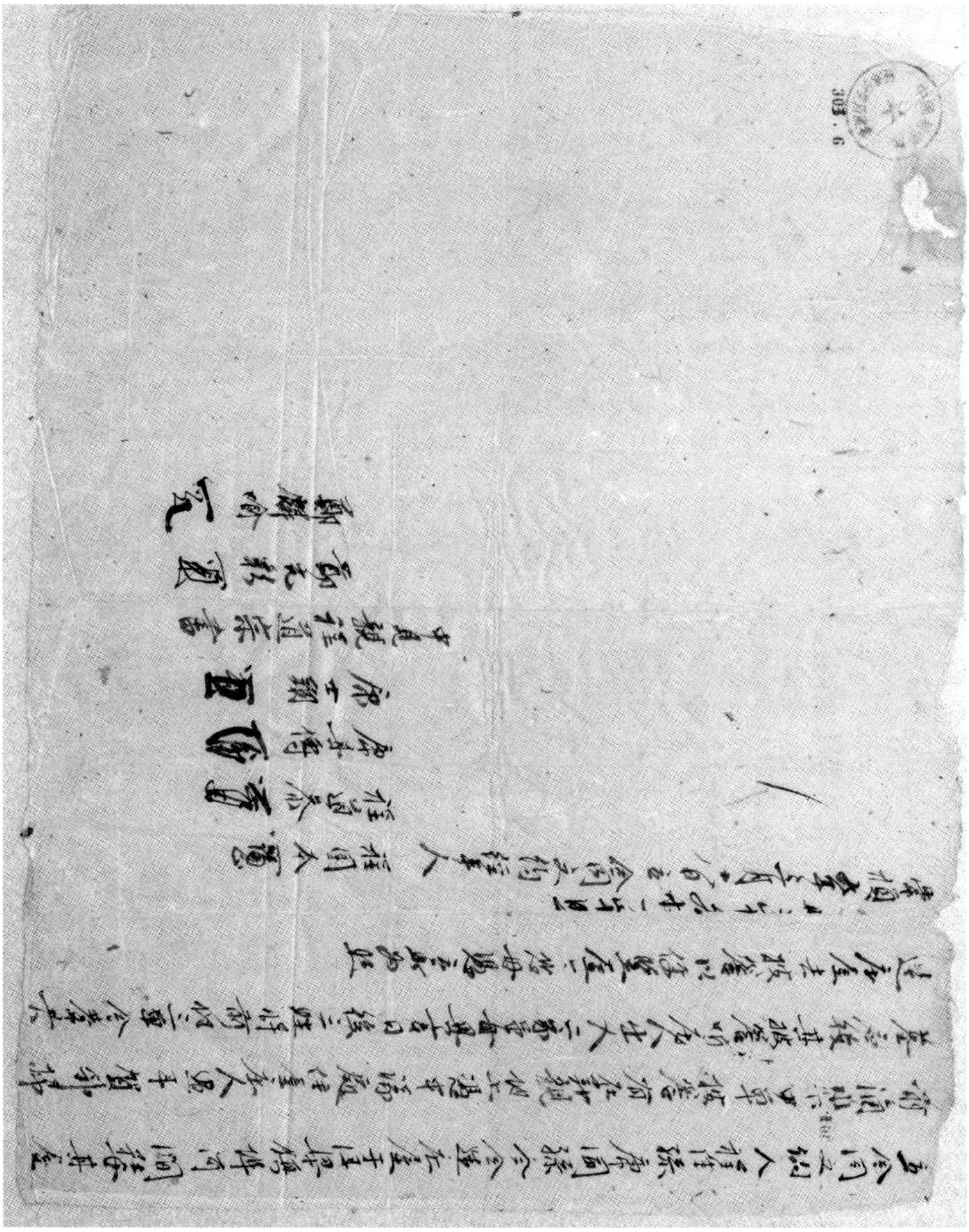

明崇禎九年三月某某縣程國本等立合造莊屋合同文約

明崇禎十五年七月某某縣倪榮祖等立換地合同

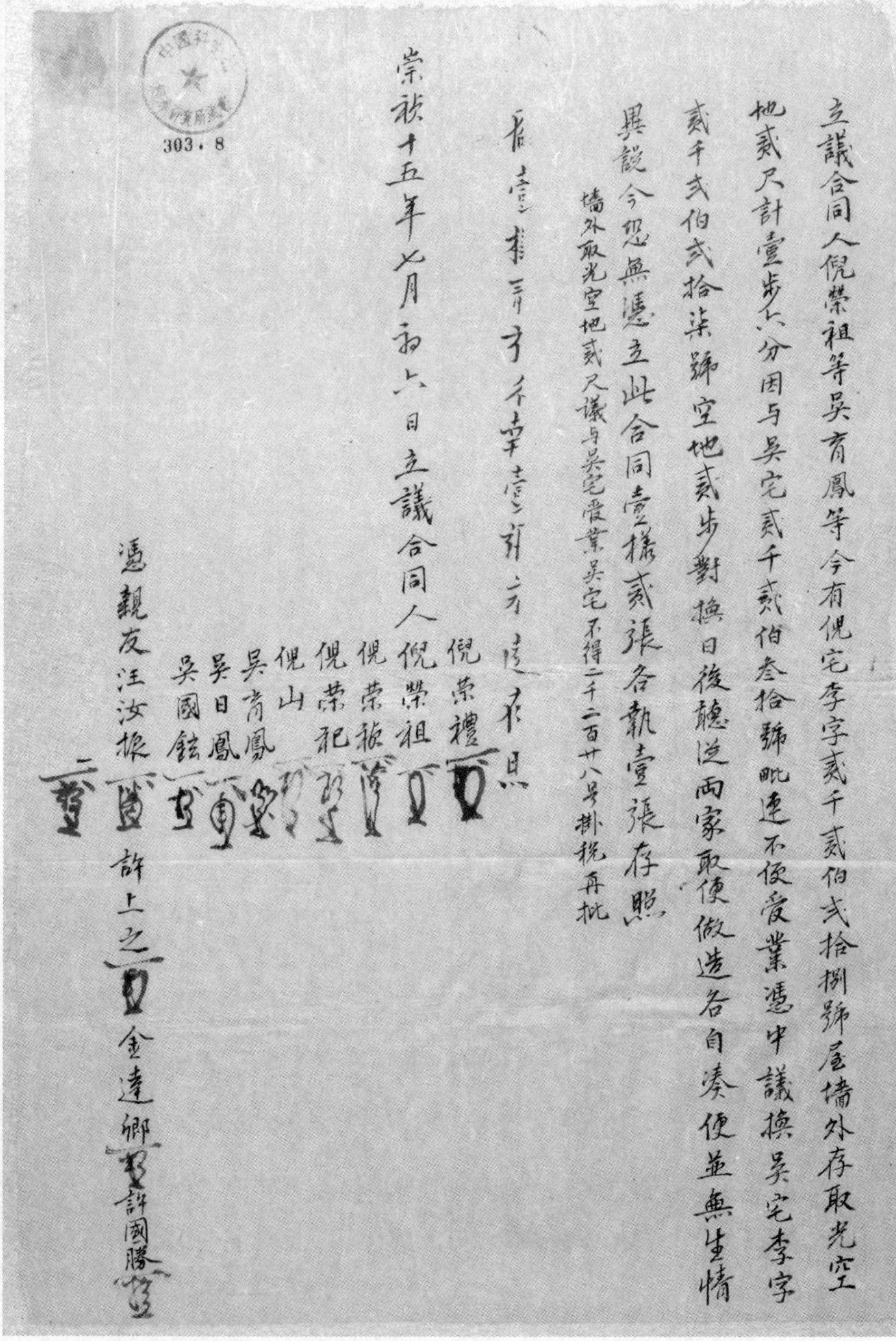

立議合同人倪榮祖等吳育鳳等今有倪宅李字貳千貳伯弍拾捌號屋墻外存取光空地貳尺計壹步六分因与吳宅貳千貳伯叁拾號毗連不便管業憑中議換吳宅李字貳千弍伯弍拾柒號空地貳步對換日後聽從兩家取便做造各自湊便並無生情異說今恐無憑立此合同壹樣貳張各執壹張存照

墻外取光空地貳尺議与吳宅管業吳宅不得二千二百廿八号掛税再批

[illegible]

崇禎十五年七月初六日立議合同人倪榮祖（押）

倪榮禮（押）

倪榮赦（押）

倪榮祀（押）

倪山（押）

吳育鳳（押）

吳日鳳（押）

吳國鉉（押）

憑親友汪汝振（押）許上之（押）

金達卿（押）許國勝（押）

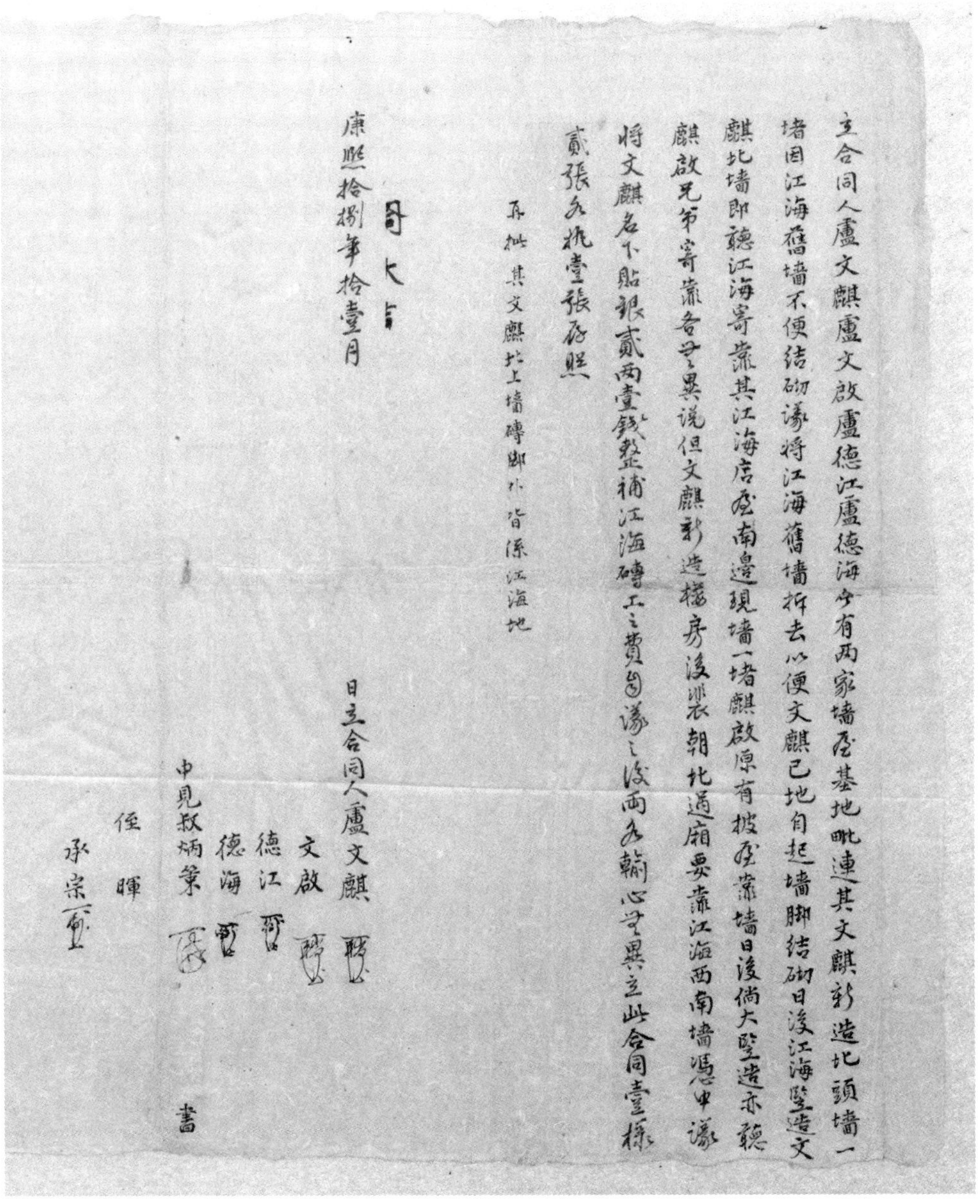

立合同人盧文麒盧文啟盧德江盧德海今有兩家墻屋基地毗連其文麒新造北頭墻一
堵因江海舊墻不便結砌議將江海舊墻拆去以便文麒己地自起墻脚結砌日後江海竪造文
麒北墻即聽江海寄靠其江海店屋南邊現墻一堵麒啟原有披屋靠墻日後倘大竪造亦聽
麒啟兄弟寄靠各無異說但文麒新造樓房後派衣朝北過廂要靠江海西南墻憑中議
將文麒名下貼銀貳兩壹錢整補江海磚工之費自議之後兩各輸心無異立此合同壹樣
貳張各執壹張存照

再批其文麒北上墻磚脚外皆係江海地

康熙拾捌年拾壹月　日立合同人盧文麒（押）

文啟（押）

德江（押）

德海（押）

中見叔炳策（押）

侄暉

承宗（押）　書

清康熙十八年十一月某某縣盧文麒等立修造毗鄰屋牆互允寄靠並貼銀合同

二

清康熙廿年三月某某縣汪仁則等立議共業西牆照分修理各納稅糧合同

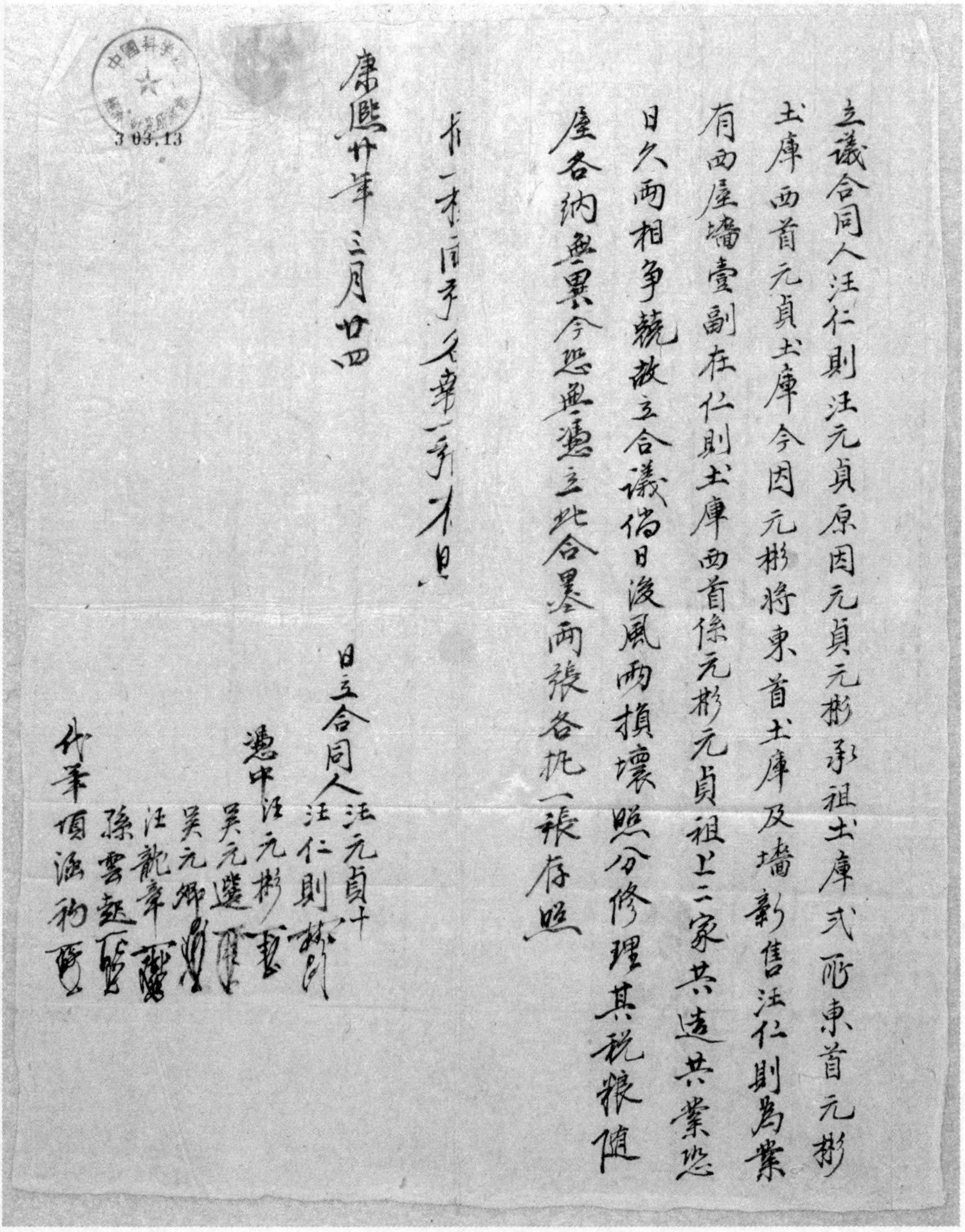
立議合同人汪仁則汪元貞原因元貞元彬承祖土庫弍所東首元彬
土庫西首元貞土庫今因元彬將東首土庫及墻新售汪仁則爲業
有西屋墻壹副在仁則土庫西首係元彬元貞祖上二家共造共業恐
日久兩相爭競故立合議備日後風雨損壞照分修理其稅粮隨
屋各納無異今恐無憑立此合墨兩張各執一張存照

康熙廿年三月廿四　日立合同人　汪元貞（押）
汪仁則（押）
憑中　汪元彬（押）
吳元選（押）
吳元卿（押）
汪龍章（押）
孫雲魁（押）
代筆　項涵初（押）

二

清康熙二十五年正月（祁門縣）凌應元立出售房屋並安排後事議約

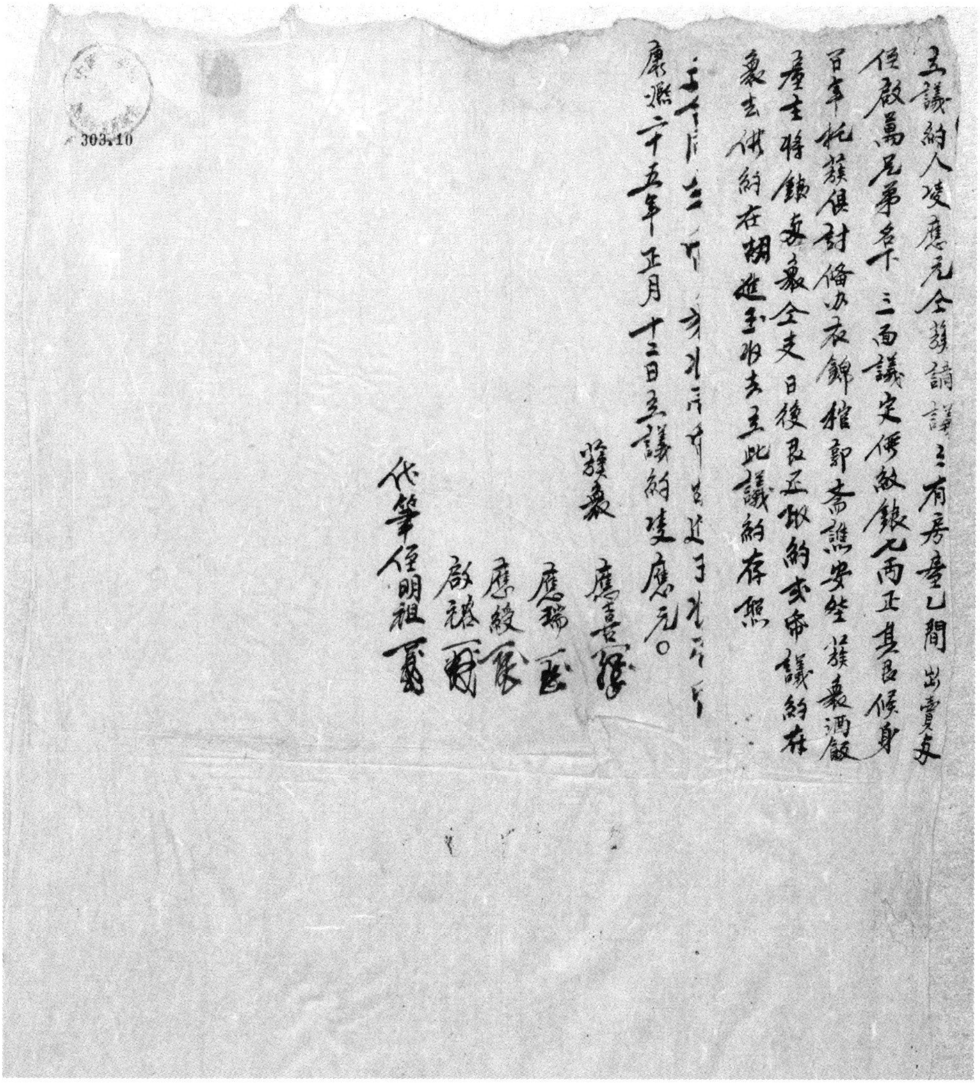
立議約人凌應元仝孫請議三有房壹乙間出賣與
侄啟萬兄弟名下三面議定價紋銀乙兩正其𠂢候身
百年托孫俱討備办衣錦棺郭斋醮安埜孫衆酒飯
屋主將銀与衆仝支日後𠂢正取約式帝議約存
衆去供約在期進手収去立此議約存照
[illegible]
康熙二十五年正月十二日立議約凌應元〇
孫衆　應吉（押）
應瑞（押）
應綬（押）
啟祿（押）
代筆侄明祖（押）

二

清康熙廿八年四月某某縣韓如北等立婉勸李如川借湊牆頭永成和好議墨

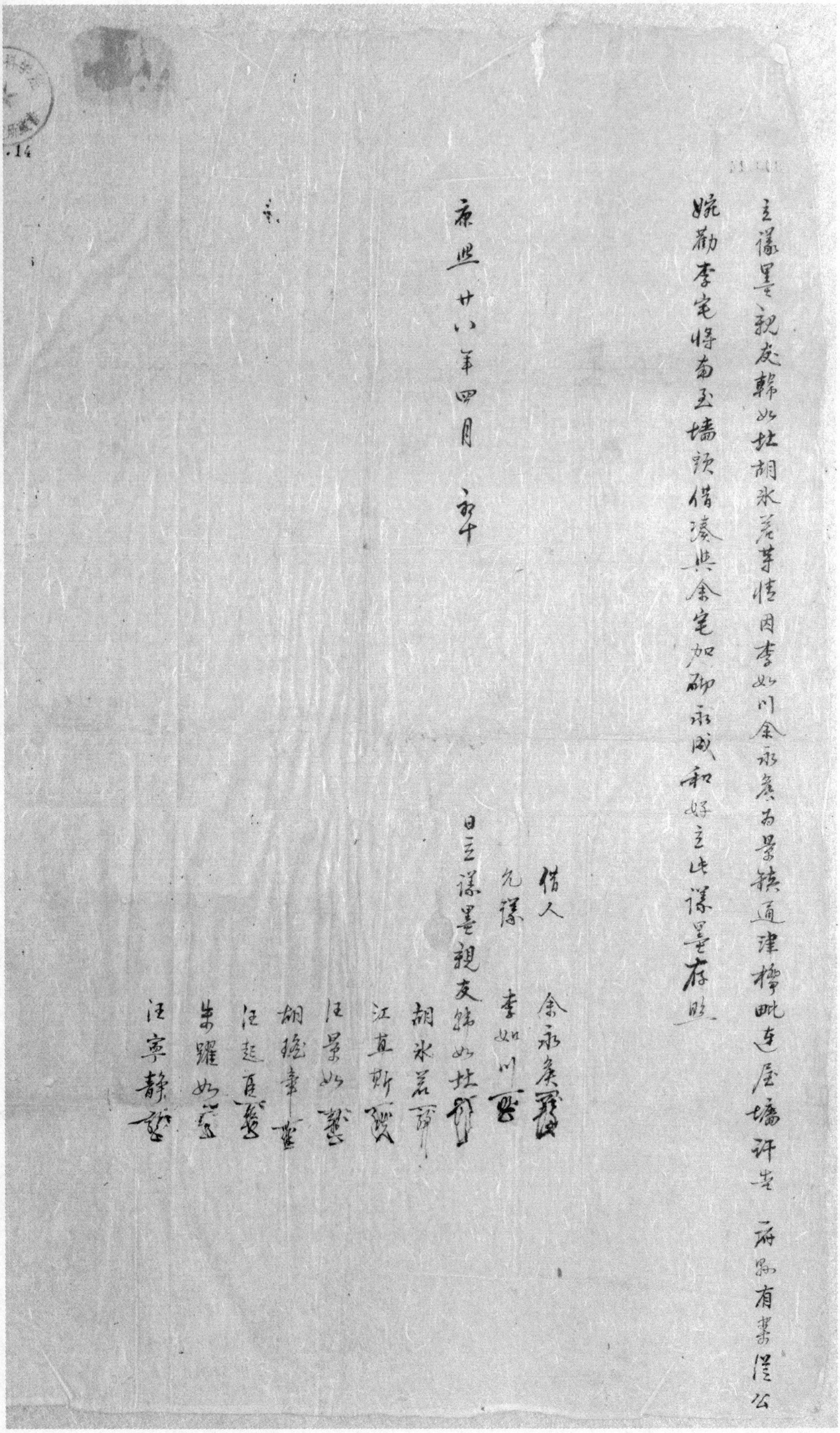

立議墨親友韓如北、胡永岩等，情因李如川、余永彥爲景鎮通津樓毗連屋墻計出 一所，如有業混公

婉勸李宅將南玉墻頭借湊與余宅加砌，永成和好，立此議墨存照。

康熙廿八年四月 初十

日立議墨親友韓如北（押）

借人 余永彥（押）

允議 李如川（押）

胡永岩（押）

江直斯（押）

汪景如（押）

胡德章（押）

汪起直（押）

朱躍如（押）

汪寧靜（押）

二

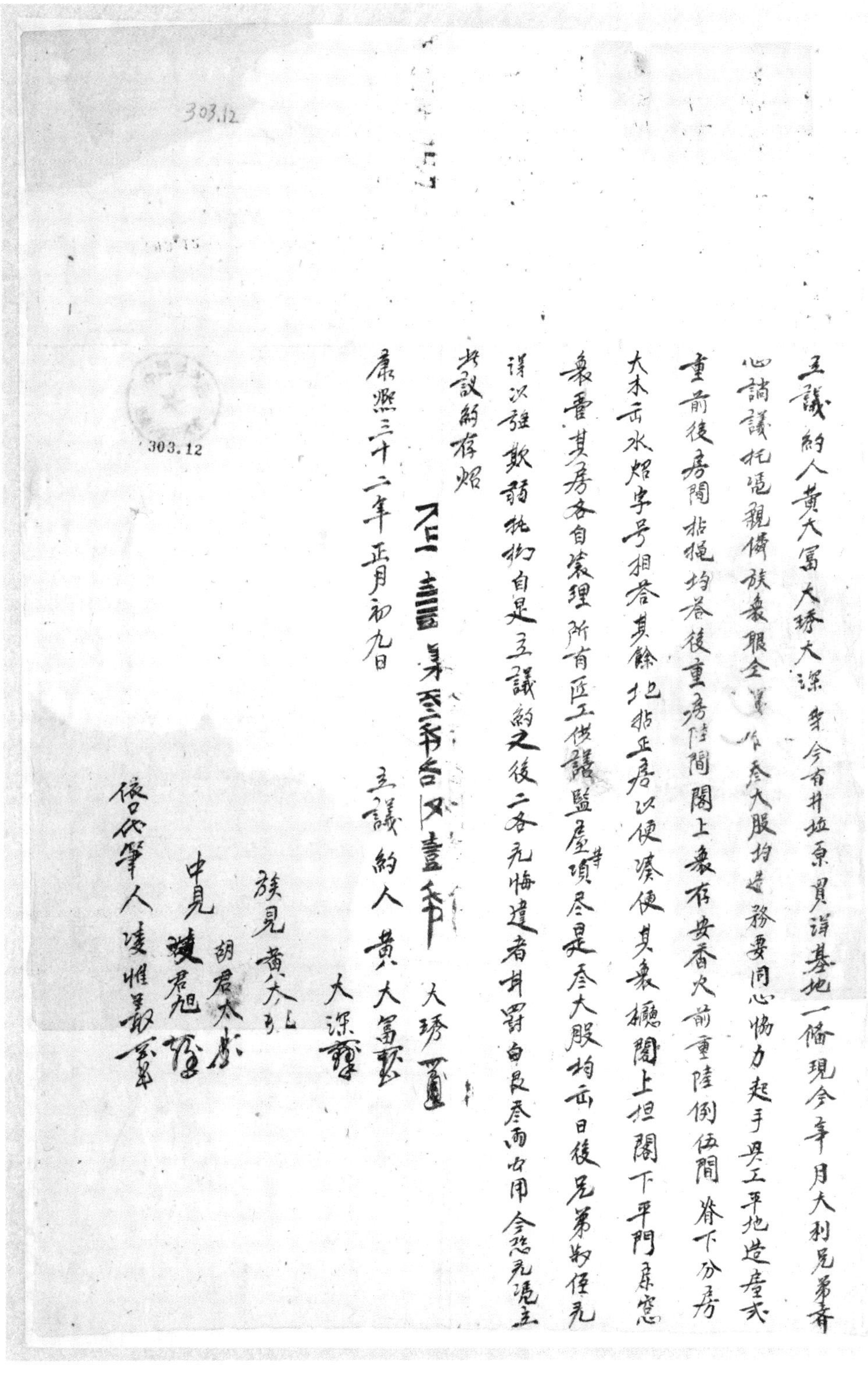

立議約人黃大富、大琇、大琛，今有什垃原買詳基地一備，現今年月大利，兄弟齊心請議，托憑親、族、衆眼全[illegible]，作叁大股均出，務要同心協力，起手與工平地造屋弍重，前後房間搭搘均答，後重房陸間，閣上衆存安香火，前重陸倒伍間，於下分房大木，各承焗字号相答，其餘地搭正房，以便湊便。其衆廳閣上坦閣下，平門床窓衆置，其房各自裝理。所有匠工供膳，監屋項尽是叁大股均出。日後兄弟叔侄无詳以强欺弱，執拗自是。立議約之後，二各无悔，违者甘罰白良叁兩公用。今恐无憑，立此議約存照。

康熙三十二年正月初九日　立議約人　黃大富（押）
大琇（押）
大琛（押）
族見　黃大弘
中見　胡君太（押）
凌君旭（押）
依口代筆人　凌惟[illegible]（押）

清康熙三十二年正月某某縣黃大富等立議同心造屋約

二

清康熙四十三年二月某某縣余世樹等立議換地合同

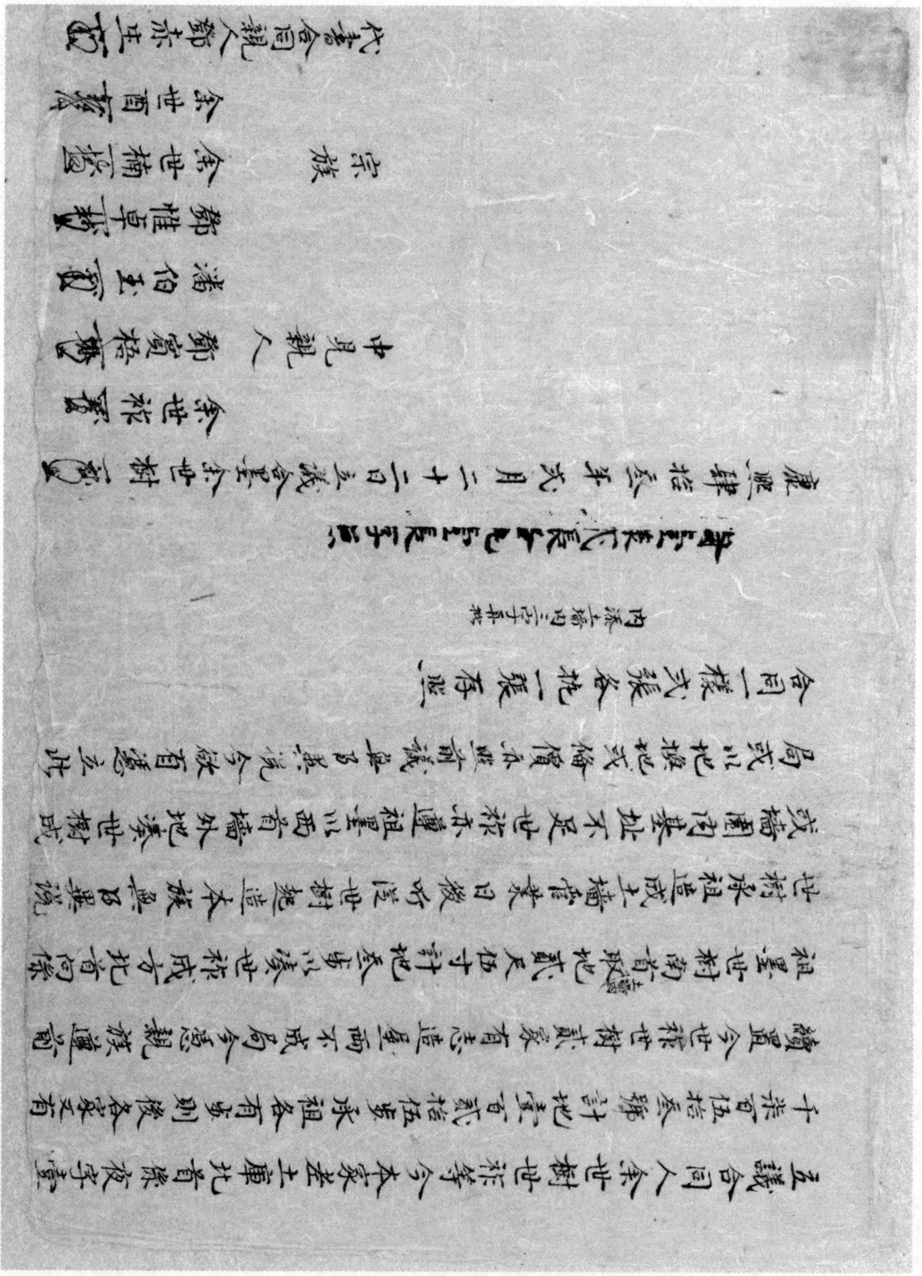
立議合同人余世樹、世祿等，今本家老土庫旁有
千柒百伍拾叁號，計地壹百貳拾伍步，承祖各有分，到後各家又有
續置。今世祿、世樹貳家有志造屋，兩下不成局，今憑親族遷前
祖墓，世樹分前取地貳尺伍寸，計地叁步，以讓世祿成片，其地原係
世樹承祖造成土牆屋業，日後聽從世樹起造，本族無得異說。
或牆門內基址不足，世祿亦遷祖墓，以西首牆外地業世樹或
局，或以地換地，或補價，亦照前議，無得異說。今欲有憑，立此
合同一樣貳張，各執一張存照。
內添土牆內三字再批
康熙肆拾叁年貳月二十一日立議合墨人余世樹（押）
[illegible]
余世祿（押）
中見親人 鄭寅稔（押）
潘伯玉（押）
鄭惟卓（押）
宗族 余世楠（押）
余世酉（押）
代書合同親人鄭赤生（押）

清康熙六十年八月某某縣李端本等爲程氏兄弟議定房屋取贖期限合同

立議合同李端本黄景昭程文達等，程宗一于康熙四十二年將承祖尚德堂五股之一房業變易營運，當有黄景昭、黄天若等以程、黄向係世親，不忍以祖業售之他姓，商之宗一之兄子存，辭以力綿，一時無措，勸勉成交。但宗一不忍以祖業一旦遽棄，而子存篤念兄弟情誼，期于五年内聽其取贖，兩相情愿，因立合墨貳紙，各執存據。後子存庚寅年病故，其子尚幼，宗一又于庚子年棄世。今子存之子晋玉執印契推单向冊里推割，亦屬正理；而宗一尊閫理論阻税，以夫喪子幼，央中保留前業，其志可嘉。今憑衆議，其税聽晋玉過户。若宗一之子能繼父志，雖徽俗已賣之産從無取贖之例，但係三大房衆業，今再破格，期于拾年内宗一之子備原價使用贖回，晋玉不得阻挠。子存既篤兄弟之情于前，晋玉復敦手足之好于後。如再越期不取，悉憑晋玉改造無辭。惟存税貳厘以安先靈及慶祭出入，永保祖業，不得别生異議。立此合同壹樣貳張，各執存照。

（一）

二一

清康熙六十年八月某某縣李端本等爲程氏兄弟議定房屋取贖期限合同

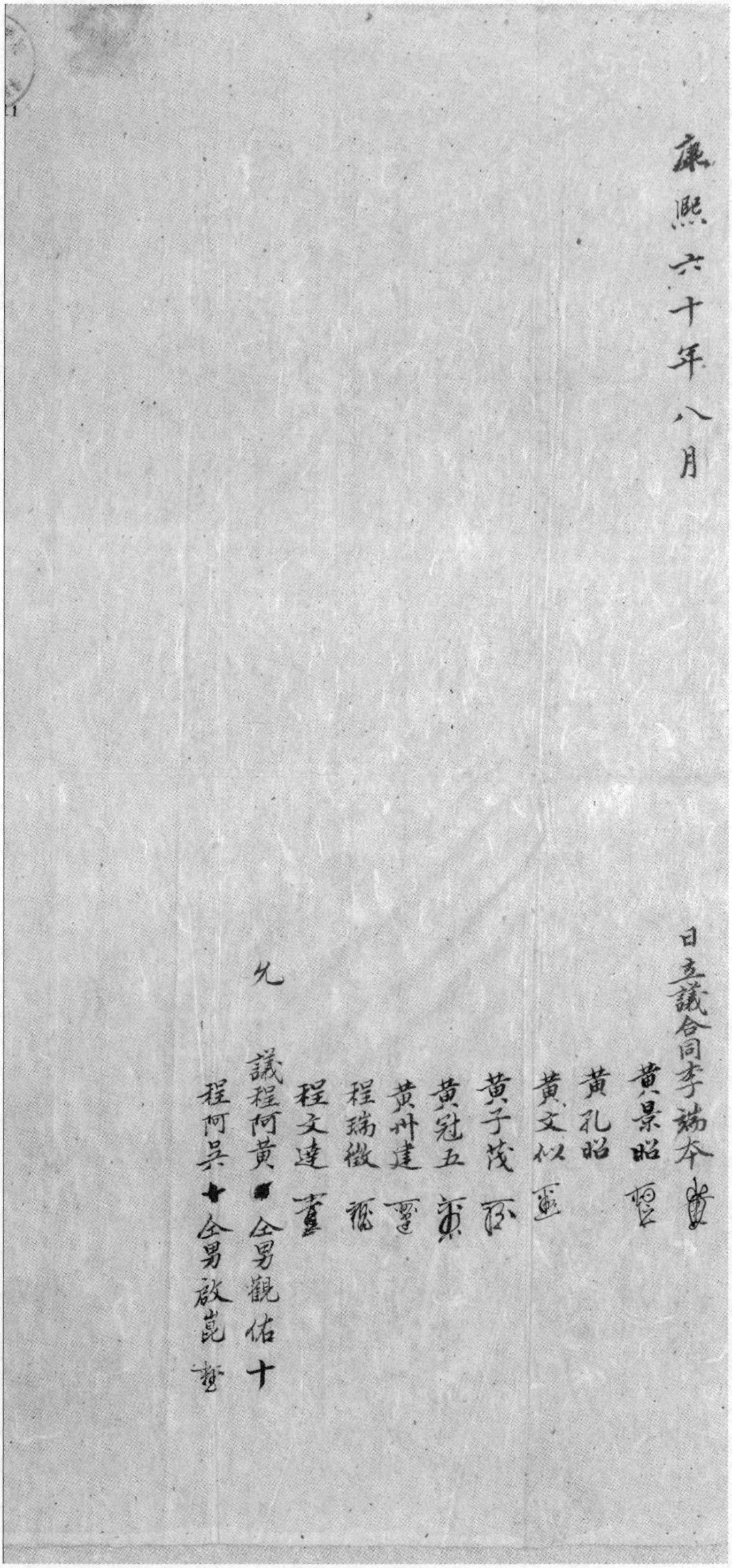
康熙六十年八月

日立議合同李端本（押）

黄景昭（押）

黄孔昭

黄文似（押）

黄子茂（押）

黄冠五（押）

黄册建（押）

程瑞徵（押）

程文達（押）

允議程阿黄（押）仝男觀佑（押）

程阿吳（押）仝男啟崑（押）

（二）

清乾隆二年七月某某縣吳聖平等立借牆接高合墨

立合墨人吳聖平、汪君用今因前後兩屋披連中間墻壹伏，因墻低矮，汪姓之屋朽壞，托中借吳姓低墻接高，計磚拾弍路，高陸尺。其原低墻併墻脚滴水地係吳姓已業，今汪姓接高風火護屋，兩相情愿，其使費人工不涉吳姓之事，其加接之墻係汪姓已做，兩姓不得反悔。今恐無凴，立此合墨兩張，各执壹張，永遠存照。

乾隆弍年七月　日立合墨人　吳聖平（押）
　　　　　　　　　　　　　汪君用（押）
　　　　　　　　中見人　閔魁五（押）
　　　　　　　　　　　　吳尔華（押）
　　　　　　　　　　　　程奎聚（押）
　　　　　　　　代書　程滄御（押）

二

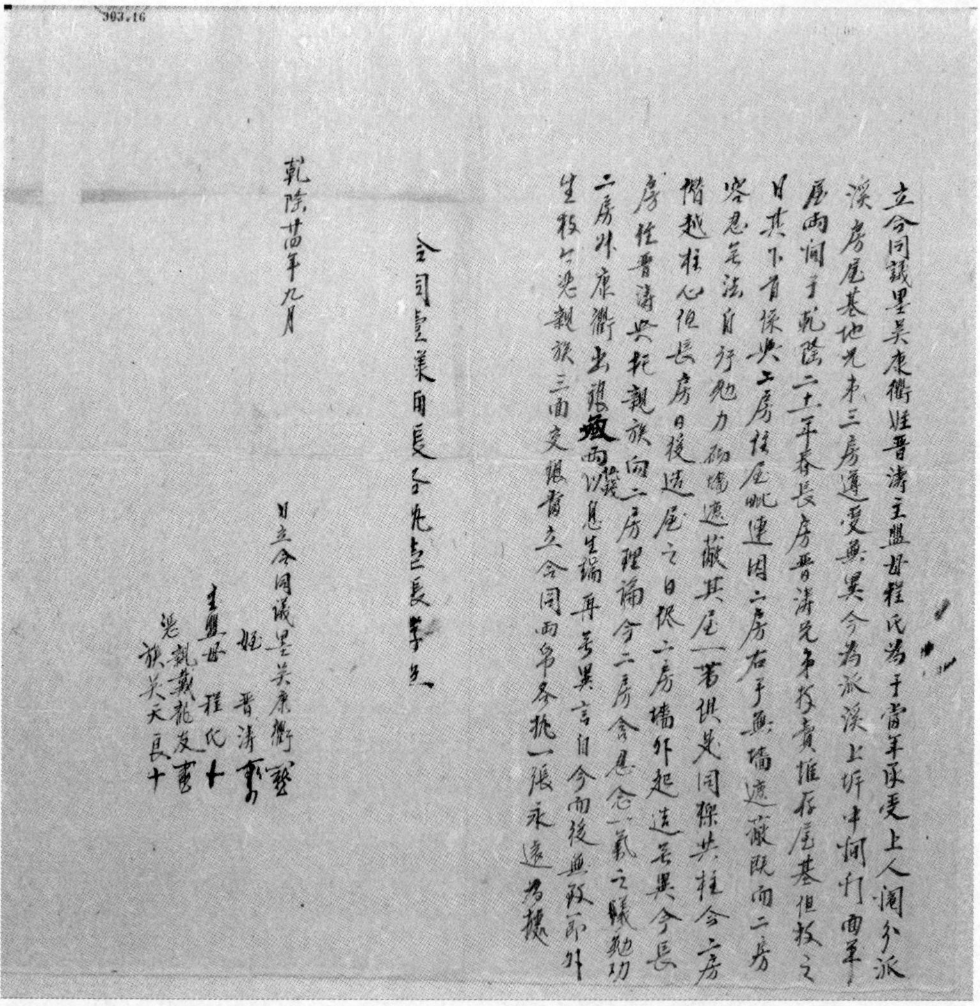

立合同議墨吴康衢侄晋濤主盟母程氏為于當年承受上人鬮分派
溪房屋基地先未三房遵受無異今為派溪上圻中間行西半
屋兩間于乾隆二十二年春長房晋濤兄弟移賣推存屋基但枚之
日其下首係吳二房枝屋毗連因二房右手無墻遮蔽既而二房
咨息無法自行勉力砌墻遮蔽其屋一帶俱是同樑共柱今二房
僭越柱心但長房日後造屋之日恐二房墻外起造無異今長
房侄晋濤央托親族向二房理論今二房念息念一氣之膦勉功
二房外康衢出銀兩以息生端再無異言自今而後無致節外
生枝今憑親族三面交銀當立合同兩弟各執一張永遠為據

合同壹樣兩張各執壹張存照

乾隆廿四年九月　日立合同議墨吴康衢（押）
侄　晋濤（押）
主盟母　程氏（十）
憑親族戴龍友（書）
吴天良（十）

清乾隆廿四年九月（休寧縣）吴康衢等爲造屋理論立出銀息端合同議墨

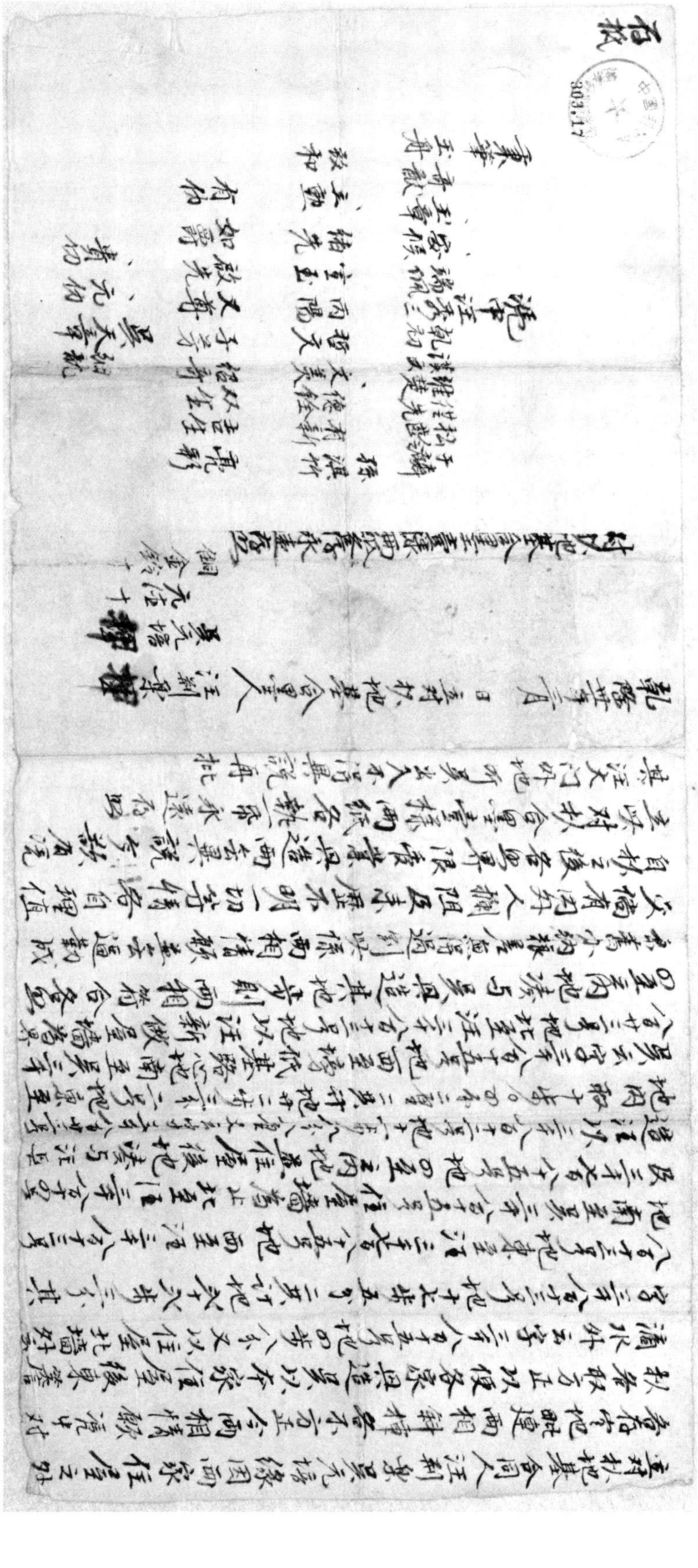

清乾隆卅一年三月某某縣汪荆樂等立對擬地基合同

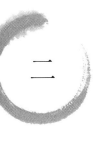

二

清乾隆三十一年八月某某縣許大生號等爲汪恒豐紙行倒壞立出售住屋清償貨價並轉贈房屋批字

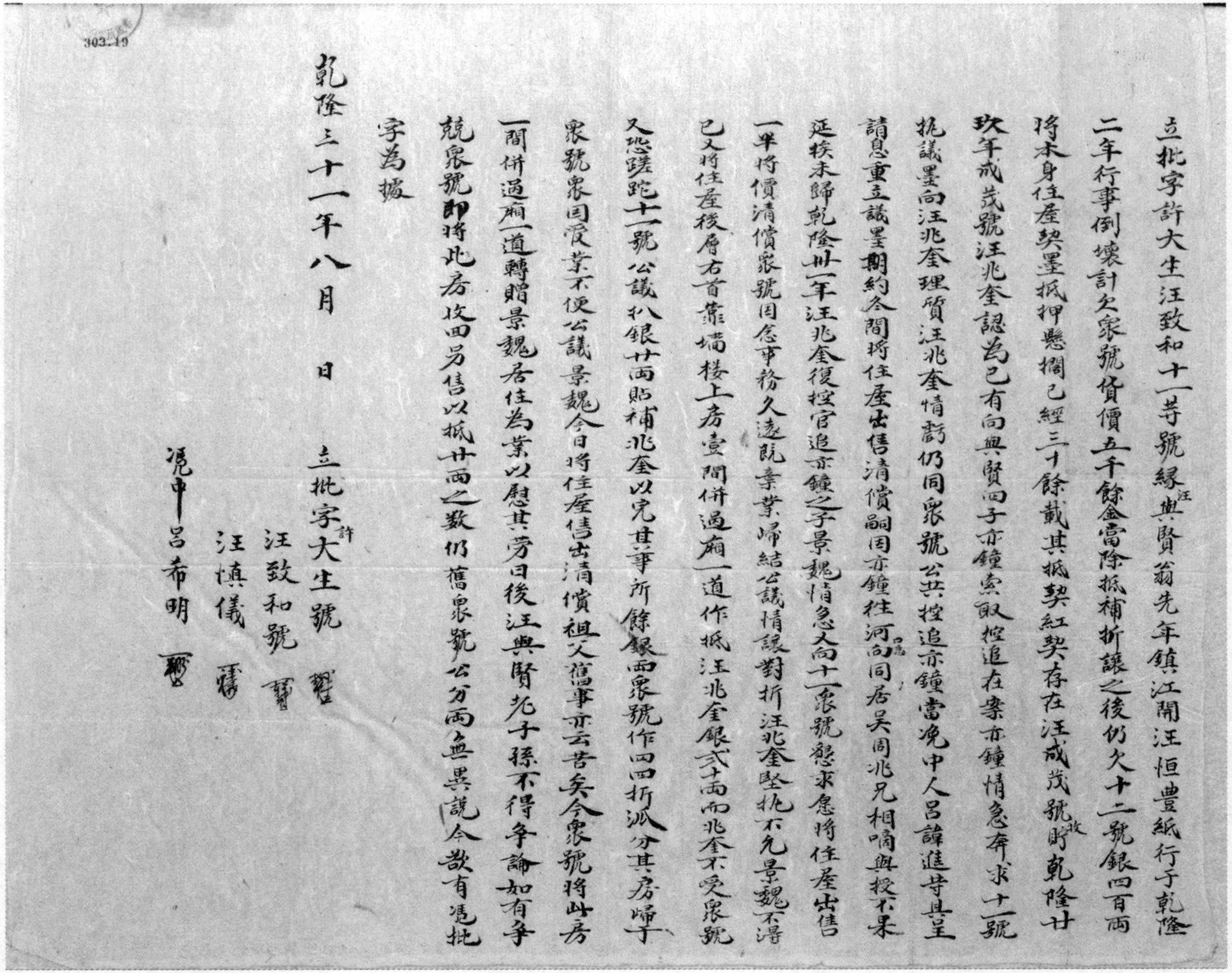

立批字許大生汪致和十一等號緣汪與賢翁先年鎮江開汪恒豐紙行于乾隆
二年行事倒壞討欠衆號貨價五千餘金當除抵補折讓之後仍欠十二號銀四百兩
將本身住屋契墨抵押懸擱已經三十餘載其抵契紅契存在汪成茂號時乾隆廿
玖年成茂號汪兆奎認為己有向與賢四子亦鍾索取控追在案亦鍾情急奔求十一號
執議墨向汪兆奎理質汪兆奎情虧仍同衆號公共控追亦鍾當憑中人呂諱進等具呈
請息重立議墨期約各開將住屋出售清償嗣因亦鍾往河口同居吳周兆兄相嘀與授不果
延挨未歸乾隆卅一年汪兆奎復控官追亦鍾之子景魏情急又向十一衆號懇求急將住屋出售
一半將價清償衆號因念事務久遠既意業歸結公議情讓對折汪兆奎堅執不允景魏不得
已又將住屋後層右首靠墻樓上房壹間併過廂一道作抵汪兆奎銀弍十兩而兆奎不受衆號
又恐蹉跎十一號公議扒銀廿兩貼補兆奎以完其事所餘銀兩衆號作四四折派分其房歸于
衆號衆同夥業不便公議景魏今日將住屋售出清償祖父舊事亦云苦矣今衆號將此房
一間併過廂一道轉贈景魏居住為業以慰其勞日後汪與賢允子孫不得爭論如有爭
競衆號即將此房收回另售以抵廿兩之數仍舊衆號公分兩無異說今欲有憑批
字為據

乾隆三十一年八月　日　立批字許大生號（押）
汪致和號（押）
汪慎儀（押）
憑中　呂希明（押）

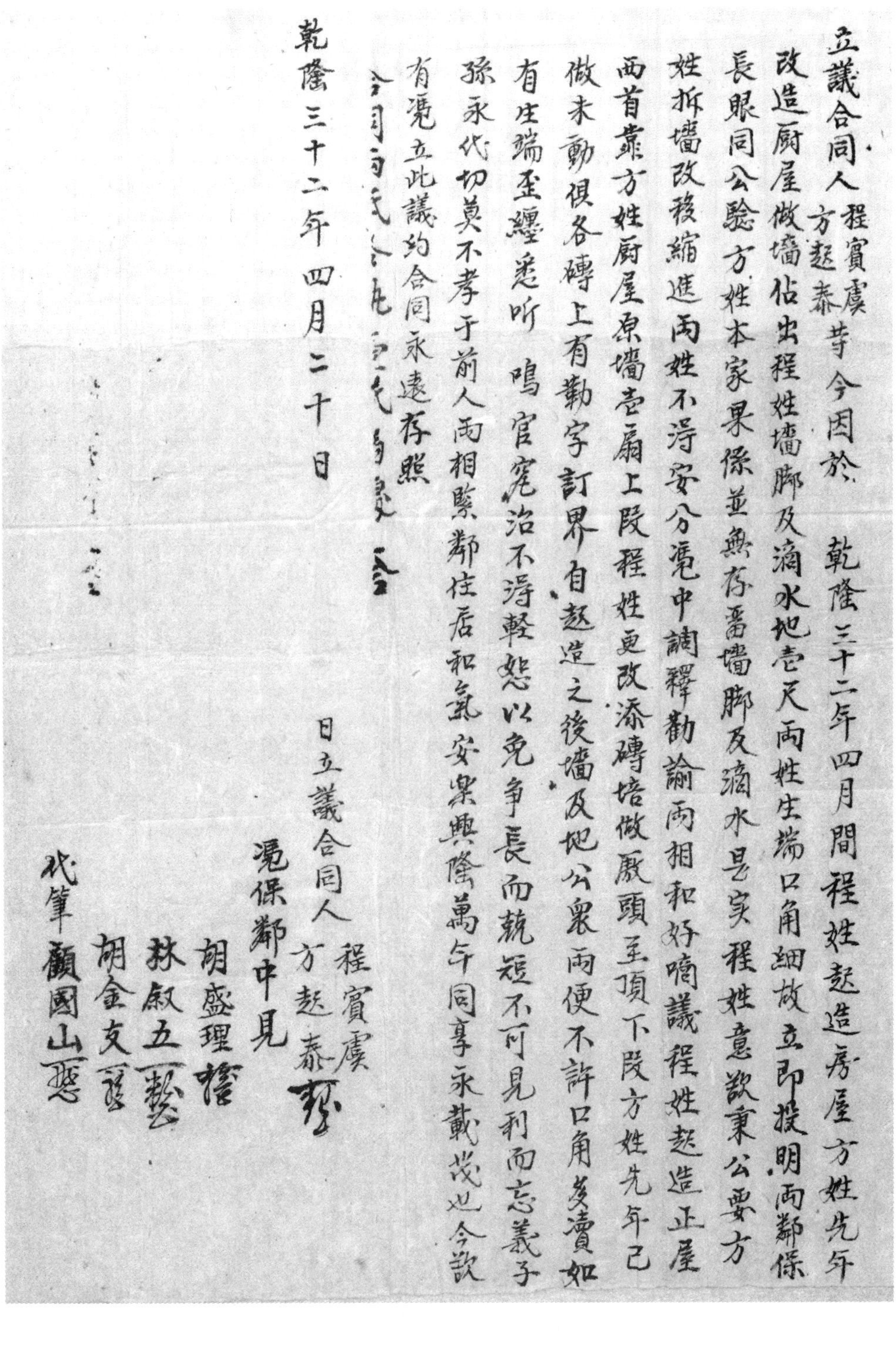

立議合同人程賓虞、方趁泰等，今因於乾隆三十二年四月間程姓起造房屋，方姓先年改造厨屋做墻佔出程姓墻脚及滴水地壹尺，兩姓生端口角，細故立即投明兩鄰保長眼同公騐，方姓本家果係並無存留墻脚及滴水，是实程姓意欲秉公要方姓拆墻改移縮進，兩姓不得安分，憑中調釋勸諭，兩相和好嘀議，程姓起造止屋兩首豎方姓厨屋原墻壹扇，上段程姓更改添磚培做厫頭至頂，下段方姓先年已做未動，俱各磚上有勒字訂界，自趁造之後，墻及地公衆兩便，不許口角反覆，如有生端歪纏，悉听鳴官究治，不得輕恕，以免爭長而競短，不可見利而忘義，子孫永代切莫不孝于前人，兩相緊鄰住居，和氣安泉興隆，萬年同享，永載茂也，今欲有憑，立此議約合同，永遠存照。

[illegible]

乾隆三十二年四月二十日立議合同人 程賓虞
方趁泰（押）

憑保鄰中見 胡盛理（押）
林叙五（押）
胡金友（押）

代筆 顧國山（押）

清乾隆三十二年四月某某縣程賓虞等兩家立議造屋訂界合同

二

清乾隆四十五年九月（休寧縣）汪崐源等立賣樓屋並分派價銀合議墨

立合議墨汪崐源汪景魏汪本川汪任氏吴顯中吴用和吴西隣吴西岩等緣身等住居萬安街溪上楼是輔堂土庫楼屋一業坐落土名夾圩係新丈寒字叁伯伍十四號計上則地税壹畝伍分弍厘三系又全寒字叁伯八十六號計上則地税壹畝叁分叁厘弍共計上則地税貳畝捌分伍厘叁毛整于內甬道大廳倉房廊房偏廳楼屋住房廚房餘房魚池空地後門抱楼餘地屋通前至後四圍墻垣腰墻屋內木石磚瓦以及浮装門扇尺壁屏門照壁列門房門房床床盃楼板地板過廂浮装楼梯一切磚瓦木石俱全公同酌議分厘不畱憑親友概行議賣與　吴名下為業聽從改造當日三面議定眼同公估及一切零星事費計值九五色九三兑價銀玖伯陸拾兩整其價銀俟立賣契推税換僉後再行各立期票交屋清日兑銀銀票兩繳但銀談各分法註明于後均無異說自今合議之後屋內浮装等物不得系毫扙動倘有扙動者公罰銀弍拾兩與衆公用其屋內汪任氏叔秀源談分楼上下房弍眼先年出典吴譽揚管業今搆訟未結候訟終日談何人得亦依此議照股兑價買賣俱係兩相情愿並無勉强所有議條並各談分銀兩開列于后

一議正價及下匾扙灶移香火搬移出殯代書各酒酌書押等項捴共計九伍色九叁兑銀玖伯陸拾兩整平合萬安来砝

二

清乾隆四十五年九月〔休寧縣〕汪崐源等立賣樓屋並分派價銀合議墨

一議買人中金酒酌叁分賣人弍分
一議正價内除汪任氏仝叔汪秀源出與吴譽揚樓上下房弍眼計該分價銀捌拾兩整存買人處候訟終
日該何人得受公同兑交
一議上首老來脚赤契併續置新赤契僉票等件候立正契日一併繳交買人收
一議成契後候推稅換僉交屋一併嫺貼價銀方行兑楚
一汪崐源分得價銀捌拾兩整　一汪景魏分得價銀捌拾兩整　一汪本川分得價銀捌拾兩整
一吴顯中分得價銀弍伯肆拾兩整　一吴用和分得價銀捌拾兩整　一吴西隣、吴西岩共分得價銀叁伯弍拾兩整
以上三面成議條件俱各情愿依行自議之後均無反悔如反悔者罰白米弍拾石以作公用恐口無憑立此為據

乾隆肆拾伍年九月二十九日立合議墨汪崐源十　汪景魏　汪本川　吴顯中
吴用和　吴西隣　吴西岩
凴中葉楚臣　汪璧友　金貢南
吴士英　吴玉光

二 清乾隆五十六年十二月某某縣章士岩等立劃清壁牆墳地議據

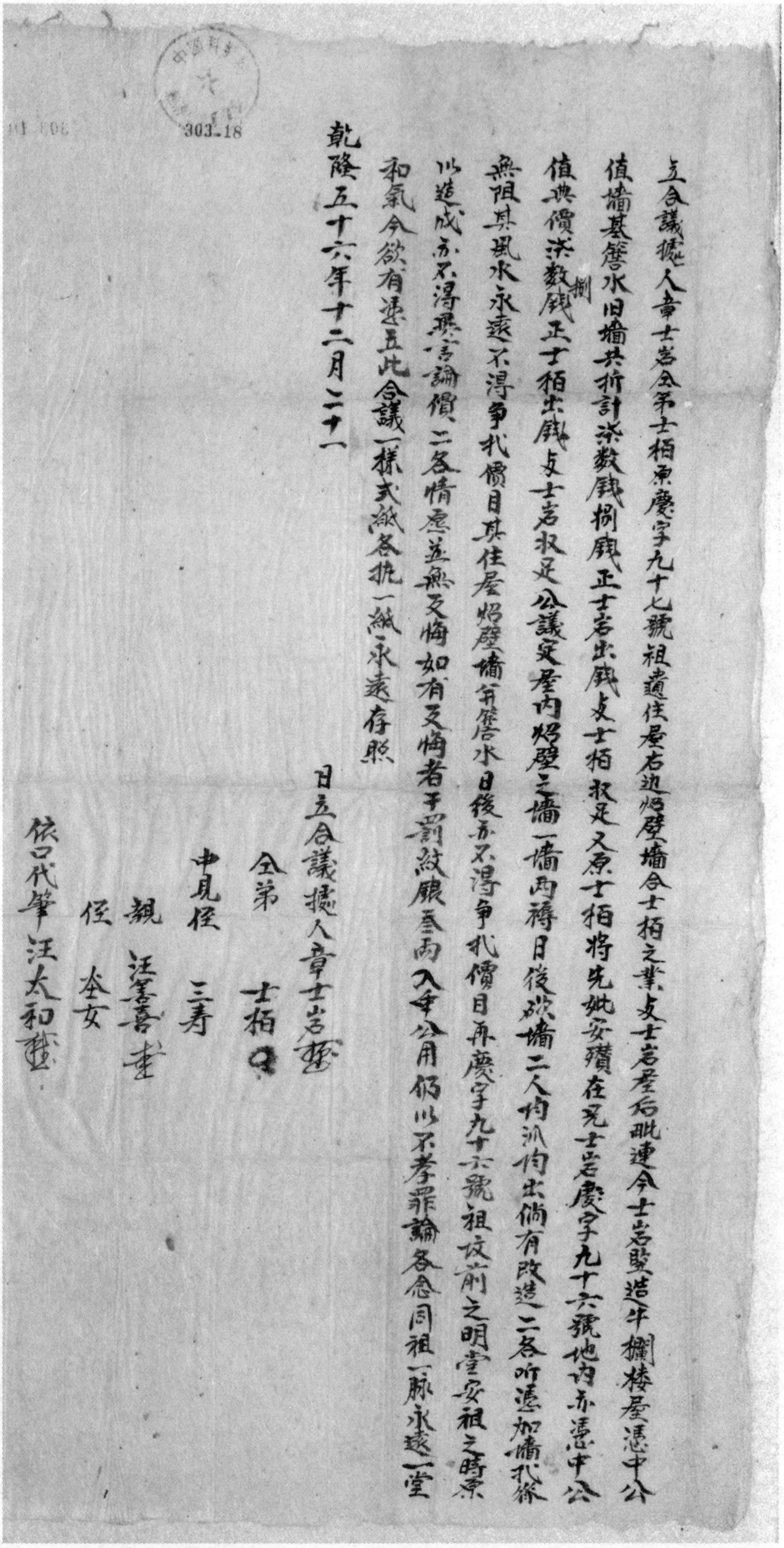

立合議據人章士岩仝弟士栢原慶字九十七號祖遺住屋右边照壁墻合士栢之業支士岩屋后毗連今士岩監造牛欄楼屋憑中公值墻基簷水旧墻共折計洋数錢捌錢正士岩出錢支士栢叔足又原士栢将先妣安厝在兄士岩慶字九十六號地内亦憑中公值典價洋数捌錢正士栢出錢支士岩叔足公議定屋内照壁之墻一墻兩椅日後砍墻二人均派均出倘有改造二各听憑加墻扒簷無阻其風水永遠不得爭扎價目其住屋照壁墻并簷水日後亦不得爭扎價目再慶字九十六號祖坟前之明堂安祖之時亦以造成亦不得異言論價二各情愿並無反悔如有反悔者干罰紋銀叁兩入衆公用仍以不孝罪論各念同祖一脉永遠一堂和氣今欲有憑立此合議一樣式紙各執一紙永遠存照

乾隆五十六年十二月二十一日立合議據人章士岩（押）

仝弟 士栢（押）

中見侄 三寿

親 汪善喜（押）

侄 全安

依口代筆 汪太和（押）

清乾隆五十六年十二月某某縣章士岩等立劃清壁牆墳地議據

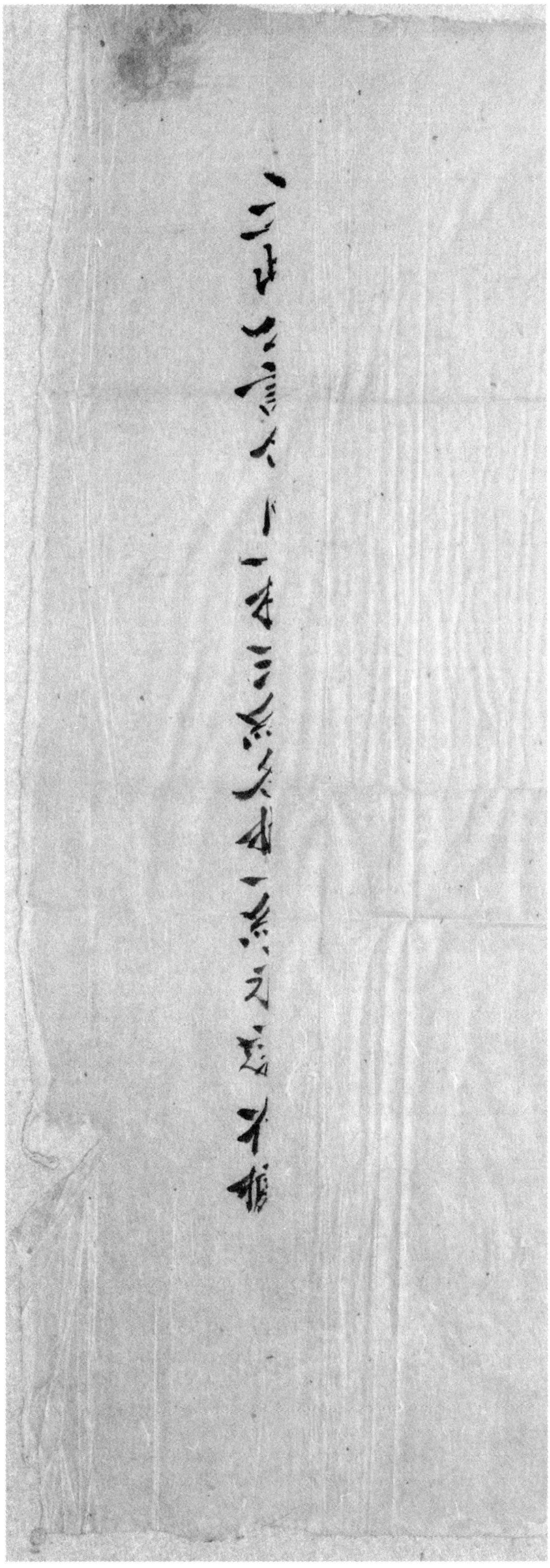

（二）

二

清道光二年正月休寧縣吴時等立租地基修造店鋪合墨

立議合墨休邑吳旹黟邑舒定遠緣吳旹市上来字拾玖號坐南朝北地基一業前至官街後至水埠河心西
至顧生堂本家墻屋東至程姓店屋均有墻垣界限舒定遠央中說合自願新料起造楼
房三進腰墻兩幅聽從開張店舖其造屋工價墻垣房间費用等件凴中公議派作拾伍
年扣還拾伍年後店屋内門扇尺壁俱為吳旹之業舒定遠應向吳旹再立租批經摺承
租言定每年租金玖肆平玖柒色足銀肆拾兩整凴摺支付立租批之日合墨兩繳此係兩
相情願無得異說今欲有凴立此合墨兩紙各執一紙為據

（一）

道光二年正月　日立議合墨休邑吴旹
黟邑舒定遠
吴禹平
吴百川
吴蓉舟
吴鳳停
凴中吴海南
吴劍英
程朗如
俞錦堂
吴聲遠
代筆吴鳳翔

[illegible]

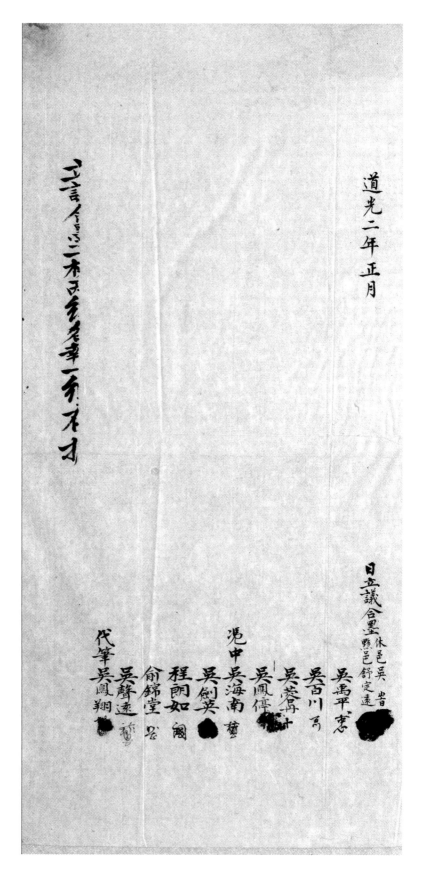

（二）

二一

清道光九年十一月某某縣某姓六喜等立共用屋墙聽憑加墻找脊合同

立合同叔六喜仝侄自有自来原大屋後西边分受六喜
叔之業東边分受自有自来之業今因六喜叔西边切改迁造
楼屋砌墙自有自来東边迁造靠六喜叔之墙一墙两脖日後听凭
加墙找脊二各身甩無異今欲有凭立此合同一樣三紙永遠
一堂和氣大發存照

道光九年拾一月　日立合同叔六喜〇
侄自来
自有（押）
天才（押）
中見　覌清（押）
昇藹（押）
代筆　自林（押）

（騎縫）立合同一樣三紙

清光緒十二年十二月某某縣胡永善等立言定居所地基管業歸屬合墨

立議合墨人胡永善、神佑等，爲因同治年间兩無居巢住處，惟佑有地
基壹塊，坐落土名羊子坑口，新丈使字柒伯伍十柒號，其四至不必開
述，自有墻腳爲憑。其二人通嘀，意欲創造居巢，以爲棲身之計。奈佑年紀
幼小，力量甚是不加，其佑自貼屋基，任其善獨力創造，幸得樂成安住。經今
十有數載，近來人心不古，奈其反復多端，長爲此懸。是以重托親台將此重加
論理，言定是立合墨，此屋左邊及右邊後進通項歸善永遠管業，其右邊前
進通項歸佑永遠管業，堂前正间通項二人俱有，無異。倘有興衰不一，其居所
併其地基永遠不準出賣。若是謀產貪受此業者，即執約鳴公，不準受人管業。
自經公言高議，二人自愿遵依，永無反悔。恐口無憑，立此合墨存照。內改“是”字壹个。

大清光緒十貳年丙戌歲次冬月　日立合墨約人　胡永善（押）
神佑（十）
房中人　胡永倉（押）
親台中　胡春庭（押）
巢傳桂（押）
巢傳進（十）
依書人　洪日新（押）

下是合墨一樣兩張，各執一張，永遠存照

二一

清光緒廿三年十月某某縣劉旺元等立造屋放寬水渠合同

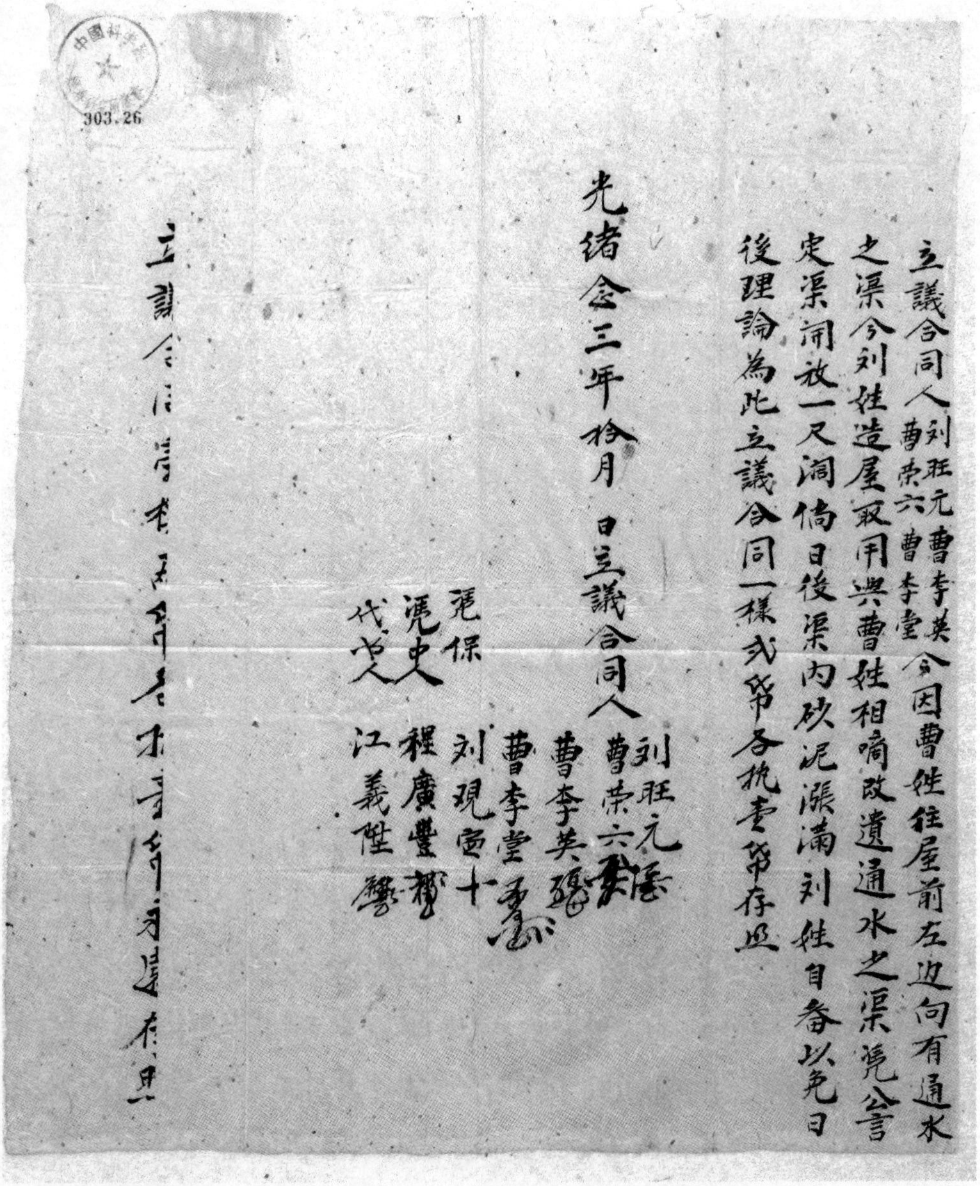

立議合同人刘旺元 曹荣六 曹李英 曹李堂今因曹姓往屋前左边向有通水之渠今刘姓造屋取用與曹姓相商改遗通水之渠宽公言定渠开放一尺阔倘日後渠内砂泥涨满刘姓自备以免日後理論為此立議合同一樣式帋各執壹帋存照

光绪念三年拾月　日立議合同人　刘旺元（押）
曹荣六（押）
曹李英（押）
曹李堂（押）
凭保　刘现富十
凭中人　程廣豐（押）
代笔人　江義陞（押）

立議合同壹樣各執壹紙存照

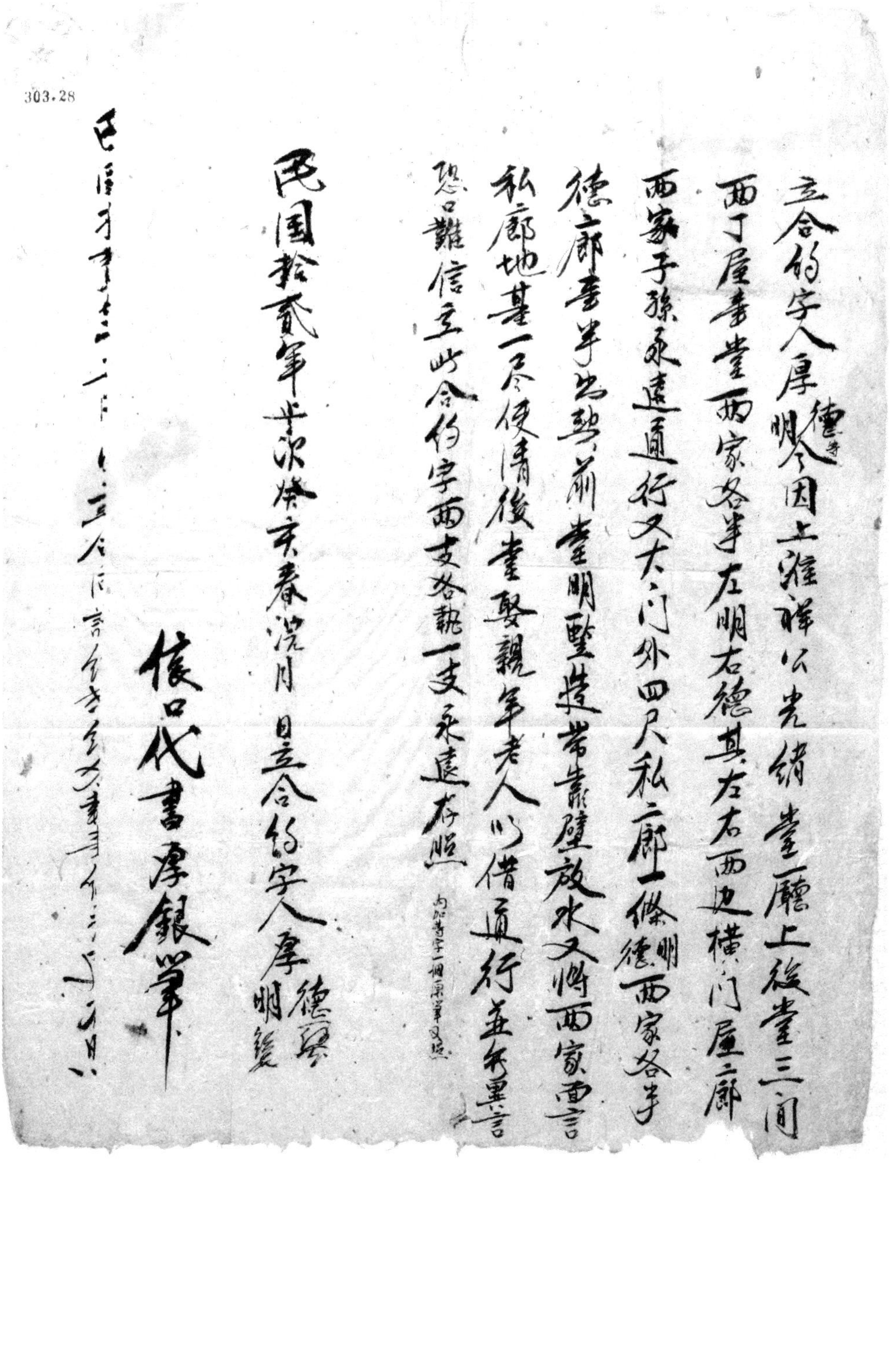
303.28

立合約字人厚德明因上淮祥公光緒　堂廳上後堂三间
西丁屋壹堂西家各半左明右德其左右西边横门屋二廊
西家子孫永遠通行又大门外四尺私廊一條德明西家各半
德廊壹半出契前壹明整造常靠壁放水又將西家西言
私廊地基一尺使清後壹娶親年老人以借道行並無異言
恐口難信立此合約字西支各執一支永遠存照
内加書字一個原筆又照

民国拾貳年歲次癸亥春浣月　日立合約字人厚德明

依口代書厚銀筆

民國十二年春浣月某某縣某姓厚德等立分析房屋並廊地合約字

二

某某朝某年十月張仝業爲分派租錢致吳宅業主

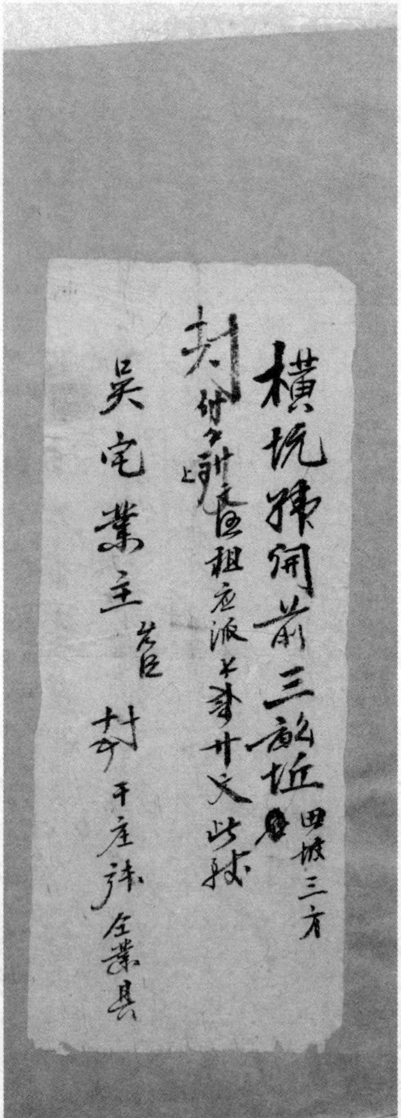
橫坑[illegible]祠前三畝坵 田塅三方
封 [illegible]租應派[illegible]廿文 此批
吳宅業主 台
封 [illegible]張仝業具

卷六　借貸文書

一、明萬曆至清光緒年間借貸銀錢借田地等契約

〔一〕明崇禎年間某某縣李君美出借銀約

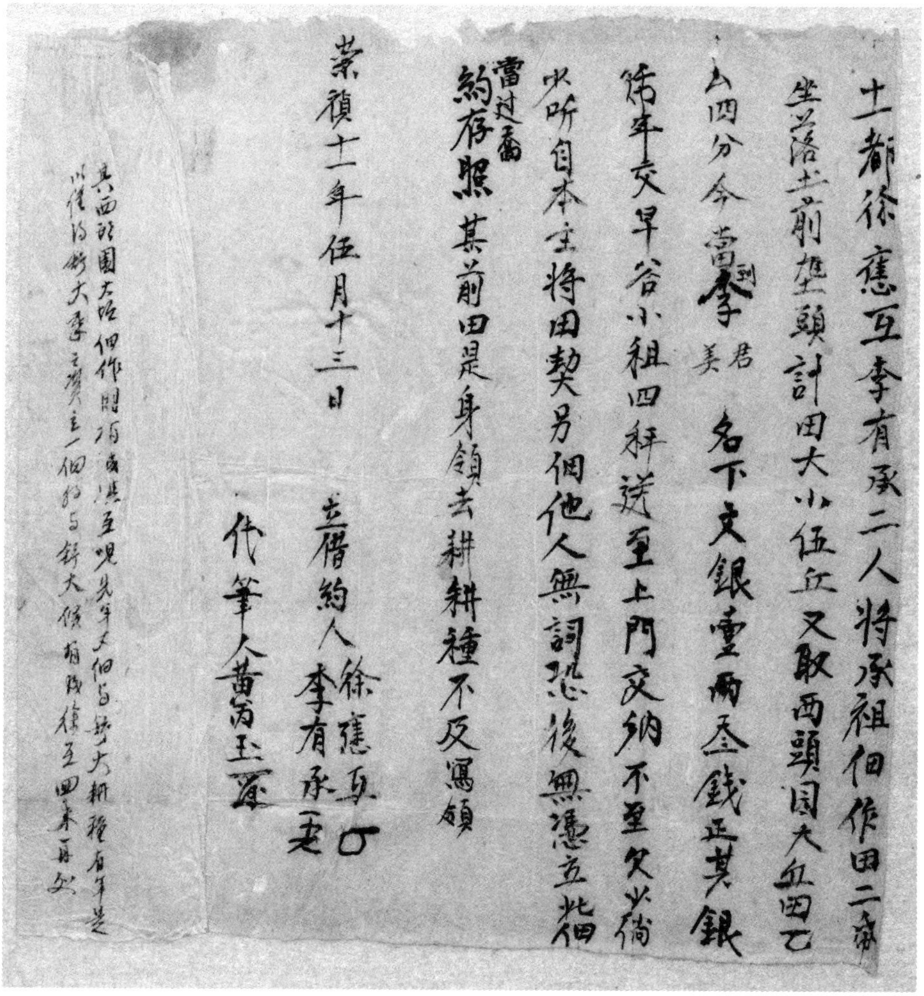
十一都徐應亙、李有承二人將承祖佃作田二丘，
坐落土名塋頭，計田大小伍丘，又取西頭園大丘田乙
丘四分，今當到李君美名下支銀壹兩叁錢正，其銀
係本年交早谷小租四秤，送至上門交納，不至欠少。倘
少，听自本主將田契另佃他人，無詞。恐後無憑，立此佃
當過當約存照。其前田是身領去耕種，不及寫頓。
崇禎十一年伍月十三日
立借約人　徐應亙（押）
李有承（押）
代筆人　黃尚玉（押）

明崇禎十一年五月某某縣徐應亙等立當佃作田借銀約

其西邊園大路佃作間丙歲洪至覌先年又佃与鋳大耕種有年是

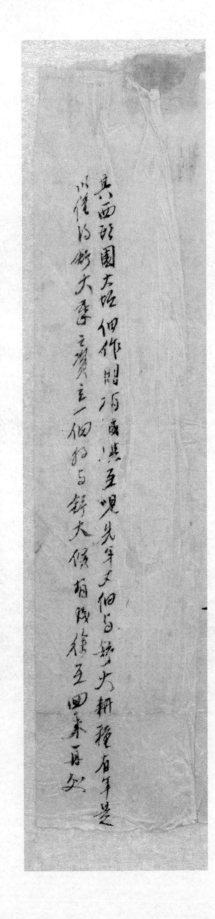

以後的鋳大桊之賢主一佃約与鋳大借有錢後至四來再知

二

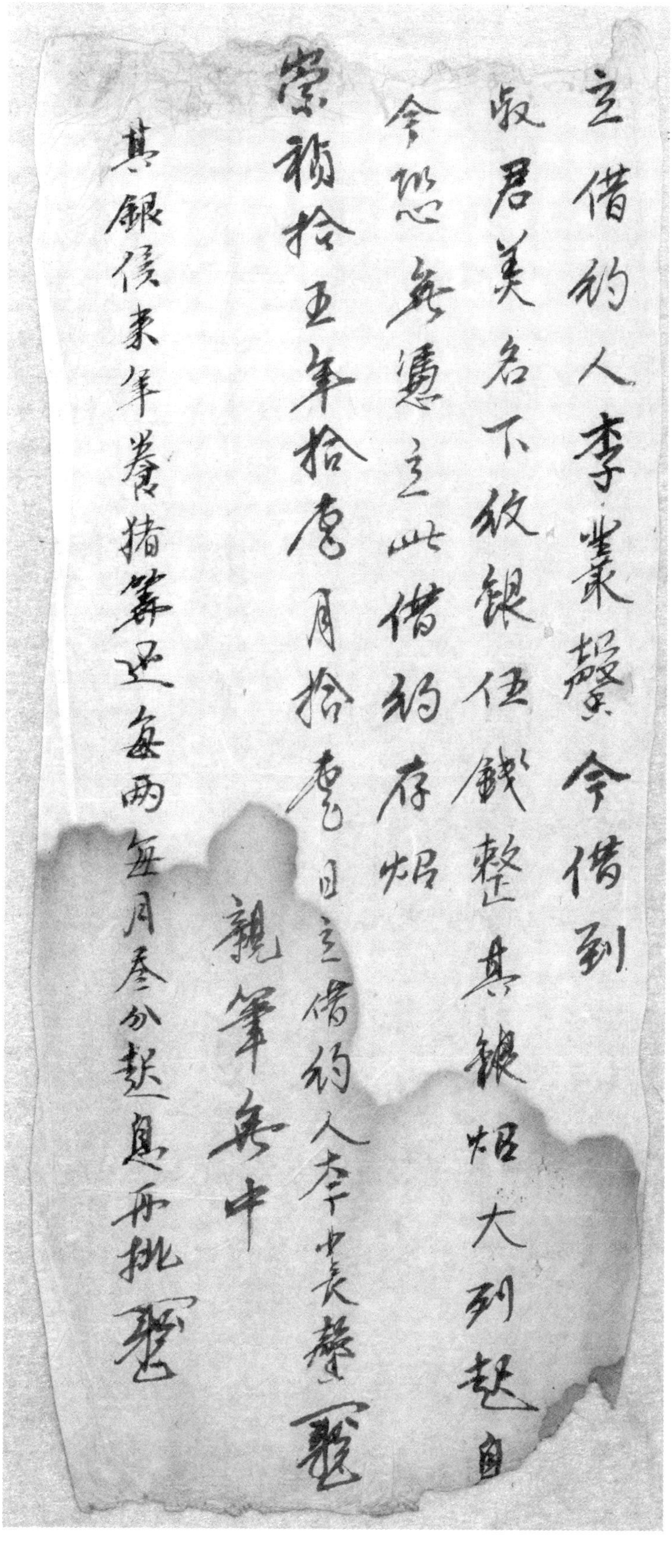
立借約人李叢馨今借到
叔君美名下紋銀伍錢整，其銀照大利起息
今恐無憑，立此借約存照
崇禎拾五年拾壹月拾壹日立借約人李叢馨（押）
親筆無中
其銀係來年養猪算還，每兩每月叁分起息再批（押）

明崇禎十五年十一月某某縣李叢馨立借銀約

〔一二〕清光緒年間某某縣方濟源出借光洋字

立借字人汪縉紳今借到
方濟源兄名下光洋三元正言定來年三月初十日
歸清息照每月二分扣算恐口無憑
立此借字為拠
光緒十一年十二月廿二日立借字人汪縉紳
中見人汪德甫
親筆

二

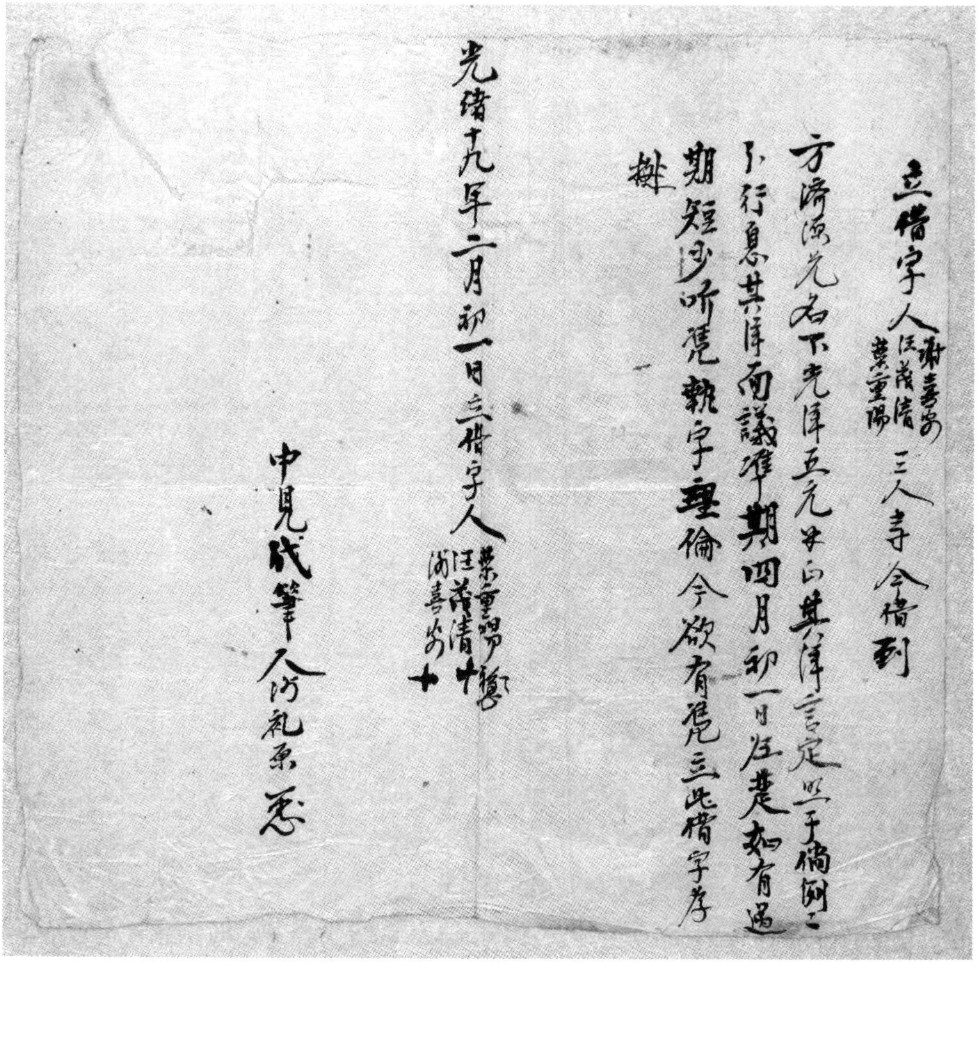
立借字人謝喜安 汪茂清 葉重陽 三人寺今借到
方濟源先名下光洋五元半正，其洋言定照子備例二
分行息，其洋面議准期四月初一日任楚。如有過
期短少，听憑執字理論。今欲有憑，立此借字存
據。
光緒十九年二月初一日立借字人 葉重陽 十 汪茂清 十 謝喜安 十
中見代筆人何礼原 [illegible]

清光緒十九年二月某某縣謝喜安等立借光洋字

〔三〕清光緒年間祁門縣方德明出借洋字

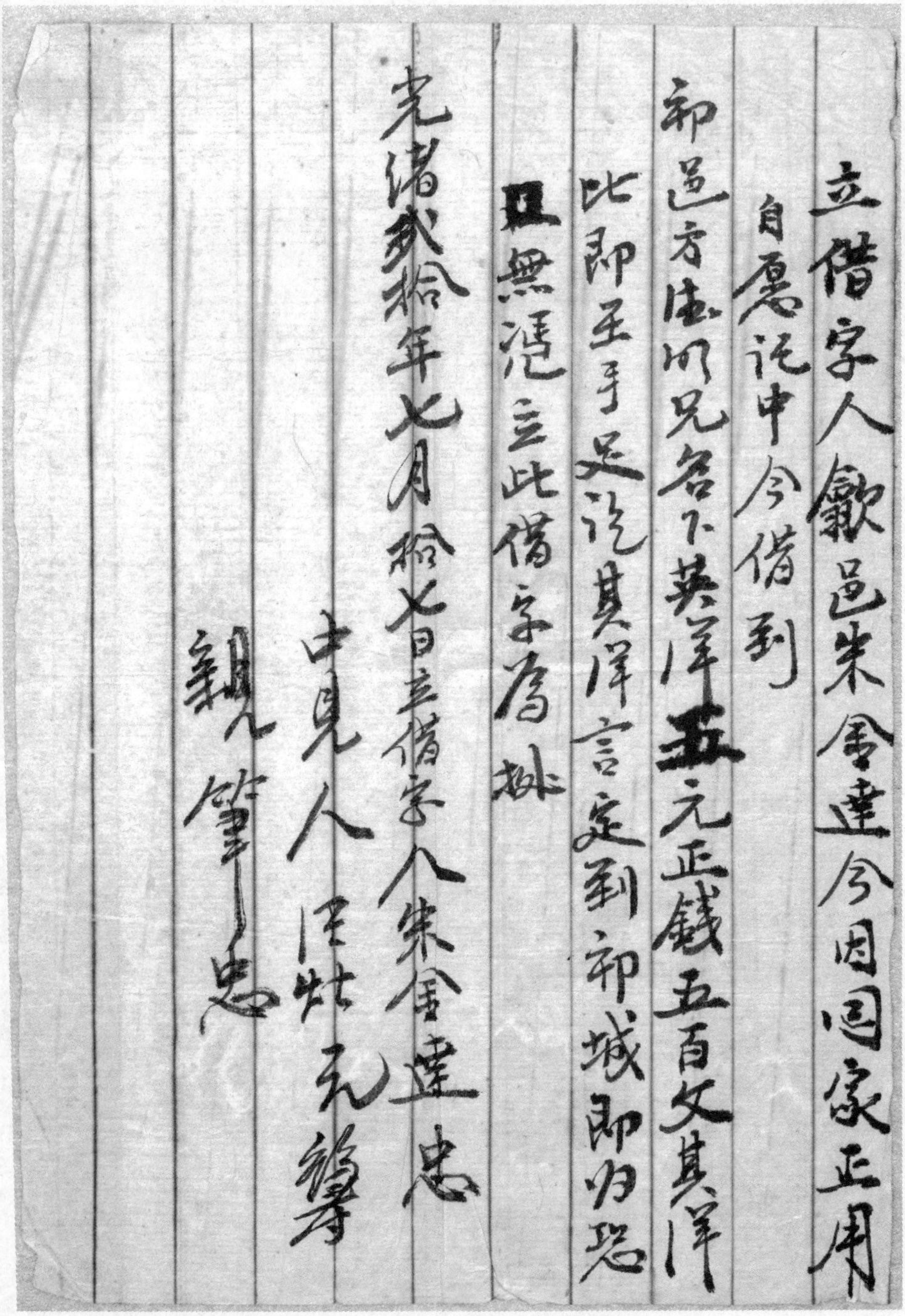
立借字人歙邑朱金達今因迴家正用
自愿托中今借到
祁邑方德明兄名下英洋五元正錢五百文其洋
比即至手足訖其洋言定到祁城即歸還恐
口無憑立此借字爲據
光緒貳拾年七月拾七日立借字人朱金達（押）
中見人汪灶元（押）
親筆（押）

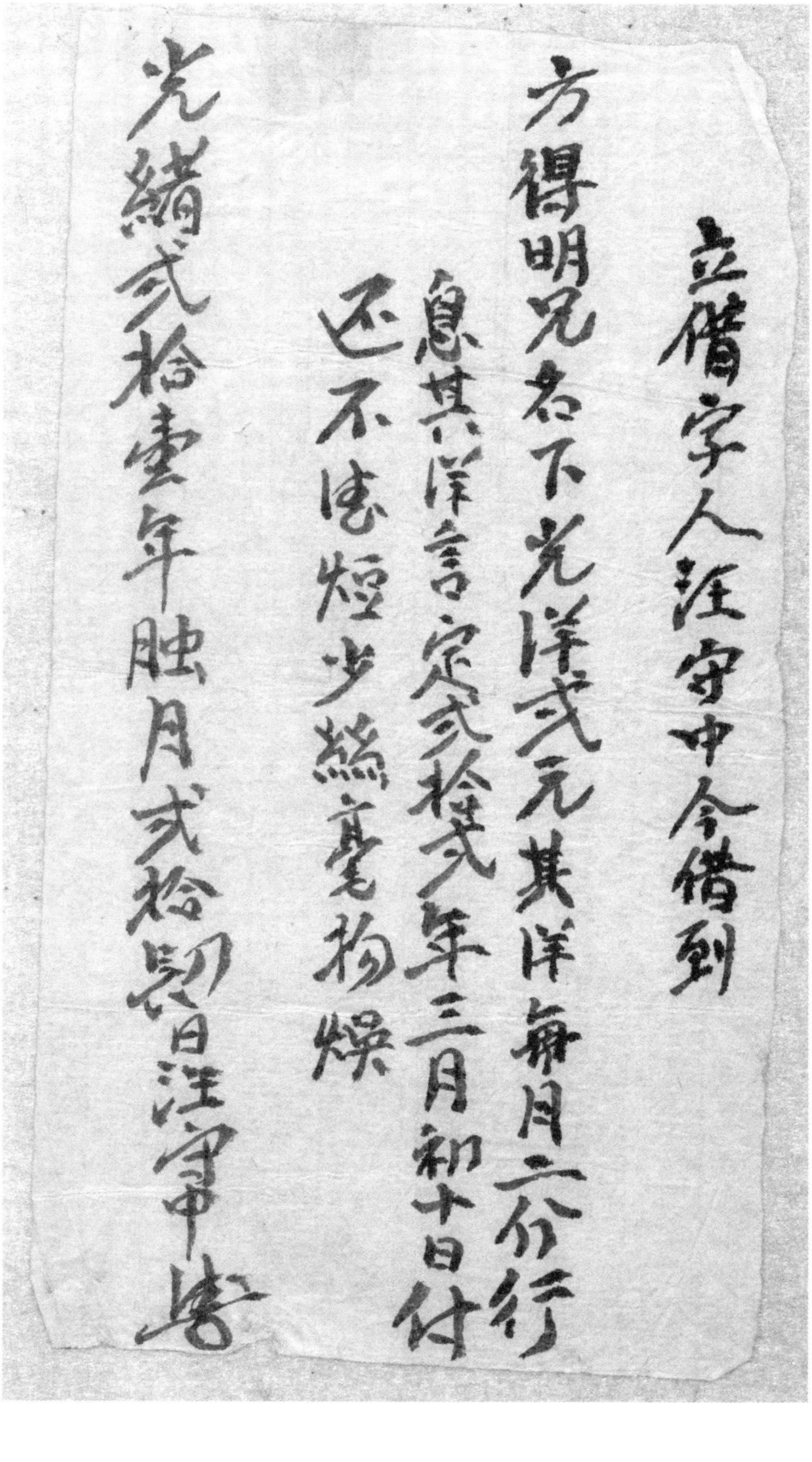
立借字人汪守中今借到
方得明兄名下光洋弍元其洋每月二分行
息其洋言定弍拾弍年三月初十日付
还不悮短少丝毫扬燥
光緒弍拾壹年腊月弍拾[illegible]日汪守中押

清光緒二十一年十二月某某縣汪守中立借光洋字

〔四〕明萬曆至清光緒年間其他借約

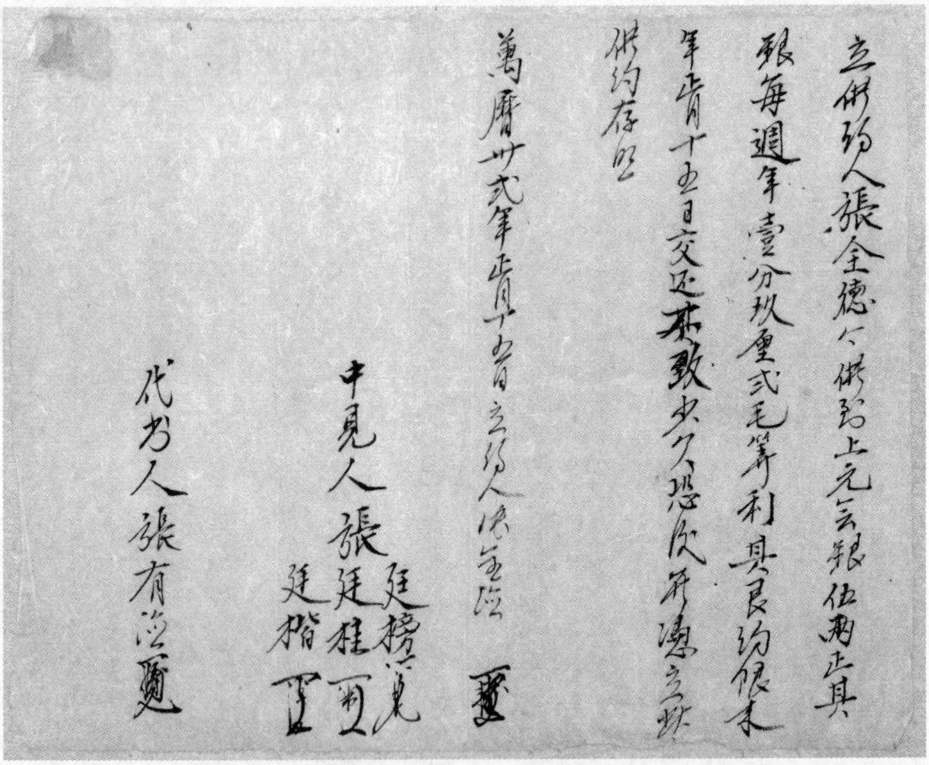
立借約人張全德今借到上元公銀伍兩正，其
銀每週年壹分玖厘弍毛算利，其艮約限本
年正月十五日交还，不致欠少，恐後無憑，立此
借約存照。
萬曆卅弍年正月十五日立約人張全德（押）
中見人張廷榜（押）
張廷桂（押）
廷楷（押）
代书人張有□（押）

二

清康熙廿四年三月某某縣程孔勗立當店屋約

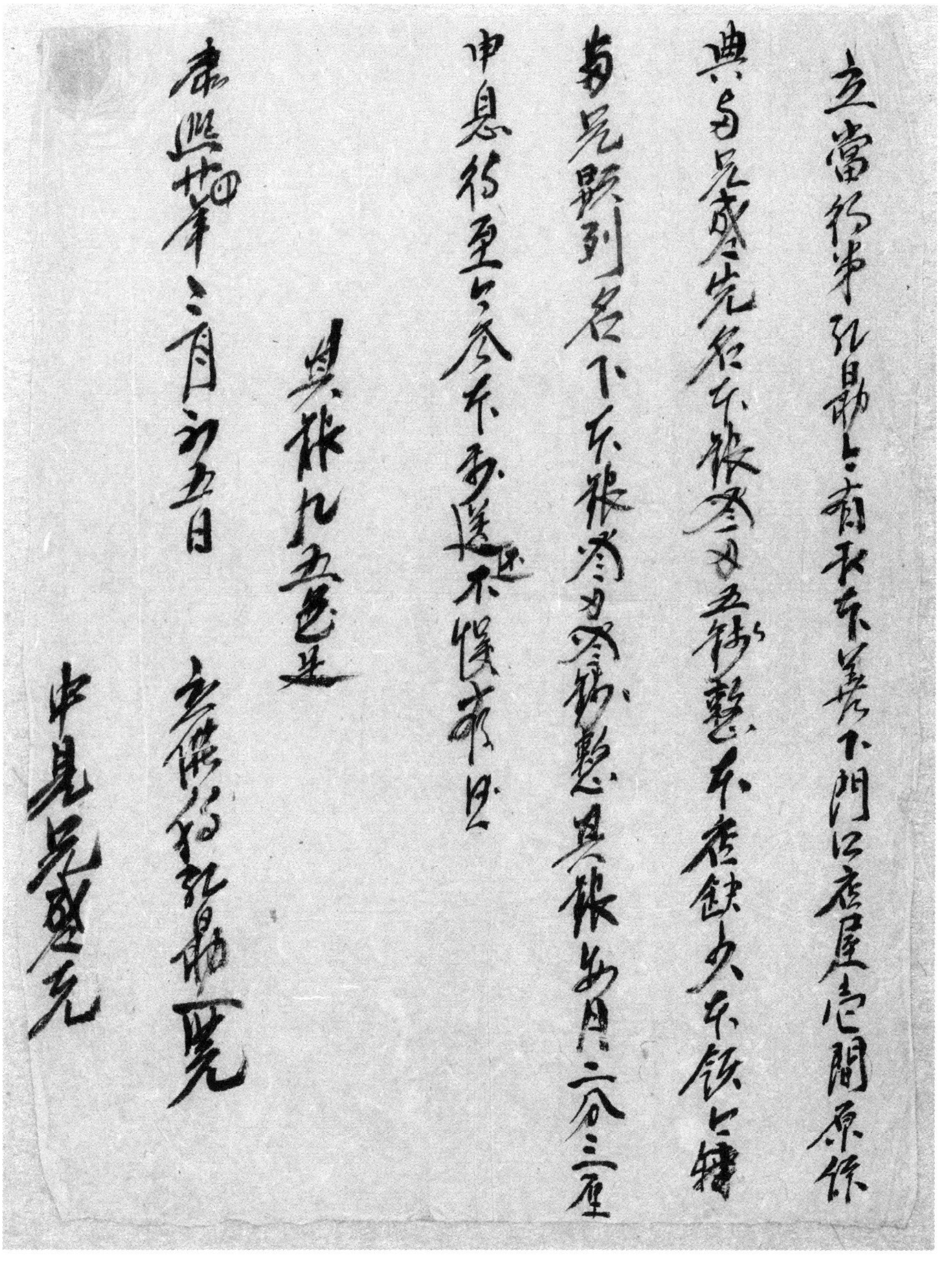

立當約字孔勗今有承去基下門口店屋壹間原係
典與吳盛先名下承銀叁兩五錢懇求店缺又承領今轉
與吳顯列名下承銀叁兩叁錢懇求其銀每月二分三厘
中息約至今冬承去退還不得有誤
其銀九五色足
康熙廿四年三月初五日　立當約孔勗（押）
中見吳盛先

二

清康熙二十七年六月某某縣胡發貴立借紋銀約

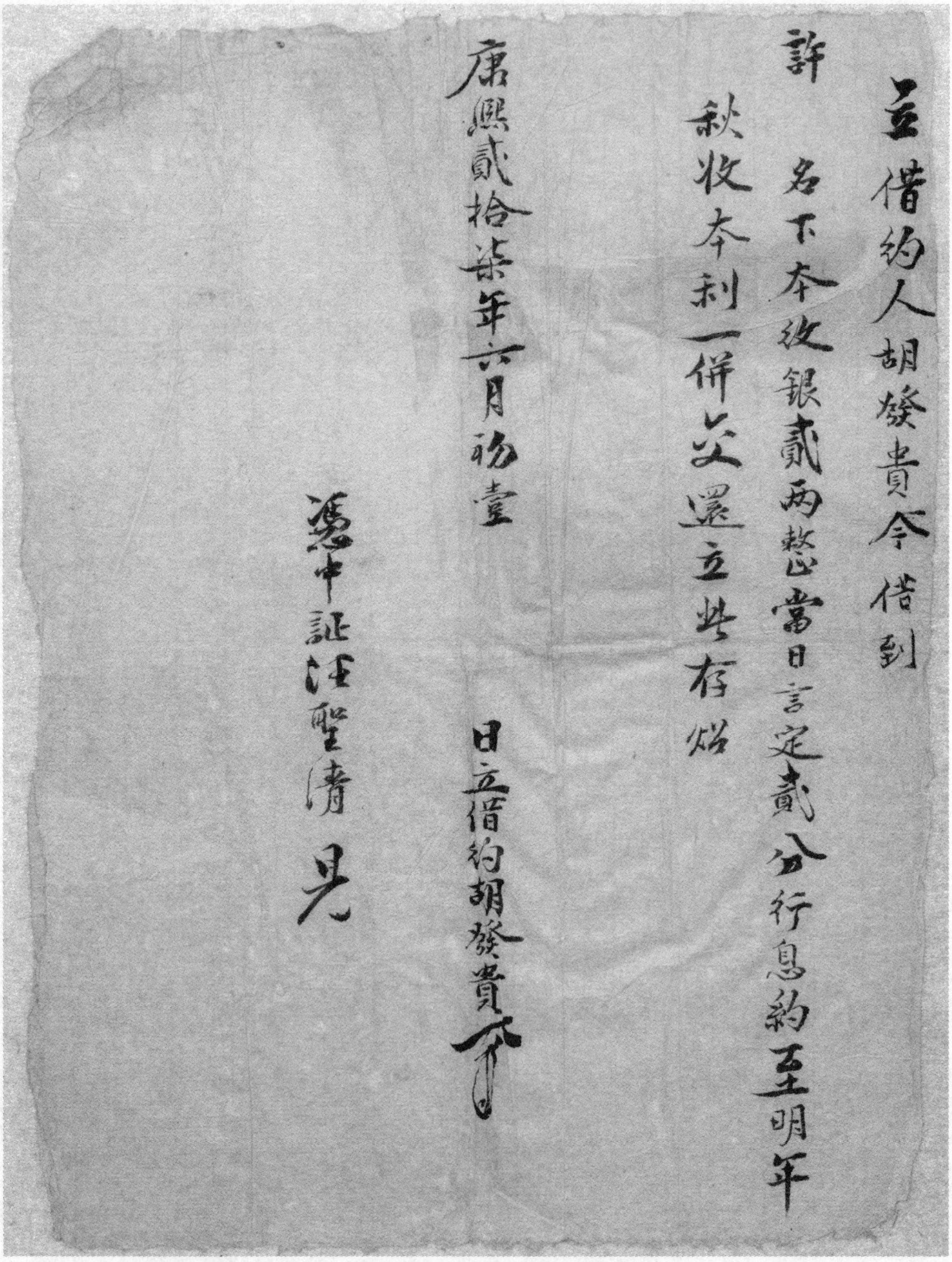

立借約人胡發貴今借到
許　名下本紋銀貳兩整當日言定貳分行息約至明年
秋收本利一併交還立此存炤
康熙貳拾柒年六月初壹日立借約胡發貴（押）
憑中証汪聖清　見

二

清雍正二年九月某某縣黃添魁立借地造牆約

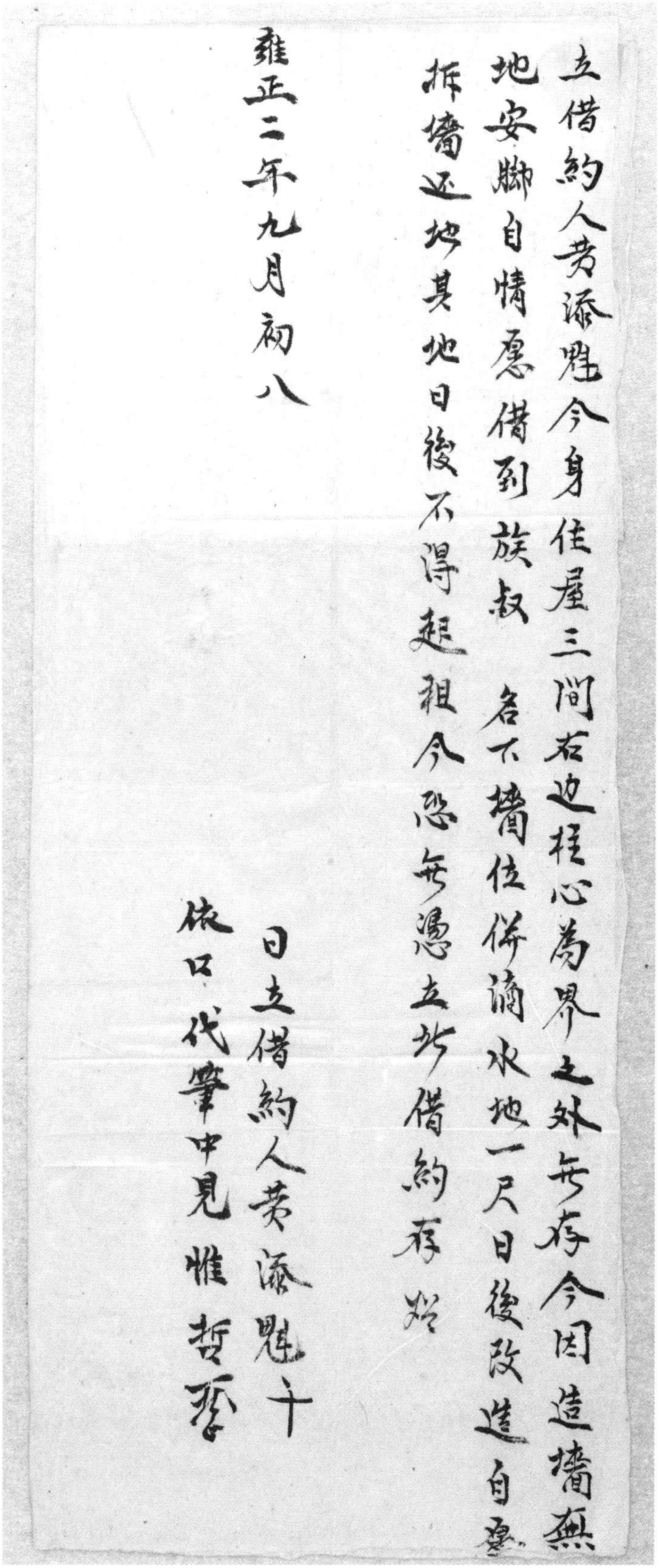
立借約人黄添魁今身住屋三間右边柱心爲界之外無存今因造墻無
地安脚自情愿借到族叔　名下墻位併滴水地一尺日後改造自要
拆墻还地其地日後不得起祖今恐無憑立此借約存照
日立借約人黄添魁（押）
依口代筆中見惟哲（押）
雍正二年九月初八

二

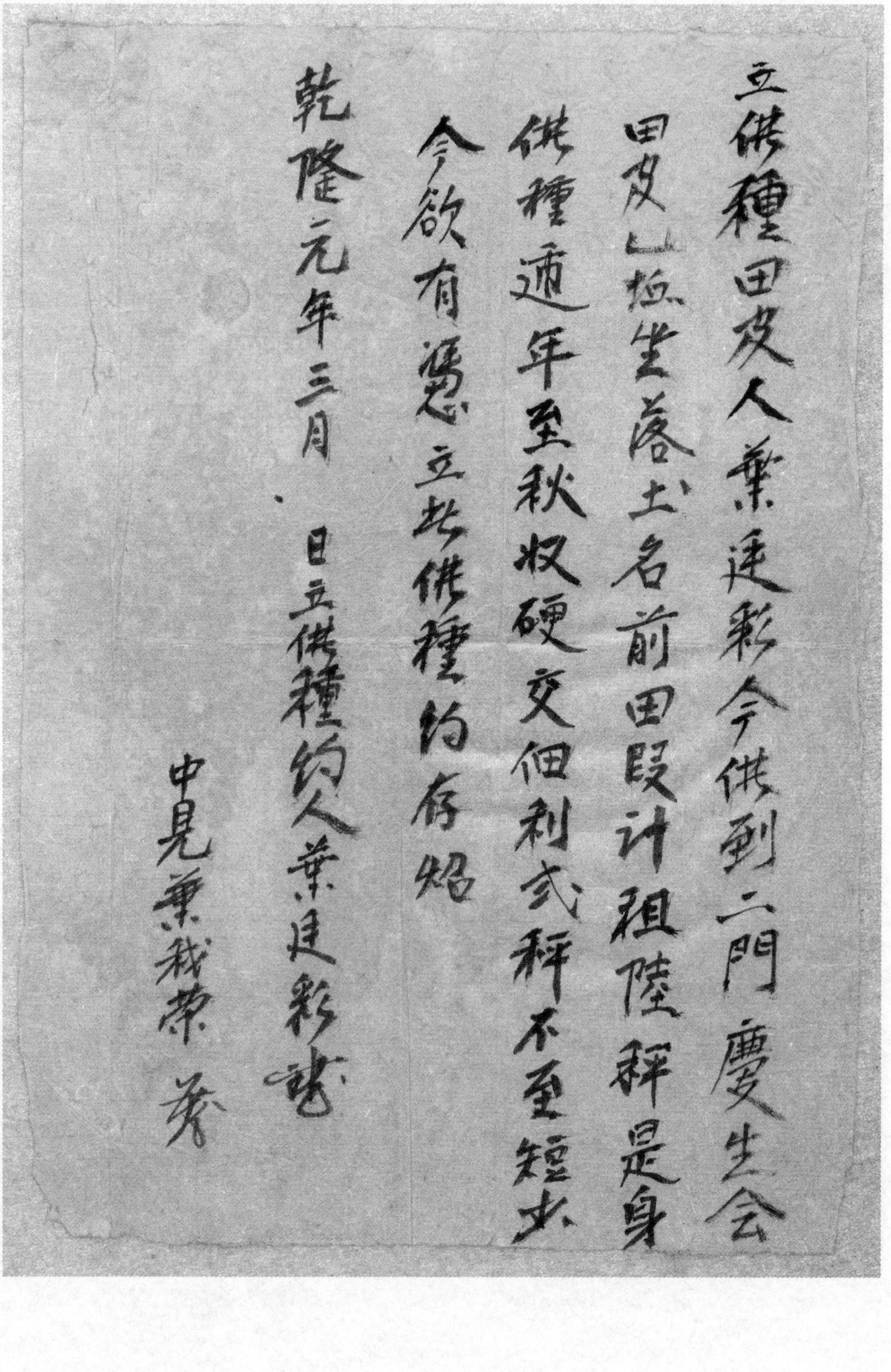

立借種田皮人葉廷彩今借到二門慶生会
田皮山坵坐落土名前田段计租陸秤是身
借種遞年至秋收硬交佃利弍秤不至短少
今欲有憑立此借種約存照
乾隆元年三月　日立借種約人葉廷彩（押）
中見葉栽荣（押）

清乾隆元年三月某某縣葉廷彩立借種田皮約

二

清乾隆十八年十一月某某縣某姓崧望立借銀字

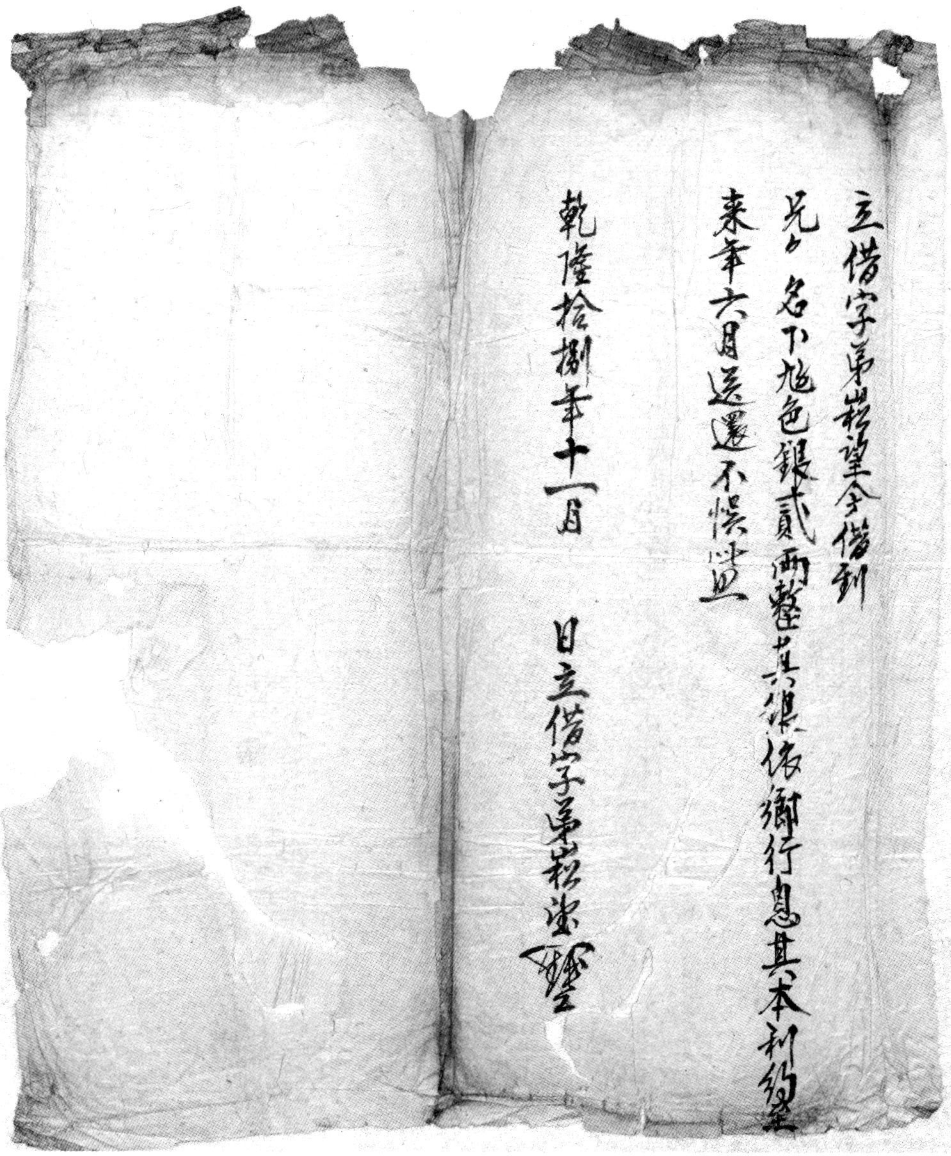

立借字弟崧望今借到
兄々名下九色銀貳兩整其銀依鄉行息其本利約至
來年六月送還不悞此照
乾隆拾捌年十一月　日立借字弟崧望（押）

清乾隆十九年八月某某縣黃茂林等立借地建廟約

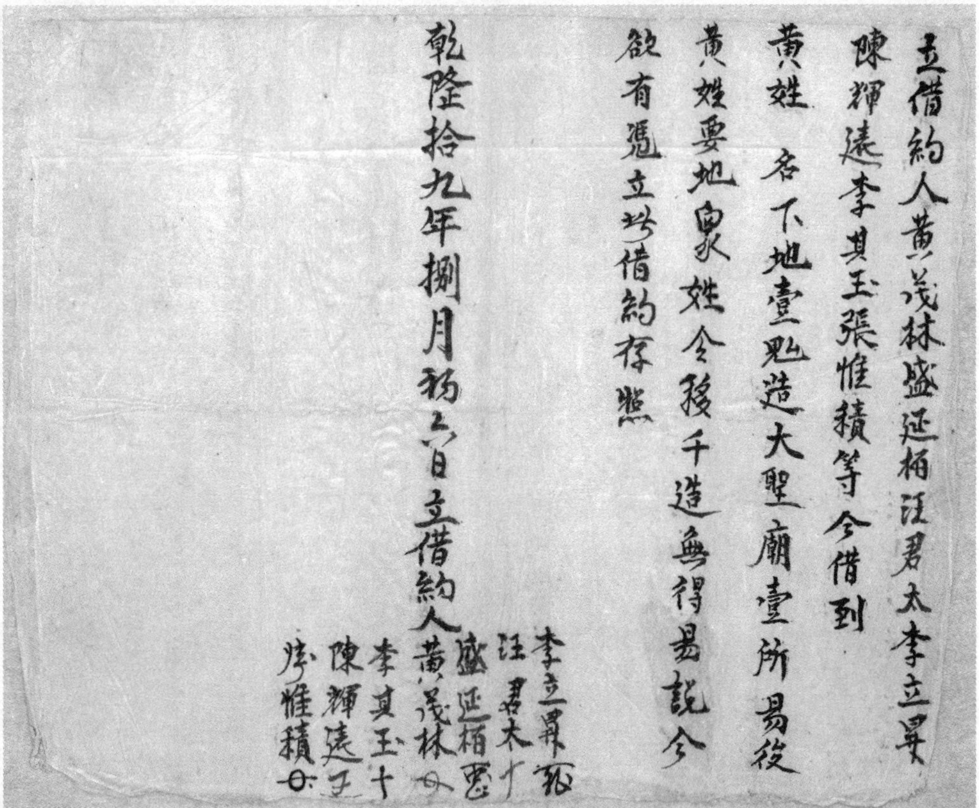

立借約人黃茂林盛廷楫汪君太李立昇
陳輝遠李其玉張惟積等今借到
黃姓　名下地壹坵造大聖廟壹所易役
黃姓要地衆姓今後干造無得易說今
欲有憑立此借約存照
乾隆拾九年捌月初六日立借約人黃茂林
盛廷楫
汪君太
李立昇
陳輝遠
李其玉
張惟積

二

清乾隆二十一年十二月某某縣某姓社九立押屋約借銀約

立借約叔社九今借到
侄　名下九七色銀拾壹兩正其
銀約至來年二月送還不誤
今欲有憑立此借約存照
再批屋約乙紙押
乾隆二十一年十二月　立借約叔社九（押）

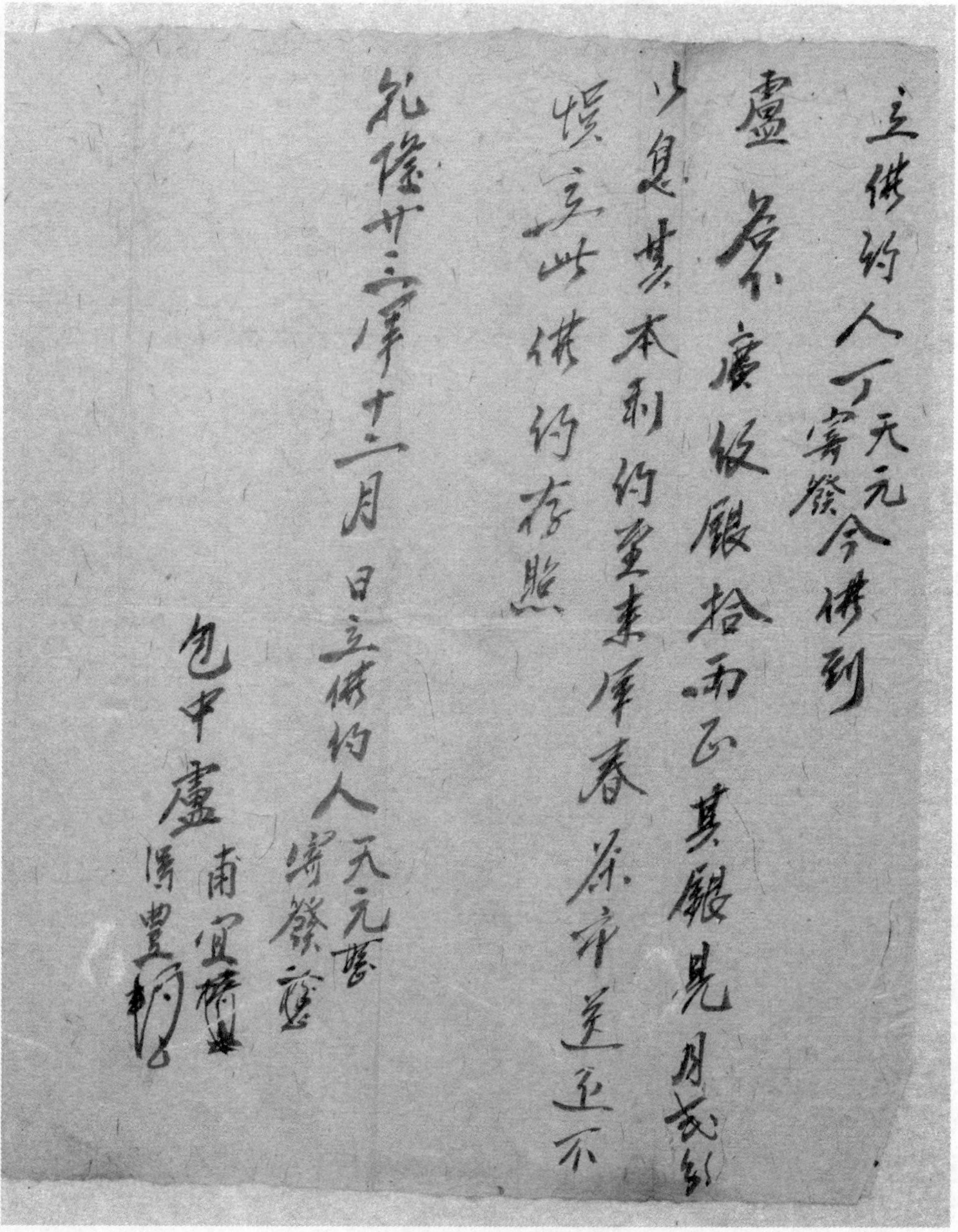

立借約人丁天元 寄發 今借到
盧名下廣紋銀拾兩正，其銀照月貳分
之息，其本利約至來年春茶市送還不
誤。立此借約存照。
乾隆廿三年十二月 日立借約人丁天元（押） 寄發（押）
包中盧南宜（押）
憑 豐桐（押）

清乾隆廿三年十二月某某縣丁天元等立借紋銀約

清乾隆二十八年六月某某縣余茂春立押茶柯約借銀約

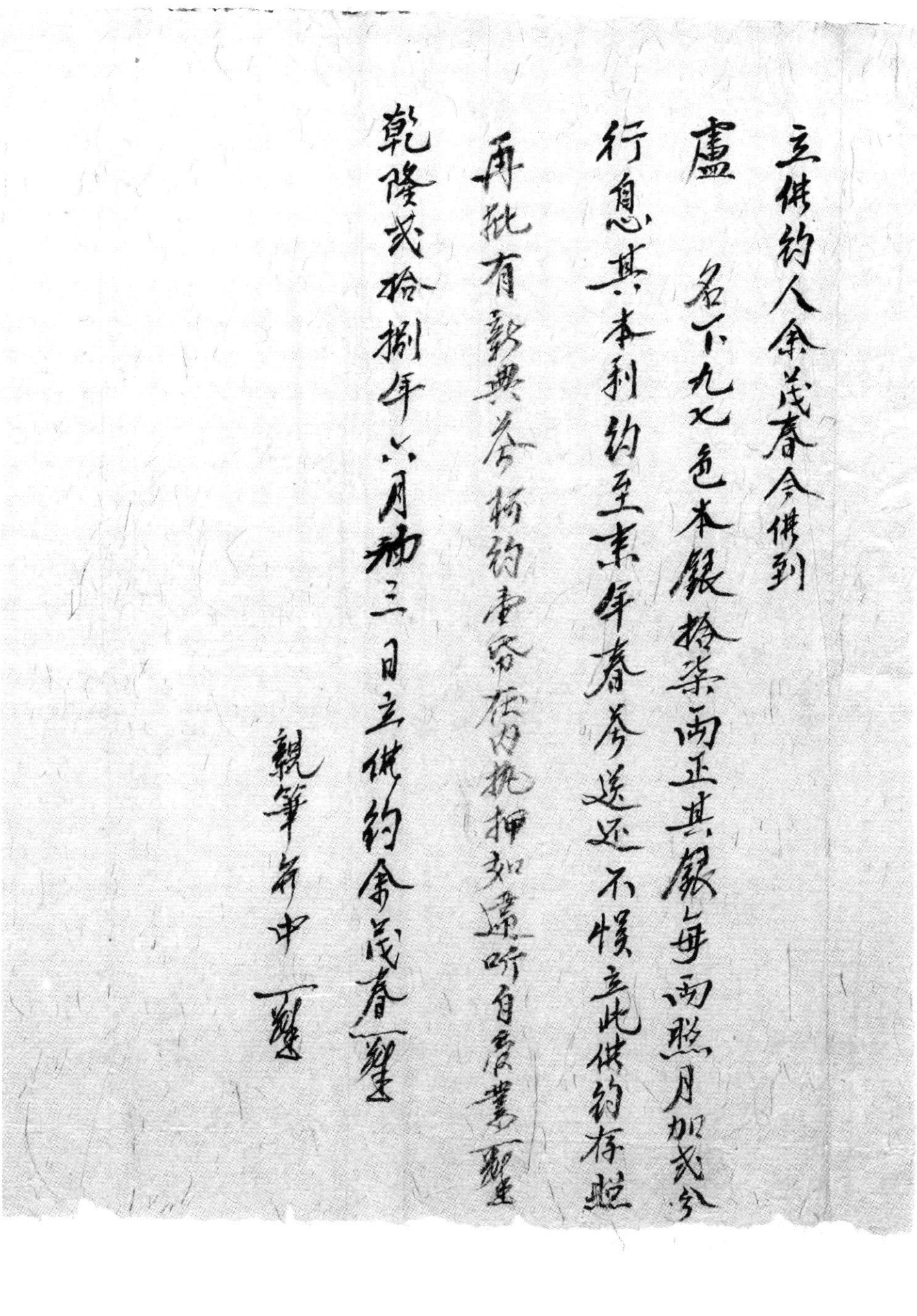

立借約人余茂春今借到
盧　名下九七色本銀拾柒両正其銀每両照月加弍分
行息其本利約至來年春茶送还不悮立此借約存照
再批有款典茶柯約壹帋在內執押如還听自管業（押）
乾隆弍拾捌年六月初三日立借約余茂春（押）
親筆無中（押）

二

清乾隆三十二年十一月某某縣王金太立所欠樹價銀本年十二月内准期交兑約

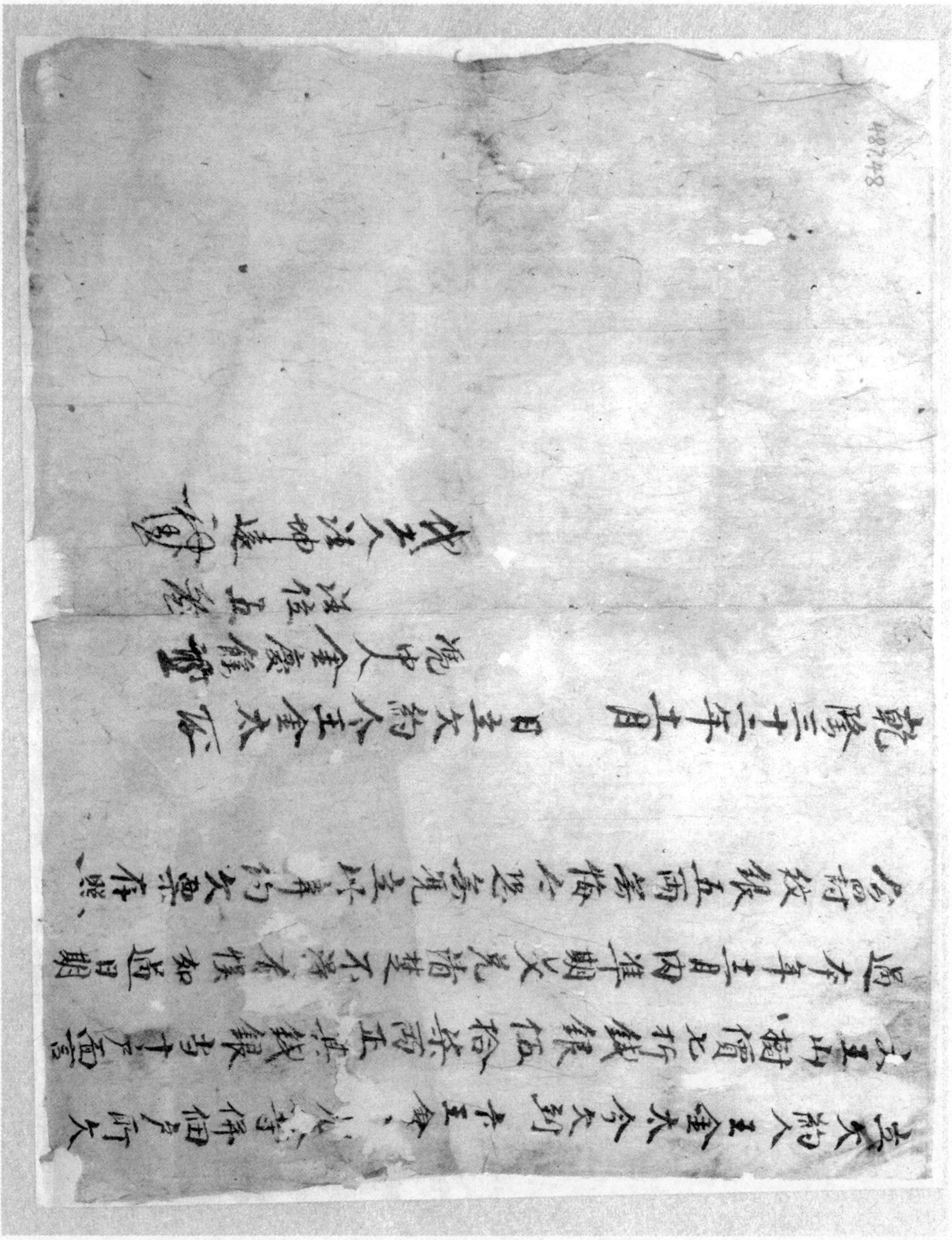
立欠約人王金太今欠到本王金、凡等併佃戶所欠
本王山樹價七折錢銀伍拾柒兩正，其錢銀当十戶面言
過本年十二月內準期交兑清楚，不得有悮，如過日期
公同討紋銀五兩無悔，恐無凭，立此存約欠票存照。
乾隆三十二年十二月　日立欠約人王金太（押）
凭中人金慶餘（押）
汪位五（押）
代書人汪坤遠（押）

清乾隆卅九年三月某某縣馮友光立出佃田皮借銀約

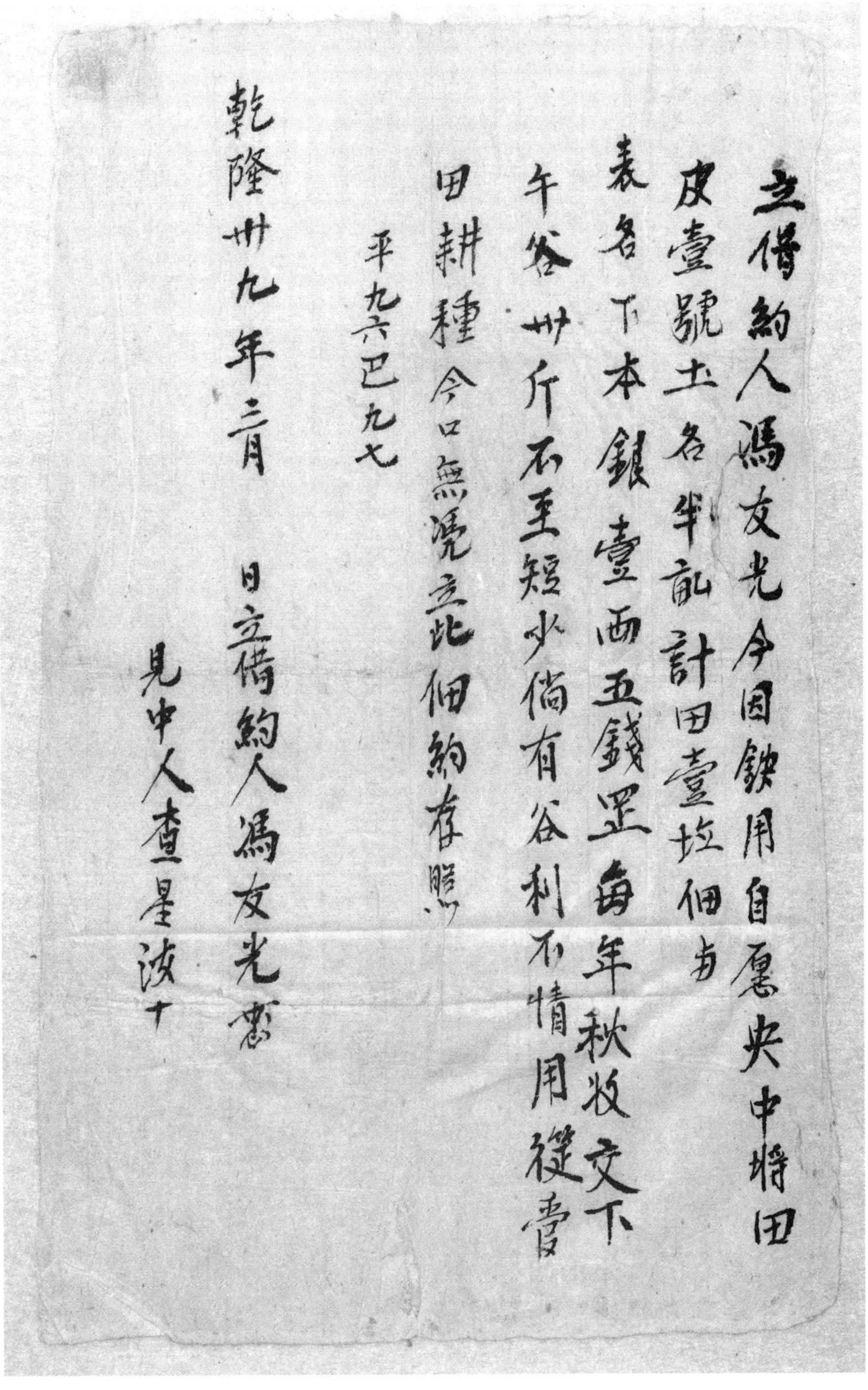
立借約人馮友光今因缺用自愿央中將田
皮壹號土名半亂計田壹坵佃与
表名下本銀壹两五錢正每年秋收交下
午谷卅斤不至短少倘有谷利不清用從嘗
田耕種今口無憑立此佃約存照
平九六已九七
乾隆卅九年三月　日立借約人馮友光（押）
見中人查星波（押）

清乾隆四十五年十一月某某縣某姓聲遠立借銀字

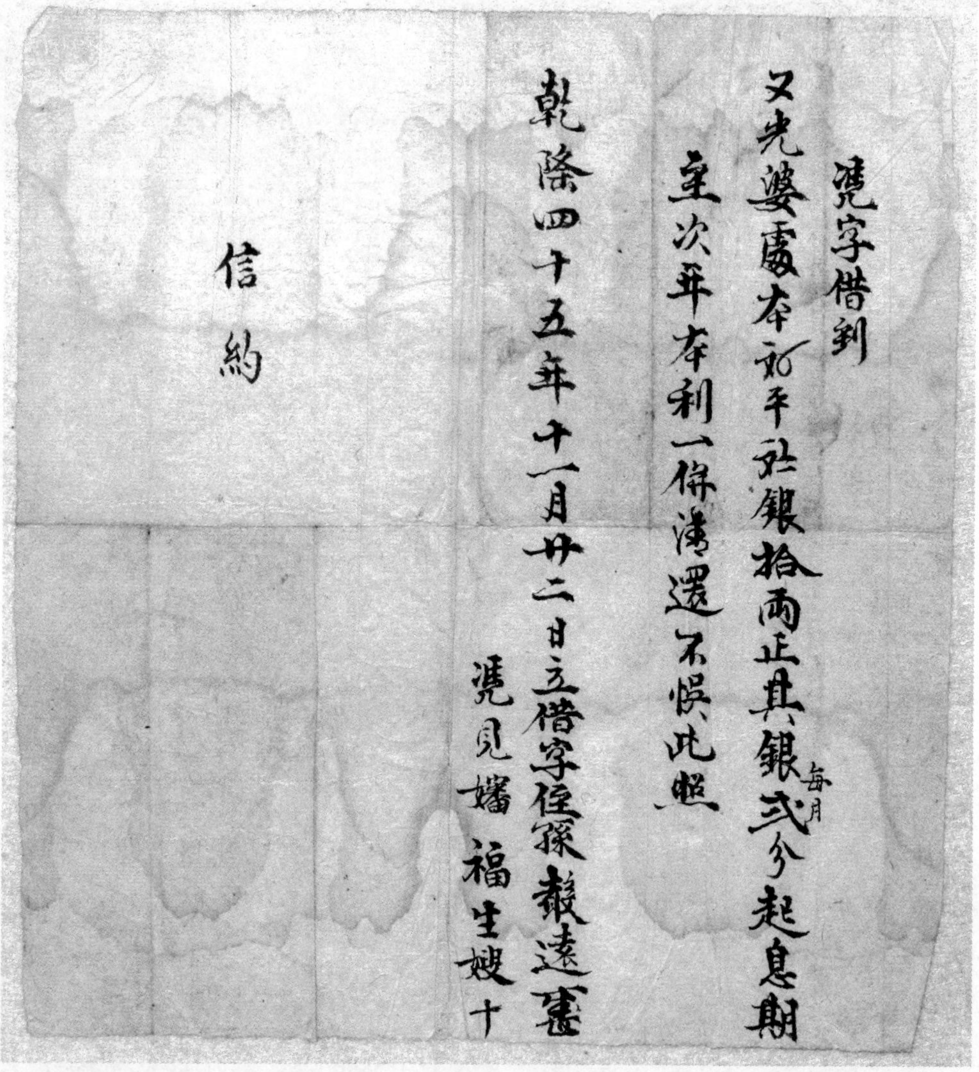
凴字借到
又光婆處本祀平兑銀拾兩正其銀每月貳分起息期
至次年本利一併清還不悞此照
乾隆四十五年十一月廿二日立借字侄孫聲遠(押)
凴見嬸 福生嫂十
信約

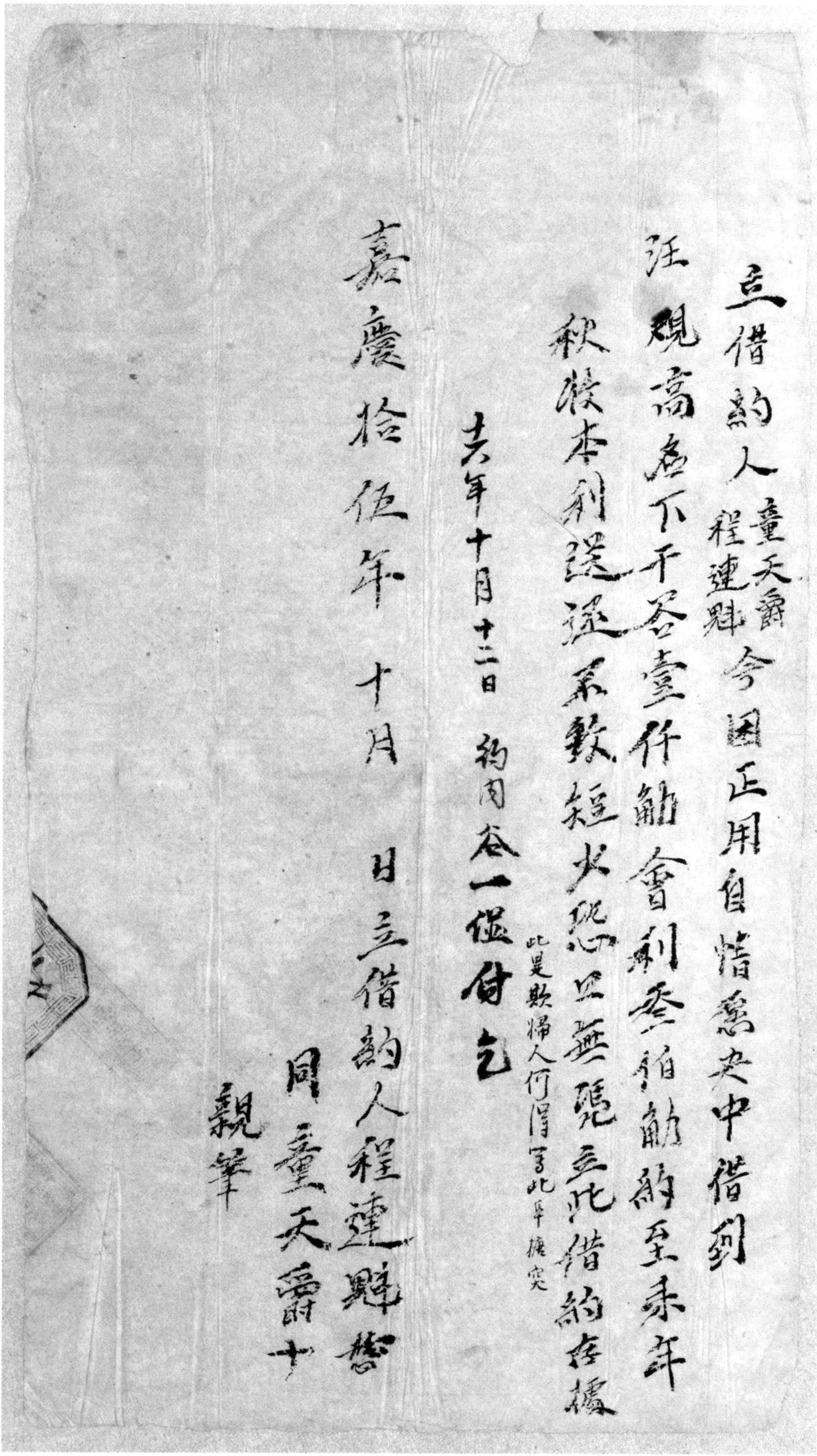
立借約人童天爵、程連魁，今因正用，自情愿央中借到
汪觀高名下干谷壹仟觔，會利叁伯觔，約至來年
秋收本利還還，系數短少，恐口無憑，立此借約存據。
此是欺婦人何得寫此字據實
去年十月十二日約內谷一併付乞
嘉慶拾伍年十月　日立借約人程連魁（押）
同童天爵（十）
親筆

清嘉慶十五年十月某某縣童天爵等立借穀約附嘉慶十六年十二月約內穀一併付訖批

二

清嘉慶廿一年九月某某縣胡九立借旱穀苞蘆約

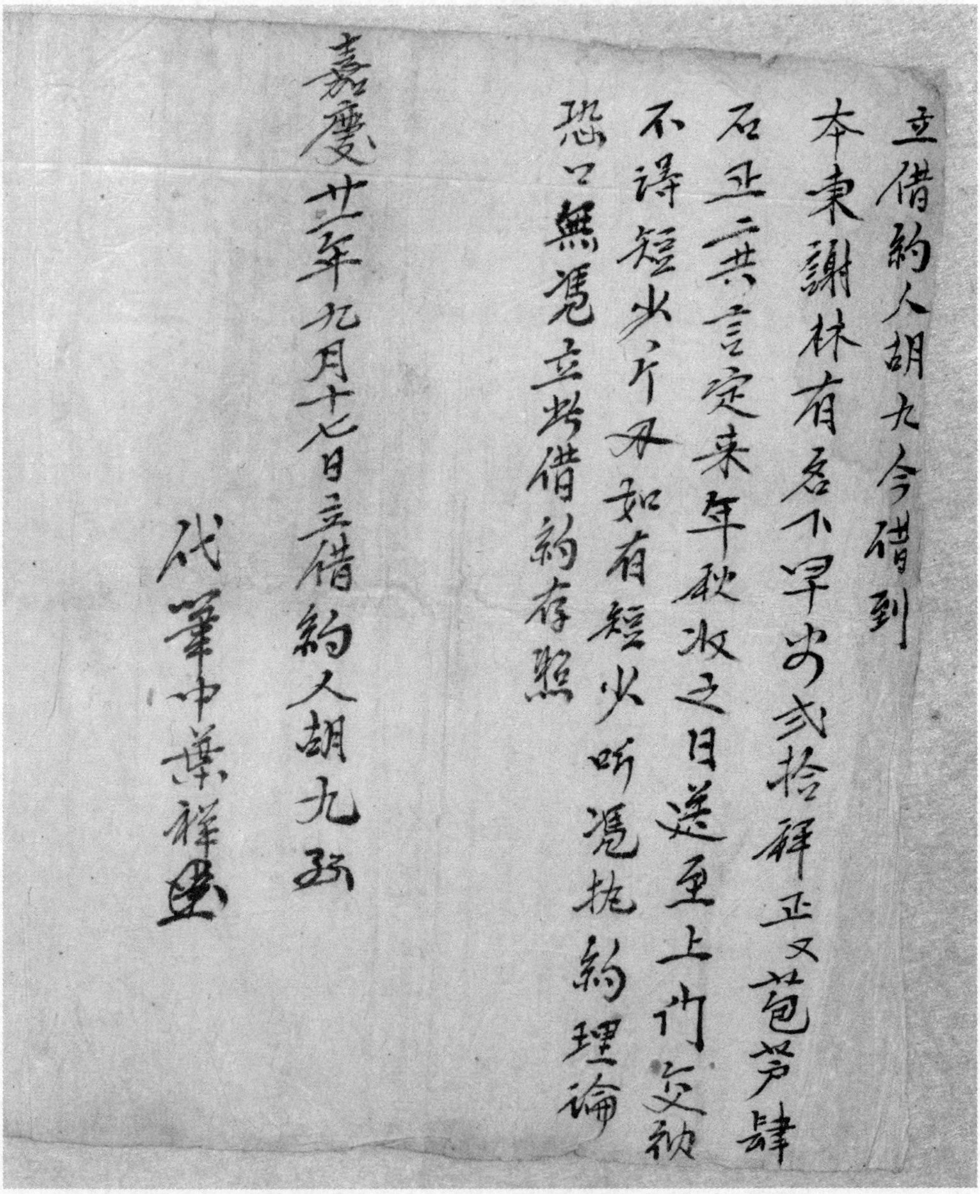

立借約人胡九今借到
本東謝林有名下旱谷貳拾秤正又苞芦肆
石正二共言定來年秋收之日送至上門交納
不得短少斤兩如有短少听憑扡約理論
恐口無憑立此借約存照
嘉慶廿一年九月十七日立借約人胡九（押）
代筆中　葉祥（押）

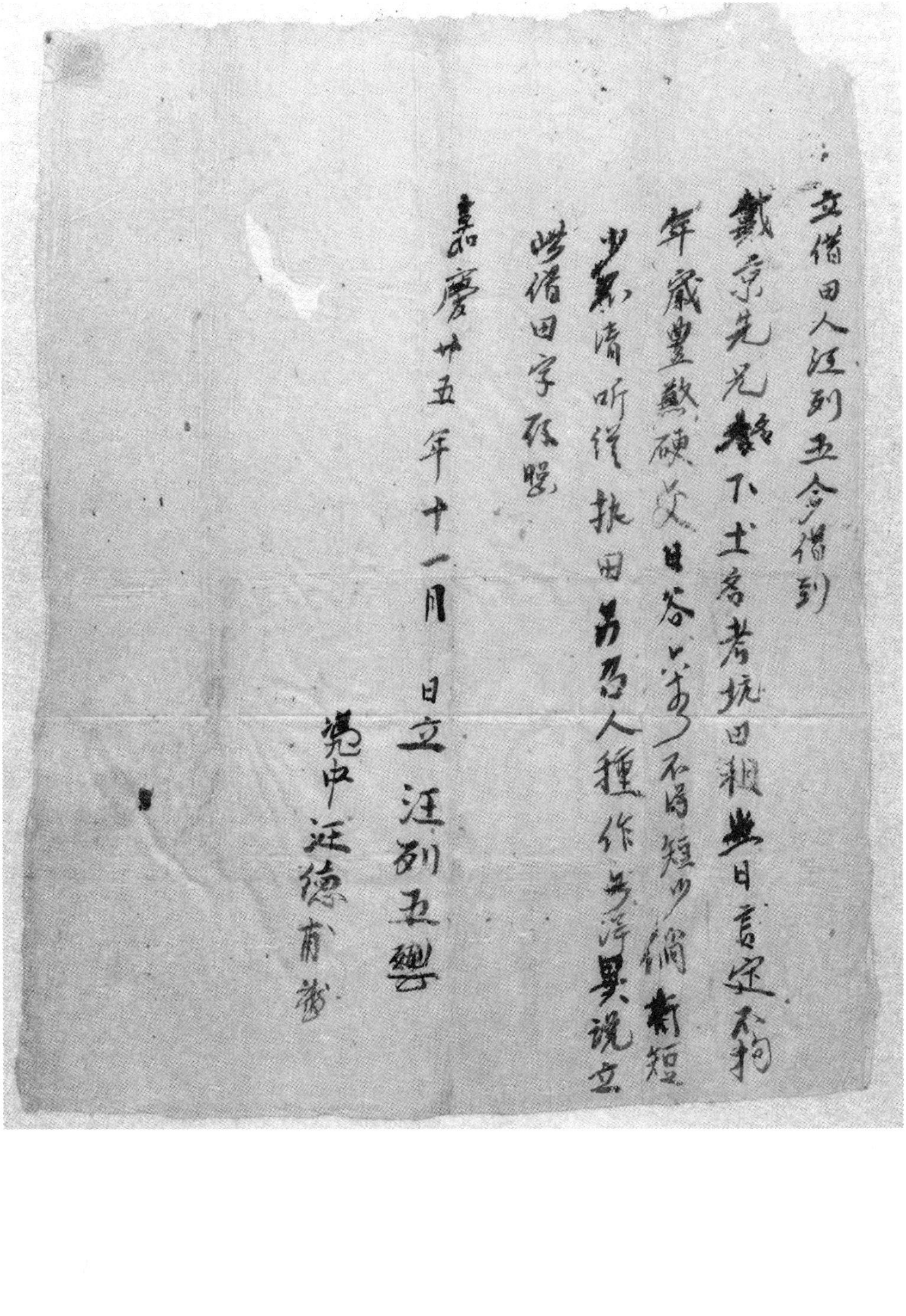
立借田人汪列五今借到
戴京先兄名下土名考坑田租丗日言定不拘
年歲豐歉硬交干谷六斗不得短少倘有短
少未清听從執田另召人種作無得異說立
此借田字存照
嘉慶廿五年十一月　日立　汪列五押
憑中　汪德甫　押

清嘉慶廿五年十一月某某縣汪列五立借田字

二

清道光元年八月〔歙縣〕程可燦立押頂頭小買退批借銀票

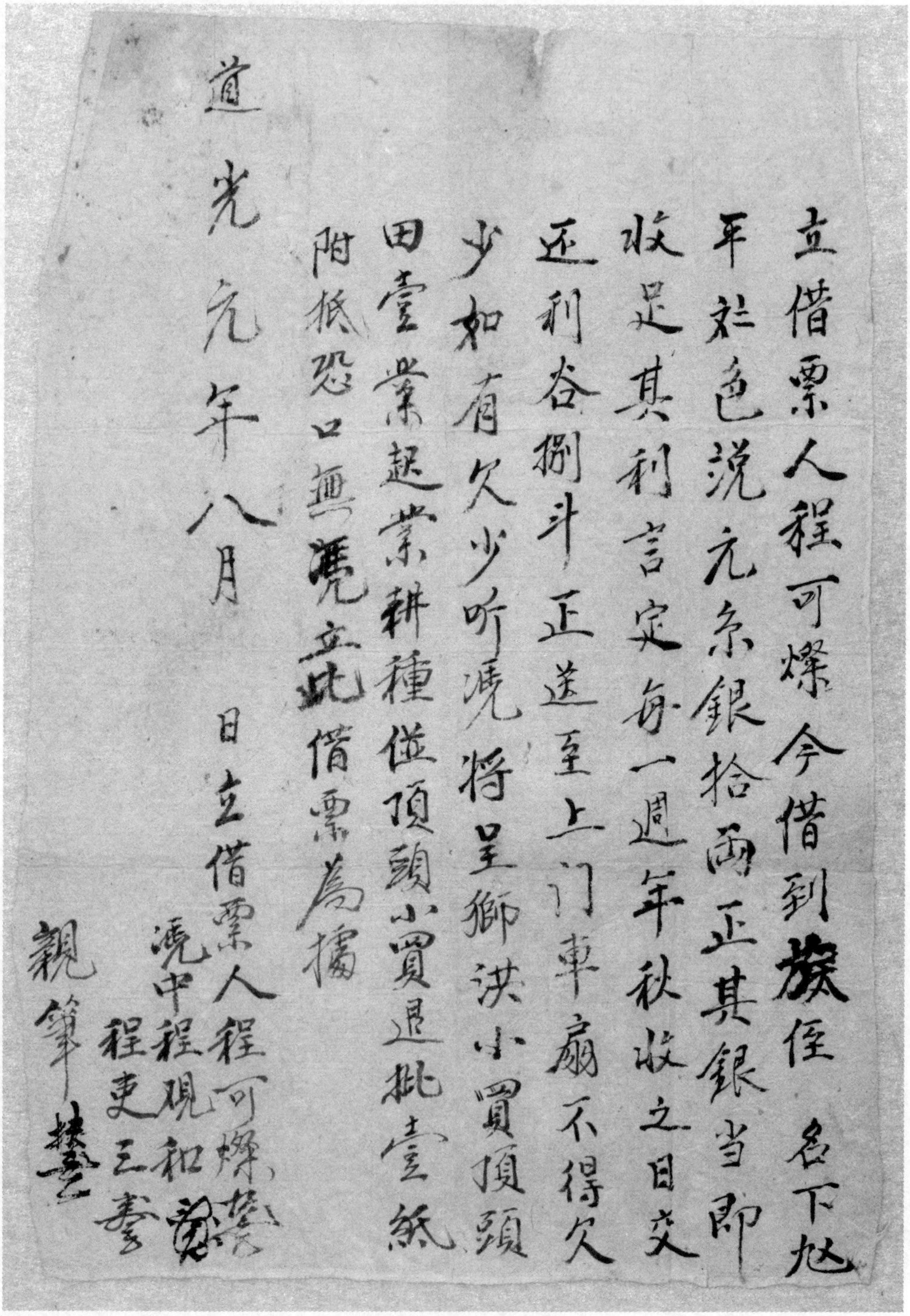

立借票人程可燦今借到族侄　名下处平社色洮元糸銀拾兩正其銀当即收足其利言定每一週年秋收之日交还利谷捌斗正送至上门車扇不得欠少如有欠少听凴將呈鄉洪小買頂頭田壹業趕業耕種併頂頭小買退批壹紙附抵恐口無凴立此借票為據

道光元年八月　日立借票人程可燦（押）

凴中程覌和（押）

程吏三（押）

親筆（押）

二

清道光四年十二月某某縣王本富立借大錢約

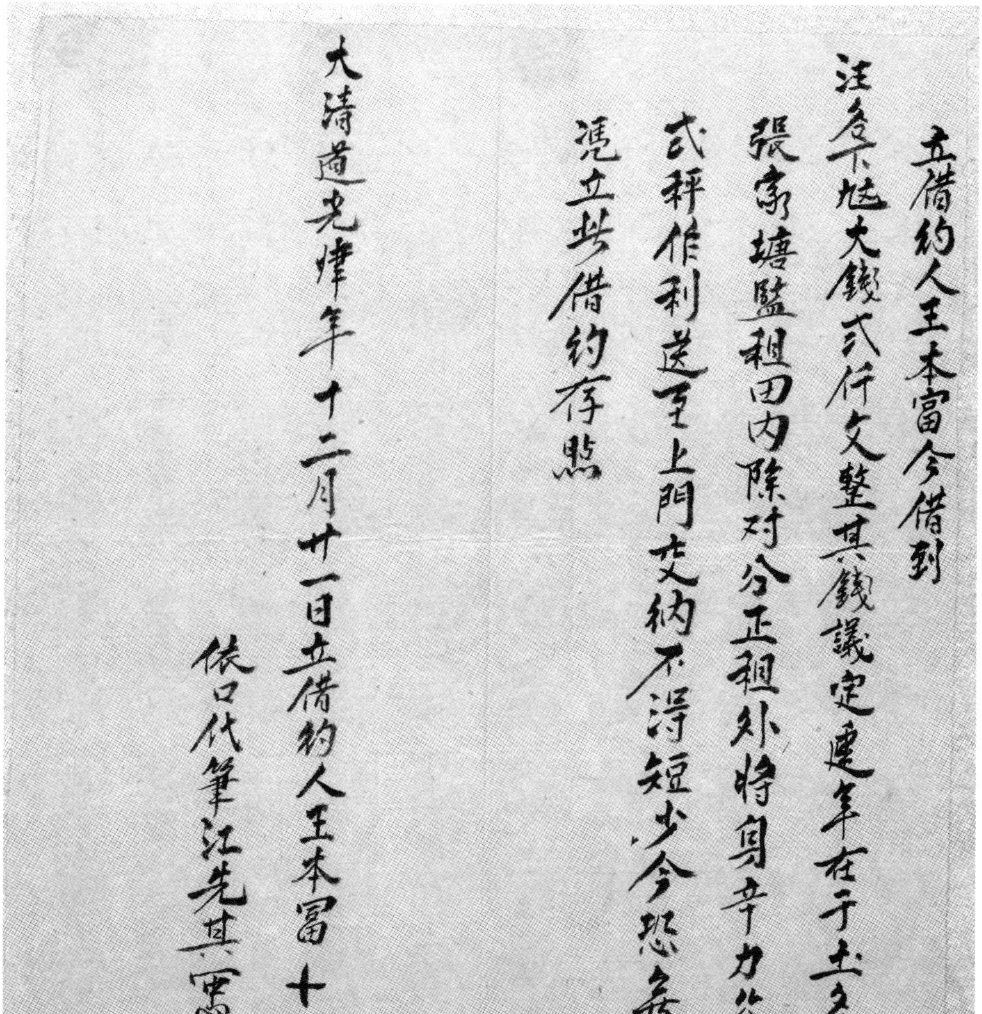

立借約人王本富今借到
汪名下处大錢弍仟文整其錢議定逓年在于土名
張家塘監租田內除対分正租外將身辛力谷
弍秤作利送至上門交納不得短少今恐無
憑立此借約存照

大清道光肆年十二月廿一日立借約人王本富 十
依口代筆江先其寫

清道光五年十二月某某縣黄阿李氏立借錢字

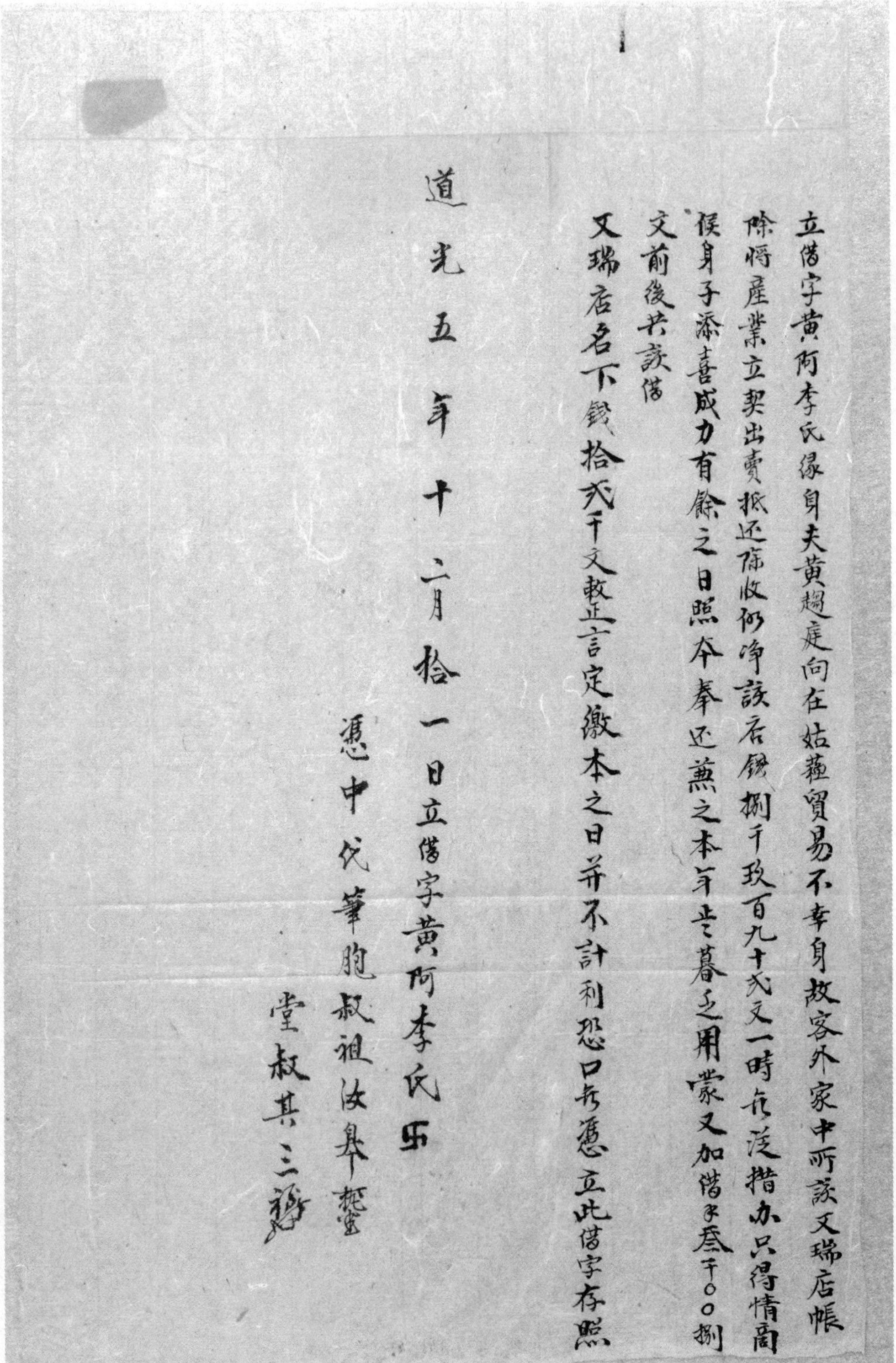
立借字黄阿李氏緣身夫黄趨庭向在姑蘇貿易不幸身故客外家中所該文瑞店帳除將產業立契出賣抵還除收仍淨該店錢捌千玖百九十弍文一時無從措办只得情商候身子添喜成力有餘之日照本奉还兼之本年歲暮乏用蒙又加借錢叁千〇〇捌文前後共該借

文瑞店名下錢拾弍千文較正言定繳本之日并不計利恐口無憑立此借字存照

道光五年十二月拾一日立借字黄阿李氏（押）

憑中代筆胞叔祖汝舉（押）

堂叔其三（押）

二

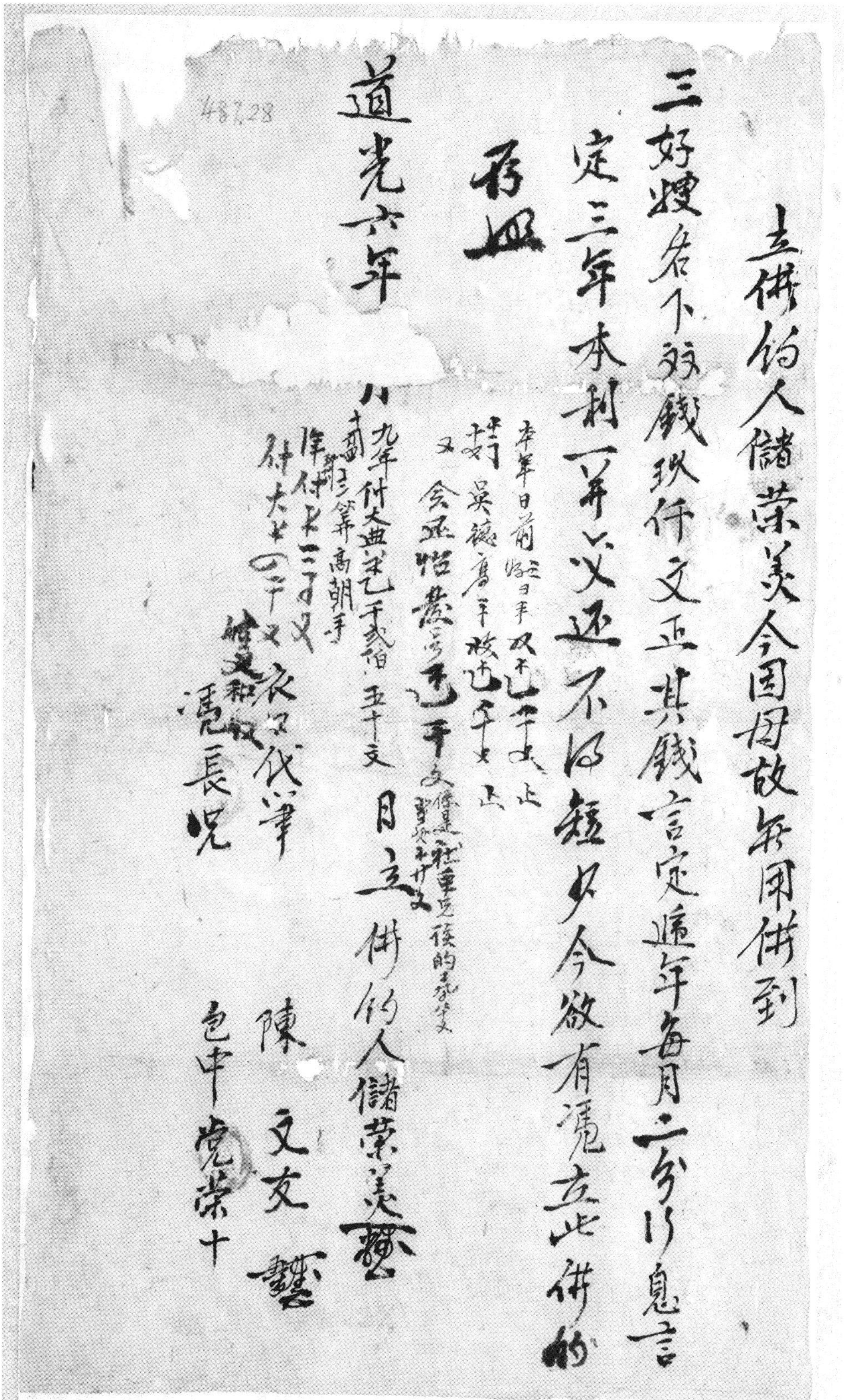
立借約人儲榮美今因母故無用借到
三好嫂名下錢玖仟文正其錢言定遞年每月二分行息言
定三年本利一并交还不得短少今欲有凴立此借約
存照
本年日前收三月手 收本乙千文 止
十二月 吳德高手 收本乙千文 止
又 会丞悟叁[illegible]手 收乙千文 係是社會兄侄的本錢[illegible]
道光六年 月 立借約人儲榮美（押）
九年付大典米乙千弍佰五十文
十二月 三等 高朋手
作新付本二千文
付大米四千文
陳文友（押）
依口代筆 族叔文和
凴長兄
包中 兄榮十

清道光六年□月某某縣儲榮美立借錢約附本年並九年六次收錢批

二

清道光九年十二月某某縣程江氏等立押山契借錢字

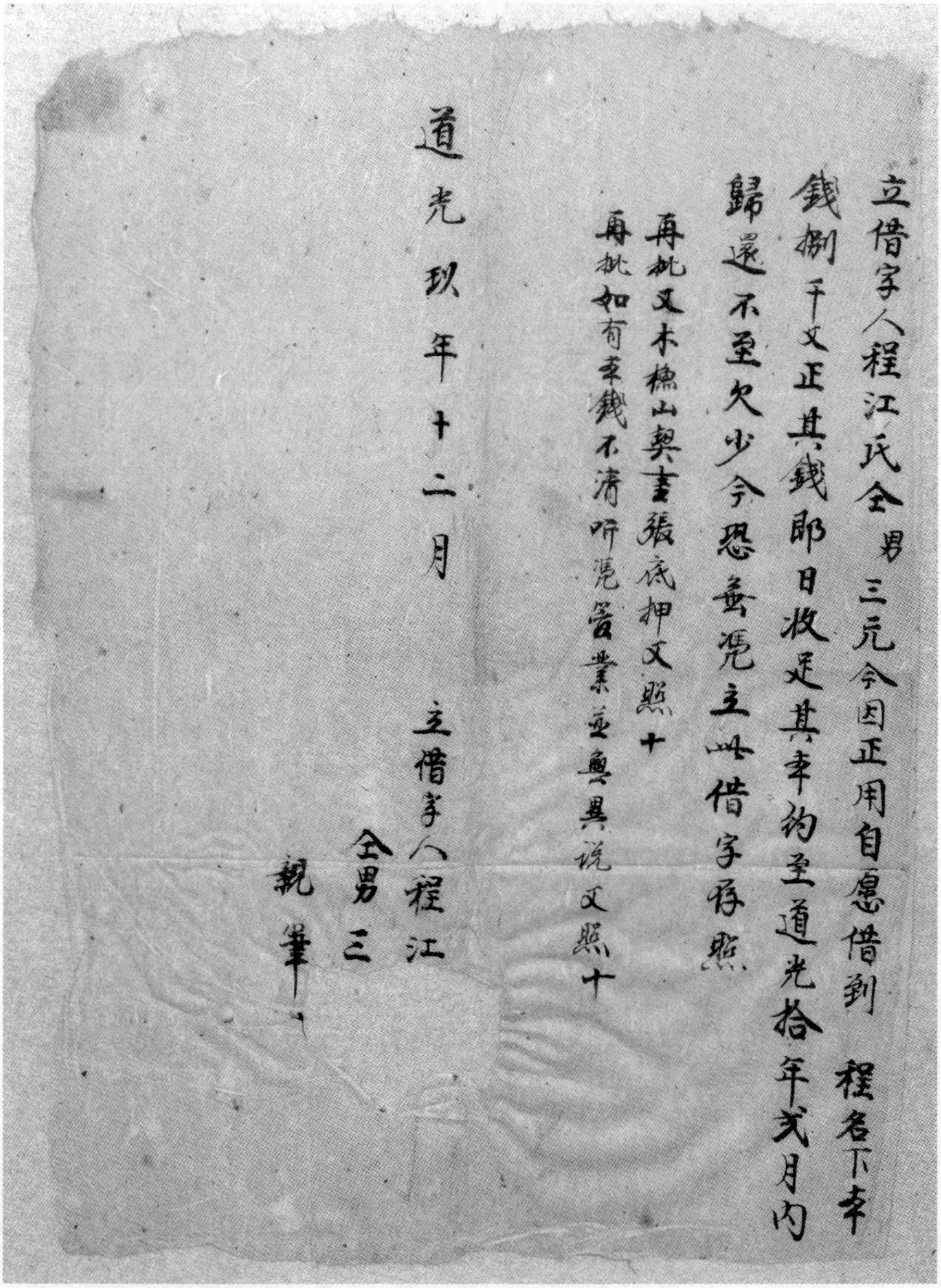

立借字人程江氏仝男三元今因正用自愿借到　程名下本
錢捌千文正其錢即日收足其本約至道光拾年弍月內
歸還不至欠少今恐無凴立此借字存照
再批又木標山契壹張底押又照十
再批如有本錢不清听凴管業並無異說又照十
道光玖年十二月　立借字人程江
仝男三
親筆

清道光十一年十二月某某縣汪世懷立押坦約借大錢字

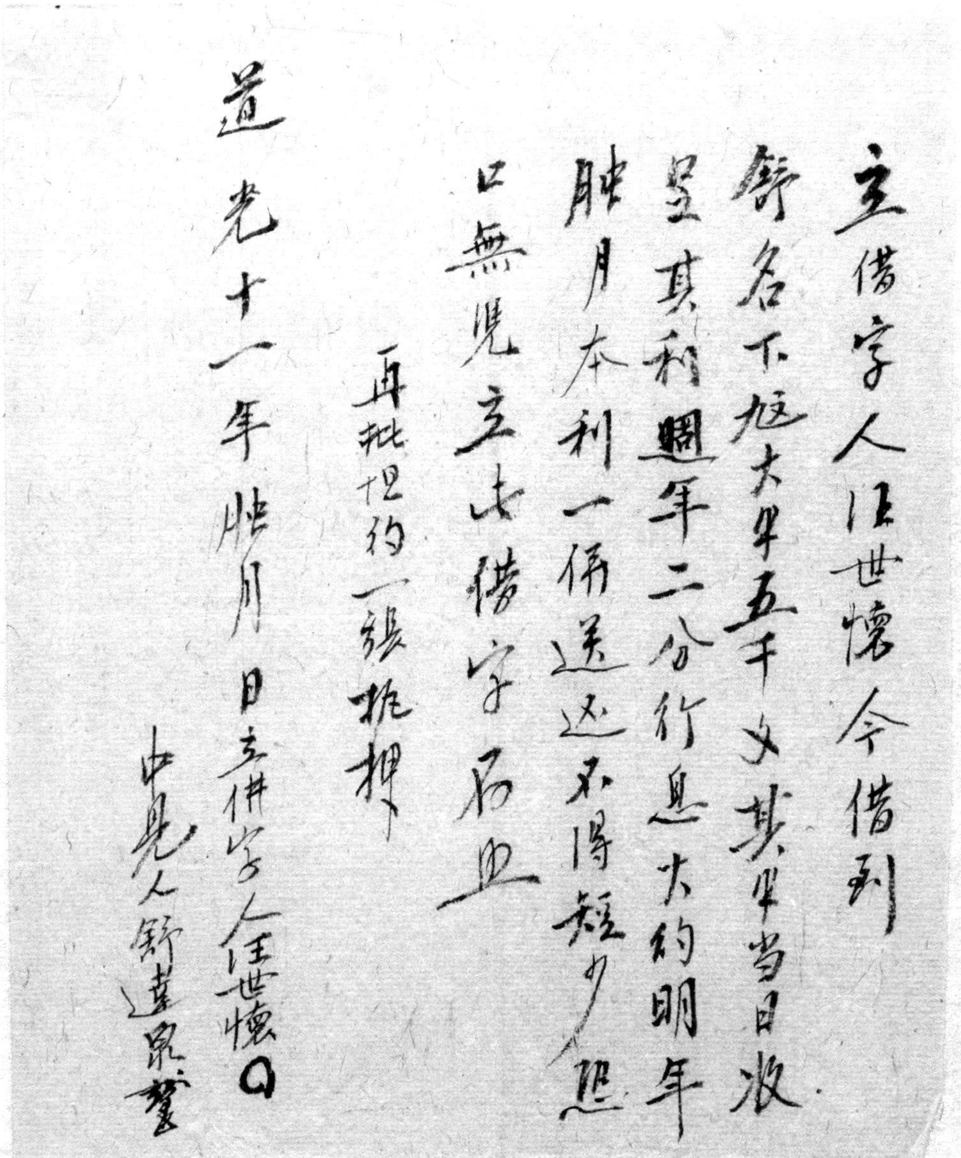
立借字人汪世懷今借到
舒名下九五大錢五千文，其錢当日收
足，其利週年二分行息，大約明年
腊月本利一併送還，不得短少。恐
口無憑，立此借字存照。
再批坦約一張抵押
道光十一年腊月 日立借字人汪世懷（押）
中見人舒達泉書

二

清道光十六年十二月某某縣劉景青立借錢約

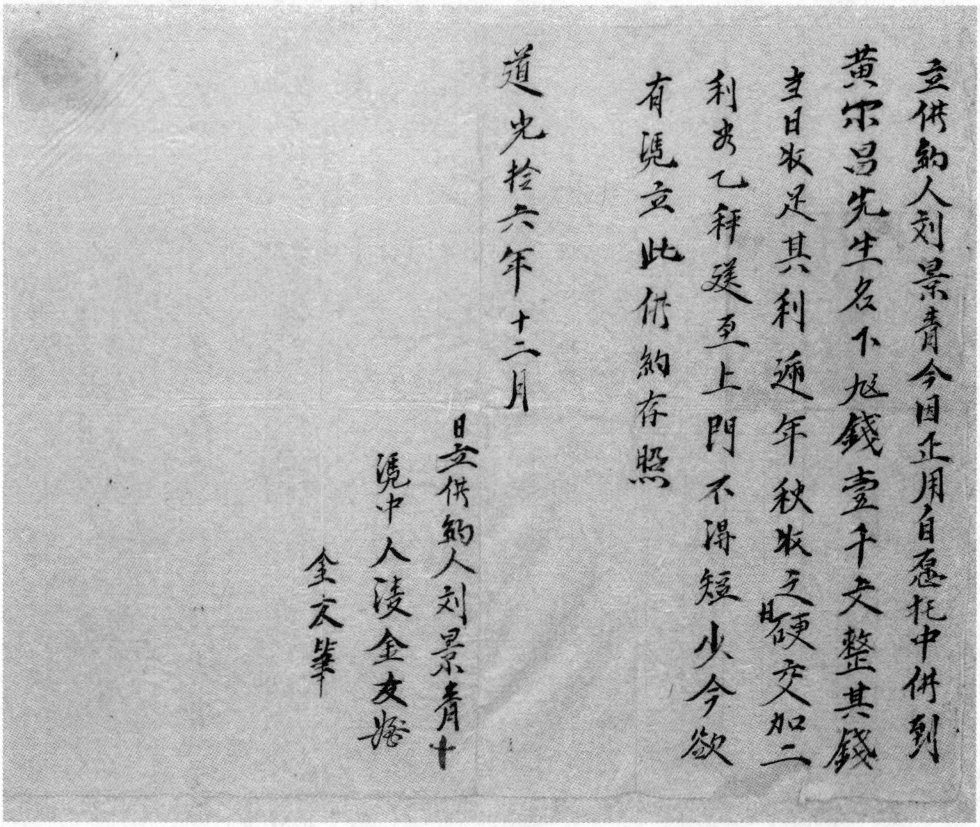
立借約人刘景青今因正用自愿托中借到
黄宗昌先生名下九钱壹千文整其钱
当日收足其利逐年秋收之日硬交加二
利米乙秤送至上門不得短少今欲
有凭立此借約存照
道光拾六年十二月 日立借約人刘景青(押)
凭中人淩金友(押)
金友筆

二

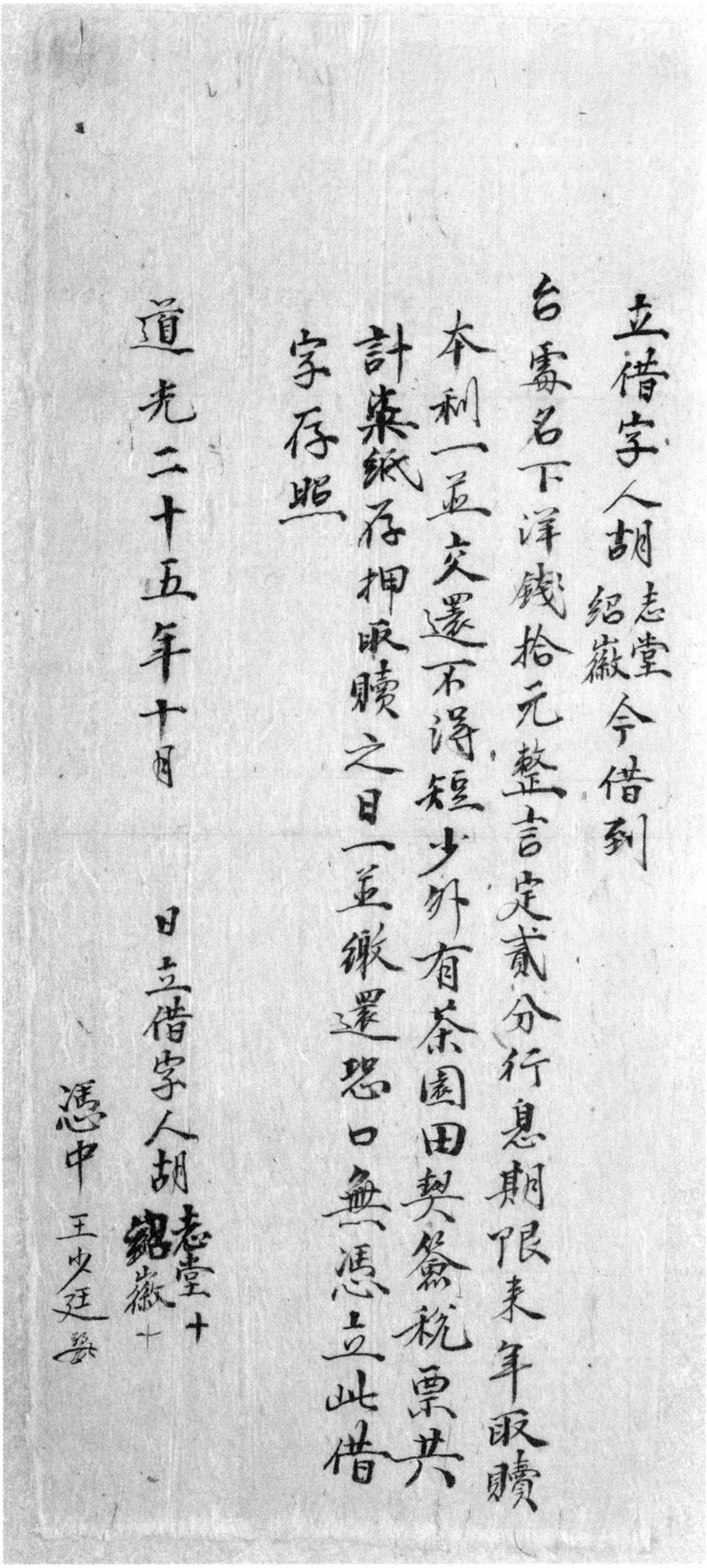

立借字人胡志堂紹嶶今借到
台處名下洋錢拾元整言定貳分行息期限來年取贖
本利一並交還不得短少外有茶園田契簽稅票共
計柒紙存押取贖之日一並繳還恐口無憑立此借
字存照

道光二十五年十月　日立借字人胡志堂十 紹嶶十

憑中 王少廷

清道光二十五年十月某某縣胡志堂等立押茶園田契簽稅票借洋錢字

二

清道光廿六年三月某某縣胡仕春立押園田借大錢票

立借票人胡仕春今因借到
嚴名下大錢柒仟文正其錢每月弍分行息秋收本利
一併交清不得短少外將竹字五千壹伯九十八号園田壹
業作押如有短少任憑照契受業收租作利恐口無憑
立此借票存照

外契一紙又當契柒紙又批　十　加此字一个

道光念六年　　三月　　日立借票人胡仕春　十
凴中人吳宗壽燮　十
唐義耒
代筆人徐永言

立借約人程觀禄今托中借到

汪 名下本足典錢伍拾伍仟文整，其錢當即收足，其利三面議定，每壹週年秋收之日硬交白乾穀叁拾陸斗整，無論年歲荒歉，挑送上門過扇，籽粒不得欠少。自願將自置己業壹字五百三十陸号地稅壹分弍厘八毛，土名瑶坪上；又壹字五百三拾八号地稅三分五厘九毛，土名仝；又壹字五百四拾弍号地稅三分弍厘，土名仝；又壹字五百五拾壹号地稅五分弍厘八毛，土名仝；又壹字五百五拾弍号地稅四分九厘，土名學地上。以上五号抵押汪姓，倘或程姓欠少利谷等情，听憑汪姓管業耕種，毋得異言。此係兩相情願，並無威逼準折等情。恐口無憑，立此借約存照。

又批：議定租斗不得多悔，又照。○

再批：原赤契壹紙抵付汪姓收給，日後本利歸清，將原契繳還程姓，又换用錢捌百文正，取贖之日兩姓对認，又照。○

道光弍拾九年十月 日 立借約人程觀禄○

憑中 徐三高（押）

畢宝之（押）

代笔 汪念祖（押）

清道光卅年四月某某縣汪裕成立借大錢票

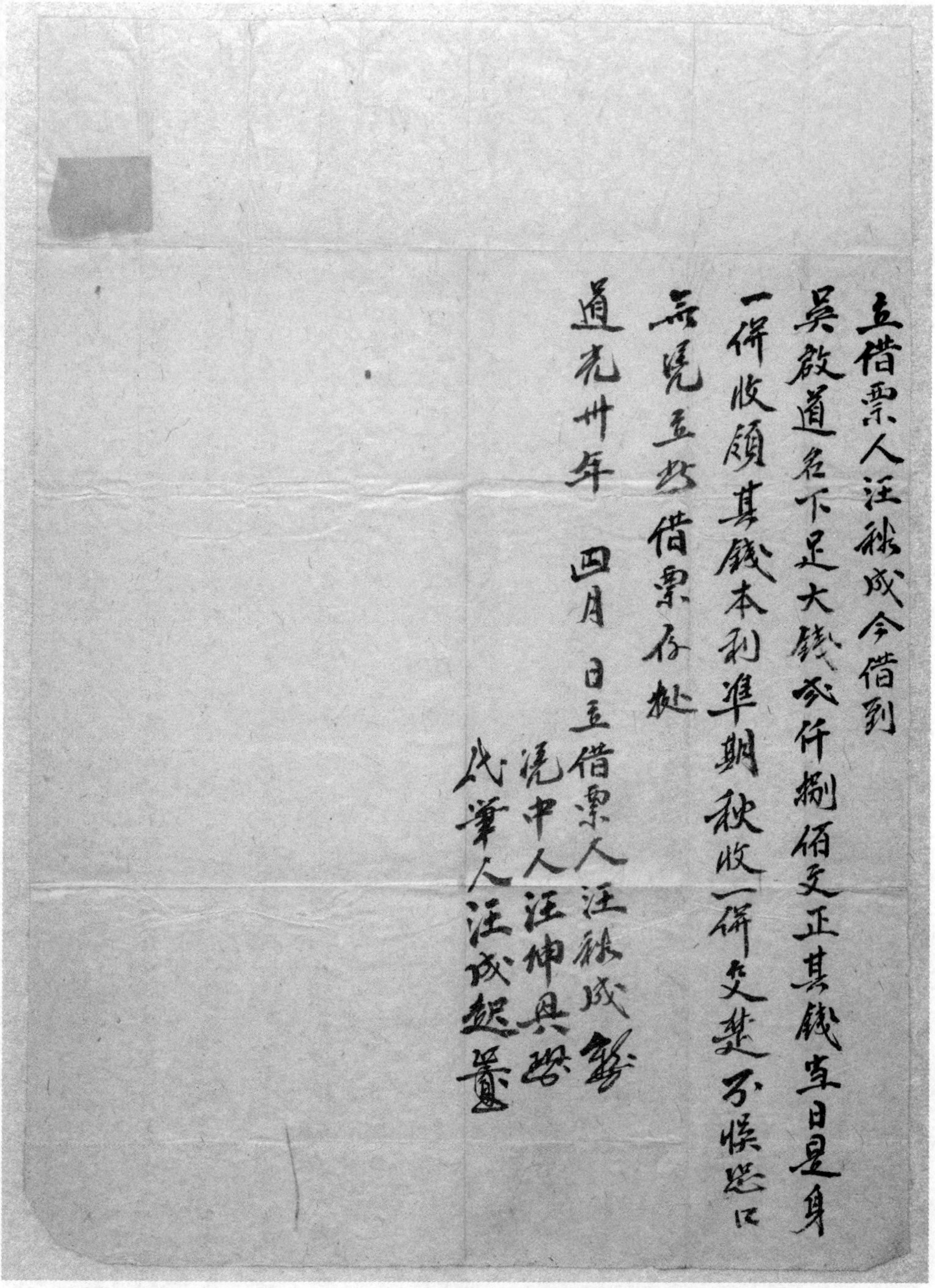

立借票人汪裕成今借到
吴啟道名下足大錢貳仟捌佰文正其錢当日是身
一併收領其錢本利準期秋收一併交楚不悮恐口
無憑立此借票存拠
道光卅年　四月　日立借票人汪裕成（押）
憑中人汪伸興（押）
代筆人汪成起（押）

二

清道光三十年五月某某縣湯喜立借田佃字

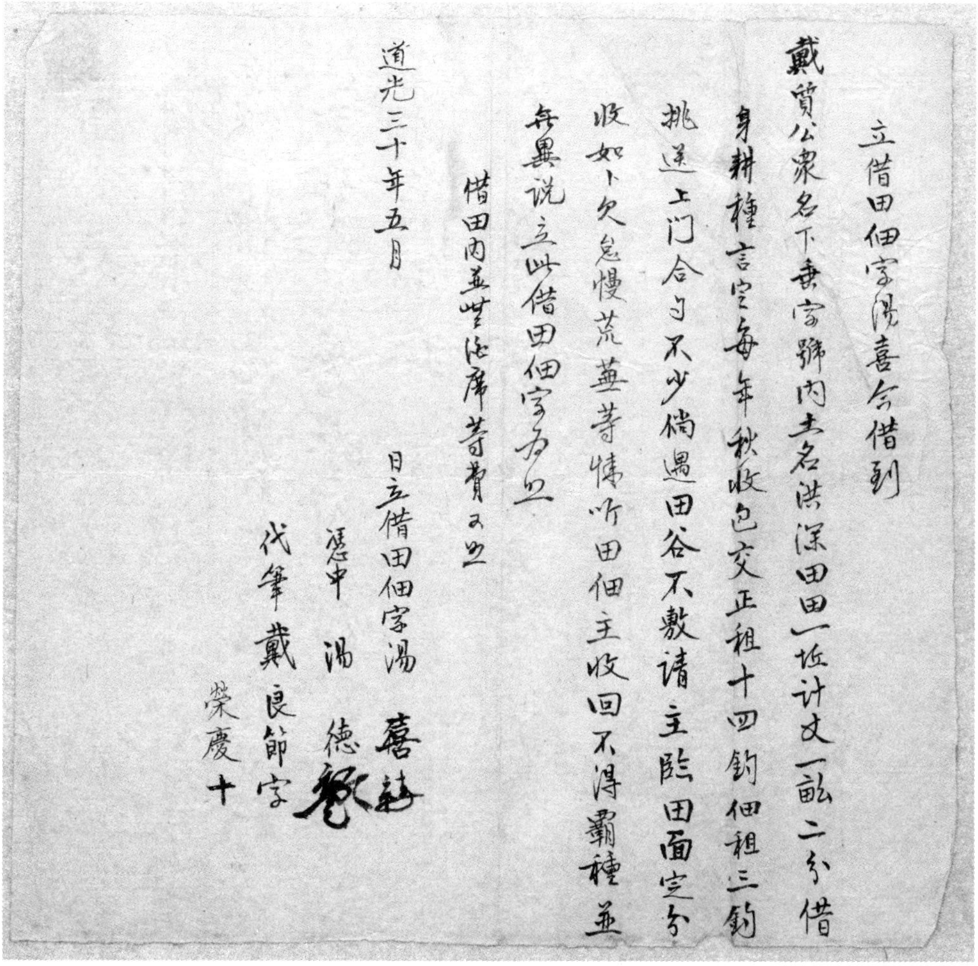

立借田佃字湯喜今借到
戴質公衆名下垂字號內土名洪深田田一坵計丈一畝二分借
身耕種言定每年秋收包交正租十四釣佃租三釣
挑送上门合勺不少倘遇田谷不敷請主臨田面定分
收如卜欠怠慢荒蕪等情听田佃主收回不得霸種並
無異說立此借田佃字存照
借田內並無酒席等費又照
道光三十年五月　日立借田佃字湯　喜（押）
憑中　湯　德（押）
代筆　戴良節字
榮慶　十

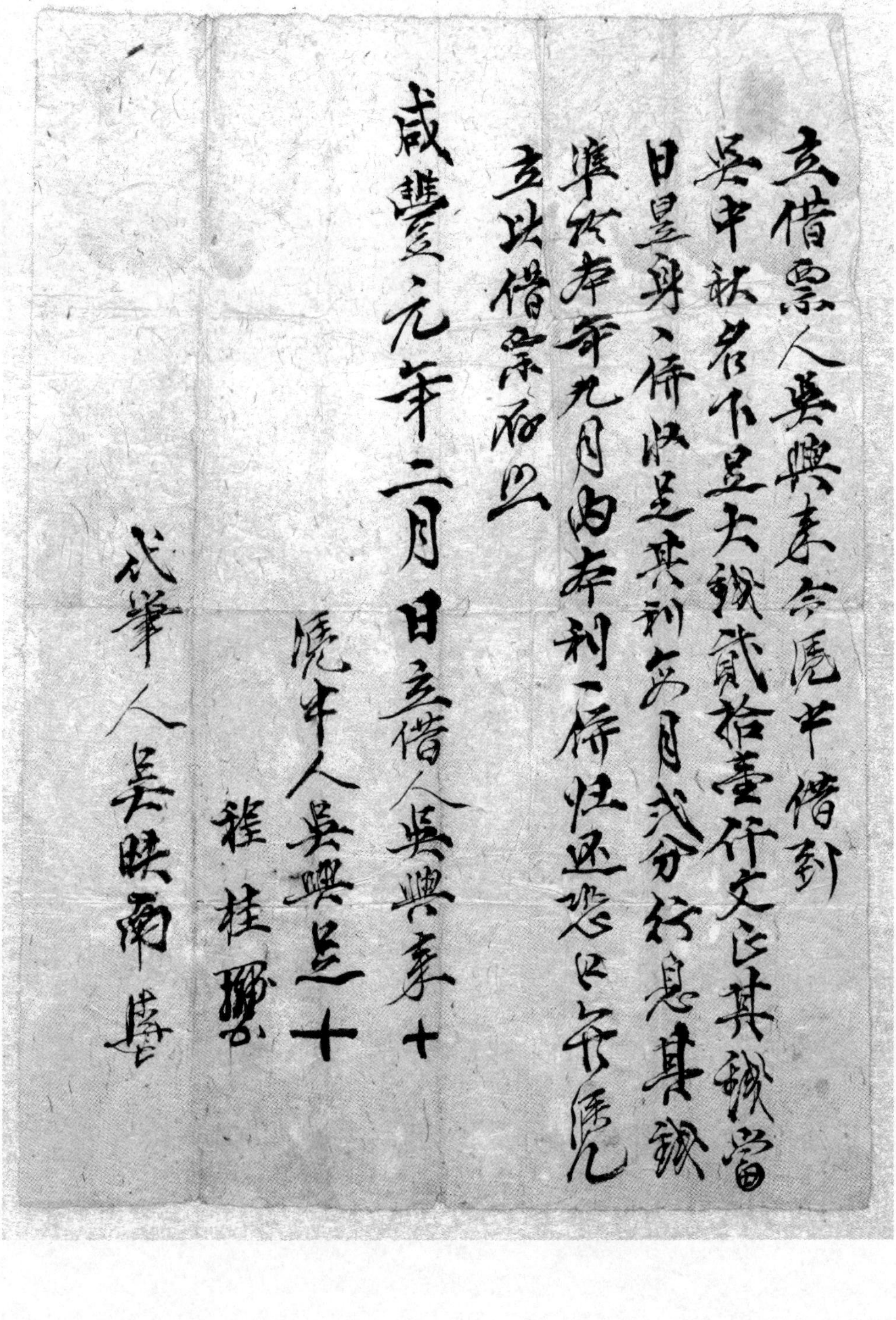
立借票人吳興來今憑中借到
吳中秋名下足大錢貳拾壹仟文正其錢當
日是身一併收足其利每月弍分行息其錢
準於本年九月內本利一併归还恐口無憑
立此借票存照
咸豐元年二月　日立借人吳興來　十
憑中人吳興足　十
程桂聯
代筆人吳映南　書

清咸豐元年二月某某縣吳興來立借大錢票

清咸豐四年二月某某縣黃定元立靠房借製錢約

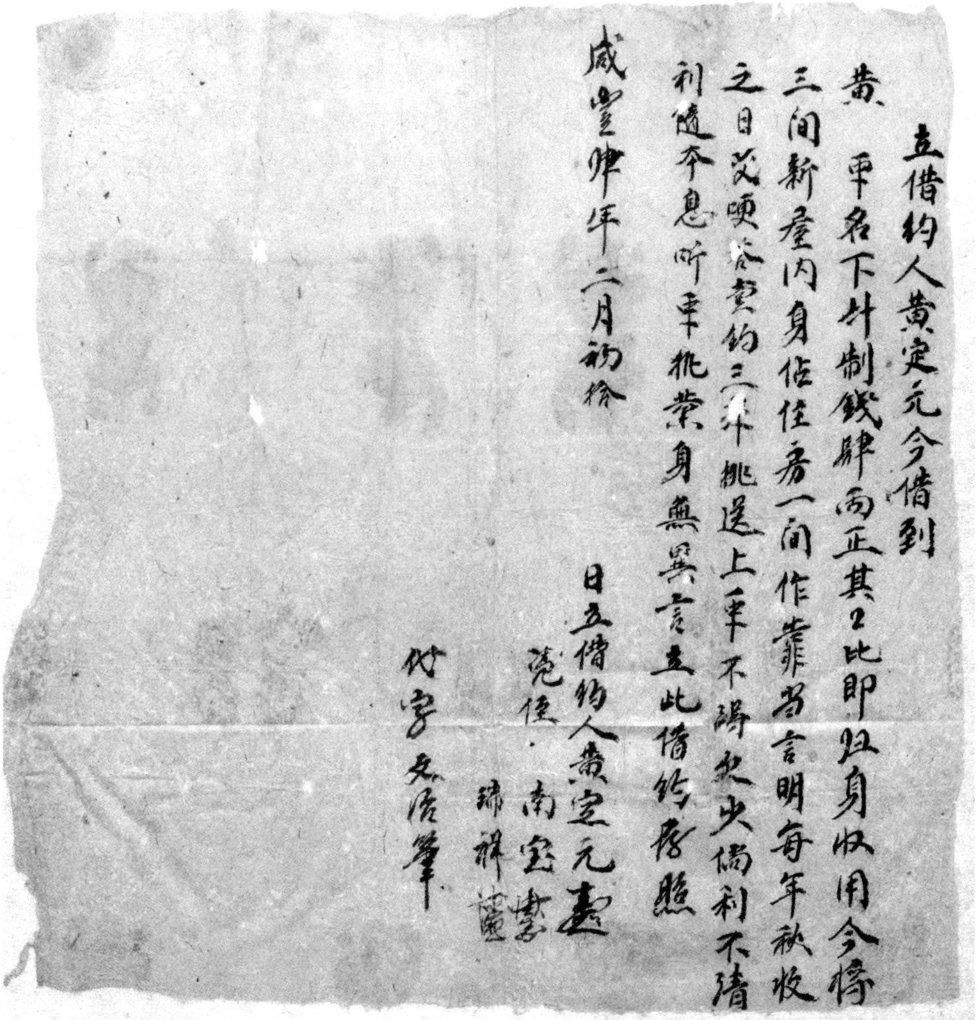

立借約人黃定元今借到
黃　平名下廿制錢肆兩正其錢比即歸身收用今將
三間新屋內身佔住房一間作靠當言明每年秋收
之日交硬谷壹約三斗汁挑送上門不得欠少備利不清
利隨本息听平挑榮身無異言立此借約存照
咸豐肆年二月初拾　日立借約人黃定元（押）
憑侄　南寶（押）
　　　瑞祥（押）
代字　文浩筆

二

清咸豐六年五月某某縣程振芳立借足錢字

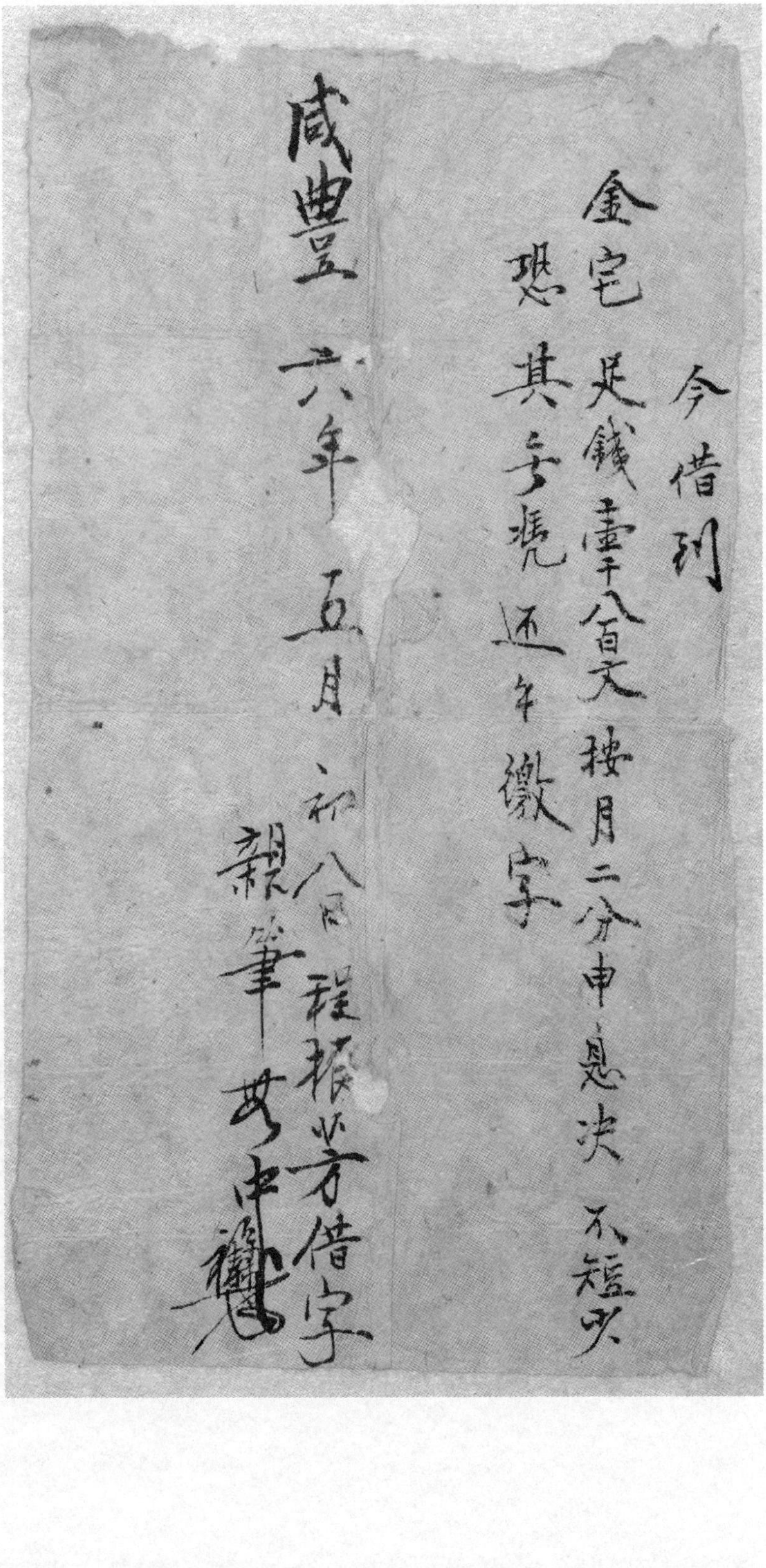
今借到
金宅足錢壹千八百文，按月二分申息，決不短少。
恐其無憑，立此借字。
咸豐六年五月初八日程振芳借字
親筆

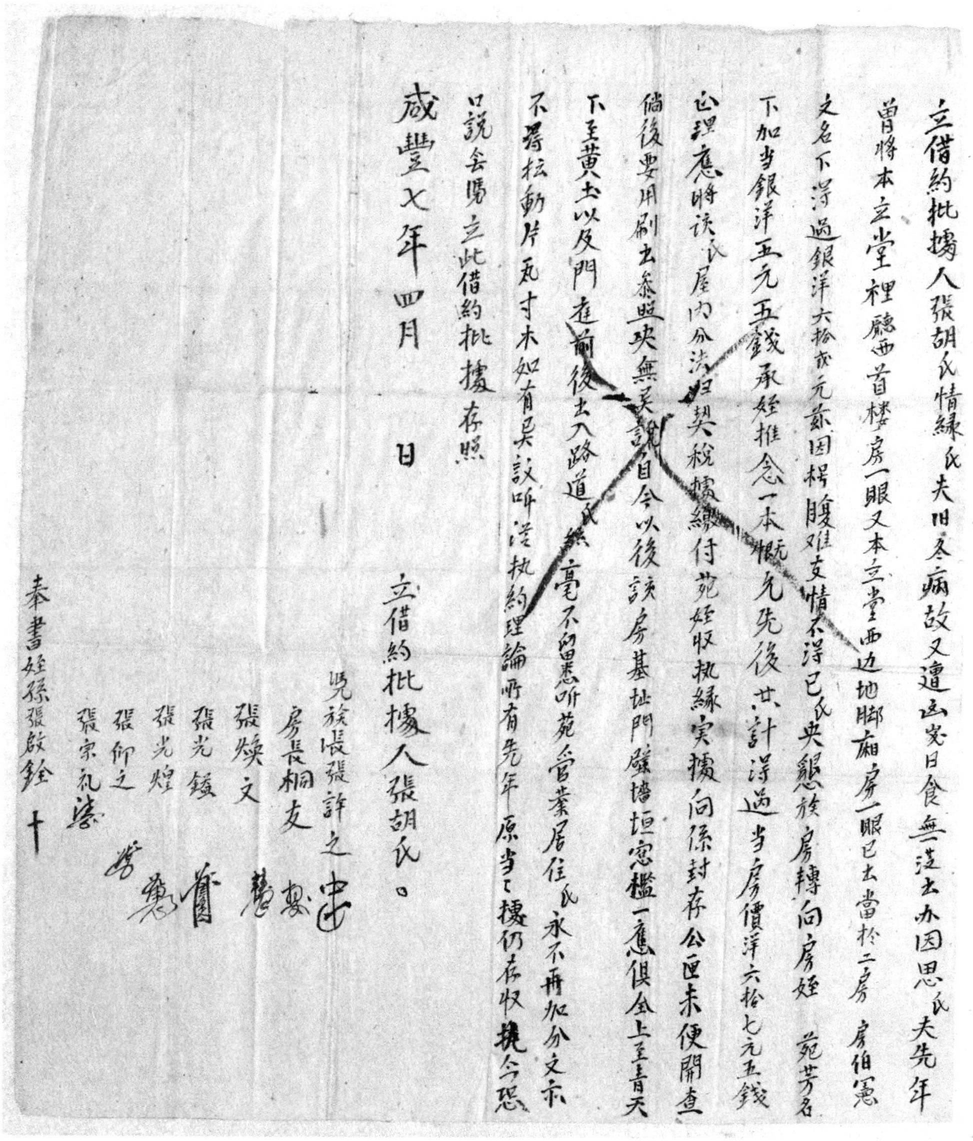

立借約批據人張胡氏情緣氏夫旧冬病故又遭凶荒日食無从出亦因思氏夫先年
曾將本立堂裡廳西首樓房一眼又本立堂西边地脚廂房一眼已出當於二房 房伯憲
文名下得過銀洋六拾貳元亦因榥腹难支情不得已氏央懇族房轉向房姪 苑芳名
下加当銀洋五元五錢承姪推念一本慨允先後廿計得過当房價洋六拾七元五錢
正理應將該氏屋内分法归契稅據繳付苑姪收执緣实據向係封存公匣未便開查
倘後要用刷出參照決無異說自今以後該房基址門壁墻垣窗檻一應俱全上至青天
下至黃土以及門進前後出入路道氏無毫不留悉听苑管業居住氏永不再加分文亦
不得拉動片瓦寸木如有異說听從执約理論所有先年原当ㄟ據仍存收执今恐
口說無憑立此借約批據存照

咸豐七年四月 日 立借約批據人張胡氏〇

凭族長張許之（押）
房長桐友（押）
張煥文（押）
張光鏻（押）
張光煌（押）
張仰之（押）
張宗禮（押）
奉書姪孫張啟銓 十

清咸豐七年四月某某縣張胡氏立絶當房屋借銀永不再加借約批據

清同治元年六月某某縣汪進旺立借大典錢字約

立借字約人汪進旺今因大房病重家中急用今借到
金　名下通足大典錢弍拾四仟文整當成事之日是
身一並收足訖憑中三面言定每月弍分行息言過準
其同治弍年四月还半八月本利一並全还送至
上门不得短少無得異說恐口無憑立此借字約存
照

同治元年六月　日　立借字約人汪進旺十
憑中金細伢十
代筆金韞光押

二

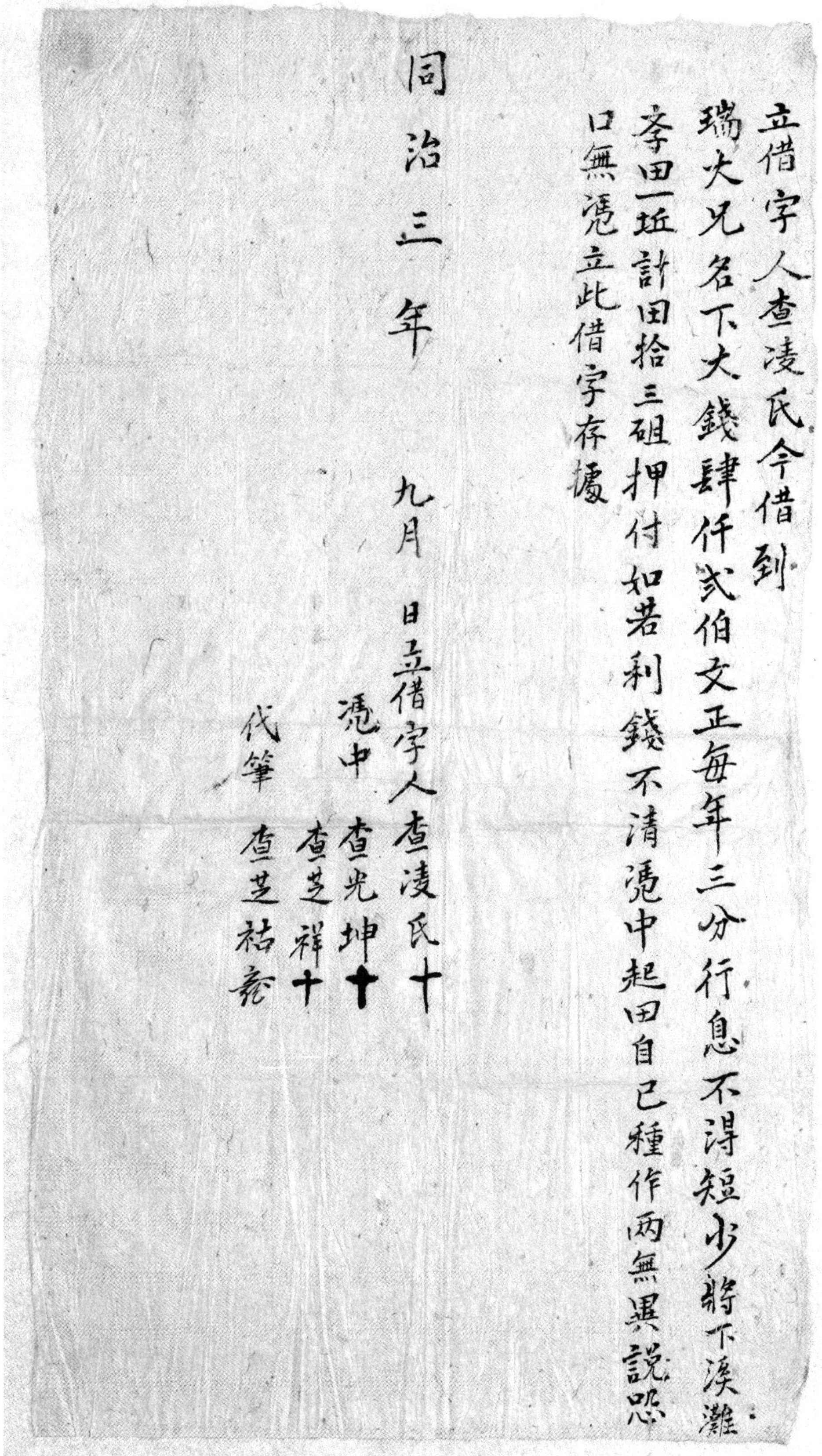

立借字人查凌氏今借到
瑞大兄名下大錢肆仟弍伯文正每年三分行息不得短少將下溪灘
李田一坵計田拾三砠押付如若利錢不清憑中起田自己種作兩無異說恐
口無憑立此借字存據

同治三年九月　日立借字人查凌氏十
憑中　查光坤十
查芝祥十
代筆　查芝祐筆

清同治三年九月某某縣查凌氏立押學田借大錢字

二

清同治七年二月某某縣聞天喜立借田字

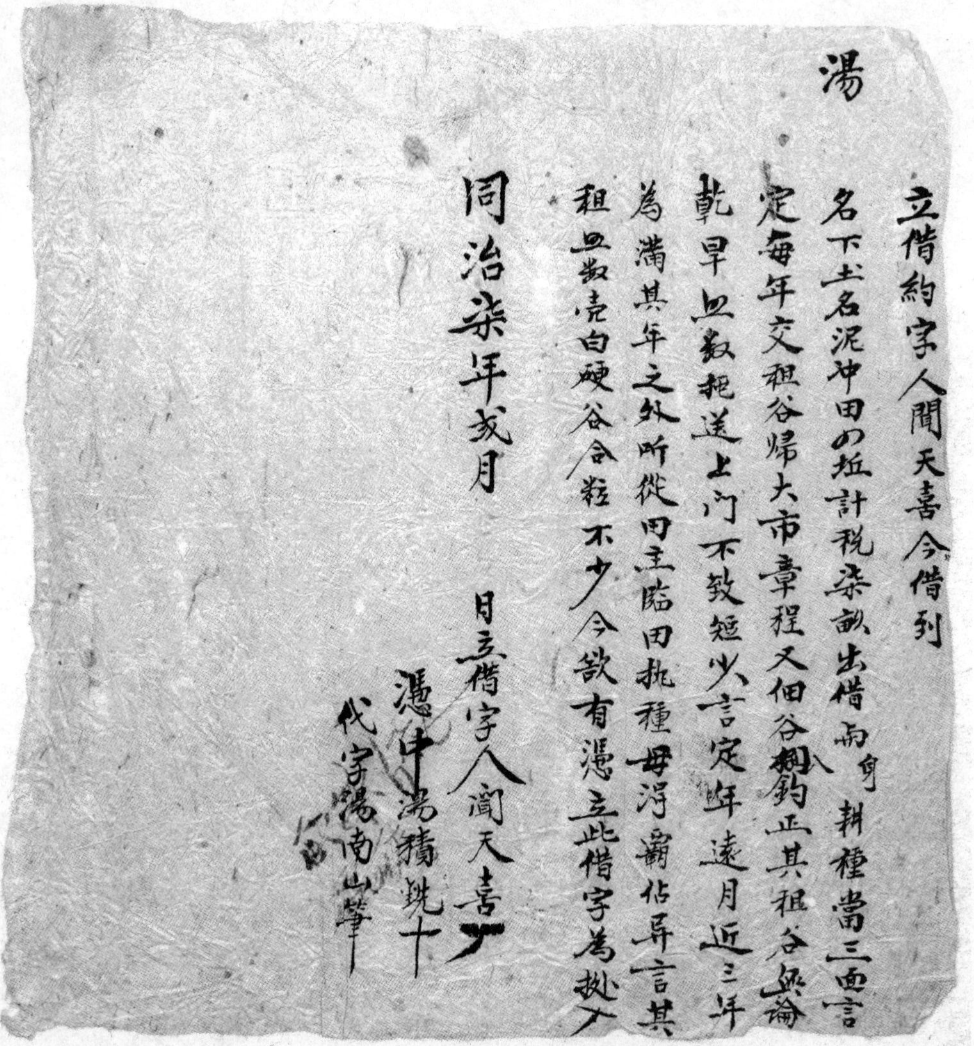

湯

立借約字人聞天喜今借到
名下土名泥坤田の坵計稅柒畝出借與身耕種當三面言
定每年交租谷歸大市章程又佃谷麯鈞正其租谷無論
乾旱無數挑送上門不致短少言定年遠月近三年
為滿其年之外所從田主臨田執種毋得霸佔異言其
租無數亮白硬谷合粒不少今欲有憑立此借字為據

同治柒年貳月　日立借字人聞天喜（押）
憑中湯積跳十
代字湯南山筆

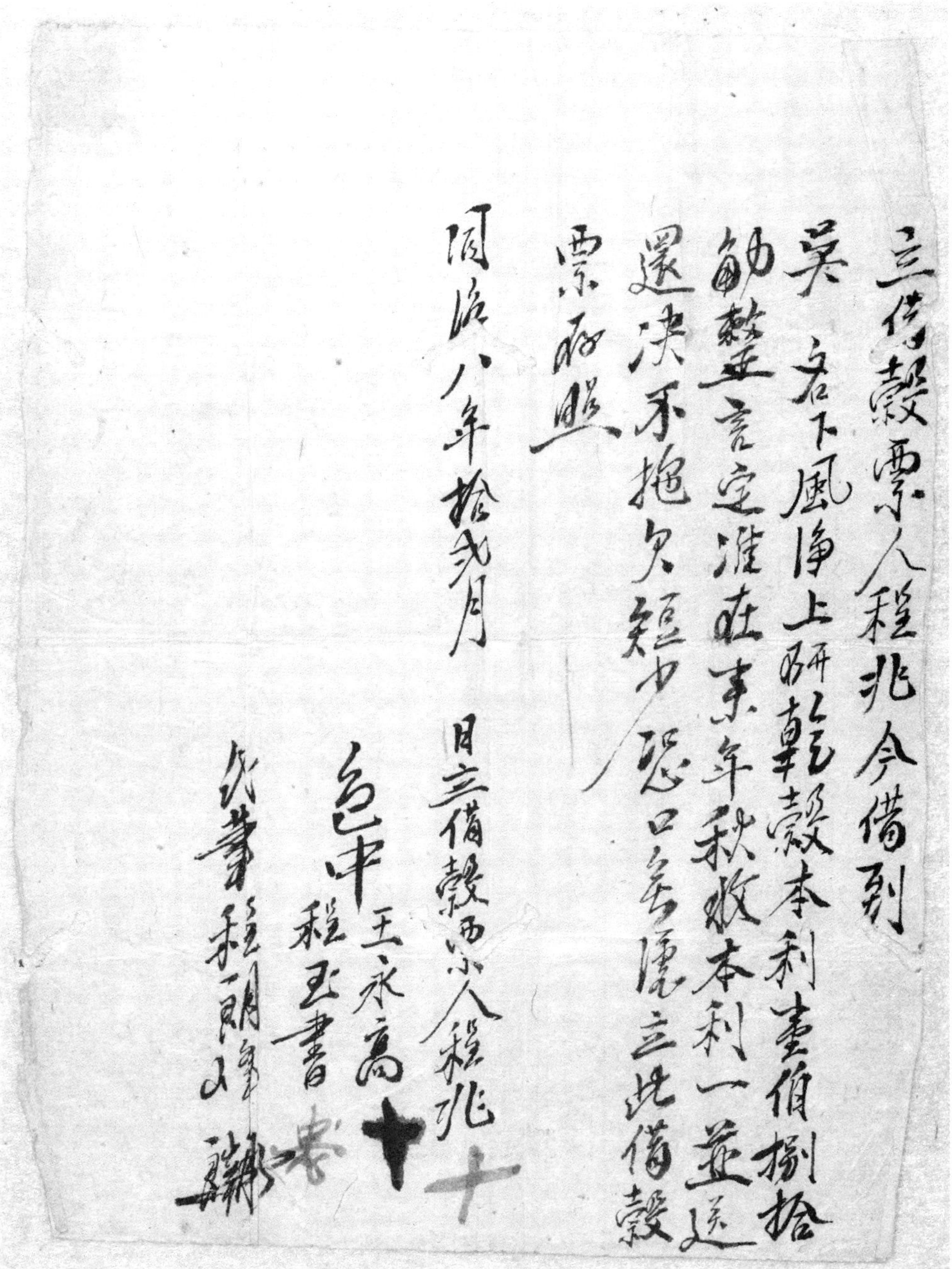

立借穀票人程兆今借到
吳名下風淨上硏乾穀本利壹佰捌拾
觔整，言定准在來年秋收本利一並送
還，決不拖欠短少，恐口無憑，立此借穀
票存照。

同治八年拾弍月　日立借穀票人程兆（十）

中　王永高（十）
　　程玉書

代筆程朗山（押）

清同治八年十二月某某縣程兆立借穀票

二

清同治十三年五月某某縣程德昌立借紋銀字

立借字人程德昌今借到
族心存祀名下，緣身先年所邀一會，每屆應付曹平實
足鏡紋銀拾四兩二錢正，今年四月朔日八會輪心存祀
收領，身因拮据無措應付，特立字轉借，言定週年
交息弍分，于山內五祀祖歲錢計月扣除兩本銀，言
定明年歸還，如再拖欠，將身丁丑年所得末會四
兩祀一股付銀與着會相符，所憑扣抵，決無異言。恐
口無憑，特立借字存據。

再批：今年末會應付銀，身因乏力未付，又照。

同治十三年五月初一日立借字人程德昌（押）
憑中族叔程爾乾（押）

清光緒四年六月某某縣方慎德堂立借磚牆字

立借字人方慎德堂今借到地東散磚墻高八尺南濶八尺五寸西長二丈五尺
北濶六尺八寸石脚長數並匠人工夫計長三丈六尺八寸三面言定待本
東做屋時月即當照樣長濶丈數做好歸還原東以好就用訂
定三年之内造還須照原樣□恐口無憑立此借字議據存據
兩無異説

立借墻造屋加高人方慎德堂（押）

憑中方炳山（押）

光緒四年六月十五日

二

清光緒八年十二月某某縣汪甚安立押小買田借大錢字附民國二年九月汪富仂取回原當田批

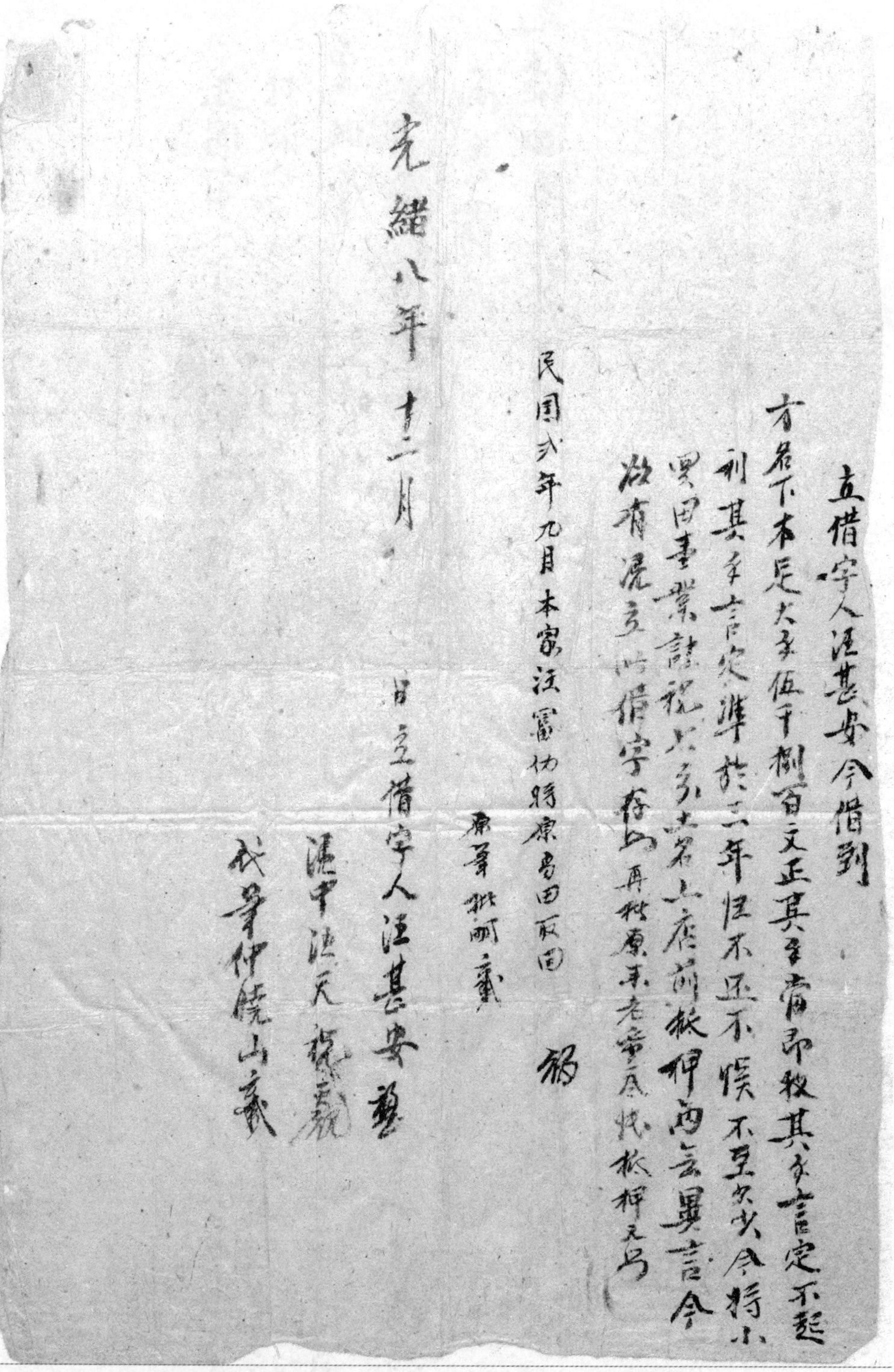

立借字人汪甚安今借到
有名下本足大錢伍千捌百文正其錢當即收其錢言定不起
利其錢言定準於二年歸不還不誤不至欠少今將小
買田壹業計租六分土名上底前抵押內無異言今
欲有憑立此借字存照 再批原來老當一應找抵押之照

民國貳年九月 本家汪富仂將原當田取回 照
原筆 批的 親

光緒八年十二月 日立借字人汪甚安 親
憑中 汪天祿 親
代筆 仲饒山 親

二

立借字人梁金受今借到
汪仁泰名下光本洋○元正其洋言定每月洋加弍分起息恐口無
凭立此借字為據
当付梁光安吐契壹紙坐落○都下豐干里佃田壹畝冬分計弍坵業
主汪姓 武聖廟燈油會 緣因光安叔以後緊缺銀自愿將此佃田在身借去洋蚨壹宗
叔当凭中族將此佃田吐與身收執耕種剎下奈身緊缺銀用故將此佃契押
與仁泰名下副後本利交清言明將原佃契壹紙繳回今欲有凭立此
為據
光緒拾四年腊月　二十四日　立借字人梁金受十
凭親房梁光榮（押）
依代　張覌錫筆

清光緒十四年十二月某某縣梁金受立押佃田借光洋字

清光緒十七年十一月某某縣胡仁富立押佃批借英洋票

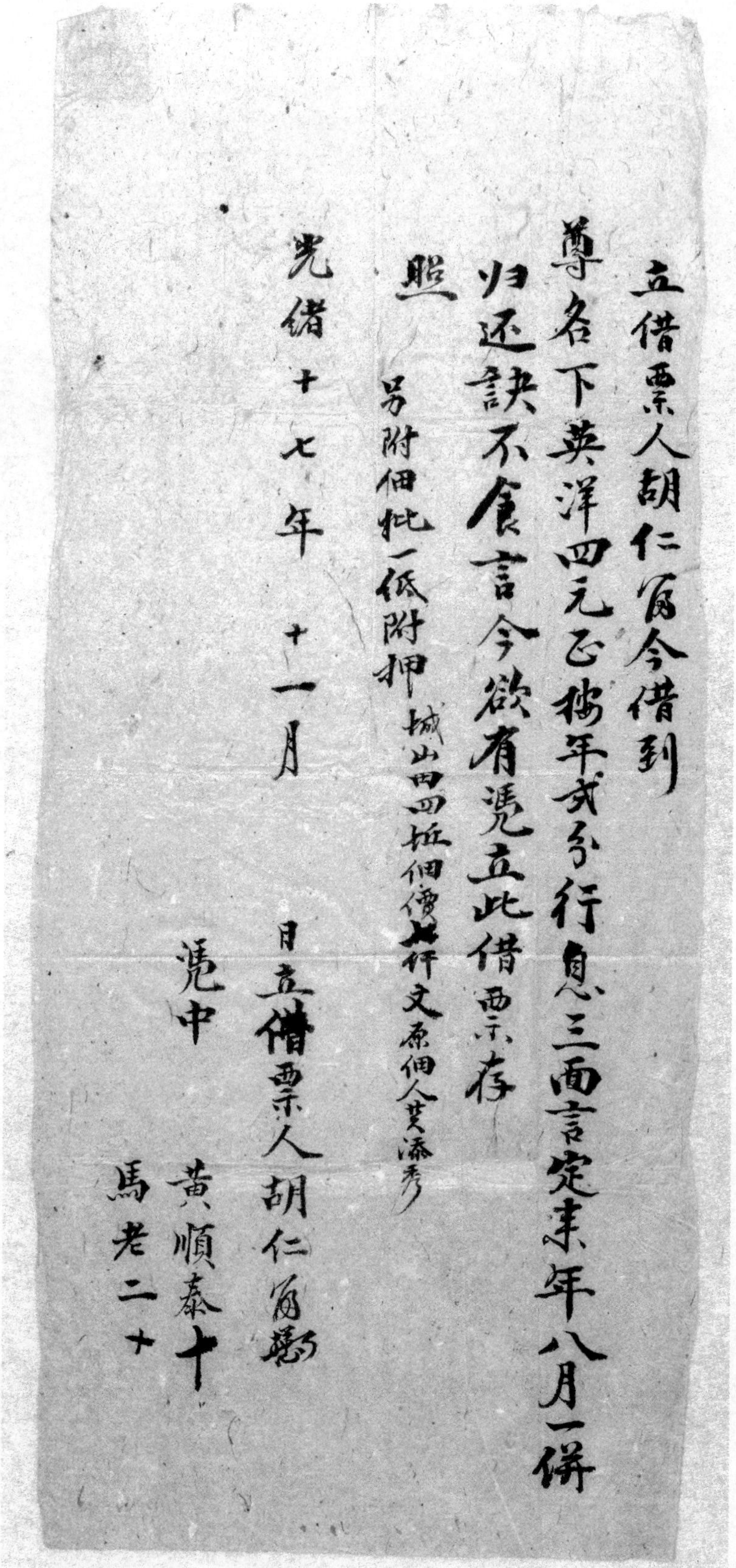

立借票人胡仁富今借到
尊名下英洋四元正，每年貳分行息，三面言定來年八月一併
归还，訣不食言。今欲有凭，立此借票存
照。
另附佃批一纸附押。城山四四坵，佃價洋□行文，原佃人黄添秀
光绪十七年十一月　日立借票人胡仁富（押）
凭中　黄顺泰（十）
馬老二（十）

清光緒二十六年三月某某縣某姓左泉立押房屋借英洋字附光緒三十四年十月立加典價批

立借字胞姪左泉今借到

二叔母名下英洋叁拾元正其洋是身當日收足比將身住屋土名曲宅麻園三重樓四合屋內西邊

上廳地房壹間樓房壹間質押听憑名租作息俟洋錢歸還之日仍將此房還身居

住決無異說恐口無憑立此為據

再批此屋係身家與二叔母家合業赤契向係二叔母手收存無從繳付又照押

光緒貳拾六年三月貳拾七日立借字胞姪左泉押

光緒叁拾四年十月初四加典價英洋拾元

再叔哲文押

憑中族

眼伯萬滋押

胞兄洪濟押

胞兄洪濱押

胞姪永楨押

胞兄洪漳十

清光緒二十九年九月某某縣程永貴立押佃進田借英洋字

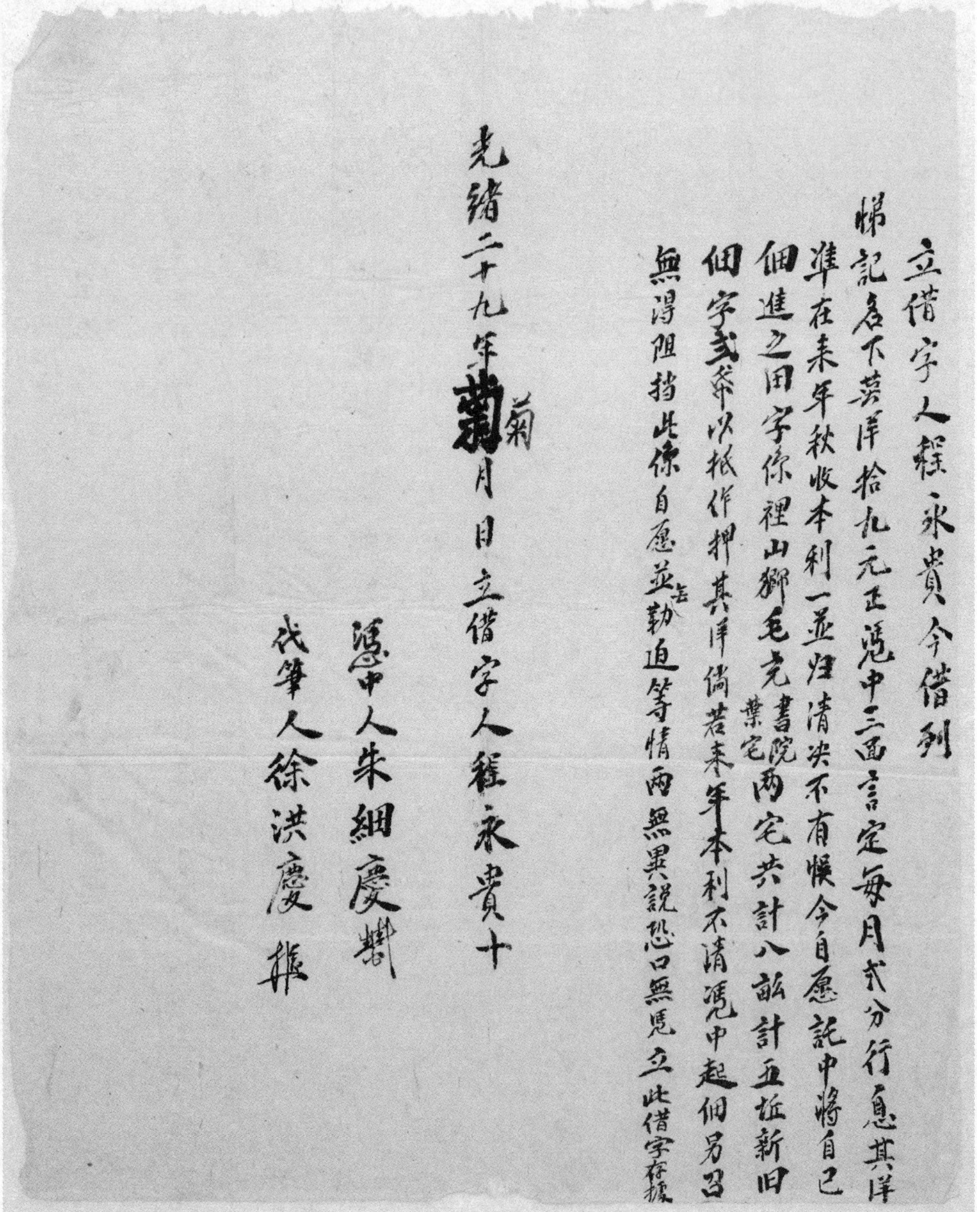

立借字人程永貴今借到
悌記名下英洋拾九元正憑中三面言定每月弍分行息其洋
準在來年秋收本利一並歸清決不有悞今自愿託中將自己
佃進之田字係裡山鄉毛克書院葉宅兩宅共計八畝計五坵新旧
佃字弍紙以抵作押其洋倘若來年本利不清憑中起佃另召
無得阻擋此係自愿並無勒迫等情兩無異說恐口無憑立此借字存據
光緒二十九年菊月　日立借字人程永貴十
憑中人朱細慶押
代筆人徐洪慶押

立借字人汪全福今因年終欠缺应用自愿托中借到
豫泰和竒歸名下英洋陸元正其洋比即自身收足其
利三面言定按月壹分五厘行息議准於四月本利
一併归楚不得欠少分文有短少挽中催取無得異言
此係自願恐口無憑立此借字為據

光緒三十年十二月　日　立借字人汪全福（押）
凭中　汪順新十
代筆　英遇良書

清光緒三十年十二月某某縣汪全福立借英洋字

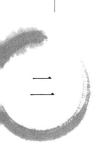

二、明崇禎至清宣統年間借貸契約

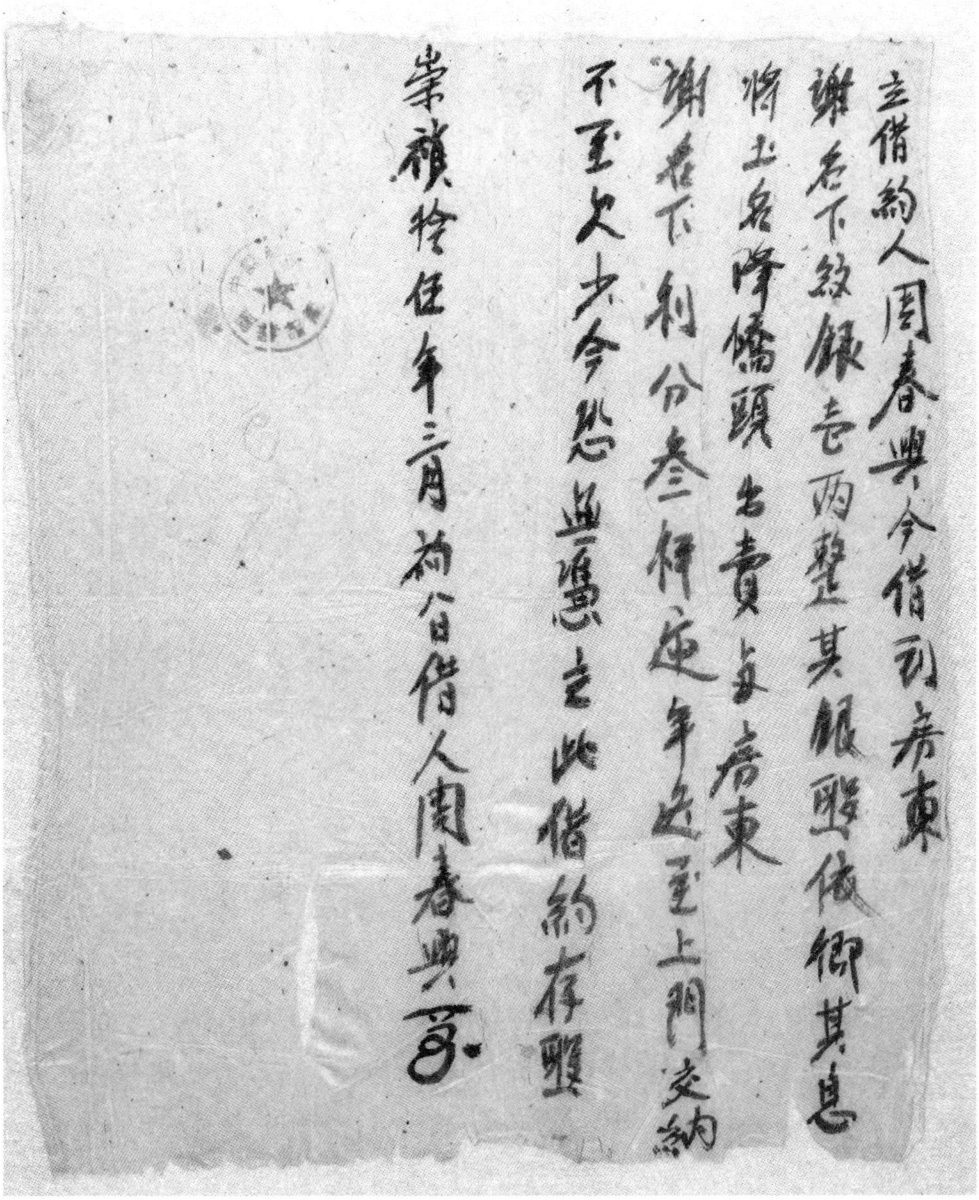

立借約人周春興今借到房東
謝名下紋銀壹兩整其銀照依御其息
將土名降橋頭出賣與房東
謝名下利谷叁秤逐年送至上門交納
不至欠少今恐無憑立此借約存照
崇禎拾伍年三月初八日借人周春興（押）

明崇禎十五年三月某某縣周春興立借紋銀約

二

清順治十三年六月某某縣程兆九立借銀票

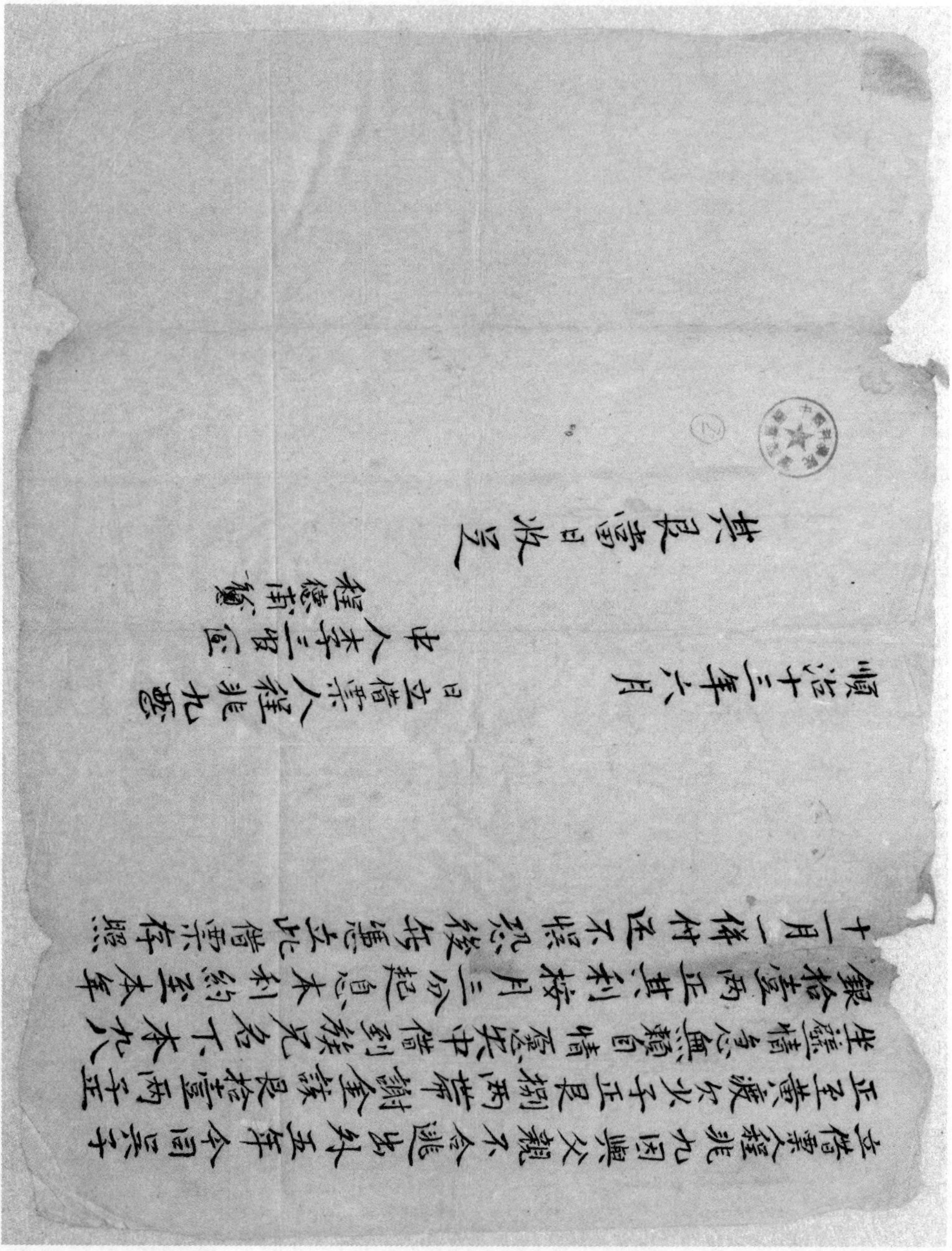
立借票人程兆九因與父親不合逃出外五年今同吳子
正至黃渡欠少子正艮捌兩帶謝金該艮拾壹兩子正
生蘖情急無賴自情懇央中借到族兄名下本九八
銀拾壹兩正其利按月三分起息本利約至本年
十一月一併付還不悞恐後無憑立此借票存照
順治十三年六月　日立借票人程兆九押
中人李三保押
程德甫押
其艮當日收足

二

清康熙廿九年十月某某縣胡成立借紋銀約

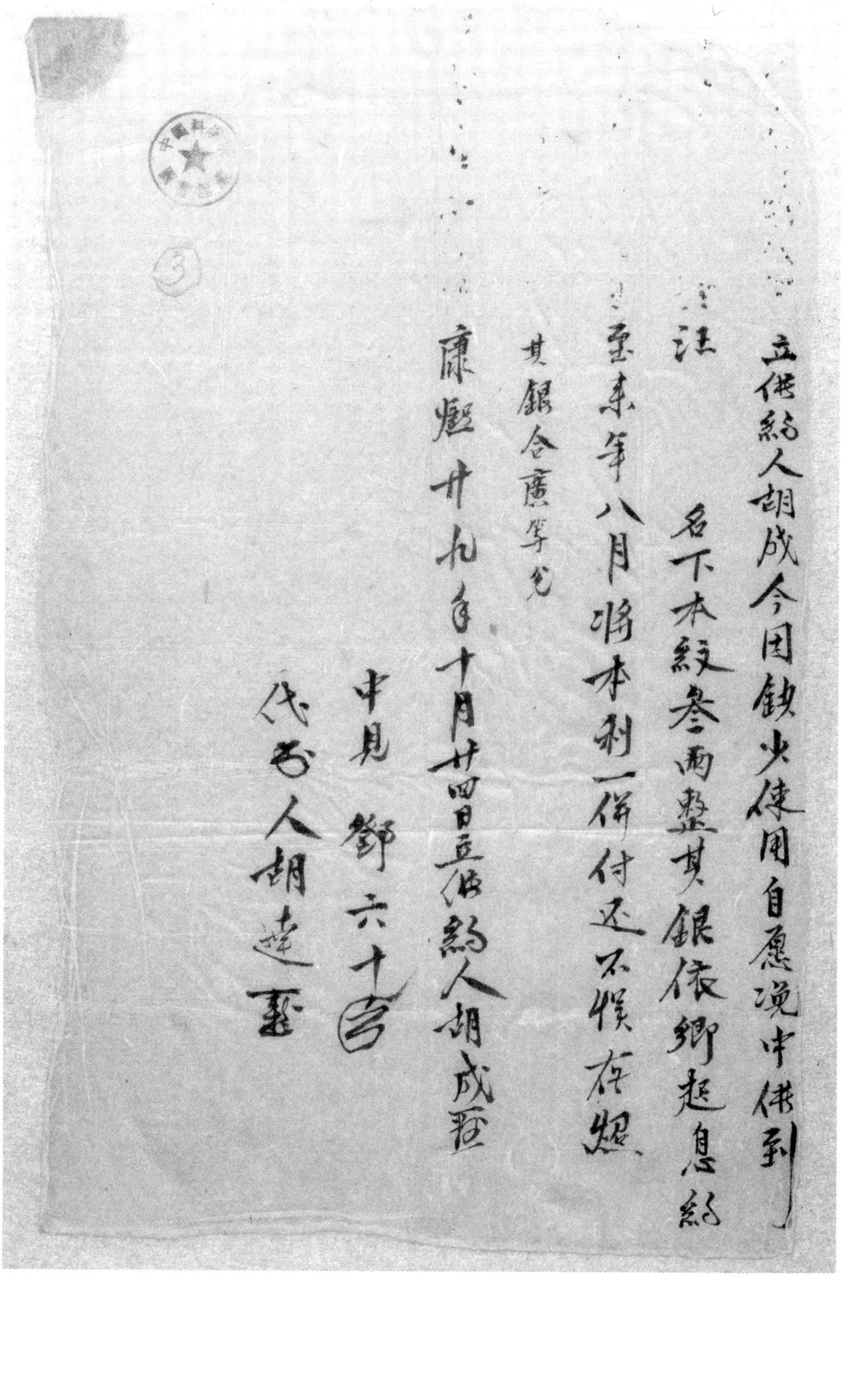

二

清康熙卅六年七月某某縣汪細連立當牛借銀約

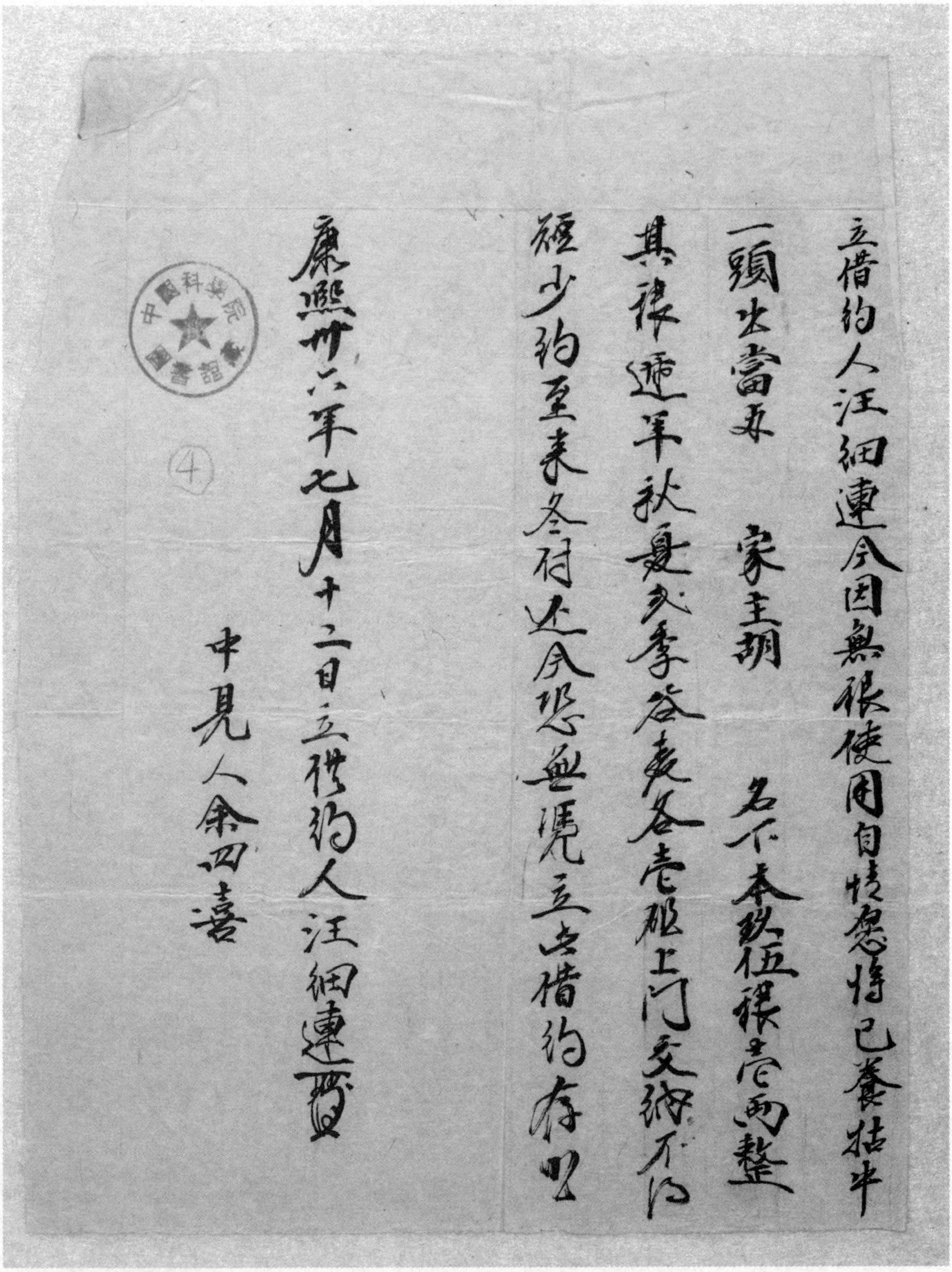
立借約人汪細連，今因無銀使用，自情愿將已養牯牛
一頭出當與　家主胡　名下，本紋伍錢壹兩整，
其銀迭年秋夏二季谷麦各壹砠上门交納，不得
短少，约至来冬付还。今恐無憑，立此借約存照。
康熙卅六年七月十二日立借約人汪細連（押）
中見人余四喜

(4)

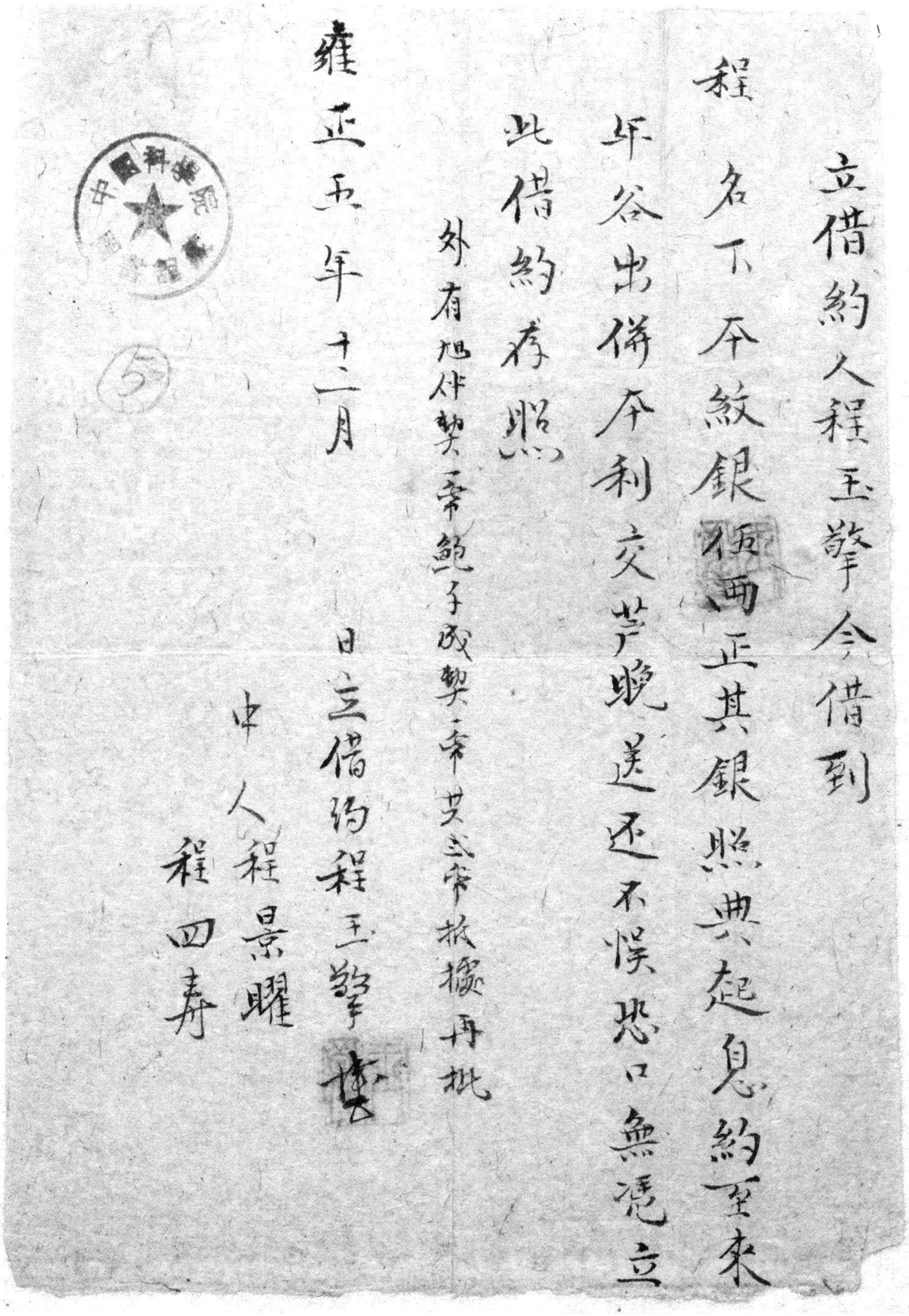

立借約人程玉擎今借到
程　名下本紋銀伍两正其銀照典起息約至來
年谷出併本利交芋晚送还不悮恐口無憑立
此借約存照
外有旭仵契一帋鲍子成契一帋共弍帋抵據再批
雍正五年十二月　日立借约程玉擎
中人程景曜
程四寿

清雍正五年十二月某某縣程玉擎立抵契據借紋銀約

清乾隆二年十月某某縣胡玉友立抵田皮借銀約

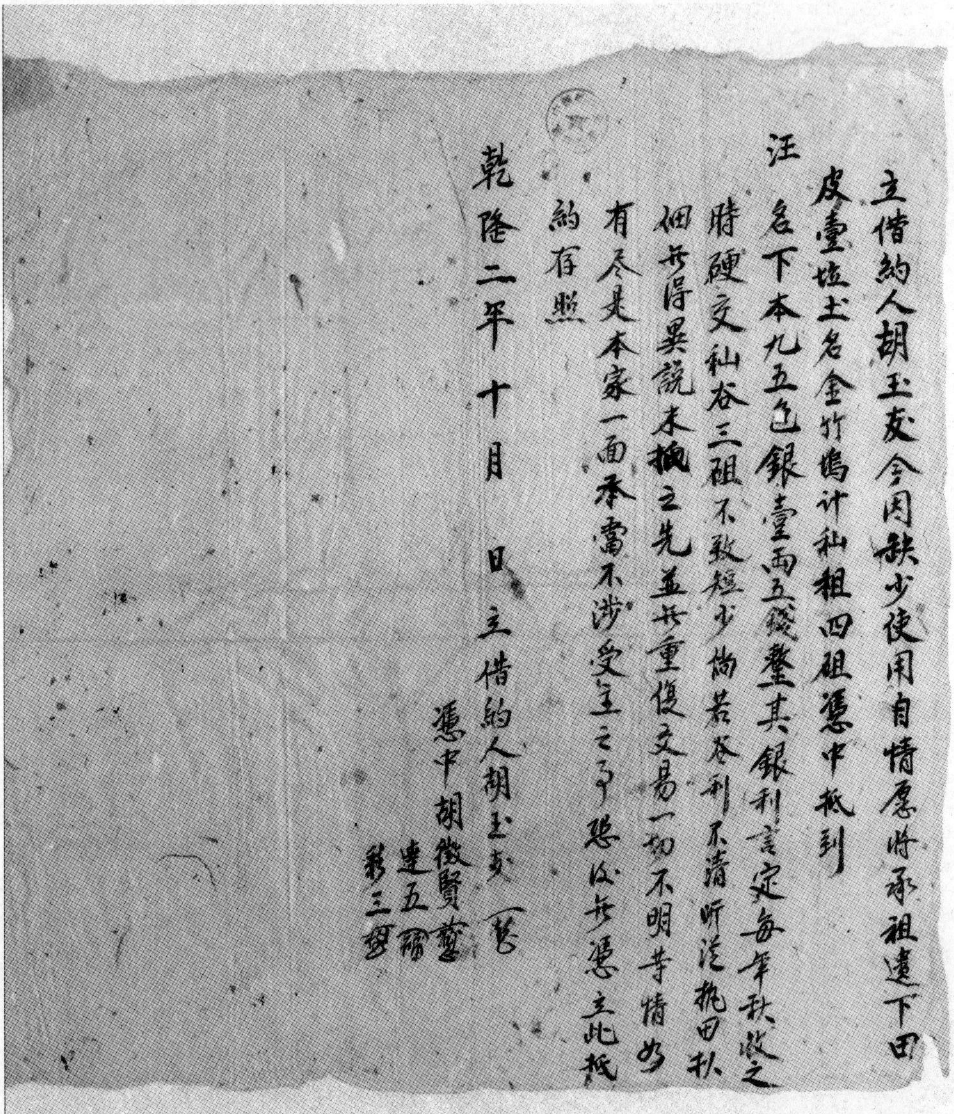

立借約人胡玉友今因缺少使用自情愿將承祖遺下田
皮壹坵土名金竹嶋计秈租四祖憑中抵到
汪 名下本九五色銀壹兩五錢整其銀利言定每年秋收之
時硬交秈谷三祖不致短少倘若谷利不清听從执田扒
佃无得異說未抵之先並无重復交易一切不明等情如
有尽是本家一面承當不涉受主之事恐口无憑立此抵
約存照

乾隆二年十月　日立借約人胡玉友（押）
憑中　胡徽賢（押）
連五（押）
彩三（押）

二

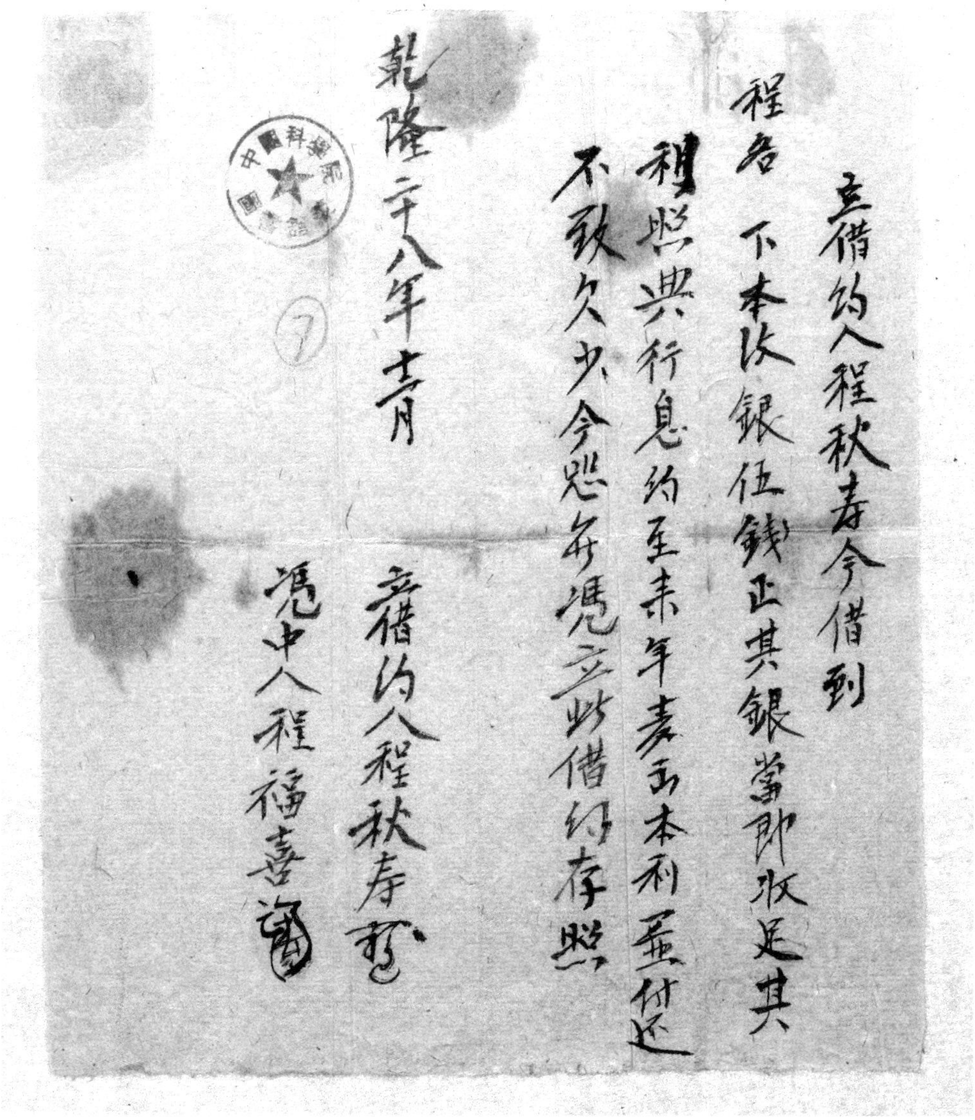

立借約人程秋壽今借到
程名下本紋銀伍錢正其銀當即收足其
利照典行息約至來年麥下本利一併付還
不致欠少今恐無憑立此借約存照
乾隆二十八年十二月　立借約人程秋壽（押）
憑中人程福喜（押）

清乾隆二十八年十二月某某縣程秋壽立借紋銀約

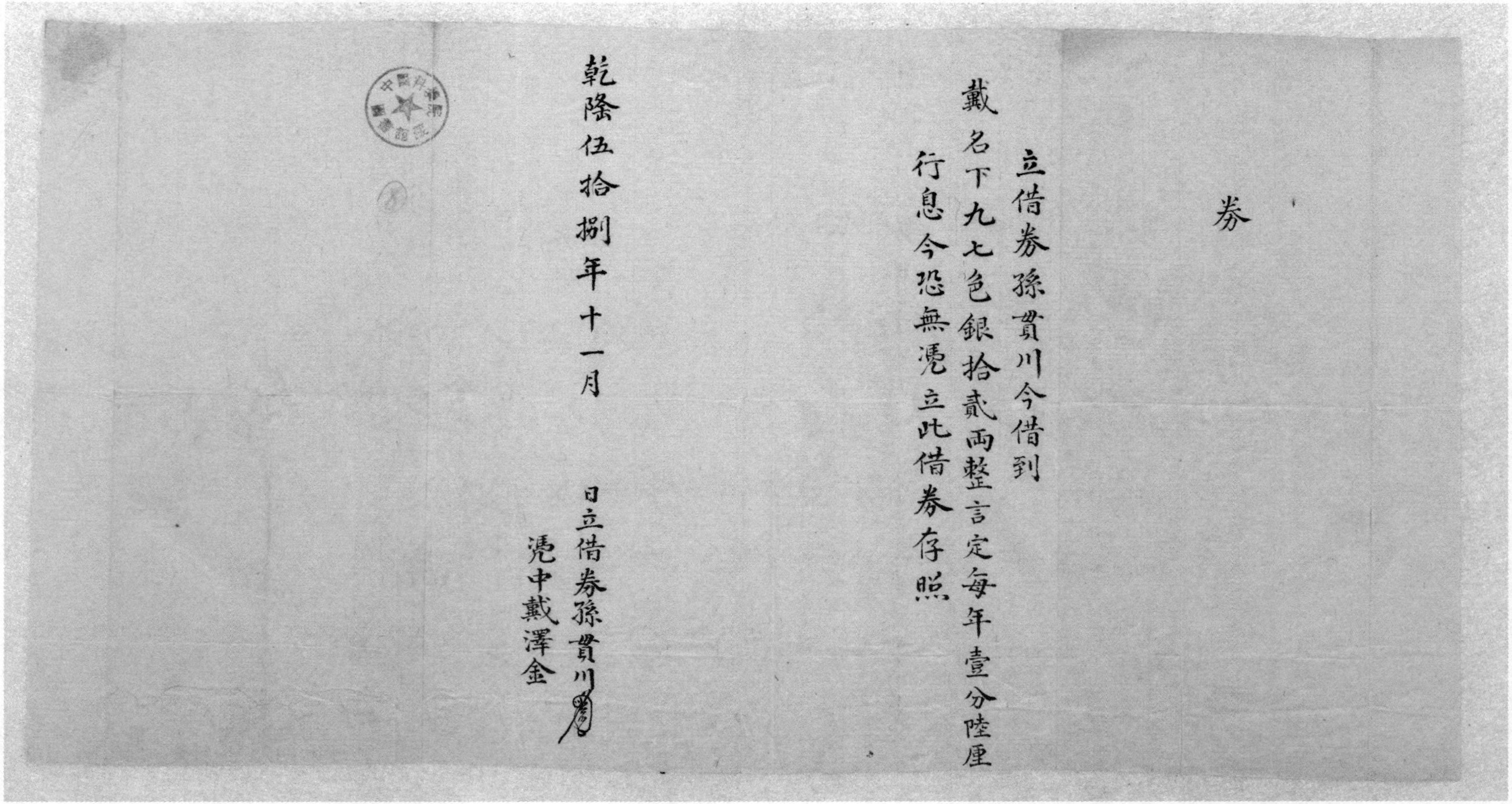
券
立借券孫貫川今借到
戴名下九七色銀拾貳兩整言定每年壹分陸厘
行息今恐無憑立此借券存照
乾隆伍拾捌年十一月　日立借券孫貫川（押）
憑中戴澤金

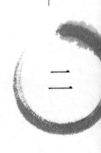

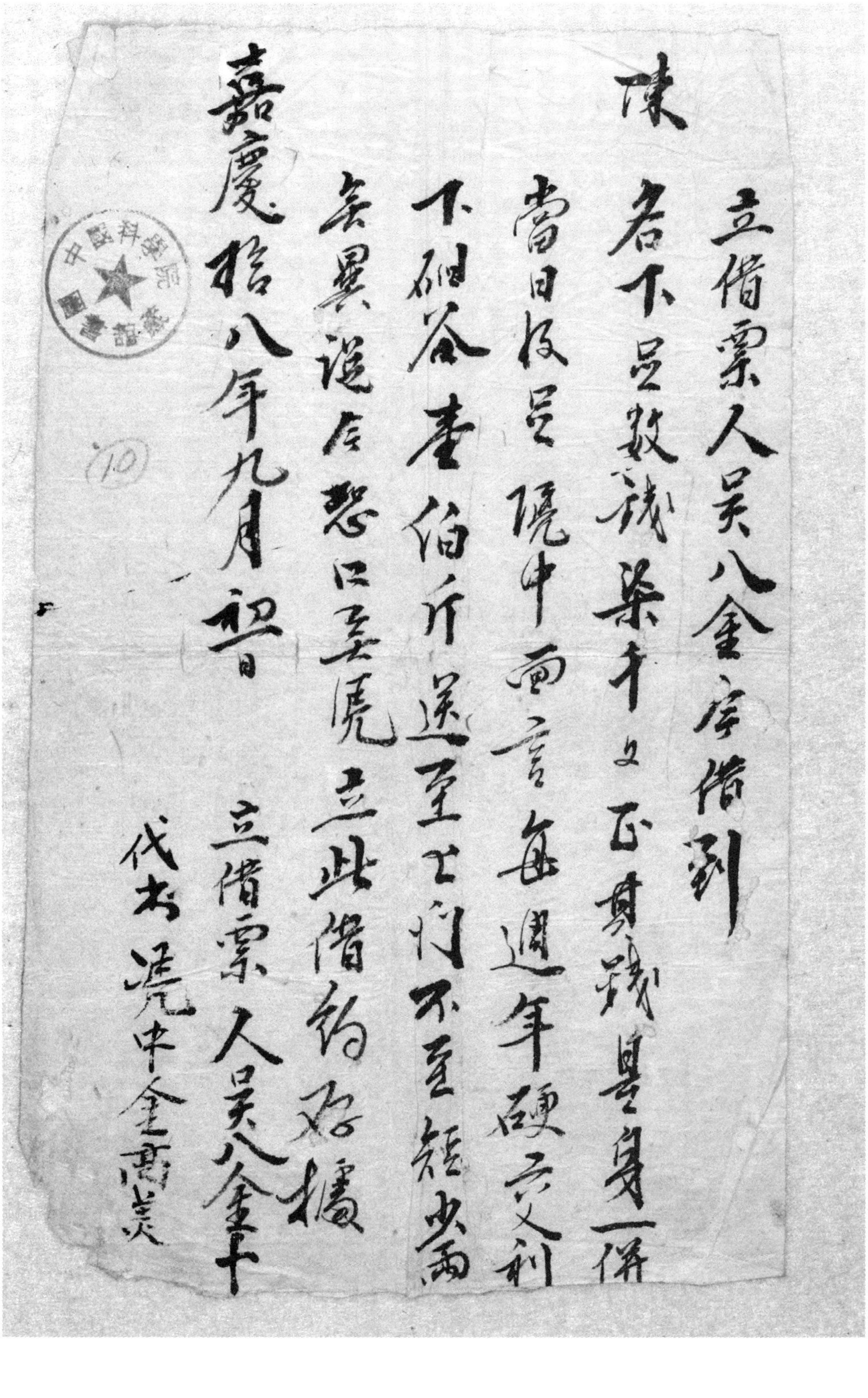
立借票人吴八金今借到
陳 名下足數錢柒千文正其錢是身一併
當日收足憑中面言每週年硬交利
下硘谷壹伯斤送至上門不至短少兩
無異說今恐口無憑立此借約存據
嘉慶拾八年九月 日 立借票人吴八金十
代书 憑中金高崑

清嘉慶十八年九月某某縣吴八金立借錢票

二

清嘉慶二十三年十一月某某縣吴余氏立押赤契借銀錢字

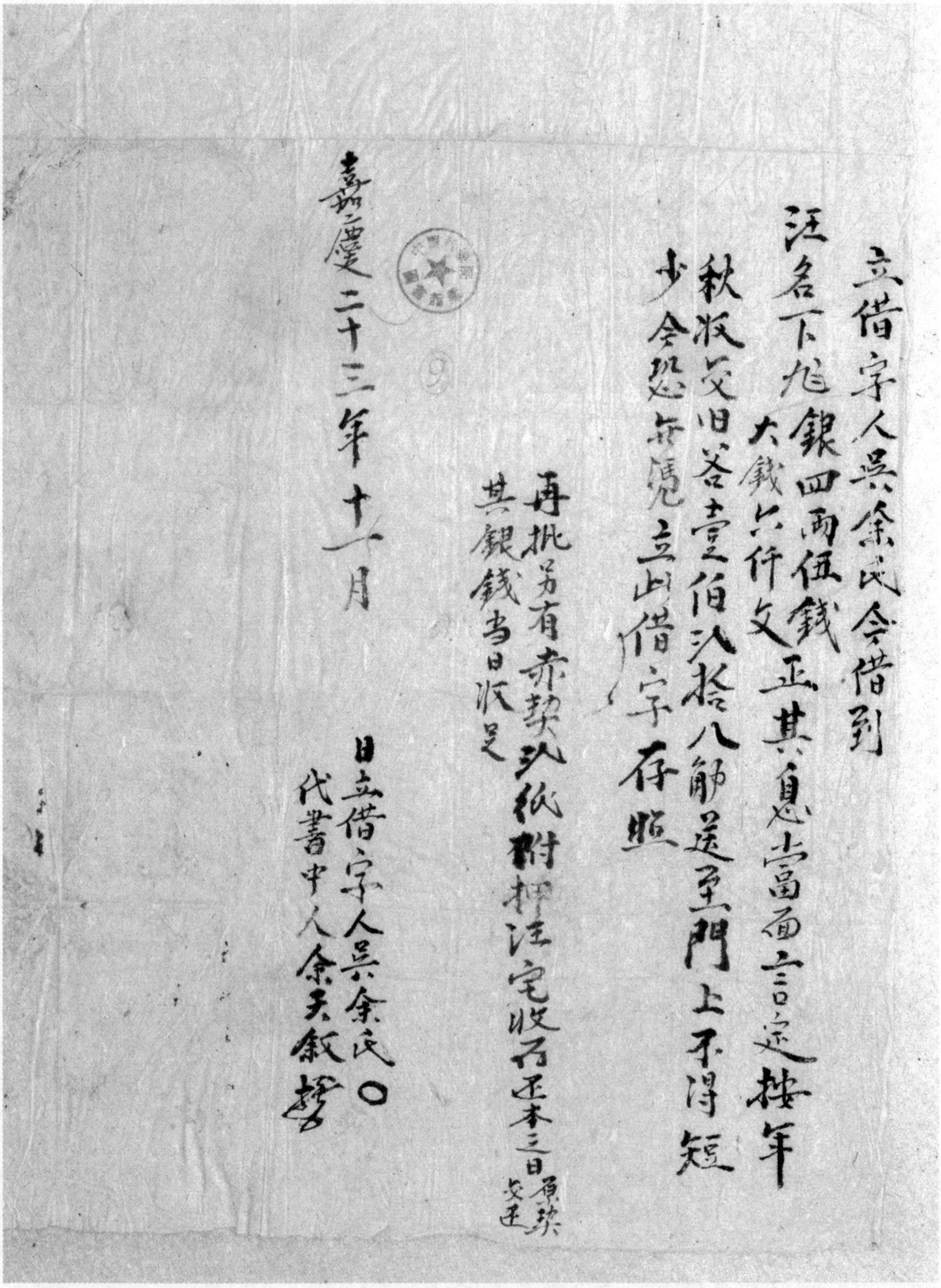
立借字人吴余氏今借到
汪名下九色銀四両伍錢大錢六仟文正其息當面言定按年
秋收交田谷壹佰二拾八觔送至門上不得短
少今恐無憑立此借字存照
再批另有赤契二紙附押汪宅收存还本之日原契交还
其銀錢当日收足
嘉慶二十三年十一月　日立借字人吴余氏〇
代書中人余天叙押

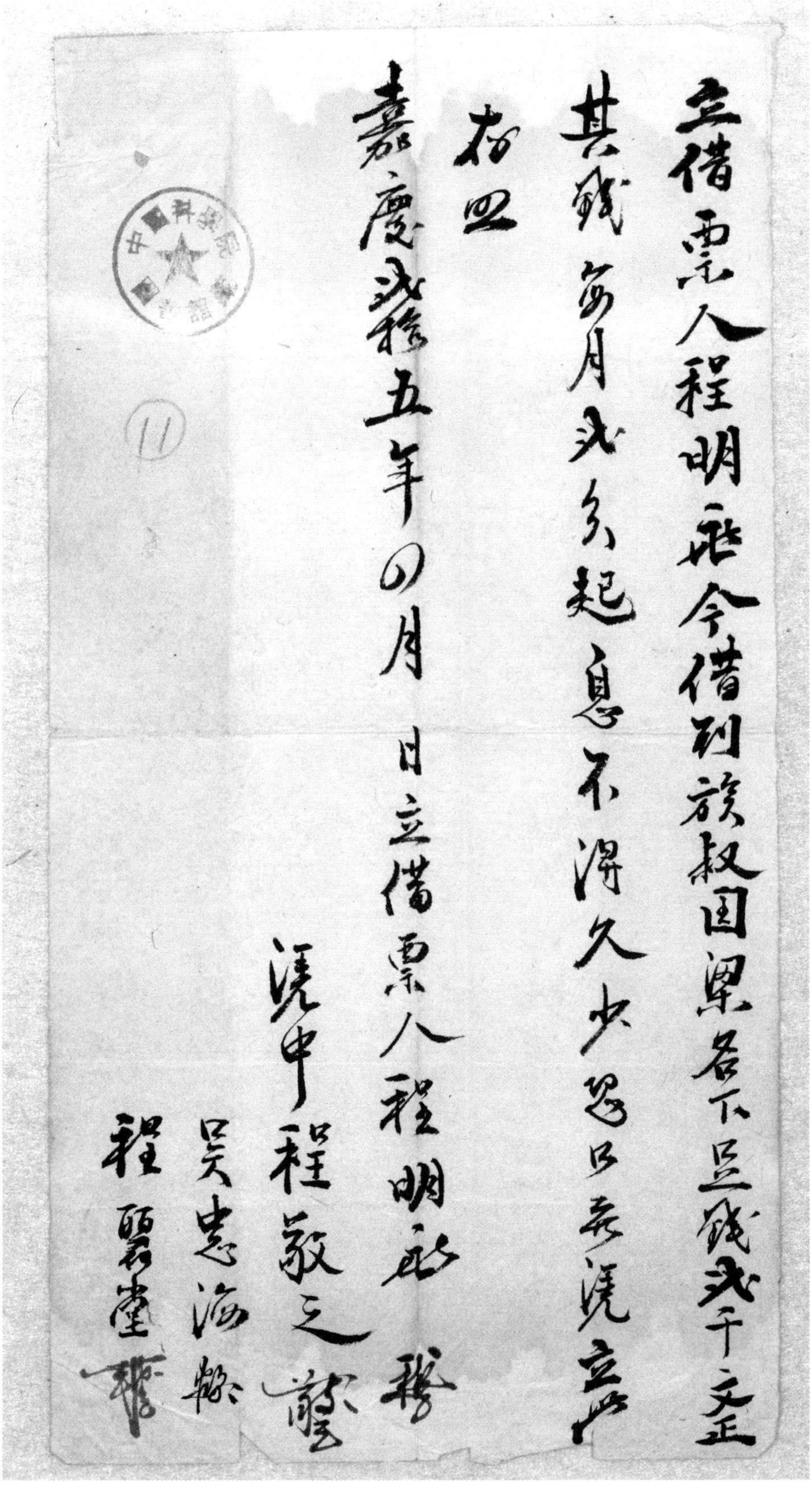
立借票人程明兆今借到族叔因梁名下足錢弍千文正
其錢每月弍分起息不得久少恐口無憑立此
存照
嘉慶弍拾五年四月　日立借票人程明兆
憑中程敬之
吴忠海
程賢堂

清嘉慶二十五年四月某某縣程明兆立借錢票

二

清道光五年九月某某縣程壽等立抵山合同等借錢票

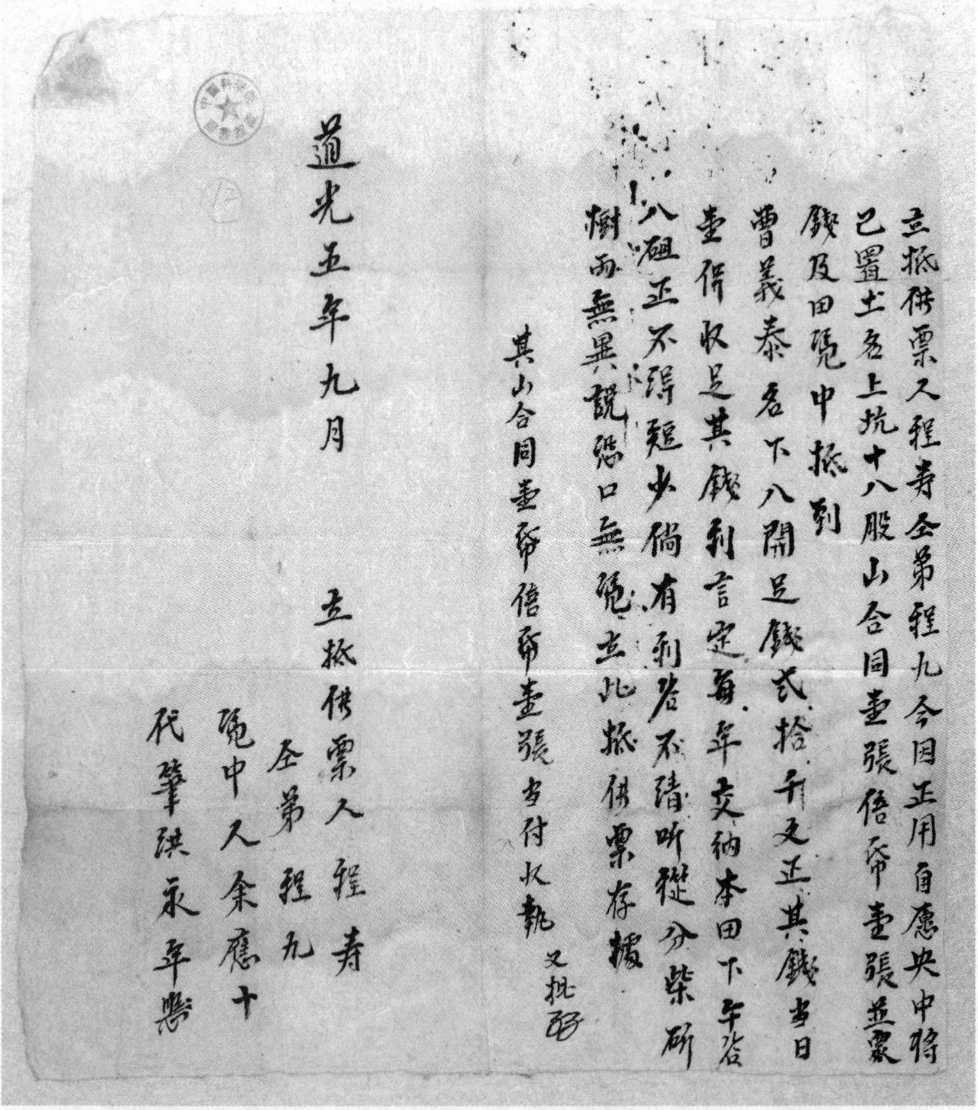

立抵借票人程寿仝弟程九今因正用自愿央中将
已置土名上坑十八股山合同壹張借字壹張並衆
錢及田憑中抵到
曹義泰名下八開足錢弍拾千文正其錢当日
壹併收足其錢利言定每年交納本田下午谷
八砠正不得短少倘有利谷不清听從分柴斫
樹兩無異説恐口無憑立此抵借票存據
其山合同壹紙借字壹張当付收執　又批（押）

道光五年九月

立抵借票人　程寿
仝弟　程九
憑中人　余應十
代筆　洪永年（押）

清道光十年十二月某某縣程宗玉立借銀字

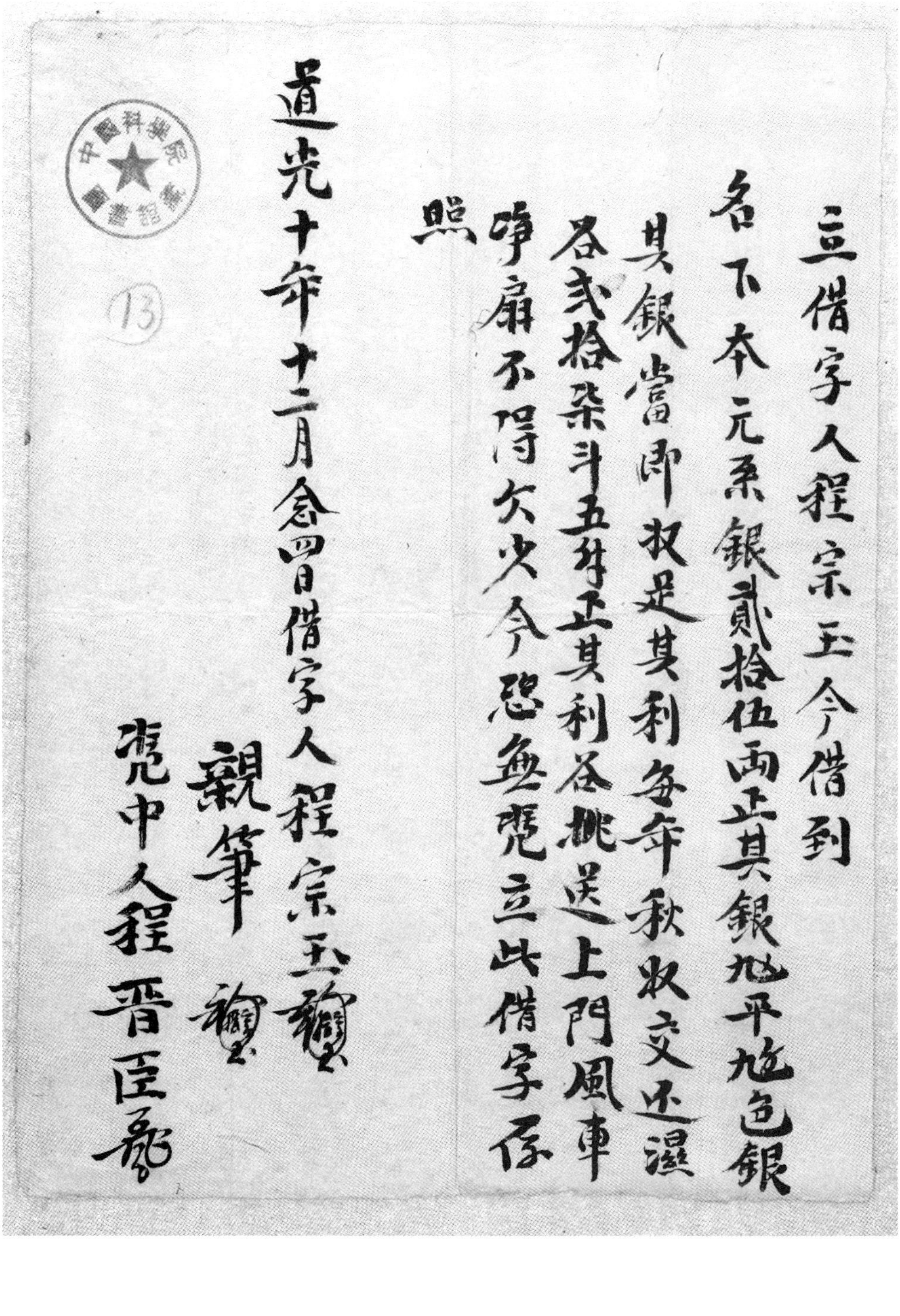

立借字人程宗玉今借到
名下本元系銀貳拾伍兩正其銀九平九色銀
其銀當即收足其利每年秋收交還
谷貳拾柒斗五升正其利谷挑送上門風車
淨扇不得欠少今恐無憑立此借字存
照

道光十年十二月念四日借字人程宗玉（押）
親筆（押）
憑中人程晉臣（押）

二

清道光二十年九月某某縣程鳴和立借本洋字約

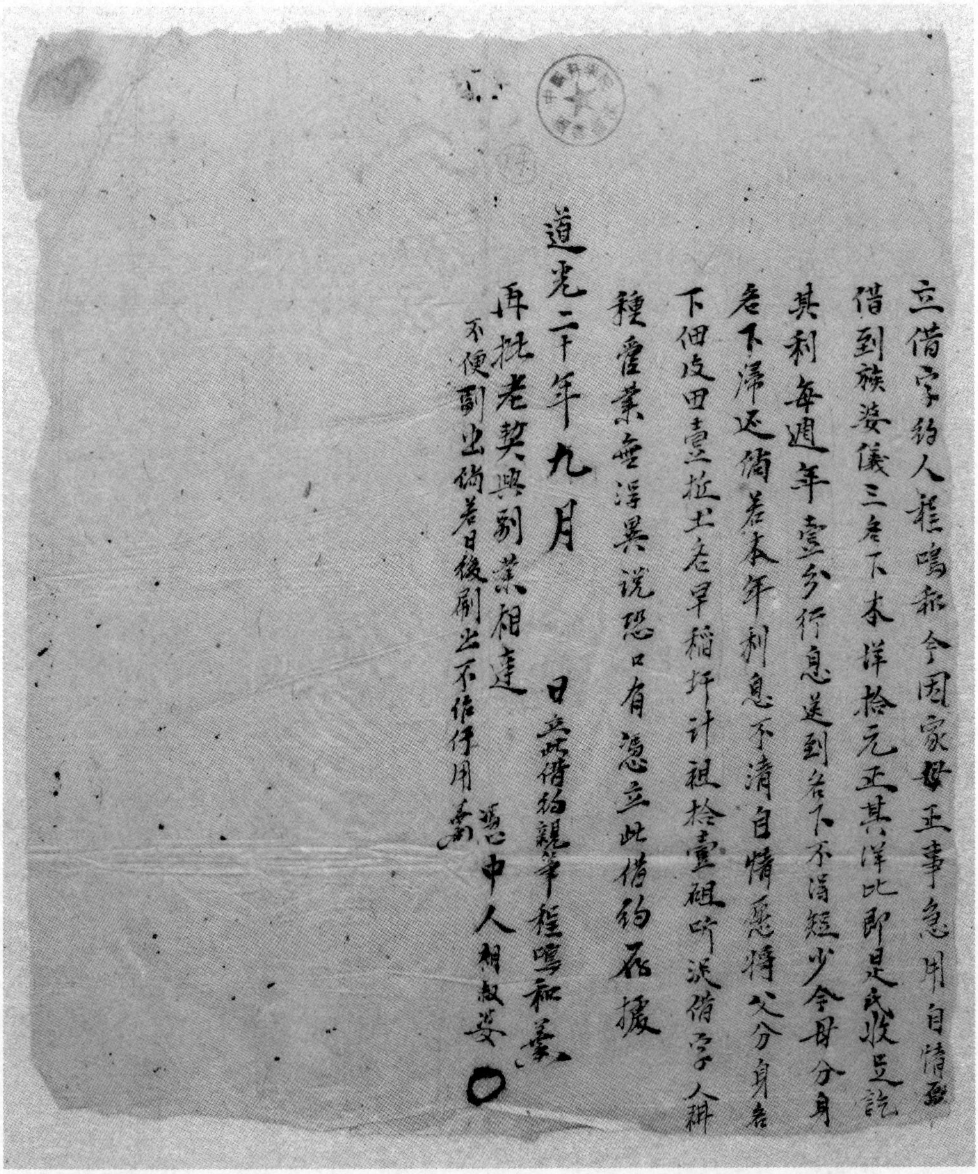
立借字約人程鳴和今因家母正事急用自情愿
借到族姿儀三名下本洋拾元正其洋比即是氏收足訖
其利每週年壹分行息送到名下不得短少今將分身
名下滞还倘若本年利息不清自情愿將父分身名
下佃皮田壹坵土名早稻圩計租拾壹祖听从借字人耕
種管業無得異說恐口無憑立此借約存據
道光二十年九月　日立此借約親筆程鳴和（押）
再批老契與別業相連不便副出倘若日後刷出不作行用（押）
憑中人相叔姿（押）

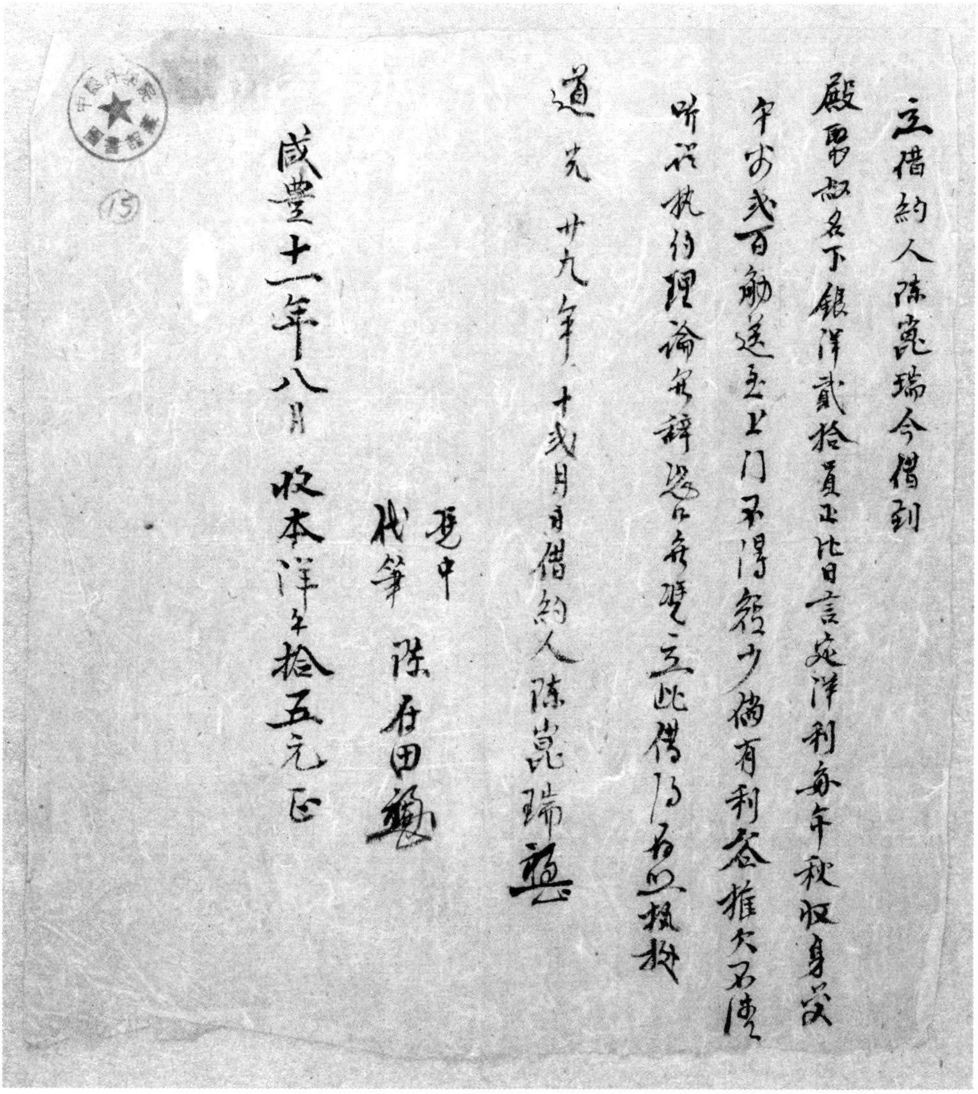
立借約人陳崑瑞今借到
殿愚叔名下銀洋貳拾員正比日言定洋利每年秋收身交
中谷弍百觔送至上门不得短少倘有利谷推欠不清
听從执價理論無辭恐口無憑立此借約存照
道光廿九年十弍月　日借約人陳崑瑞押
見中
代筆　陳存田押
咸豐十一年八月　收本洋弍拾五元正

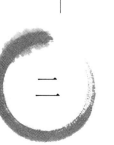

清道光廿九年十二月某某縣陳崑瑞立借銀洋約附咸豐十一年八月立收洋錢批

二

清咸豐三年八月某某縣胡灶定立押會書借穀票

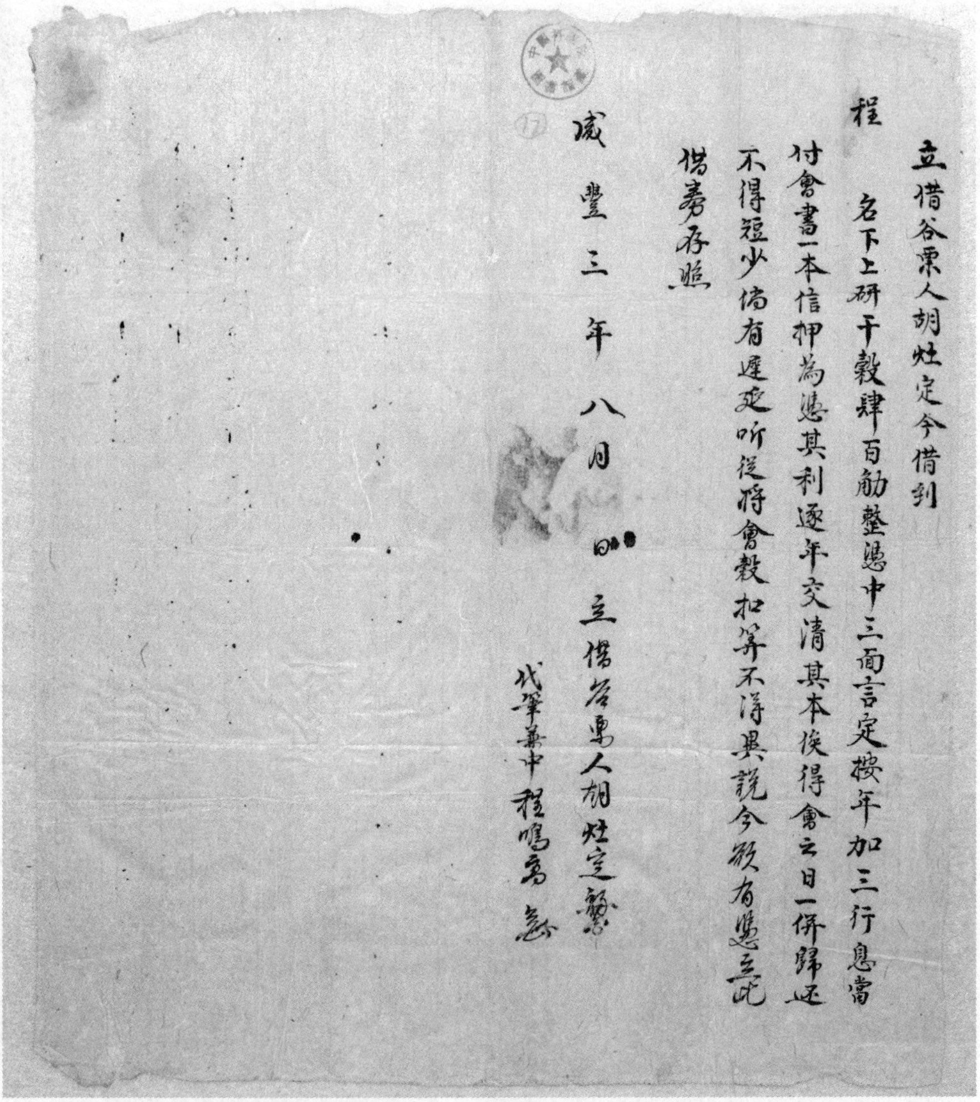

立借谷粟人胡灶定今借到
程　名下上研干穀肆百觔整憑中三面言定按年加三行息當
付會書一本信押為憑其利逐年交清其本俟得會之日一併歸还
不得短少倘有遲延听從將會穀扣筭不得異說今欲有憑立此
借劵存照
咸豐三年八月　日　立借谷粟人胡灶定（押）
代筆兼中　程鳴高（押）

清咸豐四年十二月某某縣鮑次瑩立借洋錢券

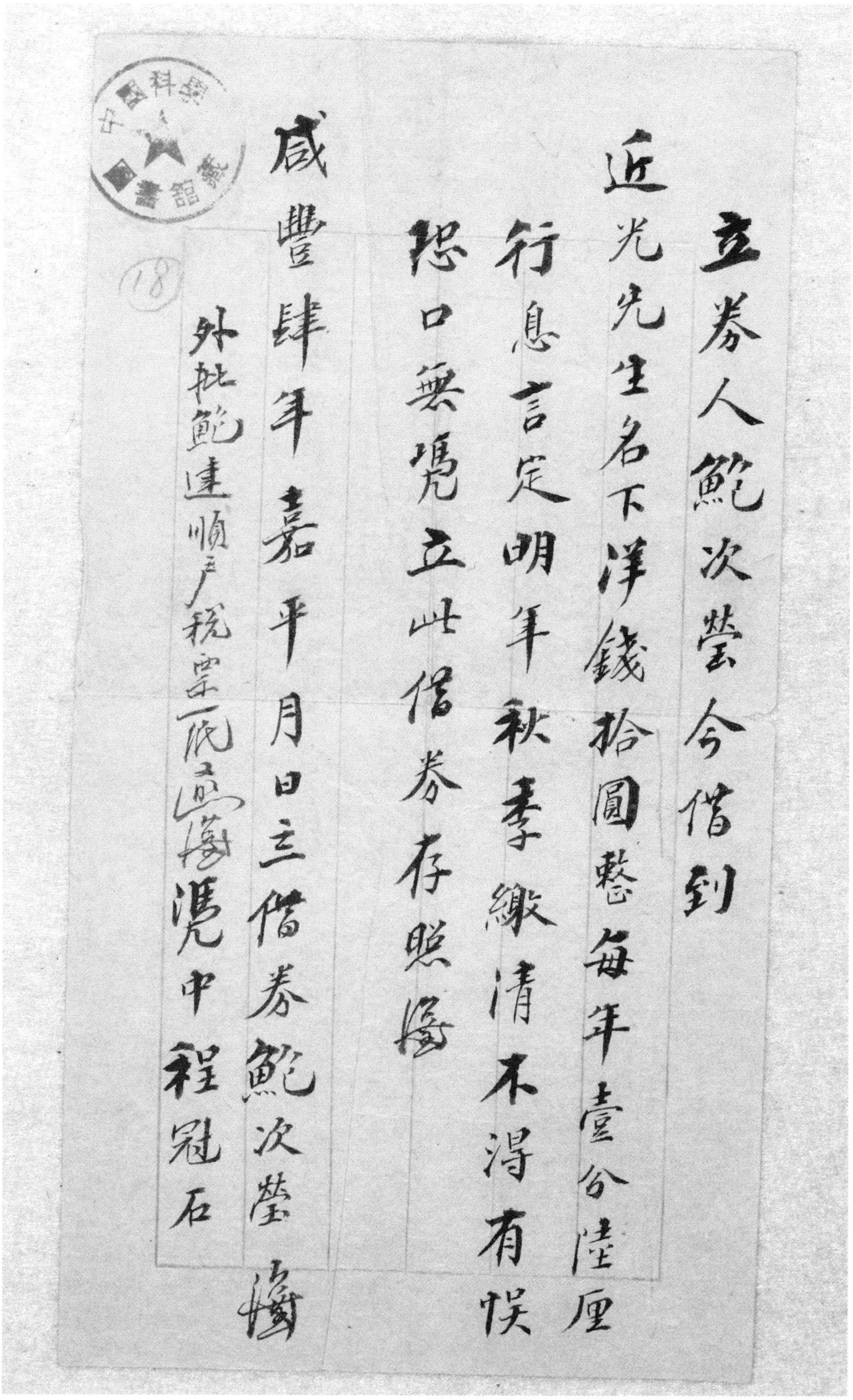

立券人鮑次瑩今借到
近光先生名下洋錢拾圓整，每年壹分陸厘
行息，言定明年秋季繳清，不得有悞。
恐口無憑，立此借券存照。
咸豐肆年嘉平月日立借券鮑次瑩（押）
外批：鮑達順三广稅票一紙並押
憑中程冠石

二

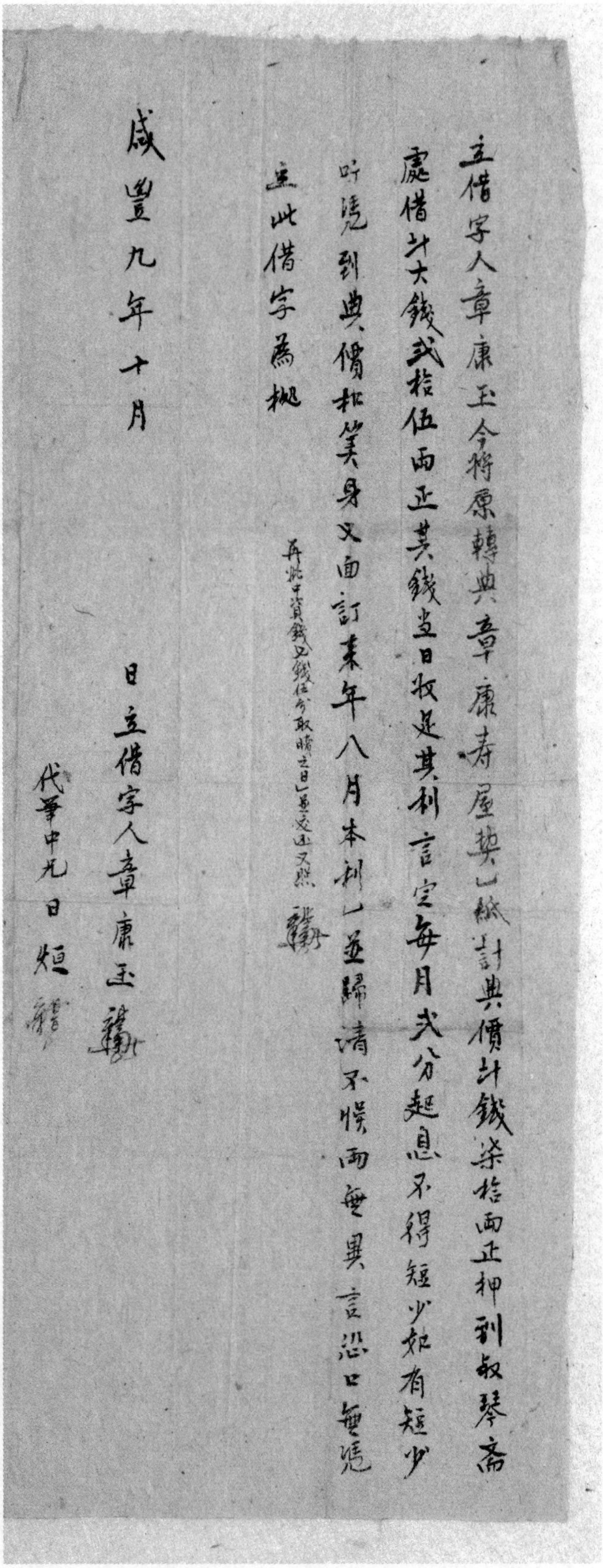

立借字人章康玉今將原轉典與章康壽屋契一紙計典價大錢柒拾兩正押到叔琴斋
處借大錢弍拾伍兩正其錢當日收足其利言定每月弍分起息不得短少如有短少
聽憑到典價扣算身文面訂来年八月本利一並歸清不悞兩無異言恐口無憑
再批中資錢又錢伍分取贖之日一並交還又照（押）
立此借字為據

咸豐九年十月　日立借字人章康玉（押）
代筆中光日烜（押）

清咸豐九年十月某某縣章康玉立押屋契借大錢字

二

清咸豐十年閏三月某某縣汪舜廷立押小板箱等借大錢字

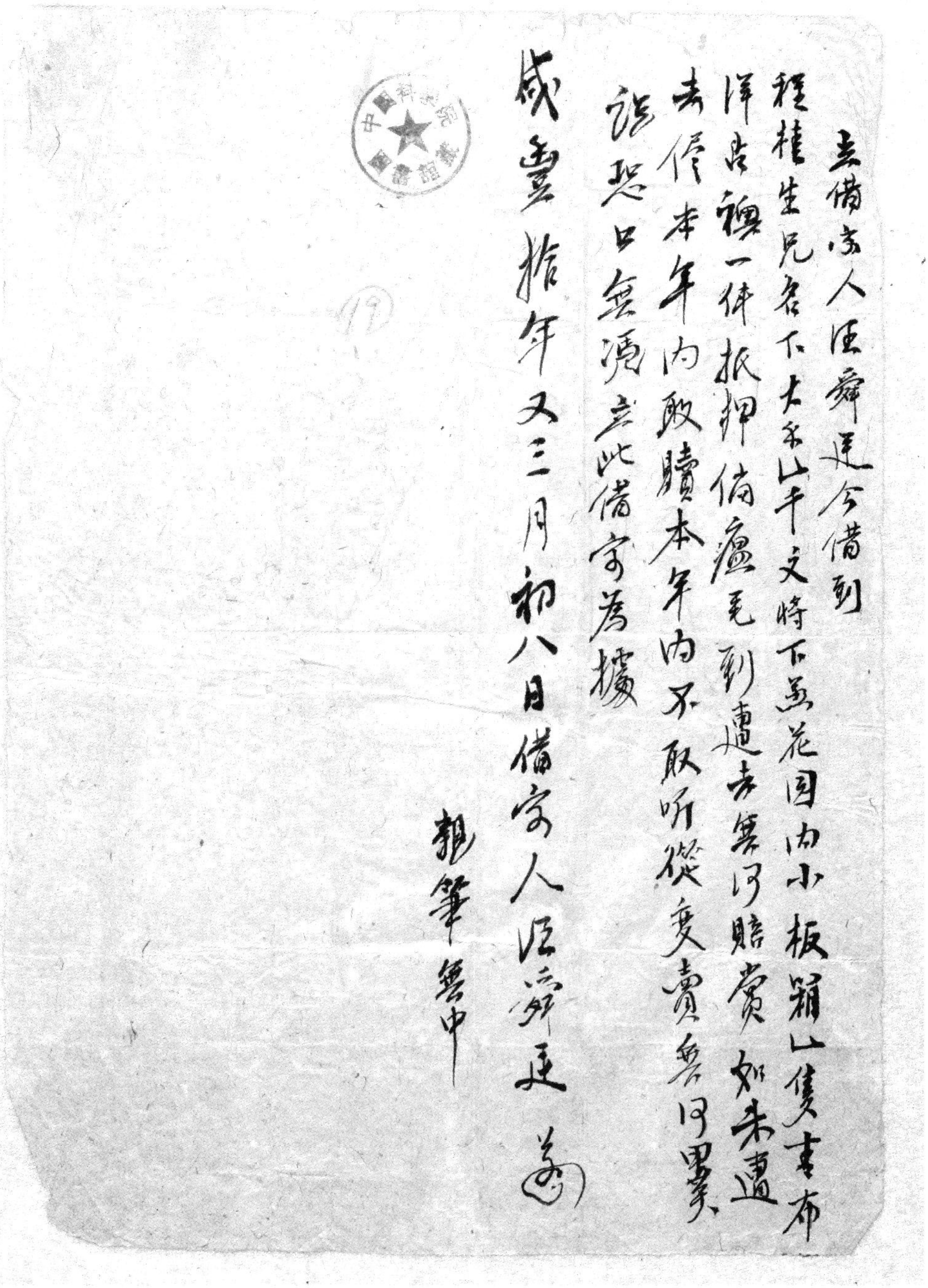
立借字人汪舜廷今借到
程桂生兄名下大钱山千文將下並花园内小板箱山隻青布
洋呢襖一件抵押倘虐毛到遣去無司賠償如未遣
去候本年内取贖本年内不取听從变賣無得異
說恐口無憑立此借字為據
咸豐拾年又三月初八日借字人汪舜廷（押）
親筆無中

二

清同治元年十二月某某縣汪培功立押佃借穀票

立借票人汪培功今借到
黄德本堂廒秤倉谷壹伯五拾觔言定挨秋交納利干谷
四拾伍觔不得短少另揆付黄福孫大门前佃七秤以作
為信如有是情所從另召耕種稔租兩無異說恐口無
憑立此借票存照
同治元年十二月　日立借票人汪培功（押）
票上改通票字三個又說（押）
憑中　孫雲龍（押）
代筆　孫文輝（押）

二

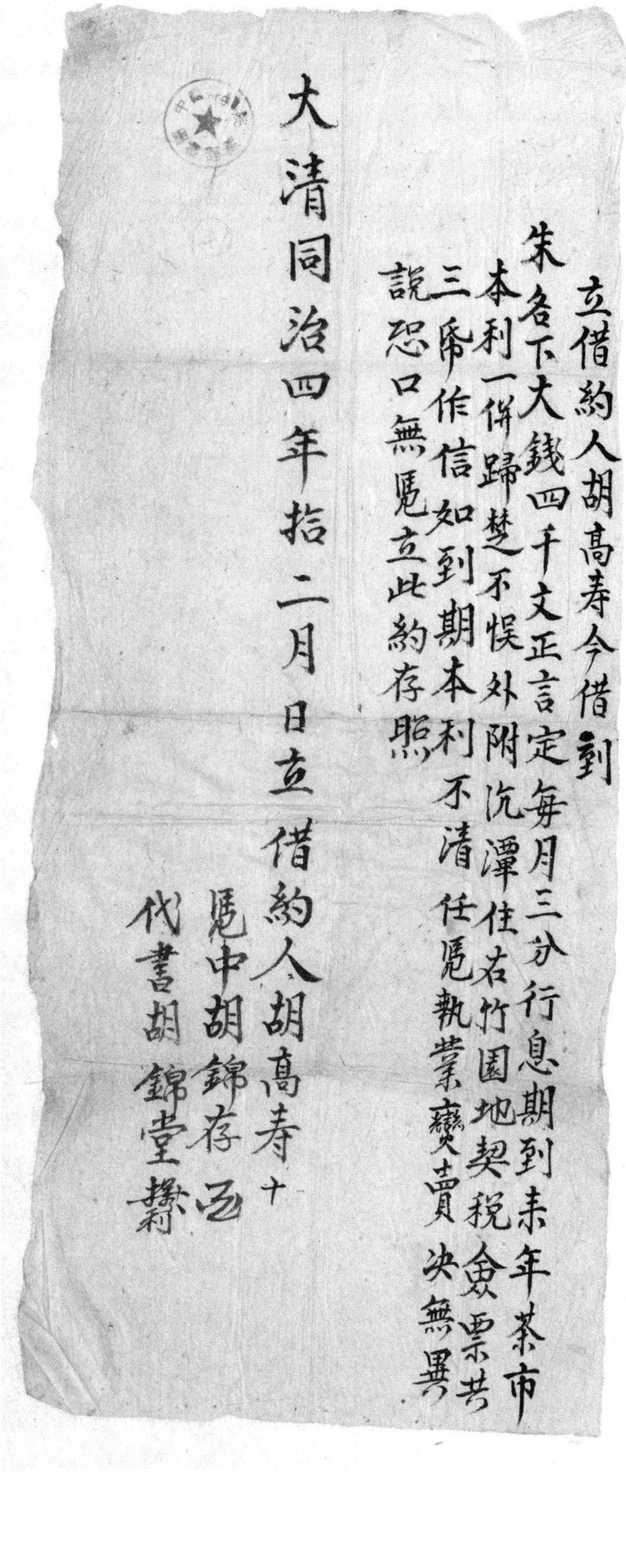

立借約人胡高寿今借到
朱名下大錢四千文正言定每月三分行息期到来年茶市
本利一併歸楚不悮外附沈潭住右竹園地契稅僉票共
三帋作信如到期本利不清任憑執業變賣決無異
說恐口無憑立此約存照

大清同治四年指二月日立借約人胡高寿十
憑中胡錦存
代書胡錦堂

清同治四年十二月某某縣胡高壽立押竹園地契稅票借大錢約

清同治六年十月某某縣余省三立押田地當契借大錢字

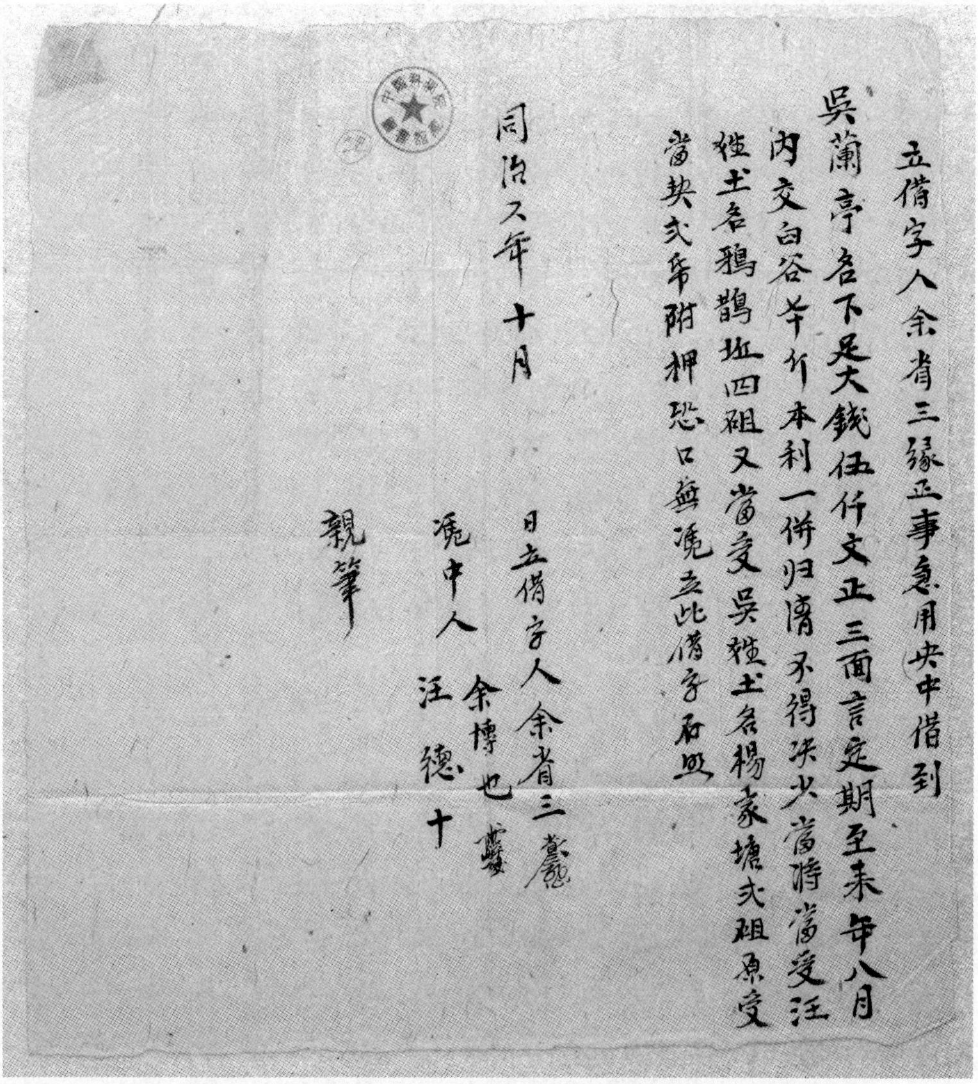

立借字人余省三緣正事急用央中借到
吳蘭亭名下足大錢伍仟文正三面言定期至來年八月
内交白谷半仟本利一併归清不得浃少當將當受汪
姓土名鴉鵲坵四硍又當受吳姓土名楊家塘弍硍原受
當契弍帋附押恐口無憑立此借字存照

同治六年十月　日立借字人余省三（押）
憑中人　余博也（押）
汪德十
親筆

二

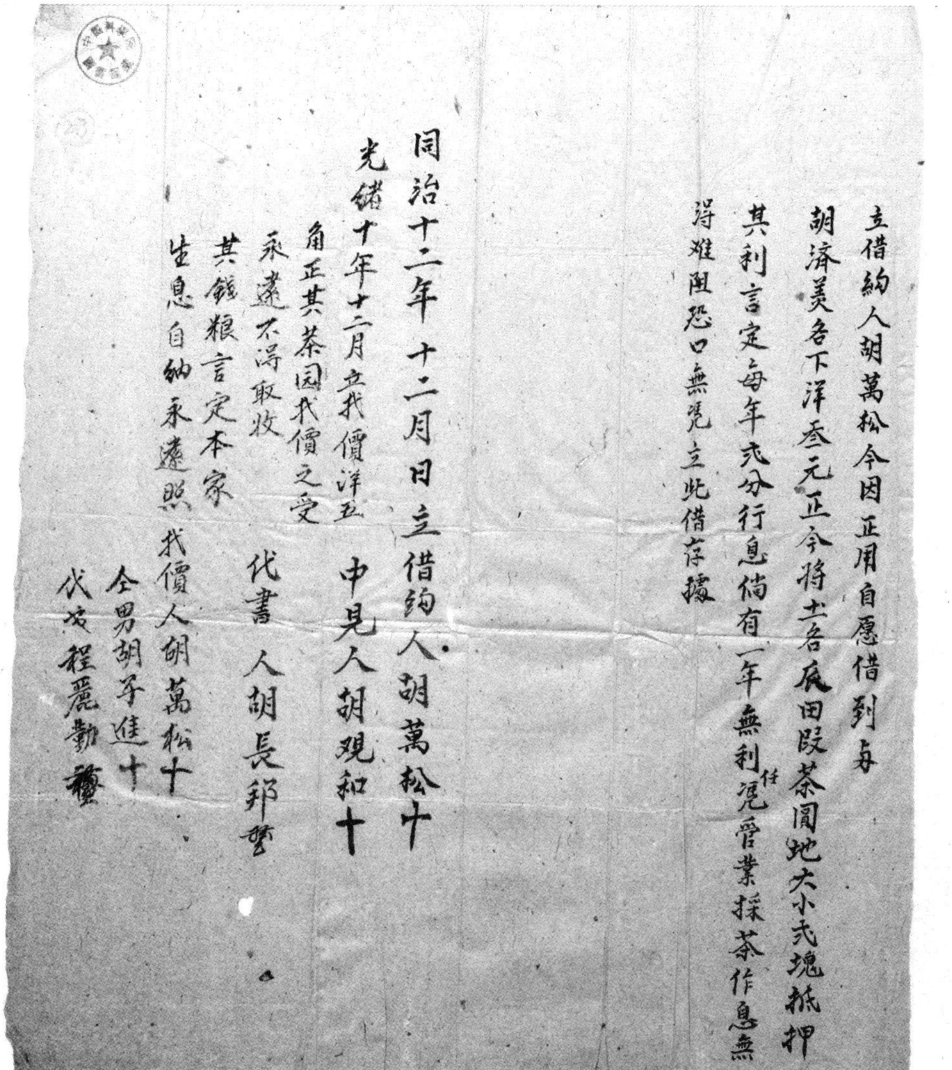

立借約人胡萬松今因正用自愿借到身
胡濟美名下洋叁元正今將土名底田段茶園地大小弍塊抵押
其利言定每年弍分行息倘有一年無利任凴管業採茶作息無
得難阻恐口無凴立此借存據

同治十二年十二月日立借約人胡萬松十
中見人胡观和十
代書人胡長邦(押)

光緒十年十二月立找價洋五
角正其茶園找價之後
永遠不得取收
其錢粮言定本家
生息自納永遠照 找價人胡萬松十
仝男胡子進十
代筆程麗勳(押)

清同治十二年十二月某某縣胡萬松立借洋押茶園約
附光緒十年十二月立找價洋約

二

清光緒六年十二月某某縣吴順茂立借光洋字

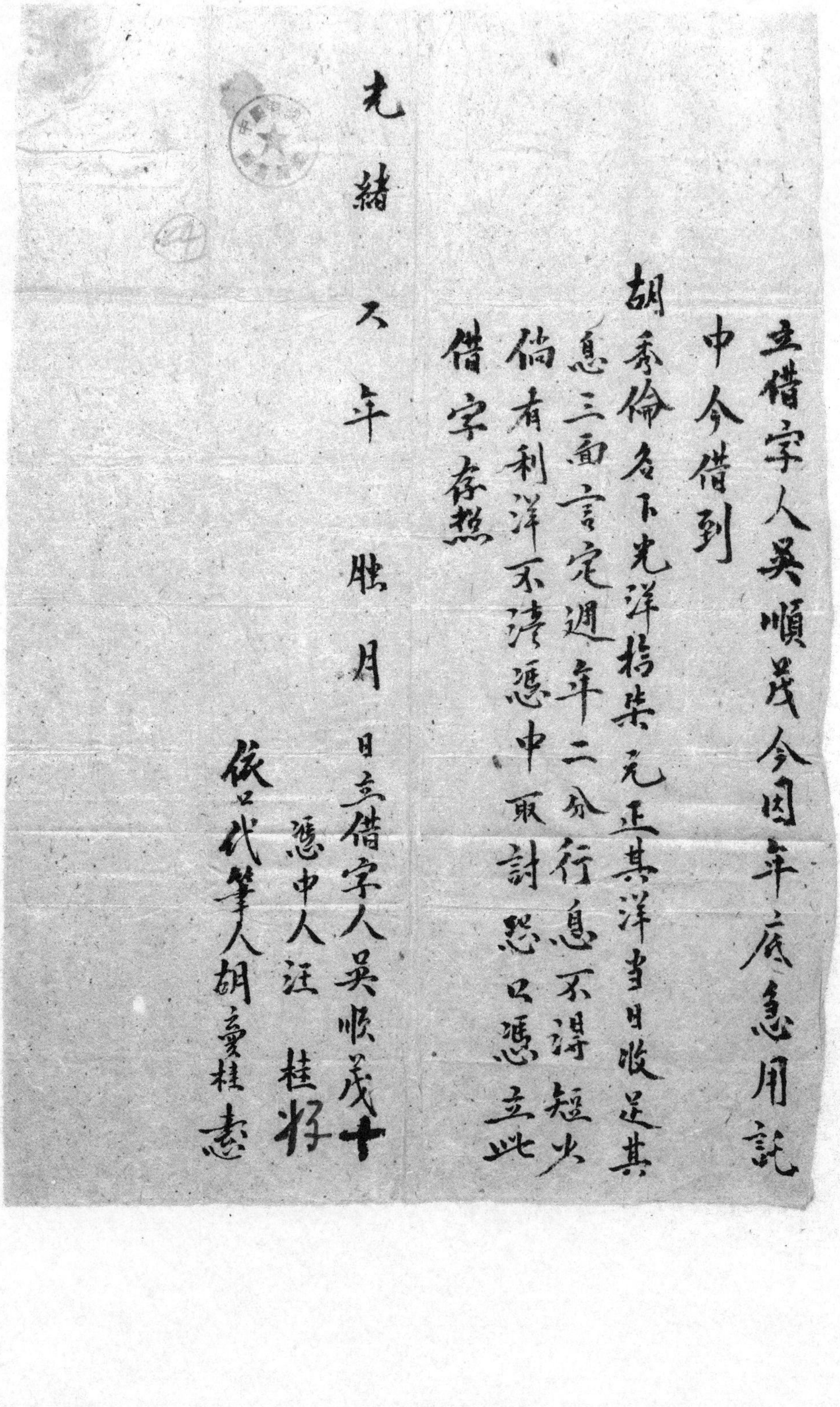
立借字人吴順茂今因年底急用託
中今借到
胡秀倫名下光洋拾柒元正其洋当日收足其
息三面言定週年二分行息不得短少
倘有利洋不清憑中取討恐口憑立此
借字存照
光緒六年　臘月　日立借字人吴順茂十
憑中人汪　桂押
依口代筆人胡夢桂押

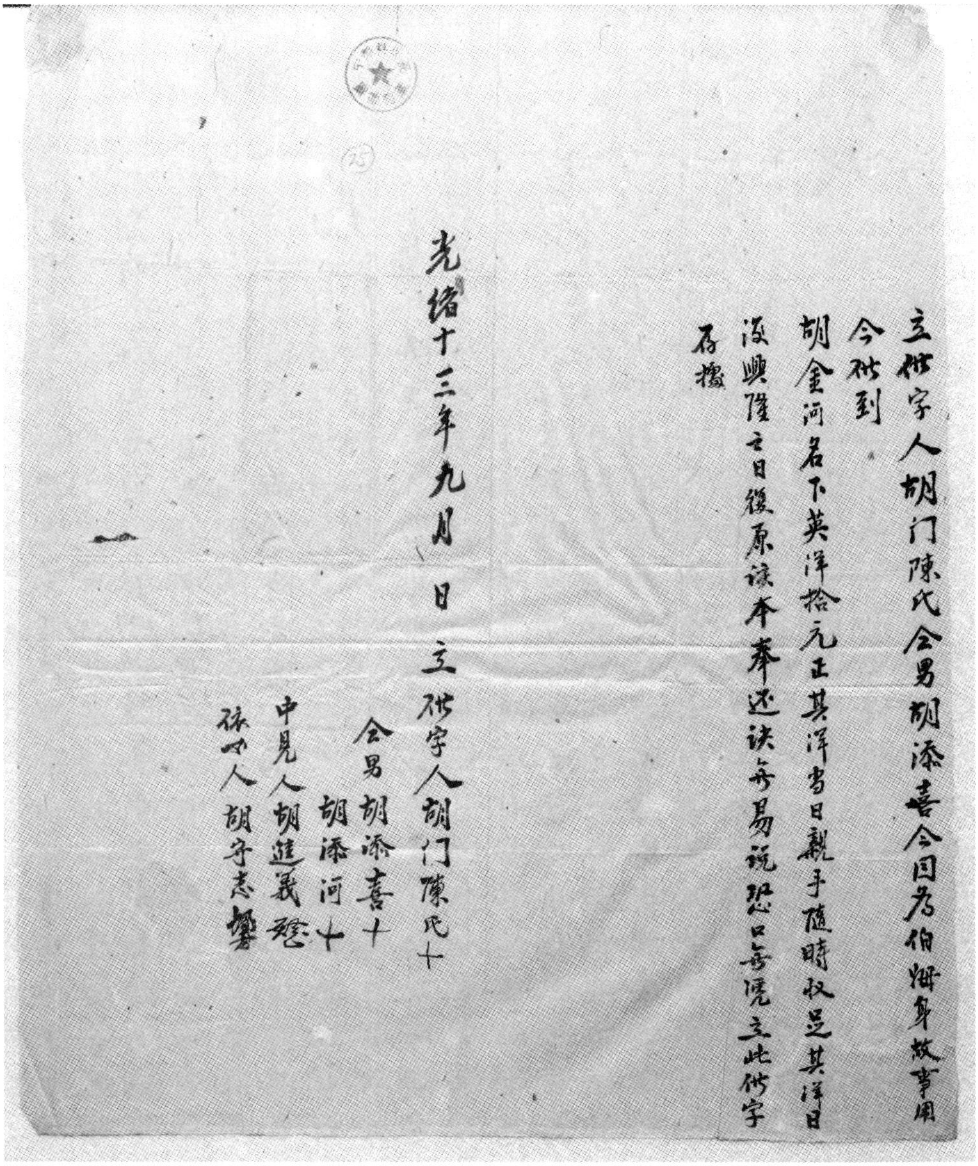
立借字人胡门陳氏仝男胡添喜今因為伯姆身故事用
今借到
胡金河名下英洋拾元正其洋当日親手隨時收足其洋日
後興隆之日覆原該本奉還決無易說恐口無憑立此借字
存據

光緒十三年九月　日立借字人胡门陳氏十
仝男胡添喜十
胡添河十
中見人胡進義押
依口人胡守志書

清光緒十三年九月某某縣胡門陳氏等立借英洋字

二

清光緒二十二年十二月某某縣張福酉立抵山借穀票

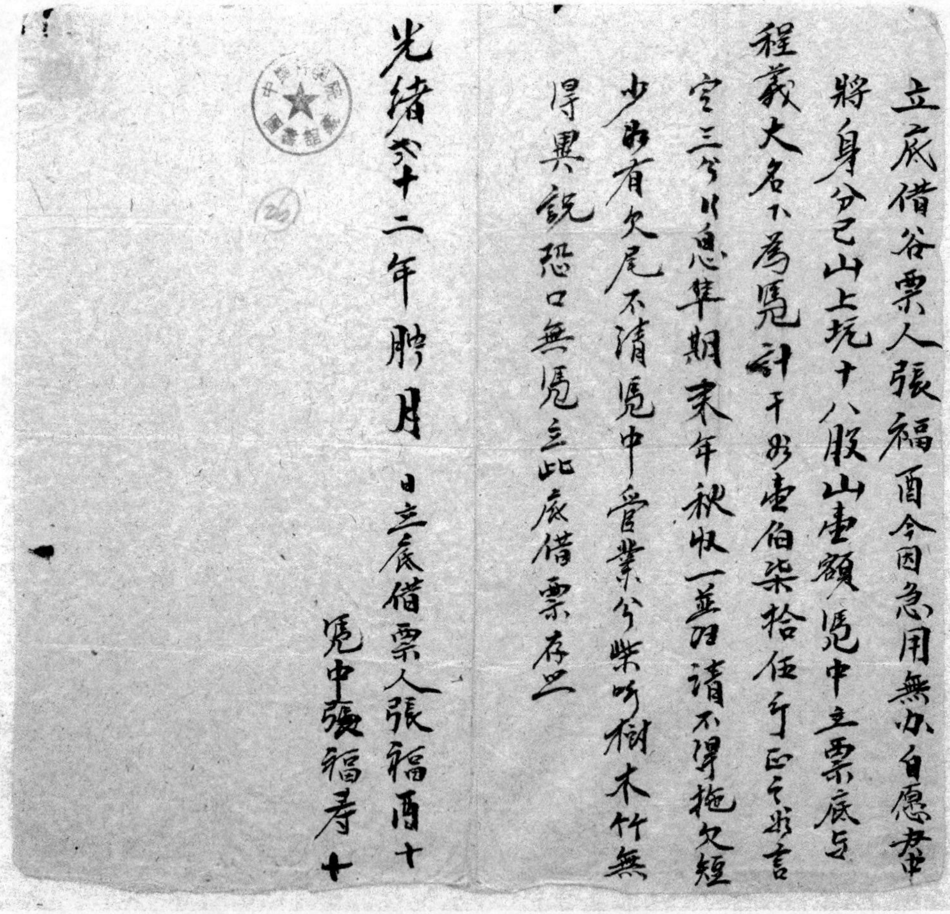
立厎借谷票人張福酉今因急用無办自愿央中
將身分己山上坑十八股山壹額憑中立票厎與
程義大名下爲憑計干谷壹伯柒拾伍斤正其言
定三分〻息準期來年秋收一並附清不得拖欠短
少如有欠尾不清憑中管業分柴砍樹木竹無
得異說恐口無憑立此厎借票存照
光緒廿二年臘月　日立厎借票人張福酉十
憑中張福壽十

清光緒二十五年十月某某縣丁長財立押水牝牛借英洋字

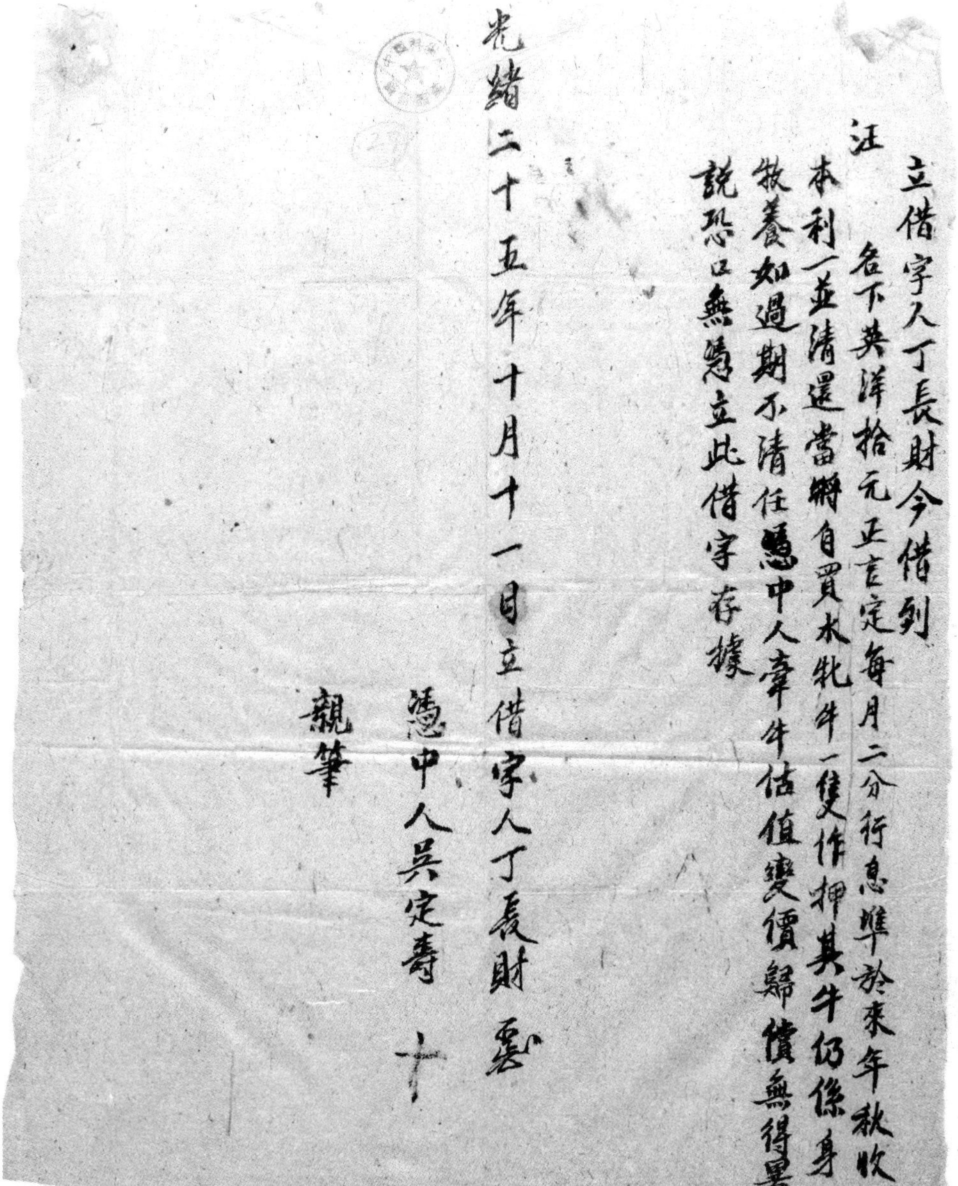

立借字人丁長財今借到
汪　名下英洋拾元正言定每月二分行息準於來年秋收
本利一並清還當將自買水牝牛一隻作押其牛仍係身
牧養如過期不清任憑中人牽牛估值變價歸償無得異
說恐口無憑立此借字存據

光緒二十五年十月十一日立借字人丁長財
憑中人吴定壽　十
親筆

二

清光緒三十一年二月某某縣某姓學登等立質菜園地借錢字

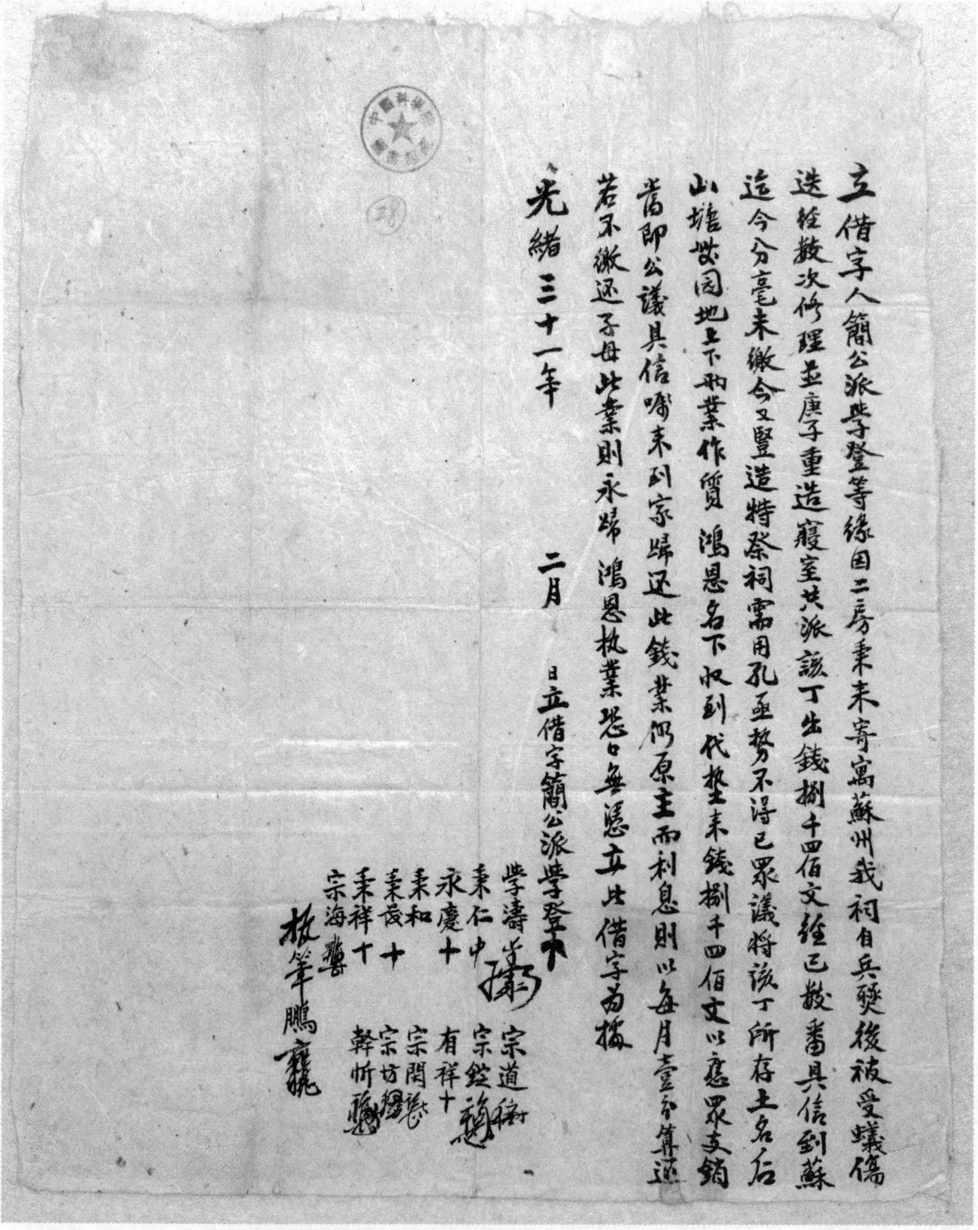
立借字人簡公派學登等緣因二房秉耒寄寓蘇州我祠自兵燹後被受蟻傷
迭經數次修理並庚子重造寢室共派該丁出錢捌千四佰文經已數番具信到蘇
追今分毫未繳今又豎造特祭祠需用孔亟勢不得已眾議將該丁所存土名石
山塘坵園地上下兩業作質　鴻恩名下收到代垫耒錢捌千四佰文以應眾支銷
當即公議具信囑耒到家歸还此錢業仍原主而利息則以每月壹分算还
若不繳还子母此業則永歸　鴻恩執業恐口無憑立此借字為據
光緒三十一年　二月　日立借字簡公派學登（押）
學濤（押）　宗道（押）
秉仁（中）　宗鎔（押）
永慶（十）　有祥（十）
秉和　宗閏（押）
秉長（十）　宗坊（押）
秉祥（十）　幹忻（押）
宗海（押）
枚筆鵬（押）

二

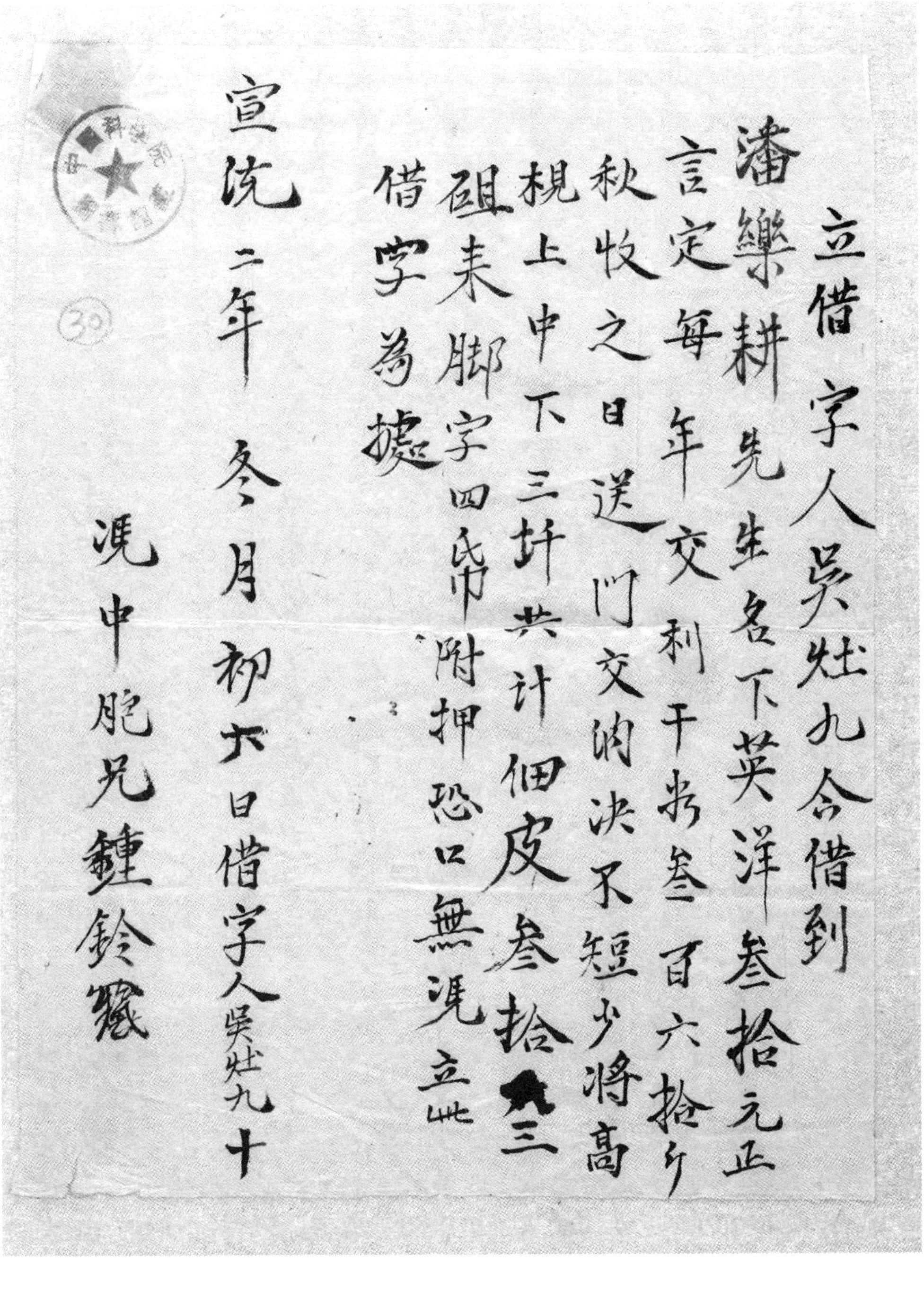

立借字人吴灶九今借到
潘樂耕先生名下英洋叁拾元正
言定每年交利干米叁百六拾斤
秋收之日送门交纳决不短少将高
規上中下三圻共计佃皮叁拾八三
砠来脚字四帋附押恐口無凭立此
借字為據
宣統二年冬月初六日借字人吴灶九十
凭中胞兄鍾鈴

清宣統二年十一月某某縣吴灶九立押佃皮來脚紙借英洋字

二

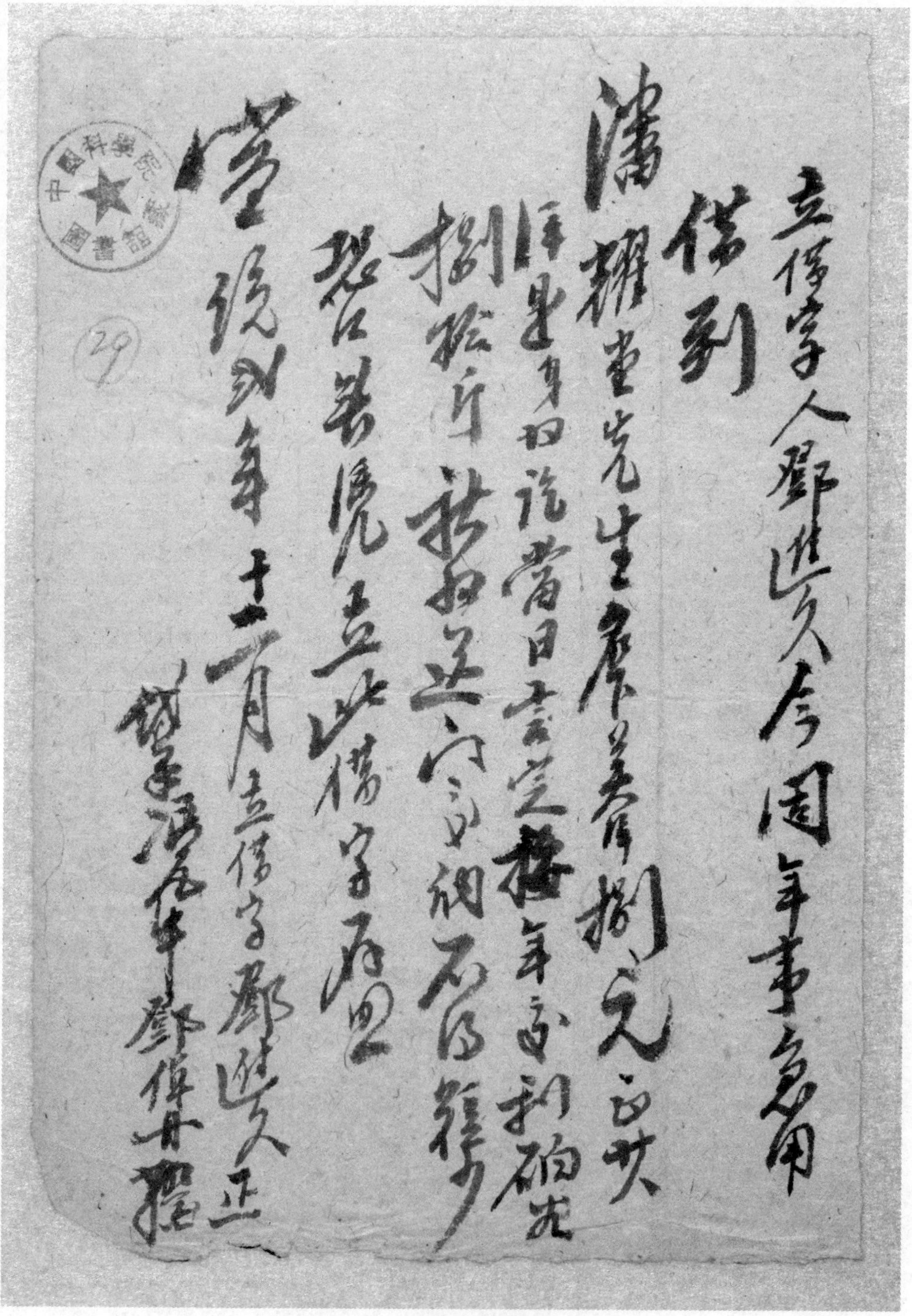
立借字人鄧進久今因年事急用
借到
潘耀堂先生名下英洋捌元正其
洋是身收訖當日言定每年交利[illegible]
捌拾斤[illegible]
恐口無憑立此借字存照
宣統弍年十二月立借字鄧進久正
[illegible]鄧保生[illegible]

清宣統二年十二月某某縣鄧進久立借英洋字

三、清乾隆至民國年間抵押契約

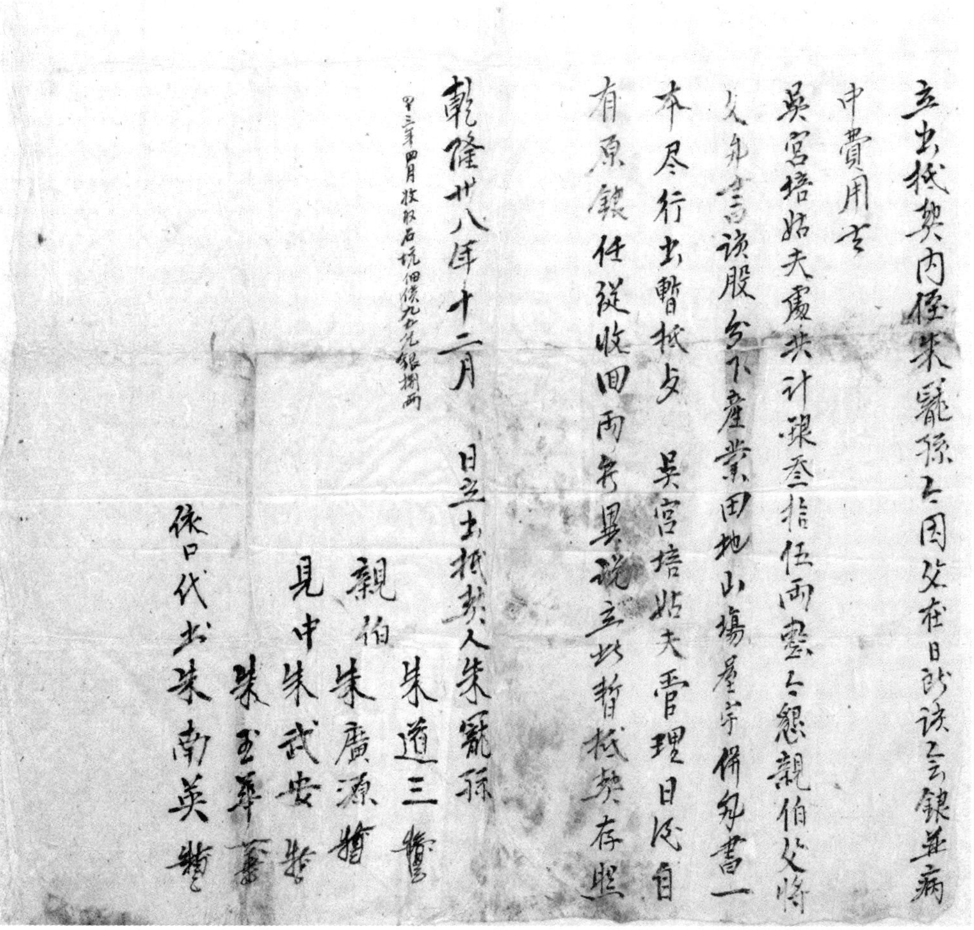

立出抵契內侄朱寵孫，今因父在日所該△銀並病
中費用等
吳宮培姑夫處共計銀叁拾伍兩整，今憑親伯父將
父弟書該股分下產業田地山場屋宇併匃書一
本盡行出暫抵与吳宮培姑夫管理，日後自
有原銀任從收回，兩無異說，立此暫抵契存照。

四十三年四月收取石坑佃價九五兌銀捌兩

乾隆卅八年十二月　日立出抵契人朱寵孫
朱道三（押）
親伯朱廣源（押）
見中朱武安（押）
朱玉華（押）
依口代書朱南英（押）

清乾隆卅八年十二月（祁門縣）朱寵孫立抵田地山場屋宇匃書契附乾隆四十三年四月收石坑佃價批

二

清嘉慶十四年三月某某縣某姓于堂立轉抵六合縣田園莊房等產業契

立轉抵契兄于[illegible] 今我兄弟叔侄三房受分
大人遺產茂房分得江寧府六合縣竹[illegible][illegible]用庄一業土名西街口余家營卜水旱種壹伯拾担又土名數場崗
計水旱種五拾担又土名西街口瓦房康田計水旱種七担又土名西街口花園庄計水旱種五拾担又土
名西街口南樓計水旱種式拾五担又土名破山口二房圩計水旱種玖拾担又土名胭脂塘草塘面計水
旱種式拾担又土名草塘面原當契計水旱種四担以上捌處共計水旱種叁伯五拾陸担又園地壹業
每年額收租銀壹伯叁拾壹兩玖錢捌分叁厘所有各庄種子及田園樹木庄房農具等物一併在內
其庄原係三房堂弟建可堂姪懷谷之業嘉慶七年立契抵與我兄弟叔姪名下本銀壹萬式仟式伯兩整後
分析時公同估值折去銀叁仟柒伯兩作價九四五平九六色銀捌千五伯兩分與我名下我十年又續置
瓦房朱地方計水旱種三担併前共計水旱種叁伯五拾玖担今我年老欲將田庄分析子孫地段配搭不能
均匀用是憑姪斗南愿將前受分及續置田園庄房樹木農具種子等物眼同立契轉抵與
三弟名下爲業當日三面言定得受時價九四五平九六色銀壹萬兩整比日銀契兩相交明別無另扎
自今抵後不得回贖其田園隨即交出任從三弟召佃耕種更名納粮收租管業決無異說將來三弟
或番或售我亦不得過問欲後有憑立此轉抵文契久遠存照
所有[illegible]分併續置各庄原買赤契一併繳付又批
契內加添本銀文字四個塗去文字一個又批

清嘉慶十四年三月某某縣某姓于堂立轉抵六合縣田園莊房等產業契

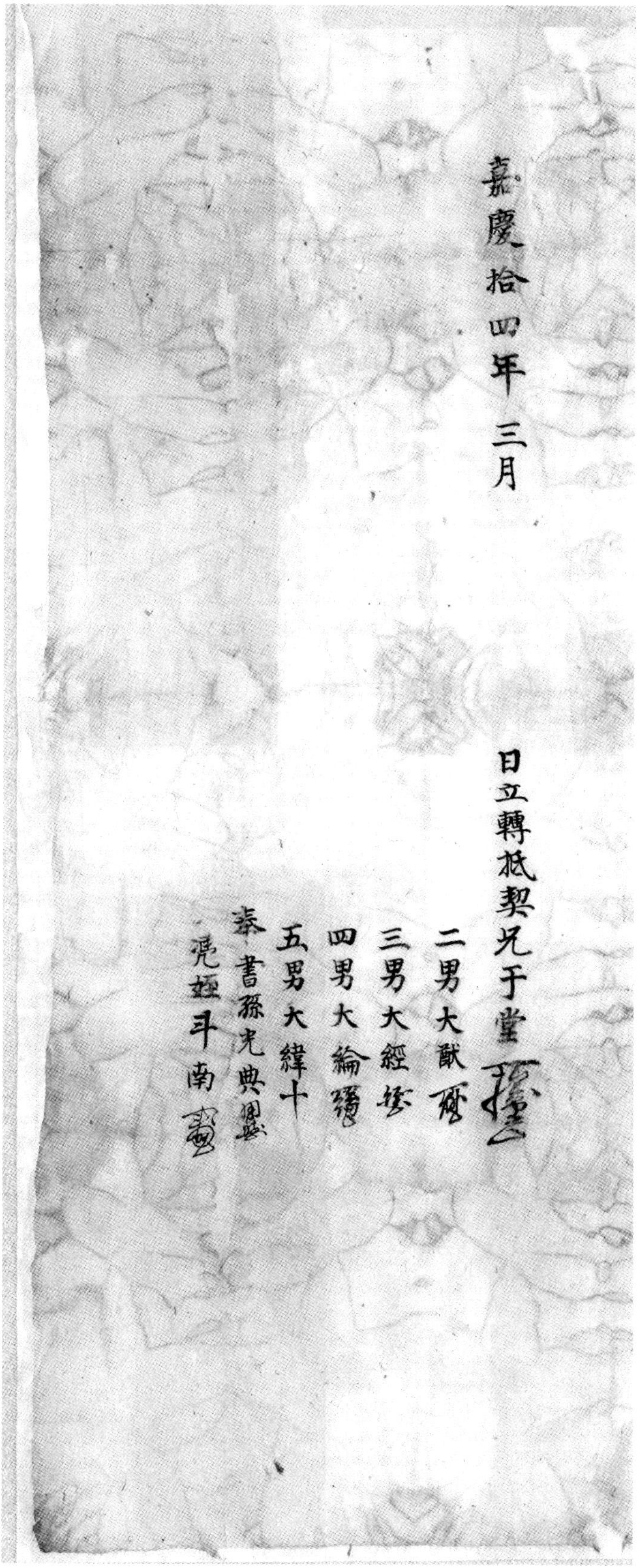
嘉慶拾四年三月　　日立轉抵契兄于堂（押）
二男大猷（押）
三男大經（押）
四男大綸（押）
五男大緯十
奉書孫光典（押）
憑姪斗南（押）

（二）

清道光十三年十二月某某縣某姓日高等立抵押後園伙房將租抵息以作祖店公本墨據

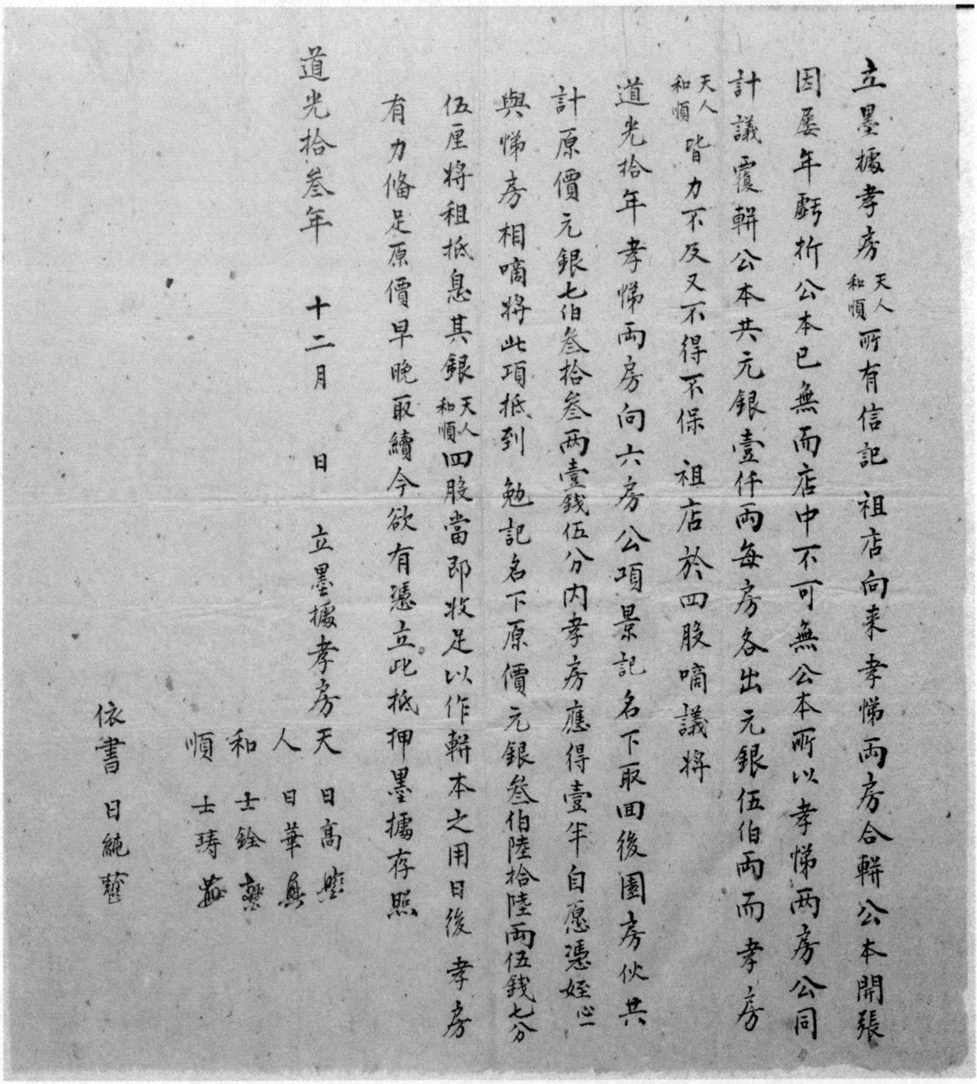
立墨據孝房天人和順所有信記 祖店向來孝悌兩房合幹公本開張
因屢年虧折公本已無而店中不可無公本所以孝悌兩房公同
計議覆幹公本共元銀壹仟兩每房各出元銀伍伯兩而孝房
天人和順皆力不及又不得不保 祖店於四股嘀議將
道光拾年孝悌兩房向六房公項景記名下取回後園房伙共
計原價元銀七伯叁拾叁兩壹錢伍分內孝房應得壹半自愿憑姪心一
與悌房相嘀將此項抵到 勉記名下原價元銀叁伯陸拾陸兩伍錢七分
伍厘將租抵息其銀天人和順四股當即收足以作幹本之用日後 孝房
有力備足原價早晚取續今欲有憑立此抵押墨據存照
道光拾叁年 十二月 日 立墨據孝房天 日高
人 日華
和 士銓
順 士琇
依書 日純

清同治元年三月（休寧縣）汪吴氏等立出押田契據

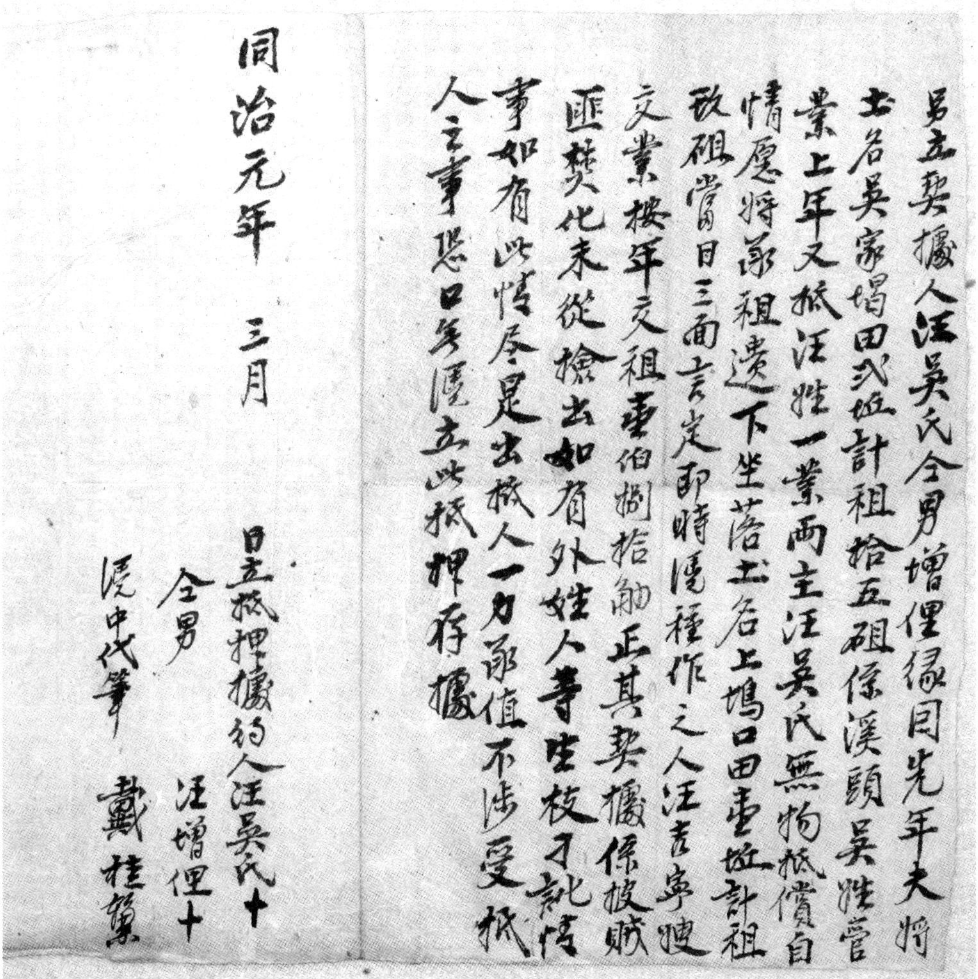
另立契據人汪吴氏仝男增俚，緣因先年夫將
土名吴家塢田弍坵，計租拾五砠，係溪頭吴姓管
業。上年又抵汪姓，一業兩主。汪吴氏無物抵償，自
情愿將承祖遺下坐落土名上塢口田壹坵，計租
玖砠，當日三面言定，即時憑種作之人汪吉亭聽
交業，按年交租壹伯捌拾觔正。其契據係被賊
匪焚化，未從檢出。如有外姓人等生枝刁執情
事，如有此情，盡是出抵人一力承值，不涉受抵
人之事。恐口無憑，立此抵押存據。

同治元年　三月　日立抵押據約人汪吴氏（十）
仝男　汪增俚（十）
憑中代筆　戴桂馨

二

清光緒二十五年十二月某某縣汪佛鑑等立杜斷押田坦契

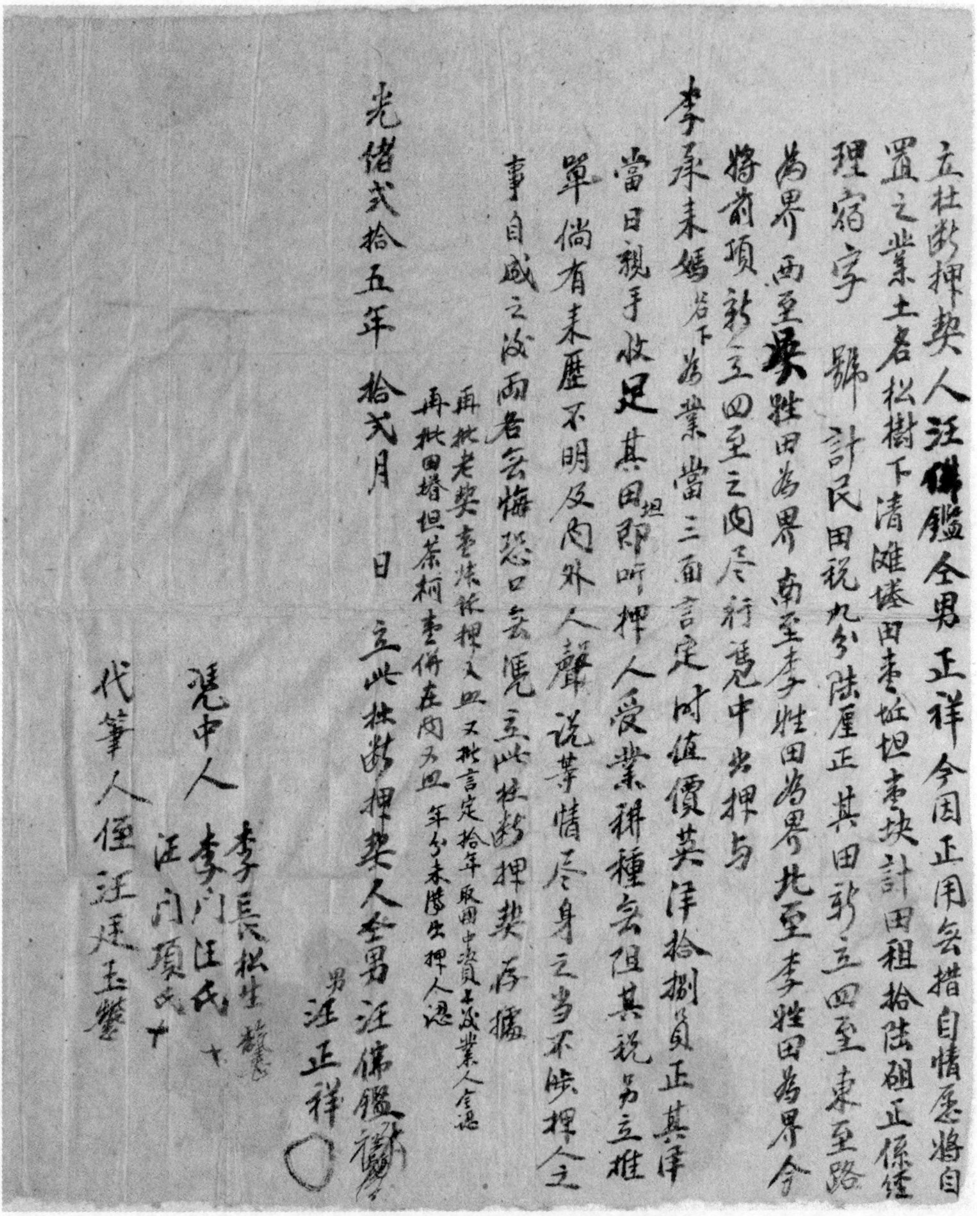
立杜斷押契人汪佛鑑全男正祥，今因正用無措，自情愿將自
置之業，土名松樹下清滩塝田壹坵，坦壹块，計田租拾陆砠正，係經
理宿字　號，計民田稅九分陆厘正。其田新立四至：東至路
為界，西至吳姓田為界，南至李姓田為界，北至李姓田為界。今
將前項新立四至之內，尽行憑中出押与
李嘉禾名下為業，當三面言定，时值價英洋拾捌員正。其洋
當日親手收足，其田坦即听押人受業耕種，無阻。其稅另立推
單。倘有來歷不明及內外人聲說等情，尽身之當，不涉押人之
事。自成之後，两各無悔，恐口無憑，立此杜斷押契存據。
再批：老契壹紙，依押人收照。又批言定拾年取回，中資員[illegible]業人全認。
再批：田塝坦茶柯壹併在內，又照　年分未勝出押人認。
光緒式拾五年拾式月　日　立此杜斷押契人全男汪佛鑑（押）
男汪正祥（押）
憑中人　李長松（押）
李门汪氏（十）
汪门項氏（十）
代筆人　侄汪廷玉（押）

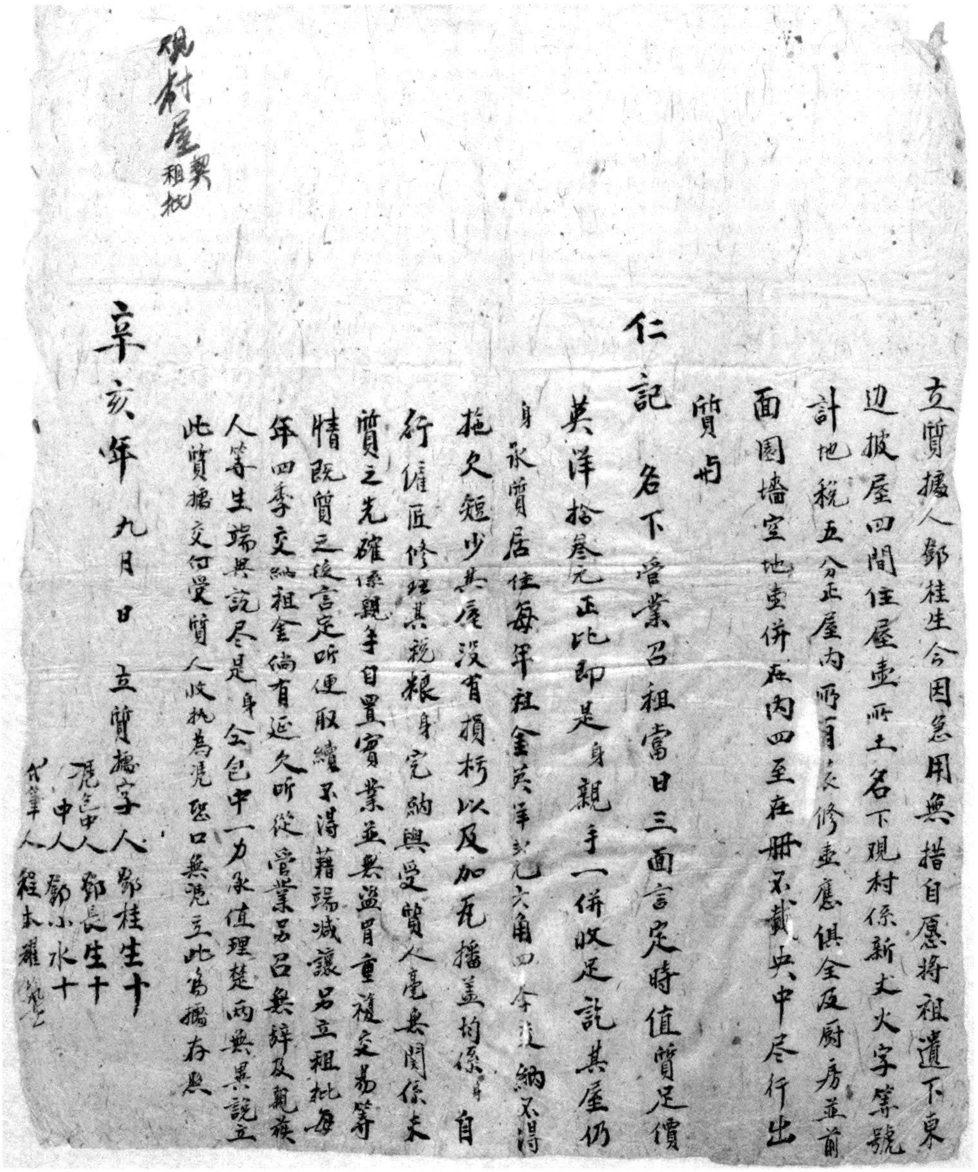
觀村屋契
租批

立質據人鄧桂生今因急用無措自愿將祖遺下東
边披屋四間住屋壹所土名下觀村係新丈火字 號
計地稅五分正屋內所有裝修壹應俱全及廚房並前
面園墻空地壹併在內四至在冊不載央中尽行出
質與
仁記名下管業召租當日三面言定時值質足價
英洋拾叁元正比即是身親手一併收足訖其屋仍
身承質居住每年租金英洋貳元六角四分交納不得
拖欠短少其屋設有損朽以及加瓦搭蓋均係身自
行僱匠修理其稅粮身完納與受質人毫無関係未
質之先確係親手自置實業並無盜買重複交易等
情既質之後言定听便取續不得藉端減讓另立租批每
年四季交納租金倘有延欠听從管業另召無辞及親族
人等生端異說尽是身仝包中一力承值理楚兩無異說立
此質據交付受質人收執為憑恐口無憑立此爲據存照

辛亥年 九月 日 立質據字人鄧桂生十
憑房中人鄧良生十
中人鄧小水十
代筆人程太耀（押）

辛亥年（清宣統三年）九月（休寧縣）鄧桂生立出質房屋據字

民國五年農曆十二月某某縣胡湧祥立押屋基青田契字

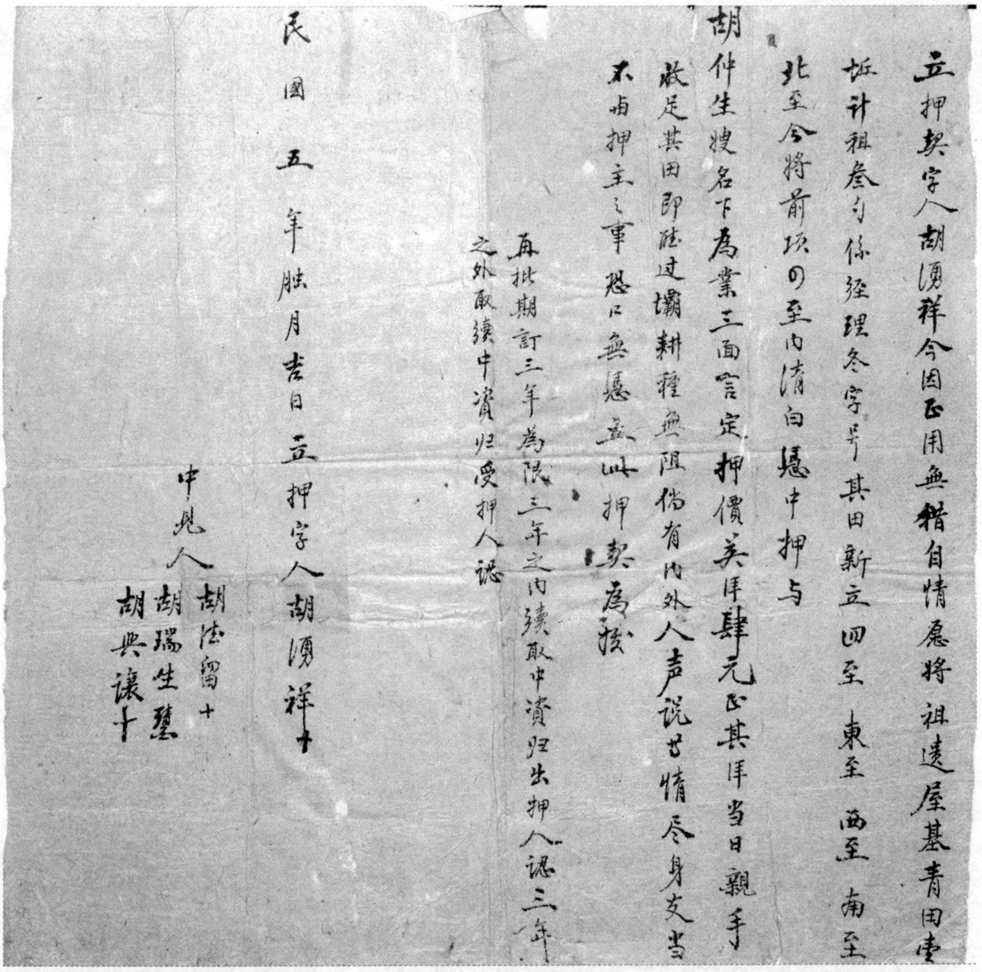

立押契字人胡湧祥今因正用無措自情愿將祖遗屋基青田壹
坵计祖叁分係经理冬字号 其田新立四至 東至 西至 南至
北至今將前項四至内清白憑中押与
胡仲生嫂名下為業三面言定押價英洋肆元正其洋当日親手
收足其田即往过手耕種無阻倘有内外人声说甘情尽身支当
不由押主之事 恐口無憑立此押契為據
再批期訂三年為限 三年之内續取中資归出押人認 三年
之外取續中資归受押人認
民國五年 朧月吉日 立押字人胡湧祥十
中見人 胡位留十
胡瑞生墨
胡典讓十

民國廿三年二月某某縣陳留進立抵押石山字

立抵押字人陳留進，缺少使用，自情愿將祖遺下
該身己下分法哇蔭土名汪小塢石山等號抵押与
陳　名下為業，當日三面言定时值押洋式拾元正，其
洋是身一並收足訖，其業收租交息，週年每元半行息。
未押既先並無重交易及一切不明等情，盡是出押人
承當，不涉受押人之事。恐口無憑，立此抵押字存照。

民國廿三年二月　日立抵押字人陳留進（印）
中見人陳耀滿（押）

卷七　商業文書

一、明嘉靖至清光緒年間商業經營文書

〔一〕清康熙年間某某縣汪氏經營分析店業合同

二

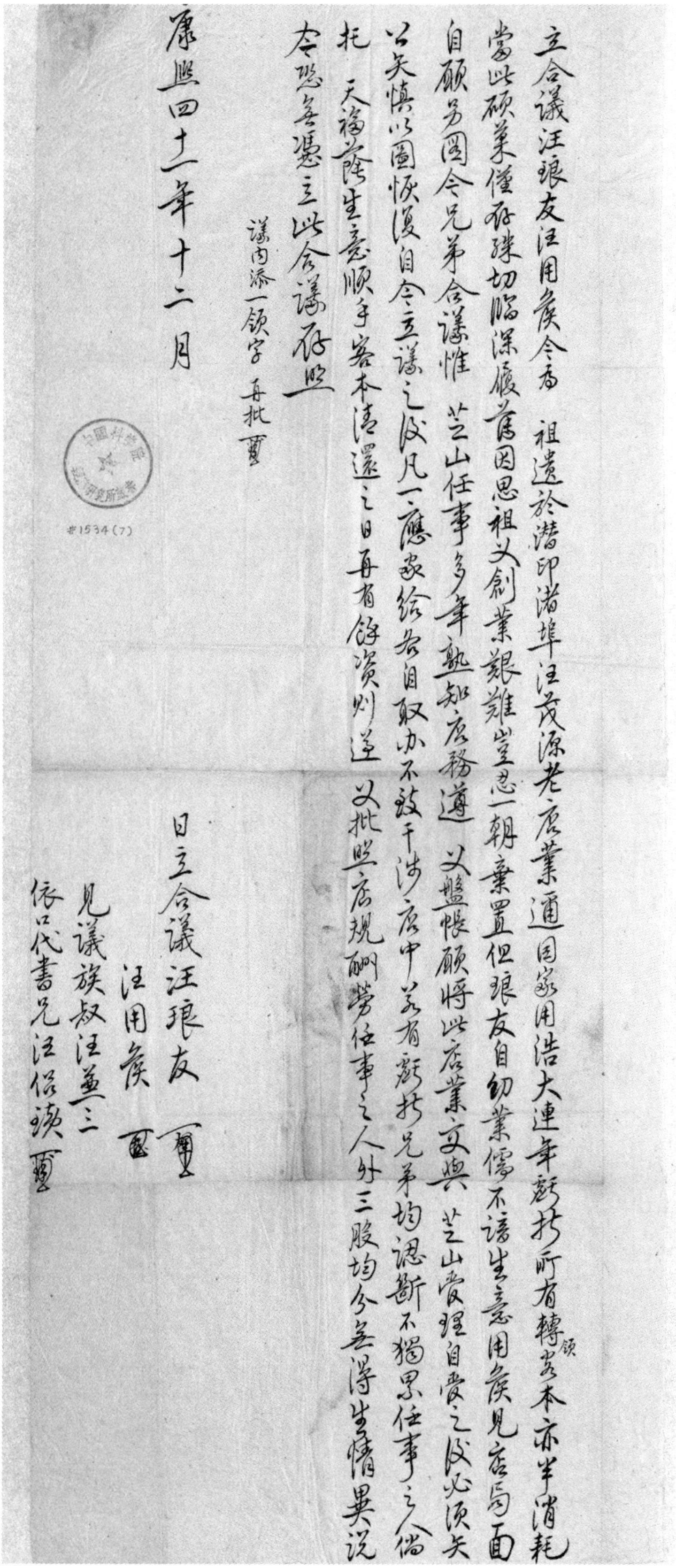
立合議汪琅友汪用侯今為 祖遺於潛印渚埠汪茂源老店業通因家用浩大連年虧折所有轉(缺)本亦半消耗當此頹業僅存殊切臨深履薄因思祖父創業艱難豈忍一朝棄置但琅友自幼業儒不諳生意用侯見店局面自顧另圖今兄弟合議惟 芝山任事多年熟知店務遵 父鑒悵顧將此店業交與 芝山管理自管之後必須矢公矢慎以圖恢復自今立議之後凡一應支給各自取辦不致干涉店中若有虧折兄弟均認斷不獨累任事之人倘托 天福蔭生意順手除本清還之日再有餘資則遵 父批照店規酬勞任事之人外三股均分無得生情異說今恐無憑立此合議存照

議內添一缺字 再批 (押)

康熙四十一年十二月 日立合議汪琅友 (押)

汪用侯 (押)

見議族叔汪益三

依口代書兄汪俗璜 (押)

清康熙四十一年十二月某某縣汪琅友等立祖遺於潛印渚埠汪茂源老店交與〔汪〕芝山管理合議

立議墨家琳家瑞家瓚爲遵奉　嚴命清理於潛印渚店業以全和誼事竊

無煩於遠慮弟將來支給有多寡之不均嫁娶有遲蚤之不等若待異日倘有

父親上鮮兄弟遲生吾輩兼理家外付托非人兼之嫁娟喪葬浩費接踵致

本貳伯陸拾兩店業盖一縷之危矣當此碩菓僅存同切臨深履薄因奉　高堂

遂令四十八年冬盤僅欠九十餘兩不能填滿惟望將來稍待充足再行清晰弟

之地使其習學有賴令遵　嚴命家瑞遂一盤交兄弟各秉至誠面相酌議悉

不涉瑞瓚之事各相情願兩無翻悔惟願自今以往守成創業各能奮發有爲共

鬮列于後各執一張永遠存照

一議存店貨物本領悉載盤估茲不再贅惟內三款店屋價伍拾兩今將四十二年田價伍拾

一議盤後新加楓樹塘田價米平九三色壹百伍拾兩折天平壹伯四拾兩遵　父命每點

一議家庭門户交際仍暫着家琳承管支應俟各人成立分晰産業之日再行分管其

一議琳瑞瓚存本自四十二年起至今每年俱有支用不復扣算仍照四十一年盤帳存數

一議家琳存本六十六兩乙錢四分[illegible]分[illegible]合向余占合向乃六十[illegible]

人九世同居千古流傳迨後世風日薄同室操戈比比可鑒在今相安無事原
論又不若值今和睦之日遵 高堂之命而預為綢繆也自吾
之資本經營茶支用漸繁日以虧耗於康熙四十二年冬盤各項消筭之外仍虧空客
兄弟之委盤交家瑞管理琳瓚各行他圖於次年加貸客本叁伯金數年頗為順
姪日衆婚姻在即若復如前不另商議非所以保全之策也况後輩長成須另圖企足
琳承受瑞瓚各行他圖所有各項客本悉載盤估併虧空九十餘兩俱冢琳承店認償
前裕後以慰 高堂之望是所同冀也凜遵 嚴命立此議墨一樣三張所有議条
筭其數其屋價併礼衆分該及換五股之二存供 父母支給毋浮異議
拾両餘存伍拾両存供 父母支給毋浮異議
冢私已往来不與衆事共論
筭同瓚存少琳瑞顛將本名下各拔拾両貼其生息支給
又尚存[illegible]五金弍両八錢三分八[illegible]分叁拾両余貼合両乃共存本柒拾貳両捌錢叁分

試不可復用始另買粟木塢山業併喪費共百觔全請將前存在係并孔衆
俱此之項抵除不入衆貯

日立議墨家琳
家瑞
家瓚
見議姑夫朱庭有

具清坎風水合

該分及楓樹塘

不得過期遲延也

[illegible]

康熙四十九年正月

清康熙五十七年九月某某縣朱庭有等勸諭內侄汪琅友等於潛印埠店業仗義幫貼認領本銀合同議墨

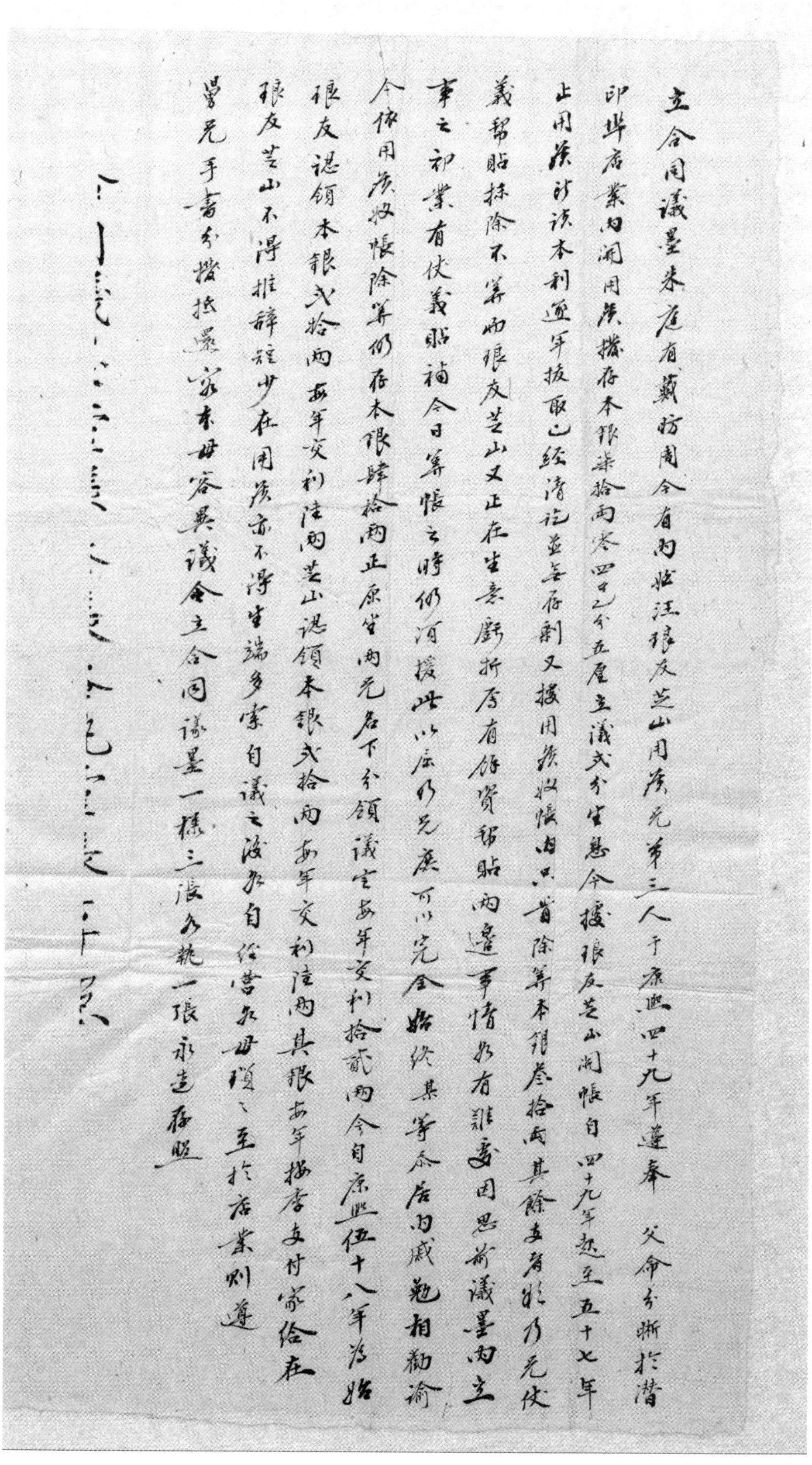

立合同議墨朱庭有、蘇昉周，今有內姪汪琅友、芝山同房兄弟三人，于康熙四十九年遵奉　父命分晰於潛印埠店業，內開用房撥存本銀柒拾兩零四錢乙分五厘，立議式分出息。今撥琅友、芝山開帳自四十九年起至五十七年止，用房討該本利逐年挨取，已經清訖，並無存剩。又撥用房收帳內，只首除算本銀叁拾兩，其餘並無存於，乃兄仗義幫貼抹除，不算兩琅友、芝山。又正在生意虧折，店有借資幫貼，兩邊事情亦有難處。因思前議墨內立事之初，業有仗義貼補，今日算帳之時，仍須援此以店仍兄處可以完全，照依其等忝居內戚，勉相勸諭。今依用房收帳除算，仍存本銀肆拾兩正，原出兩兄名下分領，議定每年交利拾貳兩。今自康熙伍十八年為始，琅友認領本銀貳拾兩，每年交利陸兩，芝山認領本銀貳拾兩，每年交利陸兩，其銀每年撥李友付家給在。琅友、芝山不得推辭短少，在用房亦不得生端多索。自議之後，各自經營，各毋礙々。至於店業，則遵嘗兄手書分撥抵還，家中毋容異議。今立合同議墨一樣三張，各執一張，永遠存照。

（一）

清康熙五十七年九月某某縣朱庭有等勸諭內侄汪琅友等於潛印埠店業仗義幫貼認領本銀合同議墨

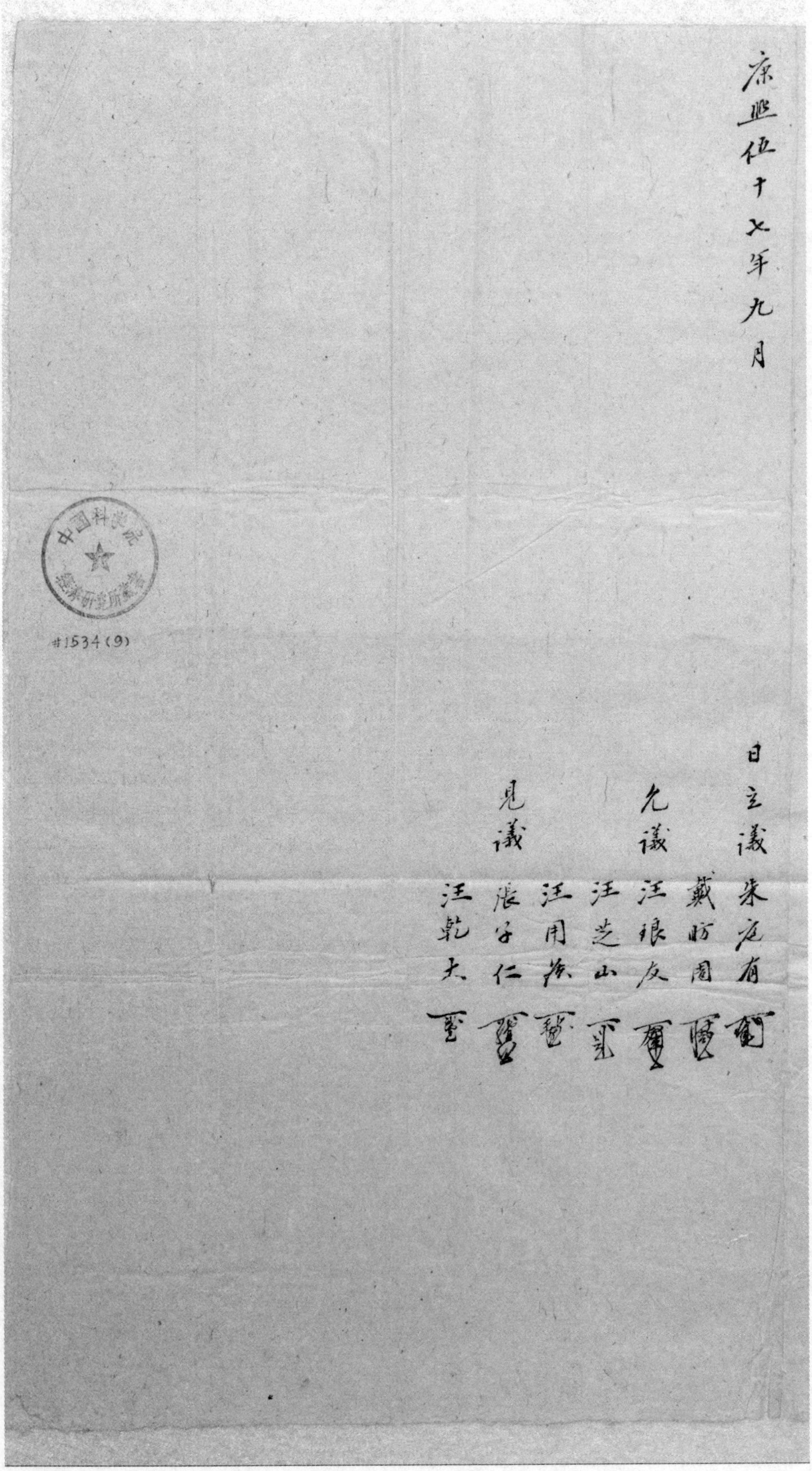

康熙伍十七年九月　　日立議　朱庭有
戴昉周
允議　汪琅友
汪芝山
汪用孫
見議　張子仁
汪乾大

（二）

立議墨合同汪家琳汪家瑞今因承 父於潛印渚埠店業併新開常山塩倉俱係借本經營同心協力不期連年生意艰难支用浩大本領虧缺勢难復合故不得不立議分晰所有原領客本理應逐宗開明各自承認償還毋得彼此推諉至於所當義元叔土庫壹所廚屋空地一半原當價壹百壹拾兩又買井門汪之蕙等土名道院基上田園基地貳拾肆步又買裕保土名岩龍住基基地貳拾叁步併地上舊屋壹所俱應對半管業毋得異說此係兄弟秉公推誠共立議墨各書壹張互執存照

一借張勝號本叁百兩 又該利四十五兩 勝號塩課捌拾兩爾賢存本貳拾兩坐落於潛店業抵償該家琳承認不涉家瑞之事（押）

一借張蓋玉翁本銀叁百兩 又該利四十五兩 借宋惟公本壹百兩 欠利三年該四十五兩 吳以號塩價貳拾貳兩吳宅兆姑利銀肆拾兩吳珠姐本銀貳拾兩坐落常山塩倉抵償該家瑞承認不涉家琳之事（押）

康熙五十八年正月　日立議墨合同汪家琳（押）

汪家瑞（押）

秉公無中

二

清康熙五十八年正月某某縣汪家琳等立分析於潛印渚埠店業並常山鹽倉及其他各業議墨合同

二

清乾隆四十一年正月〔休寧縣〕〔胡〕君明等立盤算萬和館店業銀本屋業基地并開張議據附乾隆四十七年三月將議據內〔胡〕璧本利付訖批

〔二〕清乾隆至嘉慶年間〔休寧縣〕〔胡氏〕屯溪萬和館店業經營轉讓合同

立議據伯君明仝侄璧原休邑屯溪萬和館店屋家伙一業，阄分余與璧父林萬二人名下，乾隆二十二年阄書為憑。余與璧父復併家合開，歷今無異。三十一年慵弟璧父病逝，店內生意照舊合開如故。余今年邁，丁衆有慘於勤，璧亦成立，正可持家，爰將家中田地產業憑親房族衆妥議各爨已悉。爺店亦浼親友公盤，公其店內所欠各宅銀本與所買韓姓屋業并買汪姓基地墻圍，其數相符，坐落余長男　名下，抵還其各欠，不得累及璧。其屋業基地，璧亦不得覬覦。其店三面公議，仍議與余開張，其內現貨并家伙等項以及公共借出銀本并所賒店賬俱結作資本，合分到璧名下九七色銀伍百兩，坐店生息，不得推辭。每年包璧利銀叁拾伍兩，其店屋招牌合璧一半，每年包九七租銀壹百貳拾兩正，以十年為滿，其租并銀利逐年清還，不得拖欠異說。如有拖欠，聽璧歸本另召，兩無異言。今欲有憑，立此議據一樣兩紙，各執一紙，永遠大發存照。

再批：其萬和館店屋糸糧二各均納，又照其屋倘大修重造，二各均派，小修開店人獨認。又批

合議[illegible]據一樣兩紙各執一紙大發存照

[illegible]年三月廿二日將議據內合璧店本伍伯並利兑趙手一併付訖

乾隆四十一年正月

日立公議伯君明（押）

仝侄 璧（押）

憑中見 弟君選（押）

祿三（押）

程芳五（押）

代書 胡笑甫（押）

（二）

二

清嘉慶二十一年三月（休寧縣）（胡）允執等立轉讓萬和館店業合議據

立合議據伯允執仝侄廷垣緣屯溪大橋頭萬和館店業于嘉慶拾五年兩相立議將店業交伯允執承開議內載明廷垣已欠各借并會賬項共計元艮貳仟零壹拾柒兩有零俱伯允執代垣承認交還今允執開過五年生意淺薄不能代還因憑宗族議處允執將萬和館店業并招牌俱合允執壹半立契盡行便典廷垣為業契載價元艮壹仟兩正坐抵代侄廷垣交還各項之賬仍欠各項賬元艮壹仟零壹拾柒兩有零仍係廷垣自行認還不得累伯允執其合允執店業一半亦听廷垣管業開張允執日後不得增找洗業取贖至前合議墨據二各繳銷今欲有憑立此合議一樣弍帋各執一帋存照

嘉慶弍拾壹年三月　日立合議據伯允執（押）

仝侄　廷垣（押）

憑宗族　字初（押）

我仁（押）

濯先（押）

儒聘（押）

（印：金榮世家）

（一）

二

清嘉慶二十一年三月（休寧縣）（胡）允執等立轉讓萬和館店業合議據

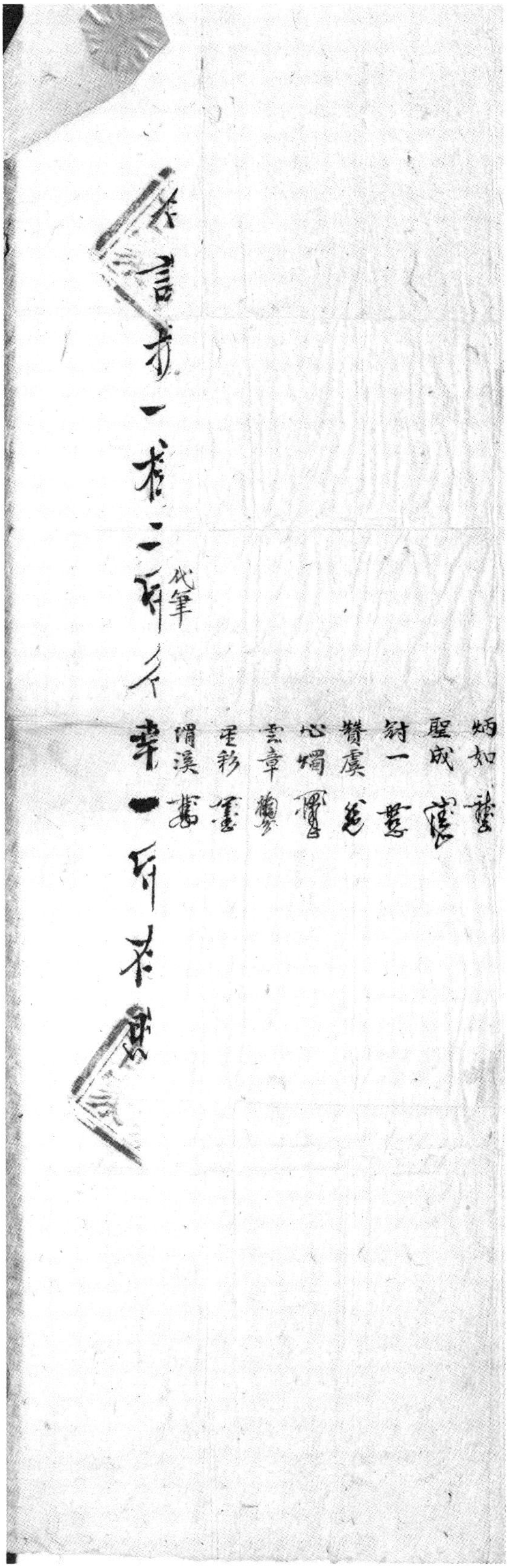

（二）

〔三〕清光緒元年某某縣潘芥舟等經營暨結清店業合同

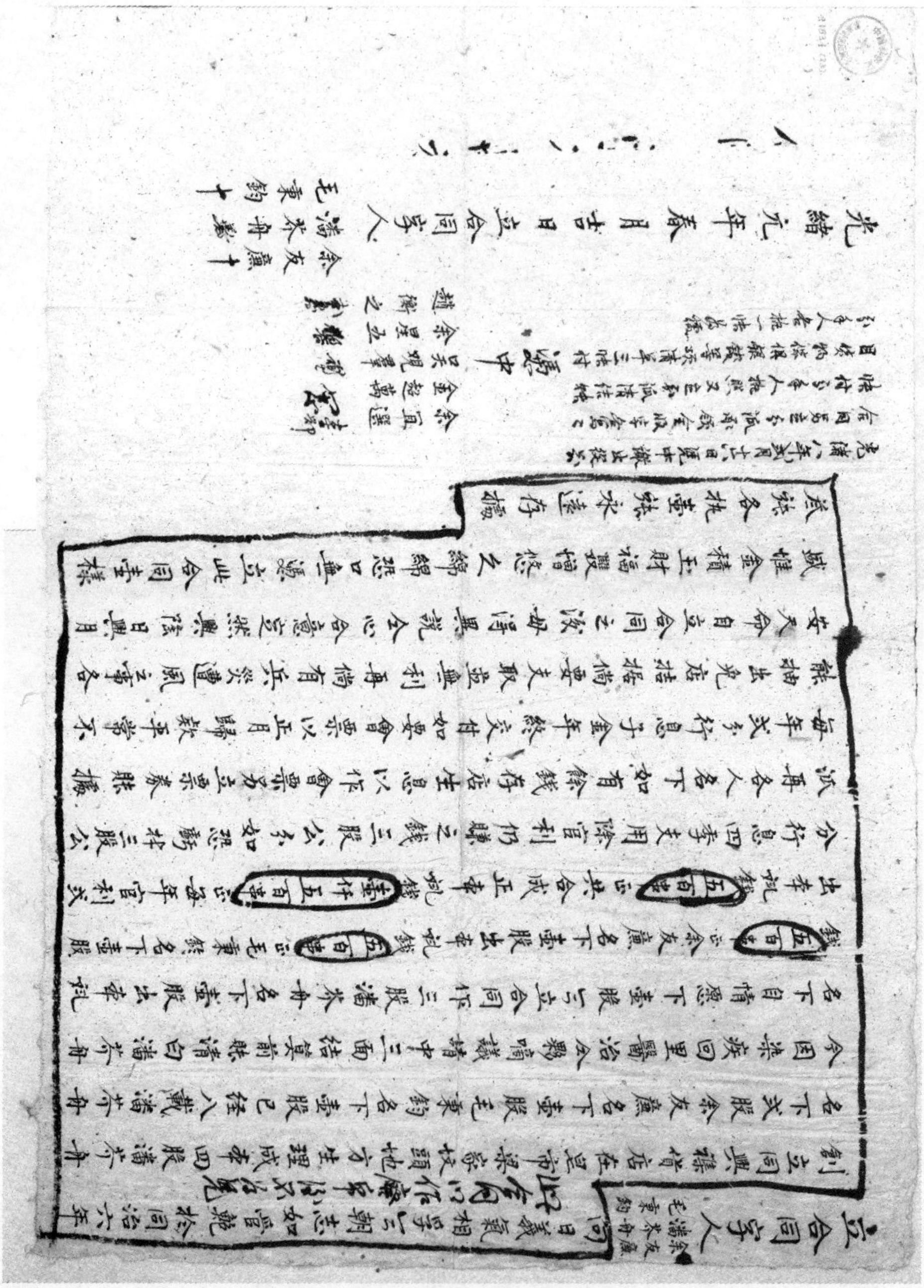

二

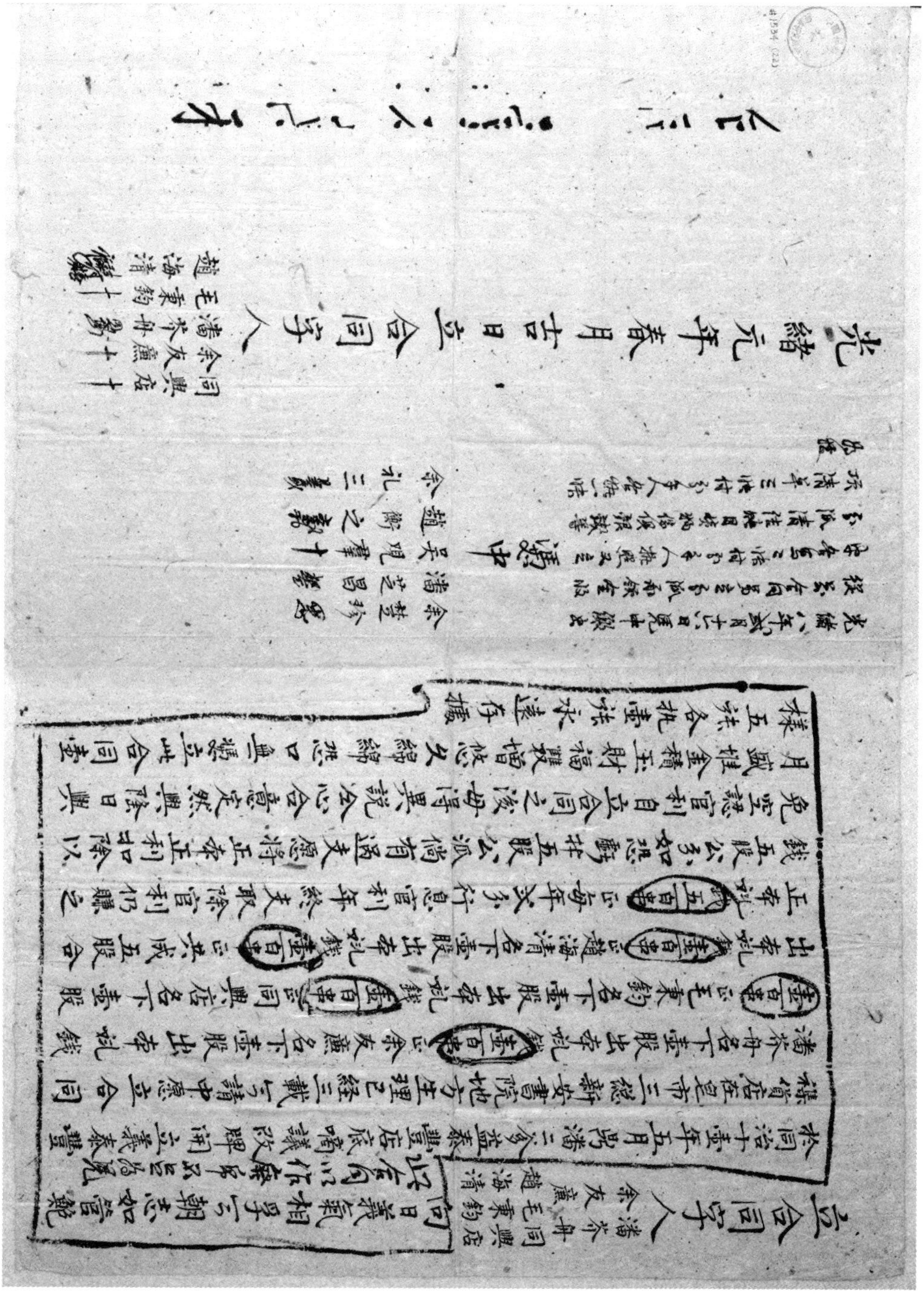

清光緒元年正月某某縣潘芥舟等立合股開立（天門縣）皂市義泰豐雜貨店合同字附合同作廢暨光緒八年二月另立分派清結賬目清單批

〔四〕清光緒年間某某縣程氏合股經營窯場養魚合同

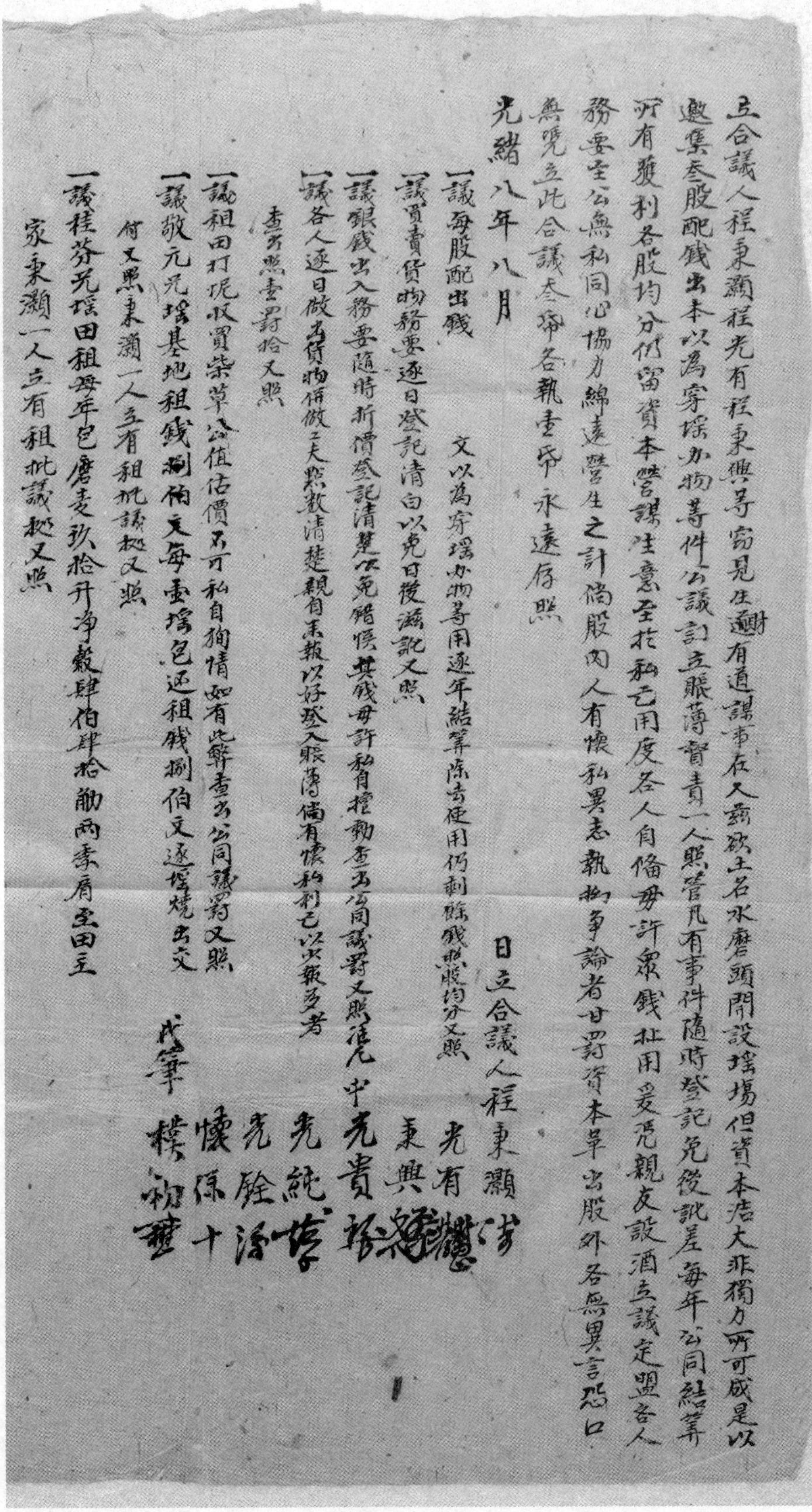

立合議人程秉灦、程光有、程秉興等，窃見生財有道，謀事在人，茲欲土名水磨頭開設搖場，但資本浩大，非獨力所可成，是以
邀集叁股，酌錢出本，以爲穿搖办物等件，公議訂立賬簿，專責一人照管，凡有事件，隨時登記，免後訛差，每年公同結算，
所有獲利，各股均分，仍留資本營謀生意，至於私己用度，各人自備，毋許衆錢扯用，爰凭親友設酒立議，定盟各人
務要至公無私，同心協力，綿遠營生之計，倘股內人有懷私異志，執拗爭論者，甘罰資本，早出股外，各無異言，恐口
無凭，立此合議叁帋，各執壹帋，永遠存照。
光緒八年八月　日立合議人程秉灦（押）
光有（押）
秉興（押）
一議每股酌出錢　文，以爲穿搖办物等用，逐年結算，除去使用，仍剩餘錢照股均分，又照。
一議買賣貨物，務要逐日登記清白，以免日後滋訛，又照。
一議銀錢出入，務要隨時折價登記清楚，以免錯悮，其錢毋許私自擅動，查出公同議罰，又照。
一議各人逐日做出貨物併做工夫，照數清楚，親自來報，以好登入賬簿，倘有懷私利己以少報多者，
查出照壹罰拾，又照。
一議祖田打泥取買柴草，公值估價，不可私自徇情，如有此弊，查出公同議罰，又照。
一議敬元兄搖基地租錢捌伯文，每壹搖包還租錢捌伯文，逐搖燒出交，
付又照秉灦一人立有租批議批，又照。
一議桂芬兄搖田租，每年包唐麦玖拾升、淨穀肆伯肆拾觔，兩季屑至田主
家，秉灦一人立有租批議批，又照。
憑中　光貴（押）
光純（押）
光銓（押）
懷保（十）
代筆　樸初（押）

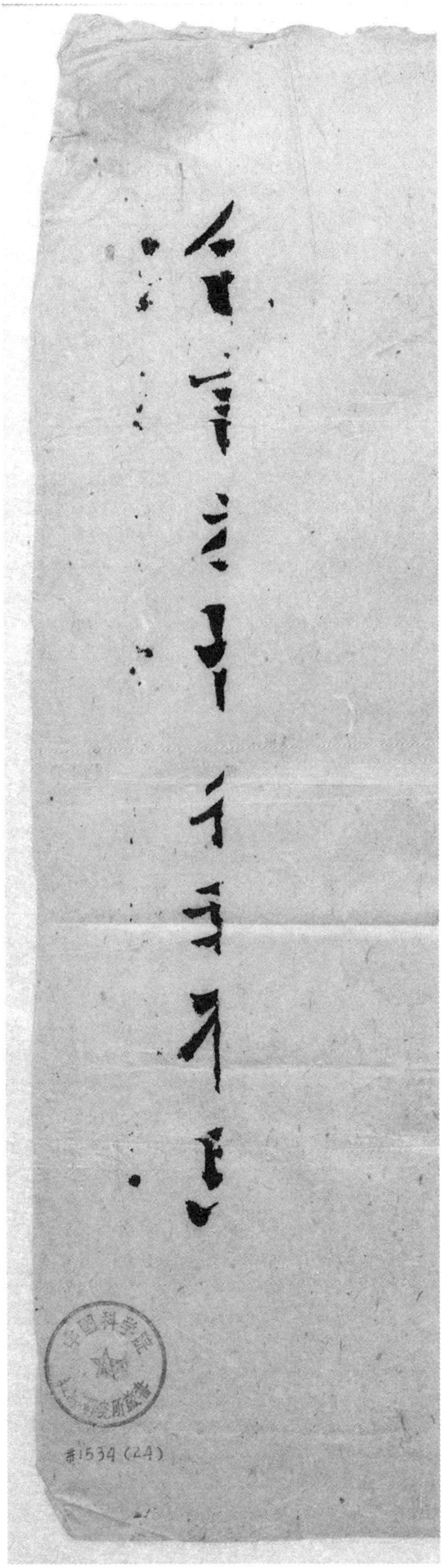

（二）

二

清光緒八年九月某某縣程光有等立集股開設窯場議據

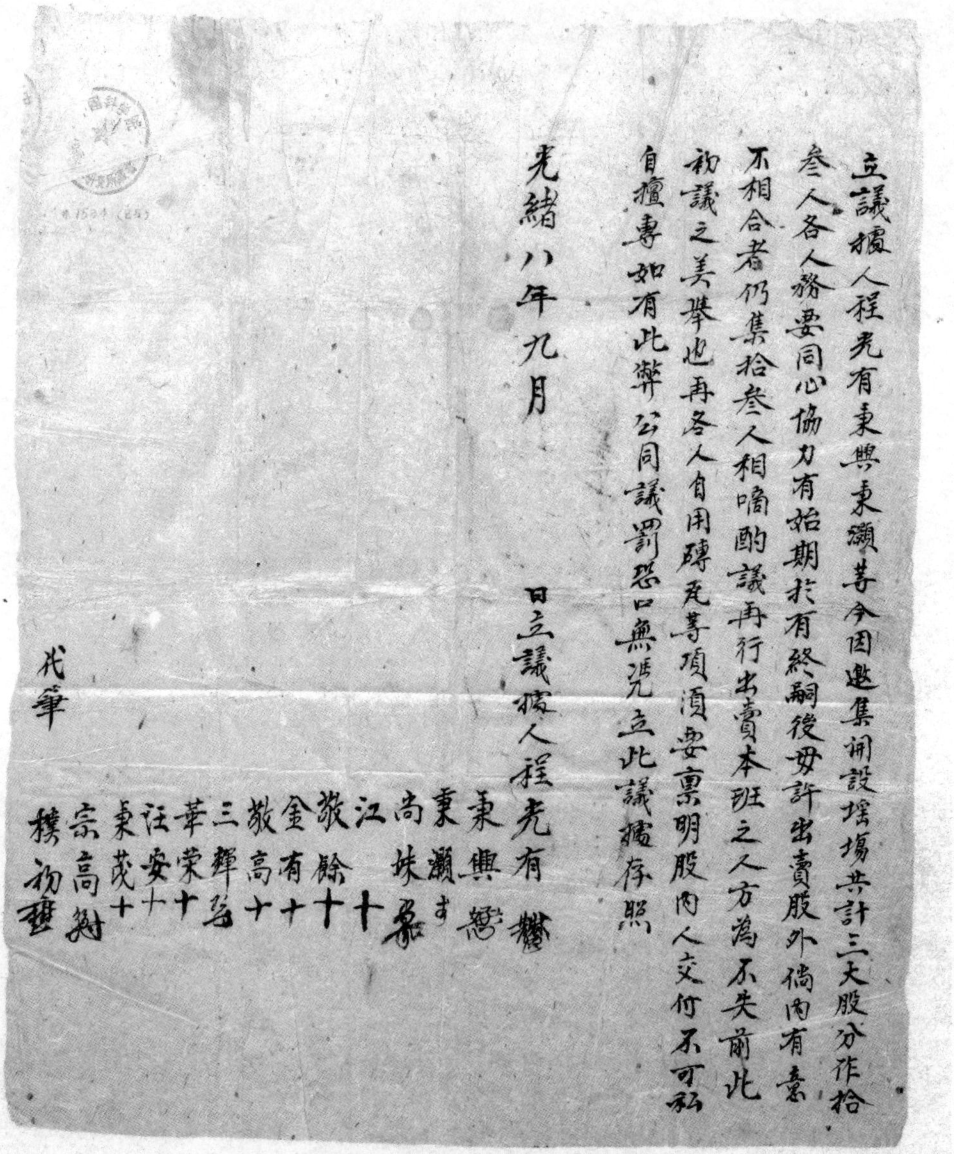

立議據人程光有東興東灝等今因邀集開設窰場共計三大股分作拾
叁人各人務要同心協力有始期於有終嗣後毋許出賣股外倘內有意
不相合者仍集拾叁人相商酌議再行出賣本班之人方為不失前此
初議之美舉也再各人自用磚瓦等項須要稟明股內人交付不可私
自擅專如有此弊公同議罰恐口無憑立此議據存照

光緒八年九月　　日立議據人程光有（押）
東興（押）
東灝（押）
尚妹（押）
江　餘十
敬金有十
敬高十
三輝（押）
華榮十
汪安十
東茂十
宗高（押）
代筆　樸初（押）

二

清光緒十二年十二月某某縣程汪安等立集股合造水碓合議

立合議人程汪安東福華榮細妬東昌東林等今因将土名大石塔河边田内合造水碓一度共成六股公同商議所用匠工料度并需用錢文均係六股匀配碓基言定每年計包磨分麦壹百弍拾斤秋收归訖自議之後務須協力同心踴躍從事始終如一毋得反悔生端若有誰人反悔生端所造需費錢文決一反悔生端人成認毋得推諉碓成之日輪守 夜毋得争前争後立此合議一樣六紙各執一紙存照

光緒拾弍年 臘月十八日立合議人程汪安十

東福十
華榮十
細妬十
東昌十
東林（押）

執筆福和（押）

一議捉塌值日者邀集未到者照工折算

一輪守碓不到者失落貨物罰錢乙两

一碓磨視毋許懷私 倘有懷私查出罰錢伍两

一六股碓内春磨照數量出归单

二

清光緒二十二年十月某某縣程元炳等立合股水塘輪流養魚合同議據

立合同議據人程元炳、灶元、盛德、汪全等，緣有土名砂塘舍外大塘塘壹广，經理形字貳百五拾玖號，向有四大股法輪流挨年畜養塘魚，並無異議。奈兄弟分析，大股分為小股，兼又變異，況遭兵燹之災，各家契據被毀一光，無存查考，以致爭多論寡，滋生事端。爰願憑中公同相商，各照稅額稽查察核，三面議定：合元炳四股半，合汪全兩股，合盛德壹股，合灶元半股，共成捌股，仍照舊章輪流挨養，週而復始，庶免後人爭端。自議以後，公衆務須同立挨年簿壹本，内要載定某年輪值係某人管養之，至年終起塘，正月交卸，上交下接，不得爭前在後，恪守遵規。事出至公，各無異議。恐口無憑，立此合議一樣四紙，各執壹紙，永遠存照。

再批：其塘逐年管水，議定歸全元之家承值，別人不得爭論，又照。

（一）

二

清光緒二十二年十月某某縣程元炳等立合股水塘輪流養魚合同議據

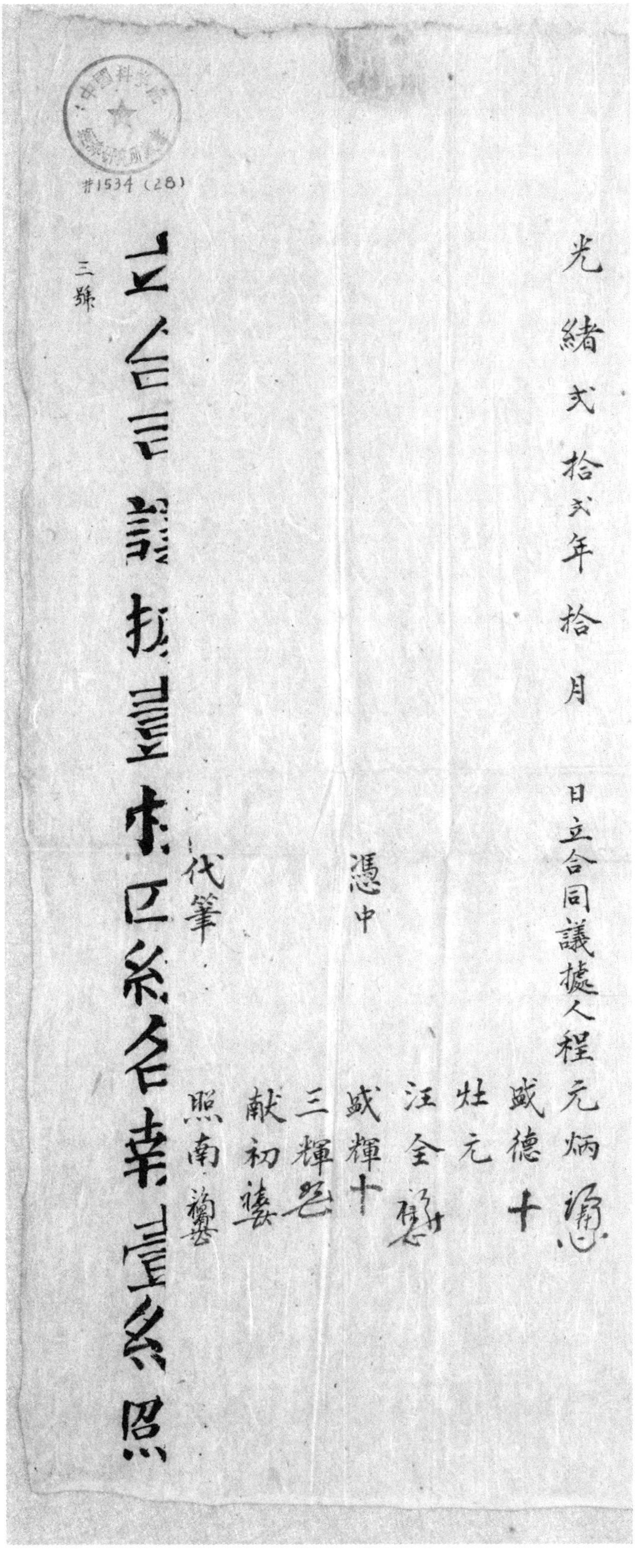

光緒弍拾弍年拾月　日立合同議據人程元炳
盛德十
灶元
汪全
憑中
盛輝十
三輝
献初
代筆
照南

立合同議據壹樣兩紙各執壹紙照

三號

（二）

〔五〕明嘉靖至清光緒年間其他商業經營合同

二一

明嘉靖四十四年四月某某縣謝大經等立各出本銀合貨橋店生理合同

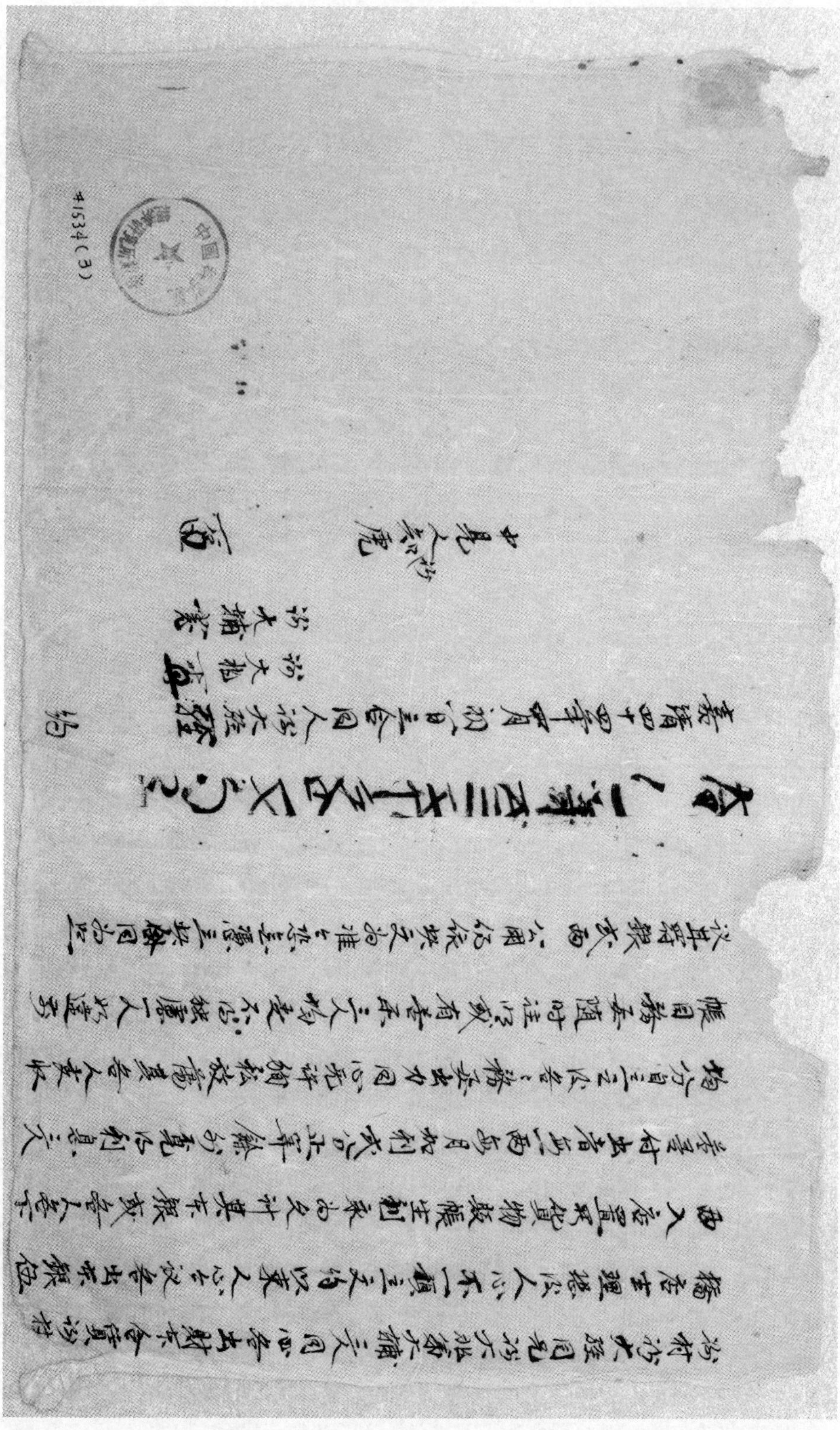

二一

明隆慶元年八月〔祁門縣〕程鉟等立合夥買木前往瓜洲發賣合同文書

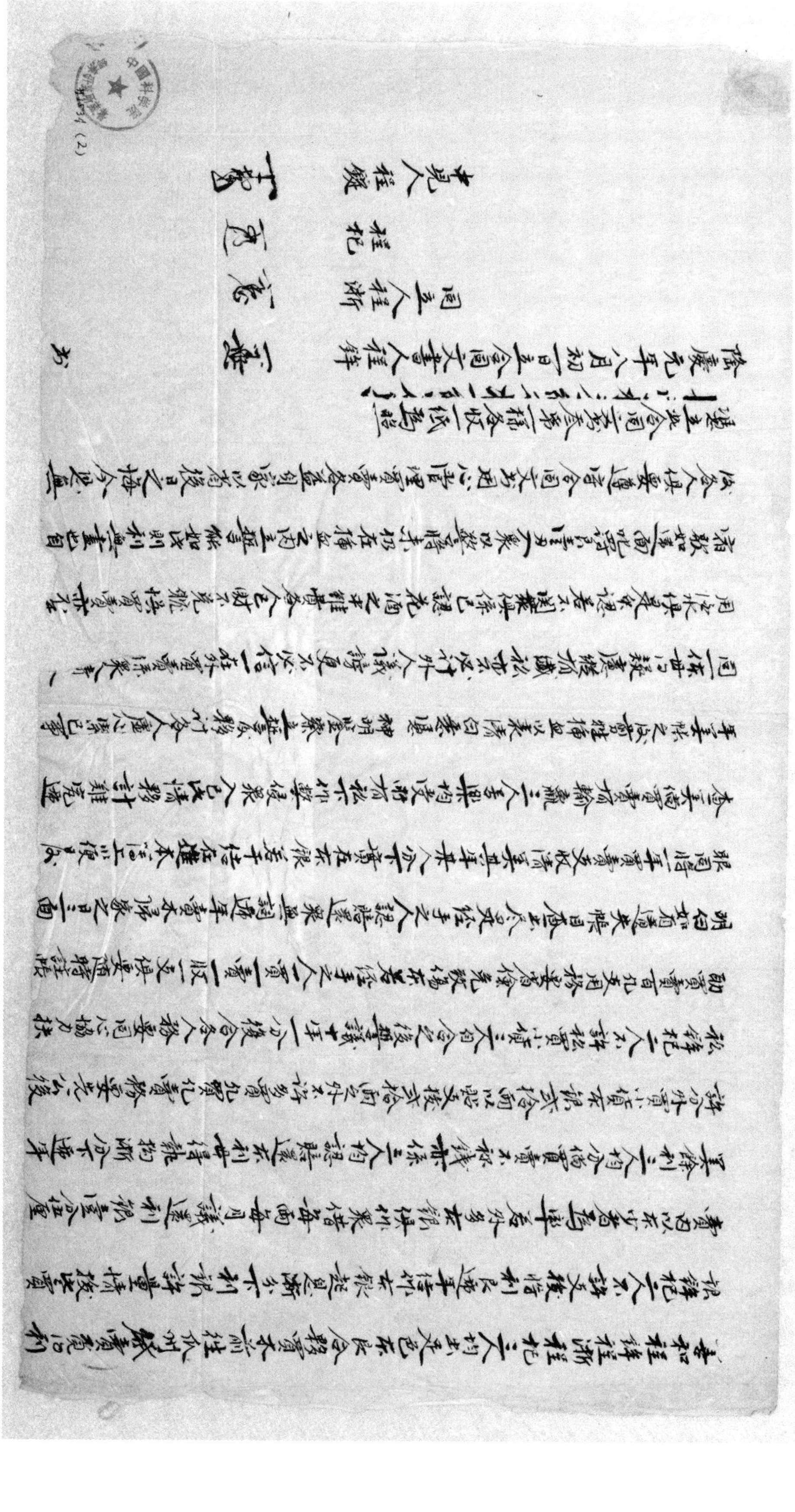

立合同人程鉟、程漸、程杞三人，均出足色本銀合夥買木前往瓜州發賣，覓□利
銀。鉟、杞二人不許支揆，借利良過年借作本銀起息，漸分下利銀許量情揆些賣
賣。因以本少者爲率，若外多本銀，俱作衆借，每兩每月議還利銀壹分伍厘，
其餘利三人均分。倘買賣不称錢，亦係三人均認賠還本利，毋得執拗。漸分下過年
許分外買小貨，本銀貳拾兩以照支揆，貳拾兩之外不許多買。凡買凡賣，務要先公後
私。鉟、杞二人不許私買小貨。三人自合之後，無議十年一分。後合各人務要同心協力扶
助買賣，百凡支用務要省儉，免致傷本。若經手之人一買一賣一收一支，俱要隨時註帳
明白。如有遺失帳目，查出盡是經手之人認賠還衆，無詞。過年賣木歸家之日，三面
眼同將一年買賣支收清筭。某年某人分下實在本銀若干，結在進本帳上，以便日後
查筭。倘買賣有輸贏，三人苦樂均受。敢有私下作弊侵衆入己，此情務計難容。過
年筭帳之後，宰牲插血以表情白，憑神明鑒察，立誓後務計各人虛心案己，爭
同一條，毋得疑慮，縱有纖私亦不必計，外人議謗更不必信。一在外買賣係衆人青一
用，坐水俱是衆認，若不關衆俱係己認。花酒之中雖費各人己財，不免耽悞買賣，亦不
宿歇。如違，面叱罰銀壹兩入衆，以警將來，仍在插血之內立誓。能如此則利無盡也。自
後各人俱要遵守合同文書，同心管理買賣，各益身家，以為後日之悔。今恐無
憑，立此合同一樣叁帋，一樣各收一紙為照。

隆慶元年八月初一日立合同文書人程鉟

同立人程漸

程杞

中見人程錠

二

明崇禎三年十月某某縣詹正吾等立合股經營廣信府石塘地方做紙舊業議約附十六年十七年帳目算明批

立議約人詹正吾孫于彩詹方選今因介石親兄原于廣信府石塘地方
做紙生意不意介石兄于天啟七年病故鎮江身任邊疆所遺孫方選未諳
世故山中帳目俱托親婿王君平掌管今身田籍篤念至親不忍山中舊業費
棄邀甥嗰議與侄孫等各出貲本仍復舊業正吾出壹股于彩出壹股方選君
平共出壹股每年議作一分八厘起息在山中經管理者每年議辛力銀拾兩除雇
人工食用外有得羨餘照股均分自立議約之後各要同心無得懷私亦不得私
做小貨如有此情察出將小貨入于公衆其本利撞年結算支則均支入則均入各無異
說所有款目另立合同簿籍一樣三本及議約一樣三張各執永遠存照
議約一樣三張各執一張存照

（一）

明崇禎三年十月某某縣詹正吾等立合股經營廣信府石塘地方做紙舊業議約附十六年十七年帳目算明批

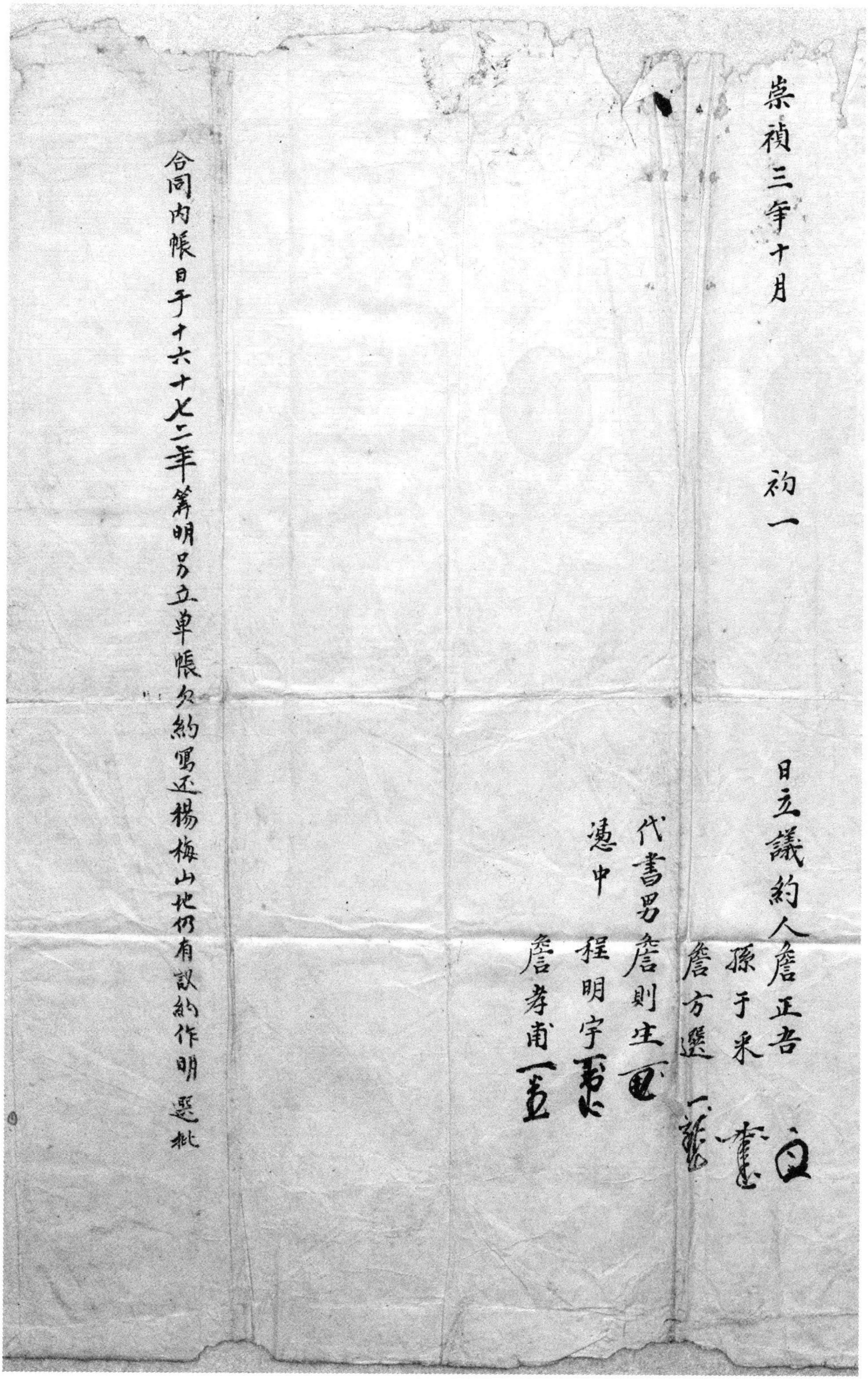
崇禎三年十月　　初一　　日立議約人詹正吾（押）
孫于采（押）
詹方選（押）
代書男詹則生（押）
憑中　程明宇（押）
詹孝甫（押）

合同内帳目于十六十七二年算明另立单帳，久約寫还楊梅山地仍有議約作明。選批

（二）

二　明崇禎十四年四月某某縣張尚湧等立合股造作磨屋招租議墨附許龍等立包租承管磨屋契抄白

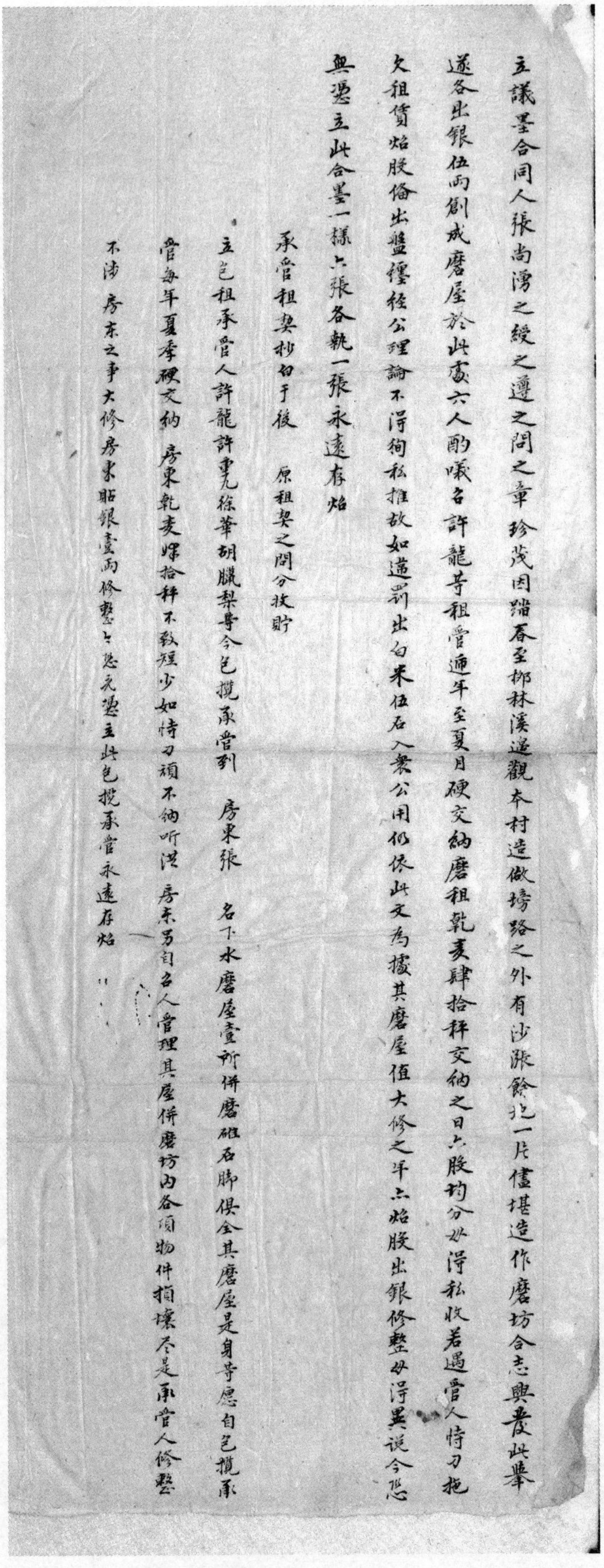

立議墨合同人張尚湧之綬之遷之問之章　珍茂因踏看至椰林溪邊觀本村造做塝路之外有沙漲餘地一片儘堪造作磨坊合志興復此舉
遂各出銀伍兩創成磨屋於此處六人酌議名許龍等租管逓年至夏月硬交納磨租乾麦肆拾秤交納之日六股均分毋得私收若遇管人恃刁拖
欠租貨始股倫出盤纏經公理論不得徇私推故如違罰出白米伍石入衆公用仍依此文為據其磨屋值大修之年六始股出銀修整毋得異說今恐
無憑立此合墨一樣六張各執一張永遠存炤

承管租契抄白于後　　原租契之問分收貯

立包租承管人許龍許秉九孫華胡臘梨等今包攬承管到　房東張　名下水磨屋壹所併磨碓石脚俱全其磨屋是身等應自包攬承
管每年夏季硬交納　房東乾麦肆拾秤不致短少如恃刁頑不納听從　房东另自召人管理其屋併磨坊内各項物件損壞不是承管人修整
不涉　房东之事大修　房东貼銀壹兩修整六恐无憑立此包攬承管永遠存炤

（一）

二

明崇禎十四年四月某某縣張尚湧等立合股造作磨屋招租議墨附許龍等立包租承管磨屋契抄白

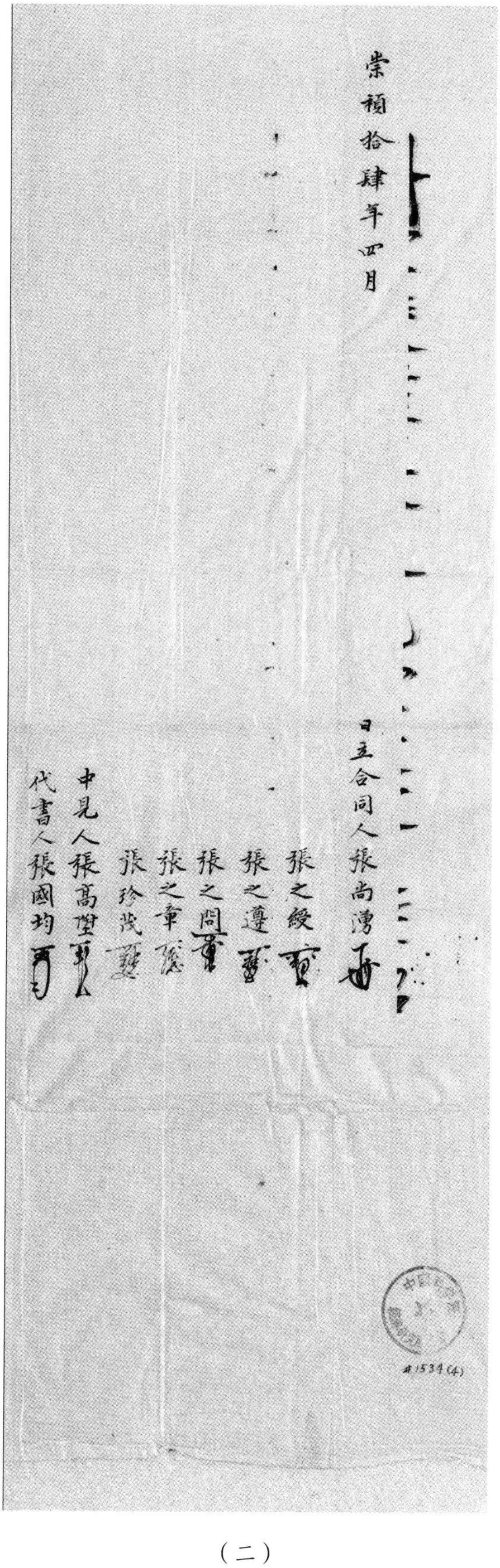
崇禎拾肆年四月　日立合同人張尚湧（押）
張之綬（押）
張之遵（押）
張之周（押）
張之章（押）
張珍洪（押）
中見人張高望（押）
代書人張國均（押）

（二）

二

清康熙十年三月某某縣吳之鼎等立議合夥到如皋縣蔣家莊開車買豆打油生意合同

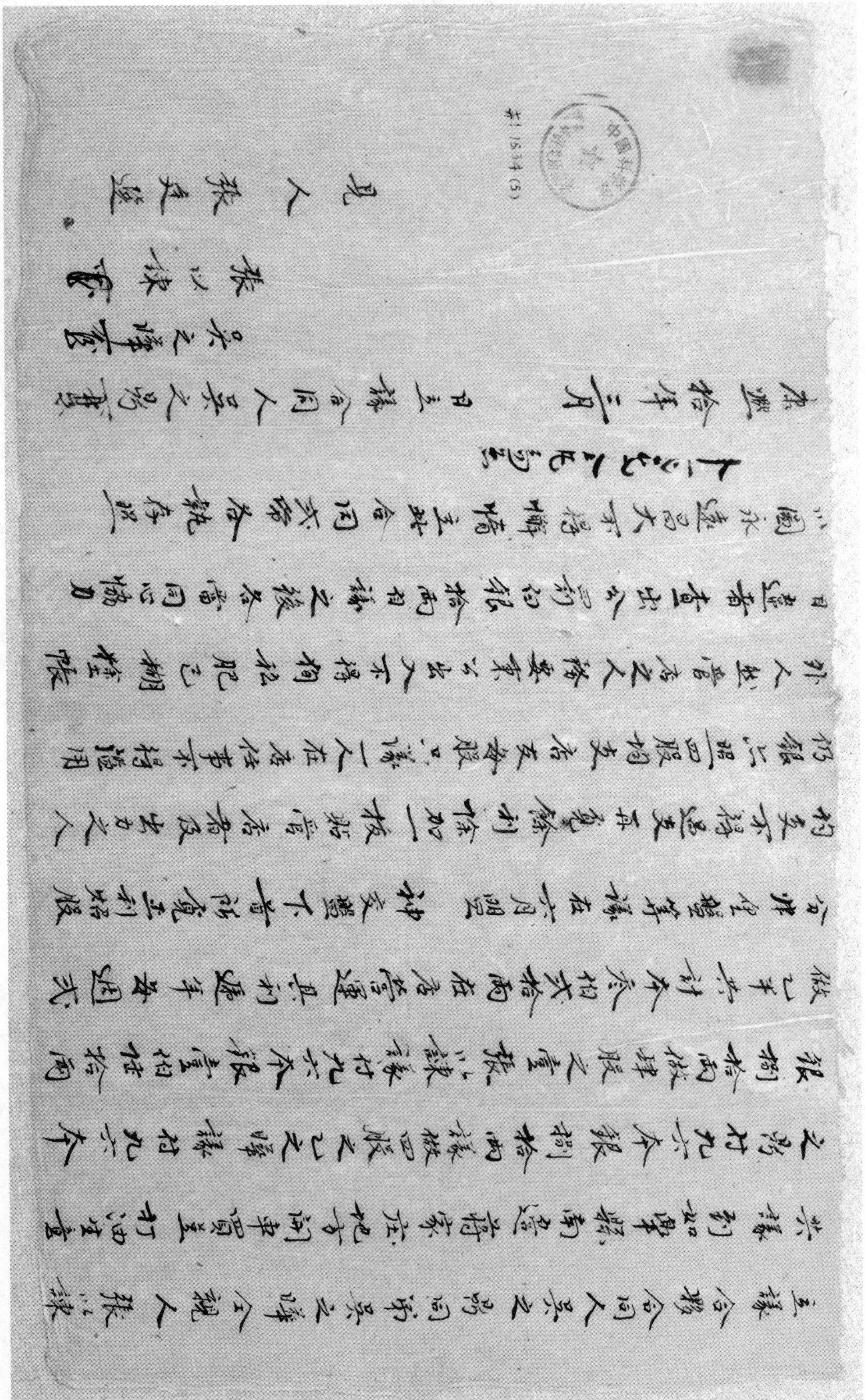

清康熙十二年十月某某縣汪祥甫等立合股買山倩匠鑿打灰石合同

二十四都一四啚立議合同人汪祥甫金元茂陳雲從朱繩武
今四股眼同着議用價買到汪麟仲土名慱牛塢石山
一業係發字一千六百零三號計山稅壹分原汪姓現存高
基企石壁一墻身汪小塢毗連其石山東至塢心為界
西至金陳江石山為界南至降北至江宅山為界今四股
倩匠鑿打灰石照股均分倘有界外人生端及挑泥
使費并項俱係四股均認不淂推卸亦不淂恃強欺
弱如有此情聽從執墨經 公理論無辭今恐無
憑立此合同一樣四張各執一張永遠存照
一印契汪祥甫收執 一稅票金元茂收執
一稅收入朱繩武十甲汪時可戶 一歸戶票陳雲從收執
每股用價併使費銀伍兩正

康熙拾貳年拾月

立議合同人 汪祥甫（押）
金元茂（押）
陳雲從（押）
朱繩武（押）

中見人 江君用（押）
朱彥先（押）
汪廷儀

代書人 陳元礼（押）

二

清乾隆二年八月某某縣汪允安等立合本在重慶四牌坊開立聚川酒坊合同附乾隆三年正月每人加本銀批

立議合同汪允安 趙坤一 汪次雲三人向皆貿易於重慶素慕金蘭契好今各出本紋銀壹伯陸拾陸兩陸錢陸分陸厘共合足紋本銀伍伯兩整在於本城四牌坊開立聚川酒坊自立之後其店中諸事公議俱託汪次雲管理每年營謀出入除店租以及人工各項使用之外所得餘利三股均分或有不足三人均認並無異說自議定後三年之内各人不得支動分文至於生意之道原係通財之義貴乎永久各無異念方合初意今恐無憑立此合同三紙各執一張永遠為照

乾隆三年正月每人又加本紋銀叁拾叁兩叁錢叁分合貳伯兩整

所有議款開列于后

一議每年貼福隆號内屋租銀拾陸兩整舖面另租

一議每年另除老酒肆拾坛以為管事者酬勞之敬

憑親友 汪俊升（押） 程秋佩（押） 金商永（押） 蔡承宗（押）

二

清乾隆二年八月某某縣汪允安等立合本在重慶四牌坊開立聚川酒坊合同附乾隆三年正月每人加本銀批

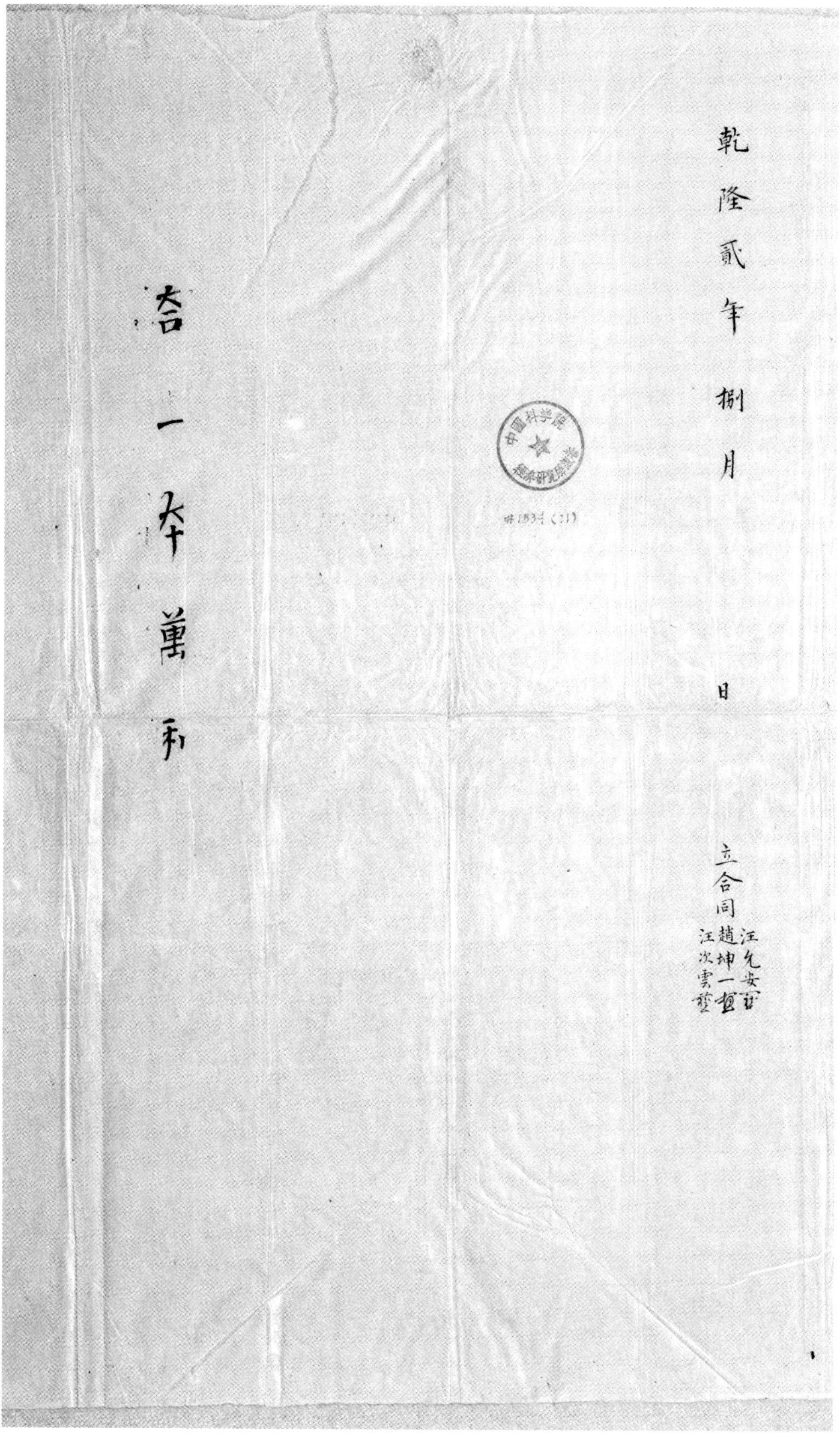

乾隆貳年捌月　日

立合同　汪允安（押）
趙坤一（押）
汪次雲（押）

合一本萬利

（二）

二

清乾隆三年正月某某縣程奐若等立合本共開饒州程鼎新布店合同附乾隆二十九年某姓廷傳等立拨銀批

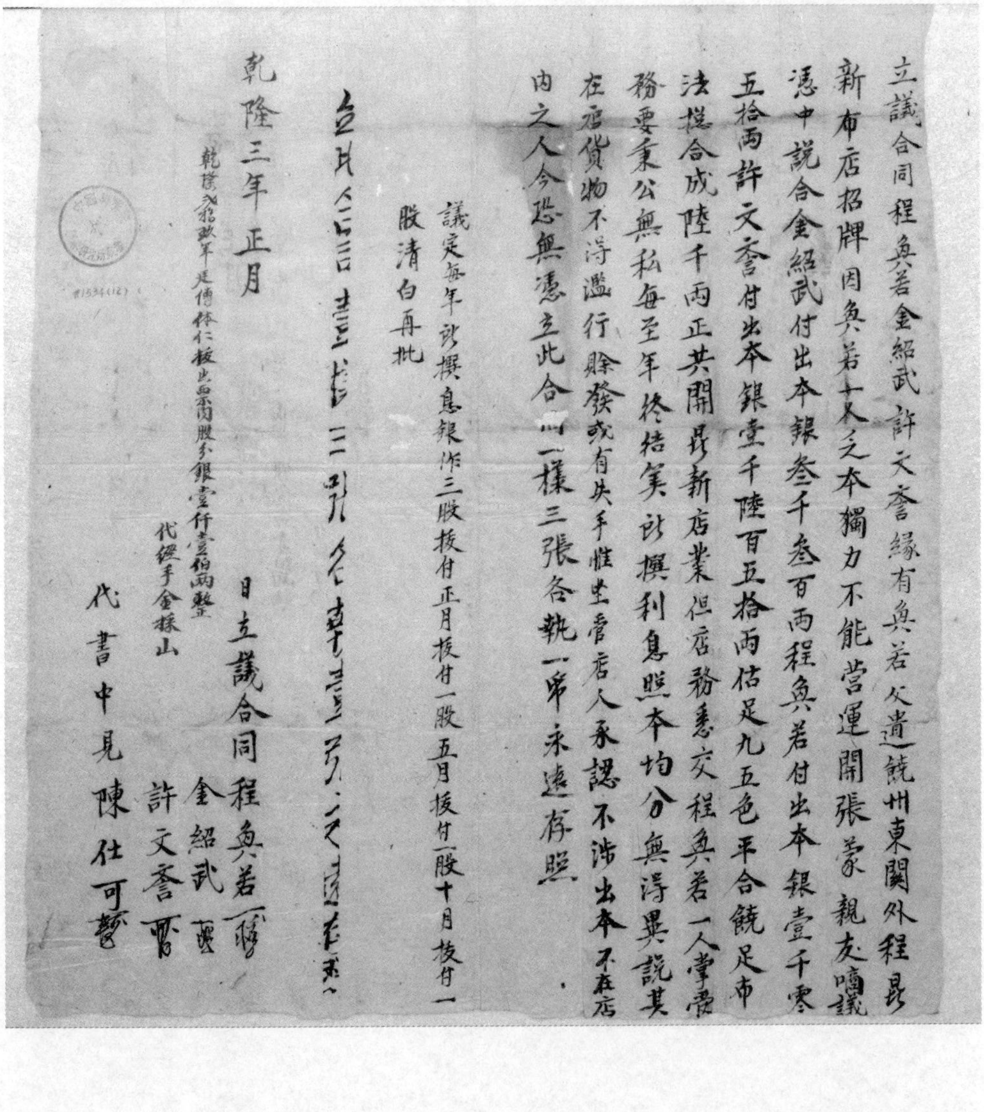

立議合同程奐若、金紹武、許文峕，緣有奐若父遺下饒州東關外程鼎新布店招牌，因奐若一人之本獨力不能營運開張，蒙親友嘀議憑中説合，金紹武付出本銀叁千叁百兩，程奐若付出本銀壹千零五拾兩，許文峕付出本銀壹千陸百五拾兩，估足九五色平合饒足市法撥合成陸千兩正，共開鼎新店業。但店務悉交程奐若一人掌管，務要秉公無私，每至年終結算，照撥利息照本均分，無得異説。其在店貨物不得濫行賒發，或有失手，惟坐管店人承認，不涉出本不在店内之人。今恐無憑，立此合同一樣三張，各執一帋，永遠存照。

議定每年所撥息銀作三股拨付，正月拨付一股，五月拨付一股，十月拨付一股清白。再批。

[illegible]

乾隆三年正月　日立議合同程奐若（押）
金紹武（押）
許文峕（押）
代書中見陳仕可（押）

乾隆貳拾玖年廷傳、体仁拨出[illegible]股分銀壹仟壹佰兩整
代經手金振山

二

清乾隆三十一年四月某某縣劉美中立出頂雜貨憲帖約

立頂約人劉美中今將承父雜貨憲帖壹張出頂與
何名下開行生理為業三面言定頂價九銀肆兩整其銀在手收
足其帖當即繳付何姓收管自頂之後聽何姓庚名改换其帖稅係
是何姓上官交納不德累及劉姓今恐有憑立此頂約存照

乾隆三十壹年四月廿日

立頂約人劉美中（押）

中見江遂雲（押）

二

清乾隆三十七年三月某某縣吴天衢等立合股開創吴城戴振興典合同典墨附乾隆五十八年十二月三姓公商收歇批

立議合同典墨 吴天衢 文英 戴汝器 其相 蔡聯輝
緣三姓今有同志開創吴城典業共嘀五股各出本銀吴平爪紋肆仟兩吴姓兩股出本銀捌仟兩戴姓兩
股捌仟兩蔡姓壹股肆仟兩共成貳萬兩議以戴姓管理壹拾叁年每年交吴姓利紋銀陸百肆拾兩交蔡姓利紋銀叁百貳
拾兩俱訂年終付清至於典內接夥外務概是戴姓辦理至拾叁年週滿即交吴蔡貳姓接管三年已後五股輪流答管壹年此是新創基
業務要全心竭力各無相忌一本和氣自必生財有道定然典本漸皆充足裕餘矣所有典規另議數條開載於后立此合墨
叁張各執一張存照

一議開典 憲帖五股公領至於招牌吴出名戴出姓合取戴振興名目請給印帖輸納國課其帖公存典內收攄
一議典內事務戴姓管理倘有夥計虧空及一切費用諸件不涉吴蔡二姓之事至拾叁年後管足即交吴蔡貳姓接管
一議開典之年不能得利有置辦傢伙裝修諸務五股公認倘或微缺五股補足或獲微息亦五股均分
一議至第貳年起戴姓包利另寫包字每年交吴姓爪紋銀陸百肆拾兩交蔡姓爪紋銀叁百貳拾兩典內費
用多寡不涉吴蔡兩姓之事戴姓獨自支付辦理
一議春當本領已經滿架應典不敷暫行挪移戴姓自當措辦待至秋取即便兑還

（一）

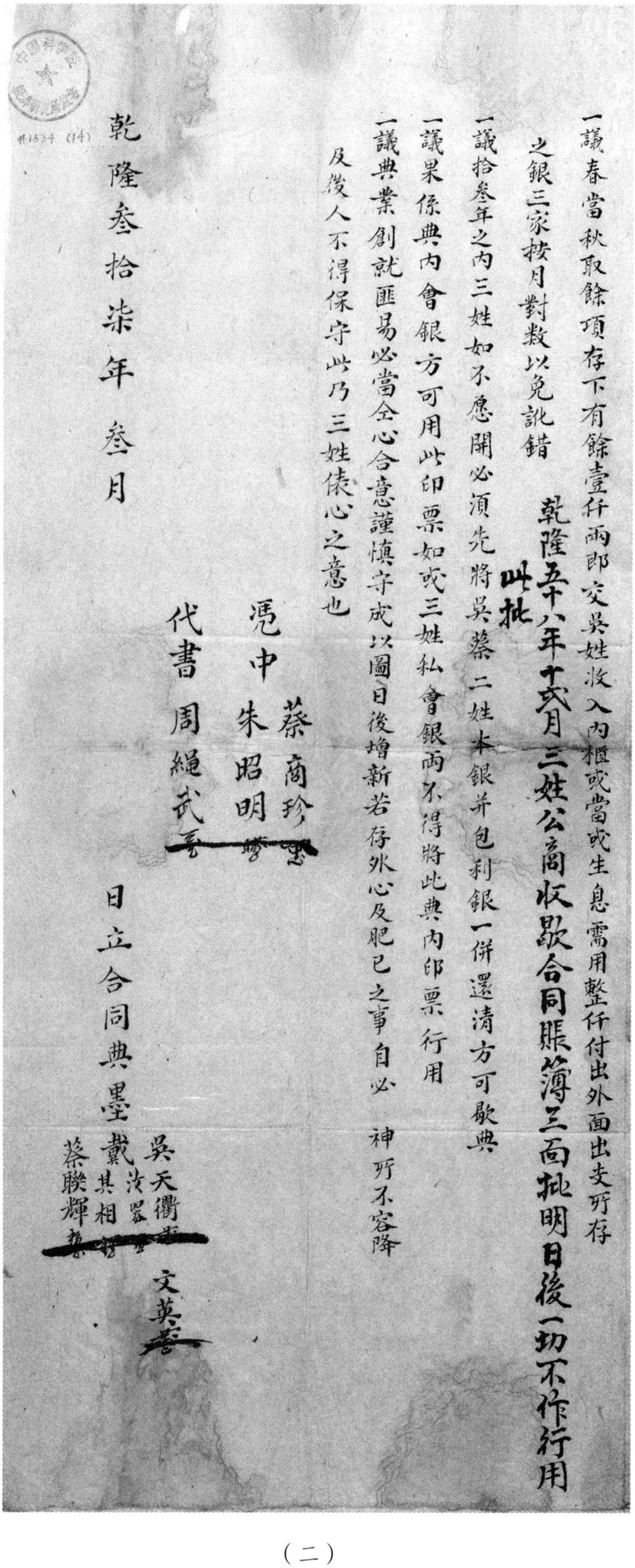

一議春當秋取餘項存下有餘壹仟兩即交吳姓收入内櫃或當或生息需用整仟付出外面出支所存
之銀三家按月對數以免訛錯
乾隆五十八年十弍月三姓公商收歇合同賬簿三面批明日後一切不作行用　此批
一議拾叁年之内三姓如不愿開必須先將吳蔡二姓本銀并包利銀一併還清方可歇典
一議果係典内會銀方可用此印票如或三姓私會銀兩不得將此典内印票行用
一議典業創就匪易必當仝心合意謹慎守成以圖日後增新若存外心及肥己之事自必　神所不容降
及後人不得保守此乃三姓俵心之意也

乾隆叁拾柒年叁月　　日立合同典墨　吳天衢
戴汝器
戴其相
蔡騤輝
文英
蔡商珍
憑中　朱昭明
代書　周縄武

（二）

二

清乾隆五十六年正月某某縣某姓公瑞等立合夥頂開公瑞本村所開之店合同文約

立合夥合同文約叔祖公瑞文遠仝侄孫德修爲以財從伴生事在人爲是以就于公瑞本村所開之店以作三股共頂開張所有資本各出本銀拾兩共計本銀叁拾兩以爲生生不已自今合夥之後每〻三股均共但店内生意務宜同心協力篤志營謀不可有始無終及出入支收大小貨物賬目必須分明清晰不得徇隱爲己苟且等情所謂財明義不疎即在是矣至于各己支用一年一結三年一平店内雇倩人工及置貨賒押生販大件務必商量參酌不可各執違莫如此和合式好自必生意興隆財源茂盛庶可望矣故曰財從伴生事在人爲其斯之謂歟恐後無憑立此合夥文約三紙各收一紙照

條規列後

一店内銀錢出入務要登賬明白不得潦草塞責查出賠罰

一夥計必須秉公持正不得徇私苟且查出賠罰

一店内順情賒借各入己支

一店内夥計不得賭錢打牌違者查出罰銀五錢

一店内食用務宜節儉毋得奢華濫用違者自認不得入賬

（一）

二

清乾隆五十六年正月某某縣某姓公瑞等立合夥頂開公瑞本村所開之店合同文約

乾隆五十六年正月念五日立合夥合同文約叔祖 公瑞（押）

弟 文遠（押）

侄孫 德修（押）

（二）

二

清道光元年五月某某縣李仁光等立合夥店業照年輪開合議墨附道光六年七月立店業仍聽仁記承辦批明合同

立合議墨李仁光仝姪景雲緣嘉慶廿二年正月仁承替仁和店一業原議與景合夥比時替
単僅載景一人名目景因向仁面商暫議（讓）景開二三年再行合夥今景已獨開四年矣而合夥
之章程至今未定不無有碍原議用是凴中議定替耒賬目桀屋傢伙等項均照替単銀數替
単不准行用店帰両股均業每股出本銀壹伯五拾両共成三伯両合夥開張每股議開四年
輪流更換資本不敷在現開者量加交盤之年仍照原本賺錢蝕本各安造化兩無異說至店
內用人聽現開者主政卸事之家不得（過）問自合議之後均照年分輪開務期同心同德互相照
應切存彼此之見毋懷人己之心如此治終不易以義為利名雖輪開实係共事即鄉市微業
亦必日新月盛倘有不遵合議及翻悔舞弊等情一經察出公罰白銀壹伯両入店公用仍依
此文為準爰立合議一樣兩張各執壹張永遠存照

一議四年圓滿準於正月初旬內交盤毋得違拗
一議賬目上下首交盤均照原數如有濫賒不能取討者坐現開之家名下除筭
一議傢伙開単載明照単交盤如損壞不堪應換新者或纖微破損應修葺者上下首看明办之
理地係本店主支
一議店事雖議輪流分做理應每股各着一人在店办事因景年逾半百聽其自然至盛禮
本係景雲嫡其辞業回家為店帮夥輪仁年分固不必說輪景年分亦照舊用永無
異說

（一）

二

清道光元年五月某某縣李仁光等立合夥店業照年輪開合議墨附道光六年七月立店業仍聽仁記承辦批明合同

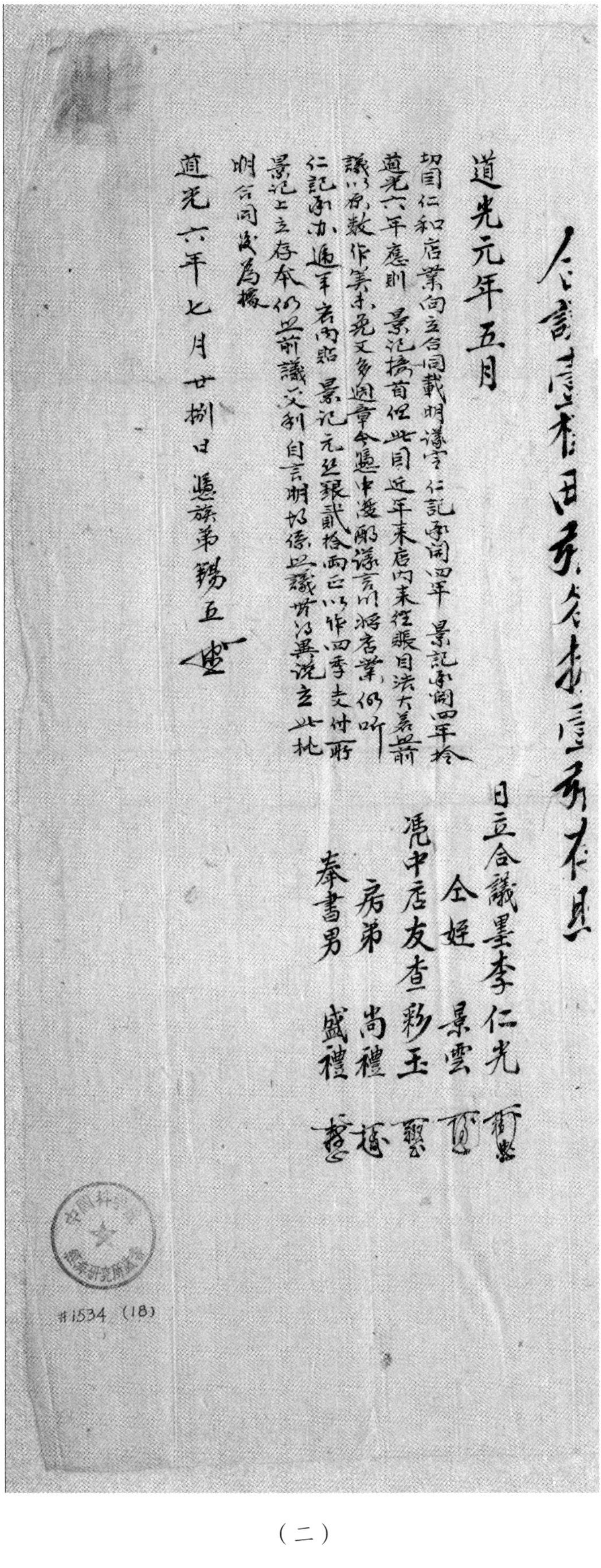

日立合議墨李仁光（押）
仝姪　景雲（押）
憑中店友查彩玉（押）
房弟　尚禮（押）
奉書男　盛禮（押）
道光元年五月

切因仁和店業向立合同，載明議定仁記承開四年，景記承開四年，拾
道光六年應則景記接首。但此自近年來店內來往賬目法大義前
議以原數作算，未免又多週章。今憑中從酌議，言明將店業仍聽
仁記承辦。遞年店內貼景記元絲銀貳拾兩正，以作四季支付所
景記上立存本，仍照前議，父利自言明。如係照議，毋得異說。立此批
明合同，後為據。

道光六年七月廿捌日　憑族弟錫五（押）

（二）

二

清道光六年七月通沙張芝山鎮徐億興號等立收辦銷售尺布費用算賬合同議據

（一）

合議據

立合議據徐億興號、黄秉生號今曰秉生號信投通沙張芝山鎮徐億興號
承餘行收辦尺布，秉生號自立招牌，至上洋銷售。當日議明，收布銀
錢、行客彼此經管，其店上行用及伙食、辛金、房租、做布、成捲、水力、税
費等項，億興總包在内，每疋議錢三十二文，每捲四十疋，計錢壹千弍
伯捌拾文，付億興開銷，與秉生無涉。其布送至上洋，交秉生收卸。
每年捲數多少，照例算賬。此係三面議定，各無悔異，今欲有憑，立
此合一樣兩紙，各執一紙，生意茂盛，永遠爲照。

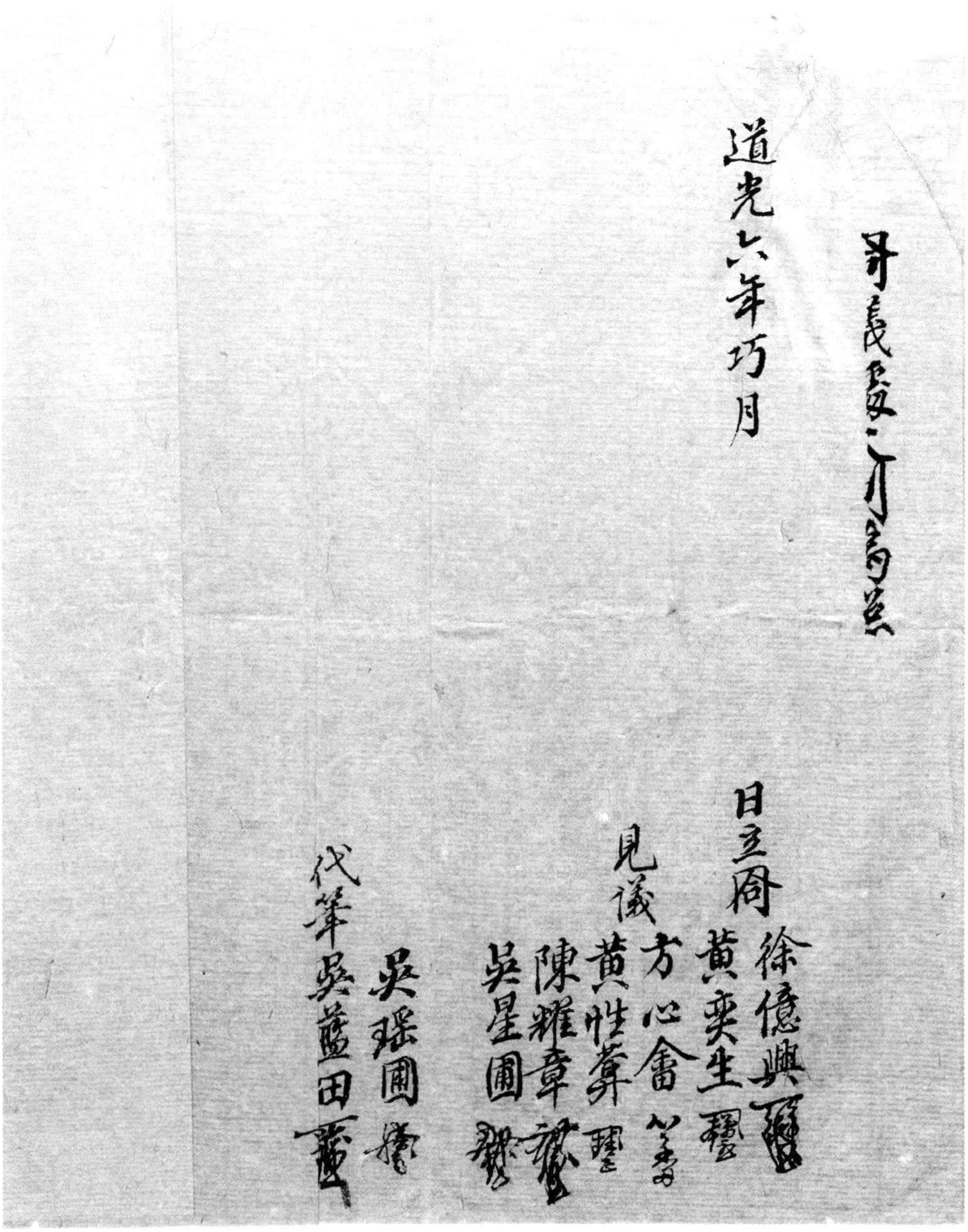

并長發發丁萬萬

道光六年巧月

日立據 徐億興
黃奕生
方心會
見議 黃性莽
陳耀章
吳星圃
吳瑶圃
代筆 吳藍田

（二）

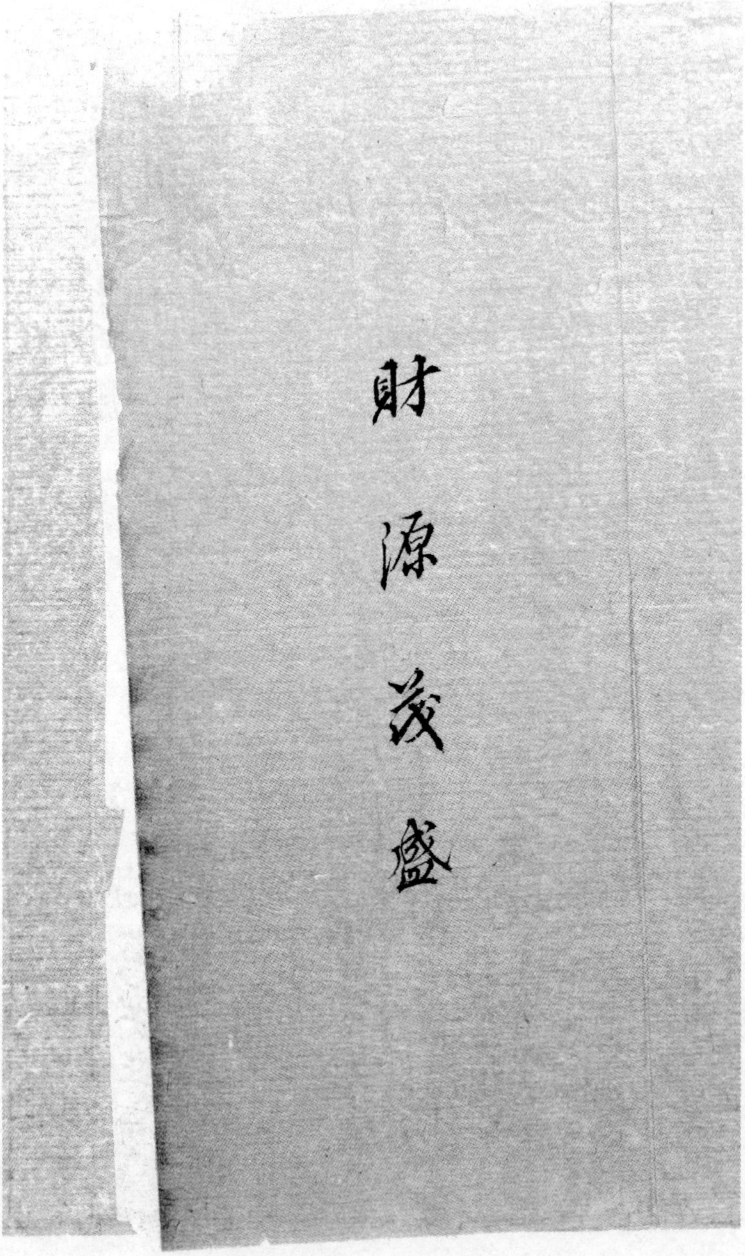
財源茂盛

（三）

清道光三十年八月某某縣金雲嶂等立合股承租石宕灰窑合同

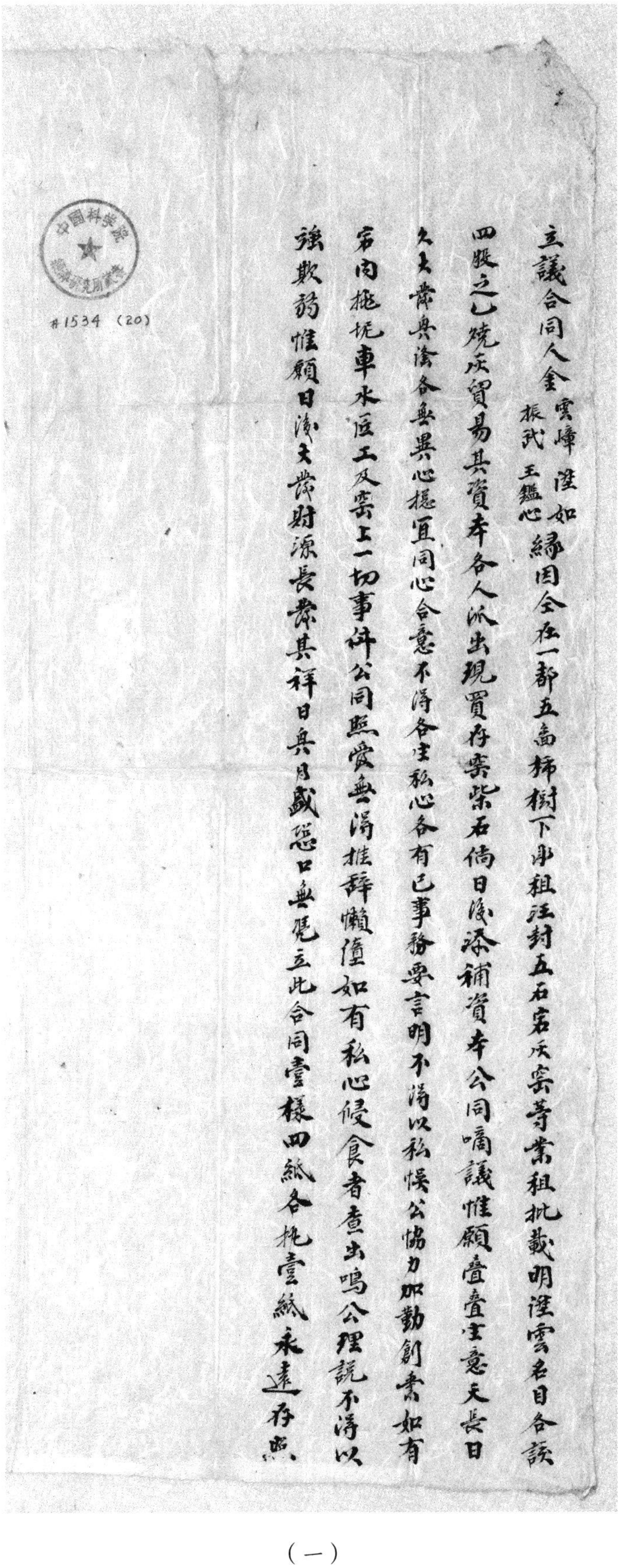

立議合同人金雲嶂 涇如 振武 玉鑑心 緣因仝在一都五啚柿樹下承祖汪封五石宕灰窑等業租批載明涇雲名目合該
四股之一燒灰貿易其資本各人派出現買存窑柴石倘日後添補資本公同嘀議惟願壹壹主意天長日
久大興無滋各無異心揔宜同心合意不得各生私心各有己事務要言明不得以私悮公協力加勤創業如有
宕內挑坭車水匠工及窑上一切事件公同照管無得推辭懶惰如有私心侵食者查出鳴公理說不得以
強欺弱惟願日後大興財源長發其祥日異月盛恐口無憑立此合同壹樣四紙各執壹紙永遠存照

（一）

道光叁拾年捌月 日立議合同人金雲嶂（押）

金振武（押）

金淮如（押）

王鑑心

書中陳岐山（押）

（二）

二

清咸豐十一年七月〔歙縣〕汪星如等立合夥經營槐塘仁壽堂藥鋪合同

立合同人汪星如、程茂芝、程日初，竊念人須輔助，事原非獨力有可爲者。今某等志同道合，汪、程姓各出本洋錢叁拾元，開張于槐塘仁壽堂藥鋪，均矢斷金之志，各存攻石之心，竭力經營，無分你我，秉心正直，忘却公私。所獲餘貲，逐年清算，或分用以贍家，或仍留以作本。務如麗水生金，昆岡産玉，各珎捆載，非潤私囊。倘有此情，罔逃天鑒。恐涉無憑，立此合同一樣兩紙，各執一紙存照。

咸豐拾壹年七月　日立合同人　汪星如（押）
程茂芝（押）
程日初（押）
凴中　程馨遠（押）
代筆　唐麗生（押）

合同一樣兩紙各執壹紙永遠存照

二

清光緒十五年正月某某縣潘濟生等立合股接替休寧坤利店合議墨

立合議墨人潘濟生汪丕顯胡柏舟曹興茂隆興店於正月同議合替汪綬青兄父遺開設休西東亭橋下坐南朝北坤利店壹所店
內貨物賬目等件立有替約計替價英洋五佰六拾五元正合股各友又加本英洋弍佰叁拾五元正共成正本英洋捌佰元正以作拾六股
曹興茂店拾六股之六計出正本英洋叁佰元正曹隆興店拾六股之四計出正本英洋弍佰元正潘濟生拾六股之四計出正本英洋弍佰元
胡柏舟拾六股之壹計出正本英洋五拾元正汪丕顯拾六股之壹計出正本英洋五拾元正以上拾六股共計足英洋捌佰元正其洋概存
坤利店交夥事人經手貿易存店正本各不支用惟願店主意日增月盛長發其祥獲有官利並得餘利照本分取倘有虧
折照股攤派各無異說此後合股各友宜尚管鮑之誼協力同心勿效龐涓之為夥事盡心竭力可冀興隆而期久遠恐口無憑立
此合墨一樣五紙各執一紙永遠存照

再批上首替約替簿契據概行存照

（一）

二

清光緒十五年正月某某縣潘濟生等立合股接替休寧坤利店合議墨

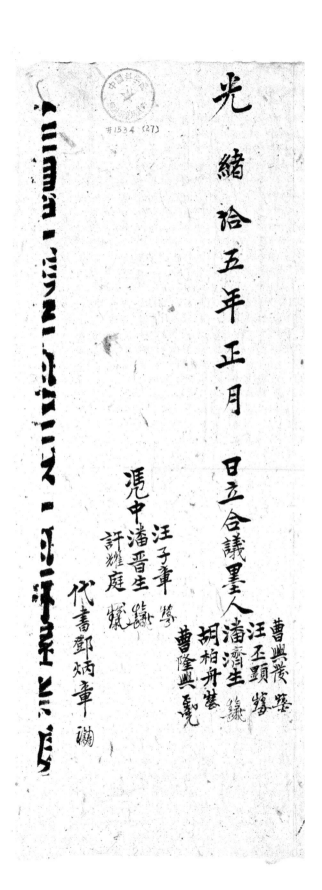

光緒拾五年正月　日立合議墨人

曹興發（押）
汪丕顯（押）
潘濟生（押）
胡柏舟（押）
曹隆興（押）

憑中
汪子章（押）
潘晉生（押）
許耀庭（押）

代書　鄧炳章（押）

（二）

二

清光緒三十二年十二月某某縣余義興會衆等立出洋興復水碓合議

立合議織女庄余義興會衆等今因年歲荒歉米糧漸貴村中烟灶数拾餘家並鄰村人家百数有零家〻靚操井臼甚屬多煩河中水碓徼〻水大即被沖坯無可奈何有心人談及碓事覌有土名鄭家湾脚上是本村禁管山場下是祖上扦護田畝自古老碓兵燹前後吾村所莊后来艰錢不足人工艰难暫歇未莊碓塌猶在碓基未滅因舊同心復邀莊起亦不為难不過当時核出資本多費粗工後来自有歸路村中鄰地都得利便故本年春集祠衆議邀同勤力拾有五名出洋五元請接碓司擇日興工復莊新碓受田做屋受田騰水〻源極長急水轉輕原水流去点不短少時逢乾旱碓不與田爭水活水莊碓呆水養稻出穗打肥時只急要田亦不必與碓爭水碓規重嚴挨日輪流週而復始碓忽有故值日不得亦是空日挨过各有運湊

碓料損坏在衆均修物件失落值日承当修碓扑錢不能抗欠会脚
準加不準退以致坍塌見笑旁人急用要責毋許責巾外村凢属
會友各遂公心同心有義碓運興隆出息不淺受福無窮和氣生
財〻源廣茂欲後有憑立此合議二帋上下各执一帋永遠存照

會友芳名開列于左　　一批日后做工夫如有不到罰貳錢一日親出衆歸

學淮一脚　為傑一脚　為好合脚　趙鷺 為通 合脚
學化一脚　家礼一脚　家治合脚
為問一脚　家有 家福 合脚　家迪 為间 合脚
為瑋一脚　與為稽合邦經一脚　邦城 家餘 合脚
學洪 學湘 合脚　邦典一脚　學汶一脚與學藩合

批過如内外人故意損害者
衆人合办重罰又毋責巾
會外無分之人

大清光緒三十二年十二月　日　余義興会衆等立

二

二、明萬曆至崇禎年間合股經營清算合同

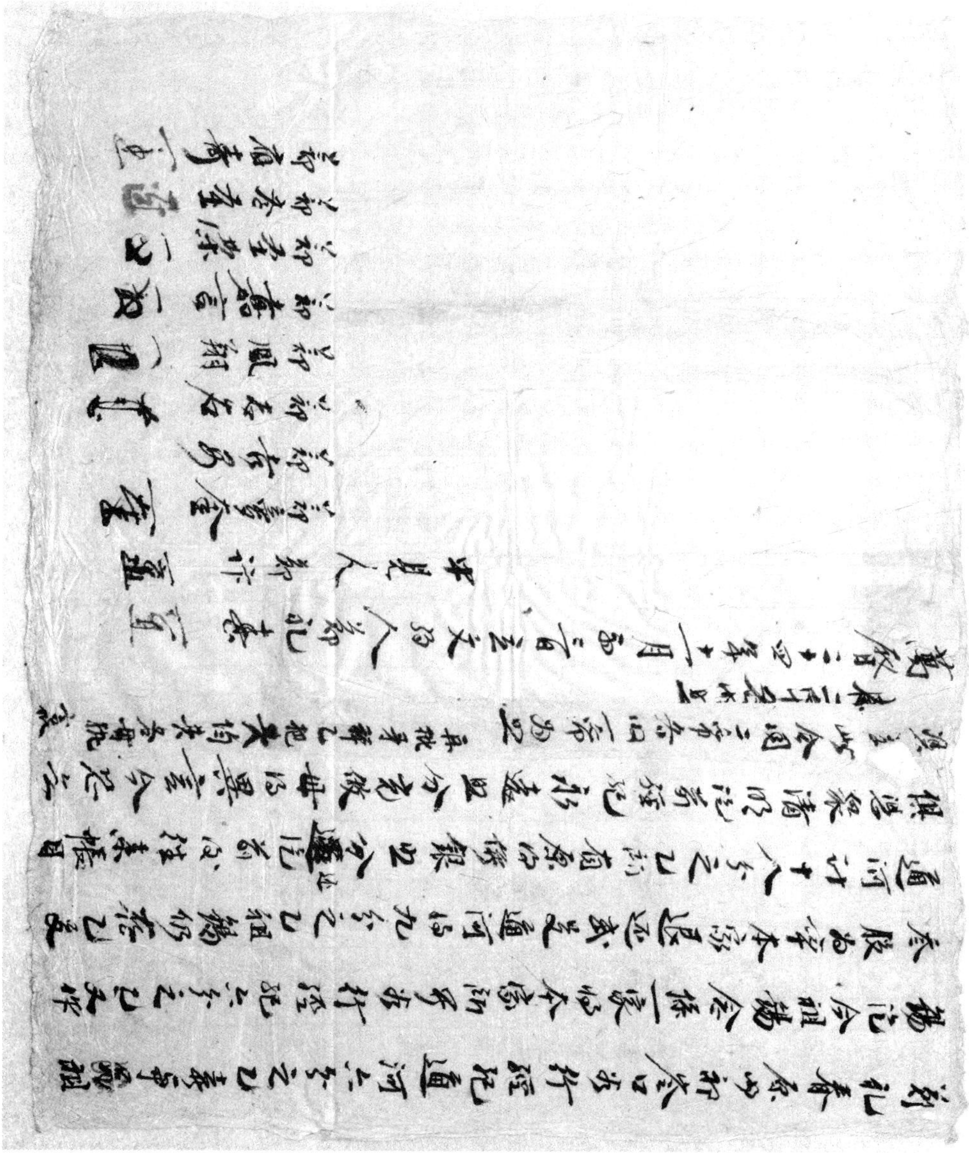

明萬曆二十四年十一月某某縣鄭禮春等立買賣穀行股份合股經營文約

二

明天啓六年正月某某縣程國俊立算明先父所存資本領取營運生息議約合同

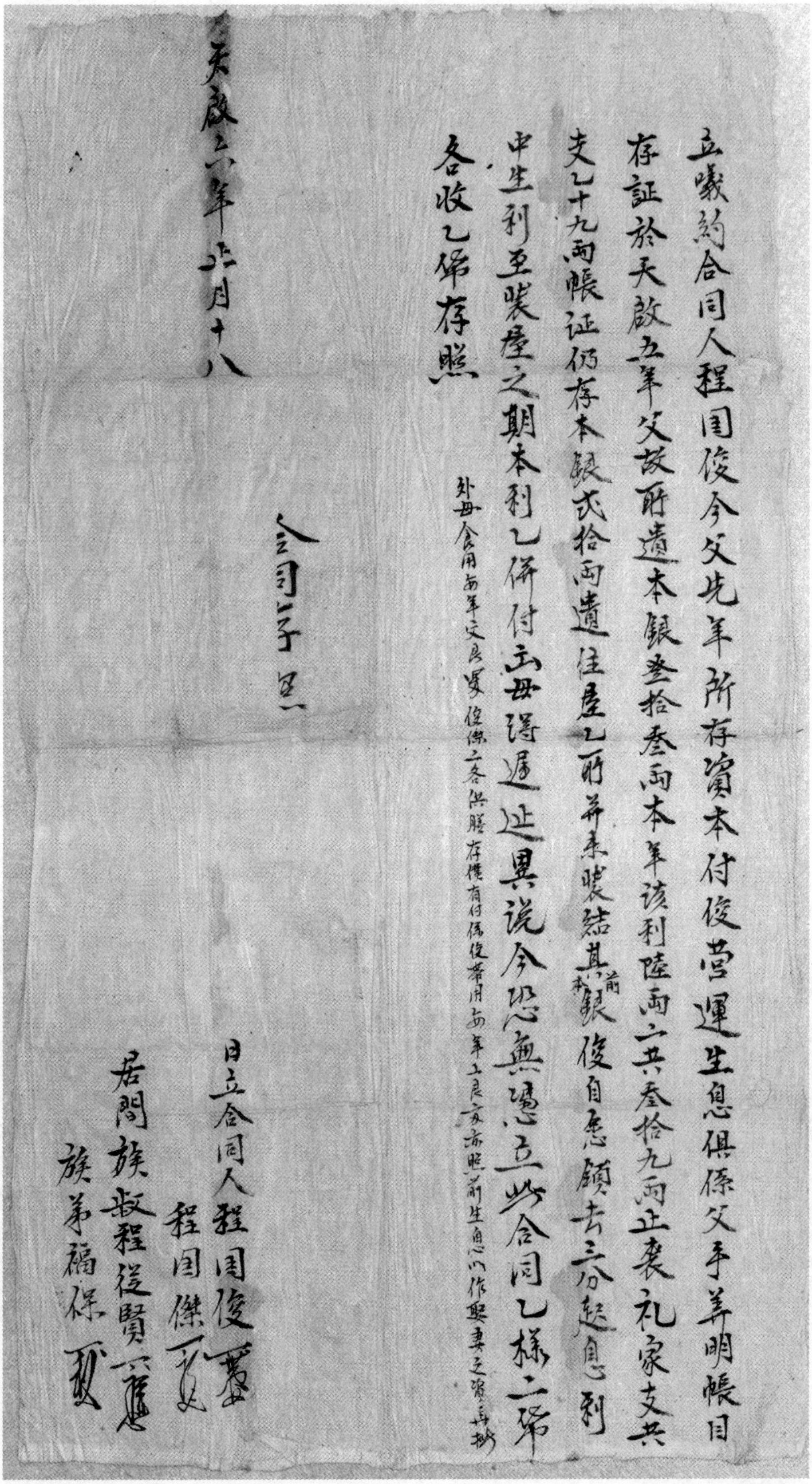

立議約合同人程國俊今父先年所存資本付俊營運生息俱係父手筭明帳目存証於天啟五年父故所遺本銀叁拾叁兩本年該利陸兩二共叁拾九兩正喪礼家支共支乙十九兩帳証仍存本銀弍拾兩遺住屋乙所并來裝結其前本銀俊自愿領去三分起息利中生利至裝屋之期本利乙併付立母得遲延異說今恐無憑立此合同乙樣二帋各收乙帋存照

外母食用每年交艮叁俊係二各供膳存僕有付係俊常用每年工艮亦照前生息以作娶妻之資二年掛

合同字 號

天啟六年正月十八日立合同人程國俊（押）

程國傑（押）

居間族叔程從賢（押）

族弟福保（押）

二

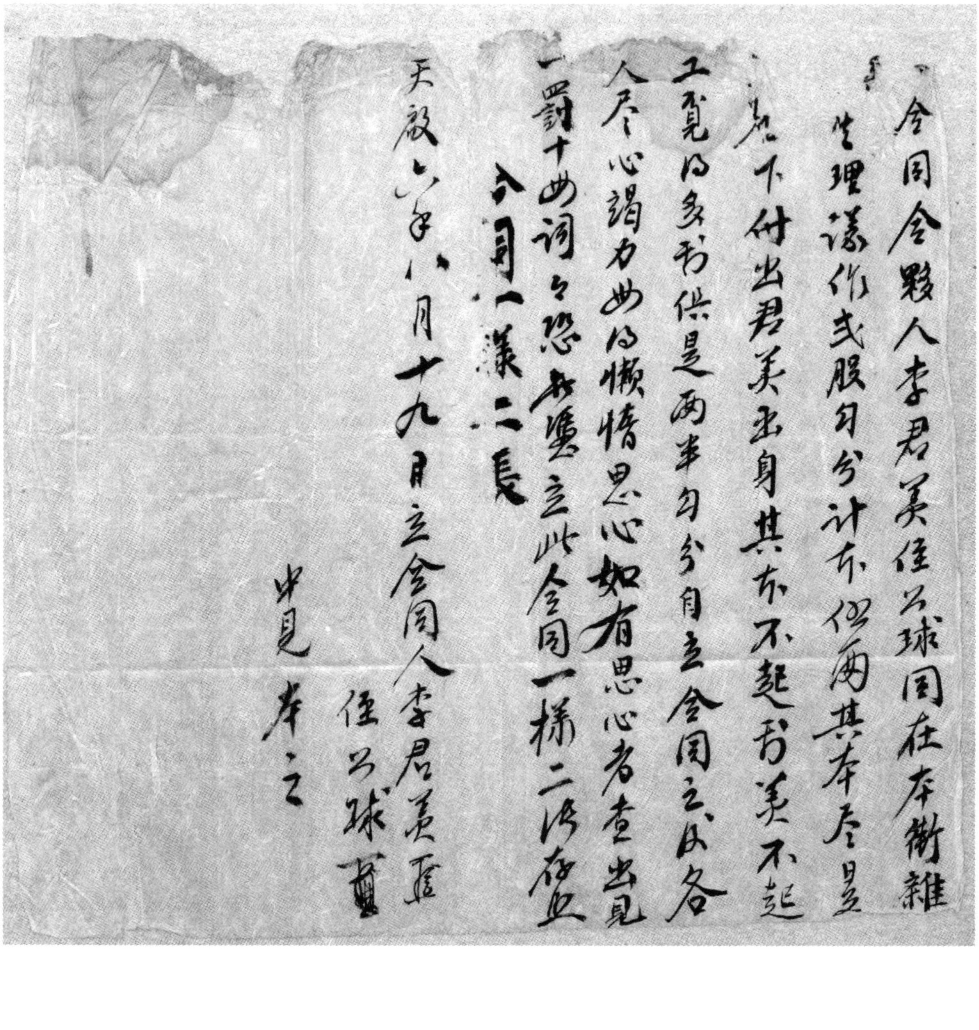
合同合夥人李君美侄以球同在本衛雜貨
生理議作弍股均分計本 但兩其本尽是
君下付出君美出身其本不起君美不起
工覓內多寡供是兩半均分自立合同之後各
人尽心竭力共同懶惰異心如有異心者查出見
一罰十共同詞々恐無憑立此合同一樣二紙存照
合同一樣二張
天啟六年八月十九日立合同人李君美（押）
侄以球（押）
中見 本之

明天啓六年八月某某縣李君美等立合夥經營雜貨生理合同

二

明崇禎四年十二月某某縣許可敦等立同心出資做造水碓合同

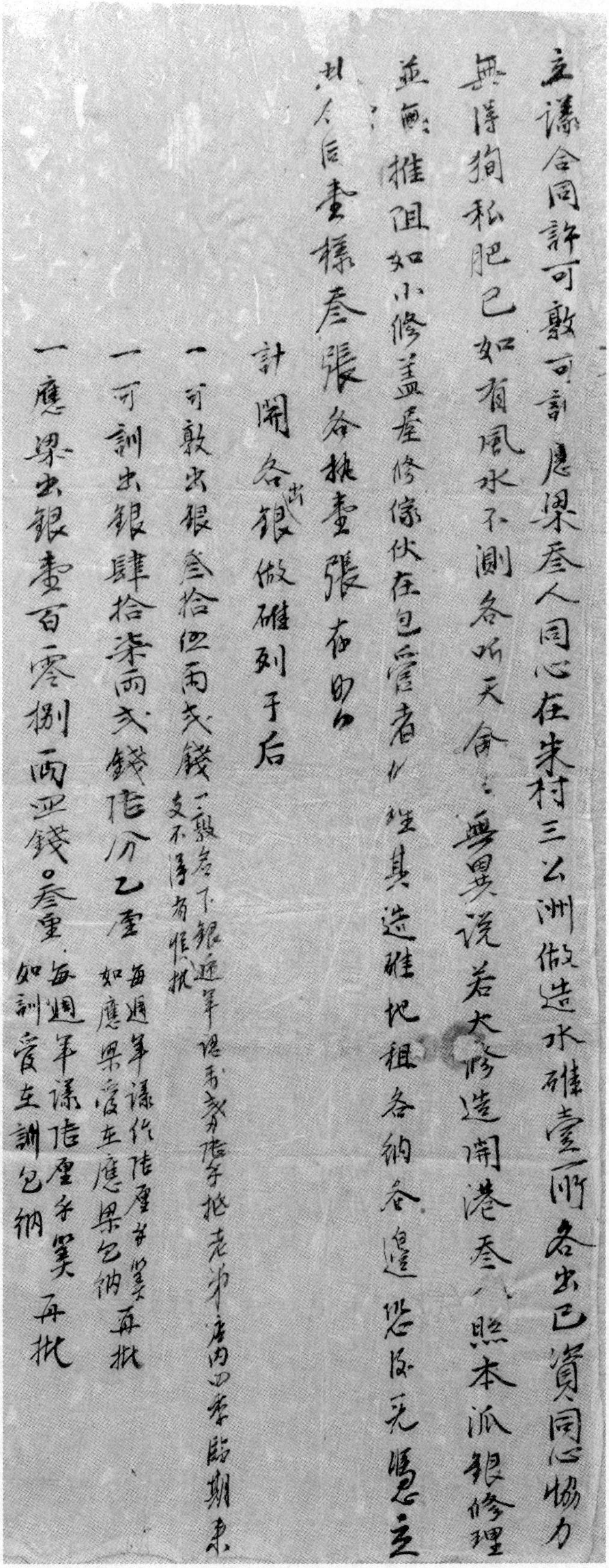
立議合同許可敦可訓應梁叁人同心在朱村三公洲做造水碓壹所各出己資同心協力
無得狗私肥己如有風水不測各听天命，無異説若大修造開港叁人照本派銀修理
並無推阻如小修蓋屋修傢伙在包管者々推其造碓地租各納各邊恐後無憑立
此合同壹樣叁張各執壹張存照

計開各出銀做碓列于后

一可敦出銀叁拾伍兩貳錢 一股各下銀逐年議于息作抵老本本內四季臨期來支不得有悮批

一可訓出銀肆拾柒兩貳錢陸分乙厘 每週年議作陸厘息算 再批 如應梁管在應梁包納

一應梁出銀壹百零捌兩四錢叁厘 每週年議陸厘息算 再批 如訓管在訓包納

（一）

明崇禎四年十二月某某縣許可敦等立同心出資做造水碓合同

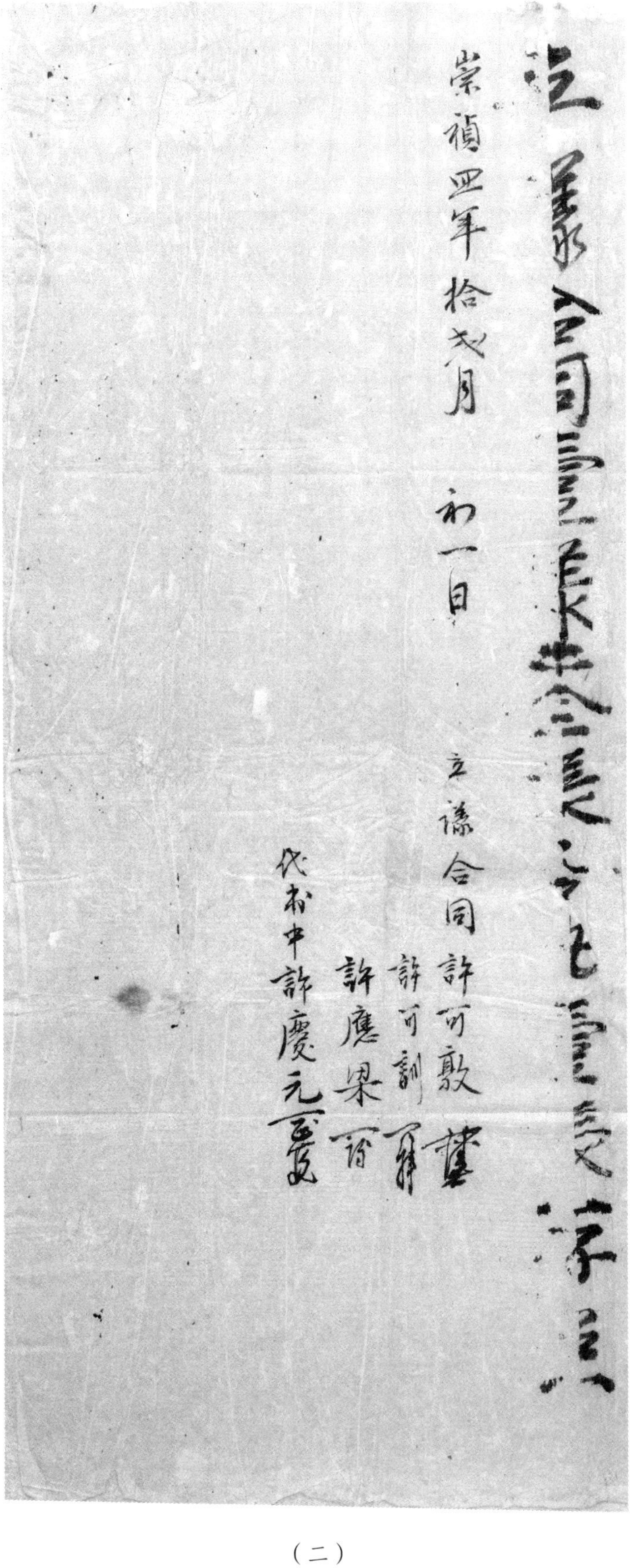

崇禎四年拾弍月　初一日

立議合同許可敦（押）

許可訓（押）

許應梁（押）

代书中許慶元（押）

（二）

二

明崇禎九年八月某某縣謝正理等立各出本銀按股均開父店合文

立合文兄弟謝正理、仁輝、諫講，原承祖租東街門店二間，傳與父叔三人看守生理，至
萬曆四十五年，人分漸多，父叔酌议，衆賃門店三間看粮食生理，付三叔掌管生意，
因人多心有不一，至崇禎六年，父叔誦议三叔將老店议讓二兄開張，所有厨櫃傢伙物
件议作項首銀叁拾兩，每各十兩，其三叔項首銀拾兩係父與獬叔付这訖。其店父与獬叔议
開三年一換，父兼讓獬叔先開三年，將承祖傢伙物件出合文單照明，于崇禎陸年八月付獬
叔開張，用至九年十二月满期，輪該崇禎十年父分開張，父因年老，將店付与兄弟生理，今兄
弟論议，四弟正諫自己生意，其店聽兄弟各出已本銀生理，毋得異説，今將父店议作二股均開，
理、輝、講三人一半，仁分一半，所有貲本不立多寡，每年每兩二分，不行息，趁得餘利對半均分。又
议一人管僕保往來出處生意，衆貼辛力銀拾伍兩，自议合文之後，各宜遵守，並毋異説，今恐無憑，立
此合文爲照。自议之後，各不許悔，如悔者，甘罰白銀拾兩公用。照

再批：原父分項首銀拾兩，每年本店交利弍兩。連叔該項首銀伍兩，今開店人兄还付連叔收明照

仁分出本壹百弍拾兩　理輝講出本捌拾兩整

（一）

二

明崇禎九年八月某某縣謝正理等立各出本銀按股均開父店合文

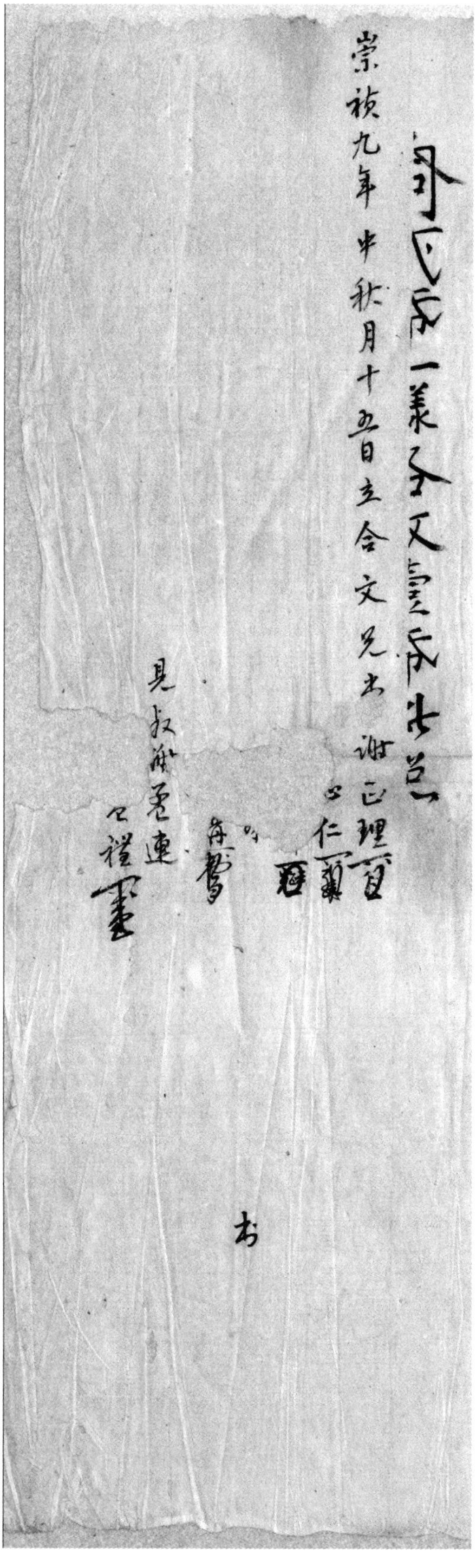

（二）